KB159435

초등 국어 수업의 이해와 실제

한국초등국어교육연구소 기획총서 9

초등 국어 수업의 이해와 실제

초판 1쇄 발행 2015년 8월 5일
초판 2쇄 발행 2017년 9월 15일

저　　자 신헌재 · 서현석 · 이정숙 · 곽춘옥 · 김국태 · 김병수 · 김윤옥 · 김지영 김혜선 · 안부영 · 이향근 · 정상섭 · 조용구 · 최규홍 · 최민영 · 하근희

펴 낸 이 박찬익
편 집 장 권이준
책임편집 김지은

펴 낸 곳 (주) **박이정**
주　　소 서울시 동대문구 천호대로 16가길 4
전　　화 (02)922-1192~3
팩　　스 (02)928-4683
홈페이지 www.pjbook.com
이 메 일 pijbook@naver.com
등　　록 2014년 8월 22일 제305-2014-000028호

ISBN 979-11-5848-039-4 (93370)

* 책값은 뒤표지에 있습니다.

한국초등국어교육연구소 기획총서 9

초등 국어 수업의 이해와 실제

◇◇◇◇◇◇◇◇◇◇◇

신헌재 외 15인 지음

(주)박이정

간행사

한국초등국어교육 연구소는 초등국어교육의 학문적 기틀을 다지고, 초등학교 국어교육을 실질적으로 지원하는 데 뜻을 둔 모임입니다. 이렇게 이론과 실질을 함께 추구하는 우리 연구소의 정신은 초등교사 경력을 가진 대학원생 이상의 연구자들이 주도하는 본 연구소의 특성을 대변해주는 것이라고도 할 수 있습니다.

본래 이 정신은 1996년부터 전국 초등국어교육전공 대학원생들을 주축으로 초등국어교육학회를 창립할 때부터 지녀온 정신이었습니다. 그리고 이 학회가 교수들 중심의 '한국초등국어교육학회'와 합쳐진 후에도, 이 정신은 한국교원대학교 대학원 초등국어교육전공생들에게 그대로 남아서 한국초등국어교육연구소를 창립하는 기반이 되었던 것입니다. 그리고 이 창립 정신을 바탕으로 하여 전국 교육대학교의 국어과 교수님들을 자문위원으로 모시고 공동연구 활동과 학술 발표 모임을 가져왔습니다. 그리고 여기에서 논의된 내용들을 바탕으로 초등국어교육에 관련한 연구 성과물을 기획하고 발간해 왔습니다. 그동안 국어 수업 방법 관련 연구물이라 할 수 있는 『국어 수업 방법』(1997)을 필두로 하여 『쓰기 수업 방법』(1998), 『읽기 수업 방법』(1999), 『문학 수업 방법』(2000), 『말하기 · 듣기 수업 방법』(2001) 등이 바로 그 예들이라고 하겠습니다.

그동안 이러한 연구 성과물에 힘입어 초등학교에서도 국어교과 교육에 관한 학문적 담론이 보다 널리 확산되고, 국어교육 이론과 방법에 대한 체계적인 논의가 풍성해졌다는 점은 참으로 고무적이라고 하겠습니다. 진정한 국어교육 이론은 학교 국어교육을 실질적으로 구동하는 힘을 가져야 할 것입니다. 그리고 학교 국어교육에 터하여 얻어진 연구 성과들은 다시 국어교육학 이론을 재창출하는데 기여할 수 있어야 한다고 봅니다.

이에 한국초등국어교육연구소에서는 앞으로도 학교 국어교육에 기여할 수 있는 주제를 중심으로 지속적으로 기획하고 그에 따른 연구를 집중적으로 진행하고자 합니다. 그리고 이 결과물을 엮어 〈기획 총서〉라는 이름으로 꾸준히 속간하고자 합니다.

우리는 이번의 〈기획 총서〉가 나오는 과정에서 보여준 우리 연구소 연구원들의 국어교육에 대한 의욕과 열정을 되새기며, 든든한 마음과 고마움을 느낍니다. 또한 그동안 한국초등국어교육연구소로 하여금 이런 보람된 사업을 펼칠 수 있도록 적극적으로 지원해주신 박이정 출판사의 배려에도 충심으로 감사를 드립니다.

2015년 8월

한국초등국어교육연구소장

머리말

초등학교 국어 수업은 지도내용과 언어를 다루는 방식 면에서 수학, 과학, 사회 및 제반 교과와 같을 수 없다. 또한 대상 아동의 언어적 경험이나 언어 관련 지식의 차이 때문에 중등에서 이뤄지는 국어 수업과는 더욱 더 같을 수 없다.

우리 저자들은 모두 초등학교에서 아동에게 국어를 가르친 경험이 있는 교사이면서, 대학원 과정을 통해 초등 국어교육 연구의 전문적 소양을 쌓아온 연구자이다. 따라서 저자들은 초등 국어 수업의 정체성을 누구보다 중시하는 입장이다. 또한 일선 초등학교와 교육연구소, 교육대학교 국어교육과 등에 근무하는 과정을 통하여 이를 지원해줄 책이 꼭 필요함을 절감해온 이들이기도 하다.

이 책은 바로 이런 저자들이 그 동안 각자 쌓아 온 초등 국어 교육 영역 내에서의 전문성과 선행 연구의 성과들을 바탕으로 연구하고 기획한 것이다. 나아가 이를 토대로 초등 국어 수업 현상을 좀 더 구체적으로 이해하고 실제 수업을 계획하는 데 도움이 되기를 바라는 간절한 마음을 담아 기술한 것이다. 그리하여 초등학교 국어수업에서 이루어지는 실제적 메카니즘을 염두에 두고 초등 수업이 가지는 특성을 밝히면서 그에 맞는 실제까지도 구현해보고자 한 것이다.

1부에서는 국어 수업이 가지는 인식의 변화와 함께, 실제 수업을 운영하고 계획하기 위한 설계 및 국어 교수·학습이 실전되는 교수적 지식을 실명하고자 하였다. 그리고 교사들이 수업의 전개 과정에서 염두에 두고 접근해야 할 내용들을 상세히 제시하여, 수업에 대한 초보적인 교사들도 쉽게 이해할 수 있도록 하였다. 또한, 수업의 계획이나 운영에 그치지 않고 수업의 관찰과 분석, 평가를 통해 교사 스스로 실제적인 과정들을 메타적으로 인식하고 점검할 수 있도록 안내하였다.

2부에서는 초등 국어 수업의 영역별 원리를 다루었다. 1부에서 다룬 초등 국어 수업의 기본 내용을 토대로, 듣기 · 말하기, 읽기, 쓰기, 문학, 문법 등 국어교육의 각 영역에서 다룰 학습의 성격과 중요성 및 교수 체제와 내용을 탐구하여 학습의 과정과 원리로 구체화하였다. 또한, 그에 따른 국어과 교수 방법과 평가 등을 제시하여 기존에 각 영역 별로 논의되고 있는 교수 · 학습 담론들을 전반적으로 살펴볼 수 있는 안목을 갖추는 데 도움이 되도록 하였다.

3부에서는 초등 국어 수업의 실제를 염두에 두고 집필하였다. 특히, 지속적으로 바뀌는 국어과 교육과정의 내용 중 핵심 내용을 중심으로 좀 더 초등 국어 교육 현장에서 실제적인 지침이 될 수 있도록 하였다. 즉, 교육과정이 수시로 바뀌더라도 지속적으로 다뤄져온 내용을 중심으로 탐구하였다. 예컨대 공감적 대화하기, 어휘지도, 표준발음지도, 중심생각 찾기, 추론하기, 동시 및 동화 감상하기, 비유적 표현 활용하기, 글의 짜임에 따라 요약하기, 토론하기 등 초등학교 국어 수업에서 꼭 다루어져야 할 항존적 핵심 요소들을 선정한 후, 이들 각각의 주제별 주요 개념과 전략적 내용들을 토대로 교과서에서의 구현 양상이나 수업에서의 실천 방법들을 구체화하려고 노력하였다. 아울러 각 학년 수준과 상황에 맞는 평가 방안도 모색하였다.

비록 이 책은 여러 면에서 아직 보완되어야할 것들이 많은 책이지만, 우리 저자들은 이 책이 초등국어교육의 정체성을 담보할 국어수업을 연구하고 실천하는데 하나의 출발점이 되는 것으로 보람을 삼고자 한다. 그리고 앞으로도 지속적인 연구를 통해 이 책이 지니고 있는 부족함을 채워가도록 노력할 것이며, 이를 위해서도 이 책을 통해 인연을 맺게 되는 많은 독자 제현들의 관심어린 질정을 바라는 바이다. 아무쪼록 이 책이 교육대학교의 예비 교사들은 물론, 초등학교 현장에서 가르치는 보람을 추구하는 교사들, 그리고 초등 국어 교육의 연구와 실천에 진력하는 제위들에게 작은 지침서 내지 이 분야 연구를 출발하게 하는 계기가 되길 바란다.

끝으로 이 책의 기획 단계에서부터 많은 관심과 배려를 해주신 한국교원대학교 이경화, 서울교육대학교 이재승 교수님께 이 자리를 빌어 고마운 마음을 전하고, 이 책을 출판하는데 아낌없는 도움을 주신 박이정 출판사 박찬익 사장님과 관계자들께도 감사드린다.

2015년 8월

저자 일동

차 례

3부 초등 국어 수업의 실제

1부

초등 국어 수업의 이해

초등 국어 수업의 기저

초등 국어 수업은 다른 교과가 가지고 있는 보편적인 속성과 함께 초등 국어 수업만의 특수한 요인을 가지고 있다. 이러한 특성을 토대로 이 장에서는 초등 국어 수업을 설계할 때에 고려해야 할 유의점에 대하여 알아보고, 그 원리와 절차를 실제적인 측면에서 살펴보고자 한다. 또한, 하나의 '문화 현상'으로 초등 국어 수업에서 고유의 지식이 어떻게 생산되고 이해되는지 파악하기 위하여 PCK(교수내용지식)의 기본 과정을 함께 살펴 초등 국어 수업의 또 다른 측면을 설명하고자 한다. 초등 국어 PCK는 수업의 전문성과 매우 밀접한 관련을 맺고 있기에 좀 더 질 높은 국어 수업을 계획하고 실천하기 위해 고민하는 교사들에게 유의미한 시사점을 줄 수 있을 것이다.

1. 초등 국어 수업의 성격

1.1. 수업에 대한 인식의 변화

'수업'이라는 용어는 맥락에 따라 교육, 혹은 교수 · 학습과 같은 의미로 사용되어 왔다. 그동안 교육계에서는 '교육'을 '가르치는 행위'에 국한시켜 교육과 수업을 동일한 의미를 지닌 용어로 사용하기도 하였고, '수업'과 비슷한 층위로 '학습'이나 '교수', '훈련' 등의 용어가 혼재되어 사용되었는데, 이처럼 용어의 의미에 대한 합의가 이루어지지 않은 채 혼용되어 혼란을 낳기도 하였다. 따라서 이러한 용어들이 가진 개념들을 좀 더 명확히 살펴 볼 필요가 있다. 교육이 학습을 가능하게 하는 모든 경험, 즉 계획되지 않고 우연적이거나 비형식적인 경험까지 모두 포함한다면, 수업은 의도적으로 효과적이고 효율적으로 학습 목표를 달성하도록 계획된 경험을 의미한다(변영계 외, 2004; 24). 반면에 학습은 하지는 않으나, 인간 행동 혹은 행동을 할 수 있는 잠재력의 변화로 본다는 측면에서 수업보다는 좀 더 상위의 개념이다. 특정 행동이나 그러한 행동을 할 수 있는 잠재력의 변화는 의도되고 계획된 수업활동 없이 책을 읽는 과정이나 감동적인 영화를 보는 활동을 통해서도 일어날 수 있기 때문이다. 수업과 관련하여 비교해 볼만한 또 다른 개념으로 훈련을 들 수 있다. 훈련은 수업경험 중에서도 즉각적으로 활용될 수 있는 구체적인 기술의 습득에 초점을 둔다는 측면에서 수업과는 다소 차이가 있다.

이렇듯 교육의 다양한 현상 속에서 조금씩 결을 달리하며 비슷한 용어들이 사용되고 있지만, 학교 교육에서 가르치는 행위를 지칭할 때는 주로 '수업'과 '교수 · 학습'이라는 용어를 사용한다. 이 책에서는 '수업'을 가르치는 '방법'에 초점을 맞추어 기능적인 의미로 한정하려는 논의와는 논의의 맥락을 완전히 달리한다. 따라서 수업시간에 교사와 학습자가 학습을 매개로 하여 소통하는 모든 장면을 '수업' 또는 '교수 · 학습'으로 지칭하고 맥락에 따라 이 둘을 적절히 사용하며 국어 수업에 관하여 논의하기로 한다.

수업은 기본적으로 교사와 학생이 내용을 가지고 상호작용하는 공간에서 이루어진다. 일반적으로 그 속에는 목표나 의도가 존재하고 다루는 주제를 체계적으로 나타내는 방식들이 존재한다. 그 물리적 공간과 시간적 과정 속에 대상을 다루는 방식 어디쯤에 존재하는 교수법은 수업을 정교화하기 위한 이론으로 체계화되고 있다.

초기에는 주로 수업의 목표를 추구하는 효율적인 방법이 있다는 가정이 성립하면서 Tyler 등의 교육공학적 이론을 바탕으로 한 수업 이론들이 제시되었다. 이러한 연구들은 수업을 '효과' 측면에서 체계화하는데 설득력을 얻어 수업의 방법을 일반화하고 발전시키는데 기여하였다. 또한 수업을 보다 정교화하고 조직적으로 설명할 수 있는 바탕을 마련하여 수업의 각 요인들을 과학적으로 접근하게 하였고, 교사로 하여금 좀 더 쉽게 수업에 다가가도록 하였다.

그러나 과학적이고 체계적으로 만들어 놓은 교수이론들이 교사와 학생 사이에 이루어지고 있는 학습의 본질적인 측면을 간과할 수도 있다는 점에서 교수이론의 재점검이 필요하다. 즉, 교수행위의 효과적인 측면만을 기댄 효율적인 교수 방법의 교수 행위는 자칫 수업을 기능적 속성으로 설명하는데 익숙하게 되어 수업이 가진 보다 섬세한 작용들을 쉽게 지나치게 되는 문제를 야기할 수도 있다. 가령, 현장에서 공개수업을 할 때 일반적으로 제시되는 '수업 관찰표'에는 몇 가지 기준점이 명시되어 있다. '수업 목표는 명시적으로 제시했는가?', '동기 유발은 적절한가?', '학생들의 수준에 맞는 적절한 어휘를 사용하는가?', '학생의 질문이나 반응에 대해서 적절한 피드백을 제공하고 있는가?', '학생들에게 하는 질문은 학생들의 사고를 자극하는 확산적 질문인가?', '학생들에게 적절한 활동이나 과제를 부여하는가?', '학생의 수준에 맞는 다양한 자료를 사용하는가?', '수업 중 시간 배분은 적절하였는가?' 등이 그것이다. 이들 질문은 모두 유용하고 중요하다. 그리고 수업에서 기본적으로 살펴보아야 할 표준적 성격을 가지고 있다. 그러나 모든 수업을 이런 표준에 비추어 판단하는 것은 교과 내용, 교사, 학생, 수업 환경 등 다양한 요소들이 작용하는 수업 맥락을 고려하지 못하는 오류를 범하게 된다.

모든 수업에서 반드시 학습 목표를 초반부에 제시해야 하는 것은 아니다. 또한, 모든 수업이 학생들의 사고를 자극하는 확산적인 질문을 반드시 수반해야 하는 것도 아니다. 교과의 내용에 따라서는 교사가 처음부터 끝까지 강의를 진행하는 교사 중심의 수업이 필요한 경우도 있다. 더 중요한 것은 표준화된 질문이면 그 기준에 일정한 정답이 제시되어야 하지만 관찰자에 따라 그 반응이 각양각색이라는 것이다. 가령, '동기유발이 적절한가?'라는 질문에도 관찰자의 관심 유무에 따라 동기유발의 적절성이 다르다는 것이다. 어떤 사람은 텍스트에 관련된 동기유발을 끌어내고 있으며 어떤 사람은 목표 중심의 동기유발을 끌어들이고, 또 어떤 사람은 학생의 흥미도나 집중도에 따른 흥미유발을 의도하기도 한다. 그들의 적절성 또한 텍스트의 성격에 따라 수업의 성격에 따라 달라지기 때문에 어느 것이 전적으로 옳다고 말할 수 없다.

일반적으로 교육은 모든 사람에게 일정 기간 동안 보편적인 내용을 제공하여 일정 수준을 넘어서도록 만드는 것을 목표로 하고 있다. 여기에는 표준적인 교육과정, 교과서, 교사, 교수 · 학습 상황, 평가 등이 일반적으로 상정된다. 수업 행위는 국가수준의 교육과정의 내용이 교수 행위를 통해서 얼마나 효율적으로 전달되는지를 중심으로 판단되게 된다. 이때, 교사는 주어진 목표를 달성하기 위해서 효과적인 교수 전략을 따라야 하는 기능인으로 간주된다. 따라서 수업행위는 기존에 제시된 표준적인 기준에 미치느냐 못 미치느냐의 평가에 따라 늘 결핍의 형태를 가질 수밖에 없다. 즉, 교수 활동이 패턴화되거나 지극히 표준화될 때, 객관적이고 일반화된 수업 방법에 익숙해지게 된 교사는 교육내용을 적극적으로 해석하고 새롭게 창안하는 교육의 주체가 아니라 수동적 수용자로 전락하게 된다.

현장의 이러한 고민들과 함께, 1980년대 후반 이후, 교실 수업에 대한 질적 연구의 등장으로, 점차 수업 참가자들의 총체적 가치들을 기술하기 시작하게 되었다. 이러한 연구는 수업에서 일어나는 학습의 과정과 구성원들의 소통 과정을 좀 더 심층적으로 이해하는 것을 가능케 하였다. 그 바탕에는 기존의 수업 효과성에만 기댄 연구들이 정작 수업에 주체가 되는 교사와 학생의 역동적 변인들과 그들이 융합해내는 상호작용을 미처 설명하지 못하고 있으며, 의미로운 가치를 끌어내지 못하고 있음에 대한 반성이 깔려 있는 것이다.

교사는 철저하게 준비한 수업을 완벽하게 실행하는 것으로 수업의 성패를 가를 수 없는 가장 중요한 지점에 봉착할 때를 종종 만나게 된다. 가령, 한 시간 내내 중증 장애 학생이 수업을 방해하거나 몸 상태가 몹시 안 좋은 학생이 복통을 호소하고 있을 때 수업이 계획한대로 진행될 리 만무다. 학생들의 다양한 심리상태, 혹은 상황에 능동적으로 반응할 수 있는 즉흥성과 우연성의 개방이 필요한 것이다. 이런 분위기 속에서 수업의 목표와 수단은 상호 혼융되어진다. 학생과 상황에 대한 민감성, 즉각적이고 사려 깊은 행동 능력, 교육적 주의력과 배려 등은 수업에 늘 제외될 수 없는 중요한 자리를 차지하고 있는 것들이다. 이러한 맥락 속에서 Shulman이나 Eisner 등의 이론들이 이용되기 시작하였으며, 이들의 이론을 토대로 기능적 수업을 보완하기 위한 노력들이 '수업 문화', '수업 컨설팅', 혹은 '수업 비평' 등의 용어들이 나타나기 시작했다(이정숙, 2006).

1.2. 초등 국어 수업의 문화적 속성

이 책에서는 초등 국어과 수업을 하나의 '문화 현상'으로 본다. 초등 국어 수업의 문화적 속성을 논의하기 위해서는 먼저 '문화'라는 용어에 주목할 필요가 있다. 왜냐하면 '문화'란 용어는 우리 생활 곳곳에서 쓰이고 있고 있으며, 인간의 모든 국면과 제 사회 현상에 결결이 관여하면서 어떤 현상이나 방식 심지어는 인간 자체를 규명하는 핵심 요인으로 자리 잡고 있기 때문이다. 이제 문화는 인간의 모든 행위를 '문화'적 측면에서 바라봄으로써 각 행위에 대한 새로운 관점을 찾아내는 유용한 인식의 하나로 자리잡아가고 있을 뿐 아니라 타 영역과 조우하면서 발전 생성, 변화하는 지대한 영향을 갖게 되었다. 이렇게 볼 때, 문화는 어떤 현상을 문화적으로 규명하려는 입장과 문화의 변화와 과정, 혹은 역동성을 강조하는 두 가지 입장이 있다. 전자의 노력은 문화를 정태적이고 결과적으로 보는 입장이며, 후자는 문화를 공유하고 내면화하며, 새롭게 창조하는 역동적 차원에서 바라보는 입장이다. 즉, 국어교육이 이러한 문화와 어떤 면에서 관계를 맺게 되는지를 과정적 측면과 결과적 측면으로 나누어 볼 수 있는데, 이는 국어교육이 어떤 역할을 하는지 언급하는 것으로 대신할 수 있다. 어떤 의미에서 국어교육은 문화를 습득하는 방식이라고 할 수 있기 때문이다. 그렇다면 문화를 습득하는 방식의 실천적 측면을 이루는 국어과 수업은 어떤 방식으로 문화를 수용하며, 또한 어떤 문화를 형성해 내고 있는 것인지 생각해 봐야 할 것이다.

우선, 문화는 그 사회에 속한 구성원들이 직간접적으로 참여하여 생산하여 놓은 행위 양식에 관한 것이다. 따라서 구성원들이 직접 무엇인가를 경험한 결과로부터 오히려 그 구성원에게 영향을 미치고 통제하는 준거로 작용하기도 한다. 학교문화를 설명하는 다음과 같은 예를 살펴보자.

(기술적 개념으로서) 학교 문화는 드러난 문화내용의 제 측면에 대한 기술로 구성된다. 이는 학교 문화가 어떤 외적 기준에 비추어 옳건 그러건, 바람직하든 않든 간에 학교 사회를 구성하는 성원들이 그들의 현상세계의 경험들을 조직하는 일련의 표준 또는 의미체계라고 할 수 있다. 좀 더 구체적으로 말하자면 학교 사회의 성원인 학생이나 교사 또는 행정가나 학부모들이 학교의 물리적, 생태적 현상들을 어떻게 지각하고 개념화하며 학교에서의 현상과 사물에 대하여 어떤 믿음을 가지며 또한 여러 가지 사물에 어떤 가체의 위계를 매기고 판단하고 그리고 학교 사회의 일원으로서 어떤 행동의 방법과 절차를 결정 하는가 등 여러 가지 경험들을 조직하는 일련의 표준이 학교 문화이다(이정선, 2002).

이러한 설명은 수업에서도 그대로 적용된다. 수업 텍스트를 생산해내는 구성원들은 수업의 물리적, 현상적 상황들을 어떻게 지각하고 개념화하며, 어떤 의미를 부여하고 인식하는가? 그리고 그것을 어떻게 가치화하고 판단할 것인가? 나아가 이러한 질문들은 수업을 어떤 의미로 받아들이고 판단해 나갈 것인가? 하는 등등 수업에 대한 준거를 마련하고 제 측면들을 총체적으로 요구하게 된다.

수업을 문화 체제로 이해한다는 것은 그것이 가진 문화적 요소들의 역동성을 강조하는 용어로서 수업의 과정을 중시하는 개념이다. 즉, 한 집단의 인간이 관여하는 모든 과정, 사건, 활동의 총체로 파악하려는 것이다. 가령 학급의 문화 체제란 학급문화를 구성하는 요소인 사물, 사람, 활동 및 문화적 의미를 이해하는 것이다. 이 때 이러한 요소들은 하나의 결과로서가 아니라 과정으로서 이해하여야 한다. 이를 문화 과정(culture in process)이라고 하는데 좀 더 구체적으로 말하면 어떤 규정된 조건에 따라 시작되어 또 다른 규정된 조건에 따라 끝나는 상호 관련된 일련의 문화적 사건의 흐름을 의미한다(이정선, 2002;28).

이러한 의미로 볼 때, 초등 국어 수업은 문화화의 과정이며 동시에 수업 자체가 문화적 속성을 띄게 된다. 기본적으로 언어가 단순히 소통의 매개체로서의 기능만을 갖고 있지 않다는 데에 동의한다면 언어는 문화적 속성을 함께 지닐 수밖에 없으며, 언어를 중핵으로 다루게 되는 초등 국어과 수업은 문화적일 수밖에 없다.

초등 국어과 수업은 교사 스스로의 내용에 대한 이해와 자신이 제시하는 내용 간의 대화, 그리고 교사와 학습자 간 주제를 매개로한 대화, 학습자 간의 대화 등 대화와 토론의 과정이라는 관계 속에서 문화적 소통을 하고 있게 되는 것이다. 이러한 소통은 초등 국어과 수업이 단지 학교의 규범적 범주 안에 안착하지 않고 끊임없이 확대 재생산될 수 있도록 수업 텍스트의 확장을 가져오며, 궁극적으로 학교와 제도적 수업의 문을 넘어서 사회화된다. 또한 이러한 현상들은 지금의 초등 국어 수업이 단지 지금의 문제가 아니라 미래의 문화적 소통 방식으로써 발전될 가능성에 초점을 두고 접근해야 함을 함의한다.

1.3. 초등 국어 수업의 일반적 특성

1) 도구 교과로서 특성

초등 국어과 수업은 국어로, 국어 그 자체 뿐 아니라 국어 사용의 능력을 가르친다는 점에서 내용적 지식들을 중요하게 다루는 타 교과 수업과는 다른 차이가 있다. 도구 교과라 함은 간단히 말해 모든 지식의 기본이 되는 언어, 즉 문자언어와 음성언어를 해득하고 의미를 찾는 문식 능력을 학습하는 것을 의미한다. 초등학교 저학년 수준에서는 음성언어와 문자언어 기호를 서로 대입시켜 연결짓는 기초 수준에 초점을 둔 문식성을 중심으로 구성되다가 점차 중학년, 고학년으로 올라가면서 문식성의 수준은 점차 고등 사고력 신장으로 점차 그 비중이 높아지므로 국어과 교육의 노구성도 심화 · 확대되어간다. 이러한 초등 국어과 교육의 도구 교과적 성격으로 인하여, 초등 국어과 수업은 말과 글을 통하여 다양한 생각이나 의견을 이해하고 표현하며, 국어를 통하여 사고하는 고등 정신 기능 신장에 바탕이 되는 학습자의 국어사용 능력에 초점을 맞춘다는 특성을 지닌다.

2) 언어 교과로서 특성

국어 수업은 언어적 자료를 가지고 국어과에서 요구하는 언어적 체험을 하게 하는 활동들로 이루어진다. 언어적 자료라 함은 일상의 언어를 사용하되 일상의 생활 언어와는 구분되는 지점에서 어휘, 문장, 문종(장르)에 따른 글 등을 말하며 언어적 체험이란, 이러한 자료들을 통해 어휘 익히기, 메모하기, 글 구조 파악하기, 추론하기, 내용 생성하고 조직하기, 초고쓰기, 의견이 드러나게 쓰기, 내용 간추리기, 토의 · 토론하기, 주장하는 글쓰기, 다른 장르로 바꾸기, 작품의 관점 이해하기 등의 활동을 하게 되는 체험을 말한다. 초등 국어과 수업은 이렇게 초등 수학이나 과학과는 다른 언어 자료와 체험들로 이루어져 있으며, 초등 국어과 수업만이 가진 특수한 접근을 고려하여 언어적 체험으로 접근하여야 한다.

가령, '북두칠성'에 대한 제재가 있다고 할 때, 과학과 수업에서는 북두칠성 자체에 대해 아는 것이 중심이 될 테지만 국어과 수업에서는 '북두칠성'에 대한 지식 자체를 이해하는 방식이기보다는 그 대상을 어떻게 설명하고 있는지 그 설명하는 방식을 우선 이해하도록 안내한다. 즉, 설명적 제재에 대한 언어적 체험을 하고 정보를 인지하는 과정을 통해 텍스트에 대한 감수성을 기르도록 안내할 필요가 있는 것이다. 이러한 접근은 궁극적으로 제재를 더 잘 이해하는 것과 맞닿아 있기도 하다. 초등 국어과 수업에서는 과학과 수업에서 다루는 자연현상에 대한 지식 자체를 아는 것이 목적이 아니므로 평가에서도 북두칠성 자체에 대한 지식을 질문하는 것은 피해야 한다. 물론 텍스트에 제시된 내용을 파악하기 위한 것이라면 그것도 가능하다. 하지만 종종 이러한 점을 염두에 두지 않고 지식 자체를 물어 마치 과학시험과 유사한 문항을 구안하는 오류가 종종 일어날 수 있으므로 주의할 필요가 있다.

수업의 특수성과 보편성이 만나 초등 국어과 수업에서 융합하고 새로운 독자적 영역을 확보하게 될 때 초등 국어 수업은 국어과 수업으로서의 독자성을 갖게 된다. 즉, 초등 국어과 수업은 타교과와 같이 지식을 습득하고 소통한다는 측면에서는 수업이 가지는 보편적 성격을 가지면서 동시에, 다른 교과와 달리 독특한 언어적 자료와 언어적 체험을 교육한다는 특수성이 만나 국어과 수업이 가진 독자적 영역을 갖는다.

3) 언어사용 요인에 의한 특성

교사와 학습자의 소통관계에 놓인 초등 국어과 수업에서 교사는 학습자의 눈높이를 고려하여 언어적 체험을 중심으로 국어 학습을 전개한다. 언어적 체험은 교사의 일방적 전달 방식에 의하여 학습되기에는 어려움이 있다. 언어사용은 사용자들 간의 소통적 상황이 늘 그 중심에 놓여야 하기 때문이다. 즉, 언어가 소통되는 학습 상황에서 아래에 제시한 국어사용 요인[1]에 따른 초등 국어과 수업의 특성이 발생한다.

㉮ 개별성
학습자는 국어사용의 주체로서 교수 · 학습 상황에서 자기 수준과 기호에 맞는 학습 자료와 방법을 택하여 주체적으로 언어사용을 하도록 하교 교사는 학습자 각자가 언어 사용의 주체로서 지니는 고유 개성을 인정하고 존중해 주어야 한다.

㉯ 상호작용성
국어사용 과정에서는 발화자와 수화자가 있기 마련이기에 이 두 요인이 서로 영향을 주고받음을 고려하여 교수 · 학습을 구성하여야 한다.

㉰ 상황관련성
국어사용은 특정 맥락에서 소통될 수 있다. 따라서 초등 국어과 교수 · 학습 역시 탈맥락적인 습득보다는 다양한 언어적 상황과 경험을 학습의 장으로 끌어들여 설계할 필요가 있다.

㉱ 문화관련성
국어는 오랜 역사를 통해 사회 구성원들이 관습적으로 이루어진 것이므로 우리 고유의 언어예절이나 언어관습 등의 사용을 중시하여 다루어야한다.

㉲ 총체성
언어 사용은 사용자의 삶과 밀접한 관련을 갖는다. 따라서 국어가 사용되는 제 국면이 국어 사용자의 삶이나 사회와 함께 존재할 수 있어야 하며 교수 · 학습의 측면도 총체적인 국면이 서로 유기적으로 관련지을 수 있도록 통합적 관점에서 국어과 교수 · 학습이 운용되어야 한다.

1) 사용 요인으로 제시한 개별성, 상호작용성, 상황관련성, 문화관련성, 총체성 등은 신헌재 외(2005 : 9~10)를 참고하였다.

2. 초등 국어 수업의 설계

수업 설계는 가르치고자 하는 내용을 어떠한 방법으로 가르치는가에 대한 고민 뿐 아니라 어떻게 학습자들의 반응을 이해할 것인가에 대한 생각을 함께 고민하여 수업에 대한 계획을 수립하는 것이다. 일반적으로 수업 설계의 목적은 교수 · 학습 목표를 성공적으로 성취하기 위하여 교수 · 학습과정의 효율성과 효능성을 극대화시켜 조직하는 데 있다. 이러한 수업 설계에는 교수 · 학습의 목표, 내용, 방법, 활동, 시간, 자료와 설비 그리고 평가 등이 포함된다(이정선, 2001; 이정선, 2002, 재인용). 그러나 이것이 요인적 측면이라면 흐름이나 교수기법, 방식의 재 요인들과 함께 학생, 교사 등의 인적 요인, 학교상황이나 사회적 조건 등도 수업에 관여하는 또 하나의 요인이 되기 때문에 수업 설계에 영향을 미치게 된다.

2.1. 초등 국어 수업의 구성 범주와 지향점

1) 초등 국어 수업의 구성 범주

수업은 교사와 학습자와 교과서의 실체들이 목표 혹은 교육과정에 의한 학습내용을 매개로 하여 상호작용하는 과정이다. 따라서 수업에 대한 설명은 이 세 가지 요인들의 작용 방식과 관계의 메커니즘을 설명하는 방식을 따르게 된다. 다만 이 세 요인들 중 어디에 초점을 두어 그 의미와 가치를 찾아낼 것인가에 따라 이 세 요인들이 드러나는 정도는 각각 다르다. 수업 문화를 말할 때, 기본적으로 수업과정과 조직, 대화의 상호작용 방식(참여구조), 대화의 내용(학습주제의 변환방식), 수업의 형태, 언어적 상황 등을 기술하면서 수업의 총체적인 모습을 드러내고자 하는 것이다.

수업 구성의 기본 요소로 흔히 교사, 내용, 학습자를 꼽는다. 그러나 이것은 물리적 실체만을 표현한 것이기 때문에 수업의 다양하고 구체적인 국면을 드러내지 못하는 한계를 지닌다. 수업에는 이 세 요인들이 교육의 목적이나, 교과내용의 특성, 시간이나 내용의 제약, 학습자 특성 등에 의한 교수 · 학습의 조건과 함께 작용하며, 학습내용에 대한 교사의 조직전략(미시적 전략, 거시적 전략, 전달전략, 관리전략), 교수 · 학습의 효과성, 효율성, 매력성, 적절성 등의 다양한 요인들이 총체적으로 작용하는 것이다. 또한 이 세 가지 요인들의 작동구조들은 수업조직(수업계획과 단계, 과정), 언어적 상호작용(질문유형과 대화이동, 참여구조), 학습주제의 변환, 주제별 수업의 형태, 수업환경(매체의 이용, 공간구성, 통제, 구성원들의 관계), 시험이나 진도, 타교과와의 문제, 그리고 수업에 큰 영향을 미치는 요인인 교사의 신념과 관습, 학습자의 수준과 관습 등에 의지하게 된다.

이러한 각각의 인자들은 수업이라는 유기체를 구성하고 있으며, 이들은 다시 복잡한 복합체들을 동반하고 있다. 가령, 목표와 내용에서 살펴 볼 때, 수업에서는 내용으로 존재하는 것 자체가 지식이 될 수 없으며, 그것이 상황성(수업맥락)을 갖출 때에 비로소 수업 내용으로 자리를 잡는다고 말할 수 있다. 이를테면, '문장부호'라는 것 자체는 수업에 존재하지만 그것 자체로는 수업이 될 수 없으며, 문장부호가 읽기 텍스트에서 다양한 의미를 구성하고 쓰기 상황에서 활용되는 국면을 습득하게 됨으로써 국어 수업에서의 지식으로 구성되는 것이다. 따라서 수업의 요인들은 고정되고 절대적으로 존재하는 실체가 아니라 수업맥락에 의해 작용하는 가변적이고 역동적인 성격을 지닌다. 이러한 부분적 요인들은 서로 밀접하게 관련을 맺으면서 중층적이며 다양한 수업 문화 현상을 형성한다[2].

또한 각각의 요인들은 따로 존재하는 것이 아니라 교사의 철학이나 교육관, 습관, 학교상황, 학교행사, 개인의 상황 등과 서로 긴밀하게 관련을 맺게 된다. 따라서 수업은 다각적이고 다층적인 제 요인들이 얽혀 새롭게 그 의미와 가치를 창출해내는 공간으로 볼 수 있다.

2) 초등 국어 수업의 지향점에 따른 유형

앞서 논의한 초등 국어과 수업의 특성은 목표가 강조된다거나 학습자를 좀 더 중심에 둔다거나 혹은 학습 과정을 중심으로 하는 등 다양하게 변주될 수 있다. 이를 목표 중심, 학습자 중심, 과정 중심, 사회적 상호작용 중심의 수업이라 명명하고, 이를 각각 좀 더 자세히 살펴보기로 한다.

---

2) 수업에 관여하는 직간접적인 요인들을 이정선(2002;63-68)은 다음과 같이 들고 있다.
- 직접적 조건: 수업설계, 수업의 흐름, 주의집중을 위한 교수기술, (교사의 외모, 용어사용, 교사의 위치, 교과서 활용방법, 메모, 순회활동, 칭찬과 질책, 수업 외적 사건 처리방식), 교수방법, 교육내용의 조직과 선정, 교수 · 학습 전개단계에서의 학습지도 기법, 평가
- 간접적 조건: 교사의 지적 수준, 태도, 철학, 교수법, 교사의 전기적 상황(경험), 학생들의 사회 문화적 배경, 지능, 태도, 목적, 학교의 사회 문화적 환경 및 지역사회의 특성, 학교 행정가의 영향, 과다한 행정업무

(1) 목표 중심의 수업

초등 국어과 수업의 대부분의 활동과 운용은 국어사용 능력을 향상시키기 위한 목표를 달성하기 위하여 구성되어 있다. 교과서를 중심으로 초등 국어과 교수·학습의 목표를 살펴보면, 각 단원별로 구성되어 있다. 초등 국어과 교수 · 학습 목표는 교과서를 중심으로 보면, 각 단원별로 그 서두에 단원 목표를 제시해 놓고, 이를 세분화한 목표를 각 차시별 목표로 구체화시켜서 결국 이 모든 세분화된 목표를 수렴하여 단원 목표를 달성하도록 구조화되어 있다. 이처럼 초등 국어 수업에서는 각 단원별로 구조화된 목표에 대한 이해가 필수적이다. 그리고 이런 이해를 바탕으로 각 차시별 목표를 인식하고 해석해야 한다.

국어 수업 목표의 특징으로는 첫째, 국어 수업에서는 제재의 내용을 가르치는 것이 아니라 국어사용 능력에 관련된 지식, 개념, 방법을 가르친다는 점과 둘째, 국어 학습의 성격에 따라 이해 학습과 적용 학습으로 구분된다는 점을 들 수 있다. 이해학습은 주로 상황이나 개념 이해, 또는 기능이나 전략의 절차 이해를 목표로 하는데, '~에 대해 알아봅시다.' 등과 같은 형태로 진술된다. 한편, 적용학습은 이해학습에서 공부하고 연습한 것을 적용하는 것을 목표로 하여, '~해 봅시다.'의 형태로 진술된다. 국어과 교수 · 학습을 위하여 교사는 목표에 대한 해석을 통하여 학습 내용을 구체적으로 찾아내고 내용에 따른 학습 방법을 구안하여야 한다. 또한 학생들이 학습 내용을 잘 학습할 수 있도록 알맞은 교수 · 학습 모형을 적용하고 구체적인 교수 · 학습 활동으로 좀 더 정교화 해야 한다.

(2) 학습자 중심의 수업

초등 국어 수업의 또 다른 지향점은 학습자 중심의 수업이다. 개별 학습자들의 인지적인 능력과 경험, 배경지식 등이 학습에 직 · 간접적인 영향을 미치게 되므로 이러한 점을 고려하여 수업을 설계하는 것이 필요하다. 따라서 성공적인 초등 국어 수업을 위해서는 초등 국어 학습자의 다양한 국어사용 양상과 그들의 언어 발달 단계에 대한 면밀한 관찰을 통한 연구가 선행되어야 하며, 이를 토대로 실제 수업에 적용하려는 실천적인 노력이 뒤따라야 한다. 또한, 초등 국어과 학습이 기존의 권위적인 담론, 이를테면 기존 학자들이 탐구하여 체계화한 지식의 범주에 머무는 것이 아니라 그 지식을 구성하고 효과적으로 활용하는 방법과 전략을 가르치는 것이므로 학습자의 능동적인 활동과 주체적인 학습 활동이 요구된다. 그러므로 초등 국어 학습자가 자신이 해결해야 할 국어 학습 문제가 무엇인지를 분명히 알고, 그 문제를 스스로 해결해 나가도록 안내하는 것이 중요하다.

(3) 과정 중심의 수업

과정 중심의 국어 수업에서는 이해 활동과 표현 활동을 일련의 사고 과정으로 인식하고, 사고 과정에서 부딪히는 문제를 해결하기 위하여 사고 기능과 전략을 교육하는 것을 중시한다. 그래서 이해와 표현 과정을 단계화하여 각 단계 별로 사고 전략을 탐구하고 이 과정에서 추출해낸 전략을 교육 내용으로 삼는다. 예컨대, 쓰기 영역의 경우 쓰기 과정을 계획하기(내용 생성과 내용 조직하기), 표현하기, 고쳐 쓰기로 나누고 각 단계에 필요한 전략들을 활용하여 한편의 글을 완성하도록 안내하는 것이다. 이는 쓰기 뿐 아니라 읽기 등의 이해 영역에서도 마찬가지로 적용된다. 과정 중심의 학습 활동에서는 이러한 인지적 과정의 원활한 수행을 통하여 문제를 효과적으로 해결할 수 있다고 본다. 따라서 과정 중심의 국어과 수업에서는 과정적 글쓰기나 과정적 읽기 활동이 중심이 되어 교수 · 학습이 전개된다.

(4) 사회적 상호작용 중심의 수업

초등 국어 수업은 언어를 사용한 의미 구성과 의사소통이 중심이 되기 때문에 필연적으로 사회적 상호작용이 수반된다고 볼 수 있다. 학습자의 사회적 상호작용은 주로 동료나 교사와의 대화를 통해 이루어지는데, 이러한 대화가 학습자의 언어 사용 학습을 효과적으로 도와준다. 이는 서로 다른 배경 지식과 능력을 가진 학생들이 상호작용을 하는 과정에서 다양한 생각을 공유하는 가운데 좀 더 발전된 학습 능력을 얻게 된다고 보는 관점이다.

이러한 인식의 배경에는 사회 구성주의가 자리 잡고 있다. 80년대 이후 주된 인식론적 흐름이라 할 수 있는 구성주의는 지식을 이전의 지식사회학과 맥락을 같이하면서 대화와 비판적인 검토 및 합의를 통하여 도달 할 수 있는 협동적 노력의 산물로 인식한다. 초등 국어과 수업 역시 누군가로부터 선택되어 가르쳐야 하는 절대적인 내용으로서의 지식을 선택하지 않는다. 학생들이 주어진 상황에 대해 의미를 만들고 해석하는 것 자체에 보다 좀 더 큰 비중을 두고 알아 가는 과정에 초점을 두는 사회학적 관점을 지향한다. 이러한 관점을 발전시킨 Vygotsky는 사고의 발달이 언어를 매개로 이루어지며, 언어는 사회적인 상호작용 속에 존재한다고 보아 학습자 동료 간의 대화를 강조하였다. Vygotsky는 다른 사람과의 상호 작용 과정에서 학습자의 사고 활동이 현재 수준에서 할 수 있는 능력보다 더 높은 능력을 발휘할 수 있다고 본다. 이때 현재의 사고 능력을 좀 더 높여 주는 외부의 조력자는 우수한 동료 학습자이거나 교사인데, 이들은 학습자가 문제를 해결하는데 도움이 되는 적절한 비계를 제공함으로써 학습자가 자신의 이해와 표현 능력을 확장시킬 수 있도록 조력한다.

2.2. 초등 국어 수업 설계의 원리

초등 국어 수업은 앞서 언급한 수업의 보편적 과정이나 속성을 가지고 있으나 초등 국어 수업만의 내용을 다루는 방식에서는 독자적인 측면이 있다. 따라서 초등 국어 수업의 본질적인 특징을 이해하지 못하면 수업의 본령을 다했다 할 수 없을 것이다. 초등 국어 수업에서 내용과 방식을 따로 떼어서 설명하기는 어렵다. 가령, 종이접기 하는 방법에 대한 텍스트를 다룰 때에 텍스트를 다룰 때에 종이접기를 하면서 이해하는 것도 좋은 방법이기는 하지만 그 행위는 설명문의 텍스트를 이해하는 수단이 되어야 하지 종이접기 자체를 위한 방식으로 접근하면 곤란하다. 왜냐하면 주어진 텍스트는 설명문이라는 장르적 특성과 문장의 배열 등을 더 잘 이해하기 위해 제시된 상황으로 제시된 것이기 때문이다.

이러한 문제 상황은 문학 수업에서 사용되는 텍스트에서도 나타난다. 예를 들어, '주인공의 행동이나 말을 통해 인물의 성격을 알 수 있다'는 목표가 설정되었을 경우, 인물의 행동과 말이 텍스트 전개나 구성에 어떤 영향을 주고 다른 인물들과 어떤 관계를 형성하게 되는지 등의 이야기 형성에 기여하는 자질과 관련지어 접근되어야 함에도 "00의 행동으로 보아 착한 사람이므로 우리도 본받아야 합니다"라는 다분히 도덕적 결론을 도출하는 수업으로 가는 경우가 간혹 있는 것이다. 이는 국어과의 내용적 측면과 특질을 벗어나 수업의 보편적 자질이 강조된 경우라 하겠다. 물론 경우에 따라서 특히 초등의 경우 이러한 현상을 오류라고만 할 수 없는 국면이 존재하기는 하지만 교과별 성격이 뚜렷이 강조되는 현 체재에서는 좀 더 국어 교과의 성격을 강조할 필요가 있다고 하겠다.

따라서 초등 국어과 수업을 설계할 때에는 다음 몇 가지 강조점을 가지고 접근하는 것이 바람직하다.

첫째, 텍스트의 특징(언어사용적 특징)을 반영하여 설계하였는가?

둘째, 지식 자체나 개념 자체보다 이를 활용할 수 있는 능력으로써 전략이나 기능을 수행할 수 있도록 설계하였는가? 이는 실제적인 언어사용과도 관련이 있다. 즉, 학습과정에서 습득한 전략이나 기능은 실제 생활에서 응용되거나 확장될 수 있도록 안내되어야 한다.

셋째, 다양한 언어적 체험을 통해 보다 수준 높은 사고를 개발할 수 있도록 안내되었는가? 또는 추론이나 예측 등을 통해 보다 좀 더 역동적인 읽기를 하도록 안내하거나 다양한 토론이나 다양한 관점을 제시하여 말하거나 쓸 수 있도록 구성한다.

넷째, 학습 제재가 초등 학습자의 흥미나 경험을 끌어들일 수 있는가? 제재가 학생의 수준에 맞지 않거나 경험과 유리되어 있다면 이를 교체하거나 수정하여 제시하는 것이 바람직하다.

다섯째, 각 영역(듣고 말하고 읽고 쓰는 언어 사용 영역과 문학, 문법)의 연계성을 염두에 두고 설계를 하는가? 또 이 영역들이 서로 통합되거나 중첩되기도 한다.

또한, 이러한 국어과 수업 설계의 원리에 따른 교사의 수업 행위를 위해서 다음과 같은 몇 가지 일반적 강조점을 제시할 수 있다. 이 원리들은 앞서 제시된 설계의 원리와 중첩되고 보편적 교수 원리와도 중첩되나 여기서 다시 언급하는 이유는 언어학습에서 좀 더 강조되어야 할 측면이기 때문이다.

첫째, 학습자의 개별화 – 언어는 학습에서 개개인의 상황적 특질과 능력에 따라 다양하므로 개개의 언어적 습관이나 능력, 수준에 따라 수용되고 전개될 필요가 있다.

둘째, 구체적이고 체계적인 방법으로 나누어 (Slicing) 제시 – 한 번에 모든 설명을 하거나 활동을 제시하면 학습 초보자들은 당황하거나 앞서 설명한 내용을 잊기 쉽다. 하나씩 구체적으로 접근하여야 할 것이다.

셋째, 점차적인 책임이양 – 자기주도적 학습과도 관련이 있다.

넷째, 학습자의 개성과 흥미 중시 – 학습자의 다양한 의미구성의 방식을 수용한다.

다섯째, 과정적 측면 중시 – 수업은 사고과정이 중요한데 그 사고는 머리 속에서 일어나므로 과정에 대한 학습 없이 글을 쓴 결과나 텍스트 요약 등의 결과만을 요구하게 되는 수업을 전개하는 경우가 발생한다. 하지만 사고과정을 가시화하여 단계마다 적절한 안내나 시범을 보이는 것이 중요하다.

여섯째, 언어 사용의 상황 맥락 고려 – 언어의 실제적 활동을 중시하면서 상호작용하는 상황적 특성을 활용한다.

일곱째, 교수 · 학습과 평가의 통합 – 학습자의 반응과 활동의 평가의 결과는 다시 수업 계획에 투입하여 활용한다.

2.3. 초등 국어 수업의 절차

수업 설계란, 일반적으로 수업 목표를 학습자들에게 효율적으로 성취시키기 위하여 수행되어야 할 제반 활동과 요소를 의도적으로 계획하는 활동이다. 여기서 수업 목표나 효율성이란 개념을 좀 더 과정적, 수행적 행위로 재개념화 할 필요는 있겠지만 통상 수업이 이루어지는 국면을 볼 때 위와 같이 정의할 수 있다. 따라서 교사는 '학습자는 무엇을 학습하는가?', '학습 활동과 전략, 자료들을 통해 어떻게 질문하고 전개할 것인가?' 또는 목표 달성의 기준은 어떻게 두며 달성 여부는 어떻게 밝힐 것인가?' 에 대한 생각으로부터 수업 설계를 시작하게 된다. 여기서는 수업 설계 시 고려해야 할 점검 요인을 '수업 과정, 내적 구성, 수업 단위, 언어적 상호작용'에 따른 접근으로 나누어 살펴보고자 한다.

1) 수업 과정에 따른 접근

초등 국어과 수업은 다른 수업과 마찬가지로 크게 준비 단계와 실천 단계로 나눌 수 있다. 준비 단계는 또 다시 수업 환경적 측면과 수업 내용적 측면으로 나눌 수 있다(신헌재 외, 2004, pp.84~87). 수업 환경적 측면이란 함은 수업을 진행하기 위한 제 주변적 요소들, 학생들의 학습준비나 학습 상태인 내적 요인들과 교실 환경 및 제한된 시간 등의 물리적 환경을 말한다. 수업 내용적 측면은 주로 학습의 내용, 즉 목표를 수행하는 지식적 측면을 토대로 구성하게 된다. 한편, 실천 단계에서는 주로 내용을 어떻게 전달하고 소통할 것인가의 방법적인 데 집중하게 된다. 크게 학습의 흥미를 유발하거나 집중하게 하거나 학습의 맥락을 목표와 관련지어 제시하는 등 학습자의 심리적 학습요구를 끌어들이는 동기 유발과 학습자와 교사가 발문과 제 활동으로 상호작용하게 되는 학습 전개활동, 정리 및 평가 등의 과정을 거치게 된다. 수업 설계는 일련의 이러한 과정을 염두에 두고 계획된다.

그러나 막상 수업이 실제적으로 진행되게 되면 앞서 계획한 내용이 그대로 진행되기 어렵다. 학습자의 변인이나 당시 학습상황의 제 요인들이 변인으로 작용하여 다양하게 변주되게 되기도 한다. 이러한 차이를 가급적 줄이기 위해 교사는 학습을 설계할 때에 보다 정교하고 신중한 설계를 마련해야 한다. 수업 과정의 상세한 활동이나 요인들을 간단히 정리하여 나타내면 다음과 같다.

(1) 수업 준비 단계

수업 준비 단계에서 실제 수업이 이루어지는 것은 아니다. 수업이 시작되기 전에 교사가 학습환경을 토대로 하여 수업을 고민하고 목표(내용)를 분석하고 검토하는 단계이다. 실제 수업이 이루어지는 단계가 아니라 하더라도 교사가 수행을 염두에 두고 자료를 준비하거나 절차나 학습활동을 미리 염두에 두고 있지 않으면 수업에 실패할 수 있기 때문에 수업을 시작하기 위한 중요한 단계라 할 수 있다. 세부적인 활동을 살펴보면 다음과 같다.

㉮ 수업 환경 검토

수업환경은 교실의 소음이나 온도, 시간이나, 공간적 환경 뿐 아니라 전시학습의 정도나 학습자가 수업에 몰입할 수 있는 다양한 여건 등 수업이 이루어질 수 있는 제 환경적 요인들을 말한다.

- 학습 환경 조성
- 물리적 환경 조성

㉯ 수업 내용 분석

- 학습 과제 요인
- 학습 자료
- 교수와 학습의 절차

(2) 수업 실천 단계

실제 수업이 이루어지는 실천 단계에서는 계획보다는 실제의 교수행위가 중요하다. 이때의 교사는 어떤 자료와 방법으로 학생에게 다가가고 교감할 것인가, 즉 학생들의 반응을 끌어들이고 피드백할 것인가를 고민하게 된다. 실천적 국면에서 이루어지는 교수행위의 활동 내용들은 다음과 같다.

㉮ 동기 유발

㉯ 내용과 절차 전달

㉰ 발문과 피드백

㉱ 학습 기회 제공

㉲ 판서

㉳ 정리 및 평가

2) 내적 구성에 따른 접근

앞서 진술된 내용이 수업의 과정에 따른 설계 과정들이라면 내적 구성 설계 과정은 실제 한 단원을 기준으로 학습내용을 전체적으로, 혹은 부분적으로 어떻게 초점화하고 긴밀하게 서로 관련지어야 할 것인가에 대한 활동들을 말한다. 여러 차시에 걸쳐 진행되는 단원 전체 수업과정은 통상 단원의 성격과 관련된 안내과정인 전체적 접근을 하게 되며, 각 차시에 따른 목표 수준으로 부분적 접근, 그리고 마무리 하면서 다시 통합적 접근의 성격을 가지게 된다. 가령, 제재 텍스트로 이순신 장군 이야기를 다룬 단원이라면 도입에서 작품전체에 대한 안내를 하게 될 것이며 전체 이야기의 흐름을 찾거나 예측하는 학습내용을 설계하게 된다. 그 다음에는 목표에 따른 말과 행동에 따른 인물의 성격을 찾는 등 아주 부분적이고 전략적인 내용을 학습활동으로 설계하게 된다. 그리고 마무리 단계에 가면 부분적으로 접근했던 전략적 접근을 활용하여 보다 텍스트를 좀 더 이해하거나 감상하는 학습내용으로 통합적 접근을 하여 학습내용을 설계하게 되는 것이다. 이를 시각화하면 [그림1-1]과 같다.

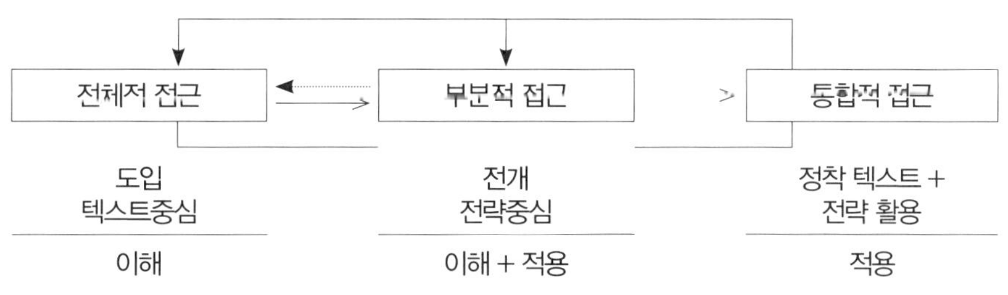

[그림1-1] 수업의 내적 구성

단원 도입 단계에서는 학습 제재 내용에의 전체적 접근 방법으로 주로 제재 소개나 전체 텍스트 예측이나 소재 등을 통한 안내적 접근을 한다. 또한 학습 목표와 관련된 활동을 집중적으로 제시하기도 한다. 단원이 시작될 때, 삽화나 학습내용에 대한 문제 제기를 통해 단원의 성격이나 핵심적인 학습 요소를 안내하고 있는 것은 바로 그런 이유이다.

초등 국어 수업은 '이어주는 말을 찾기' 등의 지극히 지엽적인 전략적 수업에서 '주제를 선정하여 토론하기'에 이르기까지 목표의 수준이 다르기도 하다. 짧은 텍스트나 문장을 통해 전략을 익히는 수업도 있을 수 있지만 긴 텍스트가 제시되어 텍스트에서 인물의 삶을 찾거나 나의 생각을 찾아 비교해 보는 수업도 있다.

대부분 목표 관련 수업으로 들어가기 전에 텍스트 이해가 중심이 되는 수업이 가능한데, 텍스트 중심 수업이란 교과서의 단원이나 제재의 내용에 접근하여 텍스트 자체를 습득하는 것이 충분한 목표가 될 수 있는 수업을 말한다. 이는 주로 문학작품을 다루는 수업이 해당될 수 있다. 텍스트 중심 수업에 비교하여 제재와 관련된 전략이나 활동이 강조되어 곧 바로 목표 관련 수업을 계획할 수도 있다. 이는 각 차시 수업을 설계할 때에 단원 전체 중 어떤 부분에 속하는지를 가늠하여 교사가 단원의 성격과 과정에 맞게 앞 뒤 차시들과의 관계를 가지고 차별화하거나 연계하여 설계하여야 한다.

각 차시마다 전개되는 부분적 접근 단계에서는 해당 차시가 가지고 있는 목표에 근간한 활동을 중심으로 전개하게 된다. 즉, 목표에 근간하여 텍스트 특성에 따른 전략이나 요약, 사건이나 인물의 해석 등에 집중하거나 토론의 방식을 알고 알게 된 전략이나 지식을 활용하여 토론에 직접 참여하는 활동 등에 집중하게 된다. 또한 부분적 접근은 각 차시 목표에 따라 이해 중심이 되기도 하고 이해와 적용이 부분적으로 이루어지는 활동으로 구성되기도 한다.

단원을 마무리하는 정착 단계에서는 전개 단계에서 부분적으로 접근하였던 내용을 통합하는 방법을 사용한다. 통합 단계에서는 앞서 학습한 전체적 텍스트의 이해와 함께 부분적으로 집중된 전략이나 활동들이 총체적으로 긴밀하게 연결되어 앞서 학습한 내용이 전적으로 활용될 수 있도록 구성한다.

3) 수업 단위에 따른 접근

일반적으로 초등학교의 한 차시 수업은 40분 단위로 전개된다. 한 단원도 여러 차시 수업들이 모여 구성된다. 40분 단위로 수업을 진행하기 위해서는 완성된 통합적 경험의 단위로 한 차시 수업을 구성할 필요가 있다. 이러한 이유로 매 수업에서 도입-전개-정리(정착)의 기본 흐름을 유지하는 것은 학습 효과에 도움이 된다.

도입 단계에서는 학습의 흥미나 몰입, 집중을 위한 동기유발이나 선수학습과의 관련 및 전시 학습 상기 등을 통하여 본 학습으로 유도하는 과정을 거치게 되며, 주로 학습목표나 내용의 범위를 안내하여 앞으로 진행될 학습을 위한 준비가 이루어진다. 전개 단계에서는 학습과정 내용에 집중하여 활동하면서 교사와 학습자가 긴밀히 소통하는 활동이 두드러진다. 정리(정착) 단계는 수업목표가 달성되었는지를 확인하거나 앞서 학습한 내용을 확실하게 요약하고 통합하는 단계이다.

각 단계의 시간은 일반적으로 도입 5분, 전개 30분, 정착 5분 정도로 계획하는 경우가 많다. 그러나 학습과제나 학습활동의 양, 혹은 학습의 특성에 따라 가감이 되며 각 단계의 흐름 역시 수업 상황에 따라 다르게 전개될 수 있다.

4) 언어적 상호작용에 따른 접근

교사는 대부분의 교과내용을 학생과의 언어적 상호작용을 통해 전달하게 된다. 여기서 언어적 상호작용은 크게 교사의 설명, 시범, 질문, 학생의 답변에 대한 반응 등으로 나눌 수 있다. 즉, 교사는 국어 이해와 표현의 전략을 점진적으로 학생들에게 이양하기 위하여 설명, 시범, 질문, 반응 등의 방식으로 학생들과 상호작용하면서 수업을 전개해 나간다[3]. 설명은 교육내용을 전달하는 것으로, 교사가 어떤 내용을 어떻게 설명하느냐에 따라 목표나 지식의 내용이 바뀌거나 희석될 수 있다. 그리고 방법 면에서 내용을 명시적으로 전달할 수도 있고 시범을 통해 전달할 경우도 있으며, 은유적, 혹은 귀납적, 은유적 등으로 설명할 수 있다. 또한 설명의 방식 면에서는 직접적, 일방적, 상호적 등으로 나눌 수 있다.

교사의 질문은 학생의 학습의 참여나 성취 또는 태도 등과 깊은 관련을 맺는데 이는 교사의 질문이 학습자의 사고과정에 단서를 제공하는 역할을 하기 때문이다. 또한 학생의 답변에 대한 교사의 반응 방식에 따라 학생들의 사고가 촉진되거나 방해될 수 있다. 교사가 동감을 표현하고 칭찬을 통해 심리적 촉진을 유발하거나 오류 지적이나 정오에 대한 평가의 행위를 하는 것, 학습자의 답변에 대한 보충 등은 학생 대답에 대한 교사의 반응에 속한다.

교수 행위를 할 때 교사가 일방적으로 학습내용을 전달하게 되면 학습자는 학습내용을 이해하기보다는 수동적이 되며, 자신의 생각이나 사고가 개입되지 않기 때문에 제시된 내용을 암기를 하거나 기계적으로 따라 하기가 쉽다. 이렇게 주입식으로 수용된 지식은 시간이 지나면 맹목적 지식의 상태에 머물러 장기적 학습 효과를 거두기 어렵다. 또한, 학생들의 수준을 넘어선 개념이나 어려운 설명은 학습을 저해할 뿐 아니라 학습자의 흥미를 잃게 만들기 때문에 학습효과를 기대하기 어렵다. 또한 교사가 필요하지 않은 말을 반복하거나 학습 내용이 장황하여 비초점화되면 핵심을 벗어나거나 요지를 알아차리기 힘들다. 그러므로 교사의 발문은 학습을 진행하거나 학습을 몰입

---

3) 국어과에서는 시범을 보이는 경우가 종종 있다. 이때의 시범은 행위의 시범이 아니라 사고의 시범을 말하는 경우가 많다. 이 시범은 교사의 의도를 설명하는 방식으로 보아 설명의 범주에 넣을 수 있다.

하게 하는 중요한 수단이 되어야 한다.

교사의 학습을 지원하는 이러한 기제를 은유적으로 표현한 용어가 '비계'이다. 특정 수업에서 교사가 학생들에게 효과적으로 비계를 제공하기 위해서는 학생의 근접발달 영역을 진단하는데 필요한 학습내용에 대한 전문적인 지식과 자신이 알고 있는 지식을 학생에게 어떻게 전달하며 그들과 어떻게 의사소통 할 수 있는가에 대한 지식이 있어야 한다. 비계의 개념은 이제까지 교수 · 학습을 이해하는데 유용하게 활용되어 왔다. 즉, 비계라는 개념은 교사가 학생들의 학습정도를 파악하여 지원해 주는 상황을 설정하고 설명하는데 유용하게 사용될 수 있다. 비계 설정이라는 관점에서 교사는 다음과 같은 몇 가지 효율적인 발문 방법을 가지고 있어야 한다. 설명을 통한 효율적인 몇 가지 발문 방법을 간략히 제시하면 다음과 같다.

– 설명 중심의 발문 방식 –

① 핵심 말하기 : 학습내용은 가급적 장황한 설명보다는 단순화하여 명확하게 제시하는 것이 좋다. 또한 설명에 대한 목표나 의도를 말하는 것이 학습자로 하여금 학습내용을 보다 체계적으로 습득하게 하는데 유리하다.

② 비교와 비유하기 : 어떤 복잡한 내용이나 개념을 안내할 때에는 차별화된 다른 것과 비교하거나 쉬운 대상에 비유하여 안내하게 되면 인지하는 데에 좀 더 효율성을 갖게 된다.

③ 슬라이싱(Slicing) : 학습자는 아직 지식에 대한 초보적 수준에 머물고 있기 때문에 처음부터 말하도록 하거나 개념을 한꺼번에 다 제시하는 것은 흥미도 떨어뜨릴뿐더러 학습을 이내하기 어렵게 만든다. 조금씩 단계적으로 순차적으로 안내하는 것이 좋다.

④ 예시, 예화자료를 활용하기 : 설명보다는 구체적인 예시나 그림자료 등이 내용을 이해하는 데에 훨씬 효과적으로 쓰일 수 있다.

⑤ 객관식 설명 : 여러 가지 내용을 제시할 때에는 윤곽을 잡기 위한 도표나, 구조화된 요약 등이 필요하다. 가령 인물의 관계도나 복잡한 내용을 정리하거나 간단히 요약할 때에는 표나 도식화하여 제시하는 것이 좋다.

⑥ 이야기식 설명 : 저학년은 이야기 구조 즉, 서사구조에 익숙하다. 저학년 뿐 아니라 우리의 생활이 이미 이야기를 가지고 있으며 어린 시절부터 접한 텍스트 역시 이야기 구조로 되어 있기 때문에 이야기를 덧입히면 훨씬 내용을 친숙하게 여기게 된다. 따라서 딱딱한 내용일수록 주인공을 설정하여 스토리텔링으로 안내하는 것이 흥미를 끌어들이는 좋은 방법이 된다.

⑦ 유머 끌어들이기 : 유머는 경직된 사고를 풀고 흥미를 유발할 뿐 아니라 집중도 높이기 때문에 학습을 지원하는데 필요한 요소가 된다. 그러나 자칫 유머가 학습을 지원하는 것이 아니라 학습과 유리되거나 유머의 강도가 높아 학습을 방해하게 되기도 하므로 적절한 조절이 필요하다.

- 활동 중심의 발문 방식 -

⑧ 질문 만들기 : 주로 질문을 교사가 하고 학생은 답하는 방식으로 수업이 전개되는데 그 역할을 바꾸어 할 필요가 있다. 좋은 질문과 좋은 문제를 만들어 내는 것은 학습을 주체적으로 유도할 수 있는 좋은 활동이 된다. 교사가 답을 하는 것이 부담이 된다면 학습자 들을 그룹으로 나누어 질문과 답을 하도록 역할을 제시할 수도 있다. 학습의 수준이 높거나 고학년의 경우에 특히 가능하다.

⑨ 문답식 : 흔히 교사와 학습자가 수업시간에 하는 핑퐁식 대화이다. 하지만 단순한 질문과 답보다는 학습자의 사고를 유발할 수 있는 질문이 좋은데 이때에는 중간중간 힌트를 주며 답으로 유도해나가는 방법이 의미가 있다.

⑩ 핵심 내용에 표시하기 : 전통적으로 수업을 전개하는 방식이기도 하다. 교사의 설명이나 아내에 따라 텍스트의 내용을 찾아 도드라지게 표시함으로써 핵심 내용을 기억하게 하거나 상기시키는 방법인데 텍스트 요약하기 전략에 응용하여 활용될 수 있다.

⑪ 휴지기 두기 : 교사가 발문을 할 때에 교사는 해당 시간에 목표를 달성해야 하는 생각 때문에 학습자들의 반응에 시간을 할애하는 것에 인색하기 쉽다. 학습자의 반응을 충분히 기다리기 위해 휴지기를 두는 것도 발문을 의미있게 활용하기 위한 전략이 될 수 있다.

⑫ 시범보이기 : 국어학습은 주로 지적 활동으로 이루어진다. 물론 '발음'이나 소리내어 읽기, '글자쓰기(자형)' 등을 위한 학습에서 교사가 행동적 시범을 보이기도 하지만 교실 수업에서 주로 이루어지는 것은 텍스트를 읽고 요약하거나 주제에 맞는 주장이나 설명을 하거나, 목적에 맞게 쓰는 활동이 된다. 이러한 활동은 주로 사고과정 속에서 이루어지는 것이므로 교사는 시범을 보일 때에 자신의 머릿속에서 일어나는 인지과정을 말로 소리내어 보임으로써 시범을 보일 수 있다.

⑬ 진위 여부를 찾아내게 하기 : 교사가 많은 내용을 제시할 때에 응당해야할 일이거나 정당한 것을 알려주려고 노력하기 때문에 틀린 내용을 제시하는 경우란 그리 많지 않다. 하지만 학습자가 조금만 집중하면 찾아낼 수 있는 단서를 주어 거짓을 말함으로써 학습자로 하여금 쉽게 잘못된 것을 찾게 하면 학습자의 집중도도 높일 수 있을 뿐 아니라 학습의 흥미도도 높이며 사고활동을 좀 더 원활하게 할 수 있게 된다.

⑭ 학습자가 발표한 내용을 요약하기 : 교사의 발문은 교사의 의도를 표현하는 데에 할애되기도 하지만 때에 따라서는 학습자의 표현을 정확하게, 혹은 풍부하게 하도록 하는 비계의 역할을 적극적으로 하는 데에 있다. 즉 언어표현의 초보자인 학습자는 미숙한 언어로 자신의 생각을 표현하게 되는데 이때, 잘했다거나 부족하다거나 하는 단정의 말보다는 학습자의 말을 다른 용어로 진술하거나 학습자가 빠뜨린 부족한 부분을 보충해 학습자의 심리적 측면을 격려해 줄 수 있다.

⑮ 학습자의 진술을 다시 해석해 주기 : 학습자는 교사의 질문에 다른 방향으로 말하거나, 의미는 알고 있지만 아직 미숙하기 때문에 자신의 생각에 갇힌 언어로 진술할 수 있다. 이때에 교사는 학습자의 입장에서 수업의 목표나 의도를 함께 고려하면서 학습자의 진술을 메타적으로 진술해 줌으로써 학습의 방향을 잘 잡을 수 있을 뿐 아니라 학습자를 학습에 보다 적극적으로 끌어들일 수 있다. 가령, 학습자가 인물의 성격을 묻는 질문에 "흥부는 착하고, 제비다리도 고쳐주고… 가난하지만…" 이런 두서없는 진술을 하더라도 "아, 효신이는 흥부가 착해서 제비다리도 고쳐 준거라고 말하는 거니? 그러니까 그 말은 흥부의 행동을 통해 흥부

의 성격을 알 수 있다고 말하고 싶은 거로구나"라고 다시 진술해 줌으로써 학습자들은 좀 더 명확한 학습의 목적을 파악하게 되며 학습내용을 정확하게 이해할 수 있게 된다.

수업 중 교사가 학습을 전개하는 국면에서 일방적인 발문이나 설명으로 학습내용을 전개하기에는 한계가 있다. 이럴 경우, 앞서 언급한 설명의 방식 외에 도형이나 사진을 함께 제시하거나, 실험이나 체험 등과 같은 조작활동이 함께 동반될 때 더 효율적인 발문이 이루어질 수 있다.

3. 초등 국어 수업의 PCK

Pedagogical Content Knowledge(이하 PCK)[4]는 미국의 교육학자 Shulman이 1985년에 처음 제시한 용어이다. 이후 PCK는 교과 내용을 학생들이 보다 잘 이해할 수 있는 형태로 변환하는 데 사용되는 지식으로 기술되면서 교사의 수업 전문성을 설명하는 핵심적인 개념이 되었다. 민윤(2003)의 논의에 의하면, 그동안 PCK의 개념 및 특성에 관한 논의는 크게 두 측면에서 이루어졌다. 하나는 PCK 자체를 교사 전문성의 핵심으로 보고 의미 있는 표상의 방식으로 한정하는 입장이며, 다른 하나는 교사가 수업에서 교과 내용을 변환하는 과정에서 사용하는 지식으로 간주하는 입장이다. 전자는 PCK의 개념을 교사의 지식 중 수업에서 학습자와의 상호작용을 통해서 효과적인 변환에 이르는데 사용되는 지식으로 정의하는데, 이 경우에는 주로 신규 교사와 경력 교사를 비교하여 신규 교사에게는 PCK가 존재하지 않는다는 입장을 취하게 된다. 반면에 후자는 교사가 수업에서 교과 내용을 전달하는 과정에서 PCK가 형성된다는 입장을 취하기 때문에 PCK의 유무보다는 정도의 차이 또는 질적인 차이를 살피게 된다. 이어지는 내용에서는 PCK에 대한 일반적인 논의를 토대로 초등 국어과 PCK의 개념 및 구성 요소 등에 대해 알아본다.

3.1. 초등 국어과 PCK의 개념

교과별 PCK에 대한 개념 정의는 Shulman(1986)의 정의를 기본으로 하면서도 개별 교과 내용의 특성과 차이를 반영하고 있다. 그 이유는 Shulman의 정의가 특정 교과에 대한 것이 아니라 범교과적 차원의 정의였기 때문이다(한국교육과정평가원, 2007). 따라서 초등 국어과 PCK 개념은 PCK의 보편적 개념 정의를 바탕으로 하되 타교과와는 차별화되는 초등 국어과만의 특성을 반영하여 조작적으로 정의할 수 있다. 이러한 방식으로 최민영(2012)은 초등 국어과 PCK를 "초등 국

4) PCK란 용어는 Shulman이 처음 사용하였으며, 우리나라에는 '교수 내용 지식'(김만희, 2003; 민윤, 2003), '교수학적 지식'(서관석, 전경순, 2000), '교수적 내용지식'(김용대, 2001; 박경민, 2001), '교과교육적 내용지식'(진홍섭, 2009), '교수법적 내용지식'(방정숙, 2002), '내용교수법'(이화진 외, 2005), 내용 교수 지식(최민영, 2012) 등으로 번역되고 있다. 하지만 그동안 PCK에 대한 논의는 발전과 변화를 거듭하면서 원래의 용어가 가지고 있던 의미역을 넘어서게 되었다. 여기서는 그동안에 이루어진 다양한 논의를 수용함과 동시에 특정 용어로 번역되면서 갖게 되는 개념의 혼란을 없애고자 이 책에서는 PCK를 원어 그대로 사용한다.

어과 학습 내용에 대한 학생의 이해를 돕기 위해 교사가 자신의 지식 기반을 통합하여 형성하는 초등 국어 수업을 위한 전문적인 지식"이라고 제시한 바 있다. 이를 종합하면, 초등 국어과 PCK는 "교사가 초등 국어과에 대한 자신의 전문적인 지식과 초등 국어 수업에 대한 경험을 통하여 발전시켜 나가는 것으로, 초등 국어 교과의 특정한 교육 내용을 학생들이 좀 더 잘 이해할 수 있는 방식으로 가르치는 방법에 대한 지식"이라고 할 수 있다.

3.2. 초등 국어과 PCK의 구성 요소

연구자들에 따라 PCK안에 포함시키는 구성 요소들은 조금씩 차이가 있다. 하지만 대다수의 학자들이 Shulman(1986)이 말한 PCK의 두 가지 핵심 요소에 대해서는 동의한다. 그 중 하나는 교과 내용을 표상하는 교수 전략에 관한 요소이고, 다른 하나는 교과 내용에 대하여 학생들이 가지고 있는 이해와 관련된 요소이다. 하지만 공통 요소를 제외하고는 여전히 무엇을 PCK의 구성 요소로 포함시켜야 할지에 대해서는 쉽게 결정을 내리기가 어렵다. 이에 국어과에서 PCK를 연구한 박태호와 최민영(2013)은 여러 연구자들의 논의를 종합하여 초등 국어과 PCK의 구성 요소를 다섯 가지로 정하였다. 그 논의에 의하면, 초등 국어과 PCK의 구성 요소는 초등 국어 수업의 지향, 초등 국어 교육과정 지식, 학생들의 이해에 관한 지식, 초등 국어과 수업을 위한 교수 전략과 표상에 관한 지식, 초등 국어과 학습 평가에 관한 지식의 다섯 가지로 볼 수 있다. 이 다섯 가지의 구성 요소들을 Park & Oliver(2007)의 연구에서 처음 제시된 펜타곤 모형으로 구조화하면 아래의 [그림1-2]와 같이 나타낼 수 있다.

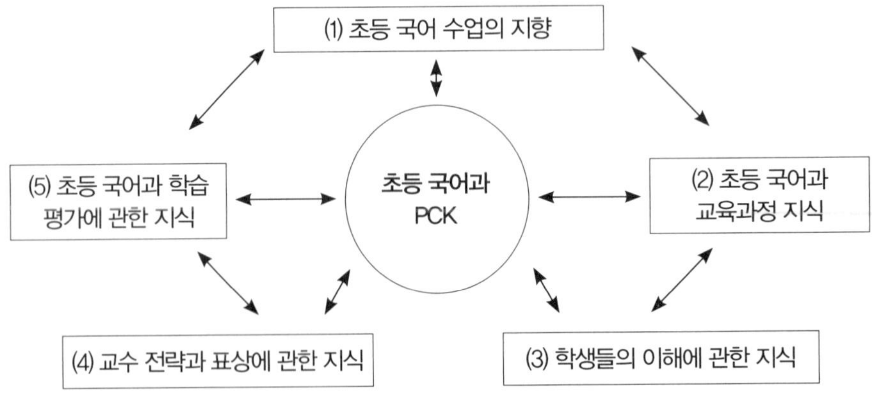

[그림1-2] 국어과 PCK의 구성 요소 (Park & Oliver, 2007의 내용을 수정 · 적용함)

위의 [그림1-2]에서 '(1) 초등 국어 수업의 지향'은 개별 학년 수준에서의 초등 국어 수업을 위한 목표와 목적에 대한 교사들의 지식과 신념을 제공한다. Grossman은 이것을 개별 학년 수준에서 국어 과목을 지도하기 위한 목표 관련 지식을 구성한다고 설명하였다. 말하자면, 이 요소는 초등 국어 수업을 바라보는 또는 개념화하는 일반적인 방법을 의미한다. 아울러 초등 국어 수업의 지향은 학습 주제, 학습 과제의 내용, 교재의 사용, 다른 교육과정 자료, 학습 결과의 평가와 같은 쟁점들에 대한 교수적 의사결정을 안내하는 '개념 지도'를 제공하기 때문에 매우 중요한 의미를 갖는다고 볼 수 있다.

[그림1-2]의 가장 오른쪽에 위치한 '(2) 초등 국어과 교육과정 지식'은 크게 두 개의 범주로 나누어 생각할 수 있다. 하나는 성취 기준과 학습 주제에 대한 지식이고, 다른 하나는 구체적인 교육과정 프로그램에 대한 지식이다. 첫 번째, 성취 기준과 학습 주제에 대한 지식 범주는 해당 학년 과목에서 학생들에게 지도해야 하는 목표에 대한 지식을 포함한다. 이것은 또한 종적인 교육과정에 관한 교사의 지식을 말하는데, 다시 말해 학생들이 이전 학년에서 학습한 것 그리고 다음 학년에서 학습할 내용에 관한 교사의 지식이다(Grossman, 1990). 목표와 목적에 관한 지식은 초등 국어 교육과정과 초등 국어 수업에서의 기대하는 것을 가지고 교수적 의사 결정을 안내하는 국가 혹은 각 시도 교육청 수준의 문서에 바탕을 둔다. 학교와 지역에서는 교육과정에 제시된 목표를 달성하기 위해 제시되어야 하는 개념이 무엇인지 나타내기 위해 구체적인 과정 또는 프로그램을 문서로 만든다. 유능한 초등 국어 교사들은 이들 교육과정 문서에 대해 상세히 이해하고 있어야 한다.

두 번째, 구체적인 교육과정 프로그램에 대한 지식 범주는 초등 국어과 교육의 개별 영역과 특정 주제를 가르치는데 적절한 프로그램과 자료들에 대한 지식을 말한다. 개별 학교 수준에서의 국어과 교육과정에 관한 활발한 연구가 이루어진 결과 개별 학년 수준과 영역별로 교사들이 반드시 알고 있어야 하는 몇 가지 유형화된 프로그램이 마련되었다. 아울러 교육과정에 관한 교사들의 지식은 교육과정에 명시된 일반적인 학습 목표뿐만 아니라 그 목표를 달성하는데 사용되어지는 활동과 자료들을 포함한다. 바꿔 말해 '① 교육과정의 성취 기준과 학습 주제에 대한 지식'이 종적인 교육과정에 관한 지식을 의미한다면, '② 구체적인 교육과정 프로그램에 대한 지식'은 횡적인 교육과정에 대한 지식이라고도 할 수 있다. 즉, 특정 성취 기준이 반영된 해당 단원에서 어떠한 내용을 지도해야 하는가에 대한 지식이라 할 수 있겠다.

[그림1-2]의 하단 오른쪽에 위치한 '(3) 학생들의 이해에 관한 지식'은 교사들이 초등 국어과의

특정 교육 내용을 학생들이 효과적으로 학습하는 것을 돕기 위해 반드시 알고 있고 있어야 하는 것으로, 해당 수업과 관련된 학생 선수 학습에 대한 지식과 학습 곤란에 대한 지식으로 나눌 수 있다. 선수 학습에 대한 지식은 특정 내용을 학습하기 전에 수업에 참여하는 학생들이 경험한 선행 학습 또는 학생들이 가지고 있는 배경 지식에 대한 교사의 지식을 말한다. 교사는 이 선수 학습에 대한 지식을 통해 학생들의 다양한 능력 수준과 학습 스타일을 고려하여 교수 전략 및 설명 방법을 결정하게 된다. 아울러, 학습 곤란에 대한 지식 학생들이 특정 내용을 학습하는데 있어 어떠한 어려움을 겪고 있으며 그 원인은 무엇인가에 대한 교사의 지식을 말한다. 특정 주제 또는 개념에 대한 오개념과 난개념이 여기에 포함된다.

학생들이 초등 국어과 교육 내용을 학습하는데 어려워하는 데는 여러 가지 이유가 있으며, 교사들은 그 어려움의 여러 가지 유형에 대하여 알고 있어야 한다. 예를 들면, 어떤 주제들은 수업이 문제 해결에 초점을 맞추는 경우 학생들이 문제에 대하여 효과적으로 생각하는 방법과 문제를 해결하기 위해 어떠한 전략을 계획해야 하는지 알기 못하기 때문에 학습하기 어렵다. 이러한 경우에 교사들은 학생들이 일반적으로 범하는 실수와 학생들이 새로운 문제에 대해 이해하는데 필요한 실제의 경험적인 지식에 대하여 알고 있는 것이 필요하다. 또한 학생들의 이전 경험이 초등 국어 학습 내용과 일치하지 않는 경우도 있다. 이 유형의 경우 일반적으로 오개념과 관련이 있다. 오개념은 주로 과학과나 수학과에서만 언급되어 왔으나 초등 국어과에서도 어렵지 않게 발견할 수 있다. 학생의 오개념에 관한 지식은 교사가 학생들의 활동과 생각을 해석하는데 도움을 줄 수 있기 때문에 반드시 알아야 하는 대상이다.

그림[1-2]의 하단 왼쪽에 위치한 '(4) 교수 전략과 표상에 관한 지식'은 두 범주로 나눌 수 있다. 하나는 과목 일반적인 전략이고 다른 하나는 과목 및 주제 특정적인 전략이다. 이들 전략들은 범위에 따라 다르게 사용된다. 우선 과목 일반적인 전략들은 수업을 이끌어 가는데 있어 보편적으로 사용되는 전략을 의미하며, 과목 및 주제 특정적인 전략은 다른 과목과 달리 초등 국어를 지도하는데 적합한 전략을 말한다. 이 중 주제 특정적인 전략은 범위가 보다 협소하며, 초등 국어 영역 안에서 특정 주제를 지도하는데 적용된다.

학생들의 초등 국어과 학습 능력에 대한 상세하고도 체계적인 평가가 이루어질 때, 교사는 그 평가 결과를 바탕으로 교수 · 학습을 개선할 수 있으며, 학생의 국어 능력에 대하여 구체적으로 지도하고 조언할 수 있다(최미숙 외, 2008). 학생들의 국어 학습을 효과적으로 평가하기 위해서 교사는 평가 관점에 관한 지식과 평가 방법에 관한 지식을 알고 있어야 한다. [그림1-2]의 가장 왼쪽에 위치한 '(5) 초등 국어과 학습 평가에 관한 지식'은 무엇을 평가할 것인가와 관련이 있다. 단원 학습 혹은 차시 학습이 목표로 하는 초등 국어과 학습 내용이 무엇인지 파악하여 이를 기초로 학생들을 평가할 내용을 결정하게 된다. 이 때, 차시 수업에서 지향하는 것이 무엇인지에 따라 평가의 관점은 달라질 수 있다. '초등 국어과 학습 · 평가 방법에 대한 지식'은 평가 관점 및 내용에 따라 달라진다. 초등 국어과 평가의 방법은 일반적으로 선택형 평가, 서술형 평가, 논술형 평가, 포트폴리오 등으로 나눌 수 있는데, 차시 수업 내용에 맞게 교사가 구체적인 방법을 선택하여 적용할 수 있다.

3.3. 초등 국어과 PCK와 초등 국어 수업 전문성

많은 연구를 통해 PCK가 교과 수업 전문성과 매우 밀접한 관련을 맺고 있음을 확인할 수 있다. 초등 국어과 PCK는 그것이 가지고 있는 특성상 교과 일반적인 성격과 국어과 특정적인 성격을 동시에 지니고 있다. 그동안 많은 연구들이 PCK의 교과 일반적인 특성에 기대어 교과마다 다르게 나타나는 PCK의 발현 양상을 설명하는 것을 소홀히 하였는데, 여기서는 William R. veal과 James G. MaKinster(1999)의 연구를 바탕으로 초등 국어과 PCK가 초등 국어 수업 전문성이 어떠한 관계를 맺고 있는지 대해 간략하게 살펴보기로 한다.

William R. veal과 James G. MaKinster(1999)는 대부분의 PCK 연구가 교사의 전문성 신장에 초점을 맞춘 것에 치중하여 교사의 PCK가 어떠한 역할을 하는지에 대해 정밀하게 설명하지 못한 문제점을 지적하였다. 이러한 인식을 토대로 그들은 Bloom외의 '교육목표 분류학'의 방법을 차용해 다양한 학문, 교과 그리고 교과 내의 영역마다 가지고 있는 주제들 사이에서 특수성의 수준에 따라 PCK를 분류하였다. 그들의 연구는 이전 연구에서 소개된 PCK 속성들을 모두 목록화한 다음 그 목록으로부터 가장 중요한 속성이 무엇인지 도출해낸 것이다. 그 연구에서 다루어진 PCK의 유형들을 구분하고 거기에 범주를 추가하여 국어과 PCK의 다양한 층위를 제시하면 [그림1-3]과 같다.

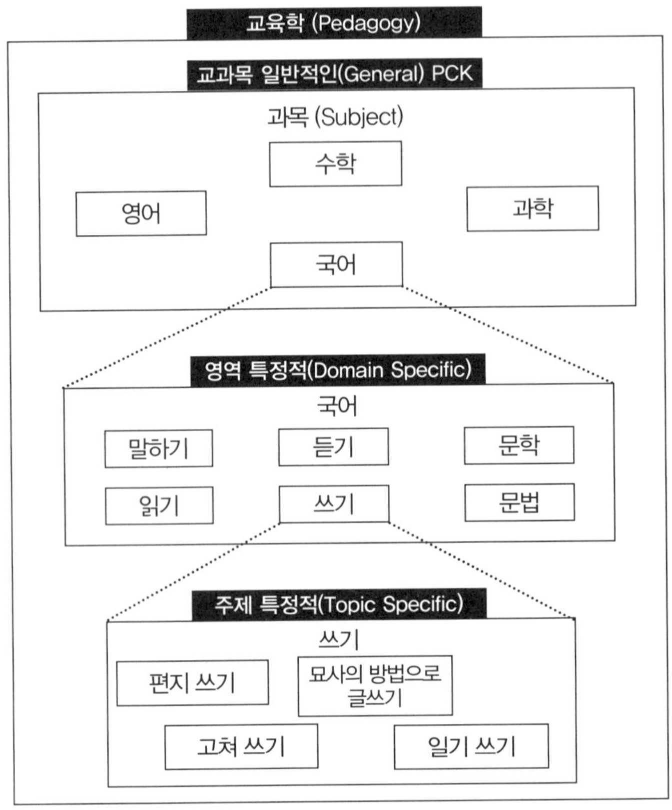

[그림1-3] 국어과 PCK의 층위
(William R.와 James G., 1999의 내용을 수정 · 적용함)

[그림1-3]에서 교육학 지식으로 올라갈수록 교과 수업 일반적인 또는 수업의 보편성에 해당하는 PCK이며, 주제 특정적인 PCK로 내려갈수록 초등 국어과 수업의 특수성을 나타내는 PCK가 된다. 이 분류를 바탕으로 초등 국어과 수업에 반영된 교사들의 PCK를 분석해보면 주제 특정적인 PCK보다는 교과 일반적인 또는 교육학 지식에 가까운 PCK들이 대거 관찰된다. 우리가 초등 국어과 수업의 특수성을 반영한 수업, 다시 말해 학생들에게 초등 국어과 교육 내용을 충실하게 잘 가르치는 수업을 하기 위해서는 해당 수업 내용과 직결되는 주제 특정적인 PCK를 많이 활용해야 한다. 물론 이 수준의 PCK를 지닌 교사는 교육학, 교과 일반적인, 영역 특정적인 수준의 PCK에 해당하는 지식과 능력들의 목록을 지니고 있어야 한다.

초등 국어과의 각 영역 혹은 영역마다의 주제는 그것만의 개념, 용어 그리고 교육 내용들을 가지며, 때로는 겹치는 내용이 있을 수 있다. 하지만 각 영역의 특수한 개념이나 내용뿐만 아니라 영역 공통적인 내용 역시 영역마다 다르게 지도될 수 있다. 예를 들면, '문단'은 읽기, 쓰기, 문법 영역에서 공통적으로 다루어지는 학습 주제이지만 그것을 지도하기 위해 활용하는 용어와 교육 내용은 해당 영역마다 큰 차이를 보인다. 이것이 주제 특정적인 초등 국어과 PCK가 갖는 중요성이다. 따라서 우리가 '좋은 수업'이라고 부르는 초등 국어과 수업에는 이러한 주제 특정적인 초등 국어과 PCK가 적절하게 반영되어 있어야 한다.

제2장

초등 국어 수업 과정과 전개

국어 수업을 위하여 초등학교 교사가 가지고 있어야 하는 기본적인 지식은 무엇일까? 이 질문을 머릿속에 두면서 이 장을 시작하려고 한다. 우선 교사들은 아이들이 어떻게 국어 학습을 하며, 그들의 국어사용 능력은 어떻게 길러지는가에 대한 정보를 알고 그에 대한 지식을 갖춰야 할 필요가 있다. 초등 교사는 아이들이 국어를 배워가는 과정을 이해한 후 그에 대한 인식과 신념에 기초하여 국어 수업에서 교사의 역할이나 교수행위의 의미체계를 세워가기 때문이다. 따라서 이 장에서는 교수 · 학습 과정에 관한 이론과 논의들을 정리하고, 국어 수업 전개에 있어서 주목해야 할 몇 가지 핵심을 짚어보기로 한다.

1. 초등 국어 수업 과정의 이론과 특성

초등 국어 수업의 과정은 학생들이 어떻게 학습을 하고, 특별히 국어를 어떻게 배우는가에 대한 이해를 토대로 진행되어야 한다. 즉, 교사들은 학생들이 어떻게 국어를 학습하는가에 대한 지식에 기초하여 수업을 설계해야 한다. 이러한 생각에 터하여 먼저 초등 국어 학습의 과정에 관하여 최근에 논의되는 학습에 관한 인지이론, 심리언어학이론, 사회구성주의 이론의 내용을 간략히 알아보기로 한다. 그런 다음 학생들의 국어 학습을 지원하는 국어 수업 과정의 특성을 살펴볼 것이다.

1.1. 초등 국어 학습의 과정에 관한 이론

초등 국어 학습의 과정은 Piaget와 Bruner로 대표되는 인지 학습 이론과 Goodman이 강조한 심리언어학 이론 그리고 Vygotsky의 사회구성주의 이론과 관련지어 설명할 수 있다.

초등 국어 교과의 학습 과정을 간단하게 말하면 "학생들이 언어적 활동에 역동적으로 참여하고 의미를 발견해 가는 구성적인 과정 그리고 학생들이 교사나 동료와 협력적으로 학습할 때 일어나는 사회적 상호작용의 과정 그리고 독자로서 혹은 필자로서 텍스트 간에 이루어지는 상호교류의 과정이다.(Cox, 1996)"라고 정의할 수 있다. 이러한 학습 과정 속에서 학생들은 자기 선택적이고 자기 표현적이며 자기 통제적인 학습에 대한 책임감을 가지게 된다. 이러한 세 가지 특성을 좀 더 자세히 살펴보기 위하여 역동적인 의미 구성 과정, 사회적 상호작용의 과정, 자기 조절적인 상호교류의 과정으로 나누어 정리하면 다음과 같다.

1) 역동적인 의미 구성 과정으로의 학습

Piaget로부터 구성주의 이론이 시작되면서 학습이란, 학습자의 적극적인 의미 구성 과정이라는 관점을 생겨났다. 이 말의 의미는 학습자가 역동적으로 학습활동에 참여하면서 지식의 개념을 구성하고 발견할 수 있다는 것이다. 바로 Dewey가 말하는 '경험으로서의 학습'과도 맥을 같이 한다고 할 수 있다.

아이의 인지 구조는 개개인 나름의 지식 범주체계를 의미한다. 비유적으로 말하면 학생들은 자신의 경험으로부터 얻어진 정보를 조직하고 저장하는 개념적인 서류철을 가지고 있다. 정보는 머릿속의 '파일 폴더'에 채워진다. 학생들이 학습한다는 것은 자신의 서류철 체계에 따른 파일 폴더를 추가하는 것이고, 새로운 정보를 습득하면 그 파일 폴더는 점점 두꺼워지는 것이다. 학생들이 자신의 환경과 상호작용하면서 자신의 경험에 관한 새로운 정보를 추가하면서 머릿속에 존재하는 범주를 확대하거나 새로운 범주를 구성해 나간다.

Piaget(1977)에 의하면 학생들은 동화와 조절에 의한 평형화를 통하여 자신의 경험을 조직하고 환경에 적응해간다. 동화란 이미 자신이 인식하고 있는 정신적 범주에 대상을 포함시키는 것이다. 즉, 이미 경험으로 알고 있는 정신적 범주 속에 알려지지 않은 낯선 대상을 끌어오는 것이다. 조절은 새로운 대상이나 환경에서의 경험을 내적 기제로 포함시키기 위하여 자신의 정신적 범주를 조정하는 것이다. 평형화는 동화와 조절 사이에 균형이 이루어지는 자기 조정의 과정을 말한다.

지속적인 동화와 조절의 상호작용을 거치면서 학생들은 자신의 정신 기제를 정교화하게 된다. 다시 말해서, 학습은 무언가 새로운 것을 마주했을 때, 학생이 이해를 못하거나 동화되지 못하면 불균형이나 인지 갈등이 생기게 된다. 불균형은 일종의 혼동과 동요를 불러일으켜 평형 또는 균형 상태를 지향하게 될 것이다. 새로운 경험에 의한 불균형은 학생이 학습하도록 동기화되어 동화와 조절이라는 과정을 거치면서 평형이라는 더 높은 수준의 발달을 가져오게 된다.

이러한 Piaget의 이론은 후에 스키마 이론을 통해 뒷받침된다(Anderson, 1977). 동화와 조절, 평형화 과정을 거치면서 형성되는 개념을 우리는 흔히 스키마라고 부른다. 스키마는 이미 존재하는 지식 구조에 새로운 내용이 덧붙여지면서 조직적인 폴더를 형성하는 것이라고 생각하면 된다. 이처럼 새로운 지식의 학습에서 중요한 것은 사전 경험이나 지식과 관련짓고 새로운 정보를 조직하는 것이라고 할 수 있다. 학생들은 자신의 새로운 학습 경험을 이미 알고 있던 스키마와 관련지어 가면서 학습을 해 나가게 된다.

만약 학생들에게 새로운 정보가 너무 어렵다면 자신이 알고 있는 것과 관련지을 수 없어 배울 수 없을 것이다. 이런 점에서 학생들에게 주어지는 새로운 정보는 반드시 어리둥절하며, 도전적이어야 한다. 즉, Piaget의 용어로 '적당히 새로운' 것이어야 한다. 정보가 너무 쉬우면 동화가 빨리 일어나고, 정보가 너무 어려우면 조절을 할 수 없게 된다. 따라서 교사들은 학생들이 자신이 알고 있는 것과 자신이 알지 못하는 것을 관련시키는데 도움을 줄 수 있도록 수업을 설계할 필요가 있다(김국태, 2006). 그리고 수업시간에 다루는 새로운 정보의 양은 너무 긴 기간 동안의 불균형을 경험하지 않으면서 동화하고 조절할 수 있는 학생들의 능력 범위 내로 제한하여야 한다.

Goodman(1972)도 Piaget의 견해를 따라 이미 알고 있는 것에서 시작하고, 다음에 일어날 것을 예상하며 새로운 의미를 구성하게 된다고 말한다. 실제로 그는 이야기를 읽으면서 자신의 경험을 토대로 다음에 일어날 일에 대하여 추측하고 검증하는 것을 강조한다. 그렇게 함으로서 이야기에 대한 의미를 구성할 수 있게 된다. 이처럼 국어교과의 학습은 학생들로 하여금 자신이 임하는 언어적 활동에 참여하도록 유도하고, 의미의 구성과 발견에 초점을 두어야 할 것이다.

국어 교과의 학습은 역동적인 개인의 의미 구성 과정에 중점을 두어 학생의 경험에 새로운 경험을 더하고, 자기 자신의 새로운 이해를 구성한다는 면을 강조한다. 이것은 우선, 학생들은 언어적 경험을 행함으로서 예를 들어, 말하기 듣기 읽기 쓰기를 사용함으로서 배운다는 것이다. 그리고 국어 교과 학습에 반드시 학생 자신에 대한 탐구와 발견을 토대로 개별화와 내면화의 과정이 필수적인 요소로 자리 잡아야 한다(Smith, 1988). 아울러 학생 개개인의 독특한 경험과 개인적인 이해의 차이를 인정해야 한다. 이를 위한 교사의 임무는 직접 경험의 토대를 만들어주고 자신의 속도에 맞춰 개인적인 이해를 조장하도록 도와주는 것이다.

국어학습의 의미 구성 측면은 개인적 상호작용이라 할 수도 있다. 다시 말하면 국어 학습은 학습자가 이미 알고 있는 것과 알게 될 것 사이의 상호작용이다. 학습은 학습자가 이미 알고 있는 지식과 새로 알게 되는 지식이 어떤 형태로든 관련되어야 일어나는 것이다. Piaget나 Goodman의 견해들도 새로운 것은 자신이 이미 알고 있는 것과 관련지으면서 지식으로 구성된다고 믿고 있다. 이것을 Brown(1980)은 '인지 적합화'로 설명한다. 국어학습은 학습자에게는 이미 알고 있는 것과 배우게 될 특별한 정보 사이의 거리를 좁히는 것을 의미하고, 교사에게는 새로운 것과 이미 아는 것 사이에 다리를 만들어 주는 것이라 할 수 있다.

2) 사회적인 상호작용 과정으로의 학습

Vygotsky(1978)의 사회적 상호작용 이론은 다른 의미있는 타자와 환경과의 상호작용을 통하여 국어학습이 이루어진다는 점을 강조한다. 그리고 사회적 상호작용이 새로운 지식 발달에 필수적인 요소라고 제안한다. Piaget가 학습의 역동적인 인지 과정을 강조했다면 Vygotsky는 사회적이고 상황적인 특성을 강조하는 것이다. Vygotsky 이론의 핵심은 바로 근접발달영역이라는 개념이다. 이 근접발달영역은 독립적으로 문제를 해결할 수 있는 실제 발달 수준과 성인이나 좀 더 유능한 동료의 도움을 받아서 문제를 해결할 수 있는 잠재적 발달 수준 사이의 거리를 말한다. 학생들은 좀 더 유능한 사람들 예를 들면 교사나 부모, 유능한 동료들이 도와줄 때 본격적인 학습을 하게 된다. 이것은 교사와 학생 사이의 언어적 상호작용을 잠재적인 의미를 얻는 근본적인 수단으로 보는 것이다(Vygotsky,1978). 일반적으로 학생들의 언어 학습은 선천적이기도 하지만 사회적이기도 하다. 학생들은 선천적으로 몰입하여 배우기도 하지만 공동체 구성원과의 상호작용을 통하여 배우기도 한다.

Bruner(1978)는 교사가 학생들의 실재적 발달 수준에서 잠재적 발달 수준으로의 이동과 새로운 지식 구성을 위한 도움을 '비계(scaffolding)'의 은유로 설명하였다. 비계의 은유는 의미있는 상호작용을 통하여 새로운 지식 구성을 유도할 수 있다는 뜻이다. 교사도 수업시간에 비계를 사용하여 실제 발달 수준에서 잠재적 발달 수준으로 나아가도록 도움을 주고, 지원하는 것이라 할 수 있다(Applebee & Langer, 1983). 또한 진정한 상호작용은 학생이 가지고 있는 토대로서 그 아이가 알고 있는 수준을 활용하여야 하고, 교사의 지원은 일시적이며 학생의 발달과 성장에 맞춰 서서히 줄여가야 한다는 의미를 내포한다.

3) 자기조절적인 상호 교류 과정으로의 학습

학생 개개인들에게 국어학습은 텍스트와 의미를 주고받는 상호 교류의 과정이기도 하다. 텍스트와 함께 의미를 구성하는 교류의 과정이라는 뜻은 텍스트 자체에 의미가 존재하는 것이 아니고 아울러 학생들도 저자가 의미하는 것을 텍스트 속에서 찾아내는 것도 아니라는 것이다. Rosenblatt(1986)에 의하면 "다소 완결되고 결속적인 의미 구성에 이르기 위한 텍스트의 생산과 수용 과정은 학생과 언어적 부호간의 복잡한 자기 교정적인 상호 교류이다"라고 하였다. 또한 의미가 만들어지는 과정은 학생과 텍스트 쌍방 간 사이에 일어나는 거래라고 설명한다. 즉, 의미란 상호 교류로부터 나오는 것이다.

이러한 관점에서 보면, 교사는 학생들에게 자신들이 수업에서 접하게 되는 텍스트에 대한 반응으로 자기 경험을 좀 더 활용할 수 있는 기회를 제공해주어야 한다. 아울러 개인적인 선택과 통제의 기회를 주어 학습에 대한 책임감을 가지도록 해야 한다. 교사는 학생들이 텍스트로부터 의미를 구성하면서 보다 개방적으로 반응을 유도하고 개인들의 사전지식이나 배경지식을 적극적으로 활용하도록 안내한다. 학습의 초점은 교사의 생각 혹은 텍스트 그 자체의 생각에서 나오는 것이 아니라 텍스트에 대한 학생들의 생각과 주관적인 반응에서 나오는 것이다.

따라서 상호 교류의 관점에서 교사는 대체로 개방적인 질문(예를 들면, 너는 그것에 대하여 어떤 생각을 가지고 있니?)을 제기하거나 학생들의 반응을 반드시 공유해야 한다. 아울러 교사는 학생들의 반응을 동일시하기도 하고, 반응을 확장하기도 하며 다른 해석을 기대하기도 한다. 이때 학생들은 스스로 자신의 반응을 선택하고, 다양한 자기만의 표현 방식을 활용하며 자신의 생각을 조절하게 된다.

국어학습의 이런 측면은 바로 상위인지적 과정과 깊은 관련이 있다. 상위인지는 텍스트와 상호 교류를 스스로 조절하는 능력에 있어서 핵심이다. 가장 자기조절적인 학습자는 어느 정도 자신이 학습한 것의 이해 수준에 대한 인식을 가지고 있어야 하기 때문이다. 텍스트와 자기 조절적인 상호

교류자는 새로운 텍스트에서 중요한 것이 무엇인지를 결정하고, 언제 자신의 배경지식과 텍스트의 정보를 통합할 것인지, 언제 텍스트의 이전 내용으로 돌아갈 것인지, 언제 새로운 내용으로 이동할 것인지 등을 결정해야 한다(김국태, 2006). 이 결정은 바로 학습자의 상위인지에 의존하여 이루어진다.

지금까지 논의한 내용을 정리하면, 국어학습은 학생들이 의미의 구성과 발견에 중점을 두는 언어 사용 경험을 통하여 이루어진다. 이는 곧 학생들 스스로 자신의 언어적 의미에 대한 탐구와 발견을 행하는 개별화와 내면화의 과정이 필수적임을 의미한다. 국어학습은 항상 의미있는 타자와의 사회적 상호작용을 통하여 이루어지며, 학생과 의미있는 텍스트 쌍방 간의 적극적인 상호교류 과정에서 새로운 의미를 생성하게 된다.

1.2. 초등 국어 수업 과정의 특성

앞에서 언급한 학습 과정 이론들을 보면, 학습자는 학습에 대한 소극적인 수용자가 아니다. 오히려 학습자는 주변 환경과 상호작용을 하면서 동화와 조절의 과정을 거치면서 적극적으로 지식을 구성해 나간다. 새로운 정보에 동화되어 자신의 스키마를 확장하고, 새로운 경험을 하면서 조절을 통하여 자신의 스키마를 재구성할 때 학습이 일어나는 것이다. 이런 역동적 학습자의 의미구성을 강조하는 구성주의적 · 과정 중심적 접근법에 적합한 교사의 역할은 '온갖 정보의 보급자'라는 위치에서 '학습 과정의 관리자'의 위치로 변화하게 된다(Hills, 1987). 결국, 교사는 국어 경험뿐만 아니라 학생의 모든 발달 국면을 관리하며 수업의 운영을 통하여 국어학습을 실현하는 역할을 하는 것이다(김호권 외, 1992)

초등 국어과 수업은 "아이들이 문제를 해결하고 과제를 수행하며, 자신의 독자적인 노력을 넘어서는 학습 목표를 성취할 수 있도록 도와주는 지원 과정"으로 "교사들이 학습자들이 혼자서 할 수 없는 과제를 성취할 수 있도록 도와주기 위하여 사용하는 잠정적인 지원 구조"로, "아이들이 현재의 기능과 지식을 확장하여 높은 수준의 능력을 성취할 수 있는 지원 상황"으로, "학습자들이 지원 없이는 성취할 수 없는 복잡한 과제를 해결할 수 있도록 하는 교사의 말과 행동"이라는 네 차원으로 개념화 되고 있다. 즉, 초등 국어 수업의 개념은 지원 과정, 지원 구조, 지원 상황, 학생을 지원하기 위한 교사의 말이나 행동으로 설명될 수 있다(김국태, 2006). 이런 다양한 층위는 교수의 본질을 조명하는데 어려움을 주지만 한편으로는 다양한 양상으로 교사의 지원 체계를 보여줄 수 있다.

이 책에서는 초등 국어 수업의 과정을 논리적인 하나의 고정적인 틀로 설명하기 보다는 학습을 지원하는 과정 혹은 교수의 전략, 교수 변인간의 작용 구조를 종합적으로 고려하여 그 특성을 중심으로 설명하고자 한다. 이렇게 설명하는 이유는 현재의 학습 이론들이 구성주의적이고 역동적인 학습 환경을 중시하여 전통적인 지식의 전달적 관점에서 이해되기보다 학습자들이 역동적으로 수용하고, 해석하고, 경험하는 과정을 중시하기 때문이다. 또한 학습자에게 의미있는 국어과 수업은 상호작용적으로 판단되어야만 하기 때문이다.

이와 같은 인식에 따라 초등 국어 수업 과정은 학습자의 의도가 존중되는 협력적 활동 형성 과정, 근접발달영역 내 운영 과정, 상호주관성 확립 과정, 책임감 전이 과정, 과제 내면화 과정이라는 다섯 가지 특징으로 설명될 수 있다.

1) 협력적 활동 형성 과정

초등 국어 수업은 학습자의 의도가 존중되는 협력적 활동을 형성하는 과정이다. 효과적인 교사와 학습자의 상호작용이 발생하기 위해서는 공동의 관심에 공동으로 참여하는 일이 선행조건이 된다. 따라서 교사는 학생들의 참여를 유도하는 협력적 문제 해결 활동을 만들어 가야 한다. 특히 초등 국어과 수업은 인지적 활동으로 학습자들의 적극적이고 구성적인 학습 참여를 요구한다. 이를 위한 수업의 과정은 우선 학습자들이 새로운 것을 탐구하고 이해하고픈 열망을 이끌어내고, 성취할 수 있도록 도와주면서 학습자들이 적극적인 목표지향적인 자세를 갖는 활동 맥락을 설정해야 한다. 무엇보다도 학습자들이 능동적으로 참여하고 협력할 활동을 제공해야 한다.

지식의 발달이 이루어질 수 있는 학습은 반드시 협조적인 활동 맥락 안에서만 가능하다. 이 점은 국어과 학습에서 지향하는 고등정신기능의 상황학습적인 특성을 일컫는다(Lave & Wenger, 1991). 고등정신기능은 항상 활동을 수행하는 실천적인 형태로 활동 속에 담겨 있으며, 학습자들의 학습은 진행되고 있는 과제활동과 분리되어 일어날 수 없다(김지현, 2000). 결국, 새로운 국어 교과의 핵심 전략을 습득하기 위한 협력적인 학습 과제나 활동을 어떻게 창출하는가하는 관점에서 초등 국어 수업의 과정이 강조되어야 한다.

2) 근접발달영역 내 운영 과정

초등 국어과 수업은 목표 중심의 근접발달영역 내에서 운영된다. 근접발달영역이란 독립적인 문제 해결에 의해 결정되는 실제적인 발달 수준과 성인의 안내나 유능한 또래와의 협력에 의한 문제해결을 통해 결정되는 잠재적 발달 수준간의 차이를 말한다(Vygotsky,1978). 따라서 국어과 수업은 교사와 상호작용적 지원 속에서 이루어지는 근접발달영역 내에서 과제를 해결하게 만들어야 한다.

근접발달영역 내에서 국어 수업의 모든 과정이 이루어지도록 하기 위해서 교사는 일차적으로 수업목표나 활동 과정의 적절성을 확보해야 한다. 그리고 교사는 지속적으로 수업 과정 속에서 학습자의 현재 능력을 파악하고 새로운 잠재적인 능력으로의 발달을 주의 깊게 모니터하게 된다. 결국, 국어수업과정은 "어떤 수준의 능력에서, 다음 수준으로, 그리고 마침내 수업 받은 전략의 독립적인 적용으로 이끌기 위해 교사들은 근접발달영역 내에 있는 학습자들을 어떻게 잘 도울 수 있을까?"라는 질문 속에서 창출된다(Palincsar, 1986). 쉽게 말해, 국어 수업 과정은 학습자와의 상호작용적인 노력으로 성취될 수 있는 과제를 향한 안내 과정인 것이다.

교사가 학습자로 하여금 자신의 근접발달영역 안에서 과제를 해결하도록 하는 방법은 크게 두 가지 차원에서 이루어진다. 첫째는 학습자가 도전감을 갖도록 과제와 주변 환경을 구성해주는 것이다. 이를 위해서는 학습자들에게 제시되는 목표와 내용이 적절한 수준이 되도록 과제와 활동을 구조화해주어야 한다. 학습활동은 학생들에게 충분히 도전할 수 있는 곤란도가 있어야 하고, 그들의 능력을 확장시킬 수 있어야 한다. 너무 쉬워서 도움이 없이도 완성할 수 있는 과제나 너무 어려워서 도움을 받아도 성공적으로 해결할 수 없는 과제가 아닌 적당한 난이도의 과제를 부여한다(Applebee & Langer, 1983). 둘째는 학습자의 현재 요구와 능력에 맞도록 도움의 양을 조절하는 것이다. 이를 위해 교사는 자신이 관여할 활동을 암묵적으로 조성하는 것, 직접적으로 시범을 보이는 것, 학습자가 참여할 활동의 과정이나 수준을 정해주는 것, 학습자들의 참여를 구조화하는 것, 문제 해결에 도움이 되는 도구나 함께 해줄 동료를 선택하는 것 등의 행위를 하게 된다(Tharp & Gallimore, 1988).

3) 상호주관성 확립 과정

성공적인 국어과 수업 과정은 상호주관성을 확립해가는 과정이라 할 수 있다. 상호주관성이란 원래 근접발달영역과 관계된 것으로 어떤 과제를 시작할 때 서로 다르게 이해하던 학습자들이 다른 사람의 관점에 맞추어 조정하면서 의사소통을 위한 공통 화제를 만들어가게 되고 결국에는 공유된 이해에 도달해가는 것을 의미한다. 즉, 특정한 과제에 대한 공감적 이해를 말한다. 교사는 교실이라는 학급공동체간에 의사소통의 과정을 거치면서 상호 합의된 이해에 도달해야 함을 강조하는 것이다.

상호주관성의 확립 과정은 교사와 학습자 사이의 초점과 목적의 공유라고 할 수 있다(Rogoff, 1990). 교사와 학습자들은 서로 다른 상황 정의를 가지고 수업의 과제에 다가간다. 교사가 가진 수업 목표, 과제, 자료의 의미는 학습자들이 생각하는 의미와 다르다. 따라서 교수의 과정은 교사와 학습자간의 바람직한 소통을 통한 목표와 활동의 공감을 형성하는 과정이 되어야 한다.

4) 책임감 전이 과정

초등 국어과 수업의 과정은 교사의 과제 수행의 책임감을 학습자의 책임감으로 전이하는 과정으로도 볼 수 있다. 책임감의 변화는 역시 근접발달영역과 관계된 것으로 학습 초기의 활동은 보다 지식이 풍부한 교사에 의해 규제되고, 지원을 통해서만 수행 가능하던 기능을 학습자가 보다 많이 책임감을 가지고 통제할 수 있도록 만들어가는 과정을 의미한다(Cole, 1985). 효과적인 초등 국어과 교수 · 학습 과정은 교사의 활동을 점진적으로 줄여가고, 학생들의 활동은 점진적으로 늘여가는 과정이다. 즉, 학습자 스스로의 자기 조절 정도를 점차 증가시켜야 한다. 이런 점진적인 과제 수행의 책임이양 과정을 통하여 학습자들은 독자적인 학습자로 나아가게 된다.

이처럼 학습자에게로 책임감을 전이하는 수업의 과정은 초등 국어과 교수 · 학습 과정의 또 다른 특징이라 할 수 있다. 교수 · 학습 과정은 학습자가 좀 더 독립적으로 자기 조절하도록 하는 잠정적인 지원 과정이다. 여러 연구 결과들을 통하여, 교사와 학생 간의 국어 수업은 타인 조절에서 자기 조절로의 일관성 있는 진전이 있음이 증명된 바 있다(Rogoff, 1990). 그리고 학생이 수업을 통제하는 측면의 장점들도 다양하게 검토되고 있는 상황이다. 결국, 초등 국어과 교수 · 학습의 과정은 학습자가 좀 더 독립적이고 자기 규제적인 역할을 갖도록 만들어 가는 책임감 전이의 과정이라 할 수 있다.

5) 과제 내면화 과정

초등 국어과 수업 과정은 과제 내면화의 목표를 지향한다. Vygotsky(1978)에 의하면, 내면화란 외적 조작의 내적인 재구성을 말한다. 국어과 학습자들은 국어 수업에서 타자와 의미있는 사회적 상호작용을 함께 하면서 내적인 정신과정을 창조하는 능동적인 행위자들이다. 국어과 학습에서는 학습자들에게 단순히 의미가 전수되거나 복제되는 것이 아니라 의미가 개인의 내면을 향해서 개 개인의 내적 수준으로 옮겨지면서 자신의 언어적 행위의 변화를 가져올 수 있게 만들어 간다. 학습자 스스로 언어 전략의 새로운 구성적 변형과 자기 조절 능력을 갖게 하는 것이다. 즉, 사고 과정의 내면화를 통해서 새롭게 제시되는 과제를 자기 주도적으로 해결할 수 있게 된다.

과제 내면화의 과정은 교사의 구체적인 지원과 도움을 통해서 이루어질 수 있다. 특히, 국어과 학습의 의미구성 과정을 가장 잘 이해하고 있는 교사들이 유능한 국어사용자들이 무의식적으로 하는 행동을 적극적으로 밖으로 드러내어 학생들에게 보여주는 것이 무엇보다 중요하다. 특히 초등학교의 경우, 어떻게 하는 지를 그냥 학생들에게 설명해주는 것만으로는 부족하다. 먼저 설명을 해주고, 이제부터 그 행동을 직접 보여주겠다고 말한 다음, 어떻게 하는 지를 학생들이 볼 수 있게 시범을 보인다. 그 다음에는 아이들에게 무엇을 관찰했는가를 물어본다. 여기서 얻은 답변을 바탕으로 학생들이 직접 연습하는 시간에 참고할 수 있도록 안내하게 된다. 결국, 교사의 시범 보이기, 교사의 도움 받아 연습하기, 혼자서 연습하기, 실제 읽기 상황에서 적용해보기라는 4단계 접근법이 과제 내면화의 핵심 과정으로 강조된다(Fielding & Pearson, 1994).

4단계의 수업 과정을 단순하게 일반적인 직접 교수의 절차로 받아들일 수도 있다. 인지 전략을 활용하는 방법을 교사들이 직접 선보인 후 학생들이 혼자서 그 전략을 사용할 수 있을 때까지 교사가 옆에서 도움을 제공하는 것이 효과적이다. 이러한 말은 누구나 상식적으로 다 알고 있는 내용일 수 있다. 하지만 중요한 것은 도움의 절차 안에서 국어과의 정신적인 사고 과정을 '얼마나 구체화할 수 있었는가'에 두어야 한다는 점이다. 초등 국어과 교사의 수업 행위라는 개념을 '(전략을 사용하도록) 도와준다'에서 더 나아가 유능한 독자나 필자들이 사용하는 정신적 사고 과정을 '구체화한다'는 의미로 받아들여야 한다(NICHD, 2000). 이처럼, 과제 내면화를 위한 교사의 도움 조절은 반드시 사고 과정의 구체화가 동반되어야 한다.

지금까지 효과적인 초등 국어과 교수 · 학습 과정을 다섯 가지 특성으로 설명하였다. 요컨대, 초등 국어과 교수 · 학습의 과정은 학생들이 과제를 자기 것으로 소유하도록 만들어 가는 과정이라 할 수 있다. 즉, 교사는 활동이나 텍스트를 단순히 열거하여 제시하는 것이 아니라 협조적 맥락 안에서 근접발달영역 내에 있는 학습 활동의 상호주관성을 높여가며 학습에 대한 책임감을 학습자들에게 전이시켜 과제나 활동의 개인적인 의미를 부여할 수 있도록 하는 지원자이자 협력자의 역할을 담당해야 한다.

2. 초등 국어 수업 전개의 유의점

이 절에서는 한 차시의 단위 수업뿐만 아니라 국어 수업 실천의 장에서 고민해야 할 부분들을 중심으로 기술하고자 한다. 초등학교 국어 수업은 매 시간 40분 단위로 수업을 지속하면서 최소한 일 년이라는 장기적인 안목에서 국어 수업을 지속하는 방안도 함께 고려해야 하기 때문이다. 이를 위해 교사는 1)국어 수업의 기본 조건을 충족시키고, 2)상반되는 교수 · 학습관을 공존시키며, 3)국어과 수업모형을 보다 탄력적으로 적용하고, 4)지속적으로 텍스트와 개인적 관계를 맺어주며, 5)학급 구성원들이 함께 공존하는 문식성 공동체를 형성할 수 있어야 한다.

2.1. 국어 수업의 기본 조건 충족시키기

국어 수업이 갖추어야 할 조건은 무엇일까? 어떤 관점을 가지고 수업을 설계할 것인가? 이 문제에 관해서는 국어수업을 실행하는 교사가 어떤 관점을 가지냐에 따라 매우 다를 수 있을 것이다. 그러므로 여기에서는 좀 더 거시적인 관점에서 국어 수업을 설계할 때 견지해야 할 조건들을 간략히 제시하고자 한다.

가장 일반적인 교육학적 관점에서 Dick & Reiser(1989)는 교수 과정을 설계하는 데 적용되는 일곱 가지 원리를 제안하였다(여운방 외, 2002 재인용). ①학습자의 동기화, ②학습 목표의 구체화, ③선행지식의 상기, ④적극적인 학습 활동 참여, ⑤학습 지도와 피드백 제공, ⑥평가, ⑦학습 강화 및 교정 제공이 그것이다. 또한 현행 교육과정과 교과서에 강조하는 바를 중심으로 국어 수업 설계의 원리로 이재승(2005)은 ①학습자의 개인차 반영, ②구체적인 방법의 명료화, ③학생 주도적인 교수 학습의 전개, ④높은 수준의 사고 유도, ⑤언어사용 과정의 중시, ⑥통합적인 활동 유도, ⑦주체적인 의미 구성 활동의 강조, ⑧초인지 활동의 강조, ⑩영역별 특성의 반영, ⑪실제적인 언어사용 활동 강조, ⑫학습목표와 내용들의 연계성, ⑬학생들 간의 상호작용 강조 등의 주안점을 제안하였다.

수업 설계의 측면에서 고려하는 조건과 함께 바람직한 국어수업의 조건으로 박인기(2010)는 ① 국어 교사의 국어 수행 모범성, ②텍스트를 중심으로 한 교사와 학생의 의미 있는 상호작용, ③ 실제적 언어 경험의 수업 자료화, ④국어사용의 문화적, 이념적, 정의적 측면에 대한 배려를 제시하고 있다. 박태호(2009)은 좋은 국어의 조건들이 실제 수업에서 어떻게 구현되는지 그 사례를 보이면서 ①문제 해결력을 향상시키는 국어수업, ②안내자 촉진자의 교사 역할을 중시하는 국어수업, ③발문시 학생들의 개인차를 고려하는 국어수업, ④즐거운 마음으로 가르치는 국어 수업, ⑤교사와 학생의 역할 교대가 분명한 국어수업을 중심으로 논의를 전개하였다. 이런 거시적 논의들의 대부분은 주로 교사의 일반적인 교수 측면에서 바라보는 관점이고, 동시에 국어과의 내용적 측면을 중심에 두고 있다. 그러나 학습의 대상인 학습자의 요구와 동기를 적극적으로 반영하지는 못하고 있다.

실제의 교실 국어 수업에는 다양한 동기와 다양한 수준을 가진 학생들이 동시에 존재한다. 학생들은 다양한 종류의 호기심, 기대, 자기 효능감, 사회적 상호작용 등의 인식을 가지고 수업 활동에 참여하게 된다. 다양성을 가진 학생들의 내재적 동기를 지원할 수 있는 맥락들이 신중하게 검토되어야 학생들은 좀 더 적극적으로 수업에 참여하게 될 것이다. 반대로 수업의 맥락들이 이들의 내적 동기를 억압한다면 당연히 학생들은 불평과 불만을 하게 된다. 결국, 국어 수업의 맥락은 다양한 학생들의 내적 동기를 국어 수업 활동과 관련시키는 것이다(Guthrie, 1996).

국어 수업의 맥락이 학습자의 내적 동기를 강조하는 이유는 바로 그들의 협조적 공유를 이끌어 낼 수 있기 때문이다. 국어 수업은 학생들의 협조적인 공유가 있어야만 그들의 현재적 상황 안에서 진정한 언어 사용의 기능이나 전략을 학습할 수 있는 기회를 제공할 수 있다. Guthrie(1996)는 학생들의 언어 사용 능력을 향상시킬 수 있는 국어 학습의 교수적 맥락을 여섯 가지 특성으로 제시하고 있다. 그 교수적 맥락의 특성을 토대로 여기에서는 효과적인 국어 수업의 기본 조건을 관찰적, 개념적, 자기 주도적, 전략적, 협력적, 자기 표현적 특성으로 나누어 설명하고자 한다.

첫째, 국어 수업은 학습자의 관찰을 지원해야 한다. 학습은 본디 개념적으로 실제 세상과의 상호작용으로 그 시작은 관찰에 있다고 할 수 있다. 학습자들은 수업에서 다양한 환경을 관찰함으로써 학습이 시작된다. 학습자들은 자신에게 흥미를 주는 특성들에 주목하면서 자신의 관찰을 개별화하게 된다. 이처럼 실제 세상의 관찰은 국어 수업의 출발점이다. 따라서 국어 수업은 관찰 활동을 통하여 학습자들이 자신의 지식을 통합하고, 계속적으로 자신의 호기심을 지속할 수 있도록 자극할 수 있어야 한다. 관찰의 자원으로는 교사 자신이 수행하는 국어사용의 시범, 언어 텍스트의 선정, 실제적 언어 경험의 활용을 들 수 있다.

둘째, 국어수업은 학습자의 개념 형성을 지원해야 한다. 학습자들의 개념 형성은 자신의 관찰 결과를 설명할 수 있도록 만들어 주는 것이다. 학습자들은 자신이 배우고자 하는 것과 자신의 사전 지식을 관련지어 관찰된 현상을 설명할 수 있도록 자신의 지식을 재구성하여야 새로운 상황에 적용할 수 있게 된다. 자신이 알고 있는 것을 전이시키고, 창의적으로 문제를 해결하여 자기 효능감을 높일 수 있게 되기도 한다. 아울러 개념 형성은 사실, 관찰, 설명 등이 통합되는 고등 수준의 사고의 기본이 되며, 심도있는 텍스트의 생산과 수용에 영향을 미치게 된다. 또한 학습자의 개념 형성은 일방적인 설명보다는 학습자의 내적 동기에 의해 향상될 수 있도록 해야 한다. 학습자 개인이 흥미를 보이는 토픽은 개념의 양, 깊이, 풍부함에 향상을 가져올 수 있다. 개인적인 관심이나 호기심은 학습자들이 자발적으로 텍스트에 대한 심도있는 이해를 이끌 수 있고, 문제 해결을 위하여 새로운 개념을 형성할 수 있도록 만들어 줄 수 있다.

셋째, 국어 수업은 학습자의 자기 주도적 학습 기회를 제공해야 한다. 학습자들은 반드시 자기 주변 세상을 관찰하고, 스스로 질문을 생성할 수 있는 자기 주도적 학습의 기회를 가져야 한다. 그렇다고 완전한 자유가 효과적이라는 말은 아니다. 교사가 다른 자료나 텍스트에서 의미로운 질문이나 내용을 제시하여 줄 수도 있기 때문이다. 무엇보다 중요한 것은 학습자들이 학습 활동에 대한 선택권을 제공할 수 있어야 한다. 학습 활동을 하면서 무엇을 그리고 어떻게, 그리고 누구와 함께 할 것인지에 대한 선택권을 주는 것이다. 학습자들이 자신의 활동, 동료집단, 장소 등의 선택에 대한 결정권을 가지게 될 때, 자기 주도적 학습의 기초가 형성될 수 있다. 이러한 선택의 폭은 학습자들의 흥미, 지식, 필요에 의하여 이루어지기 때문에 학습의 개별화를 꾀할 수 있게 된다. 자기 주도적 조건하에서 학습자들은 학습의 주체성을 획득할 수 있을 것이다.

넷째, 국어 수업은 교사의 명시적인 전략 지도가 반드시 포함되어야 한다. 국어수업은 학습자들의 언어 사용 전략의 개발을 강조하여 교사의 시범, 안내된 연습, 동료들의 지원, 집단 토의를 통하여 텍스트의 생산과 수용에 필요한 전략을 배우도록 하고 있다. 예를 들어, 중심 생각 찾기, 비유적 표현 사용하기 등의 다양한 전략들은 동료나 교사의 명시적인 시범이 있을 경우 좀 더 분명한 언어적 인식으로 습득된다.

다섯째, 국어수업은 학급 공동체 구성원 간의 상호작용이 필요하다. 학습 공동체 구성원간의 협조의 조건은 사회 구성주의와 크게 관련된다. 학습자들은 자신의 학급 공동체의 일원으로 수업시간에 반 전체와의 상호작용, 협동적인 모둠활동, 짝 활동, 개별적인 활동에 참여한다. 이런 협조적 맥락 속에서 학습자 개인의 능력이 향상된다. 예를 들어, 다른 친구들의 활동을 보면서 자신의 활동을 자연스럽게 점검하게 되고, 다른 학습자들의 활동도 점검하며, 친구들에게 설명하기 위해서 새로운 정보를 찾기도 한다. 아울러 협조적 맥락 안에서 타자와 상호작용하는 방식도 함께 안내받을 수 있게 된다. 자신의 지식을 확인하기 위해서 다른 친구의 말을 들어야 하고, 한 번에 한 사람씩 말을 해야 하며, 차례대로 돌아가며 말하는 방식, 사회자의 말을 들어야 하는 소통의 기술도 동시에 얻을 수 있다.

여섯째, 국어수업은 학습자 자신의 표현 기회를 제공해야 한다. 자기표현의 조건은 학습자들이 자신의 지식을 재현할 수 있는 기회를 주는 것이다. 국어 수업은 학습자 자신의 개인적인 관심을 자극할 수 있는 다양한 표현 기회를 제공한다. 언어적 활동(발표나 보고서)이나 비언어적 활동(신체적 표현, 그림, 연극)으로 다양한 자기표현을 할 수 있어야 한다. 더 나아가 자기 표현적 분위기는 학습자들에게 자신이 학습한 내용을 보여주는 방식을 개별화하도록 자극할 수 있어야 한다. 자신의 내적인 목소리가 좀 더 중요하다고 느껴질 때 학습자들은 수업 활동에 적극적으로 참여한다.

이상에서 국어수업의 조건을 관찰, 개념, 자기 주도, 전략, 협력, 자기표현의 여섯 가지 특성으로 바라보았다. 이 모든 조건들이 교실 수업에서 동시에 일어날 수는 없다. 학습자들이 단위 수업 시간에 관찰하고, 읽고, 쓰고, 협동하고, 전략을 사용하고, 자신의 경험을 결합할 수는 없을 것이다. 각각의 차원들은 유동적이다. 초기에는 관찰이 주도적인 부분을 차지하고, 후반으로 갈수록 자기표현이 강조된다. 이런 조건들은 국어 수업을 어떻게 전개할 것인가에 대한 일련의 원리라 생각하는 것이 좋다. 교사의 특성에 따라서 다양한 방법들이 선택되고, 학년이나 교육과정의 내용에 따라 다양한 형식으로 적용될 수 있다.

2.2. 상반되는 교수 학습의 관점 공존시키기

전통적으로 국어 교과를 가르친다는 것은 '교사 · 텍스트 중심'의 교실 상황에 익숙해져 있는 것이 사실이다. 여전히 우리의 현장 교실은 줄을 맞춰서 앉게 하고, 말을 하기 위해서는 항상 손을 들고, 가르치는 교사의 말에 귀 기울이고, 모든 학생들이 교과서라는 동일한 교재를 사용하여 학습을 한다. 이런 교실 모습은 심리학의 행동주의 이론을 반영한다. 행동주의 학습이론의 교육적 적용은 1950년대 Skinner에 의해서 대중화되었다. 특히 Pavlov의 개 실험에 대해서는 한 번쯤 들어 보았을 것이다. 그 개는 식사 시간을 나타내는 종소리에 대한 반응으로 침을 흘렸다. 이처럼 행동주의자들은 학습도 자극-반응 조건화의 공식에 따른다. 행동주의자들의 관점에 기초한 전통적인 국어 수업은 학습자들에게 환경의 조건화 과정을 통해서 성인모델들에 대한 적절한 모방에 의해서 학습을 진행한다. 따라서 교사는 학생들이 모방할 수 있는 행동을 모델링함으로써 학습을 조건화한다. 학생들은 바르게 모방한다면 칭찬과 보상 같은 긍정적 강화를 받고, 그렇지 못했다면 부정적 강화를 받게 된다.

이런 전통적 행동주의 관점에 따라, 언어는 본능적인 것이라고 보기 보다는 조금씩 학습하며 늘어가는 '기능이나 기술'로 불리게 된다. 효과적인 언어 기술을 터득하면서 자신의 언어 능력을 구성해 나간다. 따라서 언어 학습은 각각의 단계가 그 전 단계에 따라 진행되는 단계적이고 누적적인 과정이라고 생각한다. 이런 방식으로 언어를 가르치면서 교사들은 각 학년에서 진행되는 기능들의 범위와 계열을 생각하게 된다. 따라서 언어 사용 학습에서 위에서 아래로(top-down)의 또는 부분에서 전체(part-whole)로의 접근이라고 불리기도 한다(Cox, 1996). '교사 · 텍스트 중심'의 관점에서 나타나는 교사와 학생의 역할을 표로 정리하면 다음과 같다.

〈표1-1〉 교사 · 텍스트 중심 관점에 의한 교사와 학생의 역할

교사	학생
• 학습되어야 할 것이 무엇인지에 대하여 결정한다. • 교과서와 학습지와 같은 자료를 사용한다. • 부분에서 전체로의 학습을 강조한다. • 습득되어야 할 내용의 계열이나 위계를 중시한다. • 과정보다는 결과를 중시한다. • 외재적인 동기로 보상을 사용한다. • 정답을 요구하는 평가에 익숙하다.	• 학습의 소극적인 수용자이다. • 교사가 시범보이는 것을 모방한다. • 교사나 교과서의 학습순서를 따른다. • 기능의 습득에 따라 평가된다. • 능력에 따라 서열화된다.

아울러 현재적 관점에서 '학생 · 반응 중심'의 관점으로 된 교실 상황도 함께 존재한다. 국어 수업은 아이들이 역동적으로 활동하는 것에 의해서 학습이 이루어진다. 학생들은 말을 하면서 말하는 것을 배우고, 읽으면서 읽기를, 쓰면서 쓰기를 학습한다. 따라서 교사의 역할은 학생들의 의미

구성에 초점을 맞춘 학습 경험을 가지고 역동적으로 참여하면서 자신의 생각과 자신의 언어를 조절하도록 도와주는 것이다. 이런 교실의 모습은 Piaget나 Vygotsky의 학습 이론들과 Rosenblatt의 문학 이론에 기초한다. 언어 능력의 발달은 실제 목적에 따른 언어 사용에 기인하는 것으로 읽기, 쓰기, 듣기, 말하기 능력들은 긍정적인 상호연관성을 가지고 있다는 점이 연구를 통해 발견되었다. 언어 능력의 지름길은 바로 그것을 사용하는 것, 우리가 읽기를 하던 쓰기를 하던, 말하기를 하던 실제로 의미있는 상황에서 그것을 사용해야 한다는 점이다(Cox, 1996). 구체적인 '학생 · 반응 중심' 관점에 의한 교사와 학생의 역할을 표로 제시하면 다음과 같다.

〈표1-2〉 학생 · 반응 중심 관점에 의한 교사와 학생의 역할

교사	학생
• 실제적이고 직접적인 경험들로 시작한다. • 독립적인 학습의 기회를 제공한다. • 아이들의 쓴 글이나 작품을 사용한다. • 전체에서 부분으로의 학습을 강조한다. • 결과보다는 과정을 중시한다. • 선택 사항들을 제시한다. • 학생들의 흥미에 기초하여 모둠을 만들고 항상 유동적이며 변화 가능하다. • 학생들과 자주 협의한다. • 학생들 사이의 협동과 협력을 자극한다.	• 무엇을 할 것인지를 선택한다. • 활동에 적극적으로 참여하며 학습한다. • 스스로 탐구하고 발견한다. • 모둠속에서 다른 아이들과 함께 학습한다. • 공동체와 상호작용하고, 협력한다. • 자기가 선택한 글을 읽는다. • 스스로 선정한 주제로 글을 쓴다. • 학습에 대한 책임과 선택권을 가진다.

이처럼 교실 국어 수업활동은 교수 · 학습 절차와 거기에 개입하는 변인을 바라보는 시각에 따라 크게 '교사 · 텍스트 중심'과 '학생 · 반응 중심'으로 접근할 수 있다. 초등 국어 수업이 '학생 · 반응 중심'의 경험주의적 접근에 더 호감을 느끼지만, 어느 쪽이라고 한 칼에 쉽게 결론을 내릴 수 있는 것은 아니다. 수업의 소통 과정에는 지식 습득이나 행동 변화가 기본적으로 전제되어 있기 때문에 상반되는 교수 · 학습의 관점이 함께 공존해야 한다.

2.3. 교수 학습 모형의 재인식과 탄력적으로 적용하기

교수 · 학습 모형은 일반적인 교수 · 학습 절차를 단순화하여 나타난 하나의 틀이라고 할 수 있다. 교수 · 학습 모형을 보면 대충의 수업 얼개를 알 수 있다. 따라서 교사는 교수 · 학습의 목표나

내용, 학습자의 수준, 자신의 교수능력, 교실 환경 등을 고려하여 가장 적합한 교수 · 학습 모형을 선택하여 적용하게 된다. 당연히 교수 · 학습 모형의 활용은 수업을 짜임새 있게 운영함으로써 교수 · 학습의 효율성을 높이려는 의도를 가진다.

국어과의 경우, 제 6차 교육과정기에는 국어과에 적용 가능한 교수 · 학습 모형으로 직접 교수법을 제시한 바 있다. 이 후 제 7차 교육과정기에는 교수 · 학습 모형에 대한 효율성을 인식하고 그에 관한 관심이 증가하면서 국어과에 적용도가 높은 일곱 가지 교수 · 학습 모형을 제시하게 된다. 현행 2009 교육과정기에도 제 7차 교육과정기와 같은 맥락에서 아홉 가지 수업 모형(직접 교수 모형, 문제 해결 학습 모형, 창의성 계발 학습 모형, 지식 탐구 학습 모형, 반응 중심 학습 모형, 역할 수행 학습 모형, 가치 탐구 학습 모형, 전문가 협동 학습 모형, 토의 · 토론 학습 모형)을 교사용 지도서 지면을 통하여 소개하고 있다[1].

국어과 수업 모형을 여러 가지로 제시하여 권장하는 이유는 바로 창의적 국어 수업의 다원성을 높이기 위한 의도이다. 그 만큼 국어 수업 방법 면에서 역동적이고 다양한 측면을 지향하고 있음을 보여준다고 할 수 있다. 여러 수업 모형의 제시는 초등 국어 교수 · 학습 운영에 있어서 수업 목표나 내용의 특성과 성격에 따라 선택적으로 적용함이 바람직하다는 전망을 드러낸다(신헌재 외, 2005). 실제로 국어과의 언어적 활동 경험을 구성하는데 교수 · 학습 모형은 중요한 기능을 한다. 각각의 수업 장면마다 적합한 교수 · 학습 모형을 적용하는 일은 초등 국어 수업의 기획에 필수적이다. 하지만 이것 자체를 절대 규범으로 받아들이는 것은 바람직하지 않다. 즉, 수업을 진행하면서 일반적인 절차와 과정을 그대로 따라가기 보다는 개별적인 초등 국어 수업에 맞는 요소를 찾아내어 다듬고 고쳐나가야 한다. 일반적으로 제시된 초등 국어 수업 모형을 바탕으로 하여 창의적으로 자신의 수업 여건과 상황에 맞춘 창의적인 수업 모형을 개발 · 적용해 나갈 수 있는 것이다.

2009 개정 국어과 교육과정에서 제시하고 있는 아홉 개의 수업 모형은 초등 국어과 고유의 수업 모형이라기보다는 다른 교과의 수업에서도 활용할 수 있는 보편적인 수업모형이다. '반응중심 학습 모형' 정도가 문학 제재의 지도에 사용되는 국어과 고유의 수업 모형이라 할 수 있다. 따라서 이들 일반 수업 모형을 적용할 때에는 초등 국어 수업의 특성에 맞도록 변용하여 쓸 수 있어야 한다. 일반 수업 모형으로서의 과정만을 그대로 따라가면 형식적인 수업모형이 되고 만다. 그리고 교육과정과

---

1) 아홉 가지 초등 국어 수업 모형에 관한 설명(특징, 절차, 활용)은 각 학년 국어과 교사용 지도서 부록을 참조하면 된다.

교과서와 지도서에 제시된 국어과 수업모형의 소개와 적용 예시 역시 그리 정교하지 않다. 초등 국어 교사용 지도서에 소개된 아홉 가지의 수업 모형을 제안한 것에 지나지 않기 때문이다. 이는 국어과 수업에서 적용도가 높다고 판단된 모형을 소개하되, 목표와 내용 특성에 맞게 선택적으로 적용하라는 의미이다.

현재의 국어 수업은 정교한 수업 모형으로 설명되지 않는 부분들이 많이 있다. 아울러 현장 교사들에게 교수 · 학습 모형이라는 공학적 교수 · 학습 방법에 대한 반발도 존재한다(김창원, 2007). 틀에 갇힌 모형으로 수업의 효율성을 강조하기보다 개인적인 자유로운 활동과 자기 경험적 체험의 개방성을 요구하는 목소리도 고려할 충분한 가치가 있다. 요컨대 수업을 전개하는 교사에게 필요한 좀 더 합리적인 선택은 학습자 개개인의 언어적 경험(활동)의 가치를 우위에 두고, 의도적인 학교 수업의 장면에서 교수 · 학습 모형 자체를 거부하기보다는 교수 · 학습 모형의 기계적인 적용을 경계하는 자세를 갖는 것이다.

기계적인 적용을 경계하기 위해서 일단 초등 국어과 교수 · 학습 모형으로 나열된 아홉 가지를 나름의 인식 틀로 분류해보는 것이 필요하다. 일정한 틀 안에 아홉 개의 교수 · 학습 모형을 나누어보면서 모형을 보다 체계적으로 인식하여 탄력적인 적용 가능성을 높일 수 있다. 모형을 나름의 기준으로 나누어보기 위해서 일단 수업의 일반적인 절차 모형을 한 범주로 설정할 수 있다. 수업 일반 절차 모형은 말 그대로 수업의 효율적인 절차를 중심으로 기술하고 있는 것을 말한다. 예를 들어, 직접 교수법은 교수행위의 효과적인 일반적인 절차를 반영하고 있다는 측면에서 교수중심의 절차 모형이라 할 수 있다. 반대로 문제 해결 학습 모형은 효율적인 학습의 일반 절차를 반영하고 있다고 말할 수 있다.

다른 한 범주로 목표나 내용 모형을 들 수 있을 것이다. 이 범주는 수업의 목표나 내용을 효과적으로 달성하고 전달하는데 초점을 두는 수업 모형이다. 예를 들어, 창의성 계발 학습 모형, 반응 중심 학습 모형이나 가치 탐구 학습 모형은 창의성을 계발할 목표를 두고, 각각 반응의 심화와 가치의 심화를 목적으로 하고 있기 때문에 목표나 내용별 수업 모형이라 부를 수 있다.

또 다른 범주로 수업 활동에 따른 모형을 상정할 수 있다. 구체적인 수업 활동이나 전략을 강조하는 모형이다. 예를 들어 역할놀이 학습 모형이나 전문가 협력 학습, 토의 · 토론 학습 모형은 학습의 효과를 극대화시키기 위한 나름의 활동을 강조함으로써 해당 학습 목표와 내용을 충실히 지도하는 데 목적을 두고 있다. 이렇듯 수업의 절차, 수업의 목표나 내용, 수업의 활동 등으로 크게 범주화해

보면, 각각의 모형을 좀 더 쉽게 이해하는데 도움이 된다.[2)]

기계적인 적용에 대한 우려와 함께 현장에서 논의되는 교수법을 살펴보면, 어떤 절대적이고 일반적인 모형이 있고, 교사들은 그 모형을 따라만 가면 성공적인 수업을 이룰 수 있다고 생각하는 경우가 많다. 즉, 수업의 주체가 교사도 학생도 아니고, 바로 수업 모형인 것이다. 실제로 교사와 학생이 배제된 채 수업 모형만을 따르는 수업이 종종 관찰되곤 한다. 하지만 교사는 자신의 국어수업을 진행하기 위해서 적절한 수업 모형을 적용하는 것이다. 이런 의미에서 수업 모형의 주인은 바로 교사 자신이다.

박인기(2010)에서는 수업 모형의 주인이 되는 습관으로 크게 다섯 가지를 제안한다. 우선, 지금 내 국어 수업의 문제가 무엇인지를 구명하여 정리한다. 가급적 메타 인지의 차원에서 정리하는 것이 좋다. 둘째, 문제 해결을 위해 수업의 환경, 자료, 절차, 활동, 전략(방법) 등을 구체적으로 개선해 본다. 셋째, 이들 요소 간의 유기적 관계를 어떤 '구조'로 묶어 본다. 넷째, 그 '구조'대로 과감히 실천해 보고 좋은 점과 문제점을 구체적으로 검증해 본다. 마지막으로 검증이 잘 되면 어느 정도 일반화해 본다. 이러한 일련의 과정은 '모형에 부림을 받는 교사'가 아닌 '모형을 능동적으로 부리는 교사'가 되기 위한 필수적인 탐구 과정이다.

아울러 박인기(2010)에서는 국어과 수업 모형을 좀 더 능동적으로 개발 적용하기 위한 몇 가지 기술적 지침을 다음과 같이 제시하였다. 첫째, 각 수업 모형이 보여주는 과정상의 단계를 경직되게 운용하지 말고 유연하게 적용하도록 한다. 둘째, 특정의 한 수업모형을 한 차시 수업에 적용시켜야 한다는 생각에서 벗어나 어떤 수업 모형의 특정 요소만을 가져와 해당 국어과 수업에 필요한 만큼만 사용할 수 있도록 하는 것이 좋다. 셋째, 한 수업 속에서 두 개 이상의 수업모형을 배합하여 활용하는 방식을 취해 보는 것도 바람직하다. 넷째, 언어 텍스트의 특성 자질에 기반을 둔 국어과 수업 모형 운영이 되도록 한다. 다섯째, 국어과 수업 모형을 결정하는데 국어를 배우는 학생들의 특성을 어떤 형태로든 반영하는 수업 운영이 되어야 한다. 여섯째, 타 교과와의 연계성을 최대화 할 수 있는 수업 운영이 필요하다. 일곱째, 교실 수준에서 계획 운영되는 국어과 수업 모형은 사실 늘 유동적이고 진행형의 형태로 항상 역동적인 구조가 되도록 한다(박인기, 2010).

이런 기술적 지침들은 교수 · 학습 모형의 기계적인 적용을 경계하는 기본자세로 이를 제대로

2) 김창원 외(2005)에서는 국어수업 모형을 사고, 의사소통, 문화 영역으로 나누고 그들을 지식 증진 모형, 정서 및 태도 함양 모형, 기능 숙달 모형으로 범주화 한 뒤, 주제 · 텍스트 · 컨텍스트를 고려하여 구체화하였다.

갖추기 위해서는 교수 · 학습 모형을 단편적인 과정과 전략으로 인식하는 것보다 국어과라는 전체적인 틀 안에서 다양한 교수 · 학습 모형을 점검하여 체계화하려는 노력이 필요하다. 그래야 교수 · 학습 모형을 기계적으로 적용하는 오류를 최소할 수 있을 것이다. 사실 수업을 모형으로 인식하는 것은 살아있는 유기체를 박제로 만들어 버릴 수 있다. 교수 · 학습 모형으로 절차화하는 순간 수업의 수많은 변인들은 사라지고, 생동감 있는 활동들은 단편적인 하위 절차로 고정된다. 심지어 교사와 학생들의 활동이 모형의 절차와 과정에 희생되기도 한다. 각기 다른 개성을 가진 교사와 학습자들이 모형이라는 이론의 틀 안에서 움츠러들게 되는 것이다. 그럼에도 불구하고 교수 · 학습 모형을 말하는 이유는 뭘까? 그것은 바로 교수 · 학습 모형이 현실의 수업을 실행하는데 있어서 중요한 틀이 될 수 있고, 보다 이상적인 수업을 보다 구체화할 수 있는 원동력이 될 수 있기 때문이다(김창원, 2007). 그러나 실제 수업에서는 다양한 변인을 고려한 작용 구조에 좀 더 유의해야 함을 잊지 말아야 한다.

2.4. 텍스트와 개인적 관계 맺기

국어수업은 본질적으로 학생들에게 텍스트와 적극적으로 관계 맺기를 가르친다고 해도 과언이 아니다. 텍스트로부터 얻는 의미의 대부분은 학습자 개개인에 의하여 구성되고 텍스트의 생산과 수용은 역동적이고 구성적인 과정이라는 점을 다시 상기해볼 필요가 있다. 학습자들은 수동적으로 텍스트로부터 의미를 흡수하지 않는다. 수동적인 읽기는 단순히 페이지를 넘기는 것일 뿐이다. 학습자들은 역동적으로 텍스트에 참여하고, 자신이 읽은 것을 생각하고, 스스로 질문을 만들어 가며, 텍스트로부터 얻은 정보를 자신이 이미 알고 있는 것과 관련짓는다.

이런 역동적인 의미구성의 측면에서 보면, 텍스트로부터 구성한 의미는 주관적이고 학생 개인의 특별한 처리 과정의 결과이다. 두 학생이 정확하게 똑같은 의미를 텍스트로부터 구성할 수는 없다. 학생 개개인의 과정은 자신의 경험뿐만 아니라 자신의 독특한 지적 구성에 의하여 영향을 받는다. 이러한 이유로 각각의 학습자들은 텍스트를 달리 해석하여 고유한 의미를 구성하게 되는 것이다.

따라서 국어수업은 학습자의 개인적 차원을 고려하여 학습자들의 개별적인 정체성과 자기 인식을 개발하고 확장하는 것에도 중점을 두어야 한다. 구체적으로 학습자들의 개인적인 흥미와 목적, 그리고 자신의 능력 향상을 위한 목적을 반영해야 한다. 자신이 읽고자 하는 것을 선택하는 기회를 주고, 자신이 좋아하는 것을 생각하게 하며, 자신이 학습을 하면서 스스로를 평가할 수 있는 기회를 가질 수 있어야 한다.

이를 위하여 우선, 텍스트를 이해하기 위해 학생 자신의 개인적인 경험과 과거에 다른 텍스트를 읽었을 때의 경험, 자신의 사전지식을 텍스트에 연결시키는 기회를 자주 마련해 주어야 한다. 일반적으로 학생들은 텍스트와 자신의 경험을 연결함으로써 텍스트에 등장하는 등장인물이 어떻게 느끼는지 그래서 앞으로 어떻게 행동할 것인지를 알 수 있다. 그리고 자신이 갖고 있는 사전지식을 끌어내서 텍스트에서 일어나는 일을 이해하는데 활용한다. 그리고 다른 텍스트를 읽었을 때의 경험과 사전지식을 텍스트 이해의 틀로 활용한다.

둘째, 텍스트의 생산과 수용 과정에서 교사의 효과적인 질문하기와 함께 학생들의 개별적인 질문하기도 고려되어야 한다. 일반적인 교수 · 학습의 흐름에 의해 학생들은 수동적으로 교사의 질문에 답하는 경향을 보이기 쉽다. 학생들은 스스로 질문하기를 꺼려하기도 한다. 그 이유는 아마도 자신이 모든 답을 알고 있어야 한다고 생각하기 때문일 것이다. 학생들은 괜히 질문을 했다가 친구들에게 놀림감이 되지 않을까 걱정을 하기도 한다. 이런 잘못된 생각을 바꾸고, 학생들이 자발적으로 질문을 만들어 능동적인 질문하기가 이루어지도록 수업을 이끌어야 한다.

유능한 독자들에 관한 선행 연구 내용에 의하면, 유능한 독자는 텍스트를 읽기 전, 읽는 동안, 그리고 읽고 난 한참 후에도 질문을 한다. 수십 년간 축적된 여러 연구를 통하여 아이들이 질문을 하는 능력과 이해력 사이에 상관관계가 있음이 입증되었다. 학생들에게 텍스트를 접하면서 질문을 하도록 가르쳐야 독립적이고 적극적인 학습자가 된다고 할 수 있다. 텍스트 수용자는 질문을 하고 거기에 대한 답을 얻으려고 노력하는 동안 내용을 좀 더 적극적으로 소화하게 되며, 그 결과로 이해력이 높아진다(NICHD, 2000).

그러나 여전히 일선 교실에서는 육하원칙에 대한 답을 찾는데 훨씬 많은 시간을 할애하고 있다. 학생들은 자신이 읽고 있는 텍스트의 내용을 이해하려고 노력하기 보다는 사건이 언제 일어났는가? 이 이야기는 어디에서 일어났는가? 누구에 관한 이야기인가? 문제가 무엇인가? 이 일이 왜 일어났는가? 문제가 어떻게 해결되었는가? 와 같은 질문에 답을 할 뿐이다. 교사가 아이들과 함께 해야 하는 질문들은 오히려 독자가 책을 읽기 전, 읽는 동안, 그리고 읽은 후에 텍스트와 상호작용한 결과로 자연스럽게 떠오르는 것이어야 한다. 질문은 바로 텍스트와의 지속적인 상호작용 속에서 나타나야 하기 때문이다. 이처럼 질문은 바로 텍스트를 읽는 중에 자신의 내면과 대화하는 법이라고도 할 수 있다(Buehl, 2000). 이와 같은 개인적인 질문과 함께 학생들이 협력하여 답을 찾아야 하는 공통의 질문 만들기 방법도 함께 사용한다. 물론 이 질문은 의미가 있거나 본질적인 것이어야 한다. 본질적인 질문을 하면 아이들이 단순히 답을 찾는 것이 아니라 깊이 있는 생각, 분석, 평가를 통해 답을 만들어내게 된다. 본질적인 질문은 여러 교과가 연결되며 우리가 직면한 가장 깊은 문제를 찾아내게 된다.

아직도 많은 교사들은 Bloom의 단계별 분류법에 따라 질문을 생각해야 한다고 말한다. 그리고 오랫동안 블룸의 분류법을 사용해서 특정 유형의 질문에 가치를 부여하기도 했다. 예를 들면, '사실적인' 질문보다는 '더 높은 차원'의 질문에 가치를 두는 위계적인 구조를 강조한다. 하지만 사실적인 질문도 결코 가벼운 것이 아니다. 사실은 고립적인 낱개의 단위로만 존재했을 때는 그 중요성이 떨어진다. 진정으로 텍스트를 접하며 더 많은 사실을 찾으려는 개인적인 노력에 따라 사실적 질문은 힘과 제어력을 가질 수 있다. 또한 사실은 생각의 기초이자 이를 검증하는 수단이 되기도 한다. 질문의 겉모양은 사고의 수준이나 깊이, 중요성과는 별 상관이 없다(Busching & Slesinger, 1995). 무엇보다도 중요한 질문이란 학습자들이 데이터와 정보를 이해하려고 노력하는 중에 하는 질문이다. 이러한 질문을 통해 학습자들은 사고를 형성한다. 그리고 영향력 있는 질문은 정보력, 학습의 참여 및 이해력의 바탕이 된다. 이처럼 학습자가 텍스트와 지속적인 대화를 형성하고 강화시킬 수 있는 자기 질문은 국어 수업의 필수 불가결한 요소일 것이다.

마지막으로, 스스로 질문하기와 함께 텍스트와 관계 맺기를 위한 방법으로 텍스트를 독자의 경험에 연결시키기를 들 수 있다. 텍스트를 자신의 경험과 연결시키는 능력은 어쩌면 관계 맺기의 첫 단계라 할 수 있을 뿐만 아니라 우리가 혼자가 아니라는 사실 즉, 우리와 다르게 생긴 사람들, 다른 시대 또는 다른 장소에 살았던 사람들이 우리와 같은 희망과 꿈, 두려움을 경험한다는 사실을 인식하는 첫 단계이기도 하다. 또 등장인물과 자신을 동일시하고 등장인물이 겪는 문제를 공감함으로써 아이들은 공감 능력을 계발하는 첫 발을 떼는 것이다(Grimes, 2004). 텍스트와 자신의 경험을 연결함으로써 학생들은 등장인물이 어떻게 느끼는지 그래서 앞으로 어떻게 행동할 것인지를 안다. 그리고 자신이 알고 있는 기존지식을 끌어내서 텍스트에서 일어나는 일을 이해하는데 활용한다. 또한 다른 텍스트를 읽었을 때의 경험과 지식을 그 텍스트를 이해하는 틀로 다시 활용할 수도 있다.

2.5. 문식성 공동체 형성하기

국어 학습은 학생들이 언어에 대한 자신의 이해와 난관을 드러내 보일 수 있을 뿐만 아니라, 학습의 잠재적 자원으로서 다른 학생들과 교사를 관찰할 수 있는 사회적 환경이 조성될 때 효율적으로 이루어질 수 있다. 이러한 사회적 환경을 조성하기 위하여 교사는 학생들로 하여금 공동체의 일원이라는 인식을 갖도록 해야 한다(박영목, 2002). 한 교실이라는 장소가 단순히 국어 수업을 받는 곳이라는 인식보다는 모두가 함께 편안하고 안전한 분위기 속에서 읽기와 쓰기를 함께 공유하는 문식성 공동체를 만들어가야 한다. 학교 수업에 익숙해진 학생들은 대부분 수동적일 수밖에 없다. 수동적인 학습자는 텍스트를 깊이 있게 이해하거나 개인적으로 전략을 적극적으로 사용하지 않는다. 수동적인 학습자를 전략적으로 읽고 쓰고 생각하는 학습자로 바꾸기 위해서는 우리 학급이 하나의 문식성 공동체라는 인식을 꾸준히 심어주는 것이 가장 효과적이다(Tompkins, 2001).

국어 수업을 전개하는 단위 학급은 일종의 문식성 공동체 혹은 텍스트 생산과 수용의 공동체라고 할 수 있다. 학급 안에서 학생은 구성원들과 자신이 읽은 텍스트를 함께 논의하고, 자신이 생산한 텍스트를 공유하며, 그에 대하여 소통한다. 따라서 무엇보다도 우선되어야 하는 것은 학생들로 하여금 학급을 텍스트의 의미 구성 과정에서 함께 의사소통하는 공동체로 인식하게 만드는 것이다. 교사도 수업의 준비와 함께 학급의 학생들이 텍스트에 대한 생각을 공유하는 공동체를 형성하도록 지도해야 한다. 예를 들면, 친구들의 글에는 항상 어떤 반응을 보여야 하는지, 친구와 함께 책을 어떻게 읽어 나갈 것인지, 자신들의 일상 학교생활을 어떻게 의논하고 토론하는지 등에 대하여 적극적인 안내를 하고, 학습자 주도적인 활동이 균형감 있게 유지되도록 해야 한다, 고학년의 경우, 서로간의 내밀한 소통을 위해 학생 중심의 독서 클럽을 고려해볼 필요도 있다. 공동체 형성이나, 클럽 현상에 관한 최근의 연구에 의하면, 공동체의 일원으로서 학생들은 자신이 읽은 책에 더 깊이 몰입하고, 자신의 감정적인 경험을 이야기하기도 하며, 아울러 텍스트에 대한 자발적 동기부여를 강화하고 이해력과 시험 성적을 높이기도 한다(Davis, Resta, Davis, Camacho, 2001).

또한 국어 수업의 공동체 형성은 진정한 의미 협상 과정과 공간을 만들어 내는 것이기도 하다(Ruddell & Ruddell, 1995). 교사와 학생들의 학급 공동체는 텍스트와의 다양한 상호작용이 일어나는 의미 협상의 과정을 경험하게 된다. 개개인의 학습자들은 자신들의 고유한 의미를 가지고 대화에 참여하고, 학급 공동체의 구성원들은 다양한 의미의 형성과 재형성을 가져오게 되며, 교사는 학생들의 다양한 이해 수준을 확인하게 된다. 결국 국어수업의 문식성 공동체는 학급의 다양한 독자와 필자들이 만들어내는 의미 구성의 범위를 부여하는 해석 공동체가 되기도 한다.

국어 수업의 공동체 형성의 또 다른 핵심은 협력과 협동의 가치를 경험할 수 있다는 것이다. 교사는 공동체 형성을 위한 상호 존중과 협동의 지원 규칙이나 기준을 개발하게 되고, 학습자는 공동체의 형성에 의한 상호 협동을 지극히 당연한 것으로 받아들이게 된다. 이런 협동적 환경 속에서 학습자들은 서로에게 영향을 주고받는 촉진자이자 동시에 조언자가 될 수 있다. 때때로 학습자들은 자신의 모둠에서 전략을 시범보일 수도, 명시적인 설명을 할 수도, 아니면 전체 학급의 토의를 진행할 수도 있다. 학습자들은 다른 동료 학습자를 하나의 자원으로서 이용하는 방법을 배우게 되고, 자신의 이해와 다른 이해를 가진 학습자와 협상하는 방법도 습득하게 된다. 자연스럽게 국어 수업에서 자신이 경험한 어려움이나 혼란을 표현하여 다른 동료들로부터 도움을 구하고, 다양한 견해와 해석을 제공받을 수도 있다. 이러한 공동체 형성을 위하여 교사는 지속적으로 상호작용적인 학급 공동체를 만들어낼 수 있는 규칙이나 기준의 적용에 관심을 가져야 한다.

지금까지 강조한 문식성 공동체 혹은 해석 공동체의 형성은 진정한 교사와 학생 간의 대화가 있어야 가능하다. 물론 교실 공간에서 진행되는 수업의 상호작용도 소통적 재현 방식으로는 대화라고 할 수 있다. 그러나 기존의 수업 대화를 '진정한 대화'라고 보기 어려운 측면이 있다(진숙경, 2009). 초등 국어 수업이라는 개념 속에는 학습자를 좀 더 나은 상태로 나아가게 도와주려는 교육적 의도가 포함되어 있다. 하지만 대화라는 개념 속에서는 자유롭고 열린 마음으로 특수한 목적에 구애받지 않고 서로 이야기를 나누는 상호작용적인 소통의 뜻이 들어있다. 즉, 수업에서의 의도된 언어 사용은 대화에서의 자연스러운 언어 사용의 국면과 상충된다. 그럼에도 불구하고 초등 국어 수업에서 대화를 강조하는 이유는 수업 행위라는 것이 교사가 교육 내용을 학습자에게 일방적으로 전달하는 것이 아니라 상호작용 속에서 이루어지며 대화가 소통 행위의 중심에 있기 때문이다. 대화가 진정한 소통과정으로 나아가기 위해서는 교사와 학생이 서로 대화를 나눌 수 있는 관계, 즉 대화적 관계(dialogical relationship)를 형성해야 한다(이정숙 외, 2011).

교육적 상황에서 교사는 자신의 계획과 의도를 가지고 학습자와 만나게 된다. 그렇다면 어떻게 그들 쌍방이 균형적이고 평형적인 관계라 할 수 있겠는가? 대화적 관계라는 것이 가능은 한 것인가? 라고 물음을 가질 수 있을 것이다. 하지만 Buber(1991)는 교육에서 만남은 교사가 학습자의 경험을 포용하는 관계이며, 인격적으로 마주 서 있다면 대화적 관계가 가능하다고 말한다. 교사와 학생간의 사회적, 지적 수준의 차이로 인하여 대화적 관계 형성이 불가능한 것이 아니라 교육적 관계 내에서 학습자에 대한 배려를 통해 진정한 대화로 나아갈 수 있는 관계로 만들어 갈 수 있다.

대화적 관계를 형성하게 되면 국어수업이 전개되는 교실은 다양한 담화 주체들에 의해 전개되는 해석 공동체를 만들게 된다. 교사의 목소리가 학생들에게 일방적으로 소통되는 단성적인 공간이 아니라 수업에서 교사와 학생들이 대등한 입장에서 의미 해석의 주체로서 독립성을 가지고 서로 다른 관점의 목소리가 공존하는 다성적인 소통 공간을 창출하게 된다. 이러한 대화적이며 해석적인 공동체 안에서 학습자들은 타자의 관점을 이해하고, 다양한 언어적 경험을 공유하고 내면화하여 궁극적으로 사고의 확장을 가져 오게 된다. 아울러 교실 안 타자와 함께 같은 언어적 활동을 경험하고 같은 지식을 공유한 문식성 공동체로서의 정당한 합의를 도출해내게 되는 것이다.

구체적으로 국어수업에서 대화적 관계를 형성[3]하기 위해서는 우선, 학생들을 교사와 동등한 소통 주체로서의 자리를 만들어주어야 한다. 예를 들어, 학생들을 교사와 동등한 소통의 주체로 격상시키기 위해서 교사는 학생들의 말을 그대로 반복하거나 되풀이 해주기를 할 수 있다. 흔히 교사들은 학생들의 대답을 듣게 되면 '그래, 맞았어, 잘했어' 등이 전형적인 평가나 피드백을 하여 교사와 학생간의 수직적인 관계를 형성하게 만들게 된다. 이에 반해 교사가 학생의 대답을 그대로 반복해 주는 것은 자신의 말을 교사가 의미있게 수용하였다는 것을 보여주기 때문에 학습의 주체로 인식하는 계기가 될 수 있다. 단순히 학생들의 말을 반복하고 되풀이 하는 차원을 넘어 보다 적극적으로 학습자를 소통의 주체로 인식시키기 위해서 교사는 언어적 표현이나 전달에 미숙한 학습자의 마음을 읽어 그들이 하고 싶은 말을 대신 말해주기도 하고, 교사와 학생의 고정된 역할을 바꾸어 오히려 학생들이 질문을 통해 주체적으로 수업의 화제를 마련하고, 교사가 그 화제에 대하여 수긍하거나 대답을 통해 반응을 보일 수도 있다.

또한 대화 진행 과정 속에서 학생들의 반응을 평가하거나 피드백하는 것으로 종결짓기보다는 학생의 말에 반향을 보여주는 방식으로 대화를 계속적으로 이어갈 필요가 있다. 즉, 교사가 질문을 통해 대화를 시작하고 학생이 반응을 보일 때, 학생들의 말을 옳고 그름으로 평가하는 것이 아니라 그에 대한 반향을 보여줄 수 있어야 한다(O'Connor & Michaels, 2007). 예를 들어, 교사가 짐짓 모른 척하거나 일부러 틀리면서 학생들에게 되물어 본다든지, 학생의 말에 맞장구를 쳐준다든지,

3) 국어수업에서 대화적 대화 관계 형성 방식의 다양한 예들은 이정숙 외(2011)를 참고하였다.

교사가 "너는 ~라고 말했지? 네가 한 말은 ~뜻이지?" 등과 같이 학생이 말한 내용을 학생의 의도대로 잘 해석하고 있는지를 점검해준다. 이는 교사가 말한 '학생의 의미'에 동의하는지, 아닌지와 관련하여 다른 학생들이 맞장구칠 수 있는 새로운 자리를 열어주게 만든다.

마지막으로 국어수업에서 대화적 관계를 형성하기 위해서는 수업 중 학습자들의 반응을 교사가 준비하고 계획된 목표를 기준으로 평가하거나 통제하기보다 수업이 전개되는 대화상황에서 학생들의 발화 의도를 헤아리고 수용하려는 '이해적 반응하기'가 필요하다. 교실 공간에서 다인수 학생들과 정해진 시간 내에 목적을 달성하기 위해 교사들은 흔히 돌발적인 상황에서 학생들의 다양한 반응들을 간과하거나 무시하는 경우가 발생한다. 그러한 학습자들의 반응은 교사가 계획하거나 예상하지 못한 것이기 때문에 정상적인 수업의 흐름에서 벗어나는 것으로 간주되기 때문일 것이다. 그러나 교사 입장에서 학생들의 말은 주제에 벗어나거나 무관한 내용으로 보이지만 학생들은 나름대로 수업에 참여하겠다는 의지를 표명하고 대화를 시작하기 위한 신호를 보내고 있을 수 있다. 또한 그 상황은 교사가 예측하지 못한 창의적인 사고의 발현으로도 볼 수 있다. 따라서 교사는 수업 목표에 따라 대화를 이끌어가기 보다는 학습자들이 발신의 메시지를 보내는 상황에 주목하여 그들의 목소리에 민감하게 반응하고 수용할 수 있어야 한다(이정숙 외, 2011).

비록 단위 시간의 수업 목표를 고수할 때 거부되고 무시되는 학생들의 반응일지라도 국어 수업이라는 상위적 관점에서 보면 그것은 학생들 나름대로 각자의 목소리를 내는 것이며, 나아가 그러한 목소리들이 수용되고 어울리는 대화 공동체를 만들어가는 계기가 될 수 있다. 즉, 학습자들의 목소리에 주목하는 소통 상황은 학생들의 창의적인 사고 활동을 강조하는 국어 수업에서 텍스트나 교사의 규범적 의미나 해석에 종속되지 않고 학생들 나름의 의미를 적극적으로 발신하고 공유하고 소통하는 문식성 공동체의 형성에도 일조할 것이다.

지금까지 장기적인 안목에서 지속적으로 초등 국어 수업을 전개할 때 고려해야 할 점과 구체적인 방법들을 살펴보았다. 초등 국어 수업의 본질은 단순한 교육과정의 목표와 내용을 달성하기 위한 인지적 차원과 지식의 형성 차원으로만 존재하지 않는다. 교실이라는 학습 공동체의 일원으로서 함께 상호작용하는 사회적 차원과 특별한 텍스트와 개인적 관련을 맺어가는 개인적 차원도 함께 공존하는 것이 사실이다. 학습자들의 역동적인 의미 구성을 상호작용적으로 지원하기 위해서는 다양한 국어수업의 국면들이 함께 고려되어야만 한다.

그리고 국어수업의 방법은 여러 가지 교수 전략과 교수 · 학습 모형들이 신중하게 선택되고 나열되는 것으로 완성되지 않는다. 이것보다는 오히려 학습자들 간의 협동, 학습자의 자율, 학습자들이 접하는 텍스트, 학습자의 언어 사용전략에 대한 관심에 기초하여 이루어진다. 좀 더 능동적으로 학습자들의 장점을 이끌어 내고, 개인적인 의미 구성을 위한 지원을 제공하기 위해서는 초등 국어수업의 본질적인 국면을 고민해야 할 것이다.

제3장

초등 국어 수업의 관찰과 평가

초등 학습자들에게 의미있는 국어 학습 경험이 어떠한 것이어야 하는가에 대하여 누구나 공통적으로 합의하는 기준은 단 하나로 설정되기는 어렵다. 또한 좋은 국어 수업을 행하는 교사들이 알고 있는 것과 할 수 있어야 하는 것을 철저히 해부하여 관찰의 요소를 추출해 내려는 그 어떤 시도나 연구도 실제 수업이 어떻게 진행되는지 통합적인 본연의 그 성질을 온전히 그대로 드러내기에는 역부족일 것이다. 이러한 한계점을 인정하되, 이 장에서는 '좋은 국어 수업'이 무엇인지에 관하여 논의한 선행 연구에 터하여 초등 국어 수업을 바라보는 관점과 수업 관찰의 구체적인 방법을 살펴보기로 한다. 그리고 앞으로의 초등 국어 수업 평가의 전망을 살펴본다.

1. 초등 국어 수업 관찰의 목적[1)]

수업은 교육의 목적을 달성하기 위해서 교사와 학습자가 교육 내용을 가지고 상호작용하는 일련의 과정으로 학교에서 수행되는 교과 교육 활동의 핵심이다. 그 동안 일반 교육학과 교과 교육학 연구자들은 수업의 효율성에 관하여 다방면의 노력을 기울여 연구해 왔다. 다양한 관점에 따른 교

1) 1부 3장 초등 국어 수업 관찰과 평가에 관하여는 서현석(2008)을 근간으로 기술하였다.

수 · 학습 이론과 교수 · 학습 모형 등이 소개되고 개발되었으며, 구체적인 상호작용의 내용을 기술한 교수 · 학습 과정안이 교사용 지도서에 제시되기도 하였다.

일선 교육 현장에서도 수업의 효율성을 높이려는 노력은 끊임없이 계속되었다. 단위 교육청과 각 급 학교에서는 여러 종류의 '장학활동'과 '시범 수업 발표회', '수업 연구 대회' 등을 실시하며, 각 시도 교육청과 한국교육과정평가원 등에서는 '교수 · 학습 지원 센터'를 설치하고 수업 컨설팅을 비롯한 각종 수업 지원 자료를 개발하고 제공하고 있다. 이러한 모든 노력은 수업을 좀 더 효율적으로 이끌기 위한 시도이며, 교수 · 학습 과정의 개선에 궁극적인 목적을 두고 있다고 볼 수 있다.

주삼환 외(1998:29)에 의하면, 수업관찰은 교수방법 개선을 위한 수업과정에 관한 자료 수집과 분석 및 평가에 가장 보편적으로 활용되는 수단이다. 많은 연구자들은 수업관찰이 필요한 이유를 교수방법과 학습방법에 대한 연구의 기초자료를 제공하는데 있다고 본다. 그러나 교사의 교수행위는 기술적(descriptive)인 데 그치는 것이 아니라, 진단적이고 처방적인 기능을 지닌다. 그래서 보다 나은 수업기술의 향상은 주관적이고 인상적인 관찰보다는 어떤 모형에 입각한 과학적인 방법을 통하여 진단되고 처방될 때 그 효과가 담보될 수 있으며, 수업 관찰에 의한 자료 수집은 수업개선을 위해 필수적인 사전 작업이 된다. 요컨대 수업 관찰은 수업을 분석 · 진단하기 위하여 자료를 수집하는 제반 행위이며, 수업에 대한 가치 판단을 수반하는 것이다.

이러한 논의에 비추어 볼 때, 초등 국어 수업 관찰의 목적은 관찰을 통해서 얻은 체계적인 분석 자료를 바탕으로 국어수업 현상을 올바로 이해하고, 교사가 좀 더 효과적인 국어수업 계획과 구조를 세우도록 돕는 데 있다. 그런 관점에서 초등 국어 수업 관찰을 위해 먼저 생각해 보아야 할 것은 과연 '무엇이 진정한 초등 국어 수업인가?' 혹은 '무엇이 이상적인 초등 국어 수업인가?'에 대한 합의점이다. 이것이 곧 초등 국어 수업을 관찰하는데 중요한 관점 혹은 초점이 되기 때문이다.

다음으로는 초등 국어 수업에서 무엇을 주목하여 볼 것인가와 관련하여 '수업 관찰의 관점'을 살펴보고자 한다. 이 책에서는 '학습자의 내면에 영향을 미치는 국어수업 경험의 질'과 '좋은 수업을 위한 국어 교사의 노력'을 초등 국어 수업 관찰의 관점으로 설정하고 이에 대하여 정리하였다.

1.1. 학습자의 내면에 영향을 미치는 국어수업 경험의 질

신헌재(2005)에서는 일반적인 좋은 수업에 대한 논의에 이어서 국어 교육의 특성이 보완되기 위해 수업의 대상으로 삼는 언어 요인과 국어사용 활동 요인에서 기인된 국어 수업의 특성을 밝힌 바 있다. 즉, 국어과 교육은 국어사용 활동을 통해 국어사용 능력을 신장시키려는 목적을 둔 교과로 언어사용의 개별성, 상호작용성, 상황관련성, 문화 관련성 및 총체성 등이 잘 구현되도록 배려하였을 때, 좋은 국어수업이 될 수 있다고 규정하였다. 이러한 관점은 학생이 언어 사용의 주체로서 구체적인 의사소통의 다양한 상황과 문화를 반영한 언어의 총체적인 특성을 경험하는 국어수업을 강조하는 것이다.

이재승(2005:5)에 따르면 '국어수업은 국어를 아이들에게 가르치는 행위로, 궁극적인 목적은 아이들의 삶을 윤택하게 하는 것'이며, 세 가지 측면(학습자, 언어, 교수)이 핵심을 이룬다. 또한, 국어수업의 방법은 학습자에 대한 관점과 언어에 대한 일관된 관점을 가지고 문제해결의 현시적 방법을 통하여 구체적인 과정을 안내하는 활동이 중심이 되어야 한다. 김병수(2002)는 초등학교 국어수업을 참여 관찰한 결과 다음과 같은 해석을 도출하였다. 즉, '국어수업에서 교사는 아이들이 언어를 통해 의사소통을 할 수 있도록 하는 것만이 아닌, 말 속에 담긴 정신과 내면을 아동의 삶 속에 확장시키고 활성화시키도록 격려하는 사람이며, 국어 교과의 의미는 '의사소통'과 '내면의 형성'에 있다'는 것이다. 이러한 국어교사의 역할과 국어 수업에 대한 해석은 정신과 내면의 형성이라는 '정의적' 측면이 중요시되는 초등 국어과 교수 · 학습의 특성을 잘 지적해 주고 있다.

요컨대 초등 국어 수업은 학습자들이 평생 청자, 화자, 독자 그리고 필자로서 국어 생활을 좀 더 풍요롭게 영위해 나갈 수 있도록 하는 기본적인 국어사용 능력을 갖추는데 진정한 의의가 있다. 다시 말하면 학습자 스스로 타인과 어울려 말하고 듣기를 즐겨할 뿐 아니라 글을 읽고 쓰고 싶어 하는 마음이 생기지 않는다면, 수없이 많은 연습을 통해 완벽하게 갖추게 된 국어사용 능력이라도 학습자의 삶에 있어서 무용지물이 된다. 또한, 수없이 많은 변인이 작용하는 실제 국어사용의 상황에서 자신의 판단을 통하여 이미 습득한 국어 지식을 변형하고 수정할 수 있어야 타인의 생각이나 정보를 정확하고 적절하게 이해하고 표현하는 것이 가능하다. 이런 의미에서 초등 국어 수업에서 추구하는 '국어사용 능력'이란 학습자의 삶과 분리될 수 없는 '인격적 지식'이다. 바꿔 말하면, 국어수업에서 전달되는 '지식'은 단순히 전달되는 것이 아니라 '구체적인 수업의 과정'을 통해서 학생의 삶에 영향을 미치는 것이다(서현석 2005b: 1~2). 이런 점에서 초등 국어 수업의 관찰은 단지 수업에서 전달되는 지식에만 관심을 두고 이루어질 것이 아니라 그 것이 학생의 삶에 미치는 영향이 어떠한지 그 질적인 측면을 고려해야만 한다.

1.2. 좋은 수업을 위한 국어 교사의 노력

근래에 들어 교사가 갖추어야 할 자질로써 국어과 수업 평가에 대한 연구에 대한 관심은 매우 고조되고 있는 분위기이다. 이주섭(2002)이 조사한 국어과 교사들의 인식에 따르면, 국어과에서 좋은 수업의 일반적인 특징은 '뚜렷한 교육 철학을 지니고, 학생들과 인격적으로 상호작용하며, 효과적인 교수화법을 구사하고, 교사로서의 전문성 신장을 위해 노력하는 교사가 학교 측의 적극적인 지원을 받으며, 충실한 수업준비를 바탕으로 적절한 수업방법과 평가방법을 활용하는 수업'으로 나타났다.

NBPTS(2003)의 기준안은 언어교과수업의 전체적인 맥락과 교사가 갖추어야 할 자질에 대한 합의점을 보여준다. 즉, 실제 일상생활의 언어사용만큼이나 수업에서의 상황맥락은 정형화되기 어려운 점이 많음을 들어, 학습자의 언어사용 특징뿐 아니라 언어 사용과 관련한 교사의 개별적 경험 및 특성을 고려한 언어교과 수업이 이루어져야 함을 명시하고 있다. 이러한 내용은 언어교과 수업을 담당하는 교사가 학습자의 언어수행의 특성과 발달 단계를 인식하고 있어야 하며, 언어현상에 대한 지속적인 관심을 갖고 자신의 언어수행 능력을 발전시켜 나가야 함을 의미한다. 또한, 학습자의 언어사용 능력은 단기적인 학습으로 길러지기가 어렵다는 점을 고려하였을 때, 언어 교과 담당 교사가 학부모와 동료 교사와 함께 협력하는 장기간의 노력도 국어수업 관찰에서 살펴보아야 할 중요한 부분이 된다.

한편, INTASC(Interstate New Teacher Assessment and Support Consortium)는 초임교사의 평가 및 지원을 위한 미국의 주정부 연합회로, 초임교사의 수행에 대한 기본적인 평가기준을 세우고 이를 근거로 언어 교과영역에서 구체적인 포트폴리오 평가를 개발하기 위하여 공동 연구를 진행하였다. 그 내용 중 '언어교과 담당교사 양성 평가기준(2001)'은 NCTE(National Council of Teachers of English)와 NCATE(National Council for the Accreditation of Teacher Education)에서 공동 연구하여 제출한 보고서인데, 그 내용을 살펴보면 국어수업 관찰에 있어 유용한 몇 가지 관점을 가져올 수 있다. 예를 들어, '언어기능 교과교사들에게 필요한 전문적 태도' 항목에는 '모든 학습자의 가치와 기여에 대하여 존중을 나타낸다.', '학습자의 비판적 사고와 판단에 대한 평생습관을 개발하는 데 도움을 준다.', '교사, 학생, 언어 교육과정 그리고 교육 일반에서 지니고 있는 문화, 사회적 사건, 문제들의 충돌을 인식한다.', '학습자의 일상생활에서 인간성과 기능들을 증진시킨다.' 등의 내용이 포함되어 있다.

또한 교사는 구어적, 시각적, 문어적 문식성을 직접 수행할 수 있어야 하며, 인쇄 매체와 비인쇄 매체에 관한 전자기술에 관하여, 그리고 현장이론과 결과들에 관한 지식을 갖추어야 한다고 명시하고 있다. 이러한 평가 항목들은 언어기능 교과를 담당하는 교사의 기본 자질에 해당하는 것으로 국어교사의 수업활동에 중요하게 작용하는 심층적인 요소들이다. 이것들을 단편적인 한 단위의 수업을 통해 관찰이 가능한가는 별도의 연구에서 다루어져야 하겠지만, 이는 국어교사의 수업을 관찰하는데 있어 간과해서는 아니 될 중요한 측면이 될 수 있다. 한편, 언어교과 교사가 수행해야 하는 구체적인 교수행위 측면에서 교사는 수업 과정을 통해 학생들이 주체적으로 다양한 의사소통에 참여하고, 유의미한 인지적 경험과 언어적 이해를 가져올 수 있도록 여러 교수법을 사용할 수 있어야함을 강조하였다.

이러한 논의들을 바탕으로 한국교육과정평가원(노은희 외, 2006)에서는 국어과 수업 평가기준과 수업평가 매뉴얼을 개발한 바 있다. 그 내용에서 국어과 수업평가를 위한 기준으로는 네 개의 대영역, 여덟 개의 중영역, 스물여덟 개의 요소를 살펴볼 수 있다. 먼저, 대영역은 '지식 및 능력', '계획', '실천', '전문성' 등의 네 가지 범주로 나뉘어 있는데, '지식 및 능력' 영역에서는 주로 국어과 교사가 수업에 들어가기 전에 갖추어야 할 전문적 지식과 능력을 점검한다. '계획' 영역에서는 국어수업이라는 실천적 국면에 앞서 설계해야 할 필수적인 준비절차들을 확인하도록 하였으며, '실천' 영역에서는 수업실행 과정에서 이루어지는 교사의 핵심적인 교수활동을 관찰하도록 되어 있다. '전문성' 영역에서는 국어수업이 개선되기 위한 장기적인 방안 즉, 교사의 동료장학이나 수업반성 등이 포함된다.

이러한 내용을 종합해 볼 때, 초등 국어 교사가 갖추어야 할 자질의 측면에서 국어수업 관찰은 교사가 수업을 실행하는 순간만이 아니라 수업에 대한 준비와 계획 과정에서의 노력, 그리고 교사 자신의 국어 능력과 수업 개선에 대한 지속적인 노력을 포함하여야 함을 알 수 있다.

2. 초등 국어 수업 관찰의 방법

국어 수업 관찰의 방법이란, 일정 시간이 지난 후에 국어수업 행동을 회상하고 연구할 수 있도록 일정한 관점과 형식에 따라 관찰, 기록하고 탐구하는 방식을 말한다. 국어수업 관찰은 앞에서 논의한 좋은 국어수업에 관한 관점을 포괄하여 체계적으로 살펴볼 수 있는 안목을 제공하면서 동시에 좋은 국어수업을 선도하고 좀 더 나은 방향으로 이끄는 역할을 담당해야 한다. 초등 국어 수업을 관찰하는 관점은 어떤 관찰자가 구체적으로 어떠한 목적을 가지고 관찰할 것인가, 혹은 어떠한 영역의 무엇을 볼 것 인지 등에 따라 달라진다. 또한 관찰의 기간도 한 달, 혹은 한 학기 등 장기간의 관찰인지, 한 차시의 국어수업만을 볼 것인지에 따라 구체적인 관찰의 방법과 접근법이 다를 것이다. 그래서 이러한 차이를 모두 반영한 단일한 국어수업 관찰의 관점이나 방법은 존재하기 어려우며, 한 연구물에서 모든 경우를 다루는 것도 결코 쉬운 일은 아니다. 다만, 국어수업 관찰의 방법이 정교해지고 다양해질수록 국어수업 현상에 관한 논의는 풍부해질 수 있다는 것은 분명하다. 이 절에서는 일반 수업 관찰의 방법들이 초등 국어 수업의 특성을 반영한 관찰의 방법으로 수정 · 변환되어 국어 교육 연구에 사용된 사례를 중심으로 살펴보고자 한다.

2.1. 담화 기록

담화 기록은 관찰된 정확한 행동 기호를 상술하지는 않지만, 대신에 사건이 발생하면서 서면 형태로 간단히 기록하는 것과 발생한 모든 사건과 대화를 전사하는 방식 등이 있다. 이 방법을 사용하기 위해 관찰자는 관찰 결과에 포함시켜야 할 것과 배제해야 할 것, 혹은 기록하는 방식에 대해 미리 결정하고 익혀두어야 한다. 담화 기록의 유형은 다양하겠지만, 국어수업을 관찰할 때 유용하게 사용되는 방법으로는 담화 기록, 일화 보고서, 문화기술지적 기록, 주제 노트 등이 있다.

〈자료1-1〉 경기도 M초 5학년 국어 수업 담화 기록

교→교사, 학→학생, [ ]안의 내용은 학생 전체의 발화나 행동을 의미함. 발화 기록의 앞의 숫자는 발화 시간을 나타냄

13 : 30 교 : (칠판을 가리키며) 오늘은 넷째마당 이리보고 저리보고, … 숨어 있는 의미에 대해 배워볼게요. (화면을 가리키며) 화면을 한 번 보세요.

학 : [자료화면(어린이 회의시간 촬영) 감상]

13 : 32 교 : 어느 시간에 말하고 있죠? [회의시간]

교 : 얼마 전에 여러분 회의를 했었죠? 정택이 모습도 보이고..회장도 보이고… (중략) 누가 한번 이야기 해 볼

사람? 병권이가 말해볼까?
13 : 35 학 : 제 생각에는… (이하생략)

국어 수업에 대한 연구에서 흔히 사용하는 관찰 및 기록의 방법은 질적 연구 방법론에 근거한 '문화기술지적 기록'이다. 이러한 관찰과 기록 방식은 차후 분석적 접근의 근간을 마련하는데 유용하며, 국어수업에 대한 의미를 탐구하는 매우 중요한 방법이다. 비구조적 관찰 기록에서 가장 중요한 것은 관찰자의 해석에서 사실을 분리하는 것이다. 연구자들은 관찰한 내용을 기록하는 데 몇 가지 기호나 약속을 마련한 후 수업에서 발생한 내용을 정리해 나가는 방식을 사용하기도 한다. 〈자료 1-1〉은 비구조적 관찰의 방법에 해당되는 수업 담화 기록의 예이다. 비구조적인 국어수업 관찰은 장기간의 관찰과 그에 대한 분석, 해석이 이어져야하는 고된 과정이 따른다. 그 과정에서 연구자는 교사와 학생의 언어적 상호작용을 비롯하여 비언어적인 측면, 수업 환경의 물리적 · 심리적 구조, 수업의 내용, 수업의 방법 등 수업의 모든 과정에 참여 관찰하고 그 내용을 녹음 또는 녹화하여 저장하거나 선별한 후 일차적인 연구 자료로 삼는다.

[그림1-4]와 같은 수업 과정 분석표는 시간의 흐름과 관련하여 연구자가 자신의 수업 관찰의 관점과 그 결과를 좀 더 선명하게 드러내는데 효과적이다. 즉, 40분이란 수업 시간 전체를 관찰하고 그 과정을 여타의 수업 상황과 대조하여 살피는데 편리하다.

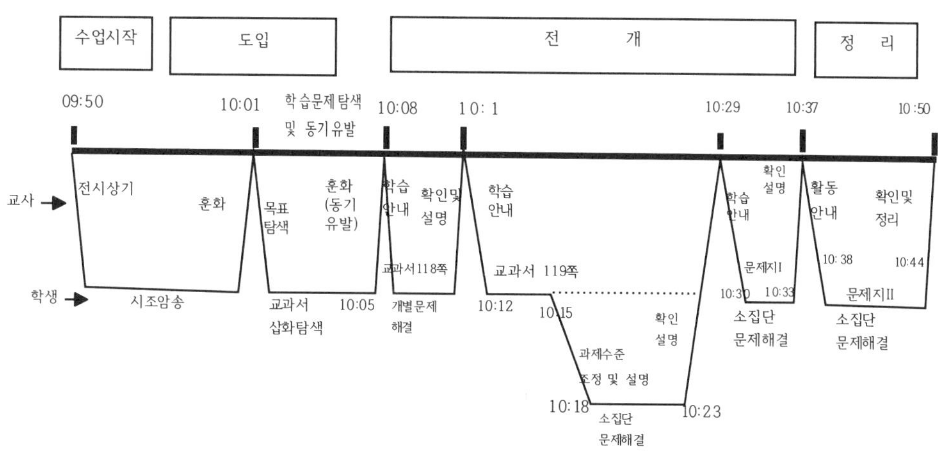

[그림1-4] '말하기 · 듣기 · 쓰기' 수업과정 분석표(서현석, 2005a:72)

[그림1-4]의 경우, '말하기 · 듣기' 수업이 다른 영역의 국어수업과 달리 '소집단 활동'이 빈번하게 이루어짐을 포착하여 수업과정이 교사와 학생의 상호작용적 행위에서 학생 간의 상호작용적 행위로 전환됨을 시각적으로 드러내고 있다. [그림1-4]와 같은 수업 과정 분석표는 하나의 고정적인 기록방법이 존재하는 것이 아니라 연구자의 필요와 목적을 반영하여 수업 관찰의 결과를 새롭게 창안하거나 변환한 형태로 기록할 수 있음을 시사한다.

2.2. 평정 척도

담화 보고는 관찰자가 관찰 행동을 선정하는 데 매우 많은 융통성을 허용한다. 이에 비해 평정 척도는 좀 더 구조화되어 있고, 관찰 행동뿐만 아니라 관찰해야 할 행동의 빈도를 기록할 기회도 제공할 수 있다. 평정 척도를 사용하기 위하여 사전에 관찰하고자 하는 행동을 확인해야 하는데, 이 부분에서 국어수업 관찰의 고유한 관점을 반영할 수 있어야 한다. 평정 척도는 단독으로 또는 담화 보고와 같은 다른 관찰 도구와 함께 연계하여 사용될 수 있으며, 대표적인 두 가지 유형으로 점검표와 총합적 평정 척도를 들 수 있다. 원래 점검표(Checklists)는 관찰해야 할 행동 목록표로 이루어져 있고, 각 항목에 따라 '예/아니오' 또는 '있다/없다'를 살펴보게 하는 것이 기본적인 형식이다.

〈표1-3〉에 제시된 수업평가표는 행동의 유무를 확인함과 더불어 관찰한 내용을 토대로 특기사항이나 관찰자의 의견을 적도록 고안되어 있다. 이러한 형태의 평가서는 국어수업을 포함한 일반 교과 수업에서 수업자에게 부담을 최소화하기 위해 변형된 것으로 현재 교육현장에서 가장 널리 사용되는 수업 관찰의 방법이다. 그러나 〈표1-3〉에 제시된 점검표의 각 항목들은 국어 교과의 특성을 반영하고 있다고 보기는 어렵다. 즉, 일반 수업의 절차(수업설계－도입－전개－정리)에 따라 일반적으로 효율적인 교사의 행동을 확인할 수 있을 뿐이다.

〈표1-3〉 2015학년도 서울 H초등학교 수업평가표

일 시	2015. . (요일)		
일 시	학년 반	담임명	
교 과		단원명	
학습목표			
구 분	관 점		
수업 설계	(1) 목표를 달성하기 위한 내용 체계에 따라 지도방법, 및 평가방법이 구체적으로 제시되었는가?		
	(2) 학습의 개별화, 협력화 지도에 알맞은 수업 설계인가?		
	(3) 교과 및 단원의 특질에 맞는 교수-학습 모형인가?		
	(4) 학생 수준, 지역화를 고려한 내용인가?		
도입	(5) 적절한 학습 동기 유발 및 문제의식을 갖게 진행하고 있는가?		
	(6) 학습문제와 학습방법이 적절히 안내되었는가?		
	(7) 선행학습 회상, 출발점 행동의 진단과 활용, 예습과제를 학습에 적용하는가?		
	(8) 학생의 조직은 학습내용과의 관계, 학습활동이 원활하도록 조직되어 있는가?		
전개 1	(9) 학습과제에 알맞은 수업 원리를 적용하는가?		
	(10) 기본, 심화 선택 학습의 과정으로 자기 능력에 맞는 학생 활동과 수업 진행이 되는가?		
	(11) 개별 및 협력 학습이 조화를 이루는가?		
전개 2	(12) 학생들의 토의활동이 활발하고 발표 방법이 다양한가?		
	(13) 학생들의 학습활동은 융통성 있는 시간운영 계획에 따라 이루어지는가?		
	(14) 학생들의 학습활동은 융통성 있는 시간운영 계획에 따라 이루어지는가?		
	(15) 개별협력학습을 위한 주간학습, 학습안내 등의 환경을 조성하여 이를 학습에 적용하는가? (이하생략)		

구체적인 예를 살펴보면, 〈표1-3〉에서 제시된 일반 수업의 도입 단계의 관점들은 그의 연구에서 쓰기 과정의 '생각 꺼내기' 단계에서의 관점들과 대비될 수 있다. 즉, '글을 쓰는 목적과 독자를 인식하게 하는 대화를 하는가?, 쓰기 과제에 대하여 학습자의 탐구심을 유발하거나 도전시키는 대화를 하는가? 배경지식을 활성화시킬만한 정보를 충분히 제공하는가?, 아이디어를 생성하는 전략을 충분히 설명하고 시범을 보이는가?' 등으로 대체함으로써 좀 더 쓰기 수업과 관련된 관찰의 관점을 갖도록 하는데 도움이 될 수 있다. 국어 교과에서 쓰기 영역에서는 '쓰기의 과정'과 관련된 연구를 중심으로 다른 영역의 수업과 구별되는 쓰기 수업의 고유성을 찾으려는 노력이 활발히 진행

되고 있다. 〈표1-4〉는 관찰자가 수업자의 쓰기 수업에서 나타나는 특정 행동, 즉 '책임이양 절차에 따른 교사와 학생의 역할 교대' 유무를 관찰하고, 그 양상을 '○-△-□'의 3단계로 표시한 것이다.

〈표1-4〉 과정중심 쓰기 수업에 나타난 교사와 학생의 역할교대 양상 (박태호, 2006:153)

	교사주도 학생참관	교사주도 학생 부분 참여	학생주도 교사조력	학생주도 교사참관
내용생성	○	×	○	△
내용조직	×	×	×	×
내용표현	△	×	×	△
고쳐쓰기	△	×	△	△
작품화하기	○	×	×	○

박태호(2006)는 〈표1-4〉에서처럼 쓰기 수업에서 교사는 내용 생성하기 과정을 제외한 전 쓰기 과정에서 주로 참관자(구경꾼)의 역할만 수행할 뿐, 촉진자나 상담자의 역할은 수행하지 못하였다고 지적한다. 학생 역시 구경꾼의 역할 중 일부를 수행할 뿐, 참여자나 초보자의 역할은 수행하지 못하는 것으로 나타났다. 또 전문가의 입장에서 수행한 교사의 역할 역시 미진한 부분이 많은데, 주로 쓰기 활동에 필요한 주의 사항만 안내하고 있지 정작 차시 학습 목표와 관련된 지식, 기능과 전략에 대한 설명과 시범이 없다는 것이다. 〈표1-4〉에서 교사나 학생 주도나 참관, 부분참여, 조력 등은 타 기능 교과의 관찰 항목에도 설정 가능한 내용이다. 그러나 〈표1-4〉에서 세로축을 구성하는 쓰기의 과정(내용생성-내용조직-내용표현-고쳐쓰기-작품화하기)은 쓰기 수업의 특수성을 잘 반영하고 있다.

총합적 평정 척도(summated ratings)는 둘 이상의 변별도가 가능하다는 점에서 점검표와 다르다. 총합 평정 척도는 전형적으로 양 극단과 선정된 중간점에 어떤 행동을 기술하기 때문에 행동의 정도에 더욱 근접하여 집중하도록 한다. 행동을 관찰할 때, 관찰한 것과 척도를 비교하고 관찰한 것에 가장 잘 부합되는 정도를 선정한다. 항목들이 공통적인 주제를 대표할 때, 개별 척도의 점수는 합산되고 평균이 산출될 수 있다. 총합적 평정 척도는 관찰자가 행동의 유무뿐만이 아니라 행동이 일어나는 정도를 식별할 수 있게 하는데, 가장 흔한 총합 평가 척도에는 5단계 척도와 7단계 척도가 있다.

한국교육과정평가원(노은희 외, 2006)에서 개발한 국어수업 매뉴얼에서는 '수업실행'이라는 중영역의 일곱 개 평가 기준에 대해 교사의 교수활동에 대한 질문과 관찰 지표를 설정하고 그에 따라 평가자가 '미흡－기초－우수－탁월' 네 단계로 수행 수준 대해 판단할 수 있도록 서술식 평정 척도를 제시한 바 있다. 다음 〈자료1-2〉는 교사의 '국어 시범 능력'에 관한 평가 방법과 평가자 질문에 따라 교사의 국어 수업 수행 수준을 판정하기 위한 서술식 평정 척도의 예시이다.

〈자료1-2〉 교사의 국어 수업 수행 수준을 판정하기 위한 서술식 평정 척도 예시(노은희 외, 2006)

Ⅲ-2. 국어 시범 능력
교사는 국어 수행 원리와 전략을 학생이 용이하게 인식하고 활용할 수 있도록 시범을 보일 수 있는 능력을 갖추고 있다.

▣ 평가 방법 안내 : 이 기준은 주로 교실 수업 관찰을 통해 적용될 수 있다. 수업 시간에 지식과 원리를 전달하는 능력, 동원하는 프레젠테이션 방법이나 교수 화법, 학생들의 이해도 등을 고려하면 적절히 평가가 이루어질 수 있다.

▣ 평가자 질문/관찰 지표
- 교사는 적절하고 효과적인 교수 화법을 사용하고 있는가?
- 교사는 모범적인 국어 활동의 산물을 제시하여 수업하는가?
- 교사는 학생들의 반응을 고려하여 자신의 화법을 유연하게 변용할 수 있는가?
- 교사는 국어 활동의 지식과 원리, 전략을 효과적인 방법을 통해 전달하고 있는가?

▣ 수행 수준을 판정하기 위한 서술식 평정 척도

미흡	기초	우수	탁월
교사는 적절한 교수 화법을 사용하지 못하며, 그에 대한 반성의 과정이 미약하다.	교사는 적절한 교수 화법을 사용하여 국어 활동의 원리와 지식, 전략을 전달한다.	교사는 적절하고 효과적인 교수 화법을 사용하며, 국어 활동의 원리와 지식, 전략을 국어 활동의 국면에 따라 분석적으로 제시한다.	교사는 적절하고 효과적인 교수 화법을 사용하며, 국어 활동의 원리와 지식, 전략을 국어 활동의 국면에 따라 분석적으로 제시한다. 또한 효과적인 전달 방법을 사용하여 학생들의 이해를 용이하게 한다.

2.3. 수업 부호화 체계

교사와 학생의 다양한 행동이 발생하는 빈도를 기록하는 관찰 체계를 수업 부호화 체계(classroom coding systems)라고 한다. 수업 부호화 체계는 총합 평정 척도에 비해 관찰자의 판단이나 추론이 개입할 여지가 적기 때문에 저추론 관찰 체계라고도 불린다. 수업 부호화 체계는 평정 척도를 이용하여 평가하는 일반 평가 개념과는 달리 "교사가 발문하다" 또는 "교사가 실례를 들다"와 같이 구체적이고 뚜렷한 행동 단위를 비교적 짧은 시간에 기록하는 것이다. 행동의 부호화 양식으로 흔히 사용되는 두 가지 방법은 계산체계와 신호 파악 체계이다. 부호와 체계를 통한 수업 관찰 행동은 선정된 시간 간격 동안 쉽게 인식될 수 있을 만큼 구체적이다. 계산 체계는 대규모 행동 표집을 제공하고 행렬양식을 편리하게 기록될 행동의 순서나 유형을 고려하며 추론된 자료는 비율과 퍼센트 같은 통계적 지표로 바꿀 수 있다. 가장 널리 보급된 수업 분석 체계는 Flanders(1970)에 의해 개발된 언어적 상호작용 분석의 체계이다.

〈표1-5〉 신호 파악 체계(설양환 외, 2005:67)

5분간격										행 동
1	2	3	4	5	6	7	8	9	10	
										교사가 감정을 받아들인다.
										교사가 칭찬하거나 격려한다.
										교사가 학생의 생각을 받아들이거나 활용한다.
										교사가 질문한다.
										교사가 강의한다.
										교사가 지시한다.
										교사가 당국을 비평하거나 정당화한다.
										학생이 말한다. – 응답
										학생이 말한다. – 개시
										침묵 또는 혼동

신호 파악 체계를 사용할 때는 어떤 사건이 특정 시간 내에 얼마나 자주 발생하는지와 상관없이 단 한 번만 기록한다. 신호 파악 체계의 특징은 관찰 기간이 2~15분 정도로 상당히 더 긴 경향이 있다는

것과 관찰 기간 동안 한 가지 이상의 행동을 관찰할 수 있다는 것이다. 〈표1-5〉는 Flanders의 상호작용 분석 체계에 제시되어 있는 것과 동일한 관찰 행동항목을 사용한 신호 파악 체계의 예시이다.

이수진(2006:160)은 쓰기 수업에서 교수대화는 쓰기 고유의 내용을 수업 안에서 다루기 위해 필요한 코드 체계들로 이루어져야 한다고 언급한 바 있다. 즉, 쓰기 수업의 교수대화에서 다루어야 할 내용을 쓰기 과정과 전략, 상황에 대한 맥락적 지식, 쓰기 화제, 텍스트의 언어적 요인으로 범주화한 것이 일종의 코드 체계이다. 대부분의 수업대화를 범주화하는 기준은 정보 전달이나 기능의 숙달 등의 목적이 주를 이루지만, 내용을 범주의 기준으로 삼을 때는 수업에서 학습자가 수업 담화에 접촉함으로써 쓰기 능력의 어떤 측면을 익히게 되는지가 기준이 되어야 한다는 것이다.

〈표1-6〉 내용적 관점의 쓰기 교수대화 유형과 전략(이수진, 2006:180)

교수대화 유형	교수대화 전략
과정중심 대화	과정 안내와 지시
	전략 안내와 지시
	활동 안내와 지시
상황중심 대화	원리와 활동의 관련성 탐구
	과제 해결의 단서로 활용
	활동을 통한 암시
결과중심 대화	글쓰기 규범 관련 제안
	문장, 단어 관련 제안
	텍스트 감상 및 평가
화제중심 대화	경험의 활용
	상상력의 활용
	보충 자료 활용
	상호텍스트 활용

이런 관점에서 쓰기 수업에서의 교수대화를 유형화하고 교수대화 전략을 추출하는 일은 '쓰기'라는 특정 교과 영역의 내용이 수업 속에서 어떻게 체계화되고 전달되는지를 범주화함으로써 쓰기 수업 관찰에 필요한 구체적인 기준을 만드는 일과 크게 다르지 않다고 볼 수 있다. 〈표1-6〉은 실제 쓰기 수업에 나타난 교수 대화 유형을 정리한 것이다.

3. 초등 국어 수업 관찰 및 평가의 전망

초등 국어 수업 관찰은 '학생의 언어 사용과 특성'과 '언어의 특성'이 반영되어 이루어져야 한다. 초등 국어 수업에서 지향하는 '지식'은 학생의 국어사용 수행의 총체와 관련되는 '인격적 지식'이며, 학생의 개별적 지식이 반영된 것이기 때문이다. 이러한 '인격적 지식'을 구성하기 위해 교사는 학생들에게 의미있는 국어학습 경험을 제공하고 국어수업의 내용과 학생, 주변 환경적 조건들은 물론 자신의 국어사용에 대해서도 끊임없이 성찰하면서 수업을 완성해간다. 이러한 과정을 좀 더 정교하게 관찰하고 국어 수업의 의미를 확인할 수 있는 구체적인 방법을 만들어 나가려는 노력은 '국어 수업 평가'의 관점으로 연구되고 있다.

구체적인 국어 수업 평가에 관한 대표적인 연구물로는 교육과정평가원에서 개발한 '수업평가 매뉴얼 -국어과 수업평가 기준-'을 들 수 있다. 그 연구에서는 국어과 수업 평가 기준은 궁극적으로 수업을 기반으로 한 교사의 전문성을 신장하기 위하여 개발되었음을 명시하고 있다. 즉, 국어 수업 평가 기준이란 수업 개선을 위해 국어 교사가 어떠한 부분에 노력을 기울여야 하는가를 목록화한 것이다. 그 보고서에서는 국어과 수업 평가 기준을 4개의 대영역, 8개의 중영역, 28개 평가 기준 요소로 나누어 다음 〈표1-7〉과 같이 제시하고 있다.

〈표1-7〉 국어과 수업 평가 기준(노은희 외, 2006)

평가 영역		평가 기준 요소
대영역	중영역	
지식 및 능력	Ⅰ. 국어 교과 지식	Ⅰ-1. 국어과 교육과정에 대한 지식 교사는 현행 교육과정의 의미와 방향, 내용의 범위와 계열을 숙지하고 있으며 교육과정을 재구성할 수 있는 역량을 가지고 있다.
		Ⅰ-2. 국어 교과 내용에 대한 지식 교사는 국어과 영역인 듣기 · 말하기 · 읽기 · 쓰기 · 국어지식 · 문학의 내용에 대한 전문적인 지식을 지니고 있다.
		Ⅰ-3. 국어과 교수학습 방법에 대한 지식 교사는 국어과와 관련한 다양한 교수학습 방법을 알고 있다.
	Ⅱ. 학생의 언어 이해	Ⅱ-1. 학생의 언어 발달 및 개인차에 대한 이해 교사는 학생의 보편적 언어 발달 및 언어 학습 과정에 대해 알고 있으며, 언어 수행시 보이는 개인차에 대해서 이해한다.
		Ⅱ-2. 학생의 언어 문화에 대한 이해 교사는 학생의 언어 경험과 문화가 가지는 의의와 특성에 대해 이해한다.
	Ⅲ. 국어 능력	Ⅲ-1. 국어 수행 능력 교사는 듣기, 말하기, 읽기, 쓰기 능력, 국어 탐구 능력, 문학적 감상과 창작 능력, 미디어 소통 능력을 갖추고 있다.
		Ⅲ-2. 국어 시범 능력 교사는 국어 수행 원리와 전략을 학생이 용이하게 인식하고 활용할 수 있도록 시범을 보일 수 있는 능력을 갖추고 있다.
		Ⅲ-3. 국어 평가 능력 교사는 학생의 언어 수행 과정과 결과를 타당하고 신뢰 있게 평가할 수 있는 능력을 갖추고 있다.

평가 영역		평가 기준 요소
대영역	중영역	
계획	Ⅳ. 수업 설계	**Ⅳ-1. 학습 목표와 내용 선정** 교사는 국어과 학습 내용 및 학생들의 다양한 특성과 요구를 고려하여 학습 목표를 명료하게 설정하고, 국어과 교육과정과 교과서를 분석하여 학년 · 단원의 위계성과 계열성에 적합한 학습 내용을 선정 조직하기 위한 계획을 수립한다.
		Ⅳ-2. 교수학습 모형 및 절차 계획 교사는 국어 학습 목표 도달에 적절한 국어 수업의 일반적 절차와 국어과 교수학습 모형을 이해하여, 이에 적절하고 효율적인 국어 수업의 절차를 계획한다.
		Ⅳ-3. 교수학습 활동 및 방법 계획 교사는 학생들에게 유의미한 언어적 학습 경험을 제공하는 학습 활동과 방법을 구안하여 조직하고 수업시간을 배분하며 이를 지원하기 위한 집단 운영 계획을 수립한다.
		Ⅳ-4. 학습 자료 및 매체 활용 계획 교사는 국어 수업에서 학생들에게 유의미한 학습이 일어날 수 있도록 다양한 학습 자료와 매체, 필요한 자원 활용을 계획하며, 필요한 경우 교과서에 제시된 제재나 활동을 재구성하거나 대안적인 자료의 활용에 대한 계획을 수립한다.
		Ⅳ-5. 학생 평가 계획 교사는 학생들의 학습 성취를 확인하기 위해 학습 목표와 일치하는 타당한 평가기준과 방법을 수립하고, 학생들의 이해 수준과 학습발전 정도를 확인하여 수업 개선을 가져올 수 있는 평가 결과 활용의 계획을 마련한다.
실천	Ⅴ. 국어 학습 환경 조성	**Ⅴ-1. 효과적인 수업을 위한 시 · 공간 환경 조성** 교사는 모든 학생이 국어 학습 활동에 적극적으로 참여하고 구성원 간의 상호작용이 활발하게 일어날 수 있도록 효율적인 시 · 공간 환경을 조성한다.
		Ⅴ-2. 자율적이고 효율적인 소통의 규칙과 절차 교사는 학생의 국어사용 능력의 차이와 특성을 존중하고 서로를 배려하는 자율적 학습 분위기를 조성하며, 수업 방법 및 특성에 맞춰 효율적인 소통의 규칙과 절차를 개발하여 사용한다.

평가 영역		평가 기준 요소
대영역	중영역	
실천	Ⅵ. 수업 실행	**Ⅵ-1. 선행지식 활성화와 동기 유발** 교사는 수업에 영향을 주는 다양한 요소들을 고려하여 학생들의 학습 동기를 유발하고, 능동적이고 적극적인 참여를 조장하며, 모든 학생들이 학습 기회를 최대화할 수 있도록 지도한다.
		Ⅵ-2. 학습 목표와 학습 활동 관련 교사는 수업에서 의도한 학습 목표와 학생들이 실제로 참여하는 학습 활동을 유기적으로 관련짓는다.
		Ⅵ-3. 다양하고 적절한 수업 전략 교사는 수업 전반을 통해 학습 목표, 학습 내용, 학생의 특성과 요구에 부합하는 다양하고 적절한 교수기법과 전략을 사용한다. 수업 방법 및 특성에 따라 학생 집단을 적절하게 구성하여 운영하며, 수업단계, 상황에 따라 적절한 교수매체를 활용한다.
		Ⅵ-4. 수업 계획의 실천과 유연한 상황 대처 교사는 수업설계에서 수립한 수업 계획을 실행에 옮기되 수업 상황에서 예기치 못한 사태가 발생했을 때 적절히 대응하고, 수업에서 요구되는 주요 변화와 계획 수정을 성공적으로 이루어내며 예기치 않게 발생한 학습 기회를 적극 활용한다.
		Ⅵ-5. 언어적 상호작용 촉진 교사는 학생들의 발화 의욕을 고취시켜 교사-학생 간 또는 학생 상호간에 언어적 의사소통이 활발히 일어나도록 다양하고 적절한 수준의 질문을 사용한다.
		Ⅵ-6. 피드백 제공 교사는 학생들의 이해를 점검하고 학습 효과를 증진시키기 위해 적시에, 정확하고 구체적이며, 건설적인 피드백을 제공한다.
		Ⅵ-7. 교과서 및 자료 활용 교사는 수업 전반에서 교과서를 적절히 활용하되, 유의미한 학습 기회를 줄 수 있다고 판단될 때 수업 단계, 활동 특성에 따라 적합한 자료를 활용한다.
실천	Ⅶ. 학생 평가	**Ⅶ-1. 평가 실행** 교사는 수업 설계 단계에서 수립한 평가 계획에 따라 학생의 국어 수행 능력을 평가하며, 학생의 자기 평가와 동료 평가를 효율적으로 실행시킨다.
		Ⅶ-2. 평가 결과 활용 교사는 평가 결과를 활용하여 수업 효과를 분석하고 차후 수업 계획 및 전략을 개선하며, 학생과 학부모 등 다양한 주체와 의사소통한다.

평가 영역		평가 기준 요소
대영역	중영역	
전문성	Ⅷ. 교수 학습에 대한 지속적 노력	**Ⅷ-1. 수업에 대한 반성** 교사는 자신의 수업을 객관적으로 평가하여 강점과 약점을 정확하게 파악하고, 이를 수업 개선에 활용한다.
		Ⅷ-2. 동료 교사와의 협력 교사는 수업 개선을 위해 동료 교사와 협력하고, 자신이 알고 있는 지식과 정보를 동료 교사와 공유한다.
		Ⅷ-3. 학부모 및 지역 단체와의 협조 교사는 학부모나 지역 단체에게 학생 및 교수학습과 관련한 정보를 주기적으로 제공하고, 또 학부모나 지역 단체로부터 수업 참여 및 지원을 적절히 이끌어 낸다.
		Ⅷ-4. 전문성 발달 노력 교사는 국어과 지식과 수업 기술 향상을 위해 부단히 노력하고, 교과 연구자, 동료 장학자 등의 전문적 역할을 기꺼이 수행한다.

여러 가지 다양한 관점에서의 수업 관찰은 대부분 수업 개선이라는 목적을 강조하고 있지만 결국에 교사가 진행하는 '수업의 효율성'을 평가하는 일과 관련이 있다. 일정한 목적을 가지고 수업 관찰을 한다는 것은 수업에 대한 가치 판단이 이루어짐을 의미하기 때문이다. 이 점에서 수업 관찰의 결과는 교사의 수업 실천으로 연결되어야 진정한 의미가 살아나는 것이며, '수업 평가'나 '교사 평가'와 깊이 관련을 맺을 수밖에 없다.

이러한 맥락에서 '교실 수업 비평'이라는 개념으로 새로운 관점에서 국어 수업 관찰과 분석이 시도되고 있다. 예술 비평이 작품의 질을 평가하고 이에 대한 인식의 범주를 넓힌 것처럼 교육 비평은 학교와 교실에서 발생하는 교육과정 현상을 폭넓게 이해하는 방법이다. 이에 관하여 Flinders & Eisner(1994:341)는 '교육 비평이란 순수 예술 비평에서 착안한 것으로서, 학교나 교실에서 발생하는 다양한 교육과정 현상을 기술하고 분석하는 대안적인 교육과정 연구 방법론이다.'라고 정의한 바 있다. 교육 비평은 학생들이 학교에서 어떠한 교육을 받고 있는지, 그리고 학생들이 어떠한 교육적 활동에 참여하고 있는지 연구하고 이해할 수 있는 대안적인 교육과정 연구 방법론을 제공함으로써, 수업을 더욱 풍부하고 설득력 있게 관찰하고, 실효성 있는 평가를 가능하게 한다는 점에서 주목받고 있다.

그 동안 수업 관찰은 장학활동의 필수적인 요소로 교사의 수업방법을 개선하는데 주로 사용되었다. 이러한 장학활동은 교사의 교수행위 변화를 위하여 계획적 · 공식적으로, 그리고 직접적으로 도와준다는 면에서 분명 긍정적인 측면이 많다. 그러나 수업 관찰을 장학활동의 일환으로 보는 관점은 중요한 문제점을 가지고 있다. 그것은 바로 교사의 교수 행위를 개선시킨다는 것은 타인의 지적과 도움으로 가능하다기보다 교사 스스로의 반성적 사고와 행위가 수반되어야 가능하다는 점을 간과하였거나, 충분히 반영하지 못하였다는 점이다. 바꿔 말하면, 기술적 합리성이라는 명분 아래 객관주의에 매몰되어 온 기존 수업 관찰의 관점은 '수업 당사자'의 관점을 충분히 포함시키지 못하였던 것이다. 국어 수업과 관련된 모든 요소를 포괄하여 수업을 계획하고 이끌어 가는 원동력은 바로 '교사 자신의 반성적 교수 활동'에 있다.

국어 수업 관찰은 수업의 효율성을 '판정받기' 위한 것만이 아니다. 오히려 교사 자신에게 스스로의 국어수업을 반성하고 성찰하게 해주는 기능이 좀 더 강조되어야 한다. 이런 측면에서 국어수업 현상에 대한 관찰과 수업평가는 '국어 수업 비평'과 '교사 자신의 국어수업에 관한 내러티브' 연구의 일환이 되어야 한다.

수업 비평은 한 교사의 수업 활동을 많은 교사들이 함께 음미하여야 할 공적인 텍스트로 전환시키는 성격이 강하다(이혁규, 2006). 예술가가 창작 활동을 통해서 기존 문법을 넘어서는 새로운 세계를 창안하고 비평가는 그 작품의 의미를 밝혀내어 그 성과를 모두가 향유할 수 있는 공동의 자산으로 만들어가듯이, 수업 비평은 음미할 만한 수업을 찾아내고 많은 사람들이 그 교육적 실천의 의미를 제대로 이해할 수 있도록 만들어준다. 요컨대 국어 수업 비평은 구체적인 수업 실천을 관찰하여 기술하고 해석하는 활동을 통해 다양한 국어 교육의 주체들과 수업의 대한 객관적 평가와 더불어 내부에 존재하는 수업에 대한 심층적인 의미들을 공유하고 소통하게 할 가능성을 지닌다.

국어수업에 관한 내러티브는 간단히 말해 국어수업에 관한 이야기하기(storytelling)이라고 할 수 있다. 수업 관찰을 통해 국어 교사의 전문성을 신장시키려면 교사의 구체적인 개인적 · 실천적 국어사용의 경험과 지식을 다룰 수 있어야 한다. 이러한 국어 교사의 실제적 지식을 수업의 맥락에서 직접 다룰 수 있는 접근법이 바로 내러티브 연구이다. 즉, 국어 수업을 수행한 교사에 의해 이야기되는 '수업 이야기'는 자신의 반성적 사고를 촉진하며, 자신이 직면한 복잡한 문제들을 스스로 해결해 나가게 돕는다. 또한 그와 더불어 수업의 관찰자에게 새로운 시각을 갖게 할 수 있다. 이러한 초등 국어 교사의 내러티브가 활성화될 때, 다양한 초등 국어 수업의 관찰의 관점과 논의도 좀 더 다양해지고 체계화될 수 있을 것이다.

참고문헌

강현석 · 이자현(2006), 내러티브를 통한 교육과정 개발자로서의 교사 전문성의 재개념화, 《교육과정연구》, 24(1), 교육과정연구학회, pp, 153~180,

곽영순(2006), 교과별 내용교수법 개발 연구의 이론과 실제, 《교수 학습 개선을 위한 수업 컨설팅 어떻게 할 것인가?》, 한국교육과정평가원 연구자료 ORM 2006-17.

김경주(2010), 국어과 내용교수지식에 대한 연구, 《국어교육학연구》, 제39집, 국어교육학회.

김국태(2006), 읽기 수업의 교수적 비계설정 양상 연구. 박사학위논문. 한국교원대학교 대학원.

김병수(2002), 참여 관찰을 통한 국어수업의 문화적 해석, 한국교원대학교 대학원 석사학위 논문.

김자영(2006), 초등교사의 수업 속에 나타난 실천적 지식에 대한 이해, 《교육현장 이야기: 질적연구의 네러티브적 접근》, 한국교육인류학회「청주교육대학교 초등교육연구소.

김정원(2002), 질적 수업평가의 시도, 《초등교육연구》 15(2), pp.65~84, 한국초등교육학회.

김정효 외8인(2005), 《초등교육이란 무엇인가 - 현상학적 이해 - 》, 교육과학사.

김지현(2000), 비고츠키의 지식 점유과정과 언어매개기능에 관한 교육학적 고찰, 서울대학교 박사학위 논문.

김창원(2007), 《국어교육론 - 관점과 체제》, 삼지원.

김창원 외(2005), 《국어과 수업 모형》, 삼지원.

김호권 외(1992), 《현대교육과정론》, 교육출판사.

노명완 외(2003), 《창조적 지식기반 사회와 국어과 교육》, 박이정.

노명완 외(2012), 《국어교육학개론 제 4판》, 삼지원

노은희 · 김정자 · 남민우 · 서현석 · 이경화 · 주세형(2006), 《수업평가 매뉴얼 국어과수업평가 기준》, 한국교육과정평가원 연구자료 ORM 2006-24-3.

노은희 · 서현석(2007), 화법수업능력 개선을 위한 평가영역 및 내용요소 연구, 《교육과정평가연구》 10(2), 한국교육과정평가원, pp.203~228.

류현종(2004), 사회과 수업 비평: 예술비평적 접근, 한국교원대학교 박사학위 논문.

박성익(2002), 교수학습방법 탐색의 방향과 과제, 초등학교 10개 교과의 교수학습 방법과 적용 방안 탐색을 위한 세미나(1), 한국교육평가원 연구자료 ORM 2002-11-1

변영계 · 이상수(2004), 《수업설계》, 학지사.

박인기(2010), 국어과 수업설계와 실행, 경기장학아카데미 심화과정 - 국어과 수업컨설팅, 경기도교육청 장학자료 2010-2.

박영목(2002), 독서교육 연구에 있어서의 사회문화적 접근, 《독서연구》 7호, 한국독서학회.

박태호 · 최민영(2012), 국어과 PCK 교수 학습 과정(안) 작성법, 슈퍼 컨설턴트 전문가 과정, 울산광역시 교육청.

박태호 · 최민영(2013), PCK에 기반한 쓰기 수업 설계 방안, 작문연구 제17집, pp.155-192.

박태호(2006), 초등학교 과정중심의 쓰기 수업평가, 《새국어교육》í 77, 한국국어교육학회, pp.143~170.

______(2008), 개선해야 할 초등 국어 수업 문화와 교사 대응, 《청람어문교육》, 제38집, pp.7~36

______(2009), 《초등 국어 수업 관찰과 분석》, 정인출판사.

______(2011), 국어 수업에 나타난 PCK 교수 변환 사례, 《학습자중심 교과교육 연구》, 제11권 4호, PP.103~121.

참고문헌

______(2012), ≪초등 국어 수업 관찰과 분석≫, 정인 출판사.

민 윤(2003), 사회과 역사 수업에서 초등 교사의 교수내용지식에 대한 이해, 교원대학교 박사학위 논문.

서경해(2005a), 반성과 실천: 교사의 전문성 개발에 대한 소고. ≪교육과정연구≫ 제 23권 2호.

서경해(2005b), 반성적 교사교육의 허와 실, ≪한국교원교육연구≫ 제22집 3권.

서근원(2006), ≪수업을 왜 하지?≫, 우리교육.

서근원(2005), 교사의 딜레마와 수업 의미, ≪아시아교육연구≫ 제6권 제2호, pp.1~40.

서현석(2005a), ≪말하기 · 듣기 수업 과정 연구≫, 박이정.

______(2005b), '인격적 지식' 구성을 위한 국어수업, ≪청람어문교육연구≫ 33, 청람어문교육연구학회, pp.1~27.

______(2008), 국어수업 관찰의 방법과 전망, ≪초등국어교육≫ 38, 한국초등국어교육학회, 159-184.

설양환 외 6인 역(2005), ≪효과적인 수업 관찰≫, 아카데미프레스.

신헌재(2005), 국어수업 관찰과 비평의 방향, ≪한국초등국어교육≫ 27, 한국초등국어교육학회, pp.5~20.

신헌재 외(2004), ≪국어과수업 방법론≫, 박이정.

신헌재 외(2005), ≪초등 국어과 교수 학습 방법≫, 박이정.

신헌재 외(2006), ≪학습자중심의 시교육론≫, 박이정.

양미경(1996), 언어적 상호작용을 통한 가르침의 의의와 한계, ≪교육학연구≫ 제34권 3호.

엄우용(2000), 설계이론과 수업체제설계: 성찰적 비판, ≪교육정보방송연구≫ 제6권 2호.

엄태동(2002), 초등교사의 교수활동: 쉬움과 어려움의 패러독스, ≪교육원리연구≫ 제7권 1호, 교육원리연구회.

엄태동(2005), ≪초등교육의 재개념화≫, 학지사.

염지숙(2003), 교육 연구에서 내러티브 탐구(narrative Inquiry)의 개념, 절차, 그리고 딜레마, ≪교육인류학연구≫, 한국교육인류학회.

여운방 외(2002), ≪전자 교과서 설계 지침 및 모형 개발 연구 - 국어, 사회, 수학, 과학 교과를 중심으로≫, 연구보고서 2002-2, 한국교과서연구 재단.

이경화 · 김지영(2012), PCK 측면에서 본 초등 국어교과서 어휘 교육 내용의 활동 구성 검토, 학습자중심교과교육연구 제 12권 제3호, pp.363~388.

이수진(2007), ≪쓰기 수업 현상의 이해≫, 박이정.

이은정(2006), 〈교수학적 내용지식(PCK) 및 그 표상(PCKr)의 개념적 정의와 분석도구 개발〉, 서울대학교 석사학위 논문.

이원희 외(2006), ≪교육과정과 수업≫, 교육과학사.

이재승(2005), ≪좋은 국어 수업 어떻게 할 것인가?≫, 교학사.

이정선(2002), ≪초등학교문화의 탐구≫, 교육과학사.

이정숙(2003), 국어과 교수 학습 모형의 탐색과 방향, ≪한국어문교육≫ 제12집, 한국교 원대학교 한국어문교육연구소

______(2004), 쓰기 교수 학습에 드러난 쓰기 지식의 질적 변환 양상 연구, 한국교원대학교 박사학위 논문.

참고문헌

______(2005a), 문화현상으로서의 국어과수업비평, ≪한국초등국어교육≫ 제29집, 한국초등국어교육학회

______(2005b), 내용변환에 따른 쓰기 교수 학습 현상, ≪국어교육학연구≫ 제24집, 국어교육학회

______(2006), 쓰기교수행위의 예술적 의미, ≪어문학교육ｉｆ 제33집.

이정숙 외(2011), 국어 수업대화의 재개념화 - '대화적 관계' 형성을 중심으로, ≪우리말교육현장연구≫ 제5집 2호, 우리말교육현장학회.

이주섭 외 (2002), ≪국어과 교육 내실화 방안 연구 : 좋은 수업사례에 대한 질적 접근, 한국교육과정평가원 연구보고 RRC 2002-4-2.

이혁규(2006), 한국의 수업 문화와 수업 비평의 필요성, ≪교과교육공동연구 학술세미나≫ 교실문화 개선을 위한 교사의 역할 탐색, 한국교원대학교 교과교육 공동연구소.

이홍우(2006), ≪지식의 구조와 교과≫, 교육과학사.

이화진(2010), 21세기 학교교육의 지향과 교과교사의 수업 전문성, 제25회 학습자중심교과교육학회 학술대회 자료집.

이화진 외(2006), ≪수업 컨설팅 지원 프로그램 및 교과별 내용 교수법(PCK) 개발 연구≫, 한국교육과정평가원 연구보고서 RRI 2006-1.

임찬빈 외 (2004), ≪수업평가기준 개발연구(Ⅰ)≫, 한국교육과정평가원 연구보고 RRI 2004-5.

임찬빈 외 (2005), ≪수업평가기준 개발연구(II)≫, 한국교육과정평가원 연구보고 RRI 2005-3.

임찬빈 외 (2006), ≪수업평가기준 개발연구(III)≫, 한국교육과정평가원 연구보고 RRI 2006-3.

임찬빈 외(2006), ≪수업 전문성 일반 기준과 활용 방안≫, 한국교육과정평가원 연구자료 ORM 20006-24-1.

임찬빈 외(2006), ≪수업평가 매뉴얼: 국어과 수업평가 기준≫, 한국교육과정평가원 연구자료 ORM 20006-24-3.

장상호(2000), ≪학문과 교육(상), 학문이란 무엇인가≫, 서울대학교 출판부.

장성모 편저(2006), ≪수업의 예술≫, 교육과학사.

정석기(2008), ≪수업기술 향상을 위한 좋은 수업설계와 실제≫, 원미사.

조대훈(2004), 교수행위를 바라보는 세 가지 이론적 모델의 고찰, ≪시민교육연구≫ 제3권1호.

조영달 편(1999), ≪한국교실수업의 이해≫, 집문당.

조영달(2004), 교사의 교실수업활동과 수업 방안에 관한 연구: 호주의 사례, ≪시민교육연구≫제36권 2호.

조영태(1998), 교육내용의 두 측면: 이해와 활동, ≪교육과정철학총서3≫, 교육과학사.

주삼환 외 4인(1998), ≪수업관찰과 분석≫, 원미사.

진권장(2005), ≪교수 학습과정의 재개념화; 해석학적 관점에서의 반성적 이해≫, 한국방송통신대 출판부.

진숙경(2009), '교육적 의사소통' 에 관한 연구: 텍스트의 대화 분석을 토대로, 박사학위논문, 연세대학교 대학원.

최민영(2012), 내용 교수 지식(PCK)에 기반한 국어과 수업 연구-읽기 수업을 중심으로, 한국교원대학교 대학원 석사논문.

한국교육과정평가원(2006), 수업평가 매뉴얼 -국어과 수업평가 기준-, 연구자료 ORM 2006-24-3.

한명희(2002), ≪교육의 미학적 탐구≫, 집문당.

허숙 · 유혜령(1997), ≪교육현상의 재개념화; 현상학, 해석학, 탈현대주의적 이해≫, 교육과학사.

참고문헌

홍성희(1994), 국민학교 교실수업과정의 문화기술적 분석, 고려대학교 대학원 석사 학위논문.

황정규 편(2000), ≪현대 교육심리학의 쟁점과 전망≫, 교육과학사.

Anderson, R. C.(1977), The notion of schemata and the educational enterprise. In R, C, Anderson, R. J. Spiro, & W. E. Montague (Eds), Schooling and the acquisition of knowledge, NJ: Erlbaum.

Appplebee, A., & Langer, J. A.(1983). Instructional Scaffolding: Reading and Writing as natural language activities. Language Arts, 60(2).

Brown, A. (1980), Metacognitive development and reading. In R. Spiro,. B. Bruce,. & W. Brewer, (Eds), Theoretical Issues in Reading Comprehension. NJ: Lawrence Erlbaum.

Bruner, J.(1983), Child' s talk: Learning to use language, NY: Holt, Rinehart, & Winston

Bruner, J.(1984). Vygotsky' s zone of proximal development: the hidden agenda. In B. Rogoff & J. Wertsch (Eds). Children' s learning in the zone of proximal development. SF: Jossy-Bass.

Buehl, D. (2000). Classroom strategies for interactive learning. 2d ed. Newark, DE: IRA.

Busching, B. & B. A. Slesinger (1995). Authentic questions: What do they look like? What do they lead?, In Language Arts 72(5).

Cole, M.(1985). The zone of proximal development: Where culture and cognition create each other. In J. V. Wertsch (Ed). Culture, communication, and cognition: Vygotskian perspectives. Cambridge: Cambridge University Press.

Cox, C.(1996), Teaching Language Arts: A Student- and Response-Centered Classroom (Secon Edition). Boston: Allyn and Bacon.

Davis, B. H., V. Resta, L. L. Davis, & A. Camacho, (2001), Novice teachers learn about literature circles through collaborative action research, Journal of Reading Education 26.

Fielding, L. G. & Pearson, P. D.(1994). Reading comprehension: What works. Educational Leadership 51(5).

Goodman, K. S. (1972), The reading process: Theory and practice. In R, Hodges & E. H. Rudorf (Eds), Language and learning, Boston: Houghton Mifflin.

Grimes, S. (2004), The search for meaning, School Library Journal 50(5).

Guthrie, J. T. (1996), Educational context for engagement in literacy, The reading teacher, Vol 49, No. 6.

Hills, P. J.(1987), ≪교수, 학습 그리고 의사소통≫, 장상호 역, 교육과학사.

Borko, H., & Putnam, R. T. (1996). Learning to teach. In D. C. Berliner & R. C. Calfee (Eds.), Handbook of educational psychology (pp.673~708). New York: Macmillan.

Danielson, Charlotte&McGreal, Thomas L(2000), Teacher Evaluation to Enhance Professional Practice, Assn for Supervision & Curriculum.

Eisner, Elliot W.(1998), 박병기 외(2004), ≪질적 연구와 교육≫, 학이당.

Flinders, D.J. & Eisner, E. W.(1994), Educational criticism as a form of qualitative inquiry, Research in the Teaching of English, 28(4), pp.341~357.

참고문헌

Gess-Newsome, J. (1999), An introduction and orientation, In J. Gess-Newsome and N. G. Lederman (Eds.), Examining Pedagogical Content Knowledge, Boston: Kluwer Academic Publishers.

Grainger, Sheila(2003), Accessing the Professional Artistry of Teaching, Griffith University.

Hills, P. J.,(1986), 장상호 역(1987), ≪교수, 학습, 그리고 의사소통≫, 교육과학사.

Lampert(1985), How Do Teachers Manage to Teach? Perspectives on Problems in Practice, Harvard Educational Review, vol.55 No.2, pp.178~194.

Lave, J. & Wenger, E.(1991). Situated learning: Legitimate peripheral participation. Cambridge: Cambridge University Press.

NICHD(Natioal Institute of Child Health and Human Development).(2000). Teaching Children to read: An evidence-based assessment of scientific research literature on reading and its implications for reading instruction. Comprehension Report of the National Reading Panel. Washington, DC: U.S. Government Printing Office.

Loughran, J., Milroy, P., Berry, A., Cunston, R., and Mulhall, P. (2001), Documenting science teachers' pedagogical content knowledge through PaP-eRs, Research in Science Education, 31(2), 289~307.

Loughran, J., Mulhall, P., and Berry, A. (2004), In research of pedagogical content knowledge in science: developing ways of articulating and documenting professional practice, Journal of Research in Science Teaching, 41(4), 370~391.

Loughran, J., Berry, A., & Mulhall, P. (2006). Understanding and developing science teachers' pedagogical content knowledge. Rotterdam, The Netherlands: Sense Publishers.

Loughran, J., Mulhall, P., and Berry, A. (2010), Exploring pedagogical content knowledge in science teacher education, International Journal of Science Education, 30(10), 1301-1320.

Magnusson, S., Krajcik, L., & Borko, H. (1999). Nature, sources and development of pedagogical content knowledge. In J. Gess-Newsome & N. G. Lederman (Eds.), Examining pedagogical content knowledge(pp.95~132). Dordrecht, The Netherlands: Kluwer.

Marks, R. (1990). Pedagogical content knowledge: From a mathematical case to a modified conception. Journal of Teacher Education, 41, 3~11.

NBPTS (2003). Early Adolescence/ English Language Arts Standards(for teacher of students ages 11~15) second edition.

NPEAT (2001). NCTE/NCATE Research Project on the Assessment of the preparation of Teachers English language Arts. (NPEAT project 1, 4, 5)

O`Connor, M. C. & Michaels, S.(2007), When Is Dialogue 'Dialogic' ?, Human Development, 50(5).

Palincsar, A. S. (1986). The role of dialogue in providing scaffolded instruction. Educational Psychologist, 21(1&2).

참고문헌

Park, S., and Oliver, S. (2008), Revisiting the conceptualization of pedagogical content knowledge(PCK): PCK as a conceptual tool to understand teachers as professional, Research in Science Education, 38(3), 261~284.

Piaget, J. (1977), The development of thought: Equilibration of cognitive structures. NY: Viking.

Robert, Young(1991), 이정화 · 이지헌 역(2003), ≪하버마스의 비판이론과 담론교실≫, 우리교육.

Rogoff, B. (1990). Apprenticeship in thinking: Cognitive development in social context. NY: Oxford University Press.

Rosenblatt, L. M. (1983), Literature as personal exploration, NY: Modern Language Association.

Ruddell, R. B. & Ruddell, M. R. (1995), Teaching children to read and write, Boston: Allyn and Bacon

Rosie Turner-Bisset(2001), Expert Teaching, David Fulton Publishers.

Schram, T. (2003). Conceptualizing qualitative inquiry£ º Mindwork for fieldwork in education and the social sciences. Upper Saddle River, Ohio : Merrill Prentice Hall.

Schon, D.A.(1983), The reflective practitioner : How professionals think in action, New York: Basic Books

Shulman, L. (1987). Those who understand: Knowledge growth in teaching, Educational Research, 15(2), 4~14.

Shulman, L. (1987). Knowledge and teaching: Foundations of the new reform. Harvard Educational Review, 57(1), 1~22.

Smith, F.(1988), Joining the literacy club: Further essays into education, NH: Heinermann.

Smith, P. L. & Ragan, T. J. (1999). Instructional Design, 김동식 · 정옥년 · 장상필 역, 2002. ≪교수설계이론의 탐구≫, 원미사.

Squires(1999), ≪Teaching as a Professional Discipline: A Multi-dimensional Model≫, Taylor & Francis.

Tharp, R. & Gallimore, R. (1988). Rousing minds to life: Teaching, Learning, and schooling in social context, NY: Cambridge University Press.

Tompkins, G. E. (2001), Literacy for the 21st Century£A Balanced Approach, NJ: Merrill Prentice Hall.

Van Driel, J. H., Verloop, N., & De Vos, W. (1998). Developing science teachers' pedagogical content knowledge. Journal of Research in Science Teaching, 35, 673~695.

Veal, W. R., & MaKinster, J. G. (1999). Pedagogical content knowledge taxonomies. Electronic Journal of Science Education, 3(4). Retrieved February, 26, 2003.

Vygotsky, L. S. (1978). Mind in society: The development of higher psychological processes. MA: Havard University Press.

Wolfgang, Sunkel, 권민철 역(2005), ≪수업현상학≫, 학지사.

2부

초등 국어 수업의 영역별 원리

제1장

듣기 · 말하기 수업의 이해

1. 듣기 · 말하기 학습의 특성

듣기 · 말하기는 대화 참여자들이 음성 언어 의사소통을 통해 서로의 삶을 나누는 언어 행위이다. 이 언어 행위는 한 사람이 다른 사람에게 말을 하고 다른 사람의 말을 듣는 것이 아니라 두 사람이 함께 의미를 나누는 과정이며, 단순한 일방적 소통이 아니라 의사소통 참여자 모두의 언어관, 자아관, 세계관 등이 표현과정과 이해과정에 반영되는 복잡한 의미 구성 행위이자 상호교섭적 행위이다. 다시 말해, 듣기 · 말하기를 통한 의사소통은 한 사람의 전체 인격이 반영되어 소통된다. 그래서 한 사람의 듣기 · 말하기를 교육한다는 것은 그 사람 전체를 바꾸어 놓은 일과 다름이 아니며, 지속적이며 체계적인 노력이 필요하다. 이러한 특성으로 볼 때, 진정한 듣기 · 말하기 능력 향상에 관심을 둔 수업은 개념이나 지식만으로는 이루어지기 어렵고 다양한 상호작용과 실제적인 듣기 · 말하기 활동의 측면이 강조되어야 한다.

이 장에서는 듣기 · 말하기 학습의 특성을 살피기 위해서 먼저 구두 언어적 의사소통으로써 듣기 · 말하기의 특징을 간략히 살펴보기로 한다. 그리고 듣기 · 말하기 수업의 원리를 탐구하기 위한 의사소통의 일반 원리를 알아볼 것이다. 그런 다음 실제적인 듣기 · 말하기 능력 향상을 위한 듣기 · 말하기 학습의 특성에 대하여 생각해보기로 한다.

1.1. 듣기 · 말하기의 특징과 원리

듣기 · 말하기는 읽기나 쓰기와는 매우 다른 의사소통 행위이다. 듣기 · 말하기만의 고유한 의사소통 특징이 있다. 이 특징을 살펴보면서 의사소통의 차원에서 듣기 · 말하기의 원리를 고찰하고자 한다.

첫째, 듣기 · 말하기는 문자 언어와 구별되는 구두 언어적 의사소통의 특성을 지닌다. 즉, 듣기 · 말하기에서는 문자 대신 음성을 통한 의사소통과 반언어와 몸짓언어 및 상황 언어 등 비언어적 기호를 통하여 의사소통이 이루어진다. 또한, 화자와 청자는 시공간을 공유하고 상황맥락에 의존하며, 정보의 기능에서의 감정 표현과 감정 이입이 강하게 드러난다. 인지적 부담은 문자언어에 비교하여 덜한 편이지만 장기, 단기 기억력이 요구된다.

둘째, 듣기 · 말하기는 참여자들이 각각 의미를 전달하는 언어행위가 아니라 어떤 주제를 중심으로 서로 의미를 교섭해 가면서 의미를 새로이 구성해가는 상호교섭성을 지닌다. 즉, 듣기 · 말하기는 화자와 청자는 물론 듣기 · 말하기가 이루어지고 있는 장면이 서로 영향을 미치면서 새로운 의미를 구성해가는 매우 역동적인 과정이다.

셋째, 듣기 · 말하기는 언어적 정보 교류 이외에 참여자 간의 관계를 생성하여 유지하고 발전시키는 인간 관계적 목표를 함께 지닌다. 대화 참여자들은 말을 할 때 단순히 내용을 전달하거나 소통하려는 언어적 목적을 가지기도 하지만 이 말을 통하여 상대와의 관계를 더욱 돈독히 하고자 하는 관계적 목적도 동시에 추구하게 된다.

이러한 인간의 듣기 · 말하기의 과정에는 자신이 전달하고자 하는 바를 바르게 표현하고 상대방의 말을 잘 이해하며 서로 좋은 관계를 형성하고 지속해 나가기 위한 기본적인 규칙, 다시 말하면 의사소통의 원리가 존재한다. 일반적인 의사소통의 원리로는 협력의 원리, 공손성의 원리, 적절성의 원리 등을 들 수 있으며, 그 밖에 순환성의 원리, 관련성의 원리, 적절한 거리 유지의 원리 등을 살펴 볼 수 있다.

1) 협력의 원리

Grice(1975)는 대화가 일종의 협동 작업이라는 의미로 '협력의 원리'를 제시하였다. 협력의 원리란 의사소통의 기본 전제인 상호성을 바탕에 둔 개념으로 대화가 원만히 이루어지기 위해서는 사람들이 지금 이루어지고 있는 의사소통의 흐름에 합치되도록 말을 해야 한다는 것이다. 화자는 지금 이루어지고 있는 의사소통의 목적, 의사소통의 맥락이나 상황, 흐름과 일치되고 있는 발화를 통해서 결속성을 유지한다. 그리고 청자는 상대방의 발화를 지금 이루어지고 있는 의사소통의 목적이나 상황, 흐름과 관련하여 추론하고 해석한다(구현정, 1997).

Grice(1975)는 대화자들이 대화를 정상적으로 진행시키기 위해서 다음과 같은 격률을 지켜야 한다고 보았다. 그 내용을 간략히 제시하면 다음과 같다.

- 양의 격률 : 주고받는 대화의 목적에 필요한 만큼만 정보를 제공한다.
- 질의 격률 : 진실된 정보만을 제공하도록 노력한다.(거짓이라고 생각되는 말은 하지 않는다. 증거가 불충분한 것을 말하지 않는다.)
- 관련성의 격률 : 적합성이 있는 말을 해야 한다.
- 태도의 격률 : 명료하게 말한다. (모호한 표현은 피한다. 중의적인 것은 피한다.)

2) 공손성 원리

공손성의 원리는 의사소통에서 상대방에게 부담을 적게 주고 상대방을 존중해주는 표현과 태도를 지키는 것을 의미한다. 공손성의 원리는 언어가 정보를 전달하는 기능 이외에 의사소통 참여자 사이의 사회적 관계 형성에도 기여한다는 사실에 근거하여 설정된 것이다. 언어학자 Leech는 정중화법으로 공손성의 원리를 설명하고 있는데, 정중화법이란 상대방에게 정중하지 않은 표현은 최소화하고 정중한 표현은 최대화하는 것이다.

Leech(1983)는 상대방에게 부담이 되는 표현은 최소화하고 이익이 되는 표현은 최대화하는 요령의 격률, 자신에게 혜택을 주는 표현은 최소화하고 부담을 주는 표현은 최대화하는 관용의 격률, 다른 사람에 대한 비난의 표현은 최소화하고 칭찬이나 맞장구치는 표현은 최대화하는 찬동의 격률 등으로 공손성의 원리를 설명하였다.

3) 적절성의 원리

적절성의 원리는 음성언어 의사소통의 상황, 목적, 유형에 맞는 담화 텍스트의 형식과 내용으로 표현되어야 한다는 원리이다. 음성언어 의사소통에서 발화되는 담화 텍스트가 적절성의 원리를 만족한다는 것은 발화가 상황과 표현 의도에 맞게 상대에게 받아들여질 수 있는 텍스트적인 요인을 만족하는 담화 형태로 표현된 것을 의미한다. 예를 들어, 공식적 상황에서 설득을 목적으로 이루어지는 토론이라면 토론의 형식에 따라 공식적 말하기와 토론 담화에 맞는 표현을 사용하고 논증을 통하여 상대를 설득하여야 한다. 듣기 · 말하기 교육에서는 공식적 상황과 비공식적 상황에서 음성언어 의사소통의 표현 차이와 의사소통의 목적에 따른 효과적인 표현의 방법, 담화의 유형에 따른 표현의 절차와 방법 등을 지도하여 학습자들이 적절성의 원리를 만족하는 담화를 생산할 수 있도록 하여야 한다.

4) 적절한 거리유지의 원리

인간에게는 두 가지 상반된 욕구가 있다. 그 하나는 다른 사람과 관계를 맺고자 하는 연관성의 욕구이고 또 다른 하나는 누구에게도 자신의 개인적 영역을 침해받기 싫어하는 독립성의 욕구이다. 인간의 의사소통은 이 두 가지 인간의 욕구 사이에서 균형을 유지하기 위해 노력한다. 독립성은 다른 사람과의 일정한 거리를 유지함으로써 가능해지고 연관성은 다른 사람에게 다가섬으로 가능해지는데, 이 두 가지 욕구는 항상 공존하면서도 충돌한다. 즉, 사람들은 다른 사람과 관계를 맺고자 노력하면서 연관성을 드러내는 말을 하면서도 동시에 상대방에게 휩쓸리지 않겠다는 뜻에서 그 말의 강도를 희석시키려고 노력한다. 독립성을 드러내며 상대방과 어느 정도의 거리를 두려고 하면서도 동시에 '그렇다고 당신의 의견을 거부하는 것은 아니다.' 라는 메타메시지를 전달하고 싶어 한다. 의사소통 과정에서 바로 이 두 가지 욕구사이에서 균형을 유지하려는 거리 유지의 원리를 로빈 레이코프(Robin Rakoff)는 다음과 같이 정리하고 있다.

1) 상대방과의 거리를 유지하라. 상대방과 거리를 유지하라는 말은 상대방의 독립성의 욕구를 존중해 줌으로써 상대방을 편안하게 하는데 기여한다.
2) 항상 우호적인 태도를 견지하여 상대방과의 연관성의 욕구를 충족시켜 주어야 한다.
3) 상대방에게 선택권을 주어라. 상대방으로 하여금 의견을 말하도록 유도해야 한다.

요컨대, 적절한 거리유지의 원리란 상대방으로 하여금 독립성과 연관성이라는 상반된 두 가지 욕구 사이에서 균형을 잡고 적절한 거리를 조절하라는 것이다. 이 원리는 상대방으로 하여금 독립성과 연관성이라는 상반된 두 가지 욕구 사이에서 균형을 잡고 적절한 거리를 조절할 수 있도록 하는 데 도움을 준다.

1.2. 듣기·말하기 학습의 특징[1)]

듣기 · 말하기 능력은 의사소통 능력이면서도 대화 참여자의 자아, 언어, 상호작용에 관여하는 다차원적이고, 가변적이고, 종합적인 능력이다. 단순히 음성언어로 표현하고, 그것을 이해하는 수준을 넘어서서 의사소통에 참여하는 개인의 심리 영역의 자아 개념, 지식, 대인관 등의 가치관과 언어 지식, 언어 표현과 이해 능력, 의사소통을 통해 사회적 관계를 형성 · 유지하면서 업무 처리하는 능력까지 포괄하는 전인적 능력의 하나다(이창덕, 2007:118). 이러한 듣기 · 말하기 능력을 향상시키는 것은 곧 듣기 · 말하기 교육의 목표라 볼 수 있다. 2009 개정 국어과 교육과정에 제시된 듣기 · 말하기 영역 내용 체계와 1-2학년군의 내용 성취기준을 살펴보면서 듣기 · 말하기 학습의 특성에 대하여 살펴보고자 한다.

〈표2-1〉 국어과 교육과정의 듣기 · 말하기 영역 내용 체계

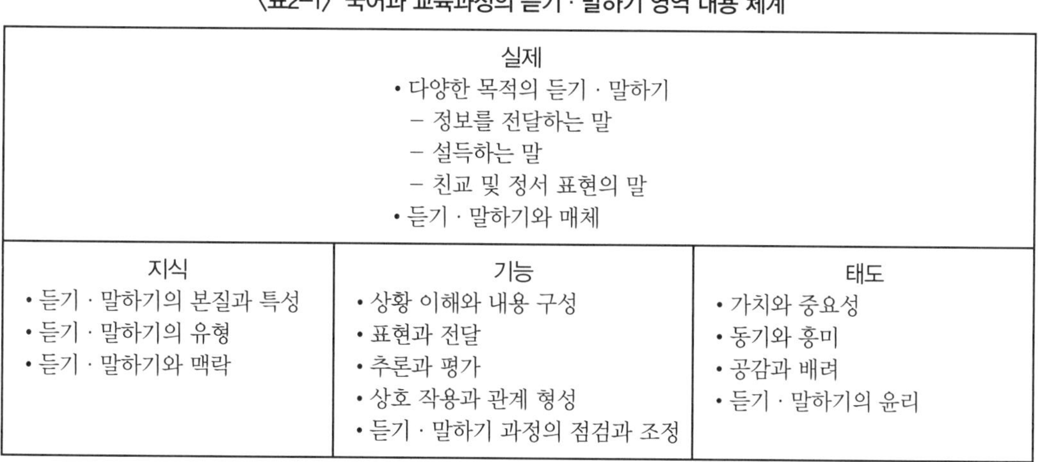

<table>
<tr><td colspan="3">실제
• 다양한 목적의 듣기 · 말하기
– 정보를 전달하는 말
– 설득하는 말
– 친교 및 정서 표현의 말
• 듣기 · 말하기와 매체</td></tr>
<tr><td>지식
• 듣기 · 말하기의 본질과 특성
• 듣기 · 말하기의 유형
• 듣기 · 말하기와 맥락</td><td>기능
• 상황 이해와 내용 구성
• 표현과 전달
• 추론과 평가
• 상호 작용과 관계 형성
• 듣기 · 말하기 과정의 점검과 조정</td><td>태도
• 가치와 중요성
• 동기와 흥미
• 공감과 배려
• 듣기 · 말하기의 윤리</td></tr>
</table>

〈표2-1〉에 제시한 2009 교육과정 듣기 · 말하기 영역의 내용 체계를 살펴보면 여타 영역과 마찬가지로 실제, 지식, 기능, 태도의 범주로 구성되어 있다. 이 가운데 '기능' 범주는 듣기와 말하기의 상호 교섭적 양상을 분명히 포착하여 통합되어야 하는 부분이다(노은희 외, 2012). 내용 체계를 살펴보면 듣기 · 말하기의 상호교섭성과 관계성을 인식하여 '기능' 범주에 '상호 작용과 관계 형성'

1) 듣기 · 말하기 학습의 특징에 관하여는 신헌재 외(2014:219-222)를 참조하였다.

을, 상위인지를 인식하여 '듣기 · 말하기 과정의 점검과 조정'을 반영하였고, 관계성을 고려하여 '태도' 범주에 '공감과 배려'를 반영한 것으로 볼 수 있다.

2009 개정 고시 교육과정에서는 성취 기준을 학년군 성취 기준-영역 성취 기준-내용 성취 기준으로 기술하고 있다. 1-2학년군의 경우를 예로 들면 다음〈표2-2〉와 같다.

〈표2-2〉 1-2학년군 듣기 · 말하기 영역의 내용성취 기준

[1-2학년군 성취 기준]
일상생활과 학습에 필요한 초보적 국어 능력을 갖춘다. 자신의 경험을 바탕으로 국어 생활에 즐겁게 참여하며 국어 생활에 대한 관심을 자기 주변에서 찾는다. 대화와 발표 상황에 바른 자세로 즐겁게 참여하고, 글을 정확하게 소리 내어 읽으며, 자기의 주변에서 보고 느낀 것을 글로 쓴다. 기초 어휘를 익히면서 국어에 대해 관심을 가지고, 문학 작품이 주는 즐거움을 경험한다.
〔영역 성취 기준〕
일상생활이나 학습 상황에서 바르고 적극적인 자세로 귀 기울여 듣고 말하며, 고운 말, 바른 말을 사용하려는 태도를 지닌다.
〔내용 성취 기준〕
(1) 다른 사람의 말이나 이야기를 귀 기울여 들으며 내용을 확인한다. (2) 듣는이를 고려하며 자신의 기분이나 느낌을 말로 표현한다. (3) 듣는이를 바라보며 자신 있게 말한다. (4) 일이 일어난 차례를 생각하며 듣고 말한다. (5) 상황과 상대에 알맞은 인사말을 알고, 공손하고 바른 태도로 인사를 나눈다. (6) 여러 가지 말놀이에 즐겨 참여한다. (7) 상대에 적절하게 반응하며 대화를 나눈다. (8) 고운 말, 바른말을 사용하는 태도를 지닌다.

위의 내용에서 보면 대화 참여자들의 소통을 강조하는 상호교섭성, 관계성, 상위인지를 반영하여 교육내용을 구성하고 있음을 쉽게 알 수 있다. 즉, '(2) 듣는이를 고려하며 자신의 기분이나 느낌을 말로 표현한다.'는 일상생활에서 자신이 느끼는 감정을 표현하되, 대인 관계를 고려하면서 적절하게 조절하고 절제하는 방법을 익히도록 한다고 설명하였다. 그러면서 다른 사람이 쓰는 감정을 나타내는 말을 잘 알아듣고, 다른 사람의 감정을 배려하면서 말하는 자세를 갖추도록 지도한다고 설명한다. 이는 상호교섭성과 관계성을 표현하고 있는 것이다. 또한 '(5) 상황과 상대에 알맞은 인사말을 알고, 공손하고 바른 태도로 인사를 나눈다.'는 인사는 대인 관계의 기본이며 적절한 인사말은 상황과 상대와의 관계에 따라 다르므로 적절한 인사말을 익히도록 지도한다고 설명한다.

이것 역시 관계성을 표현하고 있음을 알 수 있다. '(7) 상대에 적절하게 반응하며 대화를 나눈다.'은 대화를 나눌 때 고개 끄덕임, 눈 마주침과 같이 몸짓과 표정으로 반응하고, 맞장구치기, 호기심을 갖고 적절하게 질문하기 등의 청자 반응을 통하여 상대방과 소통하는 즐거움을 경험하도록 지도한다고 설명한다. 여기에서도 상호교섭성과 관계성을 깊이 반영하고 있음을 알 수 있다. 그리고 상대에게 적절하게 반응하기는 청자로서 적절성을 판단하면서 소통을 하는 상위인지의 내용으로도 볼 수 있다. '(8) 고운 말, 바른말을 사용하는 태도를 지닌다.'에서 고운 말, 바른 말은 관계성을 고려하면서 대화 참여자가 속한 언어문화를 반영하는 것이다.

2009 국어과 교육과정에서 '듣기 · 말하기' 지도에 대한 설명을 보면, 음성 언어의 상호 작용 특성을 살려, 듣기 · 말하기의 다양한 목적과 맥락을 반영한 활동을 하도록 하였다. 특히, 다양한 듣기 · 말하기 상황에 적극적으로 참여하고 점검 · 조정하는 활동과 긍정적이고 협력적인 태도로 문제를 해결하는 활동을 강조하고 있다. 국어 수업 상황에서 학생들은 듣기 · 말하기 학습 활동을 통하여 듣기 · 말하기의 특성을 파악하고 교육 내용을 학습하게 된다. 그러한 과정에서 학생들의 듣기 · 말하기 능력을 발달시키고 다른 사람들과 소통하는 방법을 학습하게 되는 것이다. 이와 같은 지도 내용을 고려하여 듣기 · 말하기 학습의 특성을 정리하면 다음과 같다.

첫째, 듣기 · 말하기 학습은 실제적 수행 중심이다. '실제적 수행'이란 실제적 과제와 실제적 과제 환경 속에서 이루어지는 수행을 말한다. 즉, 듣기 · 말하기 수행은 과제가 실제 세계 상황에서 학습자가 겪을 수 있는 것이어야 하며, 과제 수행 환경 역시 실제 세계 상황과 같아야 하는 것을 의미한다(전은주, 1999: 238). 그러므로 듣기 · 말하기 학습에서 학생들이 실제적 수행을 하려면 맥락을 설정하여 과제를 제시해야한다. 맥락이 설정되어야 학생들이 맥락을 파악하고 이러한 맥락에서 실현되는 듣기 · 말하기 활동을 직접 시연해 볼 수 있다.

둘째, 듣기 · 말하기 학습은 상호교섭을 경험하는 과정이다. 학생들은 실제적 수행을 하면서 듣기 · 말하기 과정이 상호교섭적이라는 것을 경험하게 된다. '상호교섭성'이란 화법은 참여자들이 각각의 의미를 전달하는 언어 행위가 아니라 어떤 주제를 중심으로 서로 의미를 교섭해 가면서 의미를 새로이 구성해 가는 과정임을 의미한다(이창덕 외, 2010:33). 학생들은 실제로 대화하면서 언어 행위가 참여자들이 서로 협력해서 의미를 구성하는 과정임을 느낄 수 있다. 친구들과 대화하고, 부모님, 선생님과 의견을 나누기 등의 상호작용을 하면서 학습 내용에 대하여 이해할 수 있을 뿐 아니라 서로에 대하여 좀 더 이해할 수 있게 된다.

셋째, 학생들은 듣기 · 말하기 학습에서 대화 참여자들의 관계성을 경험한다. '관계성'은 사회 구성원들이 화법을 통해 관계를 형성하고 유지하며 발전시킨다는 것을 가리키는 말이다(이창덕 외, 2010). 그리고 의사소통 과정에서 참여자들의 관계는 상호교섭적 과정을 통해 형성되어 유지되고 발전한다. 이처럼 참여자들의 관계는 앞으로 진행되는 화법의 양상에서 계속 변화하면서 달라진다.

임칠성(2011)은 화법에서 관계가 인간 존재 규명과 연결되는 주제라고 하였다. 언어를 대상과 인간 사이의 문제라고 한다면, 화법은 인간과 인간 사이의 문제라고 할 수 있으며 인간과 인간 '사이'란 곧 관계를 의미한다고 하였다. 화법은 기본적으로 참여자들이 시공간을 공유하면서 인격적으로 이루어지는 소통이기 때문에 본질상 '내용'과 '관계'의 두 층위로 구성된다. 관계에 집중하게 되면 참여자들을 더 존중하게 되고 대화 참여자에 더욱 관심을 갖게 된다고 하였다. 관계는 끊임없이 변화한다. 듣기 · 말하기 학습을 하면서 실제로 듣기 · 말하기 활동을 수행하다보면 참여자들의 관계에 따라 화법의 양상이나 규칙이 달라진다. 그리고 실제로 듣기 · 말하기 활동을 수행하면서 참여자들의 관계를 증진시키는 요소와 방식들을 습득할 수 있다.

넷째, 학생들은 듣기 · 말하기 학습을 하면서 언어문화를 경험한다. 류성기(2009)는 말하기와 듣기 활동을 통하여 언어문화가 전해져 오고, 새롭게 형성해가며, 또 이어가고 있다고 하였다. 인간이 사회생활을 하면서부터 서로 간에 듣고 말하면서 살아오고 있다. 그런데 이러한 의사소통을 할 때 사용하는 언어는 그 사회 구성원의 사고와 이념과 생활 풍습과 문화에 영향을 끼친다. 그러면서 나름대로 새로운 방향으로 말하기 듣기 문화를 형성해 가고 있다고 하였다. 듣기 · 말하기 학습을 하면서 학생들은 학생들이 속한 문화 공동체의 언어문화를 경험하고 습득할 수 있다.

문화란 정체성들이 겹쳐지고 공유된 상태이다. 시대마다 그 시대만의 말 문화가 있다. 연령에 따라, 사회적 계층에 따라, 성의 차이에 따라 화법의 문화가 형성된다(이창덕 외 2010: 38). 학생들이 실제로 듣기 · 말하기 활동을 수행하면서 언어문화를 습득하고 공유하게 된다.

듣기 · 말하기 학습은 학습자의 듣기 · 말하기 능력을 향상시켜야 한다. 듣기 · 말하기 학습에서는 학습자들이 실제적인 활동을 수행해야 한다. 듣기 · 말하기 단원의 '학습활동'은 화자와 청자의 역할을 모두 고려하여 구성되어야 한다(전은주, 1999:125). 교과서에 제시된 학습활동은 차시 학습 목표에 도달하기 위해 구성되면서 학생들이 실제로 수행하도록 구안된다. 그리고 학습 목표와 학생들의 수준을 고려하여 교육 내용을 더욱 세분화하여 학생들에게 구체적으로 제시된다.

2. 듣기 · 말하기 수업의 원리

듣기 · 말하기 수업은 앞에서 살펴본 음성 언어 의사소통의 특성인 상호교섭성, 상황맥락 의존성 등을 고려하여 진행되어야 한다. 이를 염두에 두고 듣기 · 말하기 수업에서 유의해야 할 점을 몇 가지 원리로써 정리하면 다음과 같다.

첫째, 듣기 · 말하기 수업은 듣기와 말하기의 과정 그리고 상호작용의 과정 등 언어 수행의 과정에 초점을 두어 이루어져야 한다. 전통적으로 듣기 교육에서는 음성자료를 들은 후 한꺼번에 이해하게 한다거나 말하기 교육에서는 완결된 한 편의 말하기 텍스트를 산출하게 하는 등의 언어 사용의 결과를 중요시하였다. 이러한 관점을 비판하고 오늘날의 말하기 듣기 교수학습에서는 학생들이 교실 환경에서 실제 세계 상황에서 접하거나 접하게 될 말하기 듣기에 대해 다양한 경험을 하도록 강조하고 있다. 이러한 경험은 실제적 수행이 되어야 한다. 실제적 수행이란 실제적 과제와 실제적 과제 환경 속에서 이루어지는 수행을 말한다. 즉 말하기 듣기 수행을 위한 활동 과제가 실제 세계 상황에서 학습자가 겪을 수 있는 것이어야 한다.

둘째, 듣기 · 말하기 수업은 다양한 상황맥락을 조성해 주는 것이 중요하다. 음성언어 의사소통은 진공상태가 아닌 구체적인 상황 속에서 전개된다. 의사소통은 참여자 변인, 목적과 내용 변인, 유형변인, 환경변인 등 다양한 변인들이 서로 영향을 미치고 있다. 따라서 음성언어 의사소통을 기르기 위해서는 말하고 듣는 교수 · 학습 장면에 다양한 상황맥락 변인들을 적절히 안배할 필요가 있다.

셋째, 듣기 · 말하기 수업에서는 상위인지적인 점검과 조정의 기회를 주어야한다. 인지과정이나 전략 그 자체라면 상위인지는 사람들이 자신의 인지에 대해 아는 것, 그리고 자신의 인지를 통제할 수 있는 능력이라 할 수 있다. 음성언어 의사소통 활동을 하면서 표현과 이해의 과정과 전략을 객관화하여 평가하고 비판하는 과정, 즉 상위인지적 경험을 많이 할수록 의사소통상의 특성과 문제점을 인식하고 이를 실제 의사소통에 효과적으로 반영할 수 있다.

넷째, 듣기 · 말하기 수업을 통해 학습자의 듣기와 말하기 태도를 개선할 수 있어야 한다. 화법행위는 단순한 언어 수행 행위가 아니라 자신의 마음과 뜻을 전달하는 행위이다. 따라서 말을 할 때의 자세와 태도가 매우 중요하다. 어떤 태도를 갖느냐에 따라 말의 성패가 좌우되기도 한다. 그래서 듣기 · 말하기 교수 · 학습에서는 단순한 언어 수행 행위에 초점을 맞출 게 아니라 실질적인 듣기 말하기 태도를 개선할 수 있어야 한다. 또한 대화를 할 때의 책임감, 윤리의식을 강조해야 한다.

다섯째, 듣기 · 말하기 수업에서 교사는 학습자에게 바람직한 언어 수행에 대한 본보기를 제시해야 한다. 기능을 습득하기 위해서는 기능 습득에 필요한 여러 가지 지식을 아는 것도 중요하지만 숙달된 기능 소유자의 실제 수행을 보는 것은 지식에 대한 학습 이상의 효과를 지닌다. 학습자는 듣기 · 말하기의 수행 본보기를 객관적으로 관찰하면서 자신이 아는 지식을 강화하고 자신의 수행에 대한 계획을 세울 수 있다. 교사가 모든 말하기와 듣기의 실제적 수행을 시범 보일 수 없다면 적절한 영상자료나 시청각 매체를 활용하는 것도 좋다. 텔레비전이나 다양한 인터넷 자료를 활용하는 것이 효과적일 수 있다.

여섯째, 듣기 · 말하기 수업에서 학습자는 자신의 말하기와 듣기 수행에 대한 피드백이 제공받을 수 있어야 한다. 학습자들이 말하기 듣기를 수행하는 동안 교사는 세심한 관찰자가 되어야 한다. 그래서 학습자의 수행이 끝났을 때 그 수행과정에 대해 적절한 피드백을 제공해야한다. 교사의 피드백은 학습자가 자신의 현재 상태에 대해 직시하게 하고 다음 목표를 세울 수 있도록 돕는다.

3. 듣기 · 말하기 수업의 방법

3.1. 듣기 수업의 방법[2)]

듣기란 일차적으로 청각기를 통해서 지각된 음성적 정보를 머릿속에서 의미로 변형하여 수용하는 매우 적극적이고 능동적인 과정이라 할 수 있다. 의미수용 과정으로서의 듣기는 단순히 외부에서 들여오는 물리적인 소리를 수동적으로 지각하는 활동이라기보다는 주의를 기울여 소리를 지각하고 자신이 알고 있는 배경지식과 관련하여 들은 정보를 조직화하고 표현에 함축되어 있는 의미를 해석하고 그 적절성을 평가하는 매우 능동적이고 적극적인 인지 과정이다.

듣기의 인지 과정에 따라 단계별 듣기 수업의 학습 활동을 구안하는 것은 매우 유용한 수업의 방법이다. 흔히 말하는 단계별 듣기 활동이란 듣기의 인지적 구조에 맞추어 듣기 활동을 단계적으

2) 이 부분은 김재봉(2003), 이창덕 외(2010)를 참고하여 정리하였다.

로 구분하여 듣기 활동 前단계, 듣기 활동 단계, 듣기 활동 後 단계 활동으로 나누어 설명한 것이다. 즉, 지각에 대한 듣기나 읽기 등 언어 이해에 대해 인지주의적인 관점이 대두되면서, 듣기나 읽기 위해서는 듣기나 읽기를 전, 중, 후의 단계별로 나누어 살펴보는 것이 효과적이라는 점에서 구안된 것이다. 듣기도 읽기와 마찬가지로 이해 활동이기 때문에 그 전, 중, 후 활동이 읽기와 겹치는 부분이 많다. 그렇지만 듣기는 읽기와 달리 말하기와 동시적으로 이루어지는 구어 의사소통 활동이라는 측면에서 듣기의 고유한 활동들이 존재한다.

단계별 듣기 활동은 듣기 교육의 내용 체계를 세우는 기본적인 원리로 삼을 수 있으며, 듣기의 과정에 기초한 세부적으로 수업 활동의 기준이 될 수 있다. 아직까지 연구가 부족한 현행 화법 교육과정의 틀 속에서 이 단계적 듣기 활동의 세부 활동과 절차는 매우 유용하며, 이를 좀 더 내실있게 연구하고 적용할 필요가 있다. 단계별 듣기 활동을 구체적으로 체계화한 내용은 임칠성 외(2002:35)연구에 자세히 설명되어 있는데, 여기서는 듣기의 전-중-후 활동을 중심으로 듣기 수업 방법을 간략히 생각해 보기로 한다.

1) 듣기 전 활동

듣기 전 활동은 연설과 같이 주제가 정해진 말을 효과적으로 듣기 위해 할 수 있는 듣기 행위 전 활동을 가리킨다. '앞 듣기'라고 부르기도 한다. 단계별 듣기 활동에서 '듣기 전 단계'에 해당하는 활동이다. 듣기 전 활동은 읽기에서 읽기 전 활동과 유사한 개념이다.

듣는 목적을 확인하고, 듣게 될 말의 주제나 내용에 대해 잘 알고 있거나 말하는 이에 대한 정보가 있으면 들으면서 내용을 잘 파악할 수 있고, 또 비판적으로 들을 수 있다. 듣기 전 활동은 듣는 이가 듣게 될 말의 주제나 내용과 관련하여 사전 지식을 쌓고, 듣게 될 말을 예상하며 들을 수 있도록 하는 데 목적이 있다.

듣기 전 활동에서 학습해야 할 내용에는 들어야 할 대상물의 주제와 관련된 배경지식을 구축하고, 화자에 대한 정보를 입수하며, 들어야 할 목적을 확인하고, 내용을 예측해 보며, 필요한 질문을 먼저 제기해보는 활동이 포함된다. 또 주위의 소음 등 듣기 활동에 방해가 될 만한 요인을 미리 제거하는 등의 활동이 포함된다.

Mary Underwood(1999:50)는 듣기 전 활동에 해당하는 학습 활동으로, 교사가 배경 정보를 주기, 학생들이 관련된 책을 읽기, 학생들이 관련된 그림들을 보기, 주제/상황을 두고 토론하기, 질의 응답, 쓰기 연습, 듣는 중 활동을 위한 지시들 따르기, 듣는 중 활동을 어떻게 끝낼지 생각하기 등을 제시하고 있다.

듣기 교육의 상황에서 듣기 전 활동은 읽기, 쓰기, 말하기와 더불어 또는 세 가지 모두와 함께 짤 수 있다. 듣기 전 활동은 듣기가 학생들의 다른 영역 공부와 통합되도록 하는 기회를 준다. 예를 들면 학생들에게 최근에 이웃에서 일어난 화재를 상세하게 보도한 신문의 짤막한 기사를 읽도록 하고, 그런 다음에 바로 그 소식을 보도하는 라디오를 듣도록 할 수 있다. 듣기 전 활동과 듣는 중 활동을 끝내고 나서 학생들에게 숙제로 또 다른 화재 사건을 설명하는 글쓰기를 하도록 할 수 있다. 이런 종류의 통합 기능적 접근은 학생들에게 일상생활에서 쓰이는 말을 그대로 쓸 수 있게 하고, 읽거나 듣는 말과 말하거나 쓰는 말을 서로 연결시킬 수 있게 해 준다.

2) 듣는 중 활동

듣는 중 활동이란 효과적으로 듣기 위하여 듣는 이가 듣고 있는 동안에 해야 하는 활동을 말한다. 듣는 중 활동의 목적은 듣는 이가 화자의 말을 들으면서 그 말로부터 의미를 파악하는 활동을 가리킨다. '본 듣기'라고 부르기도 한다. 듣는 중 활동은 듣기 전 활동을 바탕으로 이루어진다.

듣는 중 활동에는 '지각', '정보 확인', '내용 이해', '비판 및 감상', '참여 태도' 등과 관련된 내용들이 포함된다. 지각은 소리만을 인지하는 과정으로, 들리기에 해당한다. 들리기는 듣기를 하는 데 반드시 필요한 단계이다. 들리기에 영향을 미치는 변인들은 신체적 능력과 관련된 것이다. 청각적 예민성과 양 귀를 적절히 사용할 수 있는 능력과 관련된다. 청각적 예민성은 소리의 어조와 크기 등을 들을 수 있는 능력을 말한다. 그리고 양 귀의 사용 능력은 양 귀를 동시에 활용하여 들려오는 소리를 적절히 들을 수 있는 능력을 말한다. 들리기와 관련된 것은 주로 주의 집중을 필요로 한다. 들어야 할 소리와 소음을 구별하는 것도 이 단계에서 이루어져야 한다. 이 지각은 선택적 지각과 지각의 조직으로 나눌 수 있다.

정보 확인은 화자가 말한 내용에 주의를 기울이고 그 내용을 기억하는 것이다. 단어의 의미를 확인하고 모르는 단어의 의미를 문맥이나 상황으로 추론하고 구체적으로 언급된 사실, 사건, 세부 내용을 회상하고 말의 내용을 쉽게 풀어 이해하는 것이다. 즉 단어의 문맥적 의미 파악하기, 메모하기, 회상하기, 순서 바로잡기, 쉽게 풀어 이해하기, 대화 발생 장면 추정하기 등이 정보 확인 단계에서 해야 할 활동 내용이다.

내용 이해는 들은 내용 속에 포함된 여러 가지 생각들 사이의 관계를 파악하는 것으로 듣는 이는 들은 내용을 이해하기 위하여 단편적인 정보들 사이의 관계를 구성하고, 때로는 자신의 경험이나 지식을 동원하여 비교, 검토하는 과정을 통해 해석하기도 한다. 이 단계에서는 정보나 생각들을 서로 연결하고, 들은 내용을 자신의 경험이나 지식과 연결하고 이야기 속에 나오는 내용의 원인과 결과 관계를 파악하고, 들은 내용을 요약하고 내용 구조를 파악하며 시간적 순서나 공간적 순서를 파악한다. 또한, 언급되지 않은 가정이나 다른 관련 내용을 추론하거나 예상되는 결과를 추측하기도 한다. 즉, 정보와 아이디어 연결하기, 자신의 스키마와 연결 짓기, 내용들의 관계 파악하기(원인 결과 등), 요약하기, 조직하기, 정의 · 비교 · 대조하기, 빠진 내용 추측하기(앞, 중간, 뒤 등), 내용 추론하기 등이 이 단계에서 해야 할 활동 내용이다.

비판 및 감상은 들은 내용을 분석하고 판단하는 활동으로 정보의 정확성, 타당성, 적절성을 평가하고, 사실과 추론, 가정, 의견을 각각 구분할 줄 알고 화자의 함축된 의도나 목적을 파악한다. 또한, 편견, 편향, 과대 선전, 관점의 차이를 인지하고 결론이나 시사점, 제안점 등을 도출한다. 듣기에서 가장 상위의 단계인 감상은 각 단계의 인지적 과정 모두에 걸쳐 일어날 수 있다. 감상은 이해하고 비판한 의미들에 대한 가치 판단이나 반응으로서의 행동, 정서적인 변화 등을 포함한다. 감상은 가치화로서 개인의 정의적 판단이라고 할 수 있다. 즉, 정보의 적합성과 타당성 판단하기, 사실과 추론, 가정, 의견 구분하기, 화자의 목적 판단하기, 관점의 차이 확인하기, 편견 과대 포장 식별하기, 시사점 도출하기, 감명 깊거나 유익한 점 찾아내기 등이 비판 및 감상 단계에서 해야 할 활동 내용이다.

참여 태도는 듣는 이가 듣는 도중 혹은 듣고 난 직후에 음성 언어나 몸말로 피드백하는 것이다. 듣는 이가 말하는 이의 의견에 동의할 경우 고개를 끄덕이거나 박수를 치는 행위, 질문하며 듣기 등의 관심 표명하기와 차례 바꾸기, 끼어들기 등의 화맥의 조절 등이 이 단계에서 해야 할 활동 내용이다.

3) 듣기 후 활동

듣기 후 활동에서는 들은 내용을 종합하여 정리하고 들은 내용을 자신에게 내면화하면서 확장적으로 전이시키는 활동이 주를 이룬다. 즉, 듣기 후 활동에서는 내면적 수용과 전이하기 활동이 중심이 되는데, 들은 내용을 내면적으로 수용하기 위해서는 자신에게 주는 의미를 찾거나 들은 내용에 대하여 정서적으로 감화하기 위한 활동 등을 할 수 있다. 또한 들은 내용을 확장적으로 전이하기 위해서는 자신에게서 비슷한 사례를 찾거나 화자와 유사한 주장을 해보거나 새로운 예시를 찾아내보거나 반박하기 위한 질문을 만들어보는 활동을 할 수 있다.

또한 듣기를 말하기나 쓰기와 연계하는 활동을 할 수도 있을 것이다. 듣기 후 활동을 통해서 듣기 활동이 내용 이해 차원에서 끝나지 않고, 창조적인 의사소통 행위로 발전될 수 있도록 해야 한다.

3.2. 말하기 수업의 방법[3)]

인간의 소통체계 가운데 가장 역동적이고 뛰어난 생산성을 가진 것이 바로 음성언어라 할 수 있다. 이러한 음성언어는 듣고 말하고, 말하고 들으면서 인간관계를 형성하는 원동력이 되고 효율적인 의사소통의 기본이 되기 때문에 교육에서 그 전략의 학습과 사용은 중요하다. 특히 초등학교 단계에서 이뤄지는 국어교육은 사고와 언어의 관계에서 언어습득, 표준 발음, 언어 능력, 논리 전개, 상상력 신장, 문화의 계승과 창조의 출발점이 된다는 시각을 가지고 접근해야 한다.

말하기 전략은 여러 가지 방법으로 나눌 수 있지만 여기에서는 국어과 교육과정의 기본 틀에 기초하여 말하기의 과정으로 설명하고자 한다. 말하기 과정은 크게 '계획하기-생성하기 -조직하기-표현하기- 평가 및 반응하기'로 나눌 수 있다. 말하기의 과정이 이론적으로 이렇게 구분될 수 있을지라도 실제적으로 이들이 반드시 순차적으로 이뤄지지 않고 여러 가지 요인에 의해 조정되는 활동임을 항시 유념해야 한다.

1) 말할 내용의 계획하기 전략

말하기 과정에서의 계획하기란 화자가 자신의 발화를 구체화할 수 있는 방안으로 말할 내용과 목적에 대해 미리 생각해보는 활동이다. 따라서 계획하기는 말하기 활동을 목표지향적인 사고 과정으로 이끌어 갈 수 있는 토대를 마련하는 단계라 할 수 있다. 이러한 토대를 마련하기 위한 전략으로는 다음과 같은 것을 생각해볼 수 있다.

첫째, 말하는 목적과 주제를 설정하도록 한다. 말하는 목적은 정보 전달, 비판적 설득, 정서 표

---

3) 이 부분은 김재봉(2003), 이창덕 외(2010)를 참고하여 정리하였다.

현, 사회적 상호작용 등 다양하다. 자신의 의사를 분명히 전하고 상대에게 영향을 주기 위해서 목적과 주제를 분명히 해 두어야 한다. 음성언어 의사소통의 특성상 화제가 자주 바뀌고, 듣는 이의 처지나 상황에 따라 논조가 변화될 수도 있는데, 말하는 목적이 분명치 않다면 처음에 의도했던 바를 얻을 수 없다. 말하는 목적이나 주제는 의사소통의 상황, 말하는 이와 듣는 이의 지적인 수준이나 관계 등을 고려하여 설정하도록 한다.

둘째, 상황맥락을 고려하도록 한다. 음성언어 의사소통은 '언제, 어디에서, 누구와, 어떤 목적과 내용으로, 어떤 유형으로, 어떤 시공간적 환경에서'와 같은 매우 구체적인 변인들의 복합적인 작용 속에서 진행된다. 특히 듣는 이에 대한 점검은 필수적이다. 듣는 이의 수, 성별, 나이, 지적인 수준, 말하는 이에 대한 기대 정도 등에 따라 말하는 내용의 질과 양이 달라질 수 있기 때문이다. 상황맥락은 말하는 목적, 화제, 의사소통의 흐름, 의사소통 결과의 성패에 많은 영향을 끼치게 되므로 말하기 전에 미리 상황맥락을 점검해 두도록 한다.

셋째, 청중을 고려한다. 청중을 고려한다는 것은 청중을 분석하는 것도 포함한다. 초등학교 저학년의 경우에 말하기의 다양한 상황을 보여준다. 다양한 상황을 제시해주는 것이 말하기 잠재력을 신장시켜 줄 수 있기 때문이다. 역할놀이를 하는 것도 청자를 고려한 중요한 말하기 전략의 하나이다. 역할놀이의 최대의 장점은 상대에 대한 이해를 통해 정서와 지식의 공유를 통해서 상대를 이해할 수 있는 계기를 마련할 수 있다는 것이다.

2) 말할 내용을 생성하기 전략

말할 내용을 생성하기 전략은 자신이 의도한 바를 표현하기 위해 자신이 가진 배경 지식을 활성화시키는 단계이다. 이 단계의 핵심은 배경 지식을 활성화시키는 것으로, 여기에 관련된 전략으로는 다음과 같은 것을 들 수 있다.

첫째, 정보의 중요성을 깨닫는다. 학생들이 정보를 습득하는 방법은 매우 다양하다. 실제로 어떤 사실을 경험함으로써 정보가 중요하다는 것을 깨달을 수도 있지만, 독서를 통해서도 정보를 얻을 수 있다. 이 경우에 자기의 경험과 독서를 통해 얻은 정보를 비교해보고, 관련된 내용에 대해 토론을 해봄으로써 올바른 정보가 문제해결의 지름길이 됨을 알게 해야 한다. 그리고 정보에도 중요한 정보가 있고, 덜 중요한 정보가 있으며, 정보로서의 가치가 없는 정보도 있기 때문에, 정보의 중요도를 판단하면서 언어를 사용하는 습관을 갖도록 해야 한다. 요즘은 특히 인터넷 정보가 주류를 이루는데, 중요한 정보를 선택할 수 있는 안목을 길러주는 것이 중요할 것이다.

둘째, 자유 연상을 강화한다. 자유 연상에서 중요한 것은 가능한 한 많은 연상 활동을 하게 하는 것이다. 많은 연상 활동은 그만큼 문제를 해결할 방법을 자체적으로 가지고 있기 때 문이다. 또한 연상 활동은 다른 학생들이 좋은 생각을 떠올릴 수 있도록 계기를 마련해준다는 점에서 의미가 있다. 생각을 꺼내기 위해 브레인스토밍을 할 때 우리가 활용할 수 있는 지침으로 "생각을 야기하게 하고, 온갖 종류의 생각을 수용하며, 될 수 있으면 많은 생각을 만들어 내며, 논평이나 판단을 금하며, 모든 생각들을 기록하고, 서로의 아이디어에 반응하도록 학생들을 격려하는 것"을 들 수 있다.

셋째, 자신이 알고 있는 내용을 떠올리도록 한다. 말할 주제나 목적, 상황맥락에 비추어 적절한 화제를 떠올리고, 그 화제와 관련하여 덧붙이고 부연할 내용들을 자신의 배경지식과 경험에서 추출하여 정리한다. 이를 위해 브레인스토밍이나 생각그물 만들기 등을 활용할 수 있을 것이다.

넷째, 적절한 자료를 수집하고 선정하도록 한다. 특히 정보 전달적 말하기나 설득적인 말하기의 경우, 사실적 정보나 지식, 근거 등이 매우 중요하다. 자료를 수집하고 선정하기 위해서는 우선, 메시지의 핵심적 내용을 청중이 쉽게 이해하고 기억할 수 있도록 그것을 뒷받침할 수 있는 자료를 수집한다. 그러한 자료로는 구체적 사실, 통계 자료, 실제 사례, 정의, 비유, 유명한 사람의 말, 속담 등을 들 수 있다. 두 번째로, 수집된 자료 중에서 가급적 청중의 흥미와 주목을 끌 수 있는 것들을 선정한다. 이러한 자료들로는 새로운 것, 신기한 것, 듣는 이에게 중요한 것, 듣는 이의 욕구와 호기심을 유발하거나 충족시킬 수 있는 것 등이 좋다.

3) 말할 내용을 조직하기 전략

조직하기는 말할 내용을 어떻게 구성할 것인지에 대한 아이디어를 말한다. 말하는 내용을 조직적으로 하지 않으면 학생들이 이해하기가 쉽지 않기 때문에 학생의 이해에 중요한 영향을 미치는 조직하기를 잘해야 한다.

첫째, 처음, 가운데, 끝을 구분하여 내용을 조직하도록 한다. 말하기도 한 편의 텍스트를 생산하는 행위이므로 말할 내용의 틀을 미리 구조화해야 한다. 능숙한 화자는 처음 부분에서 동기 유발과 주의 집중을 위한 분위기를 조성하고, 가운데 부분에서 중요한 내용을 말하며, 끝 부분에서 정리를 하는 구조로 말을 한다. 말할 내용 생성하기 단계에서 떠올리거나 선정한 내용을 적절한 부분에 위치시키도록 한다.

둘째, 목적과 내용에 알맞은 조직 방법을 사용하여 조직하도록 한다. 내용을 조직하는 방법은 다양하다. 말하기 영역의 교육과정에는 시간 순서(1학년), 원인과 결과(3학년)의 내용 조직 방법이 제시되어 있다. 그밖에도 공통점이나 차이점, 분류, 분석, 문제와 해결 등의 내용 조직 방법이 있다. 각각의 특성과 지도 방법을 제시하면 다음과 같다.

- 시간이나 공간 순서에 따라 조직하기는 비교적 쉬운 방식으로서 하루의 일이나 동화, 드라마의 내용 등 학생에게 친숙한 소재를 골라 이야기를 시간 순서나 공간 순서에 따라 재조직하여 말하도록 한다.
- 원인과 결과에 따라 조직하기는, 원인을 먼저 제시하고 결과를 말하거나, 결과를 먼저 제시하고 원인을 제시하는 방식으로 조직하도록 지도한다. 원인과 결과가 잘 드러나는 그림이나 만화를 보고 이야기 하거나, 이야기의 한 부분만 보고 원인이나 결과를 구성하는 활동을 하면서 구조를 익힐 수 있다.
- 공통점과 차이점에 따라 조직하기는 '식물과 동물', '동전과 지폐', '중국과 일본' 등과 같이 서로 다른 두 개 이상의 대상을 비교하거나 대조하면서 내용을 조직할 때 사용하는 방법이다.
- 분류하여 조직하기는 전체를 여러 부분으로 나누어 설명하는 방법이다. 태극기의 모양을 여러 부분으로 나누거나, 코끼리의 얼굴 모습을 몇 부분으로 나누어 설명할 수 있다.
- 문제와 해결에 따라 조직하기는 현재의 상황이나 상태, 제도나 정책 등에 문제가 있어서 이를 지적하고 해결하는 방안을 제시하는 말을 할 때 사용한다. 문제와 해결 짜임은 문제를 진단하는 부분과 해결책을 논의하는 부분으로 나누어서 말하도록 한다.

셋째, 시각적인 방법을 사용하여 조직하도록 한다. 내용 조직의 여러 방법들을 익혔다하더라도 초등학생 수준에서 말하기 상황에 효과적으로 적용하기는 쉽지 않다. 따라서 말할 내용을 시각적으로 조직할 필요가 있다. 이렇게 말할 내용을 시각적으로 조직하는 방법으로는 도해조직자(graphic doganizr) 혹은 다발짓기(clustering), 생각그물만들기(mindmapping) 등이 있다.

넷째, 상호작용의 규칙에 주의하도록 한다. 음성언어 의사소통 상황에서는 참여자들 사이의 '주는 말' 과 '받는 말'이 수시로 교환되면서 상호작용이 일어난다. 이때 '순서를 지키며 대화하기', '대화의 흐름에서 벗어나지 않게 말하기' 등의 상호작용 규칙이 요구된다. 이러한 상호작용의 기본적인 규칙은 일상적인 대화나 토의나 토론 상황에서 매우 중요하며, 성인이라 할지라도 제대로 지키지 않는 경우가 많다. 자기중심적으로 일방적으로 말하거나 대화의 흐름을 벗어난 말하기는 의사소통의 흐름을 끊을 수 있기 때문에 고학년의 경우에도 지속적인 지도가 필요하다.

다섯째, 주요한 생각이나 아이디어를 조직하는 전략에는 연대기적 조직, 공간적 조직, 인과적 조직, 문제 해결식 조직 등이 있다.

- 연대기적 조직 전략 – 이는 주요 아이디어를 시간적 흐름에 따라 조직하는 것이다. 이러한 연대기적 조직 전략에는 "기승전결, 1단계, 2단계, 준비, 태동, 탄생, 성장 단계," 등이 포함될 수 있다.
- 공간적 조직 전략 – 주요 아이디어들이 공간적 속성을 가지고 있을 때 사용될 수 있는 전략이다. 예를 들어, "전 세계의 인구 분포"에 대해 지역별로 "유럽, 아시아, 남아메리카, 오세아니아, 아프리카"와 같이 살피는 것이다.
- 인과적 조직 전략 – 원인과 결과의 관계를 기준으로 조직하는 방식이다. 예를 들어, "공기 오염의 원인과 결과"에 대해 말할 때, 그 원인으로 "공장의 폐수, 각종 쓰레기, 자동차의 매연"을 들고, 그 결과 "인체에 해롭다, 스모그가 생긴다"와 같이 조직하는 것을 말한다.
- 문제 해결식 조직 전략 – 현재의 문제를 분석. 진단하고 그 문제의 해결책을 제시한 후 그 장단점을 논의하는 기법이다. 문제의 진단에는 "문제의 역사적 배경, 문제의 본질과 원인 및 결과"를 논할 수 있고, 해결책을 논하는 부분에서는 "해결책을 제시 한다거나, 해결책의 문제해결 능력, 해결책의 실용성과 실현가능성, 해결책의 장점"을 논할 수 있다.

4) 말할 내용을 표현하기 전략

이 단계는 활성화된 정보를 조직하고 이를 언어적으로 표현하는 단계다. 이 단계에서 활용될 수 있는 전략으로는 다음과 같은 것을 들 수 있다(최현섭 외 2002: 276~285 참조)

첫째, 몸짓으로 말해보게 한다. 인간의 의사소통 수단은 비언어적 수단이 매우 중요한 역할을 하기도 한다. 표정만 보고도 그 사람의 소통 의도를 바로 알 수 있기 때문이다. 마임 활동을 하고, 그 마임 활동을 말로 표현해 보게 하는 활동도 몸짓 언어사용의 중요성을 알게 하는 수단이 된다.

둘째, 명료하고 생생한 언어로 표현한다. 저학년에서는 사물과 동작에 관하여 정확한 이름과 적합한 표현을 찾아내는 데 초점을 맞춰야 한다. 또 정서와 감정을 나타내는 그림을 보여주거나 얼굴 표정을 지어 보이고, 거기에 적합한 낱말을 찾아내어 사용하는 활동을 할 수 있을 것이다. 고학년에서는 이러한 표현이 갖는 의미에 대해 토론하는 활동을 할 수 있다.

셋째, 말하기에서 감정 표현의 방법을 다뤄야 한다. 기쁘면 기쁨을 표현하고, 슬프면 슬프다는 표현을 할 수 있어야 하는데, 우리들은 학생들에게 무표정이 최상의 대처 방안이라는 것을 무의식 중에 강조하는 문화를 선호하는데, 바람직한 방법은 아니다. 그리고 문체는 인격을 나타내듯이, 고운 말, 아름다운 말, 참된 말을 사용하는 습관을 들여야 한다. 현혹하는 말이나 현란한 말보다는 물건과 정직한 말하기가 더 중요한 덕목이 되어야 한다.

넷째, 말하기에서 자료를 적극 활용해야 한다. 말하기 과정에서 구체물을 활용하는 것이 저학년에서는 효과적이다. 즉, 화자로서의 학습자가 좋아하는 물건을 활용하여 그 물건의 쓰임과 구조 등에 대해 말하게 함으로써 말하기 능력을 신장시킬 수 있다. 고학년에서는 좀 더 복잡한 내용을 전달하기 위한 보조 자료로서 그림, 표, 카드 등을 사용하여 말하기 능력을 신장시킬 수 있다. 텔레비전을 시청하면서 그대로 따라하면서 익히게 할 수도 있고, 영화나 비디오 장면을 흉내 내는 말하기, 컴퓨터를 활용하는 말하기를 할 수도 있을 것이다.

다섯째, 표준 발음, 정확한 발음으로 발음하게 한다. 발음을 정확하게 지도하기 위해서는 교사 스스로가 지도할 수 있는 충분한 능력이 있어야 한다. 자음과 모음을 지도할 경우, 각 음소의 조음 위치와 방법에 대해 확실하게 알고 있어야 혼란을 피할 수 있다. 그리고 된소리와 거센소리가 어떤 조음 기관에서, 그리고 어떤 방법으로 나오는가에 대한 지식적 이해가 필요하다. 된소리는 성대의 떨림이 있는 소리인 반면에, 거센소리는 발음을 할 때, 기가 동반되는 소리이다. 기의 유무는 손바닥을 입 앞에 대고 발음할 때 가장 마찰이 많다고 느껴지는 소리이다.

여섯째, 문장 단위로 생각을 나타내보게 한다. 저학년 학습자일수록 실제로 겪은 일을 완결된 문장으로 나타내게 해야 한다. 그렇게 하기 위해서는 학습자가 쉽게 대답할 수 있게 질문을 하는 것이 중요하다. 문장의 일부만 제시하고 완결된 문장을 말해보게 하는 활동이 여기서 활용할 수 있는 전략의 하나다.

또한 고학년에서는 문장을 제시한 뒤 그 문장의 일부를 다른 말로 바꾸어 변형하거나, 그 문장에 여러 세부 사실을 첨가하여 확장하게 하는 활동도 완결된 생각으로 표현하는 전략이 될 수 있다. 그리고 수업 장면을 녹화한 다음, 아동들의 말을 분석해보고, 이 과정에서 완전하게 말하지 않은 부분을 지적해서, 그 부분을 고쳐 말하게 하는 활동도 해볼 만한 전략의 하나이다.

일곱째, 다양한 형태로 말해보게 한다. 저학년에서는 간단한 이야기하기에 초점을 맞추는 데 중점을 둘 필요가 있다. 어린이들은 이야기를 특히 좋아한다. 따라서 자기가 듣거나 읽은 이야기를 친구들에게 들려주는 활동을 시켜서 말하기 능력을 신장시킬 수 있다. 이야기 들려주기 활동의 연장선에서 대상물과 이야기하기나 이야기의 이어질 내용을 꾸며 보는 학습활동을 전개할 수도 있다.

또한 고학년으로 갈수록 토론하는 말하기를 강조할 필요가 있다. 토론은 나와 다른 생각을 가진 사람과 생각을 나누어 가지는 활동이다. 토론 과정을 통해서 우리는 남을 인정하는 태도를 배우게 되고, 남도 나처럼 중요하다는 것을 터득함으로써 상대를 배려하는 마음을 가질 수 있게 된다.

여덟째, 화제와 주요 내용을 생각하면서 말한다. 저학년에서는 주제가 분명하게 드러나 있는 여러 종류의 그림을 보여주면서 그 그림이 나타내고자 하는 중심 생각이 무엇이며, 그 중심 생각을 뒷받침해주는 세부 사항이 무엇인지를 설명해 보게 하는 활동을 한다. 고학년에서는 화제 하나를 제시하여 그 화제와 관련된 중심 생각과 그 중심 생각을 뒷받침할 수 있는 세부 하항을 열거해 보는 활동을 하면 말을 잘하는 데 도움을 줄 수 있다. 더욱이 자기의 생각을 여러 사람 앞에서 말해보게 함으로써 대인 공포증을 극복할 수도 있을 것이다.

5) 말하기 후의 평가하기 전략

말을 하는 과정이나 한 후에 화자는 의도적이든 비의도적이든 평가를 하게 마련이다. 이런 활동을 하느냐 하지 않느냐에 따라서 말하기를 잘할 수도 있고, 잘하지 못할 수도 있다.

첫째, 말한 내용과 말하기 전략, 태도 등에 대해 점검하고 평가하도록 한다. 이 단계에서 학생들은 말하고자 했던 의도나 목적을 효과적으로 전달하였는지, 내용 선정에서부터 내용 표현에 이르기까지의 전략이 적절했는지, 분명하고 자신 있으며 공감할 수 있는 태도로 말하였는지 등과 관련하여 자신의 장점과 단점을 확인하게 된다. 이를 통해 차후의 말하기 상황에서 생길 수 있는 문제점들을 미리 확인하고 어떻게 대처할 것인지를 생각할 수 있는 계기를 가질 수 있다.

둘째, 상호작용의 과정에 대해 점검하고 평가하도록 한다. 누구의 의사소통을 평가할 것인가 하는 측면에서 다른 사람들이 상호작용하는 과정을 대상으로 할 수도 있고, 자신이 참여한 상호작용 과정을 대상으로 할 수도 있다. 전자의 경우에는 TV프로그램이나 영화 등의 녹화테이프를 용도에 따라 취사선택해서 분석해 볼 수 있고, 후자의 경우에는 학습자들이 의사소통의 과정을 떠올려 성찰하게 한다든가, 의사소통의 과정을 녹음하거나 녹화하여 이를 분석하는 방법이 가능할 것이다. 음성언어 의사소통의 발화 즉시 소멸성, 발화의 복잡성, 상호작용의 변화성 등을 고려할 때 상호작용의 과정을 녹음하거나 녹화해서 이를 분석하는 방법이 더욱 유용할 것이다. 특히 VTR등을 통한 녹화 방법은 말하기 능력을 신장시키는 데 도움을 준다.

셋째, 평가 및 반응하기 전략으로는 우선 정해진 시간에서 계획한 분량을 다 말했는지, 덜 말했는지를 점검해본다. 계획한 분량을 정해진 시간에 다 말했다면 그런 화자는 능숙한 화자일 수 있다. 두 번째로 청자들의 반응에 따라서 적절한 대응을 했는지, 하지 못했는지에 대해 생각해본다. 말하는 중간에 질문 시간을 주어서 이해 정도를 확인하고 말하는 내용에 대해 조정하는 활동도 적절한 반응의 예라 할 수 있다.

4. 듣기 · 말하기 수업의 평가 방안

듣기 · 말하기 수업에서 학생의 성취도 평가는 일반적으로 담화에 대한 지식, 기능, 전략, 의사소통 수행 능력을 평가한다. 그 내용을 간략히 제시하면 다음과 같다. 첫째, 담화에 대한 지식을 어느 정도 갖추었는지 평가해야 한다. 예를 들어 공적인 말하기의 개념이나 절차에 대한 지식이 얼마나 있는지 평가해야 한다. 둘째, 담화를 할 때 필요한 개별 기능을 어느 정도 수행할 수 있는지 평가해야 한다. 예를 들어 공적인 말하기를 할 때 논리적인 표현을 잘 할 수 있는지에 초점을 두고 평가해야 한다. 셋째, 담화를 할 때 말하기나 듣기 전략을 잘 사용하는가에 대하여 평가할 수 있다. 전략적 의사소통 능력이 필요하지만 개별적인 듣기 · 말하기 전략을 잘 사용하는지 평가해야 한다. 넷째, 담화를 전체적으로 잘 수행하는가에 대하여 평가할 수 있다. 실제 담화 상황에서의 수행능력을 평가해야 한다. 전체적으로 듣기 · 말하기 평가에서는 학습자의 실제 말하기와 듣기 수행 능력을 직접 평가하는 것이 가장 중요하다. 학습자의 실제 듣기 · 말하기 수행 능력을 평가하는 원리는 다음과 같다.

4.1. 듣기 · 말하기 수업의 학생 평가 원리

첫째, 듣기 · 말하기 수업에서 학생 평가는 상황맥락을 고려하고 다양한 담화상황을 모두 포괄해야 한다. 듣기 · 말하기는 상호 교섭적인 양방향의 의사소통의 과정으로서 언어와 그것이 쓰이는 사실 세계와의 관계를 다루는 상황맥락이 매우 중요시된다. 이 상황맥락은 의미를 파악하는데 수월하게 작용하고 비문법적인 표현도 그 의미를 파악하게 해준다. 또한 듣기 · 말하기 영역 평가는 한 두 유형의 듣기 · 말하기에 대한 수행을 관찰하는 것만으로는 충분하지 않다. 듣기 · 말하기 교수 · 학습을 통해 학습자가 다양한 담화상황에서 의사소통을 성공적으로 이룰 수 있는 능력을 기르려면 듣기 · 말하기 영역의 평가 역시 다양한 담화상황에 대한 평가가 되어야 한다. 현실적으로 교사가 형식평가를 통해 많은 학생을 대상으로 다양한 담화상황에서의 수행 능력을 평가하기란 힘들다. 그러므로 이것은 교수 · 학습 과정의 중간 중간에 교사의 지속적 관찰을 통해 만족되어야 할 부분이다. 대부분의 공식적 말하기의 경우는 교수 · 학습에서 다루어지고 교실에서 평가될 수 있다. 그러나 비공식적 말하기의 경우는 교수 · 학습 내용으로 다루어 질 수는 있으나 대화의 특성상 교실에서 수행 연습을 하고 수행과정을 평가하기 어렵다. 그러므로 교실에서 직접적인 수행과정 평가가 어려운 것은 학습자의 자기평가나 질문지법, 면담법, 학부모 질문지법 등을 사용하여 학습자의 수행능력 정도를 파악해야 한다. 이러한 과정에서 학습자의 장점을 파악하여 그 가능성을 최대한 신장하고 단점은 교수학습을 통해 보완되도록 해야 한다.

둘째, 듣기 · 말하기의 평가는 실제성과 지속성이 있어야 한다. 듣기 · 말하기 영역의 평가가 실제성을 유지하기 위해서는 평가 상황의 실제성과 평가과제의 실제성이 지켜져야 한다. 평가 상황의 실제성이란 듣기 · 말하기 영역 평가 상황이 인위적으로 통제된 것이 아니라 실제와 같은 담화 상황에서 표출되는 듣기 · 말하기 기능이 평가되어야 한다. 그러나 듣기 · 말하기 수행은 음성언어의 제약을 본질적으로 갖기 때문에 인위적인 통제 상황에서는 수행능력의 총체적인 모습을 파악하기 어렵다. 따라서 자연스러운 발화나 듣기 상황에서 그 실제적인 수행 정도를 평가할 수 있도록 해야 한다. 단절된 부자연스런 상황에서 단편적인 기능을 평가하는 것이 아니라 자연스러운 담화 상황에서 표출되는 듣기 · 말하기 기능이 평가되어야 한다. 평가 과제 역시 고립된 결과를 가져오는 세분화된 과제가 아니라 담화 맥락을 가질 수 있고, 고등 사고 기능이 필요한 과제가 되어야 한다.

또한 듣기 · 말하기 평가는 지속성을 가져야 한다. 단편적인 영역에 대한 일회적 평가보다는 학생 개개인의 변화, 발달 과정을 전체적이고 지속적으로 평가해야 한다. 이 때 다른 영역에 비하여 인위적인 평가 상황과 과제를 부여하면 듣기 · 말하기 평가는 개개 학생들의 실제적인 수행능력을 제대로 평가하지 못하게 된다. 따라서 평가자의 관찰에 의한 장기적이고 비형식적인 형성평가가 필요하다.

셋째, 듣기 · 말하기 평가의 평가자를 교사뿐만이 아니라 학습자, 동료학습자, 학부모까지 확대해야 한다. 지금까지 교실 평가는 대부분 교사에 의해 이루어졌다. 그러나 선다형 지필 검사가 아니라 학습자의 다양한 면을 관찰 평가해야 하는 듣기 · 말하기의 경우는 교사 한 사람의 관찰 평가로써 충분하지 않다. 교사가 객관적으로 관찰한다고 하더라도 현실적으로 많은 한계가 따른다. 따라서 학습자의 자기평가와 주위 동료들의 평가가 필요하다. 가정에 있는 학부모의 관찰과 평가도 필요하다. 또 음성언어의 발화 즉시 사라지는 특성 때문에 직접 평가를 위해서는 매체를 이용하여 자연스러운 발화상황을 녹음하는 평가방식도 적극 활용해야 한다. 이렇게 평가의 주체를 교사, 학습자, 동료 학습자 나아가서 학부모까지 확대하여 학습자의 다양한 담화 능력을 점검할 수 있도록 해야 한다.

넷째, 듣기 · 말하기 평가는 절대기준 평가가 되어야 하고 직접평가가 되어야 한다. 인간의 언어 사용 능력의 평가는 절대기준 평가가 되어야 한다. 상대 기준 평가는 개인의 서열에 대한 정보만을 제공해 줄 뿐이고, 학생들의 듣기 · 말하기 능력에 대해서는 시사해주는 바가 거의 없다. 목표지향 평가로서의 절대평가는 평가목표 및 내용들을 각각 평가 항목화하고, 각 항목별 성취 수준을 검사함으로써 학생의 우수한 점과 취약한 점에 대한 정보를 얻을 수 있고 듣기 · 말하기 능력 수준도 알 수 있다. 또한 언어 사용의 기능평가에서 직접 말하고 듣게 함으로써 그 수행능력을 평가하는 것보다 더 타당하고 신뢰할 만한 방법은 없다. 요컨대 말하기의 경우, 말하기에 대한 지식을 믿는 등의 지필 평가식의 간접평가보다도 학생의 직접적인 말하기 수행을 관찰하는 실기 평가식의 직접평가가 가장 정확한 평가가 될 수 있다.

4.2. 듣기 말하기 수업에서 학생 평가의 방법[4)]

학생의 실제 말하기 듣기 수행 능력을 평가하는 주요 방법을 제시하면 다음과 같다.

---

4) 이 부분은 Ann L. Chaney & Tamara L. Burk.(2001)와 Carole Cox.(1996)의 내용을 참고하였다.

1) 총체적 평가의 방법

총체적(holistic) 평가는 음성언어 의사소통 수행에 대한 전반적인 평가를 위해 사용된다. 이 평가는 세 가지 평정 방법 즉 총체적 평정, 일반 인상적 평정, 분석적 평정으로 나누어진다.

(1) 총체적 평정 방법

총체적 평정 방법에는 세 가지 주요한 특징이 있다. 첫째, 평가자는 수행을 하나의 전체로서 평가하고. 둘째, 평가자는 오직 하나의 점수만을 기록하며 셋째, 부분적인 평가기준과 평정지침들은 점수를 결정할 때 간접적으로만 사용된다. 가령 공식적인 말하기를 총체적 방법으로 평가할 때 〈자료2-1〉과 같이 미리 정해진 기준이 필요하지만, 이는 〈자료2-2〉와 같이 일반적인 평가 진술에 도달하기까지 간접적으로만 사용된다.

〈자료2-1〉 구두 발표에 대한 총체적 평정 기준(예시)

* 양호한 발표 (보통 수준)
1. 배정된 시간 범위 내에서 끝마친다.
2. 말하기의 분명한 목적과 주제문을 갖고 있다.
3. 도입, 전개, 정리의 구조를 갖고 있다.
4. 효과적인 언어적, 비언어적 표현에 대해 이해하고 있음을 보여준다.
5. 청자를 고려한다.

* 우수한 발표(우수한 수준) (위의 평가 기준에 덧붙여서)
1. 흥미롭고 도전할 만한 화제(만약 학생들이 화제를 선택할 수 있는 상황이었다면)를 다루었다.
2. 도입과 결론이 갖추어야 주요 기능(functions)을 달성할 수 있을 만큼 강력한 도입과 결론을 포함하고 있다.
3. 잘 조직되었다.
4. 적절한 근거자료를 사용해서 강조할 부분을 전개하였다(논지와 관계가 있고, 신뢰할 만한).
5. 능숙하게 전달하였다(언어적, 비언어적 전달).

* 아주 훌륭한 발표(아주 우수한 수준) (위의 모든 평가 기준과 아울러)
1. 분명하고, 적절하며, 생생한 구두 언어를 사용하였다.
2. 유창하고 세련된 방식으로 전달하였다.

3. 청자들에게 흥미롭고 적합하였다.
4. 강력한 근거 자료를 사용해서 강조할 부분을 전개하였다.
5. 청자의 지식이나 신념에 진정으로 기여했다.

적당한 발표는 '좋은 발표'의 기준 일부에만 들어맞을 경우이며, 부족한 발표는 '좋은 발표'의 기준을 거의 충족하지 못할 경우이다.

〈자료2-2〉 공식적 말하기에 대한 총체적 평정(예시)

화자 이름: 이○○
말하기 화제: 서울 랜드 식물원 견학
말하기 점수: 훌륭함(수)

○○야, 흥미로운 말하기로구나! 나는 여기 서울랜드의 식물원에 그렇게 다양한 식물과 나무들이 있었음을 몰랐었단다. 너는 여기 식물원에서 발견된 대표적인 수종과 국화의 그것들 사이의 차이점을 참 잘 설명했다. 너는 적절한 목소리로 우리의 관심을 계속 유지시켰으며 중요한 부분을 잘 강조했었다. 특히 너는 크고 분명하게 말했었지. 우리는 단어 하나 하나를 잘 듣고 이해할 수 있었단다.

다음 발표에서는, 결론 부분을 더욱 강하게 처리했으면 좋겠구나. 네가 불안하고 조금 두려워서 빨리 자리로 돌아가고 싶었다는 걸 나는 안다. 하지만 수업시간에 우리가 이야기 나누었던 것을 기억하렴. 즉, 결론은 청자가 듣게 되는 마지막 부분이고, 이 때문에 청자들이 기억하기 좋은 부분이지. 전반적으로 훌륭했다. 우리는 모두 너의 다음 말하기를 기대하고 있단다.

총체적 평가 방법을 사용할 때 교사는 미리 결정된 기준에 얽매이지 않아야 되고, 각각의 부분들을 동등한 비중을 두어서도 안 된다. 평가 기준을 단지 수행에 대한 전반적인 인상을 형성하는 일반적 지침으로 활용해야 한다.

(2) 일반 인상적 평정

총체적 평정 방법과는 대조적으로 일반 인상적 평정법의 평가기준은 몇 가지 항목들은 이미 정해져 있기도 하지만 평가자마다 서로 다르다. 평가기준은 수행을 개개의 부분들과 능력으로 쪼갤 수 있을 만큼 특징적이지는 않다. 교사들마다 수행의 서로 다른 측면들에 서로 다른 비중을 둘 수 있는 것이다. 경쟁적 말하기와 논쟁 사태는 일반 인상적 평정의 대표적인 경우이다.

일반 인상적 평정 방법은 법정에서나 경쟁에서 사용되는 방법으로서, 각각의 경쟁자들의 점수와 순위를 기록하고 논평을 적을 수 있는 기록표가 주어진다. 비록 공식적인 말하기 관습에 의해 평가의 일반적인 범위가 결정되긴 하지만, 개별적인 판단은 성공적인 전체를 형성하는데 가장 중요하게 기여한 요인들이 무엇이냐에 따라 선택은 달라질 수 있다. 또한 개별적인 판단은 자유롭기 때문에 다른 사람이 결정적이라고 생각한 요인들을 무시할 수도 있다. 일반 인상적 평가의 예는 〈자료2-3〉과 같다.

〈자료2-3〉 구두 발표에 대한 일반적인 인상 평가(예시)

제 ( )회 제 ( )부

번호	토론 참여자	주제	순위
1			
2			
3			

(3) 분석적 평정 방법

분석적 평정 방법은 전체를 구성하는 일련의 특질과 능력을 필요로 한다(자료2-4 참조). 교사는 각 개인의 능력을 평가하고 그 능력에 대해 점수를 부여한다. 즉 하위 점수들을 합산하여 총점을 내는 것이다.

〈자료2-4〉 구두 발표에 대한 분석적 평정(예시)

내 용	최고	우수	잘함	적당	부족
서론 • 주의를 끈다 : 화제와 말하기의 목적을 밝힌다.	5	4	3	2	1
본론 • 강조점이 분명하고, 뚜렷하며, 말하기 목적을 유지하고 있다.	5	4	3	2	1
• 분명한 조직과 전체적인 일관성.	5	4	3	2	1
• (설득적 말하기의 경우) 논리와 분석이 강함.	5	4	3	2	1
• 근거 자료가 신뢰로우며, 유용함. 적절한 인용.	5	4	3	2	1
• 선택한 언어가 그 경우와 청자 수준에 비추어 흥미롭고 적절하다.	5	4	3	2	1
결론 • 심리적인 자극을 주고, 주요 강조점을 요약하면서 결론을 맺는다.	5	4	3	2	1
전 달					
청자 측면;					
• 말하기 상황에서의 심리적인 특성에 적합하다.	5	4	3	2	1
• 청자의 배경지식과 관점에 비추어 적합하다.	5	4	3	2	1
• 단어와 언어 선택이 청자에게 의미 있으며, 청자에 대한 예의를 갖추어 표현하였다.	5	4	3	2	1
목소리 측면에서:					
• 적절한 굵기, 속도, 고저, 다양한 표현	5	4	3	2	1
• 중간어의 지나친 사용을 피한다 (가령, '움', '아', '거시기', '그러니까' 등).	5	4	3	2	1
• 일시 정지와 침묵을 효과적으로 사용한다.	5	4	3	2	1
심리적인 전달 측면에서:					
• 좋은 자세 : 몸을 예민하게 움직이거나, 허리를 꼬거나 연단에 기대지 않는다.	5	4	3	2	1
• 제스처나 얼굴표정이 자연스럽다.	5	4	3	2	1
• 시선 접촉이 직접적이고 지속적이다.	5	4	3	2	1
• 그 밖의 논평: 총점: (가능하면 80점 내에서)					

2) 개별적 평가의 방법

개별적(atomistic) 평가는 수행에 대한 전반적인 인상을 형성하기보다는 수행의 각 부분들에 초점을 둔다. 개별적 평정 방법(자료2-5)은 단순히 능력, 특질 등의 현상만을 기록할 뿐 그것들을 평가하거나 전체에 대한 합산점수를 내지 않는다. 이 평가는 분석적 평정 방법처럼 수행의 각 부분들에 초점을 둔다. 그러나 분석적 평정 방법과는 달리 개별적 평정 방법은 하나의 수행에 있어서 긍정적이거나 부정적인 부분들을 더욱 단순하게 규정하며 그러한 특질들이 드러난 횟수를 센다. 개별적 평정 방법은 하나의 수행에 있어서 개별 부분들을 평가하는데 강조점을 두기보다는, 그러한 부분들이 수행과정에서 적극적으로 나타났는지를 결정하는데 더욱 강조점을 둔다.

〈자료2-5〉 구두 발표의 일부에 대한 개별적 평가(예시)

화자 이름 : (　　　　　　) 　발표 주제 : (　　　　　　　　　　　　　　)
소리내는 중에 멈춤 : "아", "어", "에", 등등 : "거시기", "그래서", "그러니까 말이야" 와 그 밖의 채우기 위한 말들이나 비기능적 문법용어들
5점 '소리내는 중에 멈춤'과는 관계없이 자유롭게 말한다.
4점 경우에 따라 소리내는 중에 멈추긴 하지만 말하기는 대체로 분명하다.
3점 산발적으로 소리내는 중에 멈춘다.
2점 상당히 자주 소리내는 중에 멈춘다.
1점 '소리내는 중에 멈춤'으로 인해 말한 의미가 완전히 모호해진다.

3) 포트폴리오 평가법

포트폴리오법은 학습자의 발달과정을 보여줄 수 있는 다양한 자료를 모아 이것을 총체적으로 평가하는 방법이다. 말하기 듣기에서의 포트폴리오 방법은 학습자가 학습과정에서 의사소통을 수행한 과정에서 발생하는 관련 자료를 모아서 평가하는 방법이다. 포트폴리오 평가는 수행평가의 맥락에서 학생의 학습경험과 성취에 관하여 명백하고 직접적인 기록방안을 제공해 준다는 점에서 보다 타당하고 신뢰로운 평가가 될 수 있다. 즉, 학생과 학부모 교사들에게 진보 또는 개선에 관한 관점을 제공해주고 학생의 진단에 필요한 구체적인 산출물을 제공해 줄 수 있는 것이다.

이 평가는 수업과 평가를 통합시키는 도구이며 학생의 과정과 산물을 종단적으로 평가하는 데 사용된다. 또한 학생과 교사간의 대화와 협동을 촉진시키며 그로 인하여 학생의 성취와 발전을 평가하는데 도움이 될 수 있다. 정의적인 측면에서 보면 포트폴리오는 학생들로 하여금 학습에 대한 책임감을 갖게 하고 효과적인 학습에 필수적으로 요구되는 개인적 기질을 개발하도록 돕는다. 즉 자기 규제성, 자기 효율성, 자율적 훈육, 내적 동기, 인내력, 융통성을 개발시켜 주는 것이다. 이러한 활동철 평가의 필요성은 대안적 평가를 요구하는 듣기 · 말하기 평가에 큰 시사점을 제공해주고 평가의 관점을 바르게 제시해 주고 있다.

포트폴리오 평가의 특성은 교수-학습활동과 직결되며 실제적이고 진솔한 평가방식이라는 점에서 찾을 수 있다. 즉 포트폴리오 평가가 교수-학습활동 자체에 중점을 두고 학습과정과 결과를 진솔하고 타당하게 드러내는 근거자료를 중시하고 있기 때문에 표준화검사라는 간접적인 도구를 통하여 평가활동의 객관성, 신뢰성, 편의성만을 주로 강조하던 종래의 추세로부터 탈피하여 평가활동의 진솔성, 직접성, 타당성을 더 강조하고 있다. 또한 포트폴리오 방법은 대안적 평가에서 추구하고 있는 학습 수행 자체를 평가대상으로 삼으면서 더 직접적이고 생생한 측면을 평가함으로써 평가와 교수학습 활동 간의 보다 긴밀한 관계를 형성할 수 있다는 특성을 지니고 있다. 말하자면 학생으로 하여금 평가과정에 적극 참여하도록 하고 그 결과를 통하여 자신의 학습활동의 장점과 약점을 정확하게 파악할 수 있는 기회를 부여하고 학생 개개인의 학습방법을 개발하도록 함으로써 학습의 개별화에 기여할 수 있다는 것이다.

Frederiks blake-Kline & Kristo(1997)의 연구에서는 듣기 · 말하기 영역에서 활동철 평가 방법이 활용될 수 있음을 잘 보여주고 있다. 이 연구에서는 교사나 학부모의 관찰평가지, 학습자의 자기평가지, 수행을 담은 기록물 등도 모두 활동철의 내용이 된다. 다음은 Frederiks blake-Kline & Kristo가 제시한 활동철 평가의 내용이다.

* 학습자의 발달을 보여주는 수행결과물의 예
* 평가하기로 된 기간 중 교사가 관찰하여 작성한 발달과정 기록
* 학습자가 작성한 발달과정 기록
* 학부모가 작성한 발달과정 기록
* 교사가 선택한 해당 영역의 학습 결과물
* 학습자의 자기평가지
* 일화기록과 관찰기록
* 학습자의 발표나 결과물에 대한 사진, 삽화

* 발표, 극활동, 낭독의 장면을 담은 비디오나 오디오 테이프
* 실험, 계획일지
* 모든 종류의 작문 결과물
* 독서목록, 독서 반응일지. 작문의 예, 회의 기록, 체크리스트, 질문지

위 목록에 제시된 것처럼 교사나 학부모의 관찰평가지, 학습자의 자기평가지, 수행을 담은 기록물 등도 모두 활동철의 내용이 될 수 있는 것이다. 듣기 · 말하기 영역은 실제 수행과정에 대한 평가이어야 한다. 그러므로 학습자의 수행에 대한 각종 평가 자료의 모음, 듣기 · 말하기 수행 장면을 담은 비디오, 오디오 테이프 등이 말하기, 듣기 영역 평가를 위한 활동철 자료가 될 수 있다.

Carole Cox(2002)는 듣기와 말하기의 과정을 기록한 활동철 항목으로 다음과 같은 내용을 제시하였다.

* 다발 짓기와 지도화하기 : 개인적으로 한 것과 그룹으로 한 것
* 협동학습 활동 : 쓰기, 그리기, 구조물
* 개별적인 쓰기 : 공유하기, 토론, 그룹활동에 기초한 개인적인 쓰기
* 협동적인 쓰기 : 이야기, 이야기 판, 대본, 광고물
* 자료 생성물 : 영화, 영사 필름, 오디오나 비디오 테이프
* 예술 : 인형, 벽화, 포스터, 시각적인 전시물들
* 구두(口頭) 역사(歷史) 프로젝트 : 쓰여 졌거나 기록된 자료들

4) 자기평가법과 동료 평가법

자기평가는 학습자가 학습의 준비에서부터 학습결과의 평가에 이르는 전 과정에 걸쳐 자신의 학습상황이나 행동을 스스로 평가하고 점검하여 바람직한 결과가 유지되고 발전될 수 있도록 학습방법을 개선하고 조정하는 과정이라고 정의할 수 있다.

학생들에게 자기평가를 실행하는 연구자나 교사들은 학생들이 그들의 학습의 산출과정의 평가에서 비판적이고 개념적이며 사려 깊은 자기평가를 할 뿐만 아니라 매우 자각적이고 명백한 자기평가를 한다는 사실을 발견하였다. 학생들이 자기자신을 평가하는 데는 누구보다도 전문가이다. 자기평가에 대해 잘 알고 있는 학습자들은 자신을 정확히 평가하고 행정가, 교사, 동료 또는 그들의 학부모보다 자신의 장점과 단점을 더 쉽게 발견할 수 있을 것이다. 게다가 자신을 평가하는 일은 자기발전에 큰 의미가 있으며 다른 사람들에 의한 평가보다 큰 영향을 준다.

자기평가는 학생들 학습의 자연스러운 부분이다. 아동들은 다른 사람의 도움 없이 평가에 참여할 수 있다. 그러므로 교육적, 개인적 요구에 따른 개별화된 평가를 하는 그들의 노력은 우리의 공동사회, 학교를 돕고 학습자가 존중받는데 필수적일 것이다. Gordon, D(1992)는 자신의 행동을 관찰하고 기록하는 것은 자신의 문제 행동의 정도를 알게 해 주며 자기평가와 자기강화를 위한 정보를 제공해 준다고 하였다.

이러한 논의들을 살펴볼 때 자기평가는 활동철 평가의 핵심적인 요소로서 학생들의 학습지식을 촉진하며 반성적 평가를 이루게 하며 학습에 책임을 지게 하는 중요한 활동임을 알 수 있다.

동료평가는 자기평가와 더불어 활동철 평가의 주요한 요소이다. 이 평가는 소집단 안에서 동료들과 상호작용하며 평가를 하는 활동이다. 동료평가 활동은 학생들이 교사의 통제를 벗어나 소집단 활동을 통해서 자율적으로 친구의 언어활동을 평가해주는 활동이다.

이 동료평가를 사용하는 이유는 다음과 같이 정리할 수 있다.[5]

* 모든 학생들의 초인지적 능력을 개발하기 위해
* 모든 학생들의 의사소통 기능 강화하기 위해
* 교사가 일부 학생들에게라도 즉각적인 평가를 할 수 있기 위해
* 자신의 작품을 좀 더 잘 비판하기 위해 학생들에게 용기를 주기 위해
* 자신들의 작품에 학생들이 자부심을 갖게 하기 위해
* 평가 과정에서 학생들에게 협동심과 공동체의식을 갖게 하기 위해
* 개개의 자료 제공에 학생들에게 가치를 부여하기 위해
* 평가 과정과 학습에 있어서의 관계에 대해 좀 더 잘 배우기 위해
* 학생들에게 즉시 의미 있는 피드백을 제공받도록 하기 위해
* 학생들에게 소속감과 학습 통제력을 갖게 하기 위해

동료평가는 고등사고 능력을 향상시킬 수 있는 훌륭한 교육적 환경을 제공하며 집단 내에서 피드백과 자료를 공유하여 개인의 생각을 수정하게 한다. 이 과정에서 초인지적 활동이 전개된다.

동료 평가는 학습경험을 공유하며 학습동기를 강화시켜 주며 구성원간의 상호작용을 통해 정서적으로는 자기중심성을 극복할 수 있게 해주는 등 다양한 언어기능을 발달시켜 준다.

5) 조한무(1999)의 내용을 참조하였다.

5) 녹화기록법

학습자가 말하기 수행을 하는 과정은 쓰기처럼 결과물이 남는 것이 아니고 일과적이다. 그러므로 학습자가 수행하는 장면에서 동시에 평가가 이루어져야 하므로 교사는 학습자가 수행하는 동안 이를 관찰하고 채점하고 기록해야 한다. 이를 위해서 듣기 말하기에서는 녹화기록법이 아주 효과적이다. 녹화기록법이란 학습자의 수행 장면을 비디오카메라로 녹화해 둔 뒤 이를 재생해서 보면서 평가하는 방법이다. 교사가 필요할 때 언제든지 반복적으로 재생할 수 있으므로 학습자의 말하기와 듣기 수행에 대한 전모를 파악할 수 있다. 또 교사와 학습자가 함께 보면서 학습자의 강점과 약점에 대하여 구체적인 피드백을 줄 수 있으며, 평가 자료뿐만 아니라 교수 학습의 자료로서도 유용하게 사용할 수 있다.

제2장

읽기 수업의 이해

1. 읽기 수업의 원리

현대 사회는 글 읽기를 토대로 형성되고 유지되고 있다. 만약 우리 사회에서 문자가 사라지거나 사람들이 글을 읽을 수 없는 상황이 발생한다면 사회 자체가 마비되거나 붕괴될 것이다. 읽기는 종이 위에 있는 문자로부터 의미를 수동적으로 받아들이는 과정이 아니다. 읽기란 단순히 문자를 해독하고, 문장과 문단을 이해하고, 글의 중심 내용과 작가의 의도를 파악하는 것에서 나아가 학생(독자)의 경험을 바꾸어 나가는 것을 의미한다(Smith, 1997; 강경호 외, 2009; 심영택, 2011). 즉 읽기의 과정은 글을 통해 제시된 세계를 이해하고 독자가 글에 나타난 세계와 정신적으로 교섭하기도 하며, 글을 매개로 하여 독자와 독자가 만나는 세계와 상호작용을 하는 과정이다.

읽기 수업의 주요 변인으로는 독자, 텍스트, 교사, 상황, 과제 등을 들 수 있다. 이러한 변인을 중심으로 읽기 수업의 원리를 몇 가지 설명하면 다음과 같다. 첫째, 학습 목표를 명료하게 제시하여 독자가 읽기 목적을 확인하고 전략적으로 글을 읽도록 해야 한다. 이를 위해 교사는 읽기 과제를 분명히 확인해야 하고, 학생 입장에서는 읽기 목적을 확인하고 글을 읽어야 한다. 읽기 전략은 읽기 변인과 별개로 존재하는 것은 아니며 상호 영향 관계 속에 있다. 그래서 학생들은 끊임없이 적합한 의미를 구성하기 위해서 필요한 지식과 하위 기능들을 도출해내고 통합 · 조정하는 것이 필요하다.

둘째, 독자의 배경 지식을 활성화하여 글의 내용과 연결시켜야 한다. 교사는 읽어야 할 글의 내용을 분석한 다음, 학생들의 배경지식과 경험을 활성화하여 연결시켜야 한다. 배경 지식을 활성화할 때에는 브레인스토밍(brainstorming) 기법을 활용하거나 학생의 경험을 발표시킬 수 있다. 글을 읽는 내내 학생들의 배경 지식과 글의 내용은 긴밀하게 교섭(transaction)하여 의미를 구성하게 된다.

셋째, 독자가 자신의 읽기 행동을 점검하고 조정할 수 있도록 해야 한다. 글을 읽는 것은 독자 입장에서 문제 해결 활동이다. 글 내용의 난이도에 따라 학생들의 글 읽는 해결 방법이 달라져야 한다. 만일 글의 내용이 독자의 수준에 비해 너무 어려우면 의미 구성이 잘 되지 않는다. 이럴 때는 아무런 대책 없이 계속 읽는 것보다는 차라리 읽기를 멈추고 보다 쉬운 글을 찾아보는 게 좋을 수도 있다.

넷째, 글(텍스트) 측면에서는 실제적이고 좋은 글을 사용하여야 한다. 읽기 교수 학습에서 사용하는 글은 학생들의 흥미에 부합하고, 읽기 목적에 부합한 글이어야 한다. 글의 내용, 형식, 표현이 좋은 글을 사용하는 것이 좋다. 그리고 글에 나타난 내용인 여러 가지 사회적 가치들에 대해 편견을 주어서는 곤란하다. 예를 들어, 특정한 성이나 인종에 대한 편견을 조장하거나, 국가, 기업, 종교 등에 대하여 근거 없이 옹호하거나 비방하는 글을 제시하면 안 된다.

다섯째, 읽기의 상황과 맥락(context)을 활용해야 한다. 글을 읽는 행위는 구체적 상황 속에서 진행된다. 흔히 읽기에 직접 개입하는 시간과 공간 같은 요인을 상황적 맥락이라고 하고, 읽기에 간접적으로 개입하는 정치적, 문화적, 종교적, 역사적, 시대적 맥락을 상황적 맥락이라고 한다. 같은 글을 읽더라도 맥락에 따라 다른 의미가 구성될 수 있다. 예를 들어, 교사가 개별적 읽기, 짝 읽기, 모둠 읽기, 전체 읽기 등과 같이 읽기 방법에 변화를 주는 것은 상황을 활용하여 읽기를 지도하는 것이다.

여섯째, 교사의 설명과 시범이 중요하다. 읽기 활동이 머릿속에서 이루어지는 것이기 때문에 좀처럼 그 과정을 보여주기 어렵다. 그래서 교사의 머릿속에서 이루어지는 사고 행위를 밖으로 그대로 말하여 주는 사고 구술법(think-aloud method)이나 비슷한 예를 많이 제시해줌으로써 이해를 하게 하는 방법 등을 활용하여 읽기 교수 학습의 내용을 명확하게 설명, 시범을 보여줄 수 있어야 한다.

2. 읽기 수업을 위한 기본 개념의 이해

2.1. 읽기 발달 단계의 이해

읽기 발달은 학습에 의한 발달과 연관이 깊다. 발달은 성숙에 의해서 이루어지기도 하지만 의도적, 비의도적인 학습에 의해서도 이루어진다. 읽기는 학습에 의해 점진적 발달 과정을 거친다. 초기 이전 단계의 아이들은 부모와 함께 그림책을 읽는 경험, 가족 구성원이 읽는 것을 보는 경험을 통해 읽기에 관심을 갖게 되며 읽기가 생활에서 매우 중요하다는 점을 인식하게 된다. 그러다 점차 초기 읽기 단계가 되면 이전 단계의 아이들과는 다른 형식적인 읽기 지도를 받기도 한다. 이 시기 읽기 지도는 주로 낱말 공부에 초점이 맞추어져 있으며 이 시기가 끝날 무렵에는 글을 소리내어 읽기도 하고 소리 내지 않고 읽기도 한다. 또한 이야기를 어느 정도 이해하게 되며 남의 도움을 받지 않고 혼자서 읽기도 가능해진다.

읽기는 어떻게 발달하는가? 이 물음에 사람들이 개괄적으로나마 답을 하게 된 것은 최근의 일이다. 사람들은 20세기 중반에 들어서서야 읽기 발달의 과정에 대하여 진지하게 답하기 시작했다. 이 물음에 대한 탐구 능력이 이렇게 늦어진 이유는 읽기가 문자 문화를 전제로 하는 능력, 다시 말해서 문자가 없는 사회에서는 이러한 질문이 의미가 없었던 것이다(엄훈, 2012). 여기에서는 여러 학자들의 읽기 발달 단계에 대한 연구 결과를 간략히 살펴봄으로써 읽기 지도에 대한 시사점을 얻고자 한다.

Sulzby(1994)는 4단계로 읽기 발달 단계를 소개하고 있다(이경화 외, 2008 재인용). 1단계는 이야기가 형성되지 않은 그림 읽기 단계(그림 지배적 읽기 시기)이다. 이 단계는 그림의 명칭을 말하거나 간단하게 해설을 하고 그림이 표현하고 있는 행동을 말하는 단계이다. 2단계는 이야기를 형성할 수 있는 그림 읽기 단계이다. 대화체로 이야기를 말하거나 독백 형식으로 이야기를 말하는 단계가 2단계라고 볼 수 있다. 3단계는 문자로 읽기를 시도하기 단계이다. 이 단계에서는 문어식 읽기와 이야기 말하기가 혼합되며, 단어나 내용을 암기하여 읽는 단계이다. 4단계는 거의 정확하게 글자 중심으로 읽는 단계이다. 이 단계는 '난 못 읽어요.'와 같은 의사를 표현하거나, 몇 개의 글자나 단어에 집중하여 읽기를 시도하고, 모르는 글자는 알고 있는 단어로 대체하여 문장과 거의 비슷하게 읽는 단계라고 할 수 있다.

천경록 외(2007)는 Chall(1996)을 참고하여 총 7단계로 읽기 능력 발달 단계를 제시하고 있다. 이 중에서 초등학교까지의 단계를 살펴보면, 먼저 읽기 맹아기(1단계)는 글 읽기 이전 단계로 주로 음성 언어를 사용하는 단계이다. 아동이 태어나서 유치원을 다닐 때까지의 시기가 이 시기에 해당한다. 읽기 입문기(2단계)는 음성 언어에서 문자 언어로 나아가는 단계이다. 읽기 입문기는 주로 초등학교 1~2학년인 저학년 시기에 해당한다. 아동은 말뿐만 아니라 글로도 의사소통할 수 있다는 것을 깨닫는 시기이다. 이 시기에 아동은 글자와 소리의 관계를 인식하며 그리고 단어를 소리 내어 읽을 수 있다. 이 단계의 읽기에서는 음독(oral reading) 활동이 중요하다. 글자를 소리 내어 읽는 것은 아동이 글을 읽고 있다는 증거이다.

기초 기능기(3단계)는 해독에서 독해로 나아가는 기간으로 읽기의 기초 기능을 익히는 시기이다. 이 단계는 초등학교 중학년에 해당하는 3~4학년 시기에 해당한다. 아동은 긴 문장을 의미 중심으로 끊어 읽기를 시작한다. 글을 유창하게 소리 내어 읽게 되고, 음독에서 묵독으로 넘어가는 과도기라고 할 수 있다. 기초 독해기(4단계)는 초급의 사고 기능을 익히는 단계로 볼 수 있다. 초등학교 5~6학년이 이 시기에 해당한다. 해독보다 독해에 더욱 큰 비중을 두고 글을 읽게 되며 묵독(silent reading)이 강조된다. 이 단계에서는 사실과 의견을 구별하기, 정보를 축약하기, 생략된 정보를 추론하기, 이어질 내용 예측하기, 비유적 표현의 의미 이해하기, 표현의 적절성 판단하기 등과 같은 기초 독해 기능을 기르는 단계이다.

Chall의 읽기 발달 단계는 시기에 따라 읽기 능력의 발달 단계를 제시했다는 의미가 있다. 하지만 읽기 발달에 대한 관점의 변화와 발생적 문해력에 대한 최근의 연구 결과를 제한적으로만 반영한 한계를 보이고 있다. 이에 비해 Ehri & McCormick(1998)의 연구는 Chall의 읽기 발달 단계에서 보이는 한계를 보완해 줄 수 있다. Ehri & McCormick은 단어 읽기의 발달 단계를 다음과 같이 5단계로 나누어 설명하고 있다. Ehri & McCormick의 연구 결과는 읽기 능력의 중요한 구성 요소인 해독 능력의 발달 과정을 이론적으로 구명한 것으로 그 의미가 매우 크다(엄훈, 2012). 그 내용을 간략히 제시하면 다음과 같다.

첫째 단계는 자모 이전 단계(pre-alphabetic phase)이다. '로고 그래픽 단계' 혹은 '선택적 단서 단계"라고도 불린다. 이 단계의 아이들은 단어의 길이나 모양 같은 단어의 비자소적 특징에 관심을 집중하며, 시각 단서를 활용하여 단어를 통째로 읽어 낸다. 매우 한정된 글자 지식을 가지고 있으나 글자가 말소리에 대응한다는 것을 깨닫지 못한다. 기억에 의존하여 한정된 시각 단어 읽기를 하며, 맥락에 의존하여 단어를 추측한다. 이 단계는 취학 연령 이전 시기에 전형적으로 나타나는데, 학령기가 되어서도 이러한 특징이 나타나면 읽기 부진아 혹은 읽기 장애아로 불릴 수 있다.

둘째 단계는 부분적 자모 단계(partial-alphabetic phase)이다. 시각적 인식 단계(visiual recognition stage)또는 초보적 자모 단계(rudimentary-alphabetic phase)라고도 불린다. 이 단계는 유치원 아동이나 읽기에 익숙하지 않은 1학년 아이들에게 보인다. 부분적인 철자 단서를 활용하여 시각적으로 단어를 읽을 수 있으며, 추측하기 전략을 사용할 수 있다. 그러나 단어를 해독하거나 유추를 통한 읽기는 잘하지 못한다. 예를 들어 이 단계의 아이들은 〈팥죽 할머니와 호랑이〉에서 호랑이 그림 밑에 있는 '호'로 시작하는 단어를 '호랑이'라고 읽을 수 있는데, 그렇다고 하여 그 아이가 '랑'이나 '이'를 읽을 수 있는 것은 아니다.

셋째 단계는 자모 단계(full-alphabetic phase)이다. 철자-소리 단계(spelling-sound stage) 혹은 암호 읽기(cipher reading stage)라고도 불린다. 글자와 소리 사이의 연관 관계를 차례차례 이용하여 단어를 읽기 때문이다. 이 단계는 알파벳 표기 체계를 능숙하게 읽는 기본 기능을 획득하기 시작하는 지점이라는 점에서 앞선 두 단계와는 차이가 있다. 이 단계의 아동들은 자소와 음소와의 관계 지식을 활용하여 모르는 단어를 읽어 낸다. 이 단계의 초기에는 한 글자 한 글자 해독하기 때문에 읽는 속도가 느리며 축자적 읽기(gluing to print)라 불리기도 한다. 아동들은 이 전략을 사용하는 동안 읽기 속도가 점점 빨라지는데, 이는 충분히 분석된 시각 단어가 점점 늘어나기 때문이다. 이 단계를 거치면서 아이들은 단어를 이야기의 맥락 속에서 읽어 내는 능력이 점차 신장되며 자소와 음소와의 관계 지식을 숙달한다.

넷째 단계는 통합적 자모 단계(consolidated-alphabetic phase)이다. 통합적 자모 단계는 사실상 자모 단계에서 시작된다. 다양한 단어들에서 나타나는 여러 자소-음소 관계들이 큰 단위들로 통합됨으로써 이루어진다. 철자 패턴에 초점을 맞추기 때문에 정서법적 단계(orthographic phase)라고도 불린다. 이 단계에서 여러 단어들에 빈출하는 철자들의 덩어리와 그 발음법 사이의 관계가 습득된다.

다섯째 단계는 자동적 자모 단계(automatic-alphabetic phase)이다. 이 단계는 유창한 단어 읽기가 이루어지는 시기이다. 익숙한 단어뿐 아니라 익숙하지 않은 단어까지도 재빨리 확인하는 독자의 고도로 발달된 자동화와 속도 때문에 붙은 이름이다. 이 단계에서 독자가 읽는 대부분의 단어는 시각 단어이다. 따라서 이 단계의 독자는 맥락의 유무와는 상관없이 단어 대부분을 힘들이지 않고 읽어 낼 수 있다.

Chall의 읽기 발달 단계는 읽기 발달의 큰 틀을 포괄적으로 제시하였다는 장점이 있고, Ehri & McCormick의 단어 읽기 발달 단계는 해독 능력의 발달 과정을 설득력 있게 규명하였다는 장점이 있다. 읽기 발달 단계를 균형 있게 이해하기 위해서는 Chall의 읽기 발달 단계와 Ehri & McCormick의 단어 읽기 발달 단계를 상호 보완적으로 이해할 필요가 있다(엄훈, 2012).

발달은 보편성과 개별성을 양면적으로 가지고 있다(최미숙 외, 2012). 발달의 보편성이란 어느 시기에 이르면 대부분의 인간에게서 특정한 육체적, 인지적, 정서적, 언어적 특징이 나타나는 현상을 의미한다. 이처럼 비슷한 시기에 비슷한 행동과 능력, 형태를 보이는 보편성이 있기 때문에 발달 지표(development milestones)를 세울 수 있다. 그러나 사람마다 발달의 시기와 양상에 차이가 있어 정상적인 발달의 범위가 크다. 이는 발달에 개인차가 존재하여 개별성이 있음을 뜻한다.

2.2. 읽기 태도의 이해

읽기 교육의 목적은 읽기 능력의 향상이지만 보다 궁극적인 목적은 평생 독자로서 주도적인 읽기를 할 수 있도록 하는 데 있다. 즉, 학생들의 사고력 향상과 더불어 정서를 풍요롭게 만들어주는 바람직한 가치관을 확립하는 데 큰 의의가 있다(강혜숙 외, 2003). 이러한 목적을 달성하기 위해서는 읽기가 단순히 지적인 활동이나 학력향상을 위한 방편이 되어서는 안 된다. 왜냐하면 읽기 태도와 같은 정의적 영역의 발달을 고려하지 못하기 때문이다. 전인 교육이 강조되면서 정의적 영역의 중요성이 부각되고 있지만 아직도 교육의 실천적 국면에서는 정의적 영역의 교육이 소홀히 다루어지고 있는 실정이다. 그래서 많은 연구자들은 읽기의 인지 중심 학습의 한계를 지적하면서 읽기의 정의적 영역에 대한 중요성이 새로 조망되었다

태도(attitude)라는 말은 라틴어 'aptus'에서 온 것으로 준비됨 혹은 적응의 상태를 뜻하는 말이었으며(이성영, 2009: 288), 구체적으로 대상에 대한 감정과 판단, 평가 등을 포함하는 심리적 경향을 가리킨다고 개념을 정의하고 있다(정혜승, 2006). 이에 비추어 읽기 태도는 읽기를 수행하는 데 필요한 책이나 특정 상황에 대한 독자의 긍정 혹은 부정적 감정 경향성으로 설명할 수 있다(최숙기, 2010). 읽기 태도도 일반적인 태도와 마찬가지로 읽기에 대한 인지적 요소와 정의적 요소, 행동적 요소의 세 가지를 모두 포함하고 있다.

최근에 읽기 태도에 관심을 두는 이유는 일차적으로 읽기 태도가 읽기 성취와 관련이 있다고 보기 때문이다. 읽기 능력의 성취는 학생들의 읽기 시간과 상보적으로 영향을 받는다. 그래서 잘 읽을 수 있는 능력은 긍정적인 태도를 갖고 있기에 더 많은 시간을 할애하게 하며, 역으로 읽기에 긍정적인 태도를 갖고 있으면 읽기 시간을 증가시키고, 결과적으로 잘 읽게 하는 데 영향을 미친다는 의미로 해석할 수 있다(정혜승 · 서수현, 2011). 그러나 읽기 태도는 읽기 능력의 성취 차원에서만 중요한 것은 아니다. 교실에서 읽기 지도를 해야 하는 교사들에게는 좀 더 중요한 문제이다. 교과를 막론하고 학교에서 이루어지는 대부분의 교수 · 학습 활동은 텍스트를 읽는 활동을 포함하는데, 학생들의 읽기에 대한 부정적인 태도는 읽기 수업의 효과성뿐만 아니라 수업 운영 자체를 어렵게 할 수도 있기 때문이다.

선행 연구에 의하면 초등학생의 경우 읽기에 대한 태도는 2학년 정도를 기점으로 학년이 올라갈수록 점점 부정적으로 변화한다고 밝히고 있다(정혜승 · 서수현, 2011; 윤준채 · 이형래, 2007; 이명숙 1997). 연구자들에 의하면 여학생이 남학생보다 읽기 태도가 좋으며, 대도시 학생들이 중소도시나 읍면지역 학생들보다 읽기 태도가 좋다고 보고되고 있다. 또한 초등학생들이 학년이 올라가면서 읽기 태도가 부정적으로 변하는 이유는 고학년이 될수록 학교 공부와 직접적으로 관련된 사교육에 많은 시간을 사용하고, 읽기도 즐거움이나 새로운 정보의 획득보다는 직 · 간접적으로 학업 성취를 위한 수단으로 사용되고 있기 때문에 학생들이 읽기 태도를 긍정적으로 강화시킬 기회가 감소되고 있다고 해석하고 있다.

읽기 태도는 '읽는 자세', '읽기에 대한 태도', '읽는 태도'의 세 가지 유형으로 구분할 수 있다(이성영, 2009). 우선 읽는 자세는 신체적인 태도라는 점에서 심리적인 태도인 다른 두 유형과 다르다. 읽는 태도와 읽기에 대한 태도는 둘 모두 심리적 태도이기는 하지만 심리성의 정도는 읽기에 대한 태도가 읽는 태도 보다 상대적으로 더 강한 것으로 판단된다. 그리하여 읽는 태도는 읽는 방법을 선택하는 데 주로 작용하는 반면, 읽기에 대한 태도는 읽기의 수행 여부를 결정하는 데 주로 작용하게 된다. 읽는 태도는 개별 독자가 지닌 비교적 일관성 있는 성향이라면, 읽기에 대한 태도는 읽기를 좋아하여야 한다는 규범성을 강하게 지니고 있다.

읽는 태도는 읽기 행위와 밀접하게 결부되어 있어서 행동의 관찰을 통해서 측정 가능하다. 즉 여러 가지 읽기 포트폴리오들이 읽는 태도의 측정 도구로 활용될 수 있다. 자기의 독서 행적을 기록한 '독서 일지', 읽는 과정에서 머릿속에 떠올린 온갖 생각들을 모두 기록하는 '사고기술형 읽기'

의 결과물, 'KWL 활동'을 수행한 학습지, 왼쪽 칸에는 텍스트의 해당 부분을 옮겨 적고 오른쪽 칸에는 그에 대한 자기 나름의 이해나 생각들을 기록한 '복식 기재 일지' 등이 읽는 태도를 확인할 수 있는 포트폴리오 자료들이다. 그 밖에 독후감과 같은 독후 활동의 결과들을 통해서도 읽는 태도를 확인할 수 있으며, 더 나아가면 일반적인 독해 능력 평가에서도 문항 반응을 분석하여 읽는 태도의 일단을 포착할 수 있다.

읽기 태도의 중요성은 읽기 능력, 자아 계발, 사회생활, 독서문화 측면 등 여러 측면에서 논의가 가능하다(정혜승, 2006: 384~388; 윤준채, 2013). 먼저 읽기 태도는 읽기 능력과 밀접한 관련을 맺고 있다. 물론 읽기 태도가 긍정적이라고 해서 반드시 읽기에 성공한다는 보장을 할 수 없지만, 전반적으로 긍정적인 읽기 태도와 높은 동기는 읽기의 성공을 좌우하는 주요 변인으로 알려져 있다. 또한 읽기 태도는 자아 계발과 실현에도 기여하는 바가 크다. 특히 창의성 발현과 관련성을 가지고 있다. 만일 읽기에 대한 흥미와 욕구가 없는 상태에서 일종의 의무감과 강박관념에 사로 잡혀 독서를 하게 된다면 그러한 읽기는 창의성 발현을 비롯하여 자기를 계발하기 어렵게 된다. 따라서 읽기를 통해 자기를 계발하기 위해서는 읽기에 대한 긍정적인 태도 형성이 매우 중요한 관건이 된다.

읽기는 개인적 차원에서는 자아 계발과 실현의 필수적 요소이지만 사회적 차원에서는 사회를 유지하고 발전시키는 동인으로 작용한다. 이른바 사회적 문식성, 기능적 문식성, 직업적 문식성이 생존과 직결되는 사회가 도래한 것이다. 이러한 사회의 문제를 해결하기 위해 다양한 정보와 지식을 받아들이기 위해서는 읽기를 통해 문제를 해결하려는 능동적인 읽기 태도가 중요하게 작용한다고 볼 수 있다. 읽기 태도는 독서 문화 형성에도 중요하다. 일반적으로 읽기에 대해 긍정적인 태도를 지닌 사람은 평생 독자로서 독서 자체에서 즐거움을 찾고, 그에 의미를 부여하며, 읽기에 몰입할 가능성이 매우 높다. 따라서 긍정적인 읽기 태도를 가진 사람이 많을수록 독서가 활성화되고 바람직한 독서 문화가 형성될 것이다.

읽기 태도를 지도할 때는 다음의 몇 가지를 유의하여 지도할 필요가 있다(이경화, 2010; 천경록 외 2007; 이성영, 2009) 먼저 읽기에 대한 동기, 흥미, 신념 등과 같은 긍정적인 태도를 형성시켜 주는 것이 무엇보다 중요하다. 그리고 평상시에 읽기에 대한 성공적인 경험을 많이 하도록 해야 한다. 학생이 읽기 성공 경험을 맛보았다고 판단되면 적절한 읽기 과제를 제시하면서, 교사는 허용적 태도를 유지할 필요가 있다. 이와 더불어 교실의 문식력 환경 조성이 필요하다. 풍부한 읽기 경험을 통해 읽기 경험의 즐거움을 경험하는 독자들은 성공적인 평생 독자로 자리매김하게 될 것이다.

읽기에 대한 긍정적인 태도는 독해 능력을 높이는 데도 중요한 요인이다. 태도와 같은 정의적인 요인은 지식이나 기능 같은 인지적인 요인과 같이 읽기를 직접 수행하는 데 관여하지는 않지만, 읽기 능력의 발달에 중요한 영향을 끼친다(엄훈, 2012; 최미숙 외, 2012). 태도 요인을 포함한 인간의 정의적 측면은 오랜 경험을 통해 서서히 형성된다. 그래서 읽기 교육을 통해 긍정적인 읽기 태도를 형성하려는 노력은 읽기 지도의 전 기간을 통해 반드시 고려해야 하는 교육의 한 측면이다.

결국 읽기 교육의 목표는 잘 읽게 하는 데에 그치지 않고, 아동이 삶 속에서 읽기를 통하여 성장할 수 있게 하는 데까지 나아가야 한다. 교실에서의 읽기 성취가 아동의 삶에서 발현되기 위해서는 지속적이고도 자발적으로 읽어야 하며, 이를 위해서는 긍정적인 읽기 태도가 필요하다. 읽기에 대한 긍정적인 태도는 읽기가 단지 공부로서 인식되는 것 뿐만 아니라, 새로운 앎에 대한 기쁨과 즐거움으로 인식되는 긍정적인 변화를 가져오게 된다.

2.3. 읽기 부진의 이해

읽기 부진은 학습 부진 개념의 한 영역으로 자리 잡고 있다. 학습 부진이란 학습의 수행이나 성취가 미흡하여 특별한 지도가 필요한 경우를 말한다. 학습 부진의 개념은 발생하는 원인이나 유형이 매우 다양해서 학습 부진의 원인이 무엇이냐에 따라 서로 달리 정의된다. 학습 부진의 원인은 크게 학습자 안의 내재적 요인과 외재적 요인으로 구분할 수 있다(김중훈, 2014). 내재적 요인은 학습자 안에 가지고 있는 발달적 요인이다. 지능이 낮거나, 지능은 정상이지만, 읽기와 같은 특정한 학습에 곤란을 느끼는 경우, 주의력 결핍(ADHD) 등이 이에 해당한다고 볼 수 있다. 외재적 요인은 환경적 요인으로 볼 수 있는데 가정 환경, 사회경제적 요인, 다문화 가정 같은 문화적 요인을 들 수 있다. 이러한 외재적 요인은 지능발달, 언어발달, 사회성, 학습, 정서 등에 총체적이고 지속적으로 영향을 미친다.

학습 부진의 80~90%는 읽기의 문제라고 볼 수 있다. 특히 읽기 부진은 모든 과목에 영향을 주기 때문에 읽기 부진과 학습부진의 상관성은 매우 높다. 읽기 부진의 정의와 범주는 읽기 부진을 판단하는 기준에 따라 다르게 사용되고 있다(김수연 · 강정아, 2012:158) 그 하나는 읽기 부진이 읽기 장애(reading disability)의 한 영역으로, 읽기 지체(reading slow learning), 난독증(dyslexia)과 함께 읽기 장애를 구성하는 한 현상으로 정의되는 경우가 있다. 읽기 부진의 또 다른 하나의 범주는 읽기 장애의 경우와 분리하여 읽기 영역에서 정상적인 학교 학습을 할 수 있는 잠재력을 가지고 있으면서도 후천적인 요인에 의해, 그리고 신체적 · 정신적 결함보다는 환경이나 학습 결손의 누적 등 교육적 요인 등으로 인해 해당 학년의 평균 독서 능력에 못 미치는 학생으로 분류될 수 있다. 이 범주는 읽기 장애의 여러 유형 중 지도를 했을 때 향상될 가능성이 가장 크고, 따로 특별 학급을 운영하지 않고 일반 학급에서 지도할 수 있는 상태를 정의한다.

이를 바탕으로 읽기 부진의 개념을 다시 정리하면, '첫째, 정상적인 잠재능력을 가지고 있으면서 읽기 성취에서는 정상적인 발달 수준에 미치지 못하는 것을 뜻한다. 둘째, 읽기 부진은 그 원인이 선천적이지 않고 교육적 처치에 의해 개선이 가능한 상태를 의미한다.'고 볼 수 있다. 읽기는 독자가 주어진 글을 해독하고 그 의미를 이해하는 역동적인 과정이다. 따라서 읽기의 중요한 두 요소인 해독과 이해 중 어느 부분이라도 원활히 이루어지지 않으면 읽기 부진이라고 말할 수 있다(이종숙 · 조희정, 2012). 이러한 읽기 부진이 나타나는 학생을 읽기 부진아(delay reader)라 할 수 있다. 즉 읽기 부진아란 '글을 읽을 잠재 능력을 가지고 있으면서도 해당 학년의 평균 수준에 도달하지 못하는 학습자'라고 정의할 수 있다(이경화, 2009; 천경록, 1999; Ruddell, 2003).

읽기 부진아는 읽기 능력 저하로 인해 여러 가지 형태의 사회 정서적 요인 측면에서의 장애, 즉 낮은 성취동기, 주의 집중력 부족, 부정적 자아 개념, 사회적 부적응 등의 특성을 나타낸다(김수연 · 강정아, 2012:160) 읽기 능력 저하는 그 자체로 그치는 것이 아니라 낮은 학업성취수준으로 연결되며, 그로 인해 자신에 대한 부정적인 인식을 형성하게 된다. 또한 주의 집중력 약화로 인해 주의가 산만해지며 집중해서 책을 읽는 시간이 지극히 짧고, 책을 읽지만 잠시 뿐이거나 곧 다른 것들에 관심을 갖는다. 그리하여 정상적인 인지발달 및 정서발달을 저해하는 요인이 될 수도 있고, 읽기 능력 부족으로 인한 심리적 위축감이 결과적으로 사회부적응을 가져와 사회생활에도 큰 영향을 미칠 수 있다. 그래서 아동들의 읽기 학습 부진을 파악하고 처치하는 것이 필요하다.

교육과학기술부에서 실시한 국가수준의 기초학력 진단평가(2005~2007년)에 나타난 답안을 중심으로 초등학생의 읽기 학습 부진의 특성은 다음과 같다(이경화 외, 2012).

첫째, 한글 미해득 및 낱말 이해 부족이다. 읽기 기초학력 미도달 학생들은 낱말을 능숙하게 읽는 듯 보이나 그 뜻을 모르고 읽거나 의미 없이 글만 읽는 경우가 많다. 그렇다보니 글이 길어질수록 문장의 내용을 파악하지 못하고, 글자만 훑고 지나간다. 이러한 학생들에게는 낱말과 의미 간의 관계에 대한 학생들의 인식을 분명하게 하고 체계적인 학습 전략을 지도해야 한다. 둘째, 사실적 이해 능력의 부족이다. 읽기 기초학력 미도달 학생들은 세부 내용을 파악하는 기능에 대해서는 어느 정도 강점을 보여주나, 글의 대강의 내용을 파악하는 기능이나 글의 구조를 파악하는 기능에 대해서는 부진한 성취를 보여주고 있다. 따라서 한 편의 글을 읽고 전체 내용을 요약하는 활동을 통해 글의 대강의 의미를 파악하는 능력을 향상시켜야 한다.

셋째, 추론 능력의 부족이다. 읽기의 추론은 기존의 사실적 정보를 바탕으로 정교화하거나 예측하여 새로운 사실을 찾아내는 능력이다. 읽기학습 부진 학생은 읽은 글의 내용을 제대로 파악하지 못하므로, 그것을 기반으로 새로운 사실을 추론하기는 더 어려움을 느낀다. 이를 해결하기 위해서는 글의 문두에서 글 전체의 흐름에 대한 내용을 익히고, 그 흐름에 따라 글을 읽고, 이어질 내용을 추론할 능력을 갖추어야 한다. 넷째, 평가와 감상 능력의 부족이다. 평가 및 감상은 글을 읽고, 자신의 생각에 비추어 비판적으로 판단을 하거나 좋고 나쁨을 이야기할 수 있는 능력이라고 할 수 있다. 읽기학습 부진 학생은 내용 파악 능력이 미흡하다보니 비판적 읽기가 되지 않아 글을 읽고 적절성을 판단하는 능력이 매우 부족하다. 그러다보니 자신감이 떨어져 감상조차 하지 못하는 경우가 많다. 그러므로 내용 확인 범주를 기반으로 추론과 평가 및 감상 범주로 지도를 확대해 나갈 필요가 있다.

읽기의 부진 여부 및 상태를 진단하기 위하여, 우선 교실에 있는 학습자의 상태를 관찰하고 이후 정확한 진단 검사를 실시하는 것이 효과적이다(최미숙 외, 2012). 관찰을 통한 진단에서 문자 해독의 부진을 보이는 학생은 글을 읽을 때 몇 가지 특성을 보인다. 책을 너무 가까이서 보거나 잘 읽으려 하지 않고, 문장이나 단어의 수에 짓눌리곤 하며, 읽더라도 단어를 하나씩 천천히 읽거나 읽을 때 음성이 부자연스럽고, 자신이 읽을 수 없는 단어가 나오면 무시해 버리거나 문맥에 따라 아무렇게나 읽어 버리는 경향이 있다. 문장 안에 있는 단어의 순서를 잘 예측하지 못하고, 읽는 동안 생략이나 삽입, 대치, 반전 등의 오류를 범하기도 한다. 그리고 전반적으로 단어나 글자 그 자체만을 해독하는 데 너무 신경을 써서 글을 읽을 때 문장의 의미를 파악하거나 기억하지 못하곤 한다.

이해에서 부진을 보이는 학생들은 또한 내용 이해의 부족으로 자주 더듬거리며, 읽는 속도가 느리다. 모르는 단어가 상대적으로 많고 모르는 단어를 만났을 때 뜻을 추리하려는 시도를 거의 하지 않으며, 한 단어의 여러 가지 용법에 대한 이해가 부족한 것으로 관찰된다. 또한 내용 확인을 위한 전략이 부족하고, 논리적이고 연속적인 추론이 거의 없으며, 총체적인 평가와 감상도 거의 나타나지 않는다.

국어과 학습 부진아들에게는 교사의 설명과 시범을 통해 책임 이양 원리를 바탕으로 가르치도록 한다. 왜냐하면 부진학생 대부분은 어떻게 문제를 해결해야 할지 그 방법을 모르기 때문에 학습 방법을 안내하고 가르쳐 주어야 한다. 학습의 책임을 일반 학생들보다 천천히 넘길 수 있도록 조절이 필요하다(이경화, 2012). 초등학교에서의 국어 학습 부진은 그 문제로만 끝나지 않고 다른 교과 학습이나 일상생활에도 부진을 초래한다. 국어 교과가 도구 교과로서의 성격이 있기 때문에, 국어 교과의 듣기, 말하기, 읽기, 쓰기 능력은 모든 교과를 학습할 수 있는 능력이기 때문이다. 특히 글자를 읽고 쓸 줄 아는 문식성이 학습에서 중요하다고 볼 수 있다.

3. 읽기 수업의 방법

3.1. 읽기 수업 모형

수업(교수 · 학습) 모형은 교수 · 학습 절차, 전략, 활동, 기법 등을 단순화하여 나타낸 하나의 틀이라고 할 수 있다. 건물의 설계도를 보면 건물의 얼개를 알 수 있듯이, 교수 · 학습 모형을 보면 교수 · 학습의 얼개를 알 수 있다. 교사는 교수 · 학습 모형을 활용하여 수업을 짜임새 있고 효율적으로 운영함으로써 교수 · 학습의 효율성을 높일 수 있다. 여기에서는 국어과 수업 중 읽기 수업에 활용할 만한 모형으로 직접 교수 모형과 읽기를 중심으로 한 통합적 국어 수업 모형을 소개하고자 한다.

1) 직접 교수 모형

직접 교수 모형은 읽기 기능을 분절적인 하위 기능들로 구분하고 이 각각의 기능들을 단계에 따라 절차적으로 가르치는 방법이다. 교사 주도적이라는 직접 교수법의 단점을 극복하기 위해서는 교사의 원리 설명에서 점차 학생의 활동 중심으로 책임이 이양되도록 해야 하며, 독해의 기능을 반복적으로 연습하거나 숙달시키는 데 효과적인 교수법이지만, 학습자의 주도적인 활동을 강조하는 것이 중요하다.

지도 과정을 구체적으로 살펴보면, 설명하기 단계는 읽기 학습 내용에 대한 동기를 유발하고 학습 내용을 소개하며, 그것을 왜 학습해야 하는지 그 필요성과 중요성을 인식시키고, 어떤 절차나 방법으로 그것을 습득할 수 있는지 세분화하여 안내하는 단계이다. 시범 보이기 단계는 학습 내용 적용의 실제 예시를 보여 주고, 그것의 습득 방법이나 절차를 세부 단계별로 나누어 직접 시범을 보이거나 매체를 활용하여 시범 보이는 단계이다. 질문하기 단계는 설명하고 시범 보인 내용을 더욱 구체적으로 이해시키고, 이를 확인하기 위하여 주어진 학습 과제를 해결하는 데 필요한 지식, 전략, 과정 등에 대하여 세부 단계별로 질문하고 대답하는 단계이다. 활동하기 단계는 주어진 목표를 달성하기 위하여 이미 학습한 지식 및 전략을 사용하여 일정한 절차에 따라 언어 자료를 이해하기 위한 활동이다.

2) 읽기를 중심으로 한 통합 수업 모형

통합적 수업 모형은 실제 통합 수업에서 활용할 수 있는 수업 모형이라 할 수 있다. 지도 과정은 준비하기, 영역 활동하기, 영역 통합하기, 확장하기, 정리하기로 나누어진다. 통합적 수업 모형에서는 언어 활동을 강조한다는 점, 하나의 언어 기능이 아닌 통합적인 언어 활동을 통해 의미를 구성할 것을 강조한다는 점, 목표 인식을 중요시한다는 점, 통합을 통해 이루고자 하는 가치를 지향한다는 점이 특징이라고 할 수 있다. 여기에서는 읽기 활동을 중심으로 수업 모형을 소개하고자 한다.

준비하기는 통합 수업을 준비하는 단계로 동기를 유발하고, 수업 목표를 인식한다. 특히 통합 수업의 개념을 분명히 파악하고 그것의 필요성과 중요성을 인식할 수 있게 한다. 영역 활동하기는 영역별 활동 탐색의 단계이다. 이 단계에서는 학습 목표의 달성을 위해 각 영역별로 할 수 있는 활동을 탐색하여 실행한다. 예를 들어 읽기와 쓰기를 통합한다면 통합하고자 하는 내용은 무엇인지, 그리고 그것을 어떤 방식으로 학습할 것인지를 파악하는 단계이다. 영역 통합하기는 과제를 수행하는 단계이다. 이 단계에서는 학생들이 스스로 활동할 수 있도록 활동의 방법에 대해 자세하게 알려 주어야 한다. 확장하기는 의미 중심 읽기 활동을 하는 단계이다. 영역 통합하기에서 부족한 부분을 보완하고, 총체적인 언어 활동을 하게 된다. 읽기 활동을 중심으로 하여 자연스러운 읽기 환경을 조성하고, 읽은 내용에 대해서 자유롭게 의미를 구성하는 단계이다. 정리하기는 통합 수업의 목표가 잘 달성되었는지를 점검해보고, 학생들의 삶과 연관시켜 상호 소통하는 단계이다. 이 단계에서는 실생활에 적용할 수 있는 활동이 이루어지는데 만일 읽기 자료를 사용해야 할 경우에는 하나의 완전한 이야기나 실제 세계에서 활용되는 자료를 사용한다.

3.2. 과정 중심 읽기 지도

일반적으로 과정 중심의 읽기 지도는 읽기 전, 읽기 중, 읽기 후 활동으로 나눈 다음, 각 활동을 하는 과정에서 필요한 사고 행위나 전략 등을 상정한 뒤에 이것을 가르치는 형태로 진행된다. 대체로 읽기 전에는 읽을 준비를 하는 활동을 한다. 그리고 글을 읽는 동안에는 글의 내용을 제대로 이해하는 활동을 한다. 읽기 후에는 읽은 내용을 정리하고 감상하고 활용하는데 주안점을 둔다. 각각의 읽기 과정에서 이루어지는 활동은 다음과 같다.

1) 읽기 전 활동

(1) 예측하기

예측하기는 책을 읽기 전에 책의 제목, 글의 앞부분, 사진, 삽화, 기타 정보 등을 활용하여 책에 있는 내용을 추측하는 것이다. 글을 읽기 전에 제목과 그림을 살펴보고 글의 내용을 예상하게 한다. 또는 글을 읽는 중에 중요한 문장이 나오면 읽기를 멈추고 이어질 내용을 예측하여 보게 할 수도 있다. 이어질 내용을 예측하기는 다음에 올 단어나 다음에 일어나게 될 사건, 또는 이어지게 될 다음 문단 전체의 내용을 예측하는 것이 포함된다. 예측하기를 할 때는 지나치게 계획된 절차에 의해서 제약을 받지 않고, 학생들의 평범한 일상적 상황에서 예상하도록 한다.

(2) 연상하기

연상하기는 주로 제목을 보거나 교사가 제시한 자료에 기초하여 학생 자신이 이미 알고 있는 것을 브레인스토밍하고 그것을 토대로 학생이 가장 흥미 있는 것을 골라 그에 대한 질문과 답을 기록하게 한다. 그 후 글을 읽으면서 그 자료의 빈 곳에 정보를 채워가는 방식으로 읽기를 진행하게 한다. 글을 읽지 않은 상태에서 글에 나오는 핵심 단어나 중요 구절, 또는 주제와 관련된 다른 자료를 제시하여 그에 대한 브레인스토밍을 학생들이 하도록 유도하기도 한다.

(3) KWL 전략

KWL(Ogle, 1986)은 글을 읽기 전에 배경지식을 활성화하며, 글을 읽는 동안 학생들의 학습을 안내하는 그래픽 조직자로 '알고 있는 것/ 알고 싶은 것/ 알게 된 것'의 세 개의 항목으로 나누어져 있다. 학생들은 KWL 전략을 통하여 앞으로 읽을 글에 대하여 예측하면서 구조화하기, 자기 질문 전략을 발달시키고, 주제에 대하여 자신의 질문에 대답하기 위하여 능동적으로 글을 읽는 방법을 배운다. 또 새로운 정보를 의미 있게 조직하는 방법에 대하여 안내를 받는다. 그리고 KWL 전략은 주제에 대하여 가지고 있는 학생들의 오해를 확인하고 이를 교정하는 데에도 효과적인 전략이다.

(4) 훑어 읽기

훑어 읽기는 읽어야 할 글의 양이 많아짐에 따라 좋은 정보를 선택하고, 짧은 시간에 필요한 정보를 많이 얻어야 하는 필요성과 관련된 읽기 방법이다. 훑어 읽기는 목적에 따라 전체적으로 무엇이 쓰여 있는지를 찾아내는 '단순한 훑어 읽기'와 찾고자 하는 어떠한 정보를 얻어 내기 위한 '목표가 있는 훑어 읽기'로 구분할 수 있다. 그 밖에 글을 읽을 때 차례를 보며 내용 짐작하기, 책 표지의 선전 문구 읽어보기, 책장을 넘기면서 띄엄띄엄 읽기 등의 방법을 활용할 수 있다.

(5) 읽는 목적 설정하기

글을 읽는 목적을 분명히 정하게 하는 것이 중요하다. 상황에 따라, 읽는 글의 종류, 그리고 읽을 수 있는 시간에 따라 목적은 달라질 수 있다. 읽기 목적을 분명히 정할 때, 읽는 과정에 집중하게 되고 처음 설정한 목적에 가까운 결과를 얻을 수 있다. 또한 읽기 목적과 관련해서 읽기 계획을 세우게 하는 것도 중요하다. 학생들은 자기 나름대로 계획을 세우는 방법을 터득하고 배운 것을 일련의 독서과정에 효과적으로 활용할 수 있게 된다.

2) 읽기 중 활동

(1) 추론하기

추론은 글을 읽고 이해하는 과정에서 제시되지 않은 정보로부터 필요한 의미를 추측하는 것이다. 이를 위해서는 독자의 배경 지식과 필자가 제시한 단서를 활용하여야 한다. 추론은 언어 기능 영역의 모든 영역 즉 말하기, 듣기, 읽기, 쓰기의 사고 요소로서 모두 다루어질 수 있으나 특히 읽기 지도에서 강조되고 있으며, 이를 지도하기 위한 방안을 들면 다음과 같다. ① 가정된 정보 추론의 첫 단계로 반드시 배경 지식을 활성화시킨다. ② 교사의 평소 질문에서 추론적인 질문을 덧붙인다. ③ 부진한 학생에게도 능숙한 독자에게 하는 만큼의 추론 질문을 한다.

(2) 중심 낱말 찾기

글을 이해한다는 것은 글쓴이가 말하고자 하는 바를 아는 것이다. 이것이 바로 중심 생각이며, 글의 중심 생각을 찾는 것은 핵심어, 즉 중심 낱말 찾기에서부터 시작된다. 글에서 중요한 내용과 관련된 낱말을 중심 낱말로 보았을 때, 중심 낱말은 반복하여 사용된다. 이 중에서 가장 중요한 것이 세새이며 일반적으로 제목으로 드러나게 된다. 제목의 효과와 기능에 대한 지식도 중심 내용 찾기에서 중요한 기반 지식이다. 또, 제재에 대한 일반적인 진술을 찾는 것도 글의 중심 생각을 찾는 방법 중의 하나이다.

(3) 질문하기

읽기는 어떠한 종류의 질문을 제기하고 이 질문에 대해 답을 찾아 나가는 과정이다. 좋은 질문은 효과적인 학습의 기반이 된다. 특히 '왜'라는 물음을 적절히 사용하면 학생이 좀 더 집중하여 정교하게 글을 읽도록 안내해 줄 수 있다. 학생과 학생 간에 질문하고 대답하는 전략도 있을 수 있다. 이 전략은 수동적인 역할에 머물던 학생들에게도 질문과 답변의 기회를 제공하고 동료와의 협의에 적극적으로 참여하게 함으로써 학습 동기를 부여할 수 있다. 그뿐만 아니라 단순하게 교사의 지식을 전달받기만 하는 데서 더 나아가 다른 동료에게 지식을 제공하고 또 제공받으므로 학생들을 학습에 집중하게 한다.

(4) 협동하여 읽기

협동하여 읽기는 글의 내용과 자신의 경험을 비교하며 글을 읽을 때 활용할 수 있는 전략이다. 필요한 경우 글을 읽어 나가는 과정에서 잘 이해가 되지 않는 부분, 좀더 깊이 이해할 필요가 있는 부분, 다른 사람에게 꼭 알려주고 싶은 부분 등에 대해 협의를 하게 할 수도 있다. 협동하여 읽기의 예로는 먼저 모둠원끼리 협의하여 한 일, 본 것, 들은 것, 생각이나 느낌이 나타난 문장을 찾고 읽을 모둠원을 정한다. 모둠원이 함께 글을 읽다 경험이 나타난 문장이 나오면 읽는 역할을 맡은 학생이 읽는다.

(5) 심상 떠올리기

학생들은 글을 읽으면서 머릿속으로 그 글과 관련된 장면이나 어떤 사실을 떠올릴 수 있다. 이런 연상을 하는 데에는 그 글과 관련된 학생들의 배경 지식이 중요한 역할을 한다. 특히 소설을 읽는 중에 연상하기는 뚜렷이 나타나는데, 소설의 어떤 장면을 보고 다른 책에서 보았던 것을 떠올리는 일, 소설의 어떤 부분을 자신의 삶과 관련지어 보는 일, 소설의 주인공을 따라 여행하는 일 등이 모두 연상과 관련된 것이다. 이러한 연상을 통해 학생들은 보다 풍부한 읽기를 할 수 있게 된다.

(6) 메모하기

메모하기는 단어나 구 단위로 하기 때문에 요약하기에 비해서 쓰기의 부담이 적다. 그리고 읽기 활동을 할 때 중요한 내용에 밑줄을 긋거나 괄호를 하면서 글을 읽으면 중요한 내용이 한눈에 들어오기 때문에, 전체의 주제와 전체적인 내용을 파악하는 데 유용하다. 또는 그 글의 내용과 관련하여 떠오르는 생각을 여백에 간단히 표기를 하거나 의미지도를 그리는 방법도 사용할 수 있다. 다양한 방법을 학생들에게 소개해 주되, 각자의 방식대로 해 나가게 하는 것이 좋을 것이다.

3) 읽기 후 활동

(1) 비판적 읽기

비판적 읽기는 글의 주제를 이해하거나 줄거리를 파악하는 단계에서 한 단계 더 나아가 글쓴이가 주장하는 내용이 타당한지 아닌지를 파악하는 능동적 단계이다. 이 비판적 읽기는 독자로 하여금 스스로 읽도록 하며, 능동적으로 읽고 쓸 수 있게 한다. 또한 제시된 자료를 비판적으로 읽게 되면 보다 더 동기를 강하게 하고, 효과적인 이해를 위해 다른 활동 과정을 사용하게 된다. 글을 비판적으로 읽을 때에는 글 내용의 정확성, 신뢰성, 공정성 등이 점검되어야 한다. 예를 들어 신문 광고를 비판적으로 읽을 경우 광고가 무슨 목적으로 만들어졌는지, 광고의 내용을 얼마나 신뢰할 수 있는지 등을 생각하며 비판적인 관점으로 광고를 읽는 활동을 할 수 있다.

(2) 정교화하기

글을 이해한다는 것은 곧 독자가 읽은 글의 새로운 정보를 자신이 알고 있는 정보에 결합시키는 과정이다. 정교화하기 활동은 학습자의 능동적, 적극적 자세를 기본으로 하여 학습자가 알고 있는 정보나 자료에 새로운 정보를 연결시킬 수 있도록 새로운 정보에 무엇인가를 가하는 것이라고 할 수 있다. 이 정교화하기를 가르칠 때에는 학생들의 다양한 의견들을 표현하도록 고무시키고, 많은 대답들이 정답으로 수용되며, 학생들의 문화와 배경 지식이 가치 있는 것으로 여겨지는 교실 환경이 요구된다.

(3) 다른 장르로 바꾸기

주어진 글을 보다 깊이 이해하기 위한 방법으로 다른 장르로 바꾸어보는 방법이 있다. 이러한 활동은 국어 활동이 통합적으로 이루어진다는 점에서 의미가 있으며, 학생들도 흥미를 가지고 적극적으로 참여하게 된다. 예를 들어 이야기의 구성 요소를 바꾸어보는 활동을 통해서 이야기를 다른 각도에서 볼 수도 있고, 이 과정에서 창의적인 사고가 촉발될 수 있다. 이야기의 구성 요소는 크게 인물, 사건, 배경 세 가지인데 이들 이야기를 구성하고 있는 요소를 바꾸는 활동을 해 보면 창의적인 아이디어가 나올 수 있다.

(4) 토의하기

토의란 어떤 공통 문제의 해결 방안을 찾기 위하여 둘 이상의 사람이 모여서 정보, 의견, 생각 등을 나누는 협동적인 의사소통 방법이다. 글을 읽은 후에 작가나 글의 내용에 대해 토의를 해보는 것은 좋은 방법이다. 토의를 할 때에는 여러 사람이 함께 생각해 보아야 하거나, 공통의 관심을 가지는 등 학생들에게 흥미가 있는 토의 거리를 제공하는 것이 중요하다. 그리고 토의를 진행할 때 서로 돌아가며 발표하거나, 주도 학생을 사회자의 위치에 놓는 방법, 소집단 내에서 각자에게 하위 주제로 나누어 제시하는 방법, 소집단 구성원의 수를 2~3명으로 하는 방법 등이 있다.

(5) 창의적 읽기

읽은 글의 내용을 심화하기 위하여 보다 창조적인 활동을 할 수 있다. 서로 다른 장르로 만들어 본다거나 독후감을 쓰는 방법 등이 일반적이다. 이 외에도 다른 결말 맺기, 이 글을 토대로 다른 이야기 짓기 등이 있고, 동일 작가가 쓴 다른 책을 읽도록 권장하는 것도 한 방법이다. 창의적으로 읽기 위해서는 문제를 다른 각도에서 보는 태도와 능력이 중요한데, 처음에는 아주 쉬운 것부터 시작하고 점차 어려운 과제를 주고 여기에서 다양한 각도로 볼 수 있다는 것을 보여준다.

4. 읽기 수업의 평가 방안[1]

읽기 평가의 목표는 읽기 기능이나 전략의 획득 여부나 읽기 능력 수준을 알고자 하는 것이다. 읽기 능력을 알기 위한 평가의 방법에는 두 가지가 있다. 하나는 과정 평가 방법이고 다른 하나는 결과 평가 방법이다. 읽기의 평가 결과는 수업과 읽기 지도에 피드백을 줄 수 있어야 한다. 그리고 평가 결과는 학습자의 읽기 결함을 발견하여 치유하고 읽기 장점을 발견하여 개발하는 방향으로 해석되고 활용되어야 한다.

4.1. 읽기 과정 평가

(1) 관찰법

관찰법은 학생의 읽기를 진단하는 대표적인 방법이다. 교사는 학생을 관찰할 수 있는 좋은 위치에 있다. 교사는 학생을 관찰할 수 있는 전문성을 갖추어야 하며, 관찰 결과를 자신의 읽기 지도 활동에 반영해야 한다. 교사의 관찰은 교수와 평가를 통합시켜 준다. 읽기 활동을 관찰할 때 포함시킬 수 있는 내용으로는 학생의 읽기 상황, 읽기 행동, 오독 현상, 읽기 태도와 습관, 읽기 흥미, 읽기 결과물, 교사나 다른 학생과의 상호작용 등을 들 수 있다. 관찰법은 학생의 다양한 읽기 행동을 자연스럽고 통합적으로 접근한다는 것이 특징이다.

(2) 사고 구술법(think aloud)

사고 구술법은 말 그대로 '생각을 소리내어 말한다.'는 뜻이다. 사고 구술은 학생들이 쉬운 글을 읽을 때는 별로 일어나지 않는다. 학생들이 보다 도전적이고 어려운 글을 읽을 때 능동적이고 전략적인 노력을 하면서 사고 구술이 일어난다. 수행 평가에서 면접의 초점은 학생들이 스스로를 어떤 독자로 인식하는가, 읽기 과정을 어떻게 인식하고 있는가, 학생들이 어떠한 태도로 읽기에 임하는가에 관한 문제를 규명하는 것이다. 학생들은 면접을 통해 읽기 전략 사용이나 태도에 대한 발달이나 변화 과정을 살필 수 있다.

---

1) 이 부분은 이경화(2010), 노명완 외(2012), 최미숙 외(2012), 한철우 외(2006)의 논의 등을 참고하여 정리하였다.

(3) 오독 분석(miscue analyses)

읽기 활동에서 글자의 모양, 문장구조, 문맥 등은 읽기를 작동시키는 여러 가지 단서가 된다. 이들 단서들이 잘못 적용되면 오독이 발생한다고 볼 수 있는데, 이중 어떤 읽기 단서들이 잘못 작용하였기 때문에 일어난 것인가를 분석하는 것이 오독 분석이다. 오독의 형태는 글에 있는 단어나 구, 발음을 빠뜨리고 읽지 않는 것부터 글에 없는 것을 첨가하는 것, 단어나 구를 대치하는 것, 단어나 구를 반복해서 읽는 것 등 다양하게 나타난다. 이러한 현상을 분석해서 학생이 잘하는 것과 잘못하는 것을 찾아내고, 가르치는 데 참고하게 된다.

(4) 빈칸 메우기(cloze test)

빈칸 메우기는 학생이 직접 글을 읽고 빈칸을 채우는 평가 방법으로, 이는 형태심리학에 뿌리를 두고 있으며, 불완전한 항목을 채우고자 하는 인간의 심리를 반영한 것이다. 빈칸의 구성은 알아보고자 하는 목적에 따라 결정할 수 있는데, 예를 들어 글의 내용이나 구조를 이해하는지, 그 전략을 아는지 등을 알고자 할 때는 핵심어나 중심 문장, 표지어 등을 적절히 삽입해 놓고 특정 부분을 생략하는 방법이 있다. 빈칸 메우기는 어느 학년에서나 가능하고, 독해의 과정을 의도적으로 계획하여 볼 수 있는 방법이다.

2) 읽기 결과 평가

(1) 포토폴리오(portfolio)

포트폴리오란, 원래는 작은 서류 가방이나 그림책을 의미한다. 학습자의 읽기 능력 성취에 관한 종합적인 수행의 기록을 파일로 정리할 수 있고, 이것을 학기 동안이나 주로 학기 말에 종합하여 성적에 반영하는 방법이 포트폴리오법이다. 자기 평가법은 학습자 스스로 자기의 오류를 점검하여 이를 개선함으로써 언어 활동에 자신감을 가지게 하는 데 의의가 있다. 자기 평가는 학생들에게 학습에 대한 탐구적 접근을 가능하게 하고 개별 학습을 증진시키며 평생 학습의 차원에서 읽기 성취도의 표지가 될 수 있으며, 교육과정을 개별화하는 데 활용할 수 있다.

(2) 자유 회상과 탐문(free recall and probe question)

자유 회상은 읽은 글에 대해서 이해한 바를 자유롭게 쓰게 하는 방법이다. 자유 회상법으로 읽기 능력을 분절하지 않고 한 편의 글을 처리하는 데 요구되는 읽기 능력 전체를 검사할 수 있다. 탐문은 읽기 활동이 끝난 후 검사자가 아동에게 읽고 기억한 내용을 인출할 수 있도록 질문을 주는 방식이다. 자유회상이 잘 되지 않으면 평가자가 내용을 회상할 수 있는 질문을 제시하여 회상을 유도하는 방법을 사용할 수 있다. 자유 회상이나 탐문의 결과는 독해 능력을 요소별로 분석하여 보는 방법이 아니라 독해의 결과를 총체적으로 드러내는 방법이기 때문에 전반적인 독해 능력 수준을 판단하는 데 활용하는 것이 좋다.

(3) 진위 문항과 선다형(true-false question and multiple-choice question)

진위 문항은 쓰기 쉽고 시간이 절약되므로 많이 이용되는 평가방법이다. 하지만 문항을 읽지 않고 답하더라도 최소한 정답률 50%의 확률을 가지고 있으므로 적용에 주의를 기울여야 한다. 선다형은 읽기 평가에서 가장 널리 활용되고 있는 것이다. 글에 대해 평가 목적에 따라 적절한 선택형 질문을 함으로써, 독해의 상태와 독해 능력의 특성을 추출할 수 있는 평가 방법이다. 선다형 검사의 결과는 평가 항목에 따라 문항을 분류하여 그 결과를 기록함으로써 독해력의 특성을 분석적으로 알 수 있다.

(4) 완성형(completion question)

완성형은 객관식이라 일컬어지는 선다형과 대립되는 방법으로, 독자의 주관적인 반응을 자유롭게 담을 수 있다. 완성형은 다시 서술형과 토론형으로 구분할 수 있는데, 서술형은 독해의 결과를 글로 기술하게 하는 방법이며, 토론형은 토론의 장을 마련하여 독해의 결과가 진술될 수 있도록 하는 방법이다. 완성형을 만들 때에는 주어진 글에서 정보를 그대로 옮겨오는 것이 아니라 독자의 생각을 반영할 수 있는 항목으로 제작해야 한다.

읽기 평가에서 활용되는 다양한 평가 방법이 교사와 학생에게 도움이 되도록 하려면 반드시 국어 수업에 기반을 두어야 한다. 이러한 기반 위에서 읽기 평가의 원리를 제시하면 다음과 같다(노명완 외, 2012:320-322). 첫째, 읽기 평가는 지속적이어야 한다. 교사는 자신의 학생과 수업을 가장 잘 알기 때문에 교사의 평가는 가장 타당성이 있고 신뢰도가 높을 수 있다. 그리고 평가를 통해 얻은 정보는 교사와 학생 모두에게 유용한 정보가 된다. 둘째, 읽기 평가는 학생이 평가의 과정에 참여하는 공동의 과정이다. 셋째, 읽기 평가가 교사에 의해 수행될 때에는 읽는 맥락과 내용에 대한 지식에 기반을 두어야 한다. 넷째, 읽기 평가는 실제적이어야 한다. 즉 실제 언어 사용 상황에서의 평가가 실시되어야 한다.

이와 같은 읽기 평가의 원리는 읽기 평가에 대한 관심의 초점이 학습자에 대한 평가가 아닌 학습자의 학습을 도와주는 데 있다고 볼 수 있다. 읽기 활동을 통해 나타난 결과로 학습자의 이해를 점검하기 위해서가 아닌 이해를 생산하기 위해 평가가 필요한 것이다. 학습자 한 사람 한 사람은 읽기에서 능력, 요구, 흥미가 다르다. 각각 과거의 경험이 다르며 발달의 속도도 다르다. 읽기 활동을 통해 국어 교육에서 실현하고자 하는 학생들 각자의 개성적인 인간적 가치 실현을 하며, 평가를 통해 학생들의 개인적 성장과 발달의 질적인 변화를 추구해 가야 한다.

쓰기 수업의 이해

1. 쓰기의 특성과 쓰기 수업의 원리

쓰기는 말하기와 더불어 표현 행위로 인식되고 있다. 표현 행위라 하면 자신의 생각이나 감정 등을 나타내는 것인데 말하기는 음성 언어로 쓰기는 문자 언어로 이루어진다는 것이다. 이와 같은 정의는 일차적으로 드러난 표현 행위와 표현 수단에 대한 답을 충족시킨다. 그렇지만 쓰기에 대한 고차적 의미 구성 과정을 드러내기에는 이차적 정의가 필요하다. 그렇다면 이차적 정의에는 어떤 내용들이 있을까?

쓰기는 문자 언어에 의한 표현 행위 외에도 일련의 문제를 해결하는 사고 과정, 자신의 의미를 구성하는 과정, 지식을 정교화 하는 과정 등으로 설명된다. 즉, 다양한 의미 구성 행위라 볼 수 있다. 이제 쓰기가 의미 구성 행위라는 인식은 쓰기를 연구하는 학자들뿐만 아니라 쓰기를 할 수 있는 사람이면 가질 수 있는 생각이 되었다. 필자가 쓰기를 하기 까지 갖게 되는 사고 과정이 매우 고차적인 사고력을 유발하게 되고 글을 쓰면서 쓴 후에도 앞서 말한 다양한 과정들이 반복되기 때문이다.

한때 바람을 일으켰던 논술 열풍의 예시를 따로 거론하지 않더라도 이미 많은 사람들이 국어교육에서 쓰기의 중요성에 대하여 공감한다. 대학생이나 직업을 가진 성인 필자들이 쓰기 능력이 떨어져 학업 또는 업무 능력이 저하되고 다시 낮은 성과로 이어진다는 항간의 신문 기사들과 인식은 대학에서 교양 쓰기를 강조하고 직장에서 쓰기를 배우는 것을 이상스럽지 않게 여기게 하고 있다.

이처럼 쓰기를 잘하게 하는 것은 비판적이고 창의적인 학습자를 길러내는 데 일조하는 일이기 때문에 쓰기 수업을 어떻게 해야 하는가의 질문과 대답은 계속해서 이어질 것이다.

쓰기를 가르치는 교사들에게 주어진 난제이자 숙명은 학습자가 쓰기를 잘하게 하기 위해 쓰기를 가르쳐야 한다는 것이다. 여기서 쓰기는 도달해야 할 목표이자 학습의 수단이며 과정이 된다. 쓰기 교수 · 학습과 쓰기의 관계가 밀접하다 못해 동일한 것처럼 보이는 까닭이 여기에 있다. 이 점에서 학생들에게 쓰기를 잘하게 하는 수단이 되는 쓰기 학습이 성인 필자들이 행하는 쓰기와 다르다는 것은 쉽게 짐작할 수 있다.

쓰기를 배우는 학습자를 가리켜 학생 필자라는 말을 쓰기도 한다. 쓰기에 능숙하지 않고 쓰기에 대한 이론적 지식이 없는 상태에서 쓰기를 체득해야 하는 학생을 두고 하는 말이다. 이런 학생들에게 쓰기에 어느 정도 능숙하면서도 쓰기 학습에 대한 이론적 지식이 있는 교사가 필요하다. 그렇지만 훌륭하게 글을 잘 쓰는 작가라고 해서 훌륭한 쓰기 교사가 되는 것은 아니다. 이들이 학습자에게 영감은 줄 수 있을지언정 쓰기를 추동하게 하는 힘을 내게 해 주는 사람은 바로 쓰기 교사에게 있다. 쓰기 교사가 갖고 있는 쓰기 교수 · 학습에 대한 지식과 풍부한 경험은 학생 필자의 쓰기 실력을 높이는 데 기여할 수 있을 것이다.

2009 개정 국어과 교육과정에서도 교사가 어떤 점에 중점을 두어 교수·학습 활동을 이끌어가야 하는지를 살펴볼 수 있다. 쓰기 영역의 학년군별 성취기준을 살펴보면 다음과 같다.

ㄱ. 1~2학년(군): 글자를 익혀 자신의 생각과 느낌을 간단한 글로 표현하고, 쓰기가 유용한 방법임을 안다.
ㄴ. 3~4학년(군): 쓰기의 규범과 관습을 익혀 두세 문단 정도의 글을 쓰고, 일상생활에서 즐겨 쓰는 습관을 기른다.
ㄷ. 5~6학년(군): 쓰기 과정에 따라 알맞은 핵심적 전략을 체계적으로 익혀 다양한 목적의 글을 쓰고, 이를 통해 쓰기의 가치를 인식하고 글쓰기를 생활화한다.

위의 내용을 살펴보면 1~2학년에서는 글자 익히기와 간단한 글쓰기, 3~4학년은 문단쓰기, 5~6학년에서는 쓰기 과정별 전략을 익혀 목적에 맞는 글쓰기 단계에 이르도록 체계화되어 있음을 알 수 있다. 초등학교 교육은 기초 학력을 기르기 위한 목적이 가장 크다. 그 가운데 국어과 쓰기 영역은 평생 학습자로서의 기반이 되는 쓰기 능력을 갖추기 위해 자신의 생각과 느낌을 '다양한 목적'

에 맞게 쓰며 '쓰기의 가치를 인식하고 글쓰기를 생활화'하는 데에까지 나아가길 바라고 있다.

그렇다면 쓰기 교수 · 학습에서 교사가 중요시해야 할 방향은 무엇일까? 첫째, 학생이 어떻게 썼느냐가 아니라 어떻게 써야 하는가의 과정을 중시해야 한다. 글쓰기를 싫어하고 자신 없어 하는 이유 중 하나는 어떻게 쓰는지 모르기 때문이다. 그런데 학생이 쓴 결과물만 보고 그에 대한 평만 해 주는 교사라면 학생들의 쓰기 동기는 낮아질 수밖에 없을 것이다. 교사는 쓰기가 어떻게 이루어지는지 과정을 알고 계획 단계에서부터 어려움을 겪는 학생에게는 자료 조사나 독자층 분석, 쓰기 목적 인식 등에 대해 조언을 해 줄 수 있고 다 쓰고 나서 어떤 점이 부족한지 파악이 힘든 학생에게는 글 평가를 해 주어 글의 구성 및 표현, 내용 면을 생각하면서 다른 방향을 구상하게 할 수도 있다. 이와 같은 교사의 조력은 모두 글을 쓰는 과정에 끊임없이 개입되고 그 과정이 바로 쓰기 학습이 이루어지는 과정이기도 한 것이다.

둘째, 학생 개인의 능력과 특징 등을 고려하여야 한다. 교실에서 쓰기를 배우는 학생과 가르치는 교사가 가장 힘든 것은 바로 같은 교실 내에서 일어나는 수준차이다. 학생들은 교사가 진행하는 학습 상황이 자신의 수준보다 높을 때 학습을 포기하기 쉽다. 학습을 계속 진행하기 어렵기 때문이다. 또, 이미 내용 생성을 머릿속에서 마친 학생들에게 브레인스토밍을 가르치고 있는 것도 현재 학습에 흥미를 잃게 하는 원인이 되기도 한다. 한 교실에서 모든 학생의 수준을 같게 할 수 없기에 교사가 학생의 수준을 파악하고 그에 맞는 쓰기 교수를 하는 것이 매우 중요하다.

셋째, 목표를 중시하는 수업을 하여야 한다. 모든 수업이 마찬가지겠지만 쓰기 교수학습에서는 글쓰기 활동이 주를 이룬다. 쓰기 수업이 그 시간의 목표를 잊은 채 쓰기 활동에만 매몰된다면 학생들의 쓰기 실력을 높이기 쉽지 않을 것이다. 쓰기 학습에서 학생들은 의도를 갖고 임하여 전략을 익히든가 익힌 전략을 적용하는 활동을 하여야 한다. 교사 역시 학생들에게 이 시간에 주로 무엇에 대하여 가르칠 것인지를 인지하고 쓰기 교수를 실시하여야 쓰기 활동을 한 보람을 찾을 수 있다. 즉, 쓰기 수업에서 쓰기 활동은 쓰기 수업 목표를 달성하기 위한 수단이 되어야 하는 것이다.

넷째, 교사와 학생, 학생과 학생이 상호 협력하는 수업 분위기를 조성하여야 한다. 쓰기 교수 · 학습 활동에서 교사나 학생 모두 개인의 글쓰기 활동과 결과를 중시하는 경향이 있다. 사회구성주의 관점에서 보면 학생들의 사고는 머리를 맞대고 협력하는 가운데 촉진된다. 또, 교실에서 이루어지는 학습이 대부분 학생들이 함께 하는 활동을 기반으로 한다는 점을 감안한다면 상호 협력적인 교실 분위기는 매우 중요함을 알 수 있다.

2. 학습자의 쓰기 발달 단계의 이해

쓰기 교수 · 학습 활동에서 교사는 쓰기 학습과 학습자의 특성과 발달 등을 알아둘 필요가 있다. 학생들의 쓰기 발달이나 쓰기 활동의 특성을 고려하는 교사라면 쓰기 교수 · 학습을 좀 더 효율적이고 효과적으로 이끌 수 있기 때문이다.

쓰기 발달에 대한 연구는 주로 세 가지 관점에서 이루어져 왔다(정미경, 2010; 193). 먼저 쓰기 발달을 필자의 본능적 표현 욕구로 보고 개인의 특성을 탐구하는 방식이 있고 다음으로 쓰기 발달을 인지 발달에 근거하여 일련의 사고 과정을 연령대별로 분석하는 연구를 들 수 있으며 마지막으로 쓰기 발달을 사회 심리학적 관점에서 사회화의 과정이나 사회적 상호 작용의 과정으로 설명하려는 경향이 있다.

학습자의 특성과 발달에 대한 명징한 연구가 존재하기 어렵다. 시대가 변함에 따라 학습자도 변화하고 학습자 개인이 성장함에 따라 쓰기 발달 양상이 학습자에 따라 천차만별일 것이기 때문이다. 다만 당시 학습자의 발달을 텍스트를 작성하는 과정이나 결과물, 학습자와의 면담, 관찰 등을 통해 면밀하게 분석한 연구물들이 학습자의 발달 단계별 쓰기 능력을 추론하게 해 줄 수는 있을 것이다. 여기서는 외국의 대표적 연구로 손꼽히는 Bereiter(1980)의 연구와 국내 연구 중 초등 학습자를 대상으로 한 쓰기 발달에 대한 연구를 소개하고자 한다.

Bereiter(1980)는 문자 언어를 창출하는 유창성, 아이디어 생산의 유창성, 담화의 숙달, 사회적 인지, 문학적 이해와 식별, 반성적 사고 등을 고려하여 글쓰기 단계를 다섯 단계로 구분하였다. Bereiter는 필자의 쓰기 행위를 관찰하여 단순연상적 쓰기, 언어수행적 쓰기, 의사소통적 쓰기, 통합적 쓰기, 인식적 쓰기로 나누어 논의하였다.

첫째, 단순연상적 쓰기 단계는 문자 언어로 의미가 명료한 글을 생산할 수 있는 가장 단순한 단계이다. 연상적 작문에서의 두 체계는 문자 언어를 문법과 뜻에 맞게 연결하는 유창성과 생각을 잘 연결하여 쓰는 아이디어적인 두 가지 기술 체계가 있다. 베레이터가 보기에 이 단계는 미숙한 학생의 쓰기를 뜻한다고 보았으며 Flower(1975)가 언급한 "필자 기반 산문"의 특징 중 하나인 아이디어들이 독자를 고려한 순서 배열이 아닌 필자가 획득된 아이디어 순서대로 쓰는 글쓰기를 예로 들고 있다. 이 단계의 필자는 문장 쓰기, 생각 나열하기는 가능하지만 흥미로운 글을 쓰는 능력이 부족하다. 더불어 생각을 일관성 있게 글에 표현하거나 주제를 드러내는 완결성도 부족한 편이다.

둘째, 언어 수행적 쓰기 단계는 작문에 관한 일반적 규칙이나 관습을 익혀가는 단계이다. 전통적 학교교육에서 강조하던 문장의 완결성을 갖추는 것을 말한다. 단순연상적 쓰기가 약간 겹쳐질 수도 있지만 학생들이 좀 더 다양한 문장 유형과 모호한 함축을 회피하는 등의 사용과 같은 좀 더 높은 수준의 관습을 익혀가는 단계라고도 볼 수 있다. 언어수행적 쓰기라고 한 것은 쓰기 행동으로 자동화되기 까지 특정한 일에 각각 필요한 기술의 완성으로서, 특정한 단어의 철자화, 특정한 구문들의 구두법, 특정 표현들의 회피나 사용 등이 자동화된 행동으로 나타난다(Shaughnessy, 1977).

셋째, 의사소통적 쓰기 단계는 언어 수행적 글쓰기 능력을 가진 필자들이 예상되는 독자에게 의도한 효과를 달성하기 위하여 일정한 장치를 마련하여 글을 쓰는 단계이다. 초등학교 저학년 정도의 어린이들은 눈에 보이는 독자에게 어떤 생각을 전달할 수 있는 것으로 보인다. 그러나 대상이 없거나 드러나지 않는 일방적 의사소통의 상황에서는 대상의 관점을 고려하지 못한다.

넷째, 통합적 쓰기 단계는 의사소통적 글쓰기 능력에 미적 감별력이 부가된 단계로서, 필자 자신이 독자가 되어 자기 글을 평가고 감상하며 그 결과에 대한 송환(Feedback)을 함으로써 더 나은 구조와 내용의 글로 다듬을 수 있는 능력을 구비하는 단계이다. 이들에게 쓰기는 좀 더 심미적이고 자기만족이며 단지 독자를 만족시키기 위해 쓰는 것뿐 아니라 자기 자신의 즐거움을 위해서 글을 쓴다. 어떤 이는 단순히 독자를 설득하기 위해 논쟁할 뿐 아니라 자기 자신이 설득력 있는 점을 찾기 위해 논의를 꾀한다. 단순한 기계적 쓰기가 아닌 즐거운 창조라고도 할 수 있겠다.

마지막으로는 인식적 쓰기 단계이다. 인식적 쓰기 단계는 반성적 사고를 지닌 필자, 통찰력을 가진 필자에게 나타난다. 인식적 쓰기는 반성적 사고를 위한 개인의 기술 시스템이 단일화된 쓰기를 통합할 때 나타난다. 인식적 쓰기는 쓰기 발달의 최고점을 나타낸다. 쓰기는 더 이상 단순히 사고의 생산물이 되는 것이 아니라 사고의 통합적 부분이 된다. 지식의 저장, 검토, 교정을 거쳐야 하기 때문에 확장적, 함축적인 사고를 가능하게 한다. 인식적 쓰기는 반성적 사고 기술 체계가 통합적 쓰기의 기술과 결합될 때 이루어진다. 사고의 내용을 단순히 전달하기 위해 글을 쓰는 것이 아니라 글쓰기가 사고의 도구가 되어 통합되는 단계이다.

국내에서 초등 학습자를 대상으로 한 연구 중에는 학생들의 쓰기 결과물을 가지고 분석 기준에 따라 특성과 발달 단계를 제시한 연구물들이 많다(이성영, 2000; 윤정하, 2003; 김기철, 2005; 임천택, 2005; 김문화, 2005; 가은아, 2011; 최종윤, 2013 등). 이러한 연구들이 쏟아져 나온 초반에는 텍스트언어학적 입장에서 텍스트 구조 분석을 하거나(윤정하, 2003), 글쓰기 평가 기준을 수립한 후 글의 질을 평가하여 수준을 나열하거나(이성영, 2000; 임천택, 2005; 김기철, 2005), 학습자들이 생산한 글을 가지고 글자 인식, 형식, 주제, 독자 고려, 문단, 문장 등을 분석하여 보고 교육적 시사점을 찾거나 단계를 명명하고자 한 연구들(박태호 외, 2005; 김문화, 2005; 가은아, 2011; 최종윤, 2013)이 많았다. 이 중에서 초등학생들의 글쓰기 특징이나 단계에 대한 정보를 제시하는 연구 내용 몇 가지를 간략히 소개하고자 한다.

임천택(2005)에서는 쓰기 목적, 내용, 조직, 표현 요소에 한정하여 초등학생의 쓰기 결과물을 분석하였다. 연구에 따르면 1학년 필자는 과제에서 제시된 표면적인 목적은 고려할 수 있으나 스스로 적극적인 동기를 부여하거나 목적을 설정할 수 있는 단계는 아니다. 그리고 화제와 관련한 아이디어를 생성하는 능력, 알맞은 아이디어를 선정하는 능력이 부족하며, 내용을 전개하고 조직하는 전략이나 기능을 가지지 못한다. 특히 형식 단락이나 내용 단락에 대한 인식은 거의 하지 못하는 것으로 판단되므로 이에 대한 지도 대책을 마련해 두면 좋을 것이다.

2학년 필자는 쓰기의 목적이나 동기를 명확히 제시하지 못한다. 그러나 이전 학년에 비하여 글감이나 화제를 비교적 다양하게 생성할 수 있다. 일관성 있고 체계화된 내용 조직이나 전달 효과를 높이기 위한 다양한 표현의 구사는 1학년과 크게 다르지 않다.

3학년 필자는 쓰기의 목적이나 동기를 스스로 의식할 수 있고, 특히 중심 글감과 관련된 화제를 풍부하고 적합하게 생성하고 선정할 수 있는 능력을 가지고 있다. 또 어떤 단서가 제공될 경우 내용을 기준에 맞게 배열하고 소수이긴 하지만 중심 문장에 대한 뒷받침 문장을 제시할 수 있다. 그러나 독자에 초점을 둔 내용 선정이 필요하고 형식 단락에 대한 개념 인식과 전달 효과를 높일 수 있는 기본적인 표현 방식의 인식이 필요하다.

4학년 필자는 표면적인 쓰기의 목적과 중심 내용을 명확히 하고 있다. 화제나 내용을 초점화하려는 경향이 뚜렷이 나타나며 하나의 화제에 대하여 비교적 자세하게 표현하는 편이나 정보성이 높은 화제나 내용을 선별하는 능력은 여전히 부족하다. 그리고 처음, 가운데, 끝의 구조를 가진 글을 쓰기 시작하며, 단락이나 의미를 연결하는 연결 표지를 사용하고, 전달 효과를 높이기 위하여 비교 표현을 사용하는 점도 주목할 만하다. 이 시기에는 글을 짜임새 있고 조직하는 방법과 효과적인 표현 방법에 대한 지도가 필요하다.

5학년 필자는 쓰기에 대한 목적을 분명하게 드러내며 글감과 관련하여 다양하면서도 풍부한 내용을 생성할 수 있다. 내용의 선정이나 표현에 있어 독자를 더 많이 고려한다는 점, 전달 효과를 높이기 위하여 몇 가지 표현 방식을 구사할 수 있으며 개성적인 문체나 어조를 구사할 수 있다는 점에서 그 특징을 찾아볼 수 있다. 그러나 단락의 구성이나 화제나 내용의 조직 측면에서는 다소 부족하다.

6학년 필자는 쓰기에 대한 목적이나 동기를 명확히 한다는 점, 단락 간, 단락 내 구성을 이전 학년보다 좀 더 체계화한다는 점, 제한적이긴 하나 몇 가지 문장 표현을 구사한다는 점, 창의적이고 개성적인 문체나 어조를 살릴 수 있다는 점에서 특징이 있다.

한편, 박태호 외(2005)에서는 초등학생의 쓰기 발달 특성에 대해 문장 쓰기와 낱말 쓰기, 글자 쓰기로 나누어 조사를 하였다. 그 결과, 1학년과 2학년에서는 문장 쓰기, 낱말 쓰기, 문단 쓰기의 순서로 국어 표현 관련 점수가 높게 나타났다. 이 수준의 학생들은 글자를 소리 나는 대로 쓰는 경향이 있고, 맞춤법과 띄어쓰기, 문장 부호 사용, 동사나 형용사의 활용, 조사의 사용, 문단 나누기와 문단의 첫 부분 들여쓰기 등이 현저히 부족한 것으로 나타났다. 2학년은 1학년에 비해 전반적으로 이러한 부분이 향상되었지만 개인차가 크게 나타났다.

3학년과 4학년에서도 문장 쓰기, 낱말 쓰기, 글자 쓰기, 문단 쓰기의 순서로 점수가 높은 것으로 나타났다. 그러나 1, 2학년과 비교해 보면 맞춤법과 문장 부호의 오류 양상은 보다 복잡하게 나타난다. 3학년은 1, 2학년에 비해 표준어의 점수가 낮은 것으로 나타났다. 이는 사용하는 낱말의 수가 비약적으로 늘어나면서 오류 빈도도 높아진 것으로 보인다. 문장 쓰기에서는 문장 길이가 점점 길어지고 있으나 문장 호응 관련 오류도 여전히 많았다. 또 문단 나누기와 문단의 들여 쓰기에 대한 집중적인 지도가 필요한 것으로 나타났다.

5학년과 6학년에서도 문장 쓰기, 낱말 쓰기, 글자 쓰기, 문단 쓰기의 순서로 점수가 높은 것으로 나타났다. 이전 학년에 비하여 맞춤법이나 띄어쓰기, 문장 부호의 사용이 전반적으로 좋아졌다. 낱말 쓰기에서는 설명을 자세하게 하려다 비슷한 낱말을 반복적으로 사용하는 경향이 나타났다. 6학년의 경우에는 이전 학년에 비하여 문맥에 알맞은 낱말의 사용, 동사나 형용사의 활용, 조사의 사용 능력이 많이 향상되었다. 그러나 5, 6학년 모두 비표준어를 사용하거나 온점을 생략하는 상황이 눈에 띄게 늘었고 일부 학생의 경우에는 컴퓨터 채팅 언어를 그대로 사용하기도 하였다. 높임, 피동, 사동, 부정 등의 문장을 가끔씩 사용하는 경향이 있으나 정확하게 사용하는 경우는 드물었다. 한편 6학년의 경우에는 문단 나누기, 중심 내용과 뒷받침 내용으로 구성하기, 지시어 사용하기, 접속어 사용하기, 문단의 첫 부분 들여 쓰기가 이전 학년에 비하여 눈에 띄게 향상되었다. 이 연구에서는 초등학교에서 문단의 개념과 구성 원리에 대한 지도가 필요함을 역설하고 있다.

이성영(2000)은 초등학생을 대상으로 텍스트 구성 능력을 조사하였다. 필자가 전달 내용을 생성하여 독자가 제대로 이해할 수 있을지 혹은 어떻게 하면 독자에 대한 설득력을 높일 수 있을지 고려하면서 텍스트를 구성할 수 있는 능력을 텍스트 구성 능력으로 정의하였다. 텍스트 구성 능력을 판단하는 분석 범주로 서술어미 일치, 지시어 사용, 텍스트 내 의미 완결성, 문단 인식, 구조 표지어 사용, 정의, 객관적 서술, 처음, 가운데, 끝의 인식, 근거의 수, 반증, 사건 수, 주제 통일 등이 있다. 분석범주에 따라 전환점을 나타낸 시기를 집단별로 나누어 보면 1학년(단순 연상적 쓰기), 2, 3학년(언어 수행적 글쓰기 단계), 4, 5학년(의사소통적 글쓰기 단계), 6학년(통합적 글쓰기 단계) 네 집단으로 묶어 발달 단계를 도출하고 있다.

이 연구에서는 학년별로 쓰기 발달이 구분되지 않는 경우가 대부분인데 그 가운데서도 두드러진 성장을 보이는 시점으로 4학년과 6학년을 꼽고 있다. 2, 3학년은 단순 연상적 글쓰기에서 벗어나는 단계로서 글쓰기는 머릿속에 떠오르는 대로 적어나가는 것이 아니라는 것, 독자가 알아들을 수 있게 써야 한다는 것, 글쓰기에 규칙과 관습을 지켜야 한다는 것 등에 대하여 정착되는 단계이다. 4, 5학년은 한편의 글은 일정한 구조를 가져야 한다는 것, 내용들이 주제를 중심으로 관련성을 가져야 하며 의미상 완결되어야 한다는 것 등과 같이 텍스트가 갖추어야 할 것, 곧 텍스트성에 대한 인식이 정착되는 단계이다. 6학년은 '정의'나 '문제해결'의 방식이 두드러지게 사용되는 것에서 보는 바와 같이 인지 능력의 발달을 바탕으로 주로 내용의 생성 방식에서 두드러진 발전을 보인다. 즉, 4학년은 글의 형식적인 발전 면에서 6학년은 내용의 질에서 도약이 이루어진다고 할 수 있겠다.

이들 연구는 초등학생의 학년별 쓰기 발달 특성과 학습자 특성을 이해할 수 있어 쓰기 교수 · 학습에 대한 연구와 실천에 도움을 준다. 다만 이들 연구가 벌써 2000년 초반에 이루어진 연구이고 학습자들은 개인적, 사회적, 교육적 발달에 의해 변화를 하고 있어 최근 연구를 참고하여 학습자를 이해하는 것도 도움이 될 터이다. 최근 연구(가은아, 2011)에서는 초등학교 3학년 학생부터 고등학생까지 쓰기 과정 결과물을 분석하여 3, 4학년은 나열적 쓰기 단계, 5, 6학년은 소통적 쓰기 단계로 분류한 바 있다. 3, 4학년은 필자 중심에서 자신이 가진 생각이나 정보를 나열하는 단계인데 반하여 5, 6학년이 되면 독자를 고려하고 의식하며 쓴다는 특징을 제시하고 있다.

초등학교 한 학생의 발달에 따라 표현적 글쓰기를 대상으로 횡단적, 종단적 관점에서 분석한 최종윤(2013)의 연구에서는 1수준 단순 나열적 쓰기, 2수준 언어 수행적 쓰기, 3수준 소통적 쓰기로 구분하였다. 가은아(2011)와 비교해 본다면 단순 나열에서 소통적 쓰기로 가는 중간 단계에 언어 관습이나 규칙, 담화 양식에 적응하는 언어 수행적 쓰기 단계가 자리할 수 있다는 가능성에 대한 확인과 교육적 처치 필요성을 확인할 수 있다. 이에 따라 초등학교 쓰기 교육 내용을 조직하거나 학생들을 지도할 때 이 세 가지 단계를 염두에 둔다면 좋을 것이다.

3. 쓰기 수업의 방법

쓰기 수업에서 '과정으로서의 쓰기'라는 작문 교육의 패러다임은 이제 미국을 비롯한 세계 여러 나라의 작문 교육에 막강한 영향력을 행사하고 있다. 그 결과 우리나라에서도 많은 연구자들이 필자가 텍스트를 생산해 내는 방법을 발견하고, 글쓰기 과정에 대한 모형을 개발하고, 필자가 효과적으로 글을 쓰고 글쓰기 능력을 신장시킬 수 있도록 돕는 것에 관심을 갖고 많은 연구를 진행하고 있다. 과정 중심 접근에서는 쓰기가 필자의 의미구성 행위이고 의사소통 행위임을 강조하고 있으며, 쓰기의 주요 특성인 회귀성을 강조하고 있다. 과정 중심의 쓰기 교육은 쓰기가 학습의 도구, 발견의 도구임을 부각시키고 있다.

또 다른 패러다임으로 교사와 학습자, 학습자와 학습자의 소통을 중시하는 사회구성주의 작문이론, 대화주의 작문이론, 소통 중심 이론 등도 한 축을 담당하고 있다. 이들의 관점을 교육적으로 논의한 연구에 의하면 학생필자의 내적 성장에 기반한 소통을 강조하고 있어서 협의하기에 의한 글쓰기 지도를 중요하게 생각한다[1]. 여기서는 과정 중심 접근법과 사회구성주의 철학에 기반한 글쓰기 지도 방법의 교육적 의의를 먼저 살펴본 후 지도 방법을 알아보고자 한다.

3.1. 과정 중심 접근법에 기반한 쓰기 지도

1) 과정 중심 쓰기 지도의 의의

과정 중심 접근의 기반이 되는 인지심리학적 접근은 학습자의 사고 과정을 체계적으로 접근할

1) 이러한 논의에는 박태호(1997), 박태호(2000), 이태기(2000), 이재기(1997), 전은아(1998), 이주선(2005) 등이 있다.

수 있다는 점에서 국어교육에서 교육 내용을 마련하는 데에도 시사점을 줄 수 있었다. 글쓰기 과제를 받고 나서 무엇을 어찌해야 할지 모르는 학생들에게 쓰기 단계별로 필요한 사고 과정을 제시함으로써 체계적인 지도를 가능하게 하였다. 이러한 과정 중심 접근법의 교육적 의의는 다음과 같다.

첫째, 과정 중심 접근을 취하면 글을 잘 쓸 수 있는 구체적인 방법을 가르쳐줄 수 있다. 결과 중심 접근에서는 교사가 할 수 있는 역할이 그리 많지 않다. 기껏해야 과제를 제시해 주고, 한 편의 글을 완성한 다음에 그 글을 점검, 평가하는 일을 주로 담당하게 된다. 결과 중심 접근에서 교사의 역할은 입법자 또는 권위자로서 정형화된 규칙이나 문법적인 지식을 퍼붓는 사람으로 인식했다. 하지만, 과정 중심 접근에서는 학생들의 학습 과정에 역동적으로 참여하여, 그들이 필자로서의 책임을 인식하도록 도와주고 일련의 쓰기 과정을 통달할 수 있도록 적절히 안내해 주는 역할을 맡게 된다(Foster, 1992: 50).

둘째, 과정 중심 접근을 통해 학생들의 글쓰기 능력을 증진해 줄 수 있다. 결과 중심 접근에서는 과제를 제시하고, 완성된 글에 대해 논평해 주는 방식을 주로 사용하기 때문에 이 방법을 통해서는 학생들의 글을 증진시키기 어렵다. 항상 그렇다고 할 수는 없겠지만 여러 실험 연구를 통해 볼 때, 과정 중심의 쓰기 지도가 학생들의 글쓰기 능력 증진에 더욱 효과가 높다.

셋째, 과정 중심 접근을 취하면 학생 개개인에 대한 정보를 좀더 풍부하게 얻을 수 있다. 교사들은 개인별로 아이디어를 생성하는 과정이나, 다른 친구들과 협의하는 것을 지켜보면서, 학생들 각자가 어떤 면에 장점을 보이고, 어떤 면에 단점을 지니는지를 구체적으로 알 수 있다. 이를 통해 학생들 각자에게 맞는 내용과 방식을 제공할 가능성이 높다.

넷째, 과정을 강조하는 교실에 있는 학생들은 쓰기에 대한 부담을 줄일 수 있다. 과정 중심의 접근에서는 매시간 한 편의 완벽한 글을 써야 한다는 부담을 주지 않는다. 때로는 한 시간 내내 아이디어를 생성하는 활동만 할 수 있다. 그리고 구두법이나 철자의 정확성은 최종 단계에서나 요구하기 때문에, 이런 것에 대한 부담을 그만큼 줄일 수 있다. 글씨를 예쁘게 써야 한다는 것도 최종 단계에서나 요구된다. 그만큼 과정 중심의 접근을 통해, 학생들은 좀 더 자유롭게 글을 쓸 수 있는 여지를 많이 가진다.

다섯째, 과정을 강조하는 교실에 있는 학생들은 서로 도움을 주고받는 기쁨을 만끽할 수 있다. 과정 중심 접근을 취하면 진정한 의미의 협동 학습이 가능해진다. 과정 중심 접근에서는 협동적인 쓰기, 또는 다른 사람과의 상담, 협의 등을 강조하는데, 이를 통해서 다른 사람의 장, 단점을 알게 되므로 서로 쓰기 행위를 북돋아 주거나 때로는 잘못을 지적해 주는 등, 서로 배우고 가르치는 활동을 할 수 있기 때문이다.

2) 과정 중심 쓰기의 지도 내용

일련의 쓰기 과정을 나누는 방식은 크게 두 가지를 생각해 볼 수 있다. 하나는 시간의 흐름을 기준으로 쓰기 전(prewriting), 쓰기(writing), 쓰기 후(postwriting)로 나누는 방식이고, 또 하나는 기능(functions)을 중심으로 아이디어 생성하기, 조직하기, 표현하기, 교정하기로 나누는 것이다. 그리고 이들 각 과정을 점검하고 통제하는 데 필요한 조정하기 활동이 있다. 현행(2009개정) 교육과정의 내용 체계표에서는 일련의 글쓰기 과정을 크게 쓰기의 계획, 내용 생성과 조직, 표현하기와 고쳐쓰기, 쓰기과정의 점검과 조정으로 나누고 있다. 여기에서는 교육과정의 내용 체계를 따르면서 쓰기의 기능을 중심으로 하여 계획하기, 내용 선정하기, 조직하기, 표현하기, 수정하기, 그리고 조정하기로 나누고,[2] 각 과정에서 할 만한 전략 또는 활동 중에서 핵심적인 것만 소개하기로 한다.[3]

(1) 계획하기 지도

계획하기는 말 그대로 글을 쓰기 전에 글을 쓸 준비를 하는 활동을 말한다. 글쓰기 과제를 분석하고, 글을 쓰는 목적이 무엇인지, 내가 쓴 글의 독자는 누구인지 등을 생각하는 활동이다. 톰킨스(Tompkins, 1994: 10)도 글을 쓰기 전(prewriting) 활동을 강조하면서 이 단계에서는 화제를 선택하고, 아이디어를 수집 및 조직하며, 글을 쓰는 목적과 독자를 고려하고, 독자와 목적을 생각하면서 쓰기의 형태(forms)를 결정하며, 아이디어를 생성하기 위해 말하기, 그리기, 읽기, 쓰기 등의 활동을 할 필요가 있다고 한 바 있다. 일반적으로 미숙한 필자는 곧바로 글을 쓰는 경향이 있으나 능숙한 필자는 계획을 하는 데 상대적으로 많은 시간을 가진다.

계획 활동이 왕성하게 이루어지기 위해서는 주제, 목적, 독자, 상황이 뚜렷이 나타난 쓰기 과제를 제시한다. 예를 들어 과제를 제공할 때, '실의에 빠져 있는 친구를 위로하는 글을 써보자'라고

2) 글쓰기 과정을 나누는 방식에 대한 자세한 논의는 이재승(2002)을 참조할 수 있다.

3) 여기에서는 각각의 글쓰기 과정에서 필요한 활동 중에서 핵심적인 것만 다루었다. 자세한 설명과 실제 적용의 예는 이재승(2002)을 참조할 수 있다.

하면, 여기에는 글을 쓰는 목적과 독자, 그리고 이 글을 써야 하는 상황이 있게 된다. 이 경우에 독자에 대한 분석이 필요한데, 무엇 때문에 실의에 빠졌는지, 평소 이 친구는 어떤 것을 좋아하는지 등을 분석하는 활동이 있을 수 있다. 이렇게 쓰기 과제를 제시할 때에는 구체적인 상황이 전제된 것이 좋고, 학생들의 실제 삶과 직결된 것, 학생들의 흥미를 불러일으킬 수 있는 것을 제시했을 때, 학생들은 계획하기에 적극적으로 참여하게 되고 학생들 입장에서 계획할 '거리'가 생기게 된다.

계획하기 단계에서 할 만한 활동으로는 첫째, 목적 설정 및 분석하기 활동을 들 수 있다. 글을 쓰는 목적을 분명히 인식해야만 좋은 글을 쓸 수 있다. 둘째, 주제를 분석하거나 설정하는 활동이다. 주제가 주어져 있는 경우도 있고, 주제를 구체적으로 만들어야 하는 경우가 있는데 어떤 경우이든 주제를 명확히 인식 또는 설정하는 것이 중요하다. 셋째, 독자 설정 및 분석하기 활동이 필요하다. 독자가 누구이며, 어떤 사람인지, 나에게 호의적인지 적대적인지 등을 분명히 안 다음에 글을 쓸 필요가 있다. 넷째, 주제, 독자에 비추어서 자신을 분석해 보는 활동이 필요하다. 다섯째, 조건 분석하기 활동이다. 쓰기 과제에서 무엇을 요구하는지, 다시 말해 분량이나 부가된 조건 등이 없는지를 살펴보아야 한다. 끝으로 형태 고려하기이다. 같은 주제라 할지라도 시 형태로 제시할 것인지, 이야기 형태로 제시할 것인지 등을 결정해야 한다.

(2) 내용 생성하기 지도

내용 생성하기는 글을 쓰기 위해 아이디어를 떠올리고 수집하는 활동이다. 반드시 일치하는 것은 아니지만 아이디어를 많이 끌어낼 수 있는 사람이 글을 잘 쓸 가능성이 높다. Murray(1980)가 전체 쓰기 시간 중에 쓰기 전 활동을 하는 데 70% 이상을 보내야 한다고 주장하고 있는 것도 이와 같은 이유이다. 그런데 종래의 결과 중심의 글쓰기 지도에서는 내용 생성하기 활동을 그리 강조하지 않았다. 결과 중심의 글쓰기 지도에서는 완성된 글 자체에 초점을 두기 때문에, 내용 생성하기에 관심을 갖지 않은 것은 당연한 일일 것이다.

아이디어 생성 능력을 길러주기 위한 방법으로 가장 많이 사용하는 것은 브레인스토밍(brainstorming) 활동이다. 이는 즉흥적으로 주제에 대해 자기의 머리 속에 있는 아이디어를 떠올리는 활동이다. 둘째, 열거하기(listing) 활동이다. 열거하기는 브레인스토밍과 유사하나, 주제나 범주에 따라 관련 있는 내용을 나열한다는 점이 다르다. 셋째, 이야기 나누기 활동이다. 이야기를 나누는 과정에서 자기가 미처 생각해 내지 못한 아이디어를 얻을 수 있다. 넷째, 관련 자료 읽기이다. 이것은 비교적 시간이 충분할 때 사용하는 방법이지만 책이나 잡지, 신문 등을 읽는 활동을 통해 아이디어를 수집하는 활동을 말한다. 다섯째, 직접 경험해 보는 활동이나 드라마 활동 등을 하는 것이 좋다. 여섯째, 명상하기 활동이다. 가만히 앉아서 주제와 관련하여 자신이 알고 있는 것이나 경험한 것, 그리고 글에서 나타내고 싶은 것을 찾아나간다.

(3) 조직하기 지도

우리 속담에 '구슬이 서 말이라도 꿰어야 보배'라는 말이 있다. 아무리 많은 아이디어를 생성했다고 하더라도 그것을 적절히 조직하지 못하면 허사이다. 학생들에게 일련의 과정을 거쳐 글을 써 보게 하면 아이디어를 많이 생성하는데 이것을 어떻게 조직해야 할지 난감해 하는 경우를 흔히 볼 수 있다. 학생들이 쓴 글을 보면 조직적이지 못하고 개개의 사실을 이리저리 나열해 놓은 것이 많은데, 이것은 아이디어를 조직하는 능력이 부족해서 그렇다. 이런 학생들에게는 글의 주제나 목적, 독자 등을 고려하여 생성된 내용을 적절히 조직하는 것을 집중적으로 가르쳐주어야 한다.

조직하기 활동은 아이디어들 간의 관계를 파악하는 능력을 기르는 데 초점이 있다. 그리고 조직하기는 글을 어떤 순서로 쓰는 것이 좋은지를 생각해 보게 하는 활동이다. 그리고 파악된 관계들을 고려하여 적절히 순서화하는 것이 중요하다. 이렇듯 조직하기 활동은 아이디어들 간의 관계를 파악하는 데 도움이 되고, 이들 아이디어를 적절히 배열하게 하는 데 도움이 된다.

아이디어들 간의 관계를 파악하게 하는 데 무엇보다 중요한 것은 이것을 시각화해 보게 하는 것이다. 예를 들어 다발짓기(clustering)나 생각 그물 만들기(mind mapping)와 같은 전략을 활용하면 아이디어들 간의 관계를 파악하는 데 도움이 된다. 그리고 얼개짜기(개요 작성)를 할 때의 경우처럼 아이디어를 적절히 배열할 때에도 이른바 시각화 전략(visual strategies)을 사용하면 유용하다. 과거처럼 서론, 본론, 결론 등으로 획일적이고 엄격한 틀을 제시하기보다는 자기가 쓸 글의 주제나 조직 방식 등을 생각해서 다양한 방법으로 시각화해 보게 하면 글의 전체 구조를 좀더 쉽게 이해할 수 있고, 초고를 쓸 때 실질적인 도움을 받을 수 있다.

아이디어를 조직하는 능력을 길러주기 위한 활동으로 첫째, 다발짓기(clustering)를 들 수 있다. 이는 생성한 아이디어를 관련 있는 것끼리 묶는 활동이다. 둘째, 일종의 마인드 맵과 같은 활동을 할 수 있다. 생각 그물 만들기라는 용어를 사용하기도 한다. 생각 그물 만들기는 중심 개념에서부터 관련된 아이디어를 시각적으로 표시해 나가는 활동이다. 다른 것도 마찬가지지만 다발짓기와 생각 그물 만들기는 내용 조직 활동으로 할 수도 있고 내용을 생성하는 활동으로 할 수도 있다. 셋째, 얼개짜기(outlining) 또는 개요 작성 활동을 할 수 있다. 얼개(개요) 짜기는 전통적으로 해 왔던 것으로 글의 뼈대를 만드는 활동이다. 얼개는 글의 전체적인 흐름을 말해 주는 것으로 조직적인 글을 쓰는 데 매우 필요한 활동이다. 얼개를 짜는 활동은 초고를 쓰는 데에도 필요하지만 그 자체로도 중요한데, 이는 조직적인 사고를 기르는 데 도움이 된다. 개요를 작성할 때에는 그냥 서론, 본론, 결론으로 하지 말고 글 구조 이론을 참고하여 자기가 쓸 글의 구조에 따라 개요를 작성하는 방식을 달리하면 초고를 훨씬 더 쉽게 써 내려 갈 수 있다. 넷째, 협의하기(conference) 활동이다. 협의하기는 글을 쓰기 전에 친구나 교사와 대화를 나눔으로써 자신의 생각을 좀 더 정교화 하는 활동이다. 여기에서는 내용 조직 단계에서 할 만한 전략으로 소개했지만 아이디어를 생성하는 단계에서부터 수정하는 전체 단계에서 협의하기 전략을 유용하게 활용할 수 있다(이재승, 2004).

(4) 표현하기 지도

표현하기는 앞에서 아이디어를 생성하고 조직한 것을 바탕으로 하여 초고를 쓰는 활동이다. 사람에 따라서는 초고쓰기, 변환하기, 작성하기, 기술하기란 용어를 쓰기도 한다. 종래의 표현하기 지도에서 가장 문제가 되었던 것은 초고를 쓸 때 완벽하게 쓰도록 하는 것이었다. 이는 학생들이 '초고'를 쓰고 있다는 사실을 인식하지 못했다는 것을 말한다. 이렇게 한 줄 한 줄 쓰는 데 집중하면 사고의 흐름을 방해하게 되고, 글의 전체적인 흐름을 제대로 파악하지 못할 가능성이 높다. 또한 처음부터 완벽하게 써야 한다는 부담을 가지게 되고, 결국 학생들은 글쓰기를 더 어렵게 생각하고 글쓰기를 싫어하게 된다. 초고는 어디까지나 초고일 뿐이라는 생각을 갖게 하는 것이 중요하다.

그리고 또 하나 잘못 지도하고 있는 것은 초고를 쓰면서 글씨나 맞춤법 등과 같은 기계적인 요소(mechanical elements)에 치중하게 하는 것이다. 교사가 궤간을 다닐 때 '글씨를 잘 써야지. 띄어쓰기도 제대로 하고'와 같은 무심코 던지는 말 한 마디가 학생들이 초고를 쓰면서 이들 요소에 집중하게 하는 한 요인이다. 그리고 완성된 글에 대해 논평을 해 줄 때 이들 요소에 초점을 두는 것도 이러한 생각을 갖게 한다. 또한 보통은 교과서에 초고를 쓰기 때문에 교과서에 대한 인상과 맞물려 더욱 기계적인 요소에 치중하게 된다. 교과서에 쓰는 글씨는 깨끗해야 한다는 생각이 강하기 때문이다. 우리가 머리 속에서 한꺼번에 처리할 수 있는 용량은 한정되어 있기 때문에 어느 한 쪽에 집중하게 되면 다른 쪽은 소홀히 다룰 수밖에 없다.[4] 초고를 쓸 때에 기계적인 요소에 치중하면 할수록 '내용(의미)'에 대해 생각할 여력을 갖기 어렵다. 초고는 초고로 받아들여서 초고를 쓸 때에는 의미에 초점을 두어 전체적인 흐름을 잡도록 하는 것이 중요하다.

그리고 학생들은 초고를 쓸 때에는 내용 생성이나 조직에 대해 많이 생각하지 않는 경향이 있다. 단적인 예로 학생들이 글을 쓰는 과정을 면밀히 관찰해 보면 초고를 쓸 때에 앞 쪽에서 내용을 생성하고 조직해 놓은 것을 거의 보지 않는다. 이렇게 되면 이들 요소들이 따로 놀게 된다. 자칫하면 아이디어를 생성하고 조직한 활동이 시간 낭비가 될 수 있다.

초고쓰기를 지도할 때 또 하나 유의할 점은, 결과 중심의 쓰기 지도에서 흔히 강조한 수사학적 원리나 좋은 문장(또는 단어, 문단)이 갖추어야 할 요소를 지나치게 경시해서는 안 된다는 것이다. 예를 들어 주술의 일치나 적절한 접속사의 사용, 최대한 간명한 문장 사용 등과 같은 요소는 좋은 글이 되게 하는 데 나름의 역할을 한다. 이들 요소에 대해서는 따로 시간을 내어 이들 기능에 익숙해지도록 한다. 물론 처음 아이디어를 표현하는 단계(1차 초고)에서는 이런 점에 특별히 신경을 쓰지 않는 것이 좋겠지만 어느 정도의 완결성을 갖춘 초고(2차나 3차 초고)를 쓸 때에는 신경을 쓸 필요가 있다. 그런데 글씨나 문법 등과 마찬가지로 이들 기능적인 요소는 가능한 자동화(automaticity)되도록 하는 것이 바람직하다. 즉, 세부적인 요소에 대해서는 특별한 의식을 요하지 않아도 쓸 수 있도록 해야만 의미에 좀 더 관심을 가질 수 있게 된다.

표현하기 능력을 길러주기 위한 방법으로는 구두 작문 또는 말로 쓰기(oral composition) 활동을 할 수 있다. '말로 쓰기'는 초고를 실제로 쓰기 전에 쓸 내용을 말로 해 보게 하는 것이다. 말로 써 보면 글쓰기에 대한 부담을 줄일 수 있다. 둘째, 내리쓰기 활동이다. 내리쓰기는 글씨나 맞춤법 등에 얽매이지 말고 쓰고자 하는 것을 처음부터 끝까지 쭉 내려쓰는 것을 말한다. 셋째, 컴퓨터 활용하기를 들 수 있다. 글쓰기에서 의미 구성 행위를 촉진하기 위해서 워드 프로세서나 통신 같은 것을 활용하는 것을 말한다. 넷째, 문장을 쓸 때 일반적인 수사학적 기법을 활용하게 한다. 글 조직 방식, 문단의 구성 원리나 문장 구성 방식 등을 생각하게 한다. 다섯째, 의미 지도 그리기(semantic mapping) 활동을 할 수 있다. 이것은 초고를 쓰면서 글의 제목에 초점을 두어 각 문장이 주제와 관련되는지 연결해 보게 하고, 앞뒤 문장이 제대로 이어지는지를 시각적으로 연결지어 보게 하는 활

4) 이런 점에서 자동화(automaticity)의 개념이 필요하다. 일반적으로 글씨나 맞춤법과 같은 기계적인 요소는 특별히 인지적 노력을 기울이지 않아도 할 수 있는 수준, 다시 말해 자동화 수준까지 이르도록 하는 것이 필요하다.

동이다. 이 활동은 초고를 쓴 후 교정 전략으로 활용할 수도 있다.

이러한 표현하기 활동 유형에는 글감 제한하기, 제목붙이기, 첫 부분 쓰기, 첫 문장 쓰기, 문장 완성하기, 구체적으로 쓰기, 사실과 의견 쓰기, 은유표현 쓰기, 속담을 이용하여 쓰기, 중심 문장과 뒷받침 문장 쓰기, 끝 부분 쓰기 등이 있다.

(5) 수정하기 지도

수정하기는 주로 초고를 쓴 다음에 내용과 형식을 고치는 활동을 말한다. 사람에 따라서는 교정하기, 고쳐쓰기, 고치기, 퇴고 등으로 부른다. 여기에서 교정 대신 수정이란 말을 쓴 것은 아무래도 교정은 맞춤법이나 편집과 같은 세부적인 요소를 고치는 것으로 사용되는 경우가 많기 때문이다. 그만큼 수정하기 단계에서는 '내용(의미)'을 고치는 것이 중요하기 때문이다. 물론 수정은 아이디어를 조직하거나 표현하는 단계에서도 얼마든지 이루어질 수 있지만, 여기에서는 주로 초고를 쓴 다음에 일어나는 고치기 행위를 지칭한다.

종래에는 수정(또는 교정)의 중요성을 크게 인식하지 못했으나, 글을 쓰는 것은 어떤 의미에서 계속적인 수정 활동이라 말할 수 있다. 그만큼 글을 잘 쓰기 위해서는 초고를 적절히 수정할 수 있는 능력이 필요하다. 일반적으로 수정은 크게 다섯 가지 형태로 이루어진다. 첨가, 삭제, 대체, 이동, 재배열이 그것이다. 첨가는 덧붙이는 것이고 삭제는 특정한 내용을 빼는 활동이다. 그리고 대체는 그 위치에서 다른 내용으로 바꾸는 경우이고, 이동은 다른 곳으로 옮기는 것이며, 재배열은 앞뒤 순서를 바꾸거나 몇 부분을 하나로 줄이거나 늘이면서 재구성하는 활동을 말한다.

학생들에게 수정을 하라고 하면 뭔가 자기 글에 큰 문제가 있는 것처럼 생각한다. 그리고 마치 꾸중을 받고 있다고 생각한다. 이런 생각을 갖는 것은 바람직하지 않다. 수정을 잘못된 행위로 받아들일 것이 아니라, 글쓰기 과정의 일부로 받아들이도록 한다. 그리고 학생들에게 수정을 하라고 하면 기껏해야 글씨나 맞춤법을 바로잡거나, 아니면 낱말 몇 개를 바꾸고 마는 경우가 많은데 이것은 바람직하지 않다. 텍스트 수준, 문단 수준, 문장 수준, 낱말 수준의 순서로 고치는 활동을 하게 하는 것이 좋다.

수정 능력을 길러주기 위한 방법으로는 우선 훑어 읽기(survey)를 들 수 있다. 초고를 처음부터 끝까지 읽어보게 한 다음 첨가할 내용이나 삭제할 내용 등을 생각해 보는 것이 좋다. 둘째, 평가하기 활동이다. 자기가 평가하거나 동료 평가하기를 통해 고쳐야 할 점을 찾아나간다. 셋째, 돌려 읽기(reading around) 활동이다. 돌려 읽기는 여러 가지 방식으로 이루어질 수 있다. 단순히 옆 사람과 돌려 읽을 수도 있고 한 소집단에서 한 명이 읽고 나머지가 청자가 되는 방식도 있을 수 있다. 넷째, 학급에서 비평 집단(peer response group)을 운영하는 것도 생각해 볼 수 있다. 비평 집단에서는 학생들의 글을 수시로 비평하여 그 학생에게 알려주거나 학급 전체에게 공표한다. 다섯째, 수정하는 활동과는 직접적인 관련은 없지만 글쓰기 마지막 단계에서는 편집하기 활동이나 출판하기 활동 등을 해 볼 수도 있다.

(6) 조정하기 지도

글쓰기의 과정은 곧 자기 조정의 과정이라고 할 수 있다. 글쓰기를 의미 구성의 과정으로 정의할 때, 이 의미 구성의 과정에는 필연적으로 자기의 인지 행위를 점검하고 통제하는 초인지적 행위(metacognitive behaviors)가 필요하다. 이것이 곧 자기 조정의 과정이다. 글쓰기에서 조정하기 능력은 각 단계에서 개개의 전략을 제대로 활용할 수 있게 하기 위해서도 필요하지만, 글쓰기의 전체 과정을 점검하고 통제해 나가게 하는 데에도 필요하다. 조정하기란 말은 사람에 따라 점검하기, 통제하기, 모니터하기 등으로 쓴다.

조정 능력을 길러주기 위해서는 첫째, 자기 평가 전략을 활용하는 것이 좋다. 글을 써 나가는 과정에서 자기 스스로를 평가하는 것을 말한다. 자기 평가는 어떤 아이디어가 적절한 것인지, 여기에 이것을 넣으면 되는지, 이것을 이런 식으로 표현하는 것이 적절한지 등에 대해 판단하는 행위이다. 체크리스트를 만들어 이러한 행위를 했으면 체크를 해 보게 하는 것도 한 방법이 된다. 둘째, 자기 질문 전략을 활용할 수 있다. 자기 질문은 말 그대로 자기 스스로에게 질문을 던지고 답하는 활동이다. 셋째, 자기 교수 전략을 활용할 수 있다. 자기 교수는 말 그대로 자신을 가르치는 행위를 말한다. 글을 써 나가면서 '그래. 잘 했어. 나는 역시 아이디어가 있어. 그런데 이건 아니야. 내가 왜 이러지?'와 같은 생각을 계속 해 나가면서 자신의 인지 과정을 점검하고 통제하는 것을 말한다.

3.2. 사회구성주의에 기반한 쓰기 지도

사회구성주의 패러다임은 7차 교육과정부터 본격적으로 관심을 가진 교육 철학이다. 사회구성주의 철학은 지식과 앎, 언어와 사고 등의 기원을 정해진 절대주의적 지식관을 거부하고 사회적 기원을 강조한다. 즉, 지식은 공동체 구성원들간의 사회적 상호작용을 통해서 구성된다고 보는 것이다. 지식은 주관성과 객관성의 언어적 상호작용에 의해 존재하는 결과물로 보며 역동적인 대상으로 파악한다. 이러한 접근에 의한 작문 지도의 의의와 방법을 알아보고자 한다.

1) 사회구성의 접근에 의한 작문 지도의 의의

사회구성주의자들은 사고를 개인의 정신 활동의 결과로 보지 않고 사회적 상호작용을 통해서 만들어진 것으로 파악하고 있다. 이는 의미 구성의 과정이 인지적인 차원에서 이루어지는 것이 아니라 사회적 차원에서 이루어진다는 논리를 가능하게 한다. 이러한 인식론의 변화는 의미 구성 과정 및 주체에 대한 관점의 변화를 수반하였다. 사회적 관점을 지지하는 연구자들은 작가와 독자, 작가와 담화 공동체와의 사회적 상호작용에 초점을 두어 연구를 진행하였고 작문 지도 역시 의미 협상, 대화를 강조하였다.

의미 구성을 대화의 과정으로 파악할 경우 작문 교육에 대해 다음과 같은 시사점을 줄 수 있다(박태호 외, 2003: 22). 첫째, 학습자의 학습 참여를 촉진할 수 있다. 학습자로 하여금 담화 공동체 구성원들과의 대화를 통해서 지적으로 우수한 공동체 구성원들이 사용하는 대화 방식을 습득하면서 담화 공동체의 구성원으로서 자격을 획득하도록 한다.

둘째, 교사의 역할이 학습의 촉진자로서 교육적 역할이 강조된다. 교사는 공동체 구성원들간에 날줄과 씨줄처럼 긴밀히 연결되어 있는 사회적 관계속에서 학습자가 협의할 수 있도록 도와주거나 그들이 입문해야 할 공동체의 대표로서 공동체의 담화 관습을 안내하고 시범하는 역할을 하게 된다. 이러한 촉진자로서의 역할은 교사 중심의 강의식 수업이나 학생 활동만을 강조하는 방임형 교수자의 역할을 중개자, 촉진자, 설계자로서의 역할로 확대할 수 있게 해 준다.

셋째, 학생들의 학습에 대한 성공 경험을 높일 수 있다. 학생들은 담화 공동체와의 상호 작용이나 대화를 통해서 공동체 구성원으로서 참여할 수 있는 공통의 이해기반과 전략 목록들을 개발하여 성공적으로 참여하게 된다. 학생들은 이러한 상호 작용을 통해서 자신의 작문 활동을 성공적으로 전개할 수 있을 뿐만 아니라 작문 과정과 전략, 글 구조 등에 대해서 동료와 서로 협의할 수 있는 어휘들을 개발하게 된다.

넷째, 상황 맥락을 강조하는 학생필자의 의미 구성이 가능해진다. 사회적 상호작용 모형은 독자와 필자의 정신적 상호작용에 초점을 두어 작가와 독자의 의미 협상 과정을 중시한다. 의미 협상

과정은 작문의 사회적인 상황 속에서 이루어진다. 즉, 필자는 대화를 통해서 사회적 상황 속에서 이루어지는 작문의 맥락을 중시하게 되고 의미 구성 역시 맥락을 중요시 하는 쪽으로 바뀌게 된다. 작문에 필요한 인지적 절차와 능력은 사회적 상황, 담화 공동체 내에서 발생되어 실현된다고 믿는 관점이 바로 사회구성주의를 반영한 대화 중심 작문 모형이다.

2) 사회 구성주의 관점에 의한 작문 지도 방법

사회구성주의 관점에 의한 작문지도 역시 쓰기 과정별 지도를 다루고 있다. 그러면서도 사회적 상호작용의 결과로 의미 구성이 이루어진다는 사회구성주의 관점의 핵심은 바로 그 과정별로 대화와 협의를 강조하고 있다. 쓰기 과정별로 모든 과정에 협의하기가 주된 교수 · 학습 전략으로 들어가기 때문이다. 쓰기 과정별 지도는 과정중심 접근에 의한 지도에서 다루었으므로 여기서는 협의하기를 다룬다.

(1) 동료 간 협의하기

협의하기(conferencing)는 글을 쓰기 전에 친구나 교사와 대화를 나눔으로써 자신의 생각을 좀 더 정교화하는 활동이다. 협의를 통해 학생들은 다양한 아이디어를 접하고 자신의 생각을 정교화하며, 사회적 구성주의에서 말하는 집단의 담화 방식에 익숙해지게 된다. 협의하기는 동료협의, 교사와 학생의 협의로 크게 구분할 수 있다. 동료협의는 사회구성주의 인식론을 반영한 협동학습의 교수 · 학습의 실제에 해당된다.

동료협의의 장점은 다음과 같다. 첫째, 학습자는 다른 사람과 대화를 나누면서 자신의 생각을 독자의 관점에서 확인하는 가치 있는 경험을 하게 된다. 그러한 가운데 작문은 담화 공동체 구성원들 간의 상호 작용의 결과라는 사실을 알게 된다.

둘째, 학습자는 사회적 상황을 창출하며 작문의 맥락을 강조하는 환경에서 작문 능력을 기르게 된다. 사회적 상황은 담화 공동체 속에서 발생하는데 학생들은 개인과 개인 혹은 개인과 공동체와의 대화를 통해서 문제 해결 능력을 기르게 된다. 그리고 대화를 하는 가운데 작문에 필요한 문식성 기능과 전략 등을 습득할 수 있게 된다.

(2) 교사와 학습자간 협의하기

교사와 학습자의 협의는 교사와 학생 사이에서 이루어지는 개인적 대화로 이루어진다. 교사와 학생은 학습자가 현재 작성하고 있는 텍스트와 텍스트를 작성하는 과정을 가지고 협의를 한다. 이러한 과정에서 또래들과의 협의에서 해결할 수 없었던 잠정적 발달 수준을 끌어올림으로써 쓰기 능력의 향상을 도모할 수 있다.

이러한 교사와 학생의 협의하기는 교수 · 학습에서 행해지는 수업 대화 중에서 '비계'의 유형으로 나타난다. 학생은 주어진 과제를 해결할 능력이 부족하기 때문에 자신보다 능력이 우수한 동료 학습자나 교사의 도움을 필요로 한다. 이때 지적인 도움을 줄 수 있는 방법이 바로 대화이다. 교사는 학생에게 실마리를 제공하고, 흐트러진 주제를 정리해 주며 설명해 주거나 낙담한 학생에게 동기를 북돋아 주는 등 다양한 비계를 제공해 줄 수 있다.

4. 쓰기 수업의 평가 방안

쓰기 평가는 단지 학생들의 글을 수량화하는 것이 목표가 아니라 특정 상황에서 학생들의 쓰기 기능, 지식, 전략에 대한 습득과 성장 과정을 설명할 수 있어야 한다(임천택, 2002). 그에 부합하기 위해 평가 상황은 학습자의 담화 공동체 안이어야 할 것이며, 실제적 상황을 가정하여야 한다. 또한 쓰기 평가는 단순히 결과로 드러난 글 평가에서 벗어나 사고 작용에 대한 평가가 되어야 하며, 평가의 목적이 쓰기 교수 · 학습에 유의미한 정보를 주고 학생 필자를 성장시키는 데 있다. 여기에서는 이러한 쓰기 평가의 기본적 인식을 바탕으로 하여 지금까지 이루어진 쓰기 평가에 대한 연구와 앞으로의 방향과 쓰기 평가 방법에 대해 소개하기로 한다.

4.1. 쓰기 평가에 관한 연구 동향과 과제

글쓰기 평가에 관한 연구는 다른 영역이나 분야에 비해 상대적으로 소략하다. 평가에 대한 연구는 교수 · 학습 방법이나 내용, 교육과정에 대한 연구에 비해 소외된 편이었다. 최근 들어 수행평가에 대한 정책적, 실천적 관심이 증폭되면서 그 필요성이나 중요성이 부각되고 있을 뿐이다. 더군다

나 쓰기 영역에서 평가란 표현과 이해라는 점에서 대칭점을 형성하는 읽기에 비해 양과 질을 담보해 내지 못하고 있다. 여기서는 연구 주제와 관련하여 글쓰기 평가에 관한 연구를 이론 관련, 평가 원리 및 척도 관련, 현장 적용 관련으로 나누어 간략히 소개하기로 한다.

1) 글쓰기 평가에 관한 이론 연구

글쓰기 평가에 관한 이론서는 박인기 외(1999), 임천택(2002), 한철우 외(1999) 정도의 단행본이 있다. 그 외에는 평가 이론이나 방법에 대해 개략적인 방향을 원론적 수준에서 또는 한 가지 갈래를 정하여 실제를 짧게 보여주는 방식으로 진행된다.[5] 이들이 교육 평가에서 추구하는 점수화, 서열화의 기능만을 강조하고 있지 않지만 실제적 원리나 방법을 구체적으로 기술하지 않고 방향을 탐색하는 데 그친다면 공허한 이론이 되고 만다.

교육 평가는 단지 점수를 매겨 서열을 정하는 일로만 여기면 그 본질과 어긋나는 일이 된다. 글쓰기 평가 역시 학생 글에 점수를 매기는 일로 여기면 글에 담긴 사고나 논리 방식, 내용, 구성, 표현의 문제를 제대로 알기 어렵다. 교사는 학생 글을 좀 더 합당한 기준으로 교육적 효과를 판단하고 환류하는 방식으로 판단할 수 있어야 한다. 그러기 위해서는 글쓰기 과정의 원리와 방법이 있듯 글쓰기 평가의 원리와 방법을 밝혀 평가 도구와 척도를 실제적으로 개발해야 할 필요가 있다.

박영목(1999), 이재승(1999) 등은 쓰기 평가의 동향을 질적, 과정 평가로 두고 교수 · 학습을 개선하는 척도로 보고 있다. 박영민(2006)은 쓰기 평가가 교육적 환류의 출발점이 되어야 함을 역설한다. 이는 곧 평가가 교육의 일회적 결과가 아니라 교육 목표 및 내용과 방법 등에 관여하는 적극적 역할을 담지해야 함을 보여준다.

이러한 평가의 중요성을 파악하고 글쓰기 평가의 원리와 방법을 밝히는 이론 연구가 필요하다. 글쓰기가 이루어지는 원리와 방법을 글쓰기 과정과 방법으로 절차화하기도 하고 이들의 순환성을 강조하기도 하였다. 또, 이들 사이에 작용하는 인지적 조정의 원리는 지속적으로 강조되고 있다.

---

5) 이론 연구의 흐름을 알아보기 위해서는 국어교육과 교수들의 연구물을 살펴보는 것이 유용하다. 국어교육과 교수들의 연구물로는 천경록(1998), 김봉순(1999), 김창원(1999), 박영목(1999), 박인기 외(1999), 이재승 · 박태호(1999), 최경희(1999), 곽재용(2000, 2001, 2006), 박인기(2000), 원진숙(2000), 최명환(2006), 박영민(2006) 등이 있다. 이들 논의는 주로 국어과 각 영역별 수행평가에 관한 이론을 다루었고, 몇몇 논의들은 실제 문항을 작성하여 예시하기도 했다. 이 중에서 원진숙은 수행평가의 생태학적 접근에 최명환은 담문 평가 요소를 밝히는 데 초점을 두었다. 박영민은 국어과 교육과정에 구현된 작문 평가 방법을 분석하고 개선 방안을 내 놓은 바 있다.

이에 비해 상대적으로 소외되어 왔던 글쓰기 평가 이론이 이 연구를 기반으로 정립될 수 있으리라 기대한다.

2) 글쓰기 평가 방법과 평가 기준에 관한 연구

글쓰기 평가 방법과 평가 기준에 대한 연구는 현장 적용과 맞물려 이론과 실천 사이의 교호 구실을 한다. 평가 방법이나 기준은 교육 목표나 내용을 담고 있는가를 판단하는 기준으로서도 대단히 중요하다. 그러나 이런 중요성에도 불구하고 교육과정이나 평가 이론에서는 평가 방법과 도구가 구분 없이 모호하게 쓰여지고 있다.

일례로 제7차 국어과 교육과정의 평가 항목은 평가의 일반적 원칙, 누가 기록 방식의 평가, 총체적 평가, 분석적 평가로 구분되어 있다. 그런데 여기서 무엇이 평가 방법이고 무엇이 평가 도구인지가 분명하지 않다(박영민, 2006). 평가 방법은 어떻게 평가할 것인가 하는 선택과 관련이 깊고 평가 도구는 그 평가 방법을 구체화해주는 실질적 자료를 의미한다. 이렇게 따진다면 국어과 교육과정이나 실천서에는 방향은 있으되 '어떻게'에 대한 실질적 논의가 부족한 상황이다. 윤희원(1997)은 일찍이 이러한 문제 의식에 동의하고 학생의 학업 성취도를 평가하기 위한 평가 요소를 설정하고 이를 바탕으로 각 요소의 학업 성취 결과를 보여주는 측정의 방법과 도구를 개발한 바 있다.

3) 평가 이론 및 기준의 현장 적용 연구

현장 적용 연구는 대학원 석사 논문에서 많이 다뤄졌다. 이외 본격 현장 적용은 아니지만 평가 방법과 도구를 소개하면서 한 예를 보여주는 구안 연구도 눈에 띈다. 전자에 속하는 연구로는 배향란(1994), 임천택(1998), 최병흔(1998), 임천택(1998), 곽지순(1999), 이태기(2000) 등을 들 수 있겠다. 이들은 주로 현장의 교사로서 현장에 바로 적용할 수 있는 수행평가나 쓰기 평가에 관심을 갖고 접목을 시도했다. 후자의 예로는 앞서 지적한 대학 교수들의 연구 중에서 수행 평가 적용 연구(원진숙, 2000; 곽재용,2000 외; 이재승 · 박태호, 1999; 최경희, 1999)가 있다. 이들은 몇 편의 글을 질적 또는 양적 분석하면서 쓰기 평가의 실제를 보여주었다.

평가 이론 및 기준을 정립하고도 현장에 적용하는 데는 많은 변수들이 존재한다. 이들은 모두 교수 · 학습 내용과 결과를 고려하고 학습자의 발달 단계, 갈래 특성을 고려해야 하기 때문에 평가 방법이나 기준이 곧바로 판단의 실제적 근거로 작용하기 힘든 상황도 발생할 수 있다. 이 때에는 좀 더 실질적 근거에 속하는 평가 도구를 여럿으로 세분하고 각각의 도구마다 단계별 판단 기준을 기술하는 노력이 필요하다. 또한 기술된 판단 기준이 어떻게 점수화 되고 질적 기술의 결과로 작용하는지 검토하여 후속 연구가 이어져야 할 것으로 보인다.

국어과 쓰기 평가는 쓰기 교수 · 학습에 학생의 쓰기 능력에 대한 귀중한 정보를 제공하는 역할을 한다. 그러나 국가수준 평가나 백일장 대회 등 대단위 평가에서 그 어떤 객관적 잣대가 없어 평가자, 상황, 기준에 따라 결과가 달라지기도 한다. 그래서 국가적인 대단위 글 평가를 실시하는 미국과 달리 우리나라는 대단위 평가 자체를 하지 못하고 있다. 그러므로 앞으로는 교육 일반론 수준에 그쳤던 연구 경향을 좀 더 현장 수준으로 실제화하는 노력으로 글쓰기 평가의 원리와 방법, 평가 도구를 개발할 필요가 있다.

4.2. 쓰기 평가의 방법[6)]

1) 텍스트 분석법

쓰기에서 텍스트 분석법으로 일반적으로 사용되어 온 평가 방법은 분석 평가법과 총체 평가법이 있다. 90년대 후반부터는 수행평가를 중시하고 있는 종래의 총체 평가법이나 분석 평가법에 비해서 과제 상황에 따른 쓰기 능력을 훨씬 더 구체적으로 나타내 줄 수 있어 주목을 받고 있다. 각각의 평정 방법을 알아보기로 한다.

(1) 총체 평가법(holistic assessment)

한 편의 텍스트를 통일되고 일관성을 갖춘 전체로 간주하면서 텍스트의 전체적인 유창성을 평가하고자 하는 방법이다. 총체적으로 하나의 글을 평가하므로 시간과 비용을 최소화할 수 있어 경제적이며, 하나의 평가 척도를 다른 유형의 텍스트에서도 그대로 활용할 수 있다는 점이 유리하다. 그러나 이 방법은 점수 확인만을 위한 평가 목적에는 유용하지만 특정 과제에서 왜 그 글이 그러한 점수를 받았는지에 대한 구체적인 정보를 주지 못하므로, 진단평가나 형성평가로는 부족하다.

6) 임천택(2002:252~289)을 참고하여 작성하였다.

또, 통합적인 평가 척도로 인해 모호한 평가 기준이 평가자를 방해하고 주관적인 인상에 의존하기 쉽다. 평가 척도는 쓰기 과제에 따라 그 내용이나 형식을 조금 달리하는 경우가 있지만 일반적으로 다음과 같은 체계를 갖춘다.

쓰기 과제: 자신이 경험한 일 중에서 가장 기억에 남는 일 한 가지만 쓰기
평가 기준 및 척도
6점: 표현적인 글의 특성이 매우 우수함. 일반적인 쓰기 기능이 우수함.
상황이나 장면으로 구체적으로 잘 묘사하고 있으며 왜 그 사건이 자신에게 중요한 잘 나타내었다. 그리고 당시의 상황이나 장면, 사람들을 독자들이 잘 알도록 서술하고 있므며, 어법의 실수가 거의 없다.

(2) 분석 평가법(analytic assessment)

이 방법은 디드리히(Diederich)등에서 의하여 제시된 방법으로 텍스트의 전체적인 유창성보다는 텍스트를 하나 하나의 구성 요소가 합쳐진 전체로 보고, 이 요소를 따로 분리하여 분절 척도로 평가하는 것이다. 총체 평가법과는 차이가 있으나 평가 요소를 과제나 텍스트에 관계없이 대체로 포괄적으로 정의한다는 점에서는 비슷한 면이 있다. 분석 평가법은 총체 평가법의 평가 결과에 대한 설명적 한계를 극복할 수 있으며, 텍스트의 질을 각 요소로 나누어 세밀하게 평가할 수 있다는 점에서 많이 활용되어 왔다.

그러나 실제 텍스트나 언어 기능은 각 요소별로 분리되어 존재하는 것이 아니므로 고립적으로 측정될 수 없으며, 각 요소간의 경계가 뚜렷하지 않다는 점에서 비판을 받는다. 또, 텍스트 유형에 따라 주제에 따라 각 평가 요소가 차지하는 비중이 다루고 텍스트의 질을 결정하는 평가 요소에 대한 일반적인 합의가 없다는 점도 난제이다. 그러므로 쓰기 수업에서 구체적인 과제 수행 능력이나 짧은 기간의 교수 · 학습 변화를 측정하는 평가 방법으로는 적절하지 못하다. 또, 많은 시간이 소요된다는 단점도 있다.

쓰기 과제: 자신이 겪은 일을 생각이나 느낌이 잘 드러나게 쓰기
평가 기준 및 척도
- 내용: 주제 및 소재 선정이 적절하고 자신의 생각과 느낌이 잘 드러나 있다.(3점)
- 조직: 처음, 중간, 끝이 분명하고 글의 흐름이 자연스럽고 문단 구분이 잘 되었다.(3점)
- 표현 및 문체: 문체 및 어휘 사용이 개성 있고 상황이나 장면을 부각시키는 묘사가 뛰어나다.(3점)

• 맞춤법: 맞춤법이나 어법에 맞고 글씨를 바르게 썼다.(3점)

(3) 주요 특질 평가

과제 지향적 평가로서, 평가 요소가 과제에 따라 달라지며, 그 과제에서 요구하고 있는 핵심 요소를 중심으로 평가하는 방법이다. 기존의 총체 평가법과 분석 평가법이 포괄적인 기준으로 다양한 수준과 형식을 가진 쓰기를 그 집단의 일정 수준의 기준 작품을 근거로 점수를 산출한 규준 지향 평가였으면 주요 특질 평가는 목표 지향 평가라 할 수 있다. 이 방법의 장점은 교사가 기대한 교수 · 학습 결과를 정확하게 기술할 수 있으므로 학생이 특정 과제에서 할 수 있는 것과 없는 것을 분명히 구분해 줄 수 있다는 점이다. 유의해야 할 점은 과제 수행 능력을 주요 특질 요소의 성취 수준에 두기 때문에 과제 제시 단계에서 텍스트의 주요 특질을 구성하는 진술이 명확해야 하고, 사전에 언어 발달 수준이나 특정 단계의 도달 수준에 대한 합의가 있어야 한다.

쓰기 과제: 그림을 주의 깊게 살펴보아라. 이 어린이들은 꽁꽁 얼어붙은 논에서 재미있게 썰매를 타고 있다. 자신이 그림 속의 한 어린이거나 또는 근처에서 구경하는 어린이라고 생각해 보자. 직접 그것을 체험하듯이 느낌이나 생각을 나타내어 보자. 친구에게 이것을 말했을 때 친구도 같은 느낌을 가질 수 있도록 써 보자.

주요 특질: 그림을 보고, 자기의 느낌을 상상하여 자세하게 표현하기

평가 기준 및 척도

• 전체적인 글의 질: 자기의 생각이나 느낌을 자세하게 잘 나타내었고 이해하는 데 어려움이 없다.(3점)
• 대화의 사용: 대화를 적절하게 충분히 사용한다.(2점)
• 시점: 시점이 상황에 맞게 잘 조정되어 있다.(2점)
• 시제: 가상적 시제를 사용하여, 그 시제를 기준으로 이야기하고 있다.(2점)

(4) 담화 평가

담화평가는 수행평가의 본질에 가장 접근한 평가 방법으로 목적과 독자 초점이 실제적인 담화에 맞추어져 있다. 그래서 목적과 독자에 대한 엄밀한 정의가 필요하고 하나의 과제에 대해 여러 가지 담화 특질이 존재하므로 특별히 한 요소에 많은 점수를 부여하지 않는다. 실제적인 담화 수행에서 나타나는 텍스트 생산 기능을 평가하기 때문에 이것을 진정한 수행평가로 보는 시각도 있다.

쓰기 평가는 점차 과제 중심적이고 쓰기 수행 정보를 구체적으로 설명해 줄 수 있는 방법을 지향하고 있다. 물론 쓰기 능력을 한꺼번에 평가하는 완벽한 도구는 없다. 따라서 하나의 평가 방법

을 고집하기 보다는 평가 목적과 내용에 따라 여러 가지 방법들의 장점을 살려 상호 보완적으로 활용하는 것이 바람직하다.

2) 초인지 보고법

(1) 프로토콜

평가자는 학생들이 쓰기를 하는 동안의 모든 생각을 음성이나 문자로 나타내도록 한다. 이것은 다른 도구에 비하여 즉시성이 있다는 장점이 있다. 쓰기 과정에서 인지적 과정과 조직 과정, 사고 과정까지도 관찰할 수 있게 해 준다는 점이다. 쓰기에서의 프로토콜은 구술로 할 경우 의미를 문자로 표현하면서 사고 내용을 구술로 나타내야 하는 이중 부담이 있으므로, 글을 쓰는 과정과 통합하여 문자로 나타내도록 한다. 그러나 여전히 쓰기 자체의 질을 저하시키고 사고를 방해하며 분석에 많은 시간이 걸린다는 단점이 있다. 이를 극복하기 위해 글을 다 쓴 후에 자신의 글쓰기를 돌아보는 반성적 쓰기(reflective writing)를 활용하거나 저학년보다는 고학년 단계에서 교수 · 학습 개선 정보를 얻는 방법으로 사용해 볼 수 있다.

(2) 결과 자기 분석법

능숙한 필자일수록 자신의 텍스트를 평가하는 능력이 있다. 이 방법은 자기 평가의 방법으로 쓰기 평가를 하게 하는 것으로 자신의 글에 대한 인식 능력을 높임으로써 장점과 단점을 발견하고 전략을 수정해 갈 수 있다. 학생들은 자신의 텍스트가 독자의 기대에 부합하는지에 대한 질문에 표현을 꺼리거나 신중하게 답하지 않는 경향이 있으므로 목적과 필요성을 충분히 인식시킬 필요가 있다.

㉠ 이 글에서 가장 잘 된 부분은 어디인가?
㉡ 독자가 가장 잘 되었다고 생각할 만한 부분은 어디인가?
㉢ 이 글을 좀더 잘 쓰고 싶었는데 그렇게 할 수 없었던 점은 무엇인가?
㉣ 이 글을 쓰는 과정에서 이전에 글을 쓸 때보다 더 쉬웠던 점은 무엇인가?
㉤ 이 글을 쓰는 과정에서 이전에 글을 쓸 때보다 더 어려웠던 점은 무엇인가?

(3) 과정 보고법

과정 보고법은 쓰기 과정을 초고 전, 직후, 교정 후로 나누어 각 단계별로 질문을 제시하여 그들이 생각하거나 실제로 한 것을 기술하도록 하는 방법이다. 이 방법은 비교적 간단하고, 쓰기 수행에도 큰 지장을 받지 않으므로 사용 가치가 높다고 하겠다. 글쓰기 과정에 따른 질문은 평가 목표에 맞게 알맞게 선정하도록 한다. 이와 같은 질문들은 쓰기 과정에 대한 전략이나 그들의 인식에 대해 평가할 수 있는 단서를 제공해 줄 뿐만 아니라, 학습자에게도 송환을 제공하는 주요한 교수 · 학습 전략이 될 수도 있다.

(4) 태도 점검법

학생들의 자기 평가 형식을 빌되 쓰기 태도에 대한 자기 점검을 해 보는 방법이다. 교사는 학습자의 자기 능력 평가보다는 교사의 정보 수집에 더 초점을 둔다.

〈표 2-3〉 쓰기 태도 자기 점검표 예시(임천택, 2002)

쓰기에 대한 나의 생각				
번호	점검 내용	그렇다	중간이다	아니다
1	쓰기 시간에는 선생님 말씀을 열심히 듣는다.			
2	쓰기를 오래 하는 것은 시간 낭비다.			
3	나는 쓸려고 마음만 먹으면 쓰기를 잘 할 수 있다.			

(5) 면담 및 과제 수행 추론

면담은 쓰기 과정이나 쓰기에 대한 일반적인 전략의 인식에 관하여 알아볼 수 있는 평가 도구이다. 과제 수행 추론은 학생들에게 쓰기과정에 대하여 다른 학생을 지도해 보도록 하여 쓰기 과정에서의 기능이나 전략을 얼마나 알고 있는지 추론하는 방법이다.

3) 관찰법

쓰기 평가에서 관찰법의 대부분은 역동적인 담화 공동체로 구성된 학급 내에서의 교수 · 학습 상황을 대상으로 하고 있다. 장기간에 걸친 계속적인 관찰, 관찰자의 그 집단에 대한 이해 능력, 관찰자가 관찰하고자 하는 요소에 대한 지식, 대화 등을 통한 광범위한 관찰, 집단 활동에의 직접 참여, 그리고 설문지나 기타 자료 제시를 통한 정보 수집 능력은 관찰을 통한 쓰기 평가에서 타당성을 확보하는 관건이다.

필자의 능력이란 특정한 담화 공동체에서 독자의 기대와 요구에 맞게 적절한 쓰기의 지식과 전략을 활용할 수 있는 능력이므로 평가는 특정 담화 공동체 내에서 요구되는 기능이나 전략을 규명할 수 있어야 한다. 쓰기 담화 공동체로서 학습을 이해하는 것은 쓰기 맥락에 대한 개인 학생의 차원을 넘어서는 평가 방법론을 요구하며 이것이 쓰기 교육 연구에서 관찰법을 시도해야 하는 이유라고 하겠다.

문법 수업의 이해

1. 문법 수업의 특성과 지향

1.1. 문법 수업의 특성

문법 영역은 국어과의 다섯 영역 중에서 독특한 특성을 가지고 있다. 영역의 명칭에서도 알 수 있지만 '문법'은, 학자들마다 관점이 다르겠지만 일반적으로, 말의 구성 및 운용상의 규칙을 의미하거나 국어학이나 언어학에서 단어의 내적 구조를 따지는 형태론과 문장의 구성 원리를 살피는 통사론을 일컫기도 하는 등 그 범위가 매우 광범위하다. 이를 '교육'의 장면과 결합하면 또 다른 양상이 만들어진다. '듣기 · 말하기, 읽기, 쓰기' 영역은 '교육'과 만났을 때 그 개념이 크게 달라지지 않으나 '문법'은 '문법 교육'이 되었을 때 새로운 의미와 내용을 포함하게 된다.

'문법'은 지금까지 다음의 세 가지 의미로 사용되어 왔다. 첫째, 모국어 화자가 말과 글을 바르게 사용하도록 정한 규칙으로 규범적 성격을 띤다. 국어 생활의 규범을 정해서 제시한 정서법이 그 대표적인 예이다. 둘째, 모국어 화자의 마음속에 내재된 규칙을 의미한다. 모국어 화자는 직관적으로 문장의 적격성을 판단할 수 있으며 수많은 문장을 생성할 수 있다. 이는 모국어 화자의 머릿속에 적절한 말과 글을 생성할 수 있는 심리적 기제가 작용하고 있음을 보여 준다. 셋째, 모국어 화자에 내재된 내재 규칙에 관해 학자들이 진술한 체계이다. 이 경우 학문 문법, 국어학적 관점이란 용어가 함께 사용된다(고춘화, 2010).

문법 교육의 내용, 즉 교육 문법이 학문 문법과 다른 까닭은 무엇보다 그것이 '교육'의 내용이기 때문이다. 언어학이나 국어학은 현상을 설명하고 예측할 수 있는 이론의 구축이 목적이어서 그 방향이나 연구의 내용에 제한이 없지만 문법 교육은 교육의 한 부면이므로 교육적 효용, 당위성, 규범성, 처방적 효과 등에 대한 고려가 필수적이다. 따라서 문법 교육의 내용은 국어학의 연구 결과를 바탕으로 하겠지만 그보다 외연이 확대되기도 하고, 교육적 필요에 의해 재구성될 수도 있다(류덕제 외, 2014).

지금까지의 문법 교육은 독자적인 내용을 갖기보다 학문 문법을 전달하는 것에 초점이 놓여 있었다. 그러다 보니 문법 수업은 외울 것이 많은 수업이 되고 복잡한 체계를 익히는 어려운 수업이 되었다. 즉, 학교에서 가르치는 문법 지식은 학습자의 사고력을 개발하거나 대상 세계의 정확한 인식 및 정확한 표현과 무관한 지식 교육이 된 것이다. 문법 교육은 모어 학습자들이 말을 바르게 하고 글을 바르게 쓰도록 하기 위해 대상 세계와 사고와 논리를 포괄하는 문법 체계를 갖추어야 하고, 표현된 결과로서 말/글의 구조의 바름과 사고의 바름 포괄해야 한다(이상태, 2008). 그러므로 문법 교육은 내용과 더불어 '문법을 어떻게 가르칠 것인가'를 포함해야 한다.

1.2. 문법 수업의 지향

문법 교육은 국어과의 다른 영역에 비해 학생의 발달과 사고력에 대한 관심이 늦게 시작되었다. 문법 교육의 관점이 논의되기 시작한 것은 1990년대 중반으로, 언어 사용 교육 중심의 국어과 교육 속에서 문법 교육의 위치를 재정립하고자 하였다. '문법'에 치우친 관심을 '교육'의 틀에서 해석하고자 하는 움직임이 일어난 것이다. 이는 문법 교육의 중심이 '가르칠 지식'에서 '학습하는 대상'으로 이동하고 있음을 보여주는 것이다.

문법 교육에 대한 관점은 크게 두 가지로 나눌 수 있다. 하나는 국어과 교육에서 별도의 문법 교육은 필요하지 않다는 무용론적 관점과 또 다른 하나는 문법 교육은 필요하다는 효용론적 관점이다. 효용론적 관점은 다시 학습자의 국어사용 능력 신장에 도움이 되는 교육이 되어야 한다는 통합론적 관점과 국어사용 능력 신장을 위해서 뿐만 아니라 문법의 체계적 지식 자체가 소중한 가치가 있기 때문에 가르쳐야 한다는 독자론적 관점, 문법 교육을 통해 국어에 대한 체계적인 지식과 국어

사용 능력을 신장시키며, 사고력 배양 및 가치관을 형성 교육 내용을 포함하는 포괄론적 관점으로 나눌 수 있다.

초등학교 문법 교육으로 한정하면 논의의 틀은 달라질 수 있다. 초등학생의 발달 특성을 고려할 때 초등학교 문법 교육은 언어를 학문적으로 탐구하기 보다 자신의 언어생활 속에서 자동화된 문법 사용이 이루어지고 있음을 알게 하고, 맥락 독립적이기보다 언어 사용 상황에서 문법을 구현하는 것에 초점을 두어야 한다. 이런 측면에서 보면 문법과 언어 사용 기능을 독립 변수로 볼 것이 아니라 문법과 언어사용기능은 한 덩어리로 존재한다고 보는 관점[1]이 필요하다. 이러한 측면에서 보면 초등학교 문법 교육은 문법 지식을 학습하는 것이 아니라 언어생활 속에 문법이 작용함을 알고 이를 통해 상황에 적절하면서도 문법적 오류가 없는 말과 글을 생성하고 이해할 수 있게 해야 한다[2].

2015 개정 국어과 교육과정에서도 이를 확인할 수 있다. 초등학교 국어과 교육목표는 별도로 제시하고 있지 않기 때문에 학년(군)별로 제시된 문법 영역 성취기준 설정 의도를 살펴보면 다음과 같다.

ㄱ. 1~2학년 문법 영역 성취기준은 학습자가 기초 문식성을 습득하여 학교에서의 국어생활에 원활히 적응하도록 하는 데 중점을 두어 설정하였다.
ㄴ. 3~4학년 문법 영역 성취기준은 낱말과 문장을 사용하는 능력과 한글을 소중히 여기고 언어 예절을 지키며 의사소통하는 능력을 갖추는 데 중점을 두어 설정하였다.
ㄷ. 5~6학년 문법 영역 성취기준은 언어의 기본 특성과 낱말, 문장에 대한 이해를 바탕으로 하여 학습자의 국어 능력을 점차 확장하는 데 중점을 두어 설정하였다.

위의 내용을 살펴보면 언어와 국어를 탐구하는 성취기준을 5~6학년(군)에 설정하였음을 알 수 있다. 하지만 구체적인 성취기준을 분석해 보면 언어의 특성을 이해하는 것도 언어가 소통의 수단임을 알게 하는 것이고, 국어를 탐구하는 것도 어휘력을 높이거나 다양한 상황에서 국어를 적절하게 사용하게 하기 위한 것임을 알 수 있다.

이러한 내용을 정리하여 초등학교 문법 교육의 지향점을 간략히 제시하면 다음과 같다. 첫째, 언어사용에 도움이 되는 국어에 대한 기초적 지식을 익힌다. 둘째, 언어생활에서 사용하는 담화와 글의 적격성을 판단하고 적절하고 효율적이며 문법적인 담화와 글을 생산할 수 있게 해야 한다. 셋째, 언어적 사고력을 신장하고, 국어에 대한 바른 가치관과 국어 사랑의 태도를 갖게 한다.

1) 이창근(2007)은 이를 '전일체적 관점'이라 명명하고 초등학교 문법 교육의 관점을 제시하였다.
2) 최규홍(2009)은 이러한 내용을 '문법 현상 인식'이라고 정의하고 이를 중심으로 한 초등학교 문법 교육의 방향을 제시하였다.

2. 문법 수업의 원리[3)]

초등학교 문법 수업에서 가장 먼저 고려해야 할 것은 초등학생이다. 학습의 주체이자 대상이 초등학생이기 때문이다. 문법 수업도 학습의 주체인 학습자를 중심으로 이루어져야 한다. 문법 수업의 원리는 학습자와 문법, 문법 현상의 관계 속에서 찾을 수 있다. 이를 구조화하면 [그림2-1]과 같다.

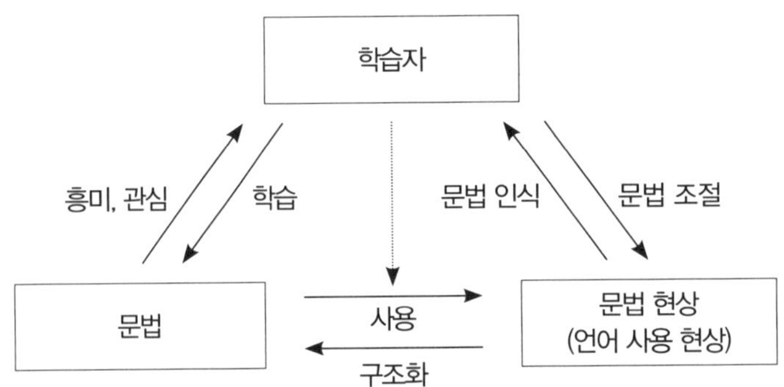

[그림2-1] 문법과 주체-사용-인식의 관계(최규홍, 2009:88)

위에서 보듯이 학습자는 문법 현상 속에서 문법이 사용되고 있음을 인식한다. 이를 바탕으로 내재된 규칙을 생각해보게 하고 이를 사용한다. 그리고 문법이 사용된 현상을 인식하고, 조절하여 다시 사용하게 되는 것이다. 또한 문법 현상의 인식과 조절 과정에서 문법 지식에 대해 흥미와 관심이 생기게 되어, 새로운 지식을 학습하고자 하는 성취 의욕을 가지게 된다. 문법 현상의 구조화는 초등학습자 수준에서 인식된 지식들을 자신의 스키마를 바탕으로 재조직할 수는 있지만, 국어에 대한 구조화된 체계를 만들어내기는 어렵다. 외재적 문법의 구조화는 문법을 객관적으로 바라보고 전문적으로 연구하는 문법 학자들의 몫이라고 할 수 있다. [그림 2-1]에서 문법 교육의 세 가지 원리를 다음과 같이 도출할 수 있다.

3) 이창근(2007), 최규홍(2009)의 논의를 요약 · 발췌 · 수정하였다.

2.1. 실제성의 원리

문법 수업의 첫 번째 원리는 실제성의 원리이다. 현상을 인식하기 위해서는 현상이 존재해야 하고, 현상을 인식하는 주체가 필요하다. 초등학교 문법 교육에서 교육의 대상으로 삼는 것은 문법 현상이다. 문법 현상은 학습자와 동떨어진 것이 아니라 학습자가 문법 사용의 맥락 속에서 문법 지식을 사용한 현상을 의미한다. 그러므로 문법 교육은 학습자의 실제적인 문법 현상을 대상으로 해야 한다.

초등학교 문법 교육의 대상은 이러한 맥락 속에 존재하는 문법 현상을 대상으로 해야 한다. 언어 사용은 문법의 발현이므로, 이는 문법 사용 현상으로도 볼 수 있다. [그림2-1]에서 보듯이 문법 지식이 학습자에게 녹아들기 위해서는 문법 현상이 필요하다. 이러한 문법 현상은 맥락 속에서 나타나는 것이므로, 일상생활 속에서 사용되는 학습자의 언어를 대상으로 문법 교육이 이루어져야 한다는 것이다.

예를 들어, '소리와 표기가 다름을 안다.'를 지도하기 위해 (가)과 같은 방법을 사용할 수 있다. 이는 교사가 문법 지식을 도식화 시켜 줌으로 학생이 문법 현상의 규칙성을 발견하는 부담은 없어졌지만 학생들은 이와 같은 내용이 왜 필요한지를 다시 학습해야 한다.

(가)

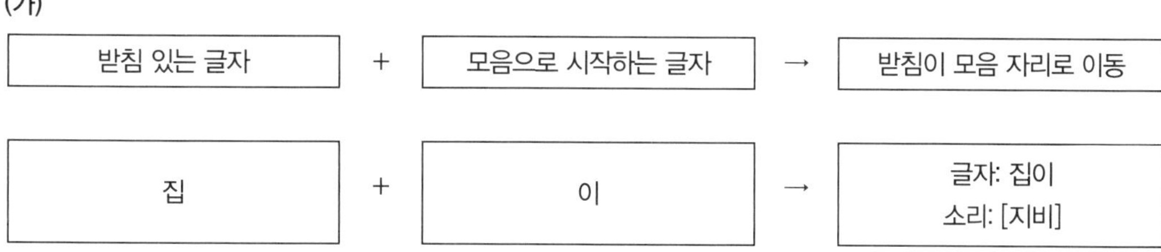

또한, '소리와 표기가 다름을 아는 학습'에서 주로 제시되는 (나)의 'ㄱ'과 같은 어휘들은 초등학생들이 지금 사용하고 있지 않기 때문에 무슨 말이 몰라 발음을 제대로 하지 못하는 경우가 있다.[4] 그러므

4) 이와 같은 경우는 2008년에 초등학교 3학년을 대상으로 시행한 기초학력 진단평가의 결과로 확인할 수 있는데, '맏이'의 경우 다른 단어들에 비해 발음에 곤란을 겪는 경우가 많았다.

로 학생들이 실제 사용하고 있는 'ㄴ'과 같은 어휘를 대상으로 교육이 이루어져야 할 것이다.[5)]

(나) ㄱ. 미닫이, 맏이

ㄴ. 붙이다, 해돋이

이와 같이 실제성의 원리는 문법 사용 주체가 직접 사용하고 있는 현상을 대상으로 해야 함을 의미한다. 이러한 문법 교육의 중심 이동은 국어에 대한 상황 독립적 지식을 확장하는 것이 아닌 학습자의 실천적 지식으로의 변화할 수 있는 기반을 마련하는 것이다. 즉, 학습자가 알고-사용하고-인식할 수 있는 지식으로 바뀔 수 있는 기반이 되는 것이다.

2.2. 전일성[6)]의 원리

앞서 초등학교 문법 수업에서 문법을 언어 사용과 독립적인 변수로 인식하는 것에 대한 문제를 논의하였다. 모어 학습자들에게 문법과 언어 사용은 구분되는 것이 아니라 함께 다니는 것이다. 즉, 문법과 언어 사용이 유기적이라는 것, 상호의존적인 관계라는 것, 순환성과 발전성이 있다는 것, 상호 존중하는 관계라는 점에서 전일성의 원리에 중점을 두고 문법 교수 · 학습이 이루어져야 한다.

전일성을 강화하는 방법은 첫째, 문법과 언어 사용 간의 유기성을 인식하도록 해야 한다. 두 대상 간의 유기성을 인식하면, 두 대상을 따로 떼어 내서 교육하지 않는다. 둘째, 문법과 언어 사용이 상호 의존한다는 인식을 통해 문법 교육이 이루어지도록 해야 한다. 상호의존적인 관계에서는 문법이나 언어 사용 중 어느 하나가 중심이 되는 것이 아니다. 셋째, 문법과 언어 사용이 상호 존중하는 관계라는 것을 학습자들이 알도록 해야 한다. 문법 학습을 통해 문법과 언어 사용이 단순히 관련이 있다는 것을 아는 것에서 더 나아가 문법이 언어 사용에 중요하게 작용함을 알고, 언어 사용을 통해서 문법에 대한 새로운 인식이 생긴다는 것을 알도록 해야 한다는 것이다.

---

5) 사용하지 않는 어휘라서 학습에서 제외되어야 한다는 뜻은 아니다. 어휘의 확장을 위해서 낱말의 의미를 학습하는 활동은 하되, 구개음화와 관련된 학습에서 'ㄴ'을 사용하는 것이 도움이 된다는 것이다.

6) 전일성은 문법과 언어 사용이 한 덩어리로 존재하기 때문에 생기는 특성을 의미한다.

예를 들어 5~6학년(군)에 제시된 문장 성분에 관한 학습을 지도할 때 (다)과 같은 자료를 제시하고 수업을 한다.

(다)

ㄱ. 무엇이 무엇이다: 동생은 초등학생이다.

ㄴ. 무엇이 어떠하다: 날씨가 따뜻하다.

ㄷ. 무엇이 어찌한다: 말이 달린다.

그런 다음 '무엇이'에 해당하는 부분을 '주어'라고 하고, '무엇이다', '어떠하다', '어찌한다'에 해당하는 부분을 '서술어'라고 한다고 설명되어 있다. 이런 설명 이후에 (다)과 같은 형식에 맞게 문장을 만들어 보는 활동을 한다. 이러한 활동은 문법을 언어 사용과 분리해서 인식하고 있음을 알 수 있다. 이럴 경우 주요 학습 활동은 문법에 관련된 '주어', '목적어', '서술어' 같은 용어 알기이며, 이런 지식을 실제 언어 사용에서 어떻게 활용할 것인가를 배우지 못하게 된다.

전일성을 강화하여 이러한 내용을 지도할 때는 접근 방법이 달라진다. (다)의 내용은 정확한 언어 표현에 관련된 지식이다. (다)과 같은 학습을 통해서 자신이 글을 쓸 때나 말을 할 때, 문장 성분 중 어느 하나를 빠뜨려서는 의미 전달이 명확히 되지 않을 수 있음을 알고, 정확하게 글을 쓰고, 말을 하려는 인식을 하는 데까지 나아가야 한다. 이런 활동을 통해 문장 성분에 대한 학습이 용어의 개념을 아는 학습으로 끝나는 것이 아니라 글쓰기나 말하기와 관련된다는 것을 알게 하고 사용할 수 있게 해야 한다.

2.3. 순환성의 원리

문법 수업의 세 번째 원리는 순환성의 원리이다. 학습자가 사용한 문법 현상을 인식한 다음 이를 점검하고 보완하여 다시 사용 상황에서 적용을 할 수 있어야 한다는 것이다. 인식과 사용의 과정은 일회적이 아니다. 지속적인 반복 활동을 통해 지식을 전진 순환시킨다. 이러한 순환의 과정을 통해 지식은 자동화되어 나타난다. 지식은 전진 순환을 통해 [그림2-2]와 같이 자동화된 문법 사용을 가능하게 한다.

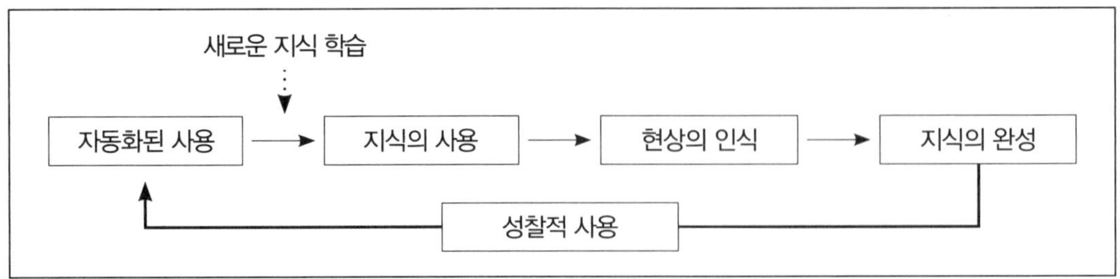

[그림2-2] 문법 교수 · 학습의 순환 과정(최규홍, 2009:96)

순환성의 원리는 문법 현상의 인식 결과가 다음 문법 사용 현상에 반영될 수 있게 하는 것을 뜻한다. 문법 지식을 바탕으로 한 문법 사용과 문법 현상 인식 과정을 거친 문법 사용은 의미가 다르다. 전자의 경우 내재된 지식을 의도하지 않고 사용한 것이라면, 후자의 경우 학문적 지식과 실천적 지식을 인식하고 의식적으로 사용한 것이기 때문이다. 따라서 나타나는 문법 사용 현상의 모습은 다를 것이고, 만약 같다고 하더라도 문법 사용 주체가 변화한 상태이기 때문에 본질적인 의미에서 차이가 드러난다. 이와 같은 활동은 (라)와 같이 모둠 학습으로도 가능하다.

(라) 이어주는 말의 쓰임 알기

ㄱ. 이어주는 말의 의미 알기(문장과 문장을 이어주는 구실을 하는 말)

ㄴ. 이어주는 말의 쓰임 알기(그리고, 그러나, 그래서, 왜냐하면)

ㄷ. 쓴 글을 친구들과 돌려 읽으며, 잘못 사용한 경우 찾아내기

ㄹ. 잘못 사용한 이유 설명하기

ㅁ. 이어주는 말을 사용하여 짧은 글 완성하기

순환성의 원리를 지속적으로 강화할 경우 학습자는 교실 장면을 벗어나 일상 생활에서도 문법에 대해 고민을 하게 한다. 문법 교육에서 자기 주도적 학습이 자연스럽게 일어나는 것이다. 외재적인 문법 체계를 공식처럼 배우던 고정된 학습을 벗어나 스스로 고민하고 활용할 수 있게 되는 것이다.

3. 문법 수업의 방법

문법 교수 · 학습을 할 때도 학습 목표 또는 지도 내용에 따라 다양한 교수 · 학습 방법을 적용하는 것이 바람직하다. 그러나 문법 교육의 특성상 다양한 언어 현상과 언어 사용의 이해와 표현 측면까지 교육 내용으로 담고 있기 때문에 각각의 내용마다 교수 · 학습 방법을 개발하여 지도하기란 어렵다. 여기서는 문법 지식을 이해하는 방법, 문법 지식을 탐구하는 방법, 문법 지식을 활용하는 방법으로 나누어 제시하고자 한다.

3.1. 지식 이해 학습 모형[7)]

지식 이해 학습 모형은 문법 지식과 관련지어 그 지식의 속성과 규칙 등을 이해하는 데 초점이 있다. 지식은 학생들이 문법 사용 능력 향상을 위해 배우고 익혀야할 선언적, 명제적, 개념적 지식을 말한다. 문법 수업시간이 부족한 현실에서 새로운 지식을 학습할 때 사용할 수 있다. 그렇다고 하더라도 단순 암기식 지식 학습이 아닌 지식을 주도적으로 분석하여 개념을 정립하고 습득된 지식에 의미를 부여하여 내면화된 지식으로 정교화 하는 형태로 학습이 이루어져야 한다.

이러한 과정에서 학습자는 문법 지식이 실생활 속에서 사용되고 있음을 인식하게 되고 학습 대상 지식이 언어사용 상황에서 어떻게 작용하고 있음을 생각하면서 수업에 참여할 수 있게 된다. 초등학교 문법 수업이 단순히 지식의 개념을 습득하여 확장하는 것에 그치지 않고, 실천적 지식으로 내면화하고, 이를 언어 사용 상황 속에서 사용할 수 있게 하기 위해서는 지식을 학습할 때도 그러한 맥락을 염두에 두어야 한다. 이러한 과정을 표로 제시하면 〈표2-4〉와 같다.

〈표2-4〉 지식 이해 학습 모형의 절차

단계	주요 활동
지식 설명하기	• 동기 유발 및 배경 지식 활성화 • 학습 문제 제시 • 지식의 필요성, 중요성 설명 • 개념 설명

7) 최규홍(2007, 2009)의 논의를 발췌 · 수정 · 보완하였다.

지식 명료화하기	• 지식의 적용 사례 제시 • 지식의 종류 및 기능 확인 • 상호 질문 및 응답
지식 규정하기	• 지식 분석 및 동료 협의 • 개념 정립
지식 정교화하기	• 자료 및 상황 맥락 제시 • 지식에 의미 부여 • 점검 및 정리

지식 설명하기 단계는 문법에 대한 지식이 부족한 학습자들에게 교사가 설명하는 단계이다. 이때의 설명은 학습 내용의 필요성과 중요성을 파악하게 하고, 어떤 절차나 방법으로 그러한 내용을 습득할 수 있는지를 구체적으로 안내하는 것을 포함한다. 이를 위해 동기 유발, 배경 지식 활성화, 학습 문제 제시, 지식의 필요성 · 중요성 설명, 개념 설명 등의 활동을 한다. 지식 명료화하기 단계는 학습 대상 지식에 대해 학습자가 이해하기 쉽게 지식을 구체화 시켜주는 단계이다. 여기서는 지식이 사용된 여러 가지 예시를 보여 주거나 지식이 어떤 기능을 하는지 보여주고, 교사와 학생, 학생과 학생 간의 상호 질문과 대답을 통하여 이를 이해하는 활동들을 한다. 지식 규정하기 단계는 지식의 내용이나 성격 등을 밝혀서 개념을 정립하는 단계이다. 지식의 종류와 기능을 아는 것은 지식의 본질적 속성과 형태적 특성을 이해하는 것이기 때문에 지식을 규정하는데 도움을 준다. 하지만 지식을 규정하는 것은 학생이 임의로 정하는 것이 아니라 동료 학습자 및 교사와의 협의 과정을 통해 이루어질 수 있게 한다. 지식 정교화하기 단계는 학습자 규정한 지식의 개념이 정확한지 추가 자료를 통해 이를 확인하고 학습한 지식에 의미를 부여하는 과정을 거친 다음 점검 및 정리 활동이 이루어질 수 있게 한다.

지식 이해 학습 모형은 새로운 지식을 상황 맥락 속에서 학습할 때 유용한 모형이다. 탈맥락적인 문법 지식을 구조와 체계 속에서 학습하는 것이 아닌 실생활 장면 속에서 학습하여 친밀감을 높일 수 있다. 언어 사용 상황 속에서 스스로 지식을 탐구하는 것이 아니라 안내된 연습 과정을 통해 자기 학습, 동료 학습 등으로 학습이 이루어지기 때문에 학습자들은 문법 지식 학습의 부담을 줄일 수 있다.

지식 이해 학습 모형을 적용하는 교사는 학생들의 일상생활과 밀접한 사례를 충분히 확보하여야 한다. 언어 사용 속에서 문법 지식이 필요함을 알게 하고, 중요성을 느끼게 함으로써 학습자가 스스로 수업에 참여할 수 있도록 해야 한다. 그리고 이어 나올 두 학습 모형에 비해 교사의 개입이 지속적으로 이루어져야 한다. 협의 과정을 거치지만 지식에 대해 잘못된 생각을 가질 경우 다음 학습 및 언어 사용 상황에도 부정적인 영향을 미칠 수 있기 때문이다.

3.2. 지식 탐구 학습 모형[8)]

지식 탐구 학습 모형은 문법 교수 · 학습 모형으로 많은 변이형을 가지고 있다. 여기서는 2015 개정 교사용 지도서에 제시된 내용을 중심으로 살펴보고자 한다. 지식 탐구 학습 모형은 구체적인 국어 사용 사례나 자료의 검토를 통하여 국어 생활에 일반화할 수 있는 개념이나 규칙을 발견하는 데 초점을 두는 학습자 중심의 모형이다. 교사는 학습 과제를 제시하고 학습자가 자발적으로 주어진 맥락에서 다양한 언어 자료를 탐구하고, 그 속에서 일반화할 수 있는 개념이나 규칙을 발견하도록 권장한다.

이러한 과정에서 학습자는 스스로 학습의 필요성을 느끼고 배우게 되므로 유의미한 학습을 할 수 있고 또한 오래 기억할 수 있다. 또, 발견 학습 활동을 성공적으로 마쳤을 때에 학습자는 지적인 쾌감을 맛보고, 새로운 문제에 도전하려는 강한 내적 동기를 형성할 수 있게 된다. 이를 표로 제시하면 〈표2-5〉와 같다.

〈표2-5〉 지식 탐구 학습 모형의 절차

단계	주요 활동
문제 확인하기	• 동기 유발 • 학습 문제 확인 • 학습의 필요성 또는 중요성 확인
자료 탐색하기	• 기본 자료 또는 사례 탐구 • 추가 자료 또는 사례 탐구
지식 발견하기	• 자료 또는 사례 비교 • 지식의 발견 및 정리
지식 적용하기	• 지식의 적용 • 지식의 일반화

문제 확인하기 단계는 학습 문제를 발견 또는 확인하고 관련 배경지식을 활성화하는 단계이다.

8) 교육부(2017)의 내용을 발췌 · 수록하였다.

자료 탐색하기 단계는 문제를 해결하기 위하여 둘 이상의 사례를 검토하는 단계로, 일관성 있는 지식을 추출할 수 있도록 다양한 사례 제시와 함께 교사의 적극적인 비계(scaffolding, 飛階)가 필요한 단계이다. 지식 발견하기 단계는 둘 이상의 실제 사례로부터 공통점이나 차이점을 추출함으로써 일반화 할 수 있는 개념이나 규칙을 발견하는 단계이다. 지식 적용하기 단계는 발견한 개념이나 규칙을 실제의 언어생활에 적용하는 단계이다.

지식 탐구 학습 모형은 지식을 습득할 때 유용한 모형이다. 그리고 학습자의 동기가 일정 수준을 유지하면서, 학습자가 관련된 정보를 많이 가지고 있을수록 유리하다. 다시 말하면, 학습자 내적으로 교육할 준비가 되어 있지 않다거나 학습자의 경험이 부족하다면 관련 지식을 스스로 발견하는 학습은 어려울 것이다.

지식 탐구 학습 모형을 적용하는 교사는 학생이 지식을 발견할 때까지 무작정 기다리는 것이 아니라, 적절한 자료를 제공하고 학습자가 적극적으로 학습에 참여할 수 있도록 유도하는 것이 필요하다. 즉, 절대적인 답변을 주지 않으면서 학생과 함께 탐구하는 동료로서의 역할을 하되, 필요한 경우에 추가 자료의 지원이나 단계적인 질문을 통하여 탐구과정을 유도할 수 있어야 한다. 학습 내용의 난이도나 학습자 수준을 고려하여 모둠 활동을 적절히 활용할 수도 있을 것이다.

3.3. 지식 활용 학습 모형[9)]

지식 활용 학습 모형은 여러 가지 문제 상황에서 학습한 지식을 활용하는 모형이다. 즉, 기존에 학습한 지식을 여러 가지 상황에 적절한 형태로 적용하는 것을 의미한다. 학습자가 지식 이해 학습 모형이나 지식 탐구 학습 모형을 통해 실천적 지식을 갖고 있는 상태일 때 이러한 지식을 상황 맥락에 적절하게 응용하며 조절하여 사용할 수 있도록 하는 모형이다. 그러므로 학습자는 자신의 배경지식을 활성화하고 학습된 능력을 활용함으로서 체계적인 지식과 더불어 실천적 지식을 갖게 되는 것이다.

이러한 과정에서 학습자는 스스로 자신의 지식을 되돌아보고 적용하는 방법을 배우게 되므로 유의미한 학습을 할 수 있고 내면화된 지식을 가질 수 있게 된다. 모어 화자가 가진 직관적 지식과

9) 최규홍(2009)의 논의를 수정 · 보완하였다.

학습된 체계적 지식을 실생활에 효율적으로 사용하는 활동을 통해 학습자는 문법과 언어 사용이 괴리되지 않음을 알게 되고, 학습과 생활의 일체화를 가져올 수 있게 될 것이다. 이를 표로 제시하면 〈표2-6〉과 같다.

〈표2-6〉 지식 활용 학습 모형의 절차

단계	주요 활동
맥락 파악하기	• 동기 유발 • 학습 문제 확인 • 언어 사용 맥락 분석
지식 선택하기	• 배경 지식 활성화 • 상황에 적절한 지식 탐색
지식 적용하기	• 지식 적용 • 적용 후 문법 현상 재인식
자동화하기	• 동일 맥락 상황 제시 • 지식 재적용 • 자동화 및 정리

맥락 파악하기 단계는 문제 장면의 상황 맥락과 사회 · 문화적 맥락을 파악하는 단계이다. 즉, 문제 장면을 다양한 측면에서 분석하여 그 문제 상황이 어떤 맥락 속에 놓여 있는지를 파악하는 것이다. 이 단계는 동기 유발, 학습 문제 확인, 언어 사용 맥락 분석 등의 활동을 포함한다. 지식 선택하기 단계는 문제를 해결하기 위해 자신이 알고 있는 다양한 지식들 중 하나를 선택하는 단계이다. 이는 문제를 해결하기 위해 지식을 떠올리는 것이다. 이 단계에서는 자신의 배경 지식을 활성화하고, 상황에 적절한 지식을 찾는 활동 등을 포함한다. 지식 적용하기 단계는 앞 단계에서 떠올린 맥락에 적절한 지식을 사용하여 문제 상황을 해결하는 단계이다. 문법 지식의 적용은 듣고, 말하고, 읽고, 쓰는 상황에서 선택된 문법 지식을 효율적으로 사용하는 것을 의미한다. 또한 이러한 과정에서 나타난 결과물을 재인식하여 지식의 적용이 제대로 이루어졌는지를 평가한다. 자동화하기 단계는 문법 지식의 선택과 적용 과정을 통해 문제 상황에서 문법 지식을 자동화하여 사용할 수 있게 한다. 이를 위해 동일 맥락 장면을 다시 제시하여 지식을 재적용 해보고 자동화를 할 수 있게 한다.

지식 활용 학습 모형은 자신의 지식을 내면화할 때 유용한 모형이다. 그리고 학습자가 스스로 자신을 분석하여 판단, 적용하는 과정을 통해 사고하는 방법을 익힐 수 있게 한다. 다만 지식 탐구 학습과 마찬가지로 학습자가 내적으로 지식에 대한 이해도가 부족하거나 지식을 적용하는 과정에서 어려움을 겪는다면 학습에 어려움이 있을 수 있다.

지식 활용 학습 모형을 적용하는 교사는 학생이 자신의 생각을 분석하고 판단할 때까지 기다려 주는 것이 필요하다. 스스로 문제 해결 과정을 탐구할 수 있도록 촉진적 발문을 통해 자극을 주되 맥락에 적합한 지식을 언급하지 않도록 주의해야 한다. 지식 탐구 학습처럼 절대적인 답변을 주지 않으면서 학생과 함께 탐구하는 동료로서의 역할을 하여야 하고, 필요한 경우에 다양한 맥락 상황을 제시하여 선택과 판단에 도움이 될 수 있게 한다. 이 역시 학습 내용의 난이도나 학습자 수준을 고려하여 모둠 활동을 적절히 활용할 수도 있을 것이다.

4. 문법 수업의 평가 및 유의점[10)]

4.1. 문법 수업의 평가 방법

초등학교 문법 교육의 평가 역시 국어과의 틀 속에서 이루어져야 한다. 최근 들어 문법 능력은 '문법 지식을 정확히 알고 있는 것'에서 '문법을 적절히 사용할 수 있는 능력'으로 그 개념이 많이 바뀌고 있다. 전통적으로 문법 능력은 문법에 대한 지식(또는 그 체계)을 많이 갖고 있는 것으로 여겨져 왔으나 최근 들어서는 문법에 대한 선언적 지식보다 그러한 것을 언제 어떻게 적용할 것인지를 알고 사용할 수 있는 절차적 지식을 더 중요하게 다루고 있다. 그러므로 평가 방법 또한 이러한 측면에 초점을 맞추어 변화해 가야 한다.

문법 교육의 흐름을 반영한 평가를 실시하기 위한 방안은 다음과 같다. 첫째, 언어 사용 중심의 문법 수행 평가를 지향해야 한다. 초등학교의 경우 일반적으로 교수 · 학습 과정에서 이루어지는 비형식적 평가와 지필 고사 중심의 형식적 평가를 함께 실시한다. 형식적 평가의 경우 학업성취도 평가[11)]가 주를 이루고 있으며 비형식적 평가의 경우 다양한 형태의 수행 평가를 실시한다. 하지만 비형식적 평가는 대부분 언어 사용 기능을 평가하는데 초점을 맞추고 있으며 문법 영역의 평가는

10) 최규홍(2013)의 논의를 발췌 · 수정 · 보완하였다.

11) 초등학교의 경우 학업성취도 평가는 지역이나 학교마다 약간의 차이는 있으나 학기 중 1~2회 정도 실시하고 있다.

그 비중이 약하다.

그러나 문법 평가 역시 다양한 수행 평가가 가능하다. 문법은 영역의 특성상 언어 사용 기능과 결합되어 사용된다. 그러므로 언어 사용 기능의 평가와 문법 평가를 함께 실시할 수 있는 것이다. 이는 Purpura, J. E.(2004)에서도 확인할 수 있는데 그는 문법 평가 과제 유형 크게 세 가지로 나누고 과제별로 문법 평가 방법을 제시하였다.[12] 이러한 수행평가 중심의 문법 평가는 국어과 교육 및 문법 교육의 방향과 맥락을 같이하게 될 것이며, 문법 지식을 사용하는 과정을 평가할 수 있게 될 것이다.

둘째, 평가 주체와 방법의 다양화를 지향해야 한다. 문법 평가는 형식적 평가에 의존하다 보니 동일 주체에 의해 획일화된 방법으로 시행되어 왔다. 국어과 교육에서 평가는 교사 평가뿐만 아니라 자기 평가, 동료 평가 등의 다양한 형태로 평가가 이루어지고 있음에도 불구하고 문법 영역의 평가는 자기 평가 및 동료 평가의 방법으로 이루어지지 못하고 있는 실정이다. 이는 학생들에게 문법은 어려운 것이고, 이를 평가할 수 있는 사람은 선생님 밖에 없다는 인식을 갖게 할 수 있다. 2015 개정 교육과정에서도 여전히 강조하고 있는 성찰, 자기 점검 및 조정은 평가 상황에서 가장 활성화되는 사고 과정이다. 자신의 언어 사용을 되돌아보고, 점검하는 과정은 문법 영역이라고 예외가 될 수 없다. 또한 상대방이 말하거나 쓴 내용을 듣거나 읽는 과정에서 의사소통 측면과 더불어 문법적 측면의 평가를 실시한다면 동료 평가도 가능할 것이다. 이러한 자기 평가와 동료 평가를 통해 정확하고 효과적인 언어 사용으로 한층 더 다가갈 수 있을 것이다.

평가 방법의 다양화는 문법에 대한 인식을 변화하게 할 뿐만 아니라 언어에 대한 탐구 능력을 길러 줄 수 있다. 문법 영역의 평가가 선택형 평가에서 포트폴리오 평가까지 다양한 방법으로 이루어진다면 문법이라는 것이 자신이 언어생활과 동떨어진 것이 아니라 일상생활 속에서 늘 사용하고 있음을 알게 될 것이다. 다양한 수행 평가는 학생들이 지식을 탐구하고 적용하는 과정을 평가하

12) 문법 평가 과제 유형(Purpura, J. E. 2004.)

선택적 반응 과제	제한적 산출 과제	확장적 산출 과제
· 다지 선다형 활동 · 진위 파악 활동 · 연결하기 활동 · 변별하기 활동 · 어휘 목록 활동 · 문법성 판단 활동 · 문법 인지 활동	· 빈칸 채우기 활동 · 클로즈 활동 · 단답형 활동 · 받아쓰기 활동 · 정보변환 활동 · 대화/담화 완성 활동	· 요약하기, 에세이 쓰기 · 대화, 인터뷰 · 역할극, 시뮬레이션 · 문제 해결 활동 · 의사 결정 활동

는 것이므로 학생들이 평가 과제를 해결하기 위해 탐구와 적용의 과정을 순차적이면서도 정교하게 밟아 갈 것이다.

셋째, 교수 · 학습 과정과 평가 결과의 순환화를 지향해야 한다. 문법 영역의 평가는 대부분 총괄평가로 시행되고 평가 결과는 학생들의 문법 지식의 이해에 대한 측정으로 끝난다. 다양한 평가 방법을 활용하지 않는 측면에서 문제점이 발생하고 있다고도 볼 수 있으나 문법을 지식 측면에서만 다루고 있어서 지식을 측정하는 것으로 평가를 마무리하고 있는 것이다.

교수 · 학습과 평가는 학생을 중심으로 순환되어야 한다. 평가 결과가 교수 · 학습 과정에 다시 반영되지 않는다면 그 평가는 순위 판별이나 선발을 위한 평가일 것이다. 그러나 그러한 목적이 아닌 다음에는 문법 영역의 평가는 학생들의 문법 능력 발달 수준을 진단하고 측정하여 개인적인 능력이 향상될 수 있도록 도와주어야 한다. 이는 평가 결과가 다시 교수 · 학습 과정에 반영이 되어 교육 내용과 방법을 조정할 수 있어야 한다는 뜻이다. 물론 평가는 교육 내용과 교육 방법에 따라 평가의 내용이 결정되지만 평가의 결과로 인해 교수 · 학습의 수준과 방법을 학생의 수준에 맞게 조정하게 되므로 교수 · 학습과 평가가 서로 유기적으로 맞물려 갈 수 있도록 평가가 이루어져야 한다.

4.2. 문법 수업의 유의점

지금까지 초등학교 문법 교육의 특성에서부터 평가까지 알아보았다. 실제 언어생활을 바탕으로 한 문법 지식의 이해와 탐구 및 적용, 그리고 평가까지 초등학교 문법 교육은 그 자체로 초등 국어과 교육의 중요한 축이자 기반이다. 이러한 문법 교수 · 학습의 중요성을 감안하여 수업에서 유의할 점을 확인하고 지도할 필요가 있다.

첫째, 학생들과 달리 교사는 체계적, 구조적인 문법 내용에 대한 개념을 명확히 인지하고 있어야 한다. 초등학교 문법 교육이 실생활에서 문법 지식을 잘 활용하는 데 목적이 있지만 잘 사용하기 위해서는 교사가 정확한 지식을 갖고 있어야 하고 이를 학생들의 수준에 맞게 설명할 수 있어야 한다. 즉, 학문적 문법 지식과 교수학적 내용 지식(Pedagogical Content Knowledge)을 모두 갖고 있어야 한다는 것이다. 교수학적 내용 지식 개발은 문법 수업을 제대로 실행하려는 하나의 방법이 된다(최미숙 외, 2008). 문법 영역에서 교수학적 내용 지식에 대한 논의는 아직 미흡하다. 하지만 수업 장면에서 교사가 학생들을 대상으로 전략 차원의 수업 방법을 정교화하게 되면 초등학교 문법 교육의 목표 도달에 한 걸음 더 다가갈 수 있을 것이다.

둘째, 지식 탐구 학습은 교사의 지식 탐구 활동으로부터 시작해야 한다. 교사의 이러한 활동은 학생들에게 언어 사용 현상에 대한 탐구 의식을 심어 주는 기반이 된다. 예를 들어 우리가 흔히 부르는 이름 중에 '지희, 주희, 정희' 등의 이름을 '[지히], [주히], [정히]'라고 부르는데, 왜 음가대로 '[지희], [주희], [정희]'라고 부르지 않는가? 등 생활 주변에 문법과 관련하여 생각해 볼 내용들이 너무나 많다(신헌재 외, 2009). 이러한 것을 문법 수업이라는 틀로 한정하지 말고, 우리가 생활 속에서 사용하는 말글에 대해 항상 고민하는 태도를 보여 줌으로써 학생들도 우리 말글에 대한 관심을 가질 수 있게 하고 언어를 탐구하고 효율적으로 사용하는 태도를 가질 수 있게 한다.

셋째, 초등학교 수업에서 특히 국어의 가치와 중요성을 인식시키고, 국어를 바르게 사용하려는 습관을 가질 수 있도록 해야 한다. 초등학교 교육은 삶의 기초를 길러주는 교육이므로 국어를 바르게 사용하는 습관을 초등학교 때부터 내면화, 자동화시킬 필요가 있다. 시대적 흐름에 의해 다양한 언어들이 유입되고, 은어 · 속어 등의 말이 혼재되어 사용되며, 거친 말들 쉽게 내뱉는 학생들에게 국어의 가치를 인식할 수 있게 하고, 바른 말글 사용의 중요성을 느끼게 하여 올바른 국어 생활을 할 수 있도록 지도해야 한다. 이러한 활동이 궁극적으로 국어 문화를 계승 · 발전하는 기초가 될 것이다.

제5장

문학 수업의 이해

1. 문학 수업의 특성과 지향

1.1. 문학 수업의 특성

문학 교수 · 학습은 문학작품을 주요 제재로 삼는다는 점에서 가장 큰 특성을 가지고 있다. 듣기 · 말하기, 읽기, 쓰기, 문법 영역은 주요 대상 텍스트가 있기 보다는 각 영역에서 주요하게 다루어지는 언어 능력을 발달시키기 위해 다양한 학습 제재를 활용한다. 그러나 문학 수업은 다른 영역보다 문학작품에 대한 제재 의존도가 매우 높다.

문학 교수 · 학습은 크게 세 가지 범주로 논의되어 왔다(김대행 외, 2000). 첫째, 속성중심 문학교육이다. 속성중심 문학교육은 문학작품을 문학작품답게 하는 문학성을 중심으로 교육하는 방법이다. 시의 특성인 이미지와 운율, 함축성, 비유적 표현이나 소설의 특성인 인물, 사건, 배경, 플롯 등의 문학작품의 속성을 주요 교육 내용으로 삼는다. 따라서 문학작품의 속성은 문학교육에서 가르쳐야 할 지식이 된다. 속성중심 문학교육에서는 문학적 속성을 이해하고 그것이 두드러진 문학작품을 통해 확인하거나 분석하는 방법이 주로 활용된다.

둘째, 활동중심 문학교육이다. 활동중심 문학교육은 문학작품을 소통하는 주체들의 활동을 문학교육의 주요 학습 내용으로 본다. 개별 독자가 작품을 이해하고 감상하는 일, 다양한 독자들이 모여 작품에 대해 함께 논의하는 일, 작품의 작가가 작품을 창작하는 일, 작가가 작품을 발표하는 일, 편집자들이 작품의 내용을 효과적으로 드러내기 위해 편집하는 일 등이 문학작품을 소통하는 주체들의 활동이다. 따라서 활동중심 문학교육에서는 학습자들이 이러한 활동을 교실 안에서 할 수 있도록 구안한다. 문학작품에서 인상적인 부분을 찾아 그림을 그린다든지, 인상적인 부분에 대해 친구들과 의견을 나눈다든지, 짧은 이야기를 꾸며 미니북을 만드는 활동 등은 활동중심 문학교육의 예가 될 수 있다.

셋째, 실체중심 문학교육이다. 실체중심 문학교육은 문학사에서 주요하게 다루어지는 문학작품을 중시한다. 따라서 문학작품이 향유되었던 시대나 주요 갈래를 문학교육의 주요 대상으로 삼는다. 그야말로 문학사적 논의를 문학교육의 주요 내용으로 삼는 것이다. 문학의 갈래와 특성을 배운다든지, 고전문학의 존재와 향유시대를 학습하는 일, 갈래별 차이점을 찾고 구분하는 학습 등이 이에 속한다.

현행 국어과교육과정의 문학영역에서 초등학교의 문학교육을 보면 활동중심 문학교육과 초보적 수준의 속성중심 문학교육이 이루어진다. 이후 중등학교의 문학교육에서 본격적인 속성중심 문학교육과 실체중심 문학교육으로 변화되고 있다(민현식 외, 2011). 그러나 이러한 접근 방법들은 문학작품을 평생의 동반자로 즐겨 읽고 문학작품을 통해 인간과 세계를 이해하도록 돕는데 그 목적이 있다. 문학적 지식도 문학작품을 더욱 재미있고 의미 있게 이해하도록 유도하기 위한 것이다.

1.2. 문학 수업의 지향

문학작품은 국어과교육이 구체화되고 교과서가 개발되어 보급되던 초기부터 언어사용 능력을 신장시키기 위한 제재로 다양한 국면에서 활용되었다. 국어과교육에서 문학교육이 하나의 영역으로 자리 잡은 것은 제4차 교육과정기부터이다. 제4차 교육과정기는 학문중심교육과정이 국어과교육의 내용을 선정하는 주요한 틀이었다. 또한 1960년대 한국의 문학비평계에 소개된 신비평의 영향으로 문학교육의 내용은 문학의 주요 속성에 초점이 맞추어지게 된다. 신비평의 영향으로 문학교육에서 가르쳐야 할 내용은 매우 선명해졌으나, 그것이 문학작품의 의미를 이해하고 독자의 감동을 구체화하는 데 활용되기보다는 평가를 위한 지식학습으로 활용되었다. 이에 대한 구체적인 반성과 자정작업은 제5차 교육과정기부터 가시화된다.

1990년대 국어과교육의 이론적 기반이 마련되면서 문학교육의 교육과정 구조와 내용에 대한 고민(구인환 외, 2000; 김창원, 1994, 박인기, 1996)들이 연구성과로 나타나게 된다. 이들은 문학교육의 내용이 문학작품의 속성이 아니라 문학현상이며, 문학현상을 둘러싼 다양한 주체들의 소통행위를 중심으로 교육의 방향이 설계되어야 한다고 주장한다. 1990년대를 기점으로 교육과정에 영향을 준 구성주의는 교육의 중심에 학습자를 놓게 된다. 따라서 학습자의 인지적 습득에 따라 교육 내용과 방법이 재정비되어야 한다는 주장(신헌재, 2006)도 설득력을 받게 된다. 이러한 문학교육을 둘러싼 학문적 변화는 문학교육의 방향을 학습자의 활동에 집중하도록 유도하였다. 따라서 현재 초등 문학교수 · 학습은 학습자의 활동을 중심으로 구안되어 있다. 저학년에게는 놀이 중심의 활동을, 중학년부터는 기초적인 문학적 속성을 지도하고 이를 활용한 활동중심 학습활동이 주를 이룬다.

화이트헤드는 교육을 3단계에 걸친 '리듬의 과정'이라고 한다. 그 첫 번째 시기는 '낭만의 시기'인데, 이 시기에는 학습자가 무엇인가를 알아가는 데 흥미를 발견하고 무조건적으로 즐기는 시기이다. 두 번째 시기는 '정밀화의 시기'이다. 정밀화의 시기에는 배우고 있는 그것에 대하여 포괄적인 지식을 흡수하고 발전시켜 나가는 시기이다. 이 시기를 충분히 거친 후에 마지막 단계는 '종합의 단계'이다. 종합의 단계에서는 학습 대상에 대한 학습자 개인의 평가와 분석이 가능하다고 한다(Whitehead, 2009: 56~64). 화이트헤드가 제안한 교육의 리듬은 문학교육의 과정을 설명하는데 설득력을 가진다. 다양한 문학작품을 충분히 경험하면서 문학작품을 통한 놀이나 활동이 중심이 되는 낭만의 시기는 초등학교에서 주로 이루어지는 문학 활동과 상통한다. 이후 문학 텍스트의 장르적 속성에 집중하여 문학적 지식을 쌓고 감상의 깊이를 더하게 하는 정밀화의 단계는 중등교육에서 이루어지는 문학교육의 과정일 것이다. 마지막 종합의 단계는 문학 작품에 폭넓은 이해를 바탕으로 학습자 자신 나름의 이론이나 취향을 가지게 되는 시기로 고등교육에서 이루어지는 문학교육의 현장을 설명하기에 적합하다.

화이트헤드의 교육의 리듬에 따른다면, 초등학교 저학년과 중학년은 낭만의 시기로서 문학작품을 마음껏 즐기도록 유도해야 한다. 따라서 이 시기에는 학습자에게 학습 부담을 주기 보다는 재미있는 작품을 다양한 방법으로 소개하고, 문학작품에 흥미를 느낄 수 있는 활동들을 제공할 필요가 있다. 또한 다양한 장르를 소개하여 학습자에게 호감을 끄는 작품이나 작가가 구체적으로 선정되도록 해야 할 것이다. 초등학교 고학년의 문학교육은 낭만의 단계에서 정밀화의 단계로 이행하는 과도기에 해당한다(신헌재 · 이향근, 2012). 활동중심의 문학교육에서 속성 · 실체 중심의 문학교육으로 이행되는 시기라고 할 수 있다. 따라서 이 시기의 학습자에게는 문학작품을 활용하여 즐겁게 놀이하는 수준을 넘어서 문학작품의 의미를 음미하도록 유도해야 한다. 이 시기의 학습자는 문학적 속성이나 지식을 학습함으로써 보다 풍성하게 문학 작품을 해석할 수 있다.

2. 문학 수업의 원리[1]

문학교육의 효과적인 실천을 위해서 일반적으로 유의해야 하는 지도 원리가 있다. 문학교수 · 학습의 지도 원리는 크게 두 가지로 볼 수 있다. 하나는 교실 상황에서 학습자의 소통성 확보에 대한 것으로 교사가 문학작품을 지도하면서 염두에 두어야 하는 유의사항에 해당한다. 다른 하나는 문학작품을 읽을 때 상투적 반응을 하지 않기 위해 학습자들이 주의해야 할 점이다. 학습자들의 주의할 점 역시 교사에 의해 안내되어야 하므로 지도 원리에 포함할 수 있다.

2.1. 발산적 소통의 원리

학습자의 문학능력을 향상시키기 위해서는 학습자가 문학작품을 읽고 느끼는 내적인 소통과정과 다른 학습자나 교사와의 대화를 통해 얻어지는 학습 과정을 모두 고려해야 한다. 교실 수업 상황에서 학습자들은 문학작품에 대한 개인적인 반응을 가지고 교실 안에서 일어나는 대화 상황에도 참여한다. 수업상황은 주로 교사에 의해 설계되고 학습자들은 무엇인가를 배워야 하는 목적을 가진 학습자로서 기능하게 된다. 따라서 수업 상황에서 학습자들의 사용역(register)은 수업 이외의 상황에서보다 제한적이다. 학습자들은 지속적으로 교사의 담화에 영향을 받기 때문이다. 교실에서 학습자의 의견을 듣고 판단하는 주된 청자는 교사이다. 부차적으로 의견을 나눌 수 있는 동료 학습자가 존재하지만 학습자는 자신들의 반응을 교사에 맞게 조절하거나 통제하는 경향을 보인다.

문학작품이 소통되는 교실을 문화적 맥락으로 바라볼 때, 교사는 분배자의 역할을 담당한다고 할 수 있다. 교실 안의 면대면 소통 상황(face-to-face communication)에서 교사는 문학작품을

1) 이 부분은 이향근(2012)을 근간으로 기술하였다.

선택하고 그 수용을 독려하는 분배자로서 기능한다. 따라서 학습자는 교사에 의해서 의도된 과제(task)를 비롯하여 교육 매체(educational medium)[2], 동료, 교실 상황[3]의 영향을 받는다. 이런 외적 환경은 학습자가 작품의 내용을 이해하고 해석하는 데 영향을 미친다.

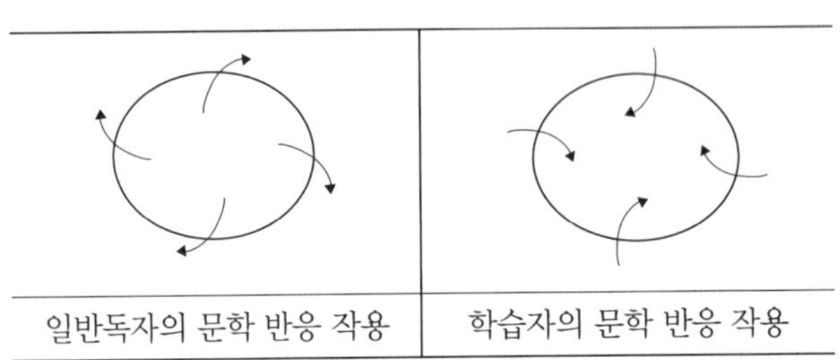

[그림 2-3] 일반독자와 학습자의 문학 반응 작용 차이

교실 밖에서 이루어지는 문학작품의 소통 과정은 문학작품을 수용하는 주체들이 해석의 주된 주체가 되어 자신의 생각을 확장시키고자 하는 원심적 운동성을 보인다. 그러나 교실 상황에서 학습자는 자신의 사용역(register)을 인지하고 교사에 의해 암묵적으로 의도된 사고 과정을 따라가기 쉽다. 이러한 특징은 학습자의 문학작품에 대한 반응이나 문학적 지식 학습 등이 하나의 목표점을 찾아가는 구심적 운동성을 보인다. 일반독자와 학습자의 문학작품에 대한 반응은 [그림 2-3]과 유사한 방향감을 가질 가능성이 높다. 따라서 교사는 학습자가 원심적 방향감을 가지고 문학작품을 대할 수 있는 자유로운 분위기를 형성해야 한다. 구심적 방향성은 원인에 대한 결과를 찾아가는 수렴적 문제해결의 성격을 가지지만 원심적 방향성은 다양한 가능성에 이르도록 하는 발산적 성격을 가진다. 문학작품에 대한 학습자의 평가와 해석에 대해서 일방적으로 재단하거나 평가하기 보다는 학습자의 입장에서 해석의 의미를 이해해 주고 그것을 통하여 보다 다양한 가치를 찾을 수 있도록 유도해야 한다.

교실에서 문학작품은 학생 개인의 차원에서, 학생과 학생의 차원에서, 학생과 교사의 차원에서 소통된다. 학습자와 교사의 대화와 교수 · 학습활동으로 구성되는 수업은 문학작품을 중심으로 구

2) 교육 매체는 교육의 작용을 일으키기 위하여 존재하는 일체의 것을 말한다. 교사의 말이나 표정, 행동, 침묵, 교육내용의 구조나 짜임, 교실의 모습이나 교사의 학급 운영 방침, 학교의 건축디자인이나 교실의 물리적 환경 등을 모두 포함하는 개념으로 사용하였다.

3) 교실 상황은 교실 안의 물리적 환경이외의 학습 분위기, 학생들 간의 관계, 지역사회나 교육구청과의 관계 등 학습자에게 영향을 미칠 수 있는 정신적, 이데올로기적 요인 등을 말한다.

성되는 공론의 장(field)이라고 할 수 있다. 이 공론의 장에서 교사와 학생, 학생과 학생들이 주고받는 대화, 학습자의 활동, 학습과제 등은 학습자의 문학능력 향상에 영향을 미치는 요소이다.

학습자와 교사의 대화로 이루어지는 문학 수업에서 학습자와 교사는 모두 의미의 중계자가 되어야 한다. 중계자는 '정보의 흐름'을 생산하고 전달하는 장치를 이용해 '중계(channel)' 역할을 하는 사람을 말한다. 이 때 학습자의 작품 읽기는 내적 소통의 상황이 아니라 '독자-작품-또 다른 독자'의 소통 방식의 따라야 한다. 그런데 교실에서의 문학적 소통은 평등한 거래로 형성되기 보다는 과두적거나 독과점에 의해 유통되는 경우가 많다(윤여탁 외 2011: 89). 교실 안에서 문학작품을 읽고 감상하는 학습자의 행위는 교사라는 강력한 중계자에 의해서 이루어진다. 교사는 문학작품으로부터 송신한 정서적 정보를 받아들여 학습자에게 보내기 전에 교사의 의도에 따라 잡음을 제거한다. 정서적 메시지를 통제하거나 조절할 것을 목적으로 재코드화하는 것이다.

중계자들 사이의 이해는 소통의 매체에 따라 두 가지 등급으로 구별된다(Flusser, 2001). '담론적 매체'(diskursive medien)와 '대화적 매체'(dialogische medien)가 그것이다. 담론적 매체는 코드화된 메시지를 송신자의 기억에서 수용자의 기억으로 흐르게 하는 매체이고, 대화적 매체는 코드화된 메시지가 다양한 기억들 간에 교환되도록 하는 매체다. 전자의 예로는 포스터와 영화관을, 후자의 예로는 증권시장이나 마을의 공터를 들 수 있다. 영화관에서 영화를 보고 있는 관객은 영화 안의 스토리에 관여하여 스토리의 방향을 바꾸거나 결말을 선택할 수 없다. 이러한 과정에서 수용자는 발신자로부터 오는 메시지를 받아 자신의 기억에 저장하는 방식으로 소통한다. 반면 마을 공터의 경우, 어떠한 문제를 서로 논의하는 일은 대화 참여자들의 이해관계에 따라서 달라진다. 사람들은 공터에서 다양한 의견을 교환한다. 각각의 이해관계에 따라 참여자들은 다양한 주장을 하게 되고, 이러한 이해관계의 얽힘에 따라 결론은 다양하게 선택되어진다.

그러나 단순히 매체가 소통의 형식을 결정짓는 것은 아니다. 매체의 성질이나 소통의 법칙을 어길 때, 소통의 형식은 달라진다. 예를 들어, 누군가가 못과 같은 도구로 스크린을 긁거나, 스크린 위에 달걀을 던지면 영화관은 대화적 매체의 장이 될 가능성이 있다. 반면 마을 공터에 정치가의 연설을 들으러 간다면 공터는 담론의 장으로 변모하게 된다. 다시 말하면 매체가 소통의 형식을 결정하는 것이 아니라 참여자가 어떠한 역할을 하느냐에 따라 소통의 형식은 달라진다.

그런 의미에서 교실에서 문학작품을 활용한 학습 활동은 해석체들의 역동적 흐름에 따라 두 가지 소통 방식이 공존하고 있다고 할 수 있다. 수많은 대화적 그룹을 통해 시 텍스트의 의미가 계속 확대 재생산되는 '대화적인' 소통이 그 하나의 방식이라면 교사나 교사와 비슷한 아비투스를 지닌 학습자에 의해 중앙 집중적으로 정보가 송출되는 '담론적'인 소통 방식이 또 다른 하나의 방식이다. 본질적으로 학생들은 대화적인 소통을 지향하고, 교사는 중앙집권적으로 해당 수업의 목표를 달성하기 위한 담론적 소통을 지향한다. 그러나 이 두 가지 유형도 앞에서 언급한 바와 같이 참여자들이 어떤 역할을 담당하느냐에 따라 담론적일 수도 있고 대화적일 수도 있다.

교사는 무엇인가를 지도해야 하고 학생은 무엇인가를 배워야 한다는 일반적인 교실 상황을 전제로 한다면, 수업의 목표 달성을 위한 담론적 소통이 중요하다. 그러나 교실 상황에서의 대화적 그룹을 통한 교류와 의미의 확대, 재생산 또한 그 중요성을 과소평가할 수 없다. 만약 교사가 피라미드적인 위계질서 안에서 권위를 가지고 자신이 허용하는 채널만을 인정한다면 그가 전달하려는 메시지는 충실히 달성될 수 있으나, 열린 대화적 공간으로서의 교실 분위기를 형성하기는 어려울 것이다. 반면 학생들의 대화만으로 문학 텍스트가 소통된다면 학습자들의 인지적 · 정서적 불균형은 적을 수 있으나 그들이 얻게 되는 마음의 울림 폭이나 자신의 시선을 수정하거나 확대시킬 기회는 줄어들 것이다.

교실에서 교사가 학생과 대화하는 모습, 학생과 학생이 서로 대화하는 모습, 학생이 문학 텍스트와 씨름하는 모습 등을 통해 대화적 공간인 교실의 모습을 가시적으로 확인할 수 있다. 하지만 더욱 중요한 것은 서로 다른 의미를 소유한 주체들이, 그들이 가진 사고 차이로 인해 발생하는 갈등과 긴장을 경험하게 하면서 다양한 상상의 공간을 형성하는 것이다. 이러한 상상의 정신 공간은 교실의 맥락과 끊임없이 연결되어 있다.

교실 상황에서 학습자의 문학 반응은 교사가 의도한 방향으로 흐를 가능성이 크다. 그러나 교사는 문학 텍스트를 대화적 매체로 사용할 수 있도록 학습자들을 이끌어야 한다. 또한 교사와 학생 사이의 차이가 문학 텍스트 소통과정에서 서로 교차되고 상승적으로 합의될 수 있도록 조정해야 한다. 한편 학습자는 학습자의 감성을 교사나 동료들이 이해할 수 있도록 표현할 수 있어야 한다.

2.2. 내면화의 원리

학습자들이 문학작품을 읽을 때 상투적인 반응(stock response)을 하지 않도록 심리적 거리 두기를 하여야 한다. 상투적 반응이란 문학작품을 문학적인 현실로 받아들이기보다는 실제 현실로 받아들이는 것이다. 이것은 문학적 상황이 사실인지 혹은 비사실인지로 판단하여 현실 세계의 일과 짝짓기 식으로 파악하는 오류를 말한다. 또한 문학작품을 읽고 교훈적인 내용만을 찾아내려는 경향성 역시 상투적 반응이라고 할 수 있다. 문학작품이 도덕과 윤리를 위한 텍스트가 아니라면 이러한 읽기 방식은 지양되어야 한다. 이를 해결하기 위해서는 심리적으로 거리를 두어 문학 텍스트의 의미를 구성하는 태도를 지녀야 한다.

문학적 감성은 문학작품과 그것을 읽어내는 독자와의 관계에서 비롯된다. 따라서 문학작품에 드러난 의미를 구성하는 데 있어 수신자인 독자의 의미구성뿐만 아니라 문학작품을 발화하고 있는 발화자의 의도 또한 고려되어야 한다. 즉 서술자나 시적 화자의 입장에서 문학작품의 발화 의도를 고민해야 한다는 것이다. 이것은 문학작품의 어느 한 부분이나 어휘에 집중하는 것이 아니라 한 편의 시 전체, 한 편의 소설 전체의 내용과 상황을 바탕으로 서술자의 표현 의도를 파악하는 방향으로 문학작품을 읽어내야 한다는 의미이다.

심리적 거리두기는 문학작품을 읽기 전에 학습자가 취해야할 태도적인 측면이다. 문학작품을 읽을 때 심리적 거리를 둔다는 의미는 다른 것에 관심을 가지지 않고 텍스트 자체에만 관심을 가진다는 의미이다. 다른 대상과의 관계나 나와의 관계에서 문학작품에 등장하는 인물이나 배경 혹은 사건의 중요성을 인식하는 것이 아니라 문학작품을 또 다른 세계로 바라보고 문학작품이 이루어내고 있는 세계에 몰입해야 한다.

예를 들어 회색의 낡은 강의실 책상을 바라본다고 할 때, 인간에게 생길 수 있는 인식은 여러 가지가 있을 수 있다. 책상이 사각형이라든가, 책상과 의자가 붙어 있다든가, 교실에 있다든가 하는 것은 인지적 인식이다. 책상은 학생에게 꼭 필요하다든가 낡아서 필요 없게 되었다든가 하는 것은 정의적 영역에 속한다. 이와 같은 인식은 그 책상에 대한 개념적 인식이며 그 책상의 개체성(individuality)에 대해서는 아무런 인식도 없다. 반면 책상은 대학의 강의실에서 수십 년을 지내오면서 학생들의 성장을 지켜보았을 것이라든가, 어느 무더운 밀림에서 자란 나무가 책상이 되었을 것이라든가, 낡았지만 균형이나 아름다움을 주는 모양을 가졌다든가 하는 인식이 바로 심리적 거리를 두고 대상에 관심을 가지는 문학적 인식이다. 자연 현상에 대한 판단도 이와 비슷하게 설명될 수 있다. 이른 새벽 대도시 안에 있는 산에 올라가서 스모그 가득한 도시의 모습을 바라보았다고 하자. 그 모습을 보고 매연에 들어 있는 탄화수소가 햇빛에 의하여 성질이 변하면 질소산화물과 작용하게 되면서 스모그가 나타난다고 설명한다면 이것은 스모그의 발생에 대한 과학적 시선으로 인지적 평가에 해당한다. 반면 스모그 때문에 사람들의 건강이 나빠질 것이므로 스모그를 발생시키는 자동차를 줄여 환경오염을 극복해야 한다고 생각한다면 이것은 정의적 가치판단에 속한다. 그러나 스모그의 모습에서 환영받지 못하는 존재에 대한 비애나 불투명한 흰 빛깔이 주는 아름다움을 느낀다면 이것이 바로 무관심성의 시선이라고 할 수 있다. 즉 심리적 거리두기는 다른 목적에는 관심을 두지 않고 세상의 맥락에서 뚝 떨어뜨린 상태에서 대상의 구체적인 모습을 감각적이고 생생하게 지각하고 공감하도록 하기 위한 준비 과정이다.

이 과정에서 학습자는 모든 다른 관심이 제거된다는 측면과 그리하여 대상에 대한 지각적이고 상상적 힘에 전심한다는 두 가지 측면을 지닌다. 대상에 몰입하기 때문에 감정이입의 통로가 쉽게 열릴 수 있으며, 지각된 문학 텍스트에 대한 정신적 참여를 통해서 문학텍스트를 인식할 수 있는 것이다. 교사는 문학작품이 기초하고 있는 깊이와 의미를 학습자가 생생하고 구체적으로 지각하도록 이끌어야 한다.

2.3. 표현성의 원리

실 상황에서 학습자는 홀로 문학작품을 감상하는 것이 아니라 교사 및 동료 학습자와 함께 한다. 학습자가 타인과 함께 문학작품을 읽고 감상하는 과정은 '함께 읽기'를 통해 가능하다. 따라서 학습자들이 자신이 구성한 의미를 타인에게 말하기 위해서는 자신이 의도한 의미를 언어화하는 과정이 필요하다. 문학작품에 대한 자신의 생각이나 느낌을 언어화할 때에는 자신의 정서를 '서술(description)[4]'하는 것이 아니라 '표현(expression)'해야 한다.

정서는 '서술'될 수도 있고 '표현'될 수도 있다(Collingwood 1996: 110~115). 그러나 정서의 서술과 정서의 표현 사이에는 커다란 차이가 있다. 어떤 대상을 서술한다는 것은 그것을 어떤 종류에 속해 있는 하나의 예속물로 보고 일정한 개념에 종속시켜서 분류하는 것이다. 이때 서술되는 것은 그 대상이 가진 고유한 속성이 아니라 그 대상이 속해 있다고 여겨지는 종류나 개념의 속성이다. 반면, 어떤 대상을 표현하는 것은 그 대상 고유의 특성을 의식하고 타인이 그것을 잘 이해할 수 있도록 드러내는 것이다.

4) 콜링우드(Collingwood 1996)에서는 서술이 아니라 기술(記述)로 번역되어 있다. 그러나 본 연구에서는 기술(skills)과 혼용되어 읽힐 뿐만 아니라, 원문에서의 'description'으로 되어 있으므로 서술(敍述)로 바꾸어 쓰고자 한다.

정서의 '표현'은 정서의 '표출(表出)'과도 다르다. 표현 텍스트는 표현의 의도(purpose), 형식(form), 실체(substance) 모두를 포함해야 한다(이삼형 외 2007: 202~203). 그러나 정서의 표출은 이러한 세 가지 범주 모두를 갖추고 있지 못하다. 문틈에 손가락이 끼었을 때 자신도 모르게 '아야!' 하고 소리를 내거나, 뜨거운 물체가 몸에 닿았을 때 '앗, 뜨거워!' 하고 놀람을 나타내는 경우는 정서가 표출된 경우이다. 이때 '아야!' 라는 말은 표현 형식과 표현의 실제 조건은 갖추었지만, 표현 의도는 갖추고 있지 못하다. 따라서 이러한 말은 표현 텍스트가 될 수 없다. 정서를 '표현'한다는 것은 그 정서의 독특성이 행위자에게 주는 느낌 또는 의식을 충분히 나타내고 있다는 말이다. 그러므로 어떤 대상을 잘 표현했다는 것은 그 대상이 가진 독특성을 잘 드러내었다는 의미이다. 다시 말하면, 그 대상이 다른 것들과 어떻게 다른지 인식하고 그것을 드러내는 일에 성공하였다는 것이다. 따라서 어떤 정서가 표현되었을 때, 그 표현된 정서는 다른 사람의 정서와 구분될 뿐만 아니라 그 사람이 이제까지 느꼈던 다른 정서와도 구분된다. 이 점에서 정서를 표현하는 것은 그 정서를 다른 정서들과 구분한다는 것, 즉 그것을 '개별화'한다는 것을 뜻한다.

부연하면, 서술은 대상을 '일반화'하는 것인 반면 '표현'은 대상을 '개별화'하는 것이다(김혜련 2007: 538~544). 서술은 대상을 '객관화'하는 것인데 반하여, 표현은 대상을 '주관화'하는 일이라는 것이다. 앞에서도 언급하였듯이 어떤 대상을 서술한다는 것은 그것을 일정한 종류나 개념에 속하는 것으로 분류한다는 것을 뜻한다. 여기서 알 수 있는 것은 어떤 대상을 서술하려면 그 서술이라는 행위 이전에 그 대상이 무엇인가를 이미 알고 있어야 한다는 것이다. 서술하려는 대상이 무엇인지를 알고 있는 경우에만 그것을 어떤 종류나 개념에 따라 분류할 수 있기 때문이다. 그러므로 서술이라는 것은 자신이 알고 있는 어떤 대상을 다른 사람에게 '알려주는 일'이라고 할 수 있다. 즉 서술은 자신이 알고 있는 어떤 대상을 다른 사람들도 이미 알고 있는 종류나 개념에 따라 분류함으로써 그 대상을 다른 사람들에게 알리는 행위이다. 이런 의미에서, 어떤 대상을 서술하는 것은 그 대상을 '객관화'하는 일이다.

그러나 어떤 대상을 표현하는 경우는 이와 다르다. 위에서 말한 대로, 표현은 그 대상이 가진 모종의 독특성을 인식한다는 말과 같다. 즉 자신에게 체험된 개별적이며 주관적인 정서를 포착하여 그것을 드러내는 것이다. 어떤 사람이 자신의 정서를 표현하는 경우, 그가 맨 처음부터 그 정서가 무엇인지를 알고 있는 것은 아니다. 물론 그는 자신이 어떤 정서를 느끼고 있음을 의식하고 있다. 하지만 그것이 어떤 정서인지는 알고 있지 못하다. 그는 어떤 정서를 느끼고 있으면서도 그것이 무엇인지를 알 수 없는 이 상태에서 어떤 흥분감이나 불쾌감을 느끼고 있는 것이다. 그는 이런 상태에서 벗어나기 위해서 자신의 정서를 어떤 식으로든 표현하려고 한다. 그리고 자신의 정서를 표현함으로써 자신의 상태가 어떤 것이었는가를 비로소 알게 된다. 이 때 그가 표현하는 것은 다른 사람의 정서나 그가 이전에 느꼈던 다른 어떤 정서와도 구분되는 그 자신만의 독특한 정서이다. 결국 표현이라는 행위는 원칙적으로 자기 자신을 대상으로 하여 행해지는 것이다. 여기서 원칙적이라고 말한 이유는 표현이 비록 자신을 대상으로 하는 행위이지만 표현되는 것이 다른 사람에게 알려지기에 합당해야 하기 때문이다.

학습자가 문학작품에 대한 정서를 표현하는 일 또한 하나의 기호화 과정이라고 할 수 있다. 대상에 대한 경험을 자신의 의도에 따라 물리적인 기표로 만들어 내는 것이기 때문이다. 이러한 기호화에는 두 개의 개별적인 기호 영역이 필요하다. 그 하나는 기호 대상에 대한 경험이고, 다른 하나는 '기표'에 대한 경험이다(노양진 2009: 160~161). 대상에 대한 경험의 관점에서 시가 '원천 영역(source domain)'이라고 한다면, 시에 대한 체험은 '표적 영역(target domain)'이라 할 수 있다.

학습자가 표현의 기준으로 삼아야 하는 원천 영역은 시인을 그렇게 표현하도록 만들었던 감성을 독자의 마음속에서 떠올림으로써 찾을 수 있다. 이렇게 되었을 때 시인에 의해서 표현된 정서가 독자에게 전달되었다고 할 수 있으며 이것이 바로 소통의 시작 지점이다. 반면 표현의 '표적 영역'은 학습자가 가지고 있는 언어에 대한 경험이다. 자신의 정서를 언어로 표현하기에 위해서는 그것을 표현할 적절한 어휘 목록이 있어야 한다. 그런 의미에서 표적 영역은 학습자가 가지고 있는 물리적 대상이나 추상적 대상에 대한 어휘 목록으로, 그가 가진 언어적 경험을 바탕으로 한다.

문학작품이 정서의 표현이라고 한다면 정서를 표현하는 것은 곧 자신의 정서를 인식하는 일이 된다. 이때 정서를 인식한다는 것은 순간적인 것으로서 지나가버릴 수도 있었을 정서에 주의하게 되는 것, 그리하여 그 감정을 마음속에서 지속적으로 경험하게 되는 것을 뜻한다. 독자가 자신의 정서를 의식하게 되었다는 것 또한 마찬가지이다. 그것은 독자가 작가가 느낀 정서에 주의하게 되었다는 것, 그리하여 작가가 느꼈을 정서를 자신의 마음속에서 자신의 것으로 상상하게 되었다는 것을 뜻한다. 다음은 학습자가 시를 읽고 자신의 느낌을 표현한 문장이다.

(가) 엄마 목소리가 계속 계속 내 귀속으로 계속 계속 들어온다. 엄마 목소리가 계속 귀에 들어오면 계속 들릴 때마다 눈물이 난다. 길가 풀숲 옆에 앉아 있는 아이는 아무 말 없이 손으로

풀을 뜯고 있지만, 눈에서 눈물이 흐르고 있다.

(나) 아버지께 혼이 난 일이 생각나서 슬프다. 내가 그렇게 잘못한 것도 아닌데, 혼이 나니 억울했다.

(가)와 (나) 모두 '엄마 목소리'라는 시를 읽고 자신의 생각을 표현한 것이다. 그런데 (가)와 (나)의 내용은 차이를 보인다. (가)의 경우 학습자가 시적 상황과 맥락을 파악하여 섬세하게 시적 화자의 느낌을 표현하고 있다. (나)의 경우 시적 상황이 아니라 자신이 경험을 환기하여 설명하고 있다. (나)학생은 시 텍스트를 바탕으로 한 의미 구성에 소홀한 것을 알 수 있다. 이것은 (나)의 심적 상태가 '질적 느낌(qualitative feeling)(Nagel, 1976)'으로 변하지 못했기 때문이다. 시를 대면하는 독자는 시인이 경험한 정서의 표현을 성실하게 자기 마음 안에서 재구성하는 사람이다. 이것은 단순한 수용이나 관조가 아니라 협력의 과정이라고 할 수 있다. 그렇게 함으로써 독자는 자기 자신의 시적 감성으로 시 텍스트를 재창조할 수 있다. 이것이 가능하기 위해서는 시인과 같이 독자도 자신의 정서를 누설하지 않고 성실하게 표현함으로써 그것을 개별화할 수 있어야 한다. 이를 통해 시 작품은 창작 주체 자신의 것만도 아니며 독자 자신의 것만도 아닌 공동체의 소산으로서 소통되게 된다.

콜링우드는 정서를 표현하는 행위는 자신의 정서를 탐구하는 행위라고 말한다(Collingwood 1996: 111). 정서를 표현하지 않는다면, 그 사람은 자신의 정서를 알 수 없을 것이다. 그리고 정서를 표현함으로써 자기 자신을 알게 되는 일, 이것이 바로 문학작품의 공통적인 속성이라고 할 수 있다. 문학적 감성은 자신의 정서를 표현함으로써 자신이 알고자 하는 정서를 탐구하는 의식적인 노력으로 규정된다.

3. 문학 수업의 방법

3.1. 현시적 교수 모형

현시적 교수(Explicit instruction)모형은 교사의 설명, 시범, 안내와 연습 및 학생 독자적 연습 활동 단계를 따르면서 각 단계마다 피드백을 중시한다는 점에서 직접교수모형과 유사하다. 그러나 직접교수모형에서 다룰 수 있는 선언적이며 절차적인 지식요인 뿐만 아니라 효과적인 전략 이용에 필요한 조건적 지식에 관해서도 지도할 수 있다는 점에서 직접 교수모형과는 다르다.

'현시적'이란 말은 언어사용의 지적과정을 밖으로 끌어내어 명료하게 하는 것을 말한다. 학생들은 자신의 지적작용을 의식하면서 적절하게 활용할 수 있는 능력을 길러야 하기 때문에 현시적 수업에서는 학생들에게 학습목표달성에 필요한 전략이 무엇이고, 왜, 언제, 어떤 상황에서 전략을 활용하며, 그 과정이나 결과를 어떻게 평가해야 하는가에 대해 알도록 하고, 행할 수 있도록 지도해야 한다. 이런 점에서 현시적 교수모형은 다음과 같은 세 가지 측면에서 다른 수업과 차이를 보인다. 첫째, 교사는 기능이나 전략을 설명해 줄 뿐만 아니라 직접 시범을 통해 그 기능이나 전략을 활용하는 방법을 보여준다. 그리고 전략 사용의 상황, 목적, 시기, 방법, 이유 등도 상세하게 설명한다. 둘째, 교사는 학생들이 스스로 과제를 수행해 나갈 수 있을 때까지 안내하고 연습시킨다. 셋째, 교사는 학생들의 수행을 관찰하고 평가하면서 교정할 수 있도록 송환(feedback)할 수 있게 하며, 학습한 전략을 다른 상황에서도 적용할 수 있도록 한다.

〈표2-7〉 현시적 교수 모형의 절차

단계	주요 활동
설명하기	• 학습 목표를 달성하기 위한 기초지식, 배경지식, 기술, 기능적 내용, 전략적 방법 등을 설명
시범보이기	• 제1의 학습자료 제시 • 사고의 과정을 구체적이고도 단순한 예를 통하여 교사가 직접 시범을 보여 주거나 모델을 제시
연습하기	• 제2의 학습 자료 제시 • 학생들이 학습한 내용을 점검 • 피드백 학습을 통하여 교정
적용하기	• 제3의 학습자료 제시 • 학생의 독자적 해결

현시적 수업에서는 전적으로 교사의 사고구술로 시작된다. 예를 들어 문학작품을 읽고 난 교사의 감상과 해석을 학습자에게 설명할 수 있다. 그러나 이 수업에서 책임은 점차 교사로부터 학생에게로 이양되어 간다. 이 과정에서 교사는 안내해 주고, 학생은 직접 연습한다. 이 과정을 한 마디로 안내된 연습(guided practice)이라고 할 수 있다. 이 단계에서 교사는 학생의 지적 사고활동을 촉진시키고, 자신의 언어 사용에 대하여 반성적 사고를 할 수 있도록 적절한 질문을 던져 학생들이 능

동적으로 자료를 활용하면서 활동하도록 유도한다. 이 과정은 학생들이 새로운 문학작품을 읽고 적용할 수 있을 때까지 지속된다. 이 모형의 최종단계에 이르면 학생 스스로 활동을 하게 된다.

3.2. 반응중심학습 모형

반응중심 학습 모형은 수용 이론과 독자반응 비평이론에 근거하여 문학작품에 대한 독자의 반응을 근간으로 학습의 과정을 이끌어 가는 모형이다. 이 모형에서는 문학작품을 읽는 독자들이 서로 다른 지식이나 경험을 수용하여 문학 작품에 대한 서로 다른 해석과 이해의 공간을 마련하고 그에 대해 토론함으로써 독자 개개인의 느낌과 생각을 명료화하도록 유도한다. 따라서 학습자 개개인의 반응을 존중하되, 충분한 협의를 거쳐 자신의 반응을 검증할 기회를 제공하는 것이 관건이라고 할 수 있다. 반응중심 학습 모형의 절차는 다음과 같다.

〈표2-8〉 반응중심 학습 모형의 절차

단계	주요 활동
반응의 형성	• 배경 지식이나 경험의 활성화 • 자신의 경험과 관련된 내용 이야기하기 • 작품의 개관 및 작품 읽기
반응의 명료화	• 작품에 대한 개인적 반응의 표현
반응의 심화	• 모둠별로 자신의 의견을 교환하여 반응 심화하기
반응의 일반화	• 일반화 가능성 탐색 – 자신의 의견을 검증 • 일반화 – 유사한 작품이나 이야기 찾아보기

반응중심 학습 모형에서는 문학작품을 정확하게 이해할 수 있는 기회를 충분히 제공해야 한다. 작품을 음미할 수 있는 시간적 여유 없이 수업이 진행되는 경우 학습자는 자신의 경험에 비추어 반응을 구성할 뿐 작품의 내용에 근거하지는 못하는 경우가 많다. 교사는 비판적으로 학생의 반응을 수용하고, 감정과 반응을 탐색할 분위기를 조성해야 한다. 또한 학생들이 작품에 대한 감정과 아이디어를 진솔하게 표출하도록 분위기를 조성하는 것이 중요하다. 반응중심 학습 모형에서는 동료들과의 토론을 강조하여 자기중심적으로 해석하고 감상하는 것을 지양하고 있다. 문학작품을 다룰 때 사건이나 인물, 배경이나 주제 등에 대한 다양한 반응이 나오도록 학습자에게 발문하는 것이 좋다.

3.3. 문학능력 계발 모형

능력 계발 모형(Conscious Competence Learning Model)은 인간이 어떤 업무를 수행하거나 일을 처리하는 데 필요한 능력을 습득하기 위해 거쳐야 하는 4단계로 구성되어 있다. 이 모형은 미국의 심리학자 고든(Thomas Gordon)이 설립한 고든 학습 인터내셔널(Gordon Training International)에서 계발된 것이다. 능력 계발 모형은 학습자가 지닌 능력을 발견하고 신장시켜주는 과정을 기반으로 한다. 능력 계발 기반 모형에 나타난 능력의 단계별 특징(Adams, 2012)은 학습자가 기능을 수행하는 정도와 해당 기능을 의식하고 있는지에 따라 〈표2-9〉와 같이 나뉘진다.

〈표2-9〉 능력 계발 기반 모형

능숙도 / 의식적 수행 정도	능력이 높음 (competence) ←	능력이 낮음 (incompetence)
의식적 (conscious) ↓↑	**〈3단계〉의식적 능력** (conscious competence) 배워야 하는 기능이 무엇인지 알고 의식적으로 노력하여 그 기능을 수행할 수 있는 상태	**〈2단계〉의식적 미숙** (conscious incompetence) 배워야 하는 기능 무엇인지는 알지만 할 수 없다는 것을 알게 된 상태
무의식적 (unconscious)	**〈4단계〉무의식적 능력** (unconscious competence) 학습한 기능을 지속적으로 연습하고 새로운 기능을 적용하여 의식적으로 노력하지 않아도 쉽게 수행할 수 있는 상태	**〈1단계〉무의식적 미숙** (unconscious incompetence) 배워야 하는 기능이 무엇인지 모르고 수행할 수도 없는 상태

문학 교수 · 학습이 추구하는 궁극적인 목표는 학습자가 문학작품과 만났을 때 자신의 시선으로 작품을 이해하고 향유하는 태도를 길러주는 데 있다. 따라서 문학 교수 · 학습은 문학작품을 읽는 활동뿐만 아니라 자신의 느낌이나 생각을 생생하게 전달하기 위한 감성적 표현 활동에도 영향을 미친다. 이러한 감성적 표현은 시나 소설을 쓰기 위한 활동뿐만 아니라 자신의 느낌이나 생각을 생생하게 전달하기 위한 국면에도 확장되어 활용될 수 있다. 따라서 이를 근간으로 문학능력 계발 모형을 구성하면 다음과 같다.

〈표2-10〉 문학능력 계발 모형의 절차

단계	주요 활동
발견하기	• 동기 유발 및 배경 지식 활성화 • 문학능력의 필요성과 효과 인식
학습하기	• 문학능력을 통한 작품 읽기 적용 사례 제시 • 문학능력의 기초적인 기능 확인
적용하기	• 문학능력을 통한 작품 읽기 • 문학작품의 해석 및 동료 협의
정교화하기	• 자신의 문학능력 점검 • 자신의 문학능력에 의미부여

문학능력 계발 모형은 문학적 속성을 학습할 때에나 활동중심 문학교육을 실행할 때 활용할 수 있다. '발견하기' 단계는 시를 읽을 때 정서를 메타적으로 인식하는 것이 필요함을 아는 단계라고 할 수 있다. 발견하기 단계는 스스로 깨우치게 되는 과정(realizing)이 아니라 어떠한 자극을 통해서 발견(discovering)하는 과정이다. 발견하기는 여러 가지 방식으로 시도될 수 있다. 예를 들어 감상 능력이 뛰어난 독자의 문학작품 읽기 과정과 반응 등을 관찰하고 대화하도록 할 수 있다. 동급 학년이나 상급학년의 학생 중에서 시를 능숙하게 읽는 학생을 교실에 초대하여 자신의 읽기 방식을 설명하도록 하거나 그와 이야기하도록 유도하는 것이다. 또는 여러 학생이 시를 읽고 시에 드러난 혹은 드러나지 않은 정서와 시적 상황, 시적 화자의 특성 등에 대하여 토론하도록 하고 토론 장면을 지켜보게 할 수 있다. 미숙한 독자가 능숙한 독자들이 텍스트를 읽고 독서토론 하는 모습을 관찰함으로써 읽기 능력을 향상시키며, 자신의 읽기 과정을 메타적으로 평가할 수 있음은 여러 연구를 통해 증명된 사실이다. 이 밖에도 교사가 자신의 읽기 경험을 학생들에게 들려주고 학생들로 하여금 자신과 다른 점이나, 따라하고 싶은 방법 등을 이야기할 수 있다. 또한 문학작품을 읽고 쓴 감상문이나 아동을 위한 비평을 읽고 텍스트에 드러난 문학적 지식이나 자신의 경험과의 관련짓기 정도를 파악할 수도 있다. 이러한 활동을 통해 학습자는 자신이 시 읽기에 초보자임을 느끼고 실망할 수도 있다. 그러나 교사는 문학 작품 읽기의 맛은 문학적 지식이나 자신의 경험 및 정서적 스키마를 얼마나 활용하느냐에 따라 큰 차이가 남을 인식시킬 필요가 있다. '학습하기'에서 '정교화하기' 단계는 준비된 교육내용에 따라 관련된 전략들을 학습하는 단계라고 할 수 있다. 이 단계에서는 본격적으로 문학작품을 읽으면서 목표 학습 내용을 배우는 과정이다.

4. 문학 수업의 평가 및 유의점

4.1. 문학 수업의 평가

문학 수업의 평가는 학생들의 문학경험이 얼마나 밀도 있게 이루어졌는가에 초점을 맞추어야 한다. 문학작품을 이해하고 감상하는 과정에서 나타나는 학습자의 지적, 정서적 경험의 밀도를 측정하고 내면화 양상을 추적하는 것이 되어야 한다. 따라서 문학 수업의 평가는 구체적인 작품의 해석 및 감상능력에 초점을 두고, 작품 전체에 대한 열려진 반응을 중심으로 이루어지는 것이 바람직하다. 문학 능력은 비판적 사고와 창의적 사고의 전 영역에 걸쳐서 작용하는 정신능력이라 할 수 있다. 따라서 일회적인 평가가 아니라 지속적으로 학습자의 결과물을 포트폴리오하여 변화과정과 발전과정을 관찰하고 누가적으로 평가하는 방식을 취하는 것이 바람직하다.

따라서 문학영역의 성취기준을 근간으로 마련된 문학영역 관련 학습 목표를 성취했는지 확인해야 할 경우 평가 결과의 오류 가능성이 잠재되어 있다. 문학이 과학, 사회과의 지식구조와는 다른 수용구조를 가졌다는 점을 간과해서는 안 된다. 목표 중심 평가를 할 때는 전체 목표체계와 관련하여 측정하거나 관찰해야 하는 학습자의 행동이 무엇인지 파악해야 한다. 작품단위의 목표를 고려하고 분화된 목표들을 관련성이 있는 것끼리 통합하여 그것을 평가 목표로 재구성하는 전략이 필요하다. 인지적 목표와 정의적 목표의 자연스러운 융합을 추구하는 평가가 되도록 해야 한다.

1) 지필 평가

다수의 학생을 객관도 높게 평가하고자 할 때 가장 편리한 방법이 답지 선택형 문항이다. 단답형 문항들이 일정하게 모여 계열을 이루면서 지식이나 경험의 계열적 완결성을 평가하고자 할 때에는 단답형 문항을 구성할 수도 있다. 또한 문학영역의 지필평가에서 서술형 문항이 빈번하게 활용된다. 서술형 문항을 구성하기 위해서는 사전에 치밀한 준거와 다양한 반응양상에 대한 평가 상의 유의점이 강구되어야 한다. 서술형 문항은 많은 답을 내포 할 수 있으므로 등급에 관한 평가는 최소화하고 오히려 학생 개개인의 문학 감상 특징을 발견하고 송환하는 안목을 가지고 평가할 필요가 있다.

2) 수행 평가

문학영역에서 수행평가를 실시할 때에는 먼저 수행평가 내용 요소를 선정해야 한다. 수행평가 내용 요소는 주로 교육과정을 기준으로 선정되는 데, 교육과정의 성취기준이 추상적이므로 이를 상세화하여 준거를 명료하게 정리할 필요가 있다. 문학 수행평가가 의미 있게 이루어지 위해서는 지속적 관점에서 장기간에 걸쳐 이루어지는 것이 좋다. 수행평가가 자칫 학생의 수행을 총체적으로 파악하기보다는 수행의 일부분을 놓고 전체로 확대 해석하는 결과를 낳지 않도록 주의해야 한다.

문학영역의 수행 평가에서는 포트폴리오 방법을 활용하는 것이 유용하다. 포트폴리오 방법을 보다 더 유용하게 하려면 '지금 여기의 학생들'의 실정에 맞게 평가목적을 정의하고, 누가, 언제 무엇을 할지를 계획하고, 개별 작품에 관한 준거를 마련하는 것이 중요하다. 수행평가의 자료는 학생 활동을 파악하여 이후의 유사 활동 시 학생의 발전을 돕는 피드백 자료가 된다. 또한 소집단 토의를 통해 상호 평가하도록 하거나, 스스로 자신이 쓴 감상문이나 창작물을 평가하도록 하여 학습자의 자기평가를 유도할 수 있다. 학습자 스스로가 자신의 현 수준을 인식하고 반성하면서 바람직한 방향으로 조정하는 과정은 다른 문학 학습 활동에의 전이를 돕는다.

수행평가를 통해 문학영역은 국어과의 언어기능 영역과 활동상의 강한 연계를 가지게 된다. 문학의 이해, 감상을 듣고 말하고, 읽고, 쓰는 언어기능 활동을 두루 평가할 수 있는 수행평가는 통합적 차원에서 학습자의 국어과목표 성취정도를 파악할 수 있는 유용한 도구가 된다.

4.2. 문학 수업의 유의점

문학 수업을 보다 효과적으로 운영하기 위해서 다음과 같은 점에 유의해야 한다. 첫째, 학습자가 문학 작품을 읽고 자신의 감정을 이입하도록 유도해야 한다. 문학교수·학습에서는 학습초기에 감정이입의 단서를 제공하여 수용의 밀도를 높여주고 일정한 단계에 오르면 자신의 감정이입을 메타적으로 성찰토록 강구해야 한다. 둘째, 이야기 장르를 지도할 때에는 이야기의 구조를 파악하도록 해야 한다. 서사문학 이해의 요체는 구성 즉 플롯의 이해라고 할 수 있는데 플롯 개념 인지는 어떤 이론적 설명에 의해서라기보다는 잘 구성된 좋은 이야기나 애니메이션 혹은 영화나 드라마를 접해 보는 경험을 통해서 길러질 수 있다. 플롯의 개념을 이해하였을 때, 이야기의 사건과 진행 과정을 쉽게 이해할 수 있다. 셋째, 문학교수·학습에서는 작품의 배경이나 상황이 어떠한지 먼저 파악하는 것이 중요하다. 작품의 배경에 대한 관심은 작품 속에서 리얼리티에 대한 관심을 뜻하기도 한다. 배경요소를 언어적 묘사에 의해서 수용하는 단계가 되었다는 것은 문학작품을 보다 능동적으로 이해할 수 있는 단계가 되었음을 의미한다. 시를 읽을 때에도 시적 상황을 이해하면 시 전체에 흐르는 분위기를 파악하는 데 용이하다. 넷째, 학습자의 스키마를 극대화하도록 유도해야 한다. 스키마란 독자의 삶의 텍스트 또는 독자의 경험 텍스트라고 할 수 있다. 스키마란 개념은 문학작품의 수용과 이해를 설명하는데 매우 유용하다. 이를 위해서는 소재의 중요성을 고려하여 학생들의 경험과 밀접한 소재를 택해야 하고, 문학이해에 중요하게 관여하는 스키마의 동원을 교사가 자극해주는 전략을 생각해 보아야 한다.

참고문헌

제 1장 듣기 · 말하기 수업의 이해

구현정(2002). ≪대화의 기법≫, 한국문화사.

구현정외(2005). ≪의사소통의 기법≫, 박이정.

김재봉(2003), ≪초등 말하기 · 듣기 교육론≫, 교육과학사.

노은희 외(2012), 2011 개정 국어과 교육과정 "듣기 · 말하기" 영역에 대한 비판적 고찰 -내용 성취기준의 현장적합성 조사를 기반으로, 국어교육학회, 〈국어교육학연구〉 제 44집.

박영목외(1996), ≪국어교육학 원론≫, 교학사.

박인기외(1999), ≪국어과 수행평가≫, 삼지원.

신헌재 외(1995), ≪국어 교과 교육학의 이론화 탐색≫, 일지사.

신헌재외(2009), ≪초등 국어과 교수학습 방법≫, 박이정.

신헌재 외(2014), ≪초등학교 국어 교과서 개발 과정과 전망≫, 미래엔.

이창덕(1999), ≪대화의 메타 분석을 활용한 말하기 평가 방법 탐색≫, 99 국어교육연구소 발표회 자료집, 서울대학교 국어교육연구소.

이창덕 외(2000), ≪삶과 화법≫, 박이정.

이창덕 외(2010), ≪화법교육론≫, 역락.

이창덕 외 옮김(2007), ≪말하기 듣기 교육의 이론과 실제≫, 박이정.

임칠성 외(2002), ≪국어 선생님, 듣기 수업 어떻게 하십니까?≫, 역락.

임칠성(2011), 국가 수준 학업성취도 평가 개선을 위한 "듣기" 평가 이론의 정립, 한국어교육학회, 〈국어교육〉 134.

임태섭(1997), ≪스피치커뮤니케이션≫, 연암사

전은주(1999), ≪말하기 · 듣기 교육론≫, 박이정.

조한무(1999), ≪포트폴리오 평가≫, 교육과학사.

최미숙외(2008), ≪국어교육의 이해≫, 사회평론.

최현섭 외 (2002), ≪국어교육학개론≫, 삼지원.

한국화법학회 화법용어해설위원회(2014), ≪화법 용어 해설≫, 박이정.

Carole Cox(2002). Teaching Language A: a student-& response-centered classroom, A simon & schuster company.

Gordon, D. (1992). one teacher's classroom : strategies for successful teaching and learning, Portmouth, NH: Heinemann.

Mary Underwood, 입말교육연구모임 옮김(1999), ≪듣기 교육≫, 나라말 출판사.

Reardon, K. K. 임칠성 역(1997), ≪대인의사소통≫, 한국문화사.

Fredericks, A. Blake-Kline, B. & Kristo, J(1997). Teaching the Integrated Language Arts : Process and Practice, Addison-Wesley Educational Publishers Inc. Longman. p.97-98.

참고문헌

제 2장 읽기 수업의 이해

강경호 외(2009), ≪개정 7차 교육과정에 따른 초등 국어과 수업 방법≫, 박이정.

강혜숙 외(2003), ≪읽기 수업이 보여요≫, 박이정.

김수연 · 강정아(2012), 읽기부진아를 위한 체험형 독서프로그램 설계-방법과 효과-, ≪한국문헌정보학회지 제46권 제3호≫, 한국문헌정보학회, pp.157~180.

김중훈(2014), ≪학습부진의 주요 원인 읽기 부진 어떻게 지도할 것인가?≫, 청주교대 교육연구원 전문가 초청 세미나 자료.

남미영(2009), ≪엄마가 어떻게 독서 지도를 할까≫, 대교출판.

노명완 외(2012), ≪국어교육학개론 4판≫, 삼지원.

신헌재 외(2013), ≪초등 국어과 교수-학습 방법≫, 박이정.

심영택(2011), 초등학교 저학년 기초 문식성 교수 학습 방법, ≪한국초등국어교육 제42집≫, 한국초등국어학회.

엄훈(2012), ≪학교 속의 문맹자들≫, 우리교육.

윤준채(2011), 읽기 전략의 효과에 대한 검토-메타분석 연구를 중심으로-, ≪독서연구 제25호≫, 한국독서학회, pp.85~106.

윤준채(2013), 다문화 가정 아동의 읽기 태도 발달 양상 연구, ≪새국어교육 95호≫, 한국국어교육학회, pp.161~179.

윤준채 · 이형래(2007), 초등학생의 읽기 태도 발달에 대한 연구 (I), ≪국어교육연구 40≫, 국어교육학회, pp.151~190.

이경화 외(2007), ≪교과 독서와 세상 읽기≫, 박이정.

이경화 외(2008), ≪한글 깨치기 비법-기초 문식성 지도 방안≫, 박이정.

이경화(2009), ≪초등학교 국어 학습 부진의 특성과 통합교육 방안≫, 박이정.

이경화(2010), ≪읽기 교육의 원리와 방법≫, 박이정.

이경화 외(2012), ≪초등학교 국어 학습부진의 이해와 지도≫, 박이정.

이성영(2009), 읽기 교육에서 태도의 문제 - 읽기 태도의 교육 가능성을 중심으로, ≪독서연구 21≫, 한국독서학회, pp.285~318.

이순영(2006), 몰입 독서의 개념에 대한 비판적 검토, ≪국어교육 120≫, 한국어교육학회,

이재승(2006), ≪좋은 국어 수업 어떻게 할 것인가(수업 방법 19가지)≫, 교학사.

이종숙 · 조희정(2012), 읽기부진아동을 위한 읽기 게임 프로그램과 직접 교수 프로그램의 효과 비교, ≪한국심리학회지 25(1)≫, 한국심리학회, pp.77~99.

이화진 외(2009), ≪학습부진학생 지도 · 지원의 실효성 제고를 위한 대안 탐색≫, 한국교육과정평가원 연구보고 RRI 2009-13.

정혜승(2006), 읽기 태도의 개념과 성격, ≪독서연구 제16호≫, 한국독서학회, pp.383~405.

정혜승 · 서수현(2011), 초등학생의 읽기 태도에 대한 연구, ≪국어교육 134≫, 한국어교육학회, pp.353~382.

천경록(1999), 읽기 장애의 개념과 지도 방향, ≪한국어문교육연구 8≫, 한국어문교육연구소, pp.263~282.

천경록 외(2007), ≪초등국어과교육론≫, 교육과학사.

최미숙 외(2012), ≪국어교육의 이해≫, 사회평론.

최숙기(2012), ≪중학생의 읽기 능력 발달 양상에 관한 연구≫, 한국교원대학교 박사학위 논문.

최지현 외(2007), ≪국어과 교수 · 학습 방법≫, 역락.

한철우 외(2002), ≪문학 중심 독서 지도≫, 대한교과서.

한철우 외(2006), ≪독서 교육 사전≫, 교학사.

참고문헌

Ruddell, R. B.(3rd) (2002). Teaching children to read and write: Becoming on effective literacy teacher. Boston: Allyn & Bacon.

Smith, F (1997). Reading Without Nonsense (3rd). Teachers College Press.

제 3장 쓰기 수업의 이해

가은아(2011), 쓰기 발달의 양상과 특성 연구, 한국교원대학교 대학원 박사학위논문.

곽재용(2000a), 국어과 '쓰기' 수행평가의 준거와 실제, ≪초등교육연구≫ 제10집, 진주교육대학교 초등교육연구소.

곽재용(2000b), 겪은 일 쓰기 수행 평가의 준거와 실제, ≪한민족어문학≫ 제36집, 한민족어문학회.

곽재용(2000c), 주장하는 글쓰기의 수행평가 방안, ≪한국초등국어교육≫ 제17호, 한국초등국어교육학회.

곽재용(2000d), 글쓰기 10단계 수행평가, ≪배달말≫ 제27호, 배달말학회.

곽재용(2001), 국어과 쓰기 수행평가 도구 개발, ≪초등교육연구≫ 제11집, 진주교육대학교 초등교육연구소.

곽재용(2001), 쓰기 평가 단계, ≪우리말글≫ 제22집, 우리말글학회.

곽지순(1999), 쓰기 수행평가 방법 연구, 인천교육대학교 석사학위논문.

교육부(1999), ≪초등 학교 교육 과정 해설≫, 대한교과서주식회사.

김기철(2005), 초등학생의 쓰기 능력 발달 특성 위계 연구, ≪계룡국문교육≫, 6집, 계룡국문교육학회.

김도남(1997), 문제해결 중심의 작문 지도 방법 연구, 한국교원대학교 대학원 석사학위논문.

김문화(2005), 초등학생이 쓴 설명문의 양상 분석, 한국교원대학교 대학원 석사학위논문.

김봉순(1999), 쓰기 영역의 수행 평가 방안, ≪국어교육≫ 100, 한국국어교육연구회.

김영천(2000), 새로운 수행평가 모델의 탐색: 방법, 디자인, 그리고 딜레마, 한국초등교육학회 종합 학술대회 자료집, 한국교육과정평가원.

김창원(1999), 국어교육 평가의 구조와 원리, ≪한국초등국어교육≫ 15집, 한국초등국어교육학회.

노명완 · 이차숙(2002), ≪문식성 연구≫, 박이정.

박영목(1999), 작문 능력 평가 방법과 절차, ≪국어교육≫ 99, 한국국어교육연구회.

박영목(2008), ≪작문 교육론≫, 도서출판 역락.

박영목 · 한철우 · 윤희원(2001), ≪국어과 교수 학습론≫, 교학사.

박영민(2006), 국어과 교육과정 작문 평가 방법의 분석과 개선 방안, ≪교원교육≫ 21호 4권.

박인기 외(1999), ≪국어과 수행평가≫, 삼지원.

박인기(2000), 국어교육 평가의 패러다임 변화와 실천, ≪국어교육≫ 102, 한국국어교육연구회.

박태호 외(2005), 국어 표현에 대한 초등학생의 쓰기 특성 및 발달 고찰, ≪국어교육학연구≫ 23집, 국어교육학회.

박태호(2000), 장르 중심 작문 교육의 내용 체계와 교수 학습 원리 연구, 한국교원대 박사논문.

박태호(1997), 사회구성주의 패러다임에 따른 작문교육의 동향, 한국교원대학교 석사학위논문.

박태호(2009), ≪초등 국어 수업 관찰과 분석≫, 정인출판사.

배향란(1994), 쓰기의 총체적 평가 방법 연구, 한국교원대학교 석사학위논문.

신헌재 · 이재승(1997), ≪학습자 중심의 국어교육≫, 박이정.

참고문헌

신현숙(2007), 쓰기 표현 능력의 발달 경향, ≪교육연구≫ 30집, 전남대학교 교육문제연구소.

심영택(2003), 쓰기 기초 학력의 개념과 평가 방법 연구, ≪초등교육연구≫ 13집, 청주교육대학교 초등교육연구소.

원진숙(1995), ≪논술 교육론≫, 박이정.

원진숙(1999), 쓰기 영역 평가의 생태학적 접근-대안적 평가 방법으로서의 포트폴리오를 중심으로-, ≪한국어학≫ 제10집, 한국어학회.

원진숙(2000), 국어과 교육과정의 평가, ≪한국초등국어교육≫ 제16집, 한국초등국어교육학회.

윤정하(2003), 텍스트구조분석을 통한 초등학생의 쓰기 발달 양상 연구, 한국교원대학교 대학원 석사학위논문.

이삼형(1999), 국어교육 평가의 관점, ≪국어교육연구≫ 제9집, 국어교육학회.

이성영(2000), 글쓰기 능력 발달 단계 연구-초등학생의 텍스트 구성 능력을 중심으로, ≪국어국문학≫ 116호, 국어국문학회.

이재승(1997), ≪국어교육의 원리와 방법: 과정 중심 접근≫, 박이정.

이재승(2000), 쓰기 과정 평가의 개념과 교육적 의미, ≪한국어문교육≫ 9권 1호, 한국교원대학교 한국어문교육연구소.

이재승(2002), ≪글쓰기 교육의 원리와 방법≫, 교육과학사.

이정숙(2002), 쓰기 텍스트 구조 분석, ≪청람어문교육≫ 25집, 청람어문교육학회.

이태기(2000), 협의하기 활동이 글쓰기 능력 신장에 미치는 효과 연구, 춘천교대 석사학위논문.

이재기(1997), 작문 학습에서의 동료평가활동 과정 분석, 한국교원대학교 석사학위논문.

이주선(2005), 협상하기 전략을 통한 대화중심 쓰기 지도 방안 연구, 한국교원대학교 석사학위논문.

임천택(1998), 쓰기 포트폴리오를 통한 초등학생의 자기 평가 반응에 관한 연구, 한국교원대 석사학위논문.

임천택(2002), ≪학습자 중심의 국어과 평가≫, 박이정.

임천택(2005), 초등학생의 설명 텍스트에 나타난 쓰기 발달 특성 연구, ≪청람어문교육≫ 32집, 청람어문교육학회.

정미경(2010), 쓰기 능력 발달 단계별 학습 내용과 지도 방향, ≪한국어문교육≫ 제22집, 한국어문교육학회.

천경록(1998), ≪수행평가의 이론과 실제≫, 원미사.

최경희(1995), 쓰기 평가의 개선 방안에 관한 연구, ≪국어교육≫ 제89호, 한국국어교육연구회.

최미숙(2000), 서술식 평가의 유형과 실제 연구, ≪국어교육≫ 102, 한국국어교육연구회.

최병흔(1998), 쓰기 수행평가에 관한 연구, 쓰기 활동철 평가를 중심으로, 한국교원대학교 대학원 석사학위논문.

최종윤(2013), 초등학생의 쓰기 능력 발달에 관한 연구−표현적 글쓰기를 중심으로, 한국교원대학교 대학원 석사학위논문.

최현섭 · 이정숙 · 박태호(2001), ≪과정 중심의 글쓰기 워크숍≫, 역락.

최현섭 · 최명환 · 노명완 외(1996), ≪국어교육학개론≫, 삼지원.

한국 글쓰기 교육 연구회(1990), ≪글쓰기 교육의 이론과 실제≫, 온누리.

한철우 외, ≪과정중심작문평가≫, 원미사.

Flower Linda(1993)/원진숙 · 황정현 역(1998), ≪글쓰기의 문제 해결 전략≫, 동문선.

Irene L. C.(2012), Concepts In Composition: Theory and Practice in the Teaching of Writing, Routledge.

Murray D. M.(1980), Writing as process: How writing finds its own meaning, In T. R. Donovan and B. W. McClelland (Eds.), Eight approaches to teaching composition, NCTE.

Tompkins G. E.(1994), Teaching writing: Balancing process and product, NY: Macmillan Publishing Company.

참고문헌

제 4장 문법 수업의 이해

교육부(2015),《국어과 교육과정》, 교육부.
교육부(2017),《국어과 1-1 교사용 지도서》, 교육부.
고춘화(2010), ≪국어교육을 위한 문법 교육론≫, 역락.
류덕제 외(2014), ≪초등 국어과 교육론≫, 보고사.
신헌재 외(2009), ≪초등 국어과 교수 · 학습 방법≫, 박이정.
이상태(2008), 교육 문법의 체계 구성에 관한 연구, ≪어문학≫ 94, 한국어문학회, pp 63-80.
이상태(2010), ≪사고력 함양을 위한 국어교육 설계≫, 박이정.
이창근(2007), 초등학교 문법 교육 연구, 한국교원대학교 박사학위논문.
임지룡 외(2010), ≪문법 교육론≫, 역락.
최규홍(2007), 국어과 교수 · 학습 모형 연구, ≪청람어문교육≫ 35집, 청람어문교육학회, pp 109-128.
최규홍(2009), 문법 현상 인식 중심의 초등학교 문법 교육 연구, 한국교원대학교 박사학위논문.
최규홍(2013), 초등학교 문법 교육 평가 방법 연구, ≪청람어문교육≫ 47집, 청람어문교육학회, pp 265-286.
최미숙 외(2008), ≪국어교육의 이해≫, 사회평론.
Purpura, J. E. (2004), Assessing Grammar, London: Cambridge Univ. Press.

제 5장 문학 수업의 이해

김대행 외(2000),《문학교육론》, 삼지원.
김창원(1994), 시 텍스트 해석 모형의 구조와 작용에 관한 연구, 박사학위논문, 서울대학교.
김혜련(2007), 콜링우드,《미학대계 제1권 미학의 역사》, 미학대계간행회.
민현식 외(2011), 2011 국어과 교육과정 개정을 위한 시안 개발 연구, 2011 교육과학기술부 정책연구개발사 최종 보고서, 교육과학기술부.
신헌재(2006), 문학교육과정 내용선정을 위한 대안적 연구 방향,《문학 교육학》19, 한국문학교육학회.
신헌재 외(2009),《아동문학의 이해와 교육》, 박이정.
신헌재 외(2015),《초등문학교육론》, 박이정.
신헌재 · 이향근(2012), 초등 학습자의 시적 화자 이해 양상과 교육적 방향,《한국초등교육연구》 23(1),서울교육대학교 초등교육연구원.
윤여탁 외(2010),《현대시 교육론》, (주)사회평론.
이삼형 외(2007),《국어교육학과 사고》, 역락.
이향근(2012), 시적 감성의 교육 내용 설계 연구, 박사학위 논문, 한국교원대학교.
Johnson, M(1987), The Body in the Mind, 노양진 옮김(2000),《마음 속의 몸》, 철학과 현실사.
Collingwood, R.G.(1937), Principle of Arts, 김혜련 옮김(1996),《상상과 표현》, 고려원.
Lakoff, G. & Johnson, M.(1980), Metaphors We Live By, Chicago: University of Chicago Press.
Whitehead, N. Alfred(1929), The Aims of Education and Other Essays, 유재덕 옮김(2009),《교육의 목적》, 소망.

3부

초등 국어 수업의 실제

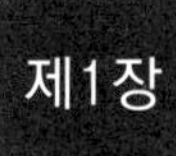

제1장

일상생활과 학습의 기초를 위한 초등 국어 수업의 실제

이 장은 초등학교 학생들이 일상생활과 학습에 필요한 초보적 국어 능력을 갖추는데 필요한 능력을 길러주기 위한 수업 방법을 중심으로 구성되었다. 초등학교 저학년 학생들은 자신의 경험을 바탕으로 국어 활동에 참여하며 국어 생활에 대한 관심을 자기 주변에서 찾는다. 이러한 특성을 가진 초등학교 저학년 학생들은 대화하기와 발표에 흥미를 가지고 바른 자세로 참여하고 글을 정확하게 소리 내어 읽을 수 있으며, 자기의 주변에서 보고 느낀 것을 글로 쓰는 활동과 말놀이에 재미를 느끼며 어휘를 확장해 나가야 한다. 또한, 국어에 대해 관심을 가지고, 문학이 주는 즐거움을 맛보는 경험이 중요하다. 이와 관련하여 이 장에서는 초등학교 저학년 국어 수업 지도의 실제적 접근으로써 '공감적 대화하기, 언어예절과 바른 언어 태도 기르기, 자신있게 말하기, 소리내어 읽기, 내용확인하기, 겪은 일 쓰기, 낱말의 의미 관계 및 말놀이를 통한 어휘지도, 표준 발음 지도, 시 낭송하기, 그림동화 감상하기, 실감나게 낭독하기' 지도의 실제를 다룬다.

1. 공감적 대화하기

1.1. 공감적 대화의 개념과 원리

공감이란, 말은 상대방과 함께 느끼고 상대방의 처지와 입장을 이해하려는 것으로, 지적으로 다른 사람의 역할이나 입장에 대해 조망을 갖는 '인지적 공감'과, 다른 사람의 감정이나 정서에 대해 같은 정서로 반응하는 것으로 다른 사람이 느끼는 식으로 느끼는 '정의적 공감', 감식한 바를 의사소통하는 '의사소통적 공감'으로 나누어진다(박성희 · 이동렬, 2003). 공감은 의사소통의 기술로 인지적 공감과 정의적 공감 및 의사소통적 공감을 아우르는 의미로 볼 수 있다. 공감적 듣기란 상대방의 생각이나 감정을 이해하려는데 목적이 있으며 상대방의 말에 귀기울여 들어주는 것이 핵심이다.

공감적 듣기의 핵심은 자신의 견해를 개입하지 않고 상대방의 말을 들어주는 '들어주기'에 있다. 들어주기에는 소극적 들어주기와 적극적인 들어주기가 있는데 소극적 들어주기는 상대방에게 관심을 표명하면서 화가가 계속 이야기를 이어갈 수 있도록 화맥을 조절해주는 격려하기 기술이 중심축을 이룬다. 격려하기 기술은 상대방과 눈을 맞추면서 고개를 끄덕여주거나 공감적 듣기의 표지들을 사용함으로써 상대방의 이야기를 이끌어 낸다. 적극적인 들어주기는 청자가 객관적인 관점에서 문제에 접근할 수 있도록 화자의 말을 요약, 정리해주고 반영해 주는 역할을 통해서 화자 스스로 문제를 해결할 수 있도록 도와주는 것이다(이창덕 외, 2010).

공감적 듣기는 상대방과 신뢰감을 형성하고 친밀하게 해준다. 공감적 듣기는 인간 의사소통이 추구하는 진정한 만남, 인간관계를 위한 의사소통 행위이며 전인적 행위이다(정상섭, 2006). 공감적 듣기는 상대방이 말한 메시지를 다시 반복하거나 질문을 하면서 화자의 말을 확인하는 것이다. 그러면서 상대방의 마음을 열 수 있는 좋은 대화 방법이다. 공감적 듣기를 잘 하려면 상대방의 말을 비판하거나 판단하지 않고 그대로 이해하고 수용할 수 있어야 한다. 상대방의 말을 집중하여 듣고, 상대방이 이야기를 더 많이 할 수 있도록 격려해주는 것이 필요하다. 교육과정에 제시된 '상대에게 적절하게 반응하면서 대화나누기'는 상대방에게 관심을 가지고 있음을 말과 행동으로 표현하면서 적극적으로 반응하는 것으로 공감적 듣기를 설명하는 항목이다.

그런데 공감적 듣기는 듣는 활동으로만 그치는 것이 아니라 공감적으로 들으면서 상대방이 더 말하도록 격려하고 공감적 반응하면서, 자신의 의사를 표현하게 되는 상호작용이다. 대화 참여자들이 의미를 공유하는 상호교섭적인 화법의 특성과 의사소통적 관점을 고려한다면 공감적 대화하기가 더 적절한 말이라고 할 수 있다. 강미진(2014)은 공감적 대화의 개념을 자신의 감정을 진솔하게 드러내어 상대방이 자신을 깊이 있게 이해할 수 있도록 이끌고, 대화가 진행되어 갈수록 서로의 감정을 느낄 수 있는 것으로 정의하였다. 그리고 공감적 대화의 능력을 대화 참여자들이 서로의 감정을 최대한 이해하려고 하는 의사소통 행위에 필요한 태도로 보았다.

공감적 대화하기는 대화를 나누면서 상대에게 적절한 몸짓과 표정으로 반응하고 상대의 말에 맞장구치면서 호기심을 가지고 적절하게 질문하는 것을 의미한다. 그러므로 공감적 대화하기에서 공감을 표현하는 비언어는 중요하다. 말을 들으면서 고개를 끄덕이고 상대방과 시선을 맞추는 것은 상대방에게 말을 잘 듣고 있으며, 상대방의 생각에 동의한다는 의미를 잘 전달해 주기 때문이다. 이러한 비언어적 표현은 상대방이 더 이야기를 할 수 있도록 격려해 줄 뿐만 아니라 서로의 관계가 더욱 돈독해지는 효과를 가져 온다.

오정선(2009)이 제시한 공감적 듣기의 원리를 토대로 공감적 대화의 원리를 제시하면 아래와 같다.

첫째, 공감적 감수성의 원리이다. 대화 참여자는 상대방의 말 속에 포함되어 있는 중요한 감정, 태도, 신념, 가치 기준을 포착하는 감수성이 있어야 한다. 대화의 메시지에는 내용과 감정의 두 가지 요소가 있는데, 원만한 의사소통을 이끌기 위해서는 감정을 잘 이해하고 공감하는 것이 내용을 이해하는 것보다 더 중요한 경우가 많다. 인간관계를 원활하게 유지하고 발전시키기 위해 심리적 차원에서의 듣기 자세와 태도가 매우 중요하다.

둘째, 공감적 전달과 의사소통의 원리이다. 대화 참여자는 상대방이 말하는 내용에 대해 이해하고 있으며, 내적인 측면 즉, 감정, 태도, 신념까지 이해하고 알게 되었음을 화자에게 표현한다. 화자의 메시지를 듣고 이해한 것을 다시 청자에게 전달해 주어 의사소통이 원활하게 되도록 한다. 이것은 공감적 반응과정을 의미한다. 청자가 되어 느끼고 이해한 것을 상대방에게 잘 전달하는 공감적 반응은 의사소통의 핵심적 요소이다.

셋째, 인간 존중의 원리이다. 공감적 대화는 대화상대자의 인격과 삶을 존중하며 화자의 성장가능성을 신뢰한다. 어떤 선입견이나 자기의 관점을 버리고 화자의 관점에 서서 경청한다. 대화 상대자를 위로하고 격려하는 대화를 지향한다. 여기는 인간 존중의 철학과 정신이 담겨 있다. 대화의 근본정신인 인간 존중의 철학이 대화의 내용과 방법에 배어 있어야 한다.

넷째, 적극적인 피드백의 원리이다. 공감적 대화는 청자가 수동적으로 내용을 이해하고 청취하는 것이 아니라, 대화 참여자로서 적극적으로 대화에 참여하면서 상대방에게 피드백을 보낸다. 피드백은 상대방이 전하는 메시지에 대한 언어적, 비언어적 반응으로 이루어진다. 청자는 맞장구치기, 대화내용을 다시 구성하기, 화제를 바꾸기 등의 적극적인 활동을 전개한다.

1.2. 공감적 대화의 방법과 지도 방법

공감적 대화의 방법은 공감적 듣기의 방법[1)]에서 말하는 집중하기, 격려하기, 반영하기로 나누어 살펴볼 수 있다.

1) 집중하기 기술

대화는 상대방에 대한 관심에서 시작된다. 그리고 상대방에 대한 관심은 상대방이 마음을 열게 해준다. 적절한 눈맞춤과 자연스러운 듣기 자세, 미소 짓는 표정, 고개 끄덕임과 같은 신체적 반응과 맞장구치기와 같은 반응은 상대방에 대한 관심을 표현해 준다. 그래서 상대방은 자신이 가치있는 존재로 존중받고 있다는 느낌을 받아 대화가 더 활발해지게 한다.

(1) 시선 – 눈맞춤

상대방에 대한 관심을 표현하는 가장 보편적인 방법인 눈맞춤을 자연스럽게 유지하는 것이다. 그래서 상대방의 눈을 바라보면서 관심을 집중한다.

(2) 얼굴 표정 – 온화한 미소

미소를 띤 얼굴 표정은 상대방에게 관심을 표현하는 가장 간단하면서도 효과적인 방법이다. 일반적으로 웃는 얼굴은 관계를 친근하게 만들어주고 상대방을 격려해준다. 그러나 대화 내용과 무관하게 너무 많이 웃으면 조롱하는 느낌을 줄 수 있으므로 유의해야 한다.

---

1) 이창덕(2010)에서 발췌하여 정리하였다.

(3) 고개 끄덕임

상대방의 이야기를 들으면서 고개를 끄덕이는 행동은 상대방에게 우리가 말에 관심을 가지고 동조해주고 있음을 느끼게 해준다. 고개 끄덕임은 대화를 적극적이고 긍정적인 방향으로 이끌어 주는 힘이며, 가장 강력한 몸의 화술이기도 하다.

(4) 편안하고 자연스러운 자세

상대방의 말에 관심을 보여주는 바람직한 자세는 말하고 있는 상대방 쪽으로 약간 상체를 기울여서 앉고 신체적으로 편안한 자세를 취하는 것이다.

(5) 언어적 반응 – 간단한 응대 말

상대방의 말을 들으면서 "음", "그렇구나", "그래서?", "정말?"과 같은 간단한 반응을 보이면서 상대방에 대한 관심을 표현할 수 있다. 이러한 언어적 추임새는 상대방이 더 많은 이야기를 할 수 있도록 격려해주고 인정해주는 기능을 한다.

2) 격려하기 기술

공감적 듣기를 잘 하기 위해서는 상대방이 더 많은 이야기를 할 수 있도록 격려하는 기술이 필요하다. 상대방을 격려하는 방법으로는 "좀 더 이야기해 봐", "계속 말해 봐", "좀 더 자세히 말해주겠니", "이를테면?"과 같은 말로 계속 대화를 이끌어가거나 상대방이 했던 말 가운데 주요한 어휘나 표현들을 반복해주거나 미진한 부분에 대해서 질문을 하는 방법 등이 있을 수 있다. 그리고 질문을 할 때는 질문의 의도가 내용을 보다 분명히 이해하기 위한 것임을 상대방에게 분명히 인식시켜 주는 것이 중요하다. 또 질문을 할 때도 가능하면 "예"나 "아니오"로 답하는 닫힌 질문보다는 "~에 대한 네 생각은 어떠니?"와 같은 열려진 유형의 질문이 좋다.

상대를 격려하는 또다른 방법은 침묵을 유지하는 것이다. 대개 침묵은 불편하고 어색한 느낌이 들기 때문에 사람들은 아무 말이나 먼저 해버리는 경향이 있다. 하지만 공감적 듣기를 위해서는 상대에게 이야기할 여지를 좀 더 많이 준다는 차원에서 침묵을 견딜 수 있어야 한다.

3) 반영하기 기술

반영하기 기술이란 의사소통 과정에서 상대방의 관점을 직접적으로 반영해주는 것으로 공감적 듣기의 가장 핵심적인 부분이다. 상대방의 관점을 반영해주는 방법으로는 들은 내용을 자신이 이해한 말로 풀어서 재진술하는 방법이 있다. 이것은 상대방이 말한 것을 자신이 어느 정도로 이해했는지를 나타내 주는 반응이다. 또한 반영하기 기술은 상대방 견해를 뒷받침해 줄만한 자신의 경험 사례를 제시하고 이에 대한 상대방의 의견을 물음으로써 공감적 듣기 과정을 촉진시켜 줄 수 있다.

상대방을 깊이 이해하기 위해서는 단순히 표층적으로 전단되는 언어적 의미뿐만 아니라 몸짓 언어를 통해서 노출되는 비언어적 단서까지도 읽어낼 수 있어야 한다. 음성, 어조, 자세, 눈 움직임, 얼굴 표정 등은 언어적 표현에 감춰진 많은 의미를 드러내 주기 마련이다. 효과적인 대화를 위해서는 표면에 드러나는 사실 이면에 있는 상대방이 전하고자 하는 내면의 메시지를 들을 수 있어야 한다.

다음으로 공감적 대화하기를 지도하는 방법을 정리하면 다음과 같다. 첫 번째는 공감적 대화의 방법을 가르친다. 초등학교 국어 교과서 2학년 1학기 '경험을 나누어요'에서는 상대방의 상황을 이해하고 공감하는 몸짓을 배우는 활동으로 하면서 공감적 대화의 방법을 익힐 수 있다. 또한, 실제 생활에서 접할 수 있는 다양한 상황을 설정하여 학생들이 적절한 몸짓을 연습해보는 기회를 부여할 수도 있다. 이 때에는 맞장구치는 말을 아는 것뿐만 아니라 상대방의 마음을 이해하고 그 마음에 공감하는 적절한 몸짓이나 비언어도 표현하도록 유도하는 것이 중요하다. 학생들의 경험과 우리 문화에서 접하는 다양한 비언어적 표현 중에서 그 상황에 맞는 맞장구치는 말과 적절한 몸짓으로 공감적 대화하기를 학습할 수 있도록 하는 것이 좋다.

두 번째는 공감적 대화의 예를 활용한다. 평소에 교사가 공감적 대화가 일어나는 학생들의 말을 녹취하거나 기록하였다가 대화를 들려줄 수 있고 학생들이 즐겨보는 텔레비전 프로그램에서 공감적 대화하기를 찾아서 보여 줄 수 있다. 학생들 중에 교우관계가 원만하거나 인기가 있는 아이들의 말하기를 잘 들어보면 공감적 대화하기를 잘한다는 것을 느낄 수 있을 것이다. 이런 아이들의 공감적 대화 방법이나 모습을 보여준다면 더욱 실제적으로 다가 설 수 있다. 또한 가장 우수한 수업 자료인 교사가 직접 시범을 보여주는 것도 좋다. 평소에 교사의 대화 방법이나 모습에서 학생들이 공감적 대화 방법을 느낄 수 있도록 교사들이 공감적 대화방법의 모델이 되어 시범을 보여주는 것이 효과적인 예시가 될 것이다.

세 번째는 동화책을 활용한다. 동화책을 읽으면서 공감적 대화하기를 찾아보는 것이다. 아래 동화의 내용에서 건우의 이야기를 듣고 건우의 마음을 아빠가 알고서 '갖고 싶냐'고 물어보게 된다. 이 대화는 건우가 과학상자의 좋은 점을 아빠에게 알려주는 것이 목적이 아니라 갖고 싶어 하는 마음을 표현하는 말이며 건우의 아빠 말은 그런 건우의 마음을 이해하는 공감적 대화하기의 예로 볼 수 있다.

"아빠, 과학 상자가 없으면 아예 못나가는 거예요. 그 속에 얼마나 많은 게 들어있는 줄 아세요? 나사못도 여러 가지고, 갈고리, 도르래, 체인도 있어요. 그 정도면 못 만드는 게 없어요. 나는 그런 걸 한 번도 못 가져 봤는데."

이야기를 다 듣고 나서 아빠가 조용히 물으셨어요.

"건우야, 그걸 꼭 갖고 싶니?"

"예. 아빠도 보면 놀랄 거에요. 뭘 만들지 벌써 생각해 놨는걸요."

-황선미, 나쁜 어린이표-

네 번째는 일상 대화 속에서 학생들이 직접 공감적 대화를 찾아본다. 학생들의 프로젝트 학습으로도 가능하며 일정한 기간을 주고 그 사이에 가족 간의 대화나 친구들과의 대화에서 공감적 대화의 예를 찾아보도록 한다. 공감적 대화의 예를 찾는 동안에 학생들은 스스로 공감적 대화를 더 하도록 노력할 것이고 공감적 대화가 가져오는 효과나 장점을 충분히 느낄 수 있을 것이다. 또한 자신의 대화 방법을 뒤돌아보는 반성적 계기를 마련하여 학생들의 대화 습관을 되돌아보고 개선할 수 있는 기회를 마련해 줄 수도 있다. 중요한 것은 적극적인 반응과 맞장구치는 것만이 아니라 진심으로 상대의 말을 귀기울여듣고 상대에 대한 관심을 갖는 것임을 깨닫는 것이다. 공감적 대화를 통해 학생들은 서로 간의 관계를 개선하고 올바른 언어생활을 꾀할 수 있다.

다섯 번째, 자신의 대화 방식과 대화의 구조를 스스로 반성적으로 성찰할 수 있어야 한다. 교수 · 학습 상황에서 또는 실제 상황에서 학생들 스스로가 자신의 대화 장면을 관찰하고 어떤 문제가 있는가를 점검하고 수정해야 한다는 것이다. 그러기 위해서 학습자의 대화 장면을 담은 동영상 자료나 녹음 자료 및 대화 자료를 활용할 수 있다.

여섯 번째, 공감적 대화하기에 학생들이 적극적으로 참여해서 상호작용하게 한다. 학생들은 교수 · 학습에서 동료들과 언어수행을 하는 과정을 통해 기능과 전략을 습득하게 되고 대화 능력을 신장시키게 된다. 공감적 대화를 지도할 때는 학습자들이 서로에게 책임을 지면서 상호작용할 수 있도록 협동 과제를 해결하는 기회를 주어야 한다. 그러므로 짝 활동뿐만 아니라 소집단 대화 활동을 활용한다.

이 외에도 공감적 대화하기는 읽기나 쓰기 등 다른 영역에서도 적용할 수 있다. 동화책을 읽고 공감적 대화하기를 찾아서 이런 대화 방법이 앞으로의 사건 전개에 어떤 영향을 주는지, 인물의 성격과는 어떠한 관련이 있는지를 찾아보는 활동으로 문학영역의 수업에서도 일어날 수 있다. 그리고 친구에게 위로나 감사하는 편지쓰기에서도 공감적 대화하기는 활용될 수 있다. 상대방의 마음을 헤아리고 그 마음을 이해하면서 위로나 감사의 글을 쓴다면 상대방에게 글쓴이의 마음이 더욱 잘 전달될 수 있다. 공감적 대화하기가 잘 나타난 글을 읽고서 앞으로 어떤 일이 일어날지 예측해 보는 활동을 하는 읽기 영역에서도 활용할 수 있다. 공감적 대화하기는 국어 시간뿐만 아니라 평소에 학생들의 언어생활에서도 지도할 수 있는 요소이다. 학생들이 공감하면서 대화하도록 다른 교과 수업 시간이나 평소의 생활면에서도 꾸준히 지도할 수 있다.

공감적 대화를 지도할 때에는 학생들이 친구들과 언어수행을 하는 과정을 통해 기능과 전략을 습득하게 되고 궁극적으로 능력의 성취를 이룰 수 있다. 학습자 개개인이 청자임과 동시에 화자가 되어야 하므로 이 공감적 대화 학습은 개인단위로 이루어질 수 없으며 공동체의 상호작용 속에서 가능한 것이다. 그러므로 학습활동 중 학생들이 책임감을 가지고 교수 · 학습에 임할 수 있도록 해야 함은 물론 협동적으로 과제를 해결할 수 있도록 이끌어야 한다(오정선, 2009).

〈표3-1〉 집중하기 기술의 지도 방법[2]

활 동	집중하여 경청하기 _ 끝까지 듣고 뜻 이해하기		
목 표	말하는 사람의 표정이나 동작을 보며 이야기를 끝까지 듣고 그 뜻을 이해 할 수 있다		
활동내용	1. 녹화 자료 시청하고 듣기 자세와 태도 평가하기 2. 끝까지 듣기 연습하기	활동 유형	짝 활동 전체 활동
활동소개	다른 사람의 이야기를 끝까지 듣는 것은 말하는 사람에 대한 예의이고 정확하게 듣기 위한 청자의 자세임을 알게 하는 활동이다.		
활동과정	1) 교사의 안내 ▶ 사람은 누구나 남의 이야기를 듣기 보다는 자신의 이야기를 하려고만 하는 경향이 있다. 남의 이야기를 즐겨 듣고 끝까지 들으며 그 뜻을 이해하는 자세가 필요함을 안내한다. 2) 대화 자료 관찰하기 ▶ '일상대화' 녹화 자료를 보며 다른 사람의 대화를 방해하는 요소 및 대화 습관을 비판적으로 반성할 수 있도록 안내하고 녹화자료를 시청한다. 3) 끝까지 들어주기 연습하기 ▶ 짝 활동 또는 3명이 한 모둠이 되어 주제와 관련한 의견을 듣고 자신의 의견을 말하되 친구가 이야기 할 때 끼어들지 않고 끝까지 듣고 기다린 후에 자신의 의견을 말할 수 있도록 한다. 4) 상대방이 말을 계속하도록 도와주는 몸짓 언어 연습하기 ▶ 상대방의 이야기를 끝까지 잘 듣기 위해서는 내 의견을 말하는 것을 참으면서, 상대방이 말을 계속하도록 도와주는 적절한 몸짓 언어행위를 연습하도록 한다. 5) 끝까지 듣기 활동 소감 이야기 나누기 ▶ 관찰하고 활동한 것을 바탕으로 끼어들기를 할 때의 느낌과 상대방을 도와주는 언어행위나 몸짓 언어를 표현하며 들었을 때의 느낌을 이야기 한다.		
유의사항	끝까지 듣는데 어려움을 겪는 아동을 살펴보고 반복 연습을 한다.		

학생들은 이러한 활동을 하면서 상대방에게 집중하는 몸짓언어를 습득하게 되고, 상대방의 말에 집중하는 것이 상대방을 존중하는 느낌을 전달하여 상대방이 좀 더 말할 수 있도록 격려한다는 것을 느낄 수 있을 것이다.

1.3. 공감적 대화의 평가

공감적 대화하기를 평가하려면 학생들의 대화 상황을 관찰하여 평가할 수도 있고 공감적 대화

2) 오정선(2009)의 지도 방법을 수정하였다.

상황을 주고 공감적 대화를 기술하게 하는 지필 평가를 활용할 수도 있다. 학생의 수준이나 여건을 고려하여 평가 방법을 선정할 수 있다. 중요한 것은 학생들이 상황에 맞게 공감적으로 대화하는지에 초점을 두고 평가해야한다.

예를 들면 친구가 숙제가 너무 많아서 힘들어하는 상황을 주고 그 상황에서 어떻게 공감적 대화를 하는지 평가하는 것이다. 평가 방법은 관찰평가, 지필법을 활용할 수 있다. 관찰평가 방법을 예로 든다면, 상황을 주고 그 상황에 적절한 말을 하는지 관찰하여 평가할 수 있다. 지필 평가 문항은 주어진 상황에 어울리는 몸짓과 표정을 찾아보게 하고, 맞장구치는 말을 적어보게 하여 평가할 수 있다.

〈자료3-1〉 공감적 대화를 위한 지필평가 문항(예시)

대한 : 어 숙제가 너무 많아. 국어 숙제도 해야 하고 학원 숙제도 해야 하고. 나는 늘 숙제만하는 기계 같아.
민국 : (   )

이 평가 문항에 대하여 학생들이 공감적인 말과 행동을 하는지 관찰하여 평가한다. 평가할 때는 말의 내용 뿐 아니라 학생들이 어울리는 몸짓과 표정을 하는 것에도 초점을 두어 평가한다. 또한, 공감적 대화에 대하여 자기 평가를 활용할 수도 있다. 상대방과 공감적 대화를 한 경험을 떠올리면서 학생들은 자기 평가를 하게 된다.

〈자료3-2〉 공감적 대화의 자기평가표[3] (예시)

5:아주 잘함　4:잘함　3: 보통　2:못함　1:아주 못함

기술	점검 항목	5	4	3	2	1
집중하기	① 상대를 향해 앉아 있는가?					
	② 자연스럽게 눈맞춤을 하고 있는가?					
	③ 부드러운 표정으로 끝까지 듣는가?					
	④ 적절한 손짓, 몸짓으로 반응하는가?					
격려하기	⑤ '그렇구나, 정말? 음, 맞아 등'을 사용하여 맞장구를 치는가?					
	⑥ '계속 말해 봐'와 같은 말을 사용하거나 상대의 말을 반복해 주며 대화를 잘 이끌어 가는가?					
	⑦ '네 생각은 어떠니?'와 같이 상대가 생각할 수 있는 열린 질문을 하는가?					
	⑧ 상대가 말할 때까지 침묵을 잘 견디는가?					
반영하기	⑨ 상대의 생각과 감정을 내가 이해한 말로 다시 말해 주는가?					
	⑩ 객관적 관점을 제시해 주는가?					

그 동안 학습한 내용들을 생각하면서 자신의 듣기 자세와 공감 표현하기를 되돌아보면서 스스로 평가해본다. 자기 평가는 학생들이 반성의 기회를 갖으면서 앞으로의 실천의지를 다질 수 있다.

3) 공감적 듣기의 자기 평가표는 이창덕 외(2010:100)의 공감적 듣기 점검표와 이윤란(2012)의 공감적 듣기 능력 자기평가표를 수정하였다.

참고문헌

강미진(2014), 공감적 대화 능력 향상을 위한 교수-학습 연구, 부산대학교 교육대학원 석사학위 논문.

오정선(2009), 공감적 듣기 중심의 대화 방법 연구, 한국교원대학교 교육대학원 석사학위 논문.

이윤란(2012), 공감적 듣기 지도를 통한 학생 소집단 대화 양상 연구, 한국교원대학교 교육대학원 석사학위 논문.

이창덕 외(2010), ≪화법교육론≫, 역락.

임칠성 외(2004), ≪말꽝에서 말짱되기≫, 태학사.

정상섭(2006), 공감적 화법 교육 연구, 한국교원대학교 대학원 박사학위 논문.

황선미(2006), ≪나쁜어린이표≫, 웅진주니어.

2. 언어예절과 바른 언어태도 기르기

2.1. 언어 예절의 개념과 중요성

우리나라에서는 배려를 잘 하는 사람을 공손하다고 표현하며, 공손하다는 것은 서로 예의를 갖춰 말을 주고받는 것을 뜻하는 경우가 많다. 공손하게 말하는 법은 화자가 청자에게 부담을 주거나 강요하지 않는 격식성과 청자에게 선택권을 주는 주저함, 청자에게 우호적인 느낌을 주는 동등함이나 친밀함을 주된 내용으로 한다(구현정, 2005).

우리나라는 예로부터 '동방예의지국'으로 불려 왔다. 예절(禮節)은 우리의 정신문화를 이끌어 온 큰 축으로서, 모든 일상의 일들이 예(禮)로 시작해서 예(禮)로 끝날 만큼 우리 문화의 보편소로 자리 잡고 있다. 그러한 예절 문화와 의식은 크게 두 가지 방법으로 드러난다. 하나는 행동으로 드러나는 것으로서 이것을 행위 예절이라고 한다. 다른 하나는 언어에 반영되어 드러나는 것으로서 이것을 언어 예절이라고 하는데, 다양하고도 정교한 언어적 높임법의 발달은 언어 예절 문화와 의식을 잘 반영한다.

언어 예절은 구체적으로 어떻게 드러나야 할까? 예를 표해야 할 상대에게 합당한 높임의 언어적 표현을 하지 않는다면 언어 예절에서 벗어난 것이다. 또한 상대방이 대우해야 할 사람이라고 하여 무분별하게 '님'과 같은 존칭 접미사를 사용한다든지, '-시-'와 같은 선어말어미를 마구 사용한다든지, 부정적인 의도를 가지고 상대방에게 과도한 경어를 쓴다든지 하는 언어적 표현도 언어 예절에 벗어나는 것이 되어 상대방으로 하여금 거부감을 느끼게 한다. 또한 상대를 대우하여 높이는 것만이 언어 예절이 아니다. 때에 따라서는 낮추어 부르거나 대해야 하는 대상에게는 그에 합당한 호칭이나 말법을 써야 한다. 이처럼, 예를 지켜야 할 상대와 상황을 고려하여 언어적 표현들을 적절하게 쓸 때 언어 예절이 지켜진다.

한편, 언어적 격식을 차리는 것과 윤리적 도덕적 가치에 따라 예의를 갖추는 것을 구분할 필요가 있다. 외국에서도 상대를 예우하는 격식적인 표현이 당연히 있다. 인간의 사회 조직에는 일정한 계층이 있으며 그 계층 간의 지위에 따른 격식으로서의 언어적 예우는 보편적으로 존재한다. 우리나라에서도 마찬가지다. 그러나 우리나나에서의 언어 예절은 단순히 사회적 지위를 고려한 의도적인 격식만이 아니라 윤리적, 도덕적 가치를 갖는 언어적 격식을 갖추어야 한다는 특징이 있다.

예를 들어, 사회적 지위가 낮더라도 윤리적 가치에서 볼 때, 높이 대우해야 할 연장자분에게는 높임의 언어 예절을 보여야 한다. 또한 아무리 높은 지위를 갖는 사람이라도 전체 대중 앞에서는 높임의 언어 예절을 보여야 한다. 이처럼 우리의 언어 예절은 사회적 지위와 함께 윤리적, 도덕적 가치 문제까지도 함축하고 있다.

요컨대 언어 예절이란 언어를 통하여 상대에게 예를 표하되 상대방이 원하는 만큼 대접을 해 주고 상대방이 원하는 만큼 접근하는 것으로서, 상대방과의 적절한 언어적 거리를 유지하는 것이라고 할 수 있다. 다음으로 언어 예절의 중요성에 대하여 살펴보면 다음과 같다.

첫째, 언어 예절은 서구의 다른 나라에서는 쉽게 찾아 볼 수 없는 우리 문화 고유의 특성이라는 점에서도 중요하다. 화법의 여러 가지 방법과 원리는 말하기 자체의 일반적인 방법과 원리로서의 의미를 갖지만 결국 우리의 문화에 합당한 것이어야 한다. 보편적 의미에서의 화법이 아니라 우리의 화법, 즉 국어 화법이라는 관점에서 보면 국어 화법은 우리 문화의 모습을 잘 드러내는 것이어야 한다. 따라서 올바른 국어 화법을 위해서는 우리의 고유 문화적 모습으로서의 국어 예절에 대한 문제를 중요하게 다루지 않을 수 없다.

둘째, 언어 예절은 말의 운용 방법과 원리의 중요한 기준이 된다. 예에 벗어나는 언어적 표현은 곧 화법의 올바른 방법과 원리를 지키지 못하는 것이다. 화법은 넓은 의미에서 볼 때, 말할이와 들을이의 관계를 고려한 말하기이다. 말할이와 들을이의 관계는 곧 언어 예절로 나타난다. 이렇게 볼 때, 언어 예절은 화법의 근간 요소인 말할이와 들을이의 관계를 드러내주는 가장 중요한 표지가 된다.

셋째, 언어 예절은 말할이의 가치를 높여 준다는 점에서 중요하다. 언어 예절 표현은 단순히 기능적인 측면을 넘어 정의적, 도덕적 가치에 깊이 관여하고 있다. 언어 예절은 대화 참여자들의 도덕성과 인격의 정도를 보여주는 중요한 척도가 된다. 예의가 없는 말투나 버릇없는 태도를 대하게 될 때 그 사람의 말씨나 행동에 버릇없음을 탓하기 보다는 그 사람의 근본적인 인격과 도덕성 그리고 윤리 의식을 의심하게 된다. 그러한 상대와의 말하기가 과연 올바르게 이루어질 수 있겠는가,말할이가 언어 예절을 따르는 말하기를 할 때 들을이의 말할이에 대한 평가는 좋아지고 말할이 화법의 가치는 높아지게 된다.

공자는 일찍이 "시(時經)를 읽지 않으면 말할 수 없고, 예 (禮記)를 읽지 않으면 설 수 없다."라고 하였다. 이것은 사람에게 있어서 예절이라는 것이 본능적인 행위에 맡겨질 수 있는 것이 아니라, 기본적인 학습의 과제임을 말해 주고 있다. 이렇게 볼 때, 언어 예절 교육은 언어학적 차원에서 뿐만 아니라 화법의 차원에서 더 중요하게 이루어질 필요가 있다.

언어 예절에 관련한 교육과정의 내용을 살펴보면 2015개정 국어과 교육과정의 듣기 · 말하기 영역 1~2학년 내용 성취기준에 두로 반영되어 있다. 이는 초등학교 1~2학년 듣기 · 말하기 영역 성취기준은 '학습자가 학교생활에 적응하면서 다른 사람과의 상호 작용에 필요한 기초적인 듣기 · 말하기 능력을 갖추는 데 중점을 두어 설정'되었기 때문이다. 즉, 서로 인사를 나눌 수 있고, 다른 사람의 말을 경청하며 바르고 고운 말을 사용하는 태도를 형성하는 데 주안점을 둔 것이다. 또한 3~4학년 내용 성취기준에는 '예의를 지키며 듣고 말하는 태도'가 직접 언급되고 있는데, 이에 대한 해설을 살펴보면, '예의를 지켜 말하기를 지도할 때에는 나이가 많은 사람과의 의사소통 상황에 국한된 것으로 오해하지 않도록 하고, 문자 메시지를 주고받거나 인터넷상에서 의사소통할 때 다른 사람의 기분과 입장을 배려할 수 있도록 매체 언어 예절을 포함하여 지도한다'고 명시하였다. 즉, 대면 상황에서의 언어 예절과 문자나 인터넷 등의 매체를 활용한 의사소통에서의 예절까지 다루게 된다. 3~4학년 문법 영역의 성취기준 중에 '[4국04-04]높임법을 알고 언어 예절에 맞게 사용한다.'는 경우도 듣기·말하기 영역에서의 언어 예절과 관련하여 반드시 살펴보아야 할 것이다.

[2국01-01]상황에 어울리는 인사말을 주고받는다.
[2국01-05]말하는 이와 말의 내용에 집중하며 듣는다.
[2국01-06]바르고 고운 말을 사용하여 말하는 태도를 지닌다.
[4국01-06]예의를 지키며 듣고 말하는 태도를 지닌다.

2.2. 전통적인 우리의 언어 예절

우리나라의 전통적인 언어 예절의 철학은 크게 '언행일치', '성실하고 신의가 있는 말하기', '과묵의 언어', '예의의 언어'라고 정리할 수 있다. 이러한 화법관의 바탕위에서 언어 예절 교육의 내용이 실제 무엇인지 살펴보도록 하자. 유가의 경서, 수신서, 화법관련 서적에서 중요하게 대두되고, 여러 번 강조되고 있는 사항을 중심으로 언어 예절의 교육내용을 고찰하고자 한다. 여기에서는 아래와 같이 총 11가지로 간략히 정리하여 제시한다.

1) 남의 허물을 말하지 않기

전통 유가에서는 남의 단점이나 허물을 말하지 말고 다른 사람의 착한 점을 즐겨 말할 것을 강조하고 있다. 이 내용은 논어, 해동소학, 소학, 명심보감, 격몽요결 등에 모두 나타나고 있다. 공자는 남의 악함을 말하고 남의 비밀을 폭로하고 정직한 체하는 사람을 싫어했다. 논어 양화 24장에서는 남의 악함을 말하지 말라고 주장하고 있다.

> 자공이 말하기를 군자도 미워하는 것이 있나이까? 공자께서 말씀하시기를 '미워하는 것이 있느니라. 남의 악함을 떠들어대는 것을 미워하고 아랫자리에 있으면서 윗사람을 비방하는 것을 미워한다. (중략) 남의 비밀을 폭로함으로써 정직한 체하는 사람을 미워하나이다. (子貢曰 君子亦有惡乎 子曰有惡 惡稱人之惡者 惡居下流而訕上者 惡勇而無禮者 惡果敢而窒者 曰賜也 亦有惡乎 惡徼以爲知者 惡不孫以爲勇者 惡訐以爲直者)

위에서 보는 것처럼 공자는 타인에 대한 험담, 상사에 대한 비방, 타인의 비밀 등을 화제로 삼지 않았다. 또 남에게서 들은 검증되지 않은 말을 화제로 삼아서도 안 된다고 하였다. 격몽요결에서는 '남을 해롭게 하는 말이면 도리어 곧 스스로를 해롭게 하나니, 피를 머금고 남에게 뿜으면 그 입이 더러워진다'고 하였다. 귀로는 남의 그릇된 것을 듣지 않고 눈으로도 남의 단점을 보지 않고 입으로는 남의 허물을 말하지 않아야 군자에 가깝다고 하였다. 현대인들의 중요한 대화 화제 중의 하나가 정치인이나 자신과 관계되는 타인을 비난하거나 험담하는 내용이다. 인터넷상에서도 타인을 악의적으로 비난해 큰 정신적 피해를 입히는 경우가 많다. 그릇된 말을 듣지도 말고, 말하지도 말라는 조상들의 화법 사상이 우리 사회에 절실히 필요한 이유가 바로 여기에 있는 것이다.

2) 신중하게 말하기

앞의 화법관에서 살펴본 것처럼 유가에서는 말을 조심해서 많이 하지 않는 것을 중요한 원칙으로 하고 있다. 말을 많이 하지 말라는 가르침은 조선 사회 유가의 여러 책에서 반복적으로 언급된다. 격몽요결에서 율곡은 다음과 같이 말하고 있다.

> 말 많고 생각 많은 것이 마음 씀에 가장 해로운 것이니 일이 없거든 마땅히 정좌하여 마음을 간직하고 남을 대

접하거든 마땅히 말을 가려서 간단하고 무게 있게 하며 말할 때가 된 연후에 말을 하면 말이 간단하지 않을 수 없으니 말이 간단한 자는 도에 가까우니라. (多言多慮 最害心術 無事則當靜坐存心 接人則當澤言簡重 時然後言 則言不得不簡 言簡者近道)(격몽요결. 지신장).

이와 같이 多言(다언)자를 사람들이 싫어할 뿐만 아니라 말을 많이 하거나 쓸데없는 말을 하면 위엄과 기운을 손상하고 마음이 안정되지 않는다고 생각했다(류점숙, 1999). 또 나쁜 말은 남의 원한을 사서 치욕을 당하고 재앙이 미치며, 몸을 상하게 하고 나아가서 부모와 조상을 욕되게 하는 불효에까지 이른다고 보았다. '筆語(필어)'에서는 병의 뚜껑을 닫듯이 또는 입을 세 번 꿰매듯이 말을 조심하여 舌禍(설화)를 당하지 않도록 어릴 때부터 당부하였다(김종택, 1987).

오늘날의 사회에서도 말을 신중히 하지 않으면 손해를 보거나 다른 사람에게 좋지 않은 인상을 심어준다. 잘못된 실언은 타인과의 갈등을 유발하기 때문에 화법교육은 말을 능숙하고 효과적으로 잘 하는 사람을 기르는 것도 중요하지만 失言을 하지 않는 사람, 신중히 말을 하는 사람을 기르는 데에도 관심을 두어야 한다. 말을 삼가고 신중히 하라는 조상들의 화법관은 현대에도 여전히 유효한 것이다.

3) 상대방의 입장에 서서 말하기

유가에서는 언어행동에 대한 타인의 사생활을 침해하지 말며, 상대방의 입장에 서서 말할 것을 강조하고 있다. 즉 다른 사람의 처지를 생각하지 않고 자신의 입장에서만 말해서도 안 된다고 강조하고 있다.

사소절에서는 자기의 입장이 아닌 상대편의 입장에 서서 말하는 것을 주장하였다. '여름에 솜옷을 입은 사람이 한자리에 앉아 있으면 비록 덥더라도, 덥다고 말하지 말라'는 것은 자기 자신보다 상대방의 처지와 입장에서 말을 하라는 뜻이다. 여기에서 조선 유가들이 얼마나 대화 상대자를 배려해서 말을 했는가를 알 수 있다. 현재의 화법교육은 상대방을 배려한, 대화 상대자의 입장을 고려한 말하기 교육에 대한 관심이 적은 편이다. 타인의 입장에 서서 대화를 하는 화법, 자기중심적 관점을 벗어나 타인의 관점에서 대화를 하는 화법의 교육이 필요하다.

4) 간결하고 자연스럽게 말하기

유가의 말하기 태도는 꾸밈이 없이 간결하고 자연스러운 태도를 강조하고 있다. 격몽요결에서는 사람들이 모인 곳에서 말과 웃음을 간단하고 신중히 하고, 시끄럽게 떠들어서 그 절도를 넘어서는 안된다고 하였다. 사소절에서도 말의 간결성을 강조하고 있는데 말은 정결하고 자상하고 간결해야 한다고 지적하고 있다. 또 적당한 절도를 지키고 품위를 지켜야 한다는 것을 역설하고 있다. 유가의 말하기 태도를 정리하면 다음과 같다.

*남이 말하는 중간에 끼어들어 말하지 않는다.
*말하는 사람의 말이 끝났을 때에는 공손한 태도로 어떤 반응을 보인다.
*들을이의 상황을 생각하면서 말한다.
*말을 빨리 하지 않는다.
*들을이의 귀에 입을 대고 말을 하지 않는다.
*소곤소곤 낮은 소리로 말하지 않는다.

위 내용은 말의 품위, 절제 있는 언어생활을 지적했다는 점에서 의미가 깊다. 간결하고 자연스러운 말의 태도는 언어의 효율성이나 인간관계 측면에서 매우 바람직한 화법의 태도이다.

5) 대화의 자세 - 몸짓언어

공자는 상대의 행동이나 표정을 살펴보면 그 사람의 됨됨이를 알 수 있다고 말하고 몸말(신체언어, body-language)을 중시하였다. 말할 때의 표정은 바르고 온화하게 하고 말소리는 부드럽고 천천히 해야 한다고 하였다.

유가에서는 몸가짐이 거칠거나 거만한 것을 경계하고 얼굴을 바르게 하고 말을 부드럽게 하라고 하였다. 또한 두 번째 君子 九思의 글처럼 표정이 따뜻하고 공손하게 말할 것을 강조하였다. 말하는 사람의 표정이 부드럽고 따뜻해야 하는 것은 말소리가 부드럽고 공손하지 못하고는 예절을 갖출 수 없기 때문이다.

또 공자는 군자가 늘 염두에 두지 않으면 안 될 몸가짐 아홉 가지를 말하고 있는데 말하고 듣는 태도와 공손한 몸가짐이 그 바탕을 이루고 있다. 소학에서도 대화할 때 얼굴을 보면서 말의 중심생각이 무엇인지 파악하며 듣는 태도와 말을 천천히 하는 것을 강조하고 있다.

6) 타인을 설득하기

우리 조상들은 타인을 설득할 때에도 상대방과의 인간관계를 고려하여 말을 하였다. 그래서 타인에 대한 설득 방법은 공손하고 부드러운 태도로 자신의 의견이 잘 전달될 수 있도록 자세히, 간곡히 반복해서 말하는 것이었다. 이 방법에 대한 예를 살펴보자.

> 만일 부모의 뜻에 해로운 것이 있으면 기운을 온화하게 하고 얼굴빛을 화하게 하며 음성을 부드럽게 하여 간해서, 반복하여 아뢰어 반드시 들어 따르시게 하기를 기약하여야 한다. (父母之志 若非害於義理 則當先意承順 毫忽不可違 若其害理者 則和氣怡色柔聲以諫 反覆開陳 必期於聽從)(격몽요결, 사친장)

위 내용은 부모와 의견이 다를 때 설득해야 하는 상황에 대한 말하기이다. 첫째는 자세히 말씀드리고 둘째는 반복해서 말씀 드리고 셋째는 간곡하게 말씀드리는 것이다. 이때 몸말은 기운을 온화하게 하고 얼굴빛은 화하게, 음성은 부드럽게 한다.

> 형제가 만일 좋지 못한 행실이 있으면 마땅히 정성을 쌓아 충고해서 점차 도리로써 깨우쳐 감동하여 깨닫게 하기를 기약할 것이요, 갑자기 노여운 낯빛과 거슬리는 말을 가하여 그 화합을 잃어서는 안된다. (兄弟若有不善之行 則當積誠忠諫 漸喩以理 期於感悟 不可遽可厲色佛言 以失其和也) (격몽요결)

위의 내용처럼 유가는 설득을 할 때 정성을 쌓아 간곡하게 이야기를 해 상대방이 감동을 받도록 하라고 하였다. 즉 진심이 전해지도록 정성을 다하고 상대방이 스스로 깨닫게 하라는 것이다. 또 상대방에게 감동을 주고 말을 부드럽게 하며 부드러운 표정을 띠라는 것이었다.

7) 상황에 적절한 화법

전통 유가에서는 대화 상황에 따라, 대화 상대방에 따라 적절하게 말하는 것을 강조하고 있다. 유교의 기본정신은 인간관계의 대상에 따라 그 예의가 다르기 때문에 임금과 신하, 남자와 여자, 부모와 자식 등 관계에 따라 말이 다르고 예법이 달랐다(임규홍, 1995). 따라서 화법은 대화 상황에 따라, 대화 상대방에 따라 각각 다르게 이루어졌다.

다음은 공자가 고향에서 말할 때와, 종묘와 조정에서 말할 때 갖추어야 하는 말하기 태도이다.

공자가 고향[4]에 있을 때에는 신실한 모습으로 말도 잘하지 못하는 사람 같았다. 그러나 종묘와 조정에 있을 때는 말을 분명하고 정연하게 하시면서 어디까지나 신중하였다. (孔子於鄕黨, 恂恂如也, 似不能言者. 其在宗廟朝廷, 便便言, 唯謹爾)(논어, 이인편)

공자는 고향에서 부모와 형제들과 말할 때는 신실한 모습만 보이고 말을 잘 하지 않았다. 그러나 국가 일을 감당하는 관직에 나가서는 자기의 주장이나 뜻을 분명하게 전달하고 해야 할 말을 분명하게 했다고 한다(임규홍, 1995). 그러나 겸손하게 말하였고 최대한 말을 삼갔다고 한다. 이것은 대화 상황과 대화 장소에 따라 말하기 태도가 달라야 함을 가르친 것이다. 이외에도 공자는 말할 대상을 가려 말을 하라고 하였다. 어떤 이와는 말을 할 필요가 있고 또 다른 이와는 말을 해서는 안 되는 경우도 있다고 하였다. 이것은 대화 상대자의 사람됨에 따라서 말을 하고, 실없이 대상을 가리지 않고 말하는 것을 경계한 것이다. 이처럼 조선 유가는 말할 때와 말을 하여서는 안 될 때를 정확히 알고 말을 하라고 가르쳤다. 이것은 말을 신중히 하라는 유가의 화법관으로서 상황맥락을 강조하는 현대 화법이론과도 맥이 통한다고 볼 수 있다.

8) 정확하게 이해하며 듣기

유가의 듣기 태도는 의미를 정확하게 이해하며 듣는 태도를 들 수 있다. 들을 때 밝히 들어 알아듣지 못하는 것이 없도록 해야 하는 것이다. 공자는 '듣는데 총명하게 듣기를 생각하라'[5]고 하였다. 총명하게 듣기를 한다는 뜻은 정확하게 이해하고 말하는 사람의 의도를 정확하게 알아야 한다는 것이다. 대화 상대방이 한 말의 '옳고 그름까지 판단할 수 있는 듣기'를 총명하게 듣기를 하는 것으로 말할 수 있다. 논어를 통해 좀 더 자세히 살펴보기로 하자.

공자께서 말씀하시기를 '범어의 말씀을 능히 따르지 않겠는가마는 그 말씀에 따라 잘못을 고칠 줄 아는 것이 중요하다. 부드럽게 타이르는 말을 능히 좋아하지 않겠는가마는 그 말의 참뜻을 찾는 것이 중요하니라. 기뻐하

4) 공자의 부형과 종친이 계신 곳
5) 논어, 계씨 10

여도 참뜻을 찾아 내지 못하고 따르면서도 자기의 잘못을 고치지 않는다면 내 어찌 할 수 없느니라. (子曰, “法語之言, 能無從乎? 改之爲貴. 巽與之言, 能無說乎? 繹之爲貴. 說而不繹, 從而不改, 吾末如之何也已矣) (논어 자공 23)

공자께서 말씀하시길, 말을 알지 못하면 남을 알 수가 없느니라. (子曰 不知言 無以知人也)(논어)

위 내용은 아무런 말이나 모두 들으라는 뜻보다는 자기가 모르고 있는 것을 항상 물어서 그 의문을 없애는데 게을리 하지 말라는 뜻이다. 많이 물어서 많이 알고도 말을 삼가면 허물을 적게 한다고 하였다.

위에서 살펴본 것처럼 유가에서는 상대방이 한 말을 정확히 이해하며 듣는 것을 강조하였고 다른 사람과 대화할 때는 주의를 기울여 듣고 남의 말을 중단시키지 않아야 한다고 하였다. 즉 남이 말을 할 때는 상대방을 존중하며 경청하는 동시에 분명하게 기억하여 잘 대처할 수 있도록 얼굴을 쳐다보고 의중을 살피면서 자세히 들어야 한다고 하였다(류점숙, 1999).

9) 신중함과 실천이 강조되는 듣기

공자는 실행할 수 없는 말은 듣기를 삼가라고 하였다. 아무리 많은 좋은 말을 들었어도 실천하지 않으면 듣지 않는 것만 못하다는 가르침이다. 이것은 공자의 모든 가르침이 덕의 실천에 있음을 강조한 것이다. 그리고 우리 조상들은 남의 비밀이나 나쁜 점은 듣지 않으려 했다. 그것은 그 말을 들으면 남에게 전할까 두려워했기 때문이다(임규홍, 1995).

또 유가에서는 ‘신중하게 골라서 듣기’를 강조하였다. 공자는 남의 말을 잘 듣고 들은 말 중에서 유용한 것을 가려 그것을 실천하라고 하였다. 예의에 어긋나는 말은 듣지도 말라고 하였다. 상대가 은연중에 남을 비방하는 말과 거짓말을 하는 것을 제대로 식별하여 그대로 믿지 말라고 하였다. 또 남의 말을 평가하면서 듣고 그의 표정을 관찰하며 겸허한 태도로 경청하라고 하였다.

10) 성찰의 듣기

유가에서는 자신을 비방하는 말을 들으면 논쟁하는 것이 아니라 자신을 성찰하는 기회로 삼으라고 하였다. 이와 관련된 문헌을 살펴보자,

만약 허물을 듣고 스스로 변명하여 시끄럽게 떠들고 그대로 버려두지 아니하여 반드시 자신을 잘못이 없는 곳에 놓으려 한다면 그 허물이 더욱 깊어져 훼방을 받음이 더욱 무거워질 것이다. (若聞過自辨 曉曉然不置 必欲置身於無過之地 則其過愈甚而¥取謗益重矣) (격몽요결, 접인장 9권)

위 내용에서 율곡은 나를 비판하는 말을 들을 때에 논쟁하는 것이 아니라 오히려 나를 살피는 기회로 삼으라고 말한다. 상대방의 말을 들을 때 상대방의 말이 옳으냐, 그르냐 하는 내용의 타당성을 따지기보다 오히려 그것이 나의 행실을 닦는 기회로 삼으라고 하였다.

11) 예절에 맞는 화법 사용하기

유가에서는 말을 예절과 직결시켜 예절에 적합한 화법을 강조하였다. 유교의 기본 정신 중 한 가지는 인간관계의 대상에 따라 그 예가 다르다는 것이다. 임금과 신하, 부모와 자식, 남편과 아내, 남자와 여자, 어른과 아이 등 관계에 따라 말이 다르고 예법이 달랐던 것이다. 이러한 화법 예절은 매우 다양하지만 여기에서는 웃어른 앞에서 취해야 할 예절을 중심으로 살펴보고자 한다. 첫째, 어른에게 함부로 질문하지 않는 것을 강조하였다. 어른 앞에서 궁금하다고 하여 함부로 질문하지 않으며 어른의 말이 뜻에 미치지 못하더라도 참견하는 말을 하지 말라고 하였다. 어른의 말을 듣고 궁금함을 해결하기 위해 대중없이 마구 물어서 그 대답을 듣고자 하면 어른은 성가시게 되고 자신은 수다스러워진다고 보았다. 따라서 꼭 필요한 경우에만 때를 보아 질문을 하는 것을 강조하였다.

둘째. 어른에게 말할 때에는 기운을 낮추고 목소리를 부드럽게 하는 것을 강조하였다. 溫恭(온공)한 태도를 가지지 않고는 공손한 목소리가 나올 수 없으므로 어른에게 말할 때에는 낯빛과 몸가짐, 그리고 말소리가 부드럽고 침착해야 한다고 하였다.

셋째, 옳고 그름을 따져 변명하지 말하고 하였다. 변명하는 가운데 수다스러워지고 공손하지 못한 것이 나타나면 이것이 곧 예를 벗어나는 것으로 인식하였다.

넷째, 함부로 직설적인 충고를 하지 말하고 하였다. 부모나 스승 혹은 어른의 하는 일이 옳다고 생각되지 않는다고 하여 함부로 거슬리는 直諫(직간)을 해서는 안된다고 하였다. 윗사람과 더불어 是非(시비)曲直(곡직)을 따지다보면 불효를 하는 것이므로 각별한 조심을 할 것을 강조하였다. 꼭 필요한 경우에는 어른의 마음이 평안한 기회를 보아서 간곡히 말씀을 드리되, 利害得失(이해득실)을 들어 온공하게 말할 뿐 옳고 그름을 따지면 안된다고 하였다.

다섯째, 어른 앞에서의 언어 태도이다. 어른 앞에서의 태도는 시선을 안정되게 하라고 하였다.

상대의 얼굴을 똑바로 쳐다보는 것은 당돌하고 예의 없는 행위로 보았다. 또 상대방의 얼굴을 보지 않고 땅 밑을 내려다보는 것은 성실하지 못한 것으로 보았다. 적당한 거리에서 상대의 몸쪽을 보되 바로 보지 말고 조금 숙여 보아 겸손함을 드러내어야 한다고 하였다. 또 어른과 묻고 대답할 때에는 반드시 자리에서 일어날 것이며 말을 가로막거나 숨김이 있어서는 안된다고 하였다.

여섯째, 부름에 대한 대답의 말은 빨리 해야 한다고 하였다. 어른이 부르는데 대답을 빨리하지 않으면 크게 예의에 어긋나는 것으로 생각하였다. 소학에서는 '아버지가 부르면 느리게 대답하지 말고, 선생이 부르면 느리게 대답하지 말고, 빨리 예하고 대답하며 일어날 것이다'라고 하였다. '설령 입속에 음식을 머금고 있더라도 빨리 뱉고 대답하지 않으면 안된다'고 하였다.

2.3. 언어 예절의 기본 원리와 지도 방법

언어 예절은 언어로서 예를 표하는 것이라고 했다. 역으로 말하면, 예를 충분히 표하기 위해서는 언어의 운용이 우리 문화의 특징인 예절 문화에 합당해야 한다는 것으로 이해할 수 있다. 즉 우리 문화에서의 국어 화법은 '우리의 예절 문화에 맞는 더 잘 말하기 방법과 원리'가된다. 여기서는 언어 예절의 지도 방법과 관련하여 먼저 언어 예절의 기본 원리를 살피고자 한다.[6]

1) 언어 예절의 기본 원리

(1) 경어 사용의 원리

경어란 예를 담고 있는 언어 표현이라는 의미를 갖는다. 대인 관계에서의 어법은 경어법에 따른다. 따라서 화법의 학습에서 이 경어 체계에 대한 이해는 필수적인 과제이다. 외국인이 한국말을 배울 때 가장 어려운 것이 경어들의 등급을 이해하고 사용하는 것이라고 한다. 우리에게는 경어 체계가 문화의 일부이고 언어 관습의 일부이지만 외국의 문화에는 이와 같은 경어 체계가 발달되어 있지 않기 때문이다. 그러나 우리나라 사람들도 언어 예절로서의 경어 사용에 많은 잘못을 범하고 있는 것을 쉽게 찾아 볼 수가 있다. 이것은 경어 사용의 원리에 따르지 않기 때문이다.

첫째, 공적인 말하기와 사적인 말하기를 구별해야 한다. 사사로운 말하기에서는 나이의 많고 적

6) 김종택외(2005) 참조하였다.

음이나 친소관계에 따라서 높임 말법을 쓸 수도 있고 예사 말법을 쓸 수도 있다. 그러나 동일한 관계의 사람들이라도 공식적인 자리에서 말을 할 때에는 높임 말법을 쓰는 것이 좋다.

둘째, 개인적인 말하기와 집단적 말하기를 구별해야 한다. 개인적 말하기는 사사로운 말하기가 되는 경우가 많고, 집단적인 말하기는 주로 공적 말하기가 되는 경우가 많지만, 반드시 그런 것만은 아니다. 대화에서는 서로의 관계에 따라 말을 높이고 낮추는 것을 선택할 수 있겠지만, 집단을 상대로 말할 때에는 높임 말법을 쓰는 것이 좋다. 예를 들어, 학생들을 상대로 교사가 수업을 하거나, 유치원 어린이들을 상대로 교사가 놀이를 할 때도 높임 말법을 쓰는 것은 교육적인 의미 때문이기도 하겠지만, 근본적으로는 개인보다는 집단을 중시하는 문화적 의식 때문이다.

셋째, 성별이 다르면 높임 말법의 경어를 사용해야 한다. 옛날부터 내외법(內外法)이라 하여 가장 엄격하게 지켜져 온 예절이다. 친족이 아닌 한 남녀가 서로 말을 하지 않는 것이 원칙이지만 꼭 필요한 경우에는 나이와는 관계없이 반드시 높임 말법을 썼다. 오늘날은 남녀가 동등한 자격으로 사회생활을 하기 때문에 서로 말을 나누는 것은 지극히 당연하다. 그러나 성인이 된 이상, 남녀 간에는 최대한 서로를 대접하면서 높임 말법의 경어를 쓰는 것이 좋다.

넷째, 연령과 지위, 친소 관계를 고려해야 한다. 나이가 적은 사람이 나이 많은 사람에게 낮춤 말법을 쓸 수는 없다. 그렇다고 나이 많은 사람이 젊은 사람에게 함부로 낮춤 말법을 써서도 안 된다. 두 사람의 친소 관계에서 나이의 많고 적음을 의미 있게 받아들여, 손위와 손아래를 인정하는 관계가 확인된 뒤라야 손아래로 대접하는 말법(하게체)이나 예사 말법을 쓸 수 있다. 비록 나이가 나보다 적더라도 사사로이 사제 관계가 되거나 특별히 대접할 만한 처지에 있으면 마땅히 높임 말법을 써야 한다.

다섯째, 경어법의 기준은 상대에게 매여 있음을 알아야 한다. 대화에 등장하는 제3의 인물에 대한 높이고 낮추는 말법의 선택은 말하는 사람과의 관계에 상관없이 듣는 사람과 의 관계를 기준으로 한다. 예컨대, 손자가 할아버지에게 "아버지가 할아버님 잡수시라고 하였습니다. "라고 하지,"아버님께서 할아버님 잡수시라고 하셨습니다." 라고는 말하지 않는다. 할아버지가 손자에게 "네 아버지 좀 오라고 해라."하면 되지만, 동시에 "네 아버지 좀 오시라고 해라."를 허용하는 것 같은 이치에서이다.

(2) 화계의 원리

화계(speech level) 라고 하는 것은 말하기의 계층으로서, 말할이와 들을이의 상대적 관계에 의하여 생성되는 것이다. 이는 언어 표현의 문제이면서 동시에 사회적인 규범이나 관습과 관계된다. 화계의 원리를 좀 더 잘 알기 위해서 화선(discourseline)에 대해 간략히 언급해 둘 필요가 있다. 화선은 화제를 사이에 두고 화자와 청자 간에 맺어지는 언어적 거리를 말한다. 우리가 대화를 할 때에는 반드시 말할이가 있고 들을이가 있으며 그들 사이에 전달되는 메시지로서의 내용이 있다. 이 세 가지는 언어 수행의 요소로서 대화를 가능하게 하는 선행 요건이 된다. 화자와 청자는 대상(내용)을 중심으로 하여 부단한 교체 과정을 겪으면서 대화를 성립시킨다. 여기서 '말할이, 들을이, 내용'은 대화를 성립시키는 필수요소이며, 이들은 각각 화점으로 화선이나 화형을 성립시키는 기점이 된다. 말할이와 들을이의 관계 즉 계층성을 고려한 화선이 바로 화계이다.

말할이와 들을이 간의 적당한 화계의 선택은 언어 행위의 성패를 결정하게 된다. 죽마고우가 나이가 들어 오랜만에 만나 다음과 같은 대화를 했다고 가정해보자.

A : 오랜만에 뵙겠습니다.

B : 이 친구가 갑자기 왜 이러나?

위에서 A 는 당황하고 있다. B는 A 에 대해서 높임의 화계를 설정하고서 높임의 방법을 썼다. 그러나 B는 A가 비록 오랜만에 만났지만 죽마고우이므로 높임의 화계가 적당하지 않다고 생각하고 있다. 즉 양자간의 화계가 일치하지 않았던 것이다. 이러한 화계는 절대적인 것이 아니며 말할이와 들을이의 상대적 관계에 따라 자율적으로 규정된다. 즉 화계는 문화적 적절성 여부에 따라 정해진다.

(3) 상대중심의 원리

상대중심의 원리는 언어 예절은 상대를 중심으로 이루어진다는 것을 의미한다. 우리 나라에서의 인사 말법은 철저하게 상대를 기준으로 이루어진다. 국어학적으로 높임법은 주체높임법, 객체높임법, 상대 높임법으로 구분된다. 주체 높임법은 말할 내용 중 주체를 높이는 것이고 객체 높임법은 말할 내용 중 객체를 높이는 것이다. 상대높임법은 듣는 청자를 높이는 것이다. 이중에서 상대높임법의 언어 예절이 가장 복잡하고 엄격하게 발달되어 있는데 이는 언어 예절이 상대중심으로 실현된다는 것을 보여주는 것이다.

2) 언어 예절의 지도 내용[7)]

위에서 살펴보았듯이 우리 전통 언어 예절의 기본 태도는 상대방을 존중하고 상대방의 의견을 잘 이해하려는 마음이다. 그 내용을 정리해보면 아래의 〈언어 예절의 기본태도〉와 같다. 언어 예절의 기본 태도의 방법을 생각해보기 위하여 국립국어원(2011)에서 제시한 내용을 먼저 알아보고, 이에 관한 구체적 지도 내용으로 경어법, 인사 예절, 전화 예절에 대하여 간략히 살펴보기로 한다.

〈언어 예절의 기본 태도〉	
• 말을 조심해서 많이 하지 않는다.	
• 말을 할 때 꾸밈이 없이 간결하고 자연스러운 태도를 가져야 한다.	
• 언어행동에 대한 타인의 사생활을 침해하지 말며, 상대방의 입장에 서서 말을 해야 한다.	
• 들을 때 정확하게 이해하고 말하는 사람의 의도를 정확하게 알아야한다.	
• 다른 사람과 대화할 때는 주의를 기울여 듣고 남의 말을 중단시키지 않아야 한다.	
• 남의 말을 잘 듣고 들은 말 중에서 유용한 것을 가려 그것을 실천해야한다.	
• 예의에 어긋나는 말은 듣지도 말아야 한다.	
• 남에게 들은 말을 함부로 옮기지 않는다.	
• 웃어른에게 대하는 자세	1) 적당한 거리에서 상대의 몸 쪽을 보되 바로 보지 말고 조금 숙여 보기
	2) 기운을 낮추고 목소리를 부드럽게 하기
• 부모에게 말할 때 예의	1) 함부로 옳고 그름을 따지지 않고 간곡히 말씀을 드리기
	2) 함부로 질문하지 않고 예의를 갖추어 질문하기

(1) 경어법

우리말은 경어법이 복잡한 편이다. 문법적으로 주체를 높이는 존경의 표현, 말하는 사람과 듣는 사람의 관계에 따라 결정되는 공손의 표현, 말하는 사람의 관계에 따라 결정되는 겸양의 표현 등이 있고 어휘적으로도 존댓말과 예사말이 나뉘어 있는 경우도 있어 적절한 말을 골라 쓰는 데 세심한 주의가 필요하다.

첫째, 존경의 표현은 동작이나 상태의 주체가 되는 사람을 높이고자 할 경우 '웃으시다', '건강하시다'와 같이 서술어에 '-시-'를 넣어 존경을 표하는 것이다. 이 밖에 따로 존댓말을 써서 주체를 높이기도 하는데 '밥'을 '진지'로, '자다'를 '주무시다'로, '먹다'를 '잡수다', '잡수시다'와 같이 바꾸어 말한다. 용언이 여러 개 함께 나타날 경우 일률적으로 규칙을 세우기는 어렵지만 문장의 마지막 용언에 높임의 선어

7) 국립국어원(2011)을 근간으로 정리하였다.

말 어미 '-시-'를 쓴다. 용언마다 '-시-'를 넣는 것이 더 높이는 말이라고 생각하여 그렇게 말하는 사람들이 있으나 용언마자 '-시-'를 넣는 것은 바람직하지 않다. 지나친 존대는 도리어 예의가 아니고 모든 용언에 '-시-'를 넣는 것이 항상 자연스럽지도 않기 때문이다. 예를 들어서 '왔다가 가셨다' 보다는 '오셨다가 가셨다'가 자연스러운 표현이고 '읽으시고 계시다'보다는 '읽고 계시다'가 더 적절한 말이다.

둘째, 존대말의 표현은 신중하게 잘 가려 쓰는 것이 중요하다. '아버지한테 야단을 맞았다.' 보다는 '아버지한테 걱정을 들었다.', '아버지한테 꾸중을 들었다.' '아버지한테 꾸지람을 들었다.'처럼 말하는 것이 적절한 표현이다. 존칭의 조사 '께서','께'는 대화에서는 잘 쓰이지 않는다. 용언의 '-시-'로도 충분히 높였기 때문이다. 구어에서는 '께서','께' 등과 같은 조사보다는 '이/가','한테' 등을 쓰는 것이 자연스럽다.

셋째, 경어 사용을 적절히 하는 것이 매우 중요하다. 부모를 조부모께 말할 때에는 '할머니/할아버지, 어머니/아버지가 진지 잡수시라고 하였습니다.'처럼 부모에 대해서는 높이지 않는 것이 전통 언어 예절이다. 그러나 오늘날 이러한 전통도 변하여 부모보다 윗분에게도 부모를 높이는 것이 일반화되고 있으므로 현실을 인정하여 '할머니/할아버지, 어머니/아버지가 진지 잡수시라고 하셨습니다.'와 같이 부모를 부모의 윗사람에게 높여 말할 수도 있다.

부모를 다른 사람에게 말할 때 낮추어 말하는 사람이 있으나 이는 전통적인 어법에 어긋나는 것이다. 가족 이외의 다른 사람에게 부모를 말할 때에는 언제나 높여,학교 선생님께 부모를 말할 때에도 '저희 어머니/아버지가 이렇게 말씀하셨습니다.', '저희 어머니/아버지께서 이렇게 말씀하셨습니다.'와 같이 하는 것이 바른 언어 예절이다.

(2) 인사 예절

사회생활에 있어서 인사는 상호 교섭의 첫걸음이다. 인사를 나눔으로써 서로 신뢰감을 표시하고 적의가 없음을 나타내기 때문에 인사를 나누느냐 나누지 않느냐 그 자체가 중요하다. 인사는 겉으로 보기에는 가벼운 말 한 마디이지만 정중한 태도의 표현이라고 할 수 있다. 그것으로 자신의 인격과 정의를 타나내어 보이기 것이기 때문에 사회 생활에서 더 없이 중요한 것이다. 무엇보다도 인사 예절은 상대를 어떻게 대우하는가와 밀접하게 관련되어 있다. 인사 예절은 일상 생활에서의 문안 인사를 비롯해서 만나고 헤어질 때의 인사, 그리고 축하 인사와 위로 인사 등 다양하다.

〈표3-2〉 만나고 헤어질때 하는 인사말-가정에서

<table>
<tr><td rowspan="12">가정에서</td><td rowspan="3">나가는 사람이</td><td>다녀오겠습니다.</td></tr>
<tr><td>다녀올게요.</td></tr>
<tr><td>다녀올게</td></tr>
<tr><td rowspan="3">보내는 사람이</td><td>안녕히 다녀오십시오.</td></tr>
<tr><td>안녕히 다녀오세요.</td></tr>
<tr><td>잘 다녀와.</td></tr>
<tr><td rowspan="3">들어오는 사람이</td><td>다녀왔습니다.</td></tr>
<tr><td>다녀왔어요</td></tr>
<tr><td>아빠/나 왔다.</td></tr>
<tr><td rowspan="3">맞이하는 사람이</td><td>다녀오셨습니까?</td></tr>
<tr><td>다녀왔어요?</td></tr>
<tr><td>다녀왔어?</td></tr>
</table>

〈표3-3〉 손님을 맞이할 때와 손님과 헤어질 때 인사말

<table>
<tr><td rowspan="2">손님을 맞이할 때와
손님과 헤어질 때 인사</td><td>손님을 맞이할 때</td><td>어서 오십시오</td></tr>
<tr><td>손님과 헤어질 때</td><td>안녕히가십시오</td></tr>
</table>

〈표3-4〉 만나고 헤어질 때 하는 인사말-사회에서

<table>
<tr><td colspan="2" rowspan="4">오랜만에 만나는 사람에게</td><td>그동안 안녕하셨습니까?</td></tr>
<tr><td>그동안 잘 지내셨습니까?</td></tr>
<tr><td>그동안 잘 지내셨어요?</td></tr>
<tr><td>그동안 잘 지냈니?</td></tr>
<tr><td rowspan="6">이웃사람에게</td><td rowspan="3">만났을 때</td><td>안녕하십니까?</td></tr>
<tr><td>안녕하세요?</td></tr>
<tr><td>안녕?</td></tr>
<tr><td rowspan="3">헤어질 때</td><td>안녕히 가십시오.</td></tr>
<tr><td>안녕히 가세요.</td></tr>
<tr><td>안녕.</td></tr>
<tr><td rowspan="6">직장에서</td><td rowspan="2">만났을 때</td><td>안녕하십니까?</td></tr>
<tr><td>안녕하세요?</td></tr>
<tr><td rowspan="2">나가는 사람이</td><td>먼저 가겠습니다.</td></tr>
<tr><td>내일 뵙겠습니다.</td></tr>
<tr><td rowspan="2">남아 있는 사람이</td><td>안녕히 가십시오.</td></tr>
<tr><td>안녕히 가세요.</td></tr>
<tr><td colspan="2" rowspan="3">식사시간 전후에 만났을 때</td><td>점심/진지 잡수셨습니까?</td></tr>
<tr><td>점심/진지 드셨습니까?</td></tr>
<tr><td>식사하셨어요?</td></tr>
</table>

한편, 자기를 소개할 때는 소개하는 목적과 장소, 듣는 이에 따라 소개하는 표현이 달라진다. 자기를 소개할 경우 일반적으로 갖추어야 할 요소와 순서가 있다. 자기를 소개할 때에는 먼저 '안녕하십니까?', '처음 뵙겠습니다.' 등으로 인사를 한다. 그리고 '저는 ○○○입니다.' 라고 자신의 이름을 밝힌다. 소개하는 목적이나 장소에 따라 ' ○○에 다니는' 등 수식을 넣어 자신을 더 정확히 소개할 수 있다. 이어서 상황에 맞는 내용을 말한 뒤 '고맙습니다.'와 같은 끝인사로 소개를 마친다. 일반적인 소개의 순서는 '친소 관계를 따져 자기와 가까운 사람을 먼저 소개한다, 손아랫사람을 손윗사람에게 먼저 소개한다, 남성을 여성에게 먼저 소개한다.'의 순이다.

〈표3-5〉 소개할 때 하는 인사말

자신을 남에게 소개할 때	처음 뵙겠습니다. 저는 ○○○입니다.
아버지에게 기대어 자신을 소개할 때	저의 아버지는 ○자 ○자이십니다.
여러 사람 앞에서 자기를 소개할 때	처음 뵙겠습니다. ○○○입니다. 안녕하십니까 ○○○입니다.

〈표3-6〉 축하할 때 하는 인사말(생일잔치나 결혼식장에 초대받아 갔을 때)

상황		인사말
돌 때	아기 부모에게	축하합니다.
	아기에게	건강하게 자라라
회갑, 고희 등의 생일에	본인에게	생일 축하합니다. 더욱 건강하시길 바랍니다. 더욱 강녕하시기 바랍니다.
	배우자에게	축하합니다.
	잔치 준비한 자녀에게	축하하네. 수고했네.

(3) 전화 예절

현대인의 언어생활에서 통신장비를 통한 의사소통의 비중은 크다. 가정은 물론 직장에서도 걸려온 전화를 받거나 또는 업무나 인사를 위해서 전화를 거는 일은 중요한 일과의 하나가 되고 있다. 특히 전화 예절은 상대를 대면하지 않는 상태에서 이루어진다는 특이점이 있다.

따라서 전화상의 대화에서 필히 지켜져야 할 언어 예절은 공손한 태도로 자신의 신분을 밝히는 일이다. 자신의 신분을 밝히지 않은 채 상대방을 찾는 경우가 있는데 이것은 전화 예절에 어긋나는 것이 된다. 특히 자신이 통화하고자 하는 상대가 아닌 다른 사람과 통화를 하게 되었을 경우 그 상대방에게 자신의 신분을 밝힌 후 용무를 말해야 할 것이다.

또 하나 지켜져야 할 전화 예절은 비록 보이지는 않지만 행위 예절에도 올바른 태도를 가져야 한다는 점이다. 예절은 언어적인 예절과 함께 행동 예절까지를 포함한다. 그 언어 예절과 행동 예절이 구분될 수는 없다. 비록 보이지 않는다 해도 올바른 몸가짐이나 공손한 태도로 전화를 받거나 하게 되면 자연스럽게 그 언어 예절 또한 올바르게 되고 공손하게 된다. 예는 보이는 곳에서 보다는 보이지 않는 곳에서 더욱 중요하며 이것이 몸에 배일 때 진실한 언어 예절을 보이게 된다. 국립국어원에서 〈표준 언어예절〉로 제시한 전화 예절의 주요 내용을 살펴보면 다음과 같다.

〈표3-7〉 전화를 받거나 바꾸어 줄 때 하는 인사

벨이 울리면 수화기를 들고	집	여보세요. 여보세요.(지역이름)입니다. 네,(지역이름)입니다.
	직장	네, ○○○[회사/부서/받는 사람)입니다.
전화를 바꾸어 줄 때	집	(네),잠시 기다려 주십시오, 바꾸어 드리겠습니다. 잠깐 기다려 주십시오, 바꾸어 드리겠습니다. 조금 기다려 주십시오, 바꾸어 드리겠습니다. 네. 잠시 기다려 주십시오, 바꾸어 드리겠습니다.
	직장	(네), 잠시 (잠깐, 조금) 기다려 주십시오, 바꾸어 드리겠습니다.
상대방이 찾는 사람이 없을 때	집	지금 안 계십니다. 들어오시면 뭐라고 전해드릴까요?
	직장	지금 안 계십니다. 들어오시면 뭐라고 전해드릴까요?
잘못 걸려 온 전화일 때	집	아닌데요(아닙니다.) 전화 잘못 걸렸습니다.
	직장	아닌데요(아닙니다.) 전화 잘못 걸렸습니다.

〈표3-8〉 전화를 걸 때 상대방이 응답하면 하는 말

집	안녕하십니까? 저는 ○○○입니다. ○○○(찾는 사람) 씨 계십니까?
	안녕하십니까? 여기는 ○○○입니다. ○○○(찾는 사람) 씨 계십니까?
직장	안녕하십니까? 저는 ○○○입니다. ○○○(찾는 사람) 씨 좀 바꾸어 주시겠습니까?
	안녕하십니까? 여기는 ○○○입니다. ○○○(찾는 사람) 씨 좀 바꾸어 주시겠습니까?

〈표3-9〉 전화가 잘못 걸리거나 끊을 때 하는 말

전화가 잘못걸렸을 때	죄송합니다. 전화가 잘못 걸렸습니다.
	미안합니다. 전화가 잘못 걸렸습니다.
전화를 끊을 때 하는 말	안녕히 계십시오.
	고맙습니다.
	이만 끊겠습니다. 안녕히 계십시오.

(4) 언어 예절의 교육과정 반영 실태

1-2학년군 듣기 · 말하기 성취 기준 '상황과 상대에 알맞은 인사말을 알고, 공손하고 바른 태도로 인사를 나눈다.'가 교과서에 반영된 단원은 2학년 1학기 4단원 '고운 말을 사용하여 친구들과 대화하기'이다. 이 단원에서는 실제로 고운 말을 사용하여 친구들과 대화하는 방법을 익히고 놀이를 통하여 고운 말을 생활화하고 실천의지를 다지는 학습을 하고 있다. 고운 말을 하는 방법을 생각하며 고운 말로 대답하기 놀이를 하는 것은 매우 적절한 학습으로 보인다. 한 가지 아쉬운 점은 이 학습이 1-2차시에 그치고 바로 쓰기 학습으로 이어져 고운 말을 사용해야 한다는 교육 목적이 퇴색할 우려가 있다.

3-4학년군 듣기 말하기 성취 기준 '말차례를 지키면서 바른 태도로 대화를 나눈다'를 다루는 교과서 단원은 4학년 2학기 3단원 '대화를 나누어요'이다. 이 단원에서는 '알맞은 대화 예절을 지키며 대화할 수 있다'라는 학습목표를 가지고 있고, 1-4차시에는 대화를 주고받을 때에 지켜야 할 예절, 웃어른과 대화할 때 주의할 점을 이해 학습으로 공부한 후 5-8차시에 친구들과 함께 예절을 지키며 대화를 나누기, 대화 예절을 지키며 여러 상황에 알맞게 대화하기 등을 학습하고 있다.

2.4. '언어 예절' 학습 내용의 평가

언어 예절에 대한 학습은 실제적 언어 수행과정에서 이루어져야 한다. 그에 대한 평가도 실제적 언어 수행 평가로 이루어져야 한다. 이 평가를 할 수 있는 방법을 소개하면 다음과 같다.

첫째, 이 평가는 실제 언어 생활 과정에서 대화의 과정을 관찰하여 평가가 이루어져야 한다. 단순한 지필평가나 1회의 수행과정을 관찰하여 평가하는 방법은 적절하지 않다. 장기간의 관찰이나 포트폴리오 방식의 평가 방법이 필요하다.

둘째, 일상생활이나 학교 생활에서 다른 사람과 대화할 수 있는 상황을 찾아 알맞은 대화를 하는지 평가해야 한다. 대화 상황에 얼마나 적절하게, 얼마나 예의 바르게 대화를 하는지 평가가 이루어져야 한다.

셋째, 모든 대화에는 대화 예절이 있음을 강조해야 한다. 가족 간이나 친한 친구사이에도 지켜야 할 대화 예절이 있음을 알게 하고 대화 예절을 지켜야만 좋은 대화가 될 수 있음을 알게 한다.

넷째, 여러 상황에 알맞은 대화 예절을 지키는 것은 수업시간이나 평가 상황에서만 이루어지는 것이 아니라 학생들의 일상생활에서 습관화, 생활화가 되도록 지도해야 한다.

다섯째, 언어 예절에 대한 평가 자료는 다시 학생에게 피드백이 되어 학생이 자신의 언어 생활을 반성하도록 도와야 한다. 평가 자료가 학생들의 언어생활을 변화시키는 자료로 활용되도록 지도해야 한다.

여섯째, 언어 예절을 지도하고 평가할 때 명심보감, 소학, 사소절 등의 고전문헌을 적극적으로 활용할 필요가 있다. 이러한 자료는 학생들의 실제적인 언어 생활을 변화시킬 수 있는 중요한 동기 요인이자 촉진제로 작용할 수 있다.

참고문헌

구현정 외(2005). 의사소통의 기법, 박이정.
권오순역해(1982), 예기, 홍신문화사.
권오봉(1998), 예던길, 우진출판사.
국립국어원(2011), 표준언어예절, 국립국어원.
김종택외(2005), 생활속의 화법, 정림사.
김상대(1997), 동양 언어관의 특성, 〈국어교육〉 95호, 한국어교육학회.
김성원 역저(1995), 명심보감, 명문당.
______ 역저(1995), 소학, 명문당.
______ 역저(1999), 격몽요결, 명문당.
김종권 역주(1994), 내훈, 소혜왕후 한씨 저, 명문당.
______ 역(1993), 이덕무 저, 사소절, 서울 : 명문당.
김종택(1987), 한국인의 전통적인 언어 예절 연구, 〈국어교육연구〉 19권, 국어교육학회.
류점숙(1994), 전통사회의 아동교육, 중문출판사.
______ (1999), 전통사회 유가 아동의 언어교육, 퇴계학보 104호, 퇴계학연구원.
문향숙(2004), 격몽요결에 표현된 전통화법관에 대한 연구, 〈화법연구〉 7권, 한국화법학회.
이가원 역해(1991), 신역 논어, 홍신문화사.
______ 역해(1991), 맹자 홍신문화사..
이기석 역해(1979), 동몽선습, 홍신문화사.
______ 역해(1994), 소학, 홍신문화사.
이민수 역해(1985), 내훈, 홍신문화사.
이주섭(2001), 구성주의 관점에서 본 듣기 말하기 교육, 〈한국초등국어교육〉 제18집, 한국초등국어교육학회.
이주행(2002), 공자와 그의 제자들의 화법관에 대한 연구, 〈화법연구〉4호, 한국화법학회.
임규홍(1995), 말하기 듣기 연구, 〈배달말 교육〉 14호, 배달말교육학회.
_____ (1999), 초등학교 말하기 교육의 바람직한 방향, 〈새국어교육〉 57호, 한국국어교육학회.
임칠성(1999), 국어 화법의 성격 고찰, 〈화법연구〉 1호. 한국 화법학회.
정상섭(2007), 초학(初學) 수신서(修身書)에 나타난 화법 내용 고찰, 학습자중심교과교육연구 7권 1호, 학습자중심교육학회.
______(2007), 이덕무의 사소절에 나타난 화법교육 고찰, 새국어교육, 한국국어교육학회

3. 자신 있게 말하기

3.1. 자신 있게 말하기의 개념

1) 말하기 불안의 개념과 요인

자신 있게 말하기 위해서는 말하기 불안 극복이 선행되어야 한다. 말하기 불안은 사람에 따라 정도의 차이는 있지만 누구에게나 나타나는 자연스러운 현상이다. 말하기 불안은 말하기 상황 이전이나 진행 중에 심장이 두근거린다거나 손에 땀이 고인다거나, 안절부절못한다거나, 얼굴이 붉어진다거나, 말문이 막힌다거나 하는 등 생리적인 증상으로 나타난다. 말하기 불안이란 '말하기 전, 중, 후에 말하는 기대치 도달 불투명 심리에 의해 형성되는 조마조마한 정신적, 심리적, 신체 상태'라고 정의할 수 있다. 말하기 불안을 느끼게 되는 까닭은 음성언어 의사소통 능력이 의미구성과 관련된 인지적 측면, 자아 개념과 관련된 정의적 측면, 참여자 사이의 관계와 관련된 사회적 측면과 상황 인식 등이 동시에 관여하는 복합적인 능력이기 때문이다. 장윤경(2001)의 연구에 의하면 우리나라 초등학생의 말하기 불안 정도는 높은 편이며, 3학년과 6학년의 말하기 불안 정도가 차이가 없는 것으로 보아 말하기 불안이 지속되는 특성이 있다는 것을 알 수 있다.

말하기 불안의 요인은 다양하다. 장윤경(2001)에서 정리된 내용을 중심으로 말하기 불안에 영향을 미치는 요인을 성향 요인, 상황 요인, 말하기 특성 요인으로 나누어 정리하면 다음과 같다.

(1) 성향 요인

첫째, 유전적인 성향이나 가정에서의 의사소통 부족으로 인해 형성된 소극적, 부정적인 성격 요인이다. 말하기 불안은 유전적으로 내성적이거나 소극적인 성격을 물려받았거나 가정에서의 의사소통에서 긍정적인 보상과 상호 작용 경험이 부족하여 형성된다. 특히 가정에서의 의사소통이 많은 영향을 주는 것으로 알려져 있다.

둘째, 학교에서의 사회적 의사소통의 부재 및 동양적 의사소통 문화로 인해 형성된 성향 요인이다. 학교에서의 상호작용은 주로 교사와 또래들을 통해서 이루어지는데 이 때 부정적인 언어 경험과 대인 관계가 영향을 미친다. 또한 동양적 의사소통 문화로 인한 체면, 의례, 눈치 보기 등도 말하기 불안을 초래하는 주요 요인이다.

셋째, 자신과 타인, 말하기에 대한 태도 요인이다. 이 요인은 앞의 두 요인에 의해 형성될 가능성이 많다. 자아 존중감이 부족하면 자신의 능력에 대해 확신하지 못하고 이 때문에 불안해진다. 또한 타인을 협력자로 인식하느냐, 경쟁자로 인식하느냐에 따라 등의 타인과의 관계에 따라 불안의 정도가 달라지기도 한다. 마지막으로 말하기를 부정적인 것으로 생각하고, 말하기 상황에서 부정적 강화를 자주 받은 학생은 말하기에 대한 인식이 부정적으로 형성된다.

(2) 상황 요인

첫째, 청자 요인이다. 의사소통의 상대에 대한 불안의 정도가 초등학생의 경우 선생님, 아버지, 친구, 어머니 순으로 말하기 불안을 느낀다고 한다. 학생들이 교사와의 의사소통에 어려움을 겪는 것으로 보아 교사가 긍정적이고 공감적인 의사소통 태도를 지닌 필요가 있음을 알 수 있다.

둘째, 특정 상황 요인이다. 말을 해야 할 상황은 매우 다양하지만 주로 공식적인 상황에서의 말하기는 말하기 불안을 초래할 가능성이 많다. 여러 사람 앞에서 자기를 소개하거나 어떤 의견을 발표해야하거나 면접이나 구술시험과 같이 자신의 말에 대해 평가를 받는 상황에서는 일상적인 말하기보다 더욱 어려움을 겪게 된다.

(3) 말하기의 특성 요인

첫째, 말하기의 목적 요인이다. 청자에게 정보를 전달하거나 설득하기 위해서는 분명한 관점을 지니고 정확하고 객관적인 내용으로 준비하여 논리적으로 말해야 한다. 이는 상대방에게 부담을 주는 행위이면서 동시에 목적 달성 여부가 생기는 것이므로 이에 대해 불안감이 생겨난다.

둘째, 말하기 내용과 과정 요인이다. 말하는 내용을 확신하고 있는지, 흥미롭다고 생각하는지, 중요하다고 생각하는지 등에 대한 인식이 불안 정도에 영향을 미친다. 주제에 대해서 긍정적으로 인식하고, 흥미를 느낄수록 말하기 불안은 감소된다. 말하기는 높은 인지를 요구하는 사고과정이므로 말하기 내용에 대한 준비를 많이 하고 화자가 주제에 친숙함을 느낄수록 말하기 불안이 감소된다.

2) 자신 있게 말하기의 개념

2009개정 국어과 교육과정에서는 1-2학년 군 듣기 · 말하기 영역의 내용성취 기준으로 '(3)듣는 이를 바라보며 자신 있게 말한다'를 설정하였다. 그리고 대화를 하거나 발표를 할 때에는 '듣는 이를 바라보며 또렷하게 말하는 것'이 효과적인 말하기의 기본이라고 하면서, 듣는 이가 잘 알아들을 수 있는 정도로 목소리 크기를 조절하고, 자연스러운 어조와 분명한 발음으로 말하며, 자신 있는 목소리로 말을 하는 능력을 갖추어야 한다고 설명하고 있다. 이 내용에서 자신 있게 말하기란 '듣는 이가 잘 알아들을 수 있는 목소리 크기로 자연스러운 어조와 분명한 발음으로 말하기'를 의미한다. 이 성취 기준과 관련된 교과서 단원에서는 자신 있게 말하는 방법으로 다음 같이 제시하고 있다. '듣는 사람을 바라보며 말한다', '말끝을 흐리지 않고 말한다', '고개를 바로 들고 큰 소리로 말한다', '다른 사람이 잘 알아들을 수 있도록 또렷한 목소리로 말한다'이다. 요컨대 교육과정과 교과서에 제시된 자신 있게 말하기의 교육 내용은 말하기의 목소리, 태도, 발음과 밀접한 관련을 보인다.

자신 있게 말하기는 초등학생들이 학교에 들어와 공식적인 말하기를 경험하게 되는 학습자들의 실제적인 말하기 상황을 고려하여 설정된 국어 교육의 내용이다. 여러 사람 앞에서 자신의 의견, 생각, 정보 등을 말하게 되는 공식적 말하기는 초등 학습자가 성장해가면서 지속적으로 경험하게 되는 중요한 듣기 · 말하기 영역의 교육 내용이라 할 수 있다. 김미선(2008)에 따르면 발표는 자신을 표현하고 청자와 함께 의미를 만들어 나가는 도구이다. 발표 능력은 미래의 사회생활을 해나가는 데 있어 매우 중요하며 대부분의 학생들은 이러한 발표하기 상황을 초등학교에서 처음으로 경험하게 된다. 특히 초등학교 수업 시간에 이루어지는 발표는 여러 사람 앞에서 자기를 표현하고 자신의 의견을 발언할 수 있는 공적인 말하기의 중요한 장면이 된다. 이때 긍정적인 말하기를 경험하고 이를 통해 긍정적인 말하기 태도를 형성하는 것이 매우 중요하다. 긍정적인 말하기 태도가 형성되면 학생은 스스로 말하기에 참여하게 되기 때문이다. 말하기를 자주 경험한 학생은 말하기에 대한 두려움이나 불안 증세가 감소하고 어떤 공적인 말하기 상황에서라도 보다 현명하게 대처할 수 있다. 이러한 말하기 경험이 쌓이면서 학생들은 말하기를 더욱 능숙하게 잘 해낼 수 있다.

이창덕 외(2000:29-34)에서 말하기는 구두 언어, 준언어적 요소, 비언어적 요소를 매체로 시간적 · 공간적 상황을 공유하면서 의미를 공유하는 것으로 정의한다. 화자와 청자는 자신들의 삶을 통해 구축된 독특한 의미의 세계를 바탕으로 말하기에 참여하며, 외적인 역할관계와 상대방에 대한 인식과 같은 내적관계까지 포함하는 관계를 바탕으로 이루어진다. 그리고 연령, 사회 계층, 성에 따라 형성된 말하기 문화와 말하기의 문화적 전통을 배경으로 한다. 말하기 태도는 이러한 언어적, 사회적, 문화적 성격과 관련을 맺고 있다. 말하기 요소는 '화자, 청자, 메시지, 장면'의 네 가지이다(이창덕 외, 2000:35). 말하기에 있어 화자 요소는 매우 중요하다. 화자의 성격을 비롯한 자신감, 자아 정체감, 가치관, 흥미, 관심, 지식 등 화자의 사고에 영향을 미치기 때문이다.

말하기에 있어서 청자는 화자와 함께 의미를 만들어나가는 주체이다. 청자가 화자의 발화에 어떻게 반응하느냐에 따라 화자의 발화는 달라질 수 있다. 그러므로 화자가 발화할 때 청자 요인은 중요한 변수가 되며, 화자의 말하기 태도는 화자와 청자의 관계, 청자의 신분, 나이, 지식, 흥미, 인원 수 등의 영향을 받는다. 메시지의 내용과 구조는 말하기를 구성하며 말하기에 영향을 끼치는 주된 요인이다. 메시지는 언어적, 비언어적 의사소통을 통해 관계적, 자아적, 문화적 의미를 공유하게 된다. 어휘, 구문, 문장 등의 언어적 메시지는 화자의 느낌, 생각, 가치 등을 포함한다. 언어 행위적 메시지는 어떻게 말하느냐에 해당하는 것으로 억양, 강세, 음색 등을 통해 드러나는 여러 가지 의미를 뜻하고, 자아와 관련된 메시지는 말을 통해 드러나는 화자와 청자의 성별, 나이, 성격, 가치, 태도 등의 사람 됨됨이를 말한다(이창덕 외, 2000:38-40).

자신 있게 말하는 발표 수행은 다수의 청중을 대상으로 격식적이고 공식적인 맥락에서 이루어지며, 설명이나 설득과 같이 뚜렷한 의사소통의 목적 하에 이루어진다. 발표를 수행하는 화자는 제한된 공간에서 주어진 시간 안에 청자들에게 담화의 내용을 전달함으로써 그 목적을 달성해야 한다. 이러한 점들은 발표를 앞둔 화자들에게 담화 수행에 대한 심리적, 정의적 부담의 원인으로 작용하기도 한다(이선영, 2014).

학생들이 자신 있게 말하기 위해서는 자신이 말할 내용을 정하고 이 내용을 여러 사람 앞에서 분명하고 정확하게 전달하는 것이 중요하다. 그러기 위해서는 분명하게 표현해야 하는데, 일반적으로 분명한 표현이란 자신의 생각, 느낌, 요구 등을 상대방에게 정확하게 전달하는 것이다. 예를 들어, 머뭇거리고 어미를 흐리면서 말을 하게 되면 말하는 내용이 상대방에게 정확하게 전달되지 않는다. 많은 사람들이 자신의 의사를 분명하게 표현하지 않는 것은 자신을 표현하는 것에 익숙하지 않고 어느 때는 두려움까지도 갖는 개인의 성격이 영향을 줄 수도 있지만 문화적 배경에 영향을 받을 수도 있다. 분명한 말하기 표현을 하기 위해서는 다음과 같은 몇 가지 기본 원칙을 따르는 것이 좋다.[8)]

---

8) 김영임(1998)의 내용을 수정하였다.

① 질문 형식으로 표현하지 않는다. 질문으로 표현하게 되면 말하는 이의 의도가 잘 전달되지 않는다. 그러므로 자기가 표현하고자 하는 의도를 분명하게 진술하는 것이 중요하다.

② 언어와 비언어가 일치되도록 표현한다. 언어와 비언어가 일치하는 표현을 함으로써 좀 더 분명하게 메시지를 전달할 수 있고 상대방이 보다 쉽게 메시지를 이해하도록 도울 수 있다.

③ 이중적 표현을 사용하지 않는다. 이중적 표현을 사용하면 메시지 전달에 장애가 올 수 있다. 그러므로 이중적 표현보다는 자신의 생각을 분명하게 표현하는 것이 오해를 덜 일으킬 수 있다.

④ 자신이 원하는 것을 분명히 표현한다. 느낌이나 바람의 경우는 분명하게 표현되지 않으면 상대방이 이해하기 어렵다. 자신의 마음을 상대방이 이해할 수 있도록 분명하게 전달하는 것이 중요하다.

⑤ 실제 사실과 생각, 느낌, 요구를 구분하여 표현한다. 본 것은 본 것으로, 생각은 생각한 것으로 표현해야 한다. 그래야 상대방에게 사실과 생각이 어떤지 명확하게 전달될 수 있다.

⑥ 한 번에 한 가지만 초점을 맞춰서 표현한다. 자기 마음대로 대화의 주제를 이리저리 바꾸는 것은 놓지 않다. 다른 주제로 넘어갈 준비가 되기 전까지는 그 주제에 집중하는 것이 필요하다.

3.2. 자신 있게 말하기 지도 방법

자신있게 말하기 위해서는 먼저 말하기 불안을 해소해야 한다. 이를 위해서는 적절한 지도가 필요한데, 일반적으로 말하기 불안의 최소화하기 위해서는 다음과 같은 점에 유의할 필요가 있다(류성기, 2012:247-248).

첫째, 화자가 말하기 경험을 많이 갖게 하여 말하기에 대한 자신감을 갖게 해야 한다. 그렇게 하기 위해서는 수업 시간에 모든 학생이 말하기 활동을 많이 경험해 보게 해야 한다. 이 과정에서 자신의 부족한 점을 발견하고 이를 치유하면서 말하는 능력이 형성되고, 점차 말하기에 대한 불안감이 줄어들고, 자신감이 생기게 된다.

둘째, 학생이 말을 할 때 실수를 할 수도 있다는 사실을 긍정적으로 받아들이도록 해야 한다. 말하기를 할 때 나타나는 실수는 매우 자연스러운 현상임을 인식시켜 주도록 한다.

셋째, 학생일 말을 할 때 긍정적인 보상을 하도록 한다. 아무리 말을 잘 하는 사람이라도 야유를 하거나 작은 실수에 대해 질책을 하다보면 말하기에 대한 자신감을 잃고 말문을 닫아 버리고 말 것이다. 이와 달리 말을 잘 못하는 사람도 청자들이 고개를 끄덕인다거나 웃는다거나 긍정적인 표정을 짓는다면 자신감을 회복하여 말을 하고 싶어지고 잘하게 될 것이다.

넷째, 말할 내용에 대해 충분히 준비하도록 한다. 누구나 자신이 잘 모르는 내용을 말할 때에는 행여 실수나 하지 않을까, 무슨 말들을 계속이어서 말할까, 누가 잘 모르는 질문을 하면 어찌할까 등의 불안감에 휩싸인다. 그러나 잘 아는 내용이라면 좀더 적극적으로 말할 수 있다.

다섯째, 여러 담화 종류에 따른 말하기 경험을 많이 갖도록 해야 한다. 보고, 강연, 설명, 강의, 발표, 안내, 초청 등 정보 전달을 위한 말하기와 토론, 연설, 웅변, 광고 등 설득을 위한 말하기, 좌담, 토의, 회의 등 의사 결정을 위한 말하기, 소개, 인사 등 친교 표현을 위한 말하기 등 가능한 많은 종류의 담화 경험을 갖도록 해야 한다.

여섯째, 여러 담화 상황 속에서 말하기 경험을 해 보도록 해야 한다. 자기하고 친한 사람하고만 말하게 하지 말고, 친하지 않은 사람, 처음 만난 사람, 생소한 장소, 긍정적 또는 부정적 반응을 보인 사람들이 모인 장소 등 다양한 담화 환경 속에서 여러 가지 말하기 경험을 해보도록 해야 한다. 이는 곧 말하기 불안에 대한 면역성을 갖게 하는 것이다.

말하기에 대한 불안을 감소하기 위해서는 말하기에 대한 새로운 인식이 필요하다. 말하기에 목숨 걸지 말고, 말하기를 즐겁게 생각하고, 말하기 불안과 긴장은 에너지로 활용하고, 말하기 목표를 낮추어 접근하는 것이다. 말하기 불안을 해소하는 지도 방법을 몇 가지로 살펴보면 다음과 같다.

1) 사고 정지 훈련

부정적인 생각은 하면 할수록 자꾸 부정적인 생각으로 빠져들기가 쉽다. 그래서 부정적인 생각이 떠올랐을 때는 계속 생각을 진행시키지 말고 생각을 멈추는 것이 좋다. 이렇게 부정적인 생각을 멈추는 것을 사고정지 훈련이라고 한다. 사고정지 훈련은 부정적인 생각이 떠오를 때마다 의식적으로 '정지'라고 자신에게 말함으로써 부정적인 생각이 더 이상 진행되지 않도록 막는 것이다. 예를 들면, 자신에게 '정지'라고 소리를 지르거나 손가락으로 '딱'소리를 낸다거나 아니면 상상으로 정지를 표시하는 빨간색의 깃발이 나부끼는 장면을 떠올린다. 그 다음으로는 부정적인 생각을 대체할 만한 긍정적인 생각을 한다. 예를 들면 '준비한 대로만 하자, 차분하게 잘 해 낼 수 있어'라고 생각하고 차분하게 발표하고 있는 자신의 모습을 떠올린다(김현기, 2006: 58).

2) 근육 이완 훈련

근육 이완 훈련은 사람이 갖는 주관적 불안이 근육 섬유를 수축시키고 긴장시키는 생리적 작용을 수반하므로 이를 역으로 이용하여 수축된 근육이 이완되면 긴장도 이완된다는 원리를 이용한 방법이다. 발표 전에 가장 간단히 이용할 수 있는 방법을 소개하면 다음과 같다(전은주, 1999: 205-206).

- 손과 팔: 주먹을 꽉 쥐고 팔의 모든 근육을 긴장시킨 다음 천천히 열까지 센 뒤 이완한다.
- 얼굴과 목 근육: 얼굴에 힘을 주어 힘껏 찡그리면서 머리를 뒤로 끝까지 젖히고 열까지 천천히 센 다음, 힘을 빼고 머리를 천천히 돌리며 긴장을 푼다.
- 가슴, 등, 어깨, 복부: 어깨를 위로 힘껏 올리고, 그 자세에서 열까지 천천히 센 다음 내린다. 그 다음 배를 앞으로 힘껏 내밀고 천천히 열을 센 뒤 힘을 빼면서 긴장을 푼다.
- 다리와 발: 넓적다리에 힘을 주었다가 열을 센 뒤 풀고, 그 다음 종아리와 발에 힘을 주며 앞으로 뻗었다가 열을 센 뒤 힘을 뺀다.

3) 체계적 둔감법[9]

체계적 둔감법은 주로 행동치료 분야에서 많이 사용하는 방법이다. 불안을 야기하는 상황을 피하게 하기보다는 학생에게 그런 사태에서 자신을 점진적으로 노출시키도록 하여 말하기 불안을 극복하게 하는 방법이다. 이러한 방법은 말하기 불안의 정도가 심한 학생을 대상으로 교사가 조심스럽게 적용해야 한다.

체계적 둔갑법의 기본 아이디어는 신체적으로 정신적으로 충분히 이완된 상태에서 불안한 자극이나 상황을 제시하면 점차적으로 두려움을 줄일 수 있다는 것이다. 이 방법은 이완과 긴장이 서로 영향을 주어 불안을 중화시킨다는 단순한 원리에 기초하고 있다. 체계적 둔감법의 절차는 긴장 이완, 불안 위계표 작성, 체계적 둔감화의 세 단계로 진행된다.

1단계: 긴장 이완하기

학생은 교사의 지시에 따라서 온몸의 근육을 점차적으로 긴장했다가 푼다. 긴장이완에서 지켜

9) 신헌재 외(2009)의 내용에서 정리하였다.

져야 할 점은 첫째, 근육을 긴장시켜 풀 때까지 그 근육에 정신을 집중시킬 것, 둘째 긴장을 풀 때 갑자기 풀 것, 셋째 근육을 긴장시켰을 때와 풀 때의 기분의 차이를 생생하게 느낄 것 등이다.

2단계: 불안 위계표 작성하기

긴장이 이완되었을 때 말하기 불안 상황을 상상하여 위계표를 작성한다. 학생이 불안을 느끼는 모든 상황을 빠짐없이 적게 하고 이를 불안의 정도가 약한 항목부터 순차적으로 불안의 정보가 강한 항목 순서로 정렬한다.

3단계: 체계적 둔감화하기

긴장을 풀게 한 후에라도 학생이 조금이라도 긴장, 불쾌, 불안을 느끼면 그러한 느낌을 표현하게 한다. 불안 위계 중 불안을 가장 약하게 느끼는 상황에 대하여 학생이 구체적으로 상상하도록 한다. 그리고 잠시 시간을 준 다음 불안 상황의 상상을 중단하게 하고 긴장을 풀게 한다. 불안이 어느 정도 가라앉으면 다음 단계의 위계로 옮겨 간다. 여기에서 주의할 점은 바로 아래 단계의 말하기 상황이 불안을 일으킨다면 그 위의 상황을 제시하지 말아야 한다는 점이다. 만일 어떤 자극이 불안을 일으키면 곧 그 상황을 상상하지 말도록 하고 다시 긴장을 풀도록 한다. 이러한 과정을 순차적으로 반복한다.

말하기 불안을 지속적으로 해소하기 위해서는 누구든 마음 편안하게 말할 수 있는 '의사소통적으로 안전한' 학급 분위기를 항시 조성해 주는 것과 같이 꾸준한 지도와 관심이 중요하다. 다음으로는 자신 있게 말하기를 위한 지도 방법을 몇 가지로 정리해 보면 다음과 같다.

- 자기가 하고 싶은 말을 메모하게 한다. 자신 있게 말하기 위해서는 자기가 하고 싶은 말이 있어야 한다. 자기가 할 말이 없을 때 말을 하게 되면 말하기 불안이 심해지고 말을 제대로 할 수 없기 때문이다. 그러므로 자기가 하고 싶은 말이 무엇인지 생각해 본 후에 자기가 할 말을 간단하게 메모하는 것이 중요하다. 메모를 하게 되면 기억에 대한 부담을 덜어서 자신 있게 말할 수 있고 자기가 하려고 한 말을 빠뜨리지 않고 전달할 수 있다.
- 거울을 보면서 말하기 연습을 하게 한다. 이렇게 함으로써 말하는 화자 자신은 자기 자신에게 더 냉정한 평가를 할 수 있게 된다. 학생들은 말하기를 직접 관찰하면서 자신의 말하기에서 개선해야할 부분을 찾고 점

검하여 자신 있게 말할 수 있다.

- 자기가 가장 잘 알고 있는 것에 대하여 말하도록 한다. 자기가 말하려고 하는 내용에 대하여 잘 알고 있다면 말하기 불안이 줄어들고 말하고 싶은 욕구가 생기가 된다. 따라서 학생들에게 말하기 주제에 대해 생각할 시간을 충분하게 주어 말할 내용에 대하여 잘 알고 있어야 한다.

자신 있게 말하기는 국어과 외에도 다른 교과 학습에서도 적용할 수 있다. 자신 있게 말하기는 국어과의 요소이지만 일상적인 일이므로 일반 교과 수업에서도 적용하여 자신 있게 말하기를 꾸준히 지도할 수 있다. 또한 학생들이 자신 있게 말하기 위해서는 학생들에게 말할 기회를 많이 주어야 한다. 학생들이 자유롭게 이야기 할 수 있는 개방적인 분위기를 조성해 주어서 학생들이 능동적으로 수업에 참여하도록 유도하고 말하기 수업을 활발하게 진행시켜 줄 수 있는 흥미로운 주제를 선정하고 그 주제를 적절히 활용하여 말하기 지도를 하는 것이 필요하다.

자신 있게 말하기 지도와 관련한 교과서 단원 예시를 찾아보면, 우선 초등학교 1학년 1학기 국어교과서 4단원 '기분을 말해요'를 들 수 있다. 이 단원에서는 자신 있게 말하는 방법에 대하여 공부한 후에 기분을 나타내는 말을 알아보고, 자신의 기분을 자신 있게 말하는 활동으로 구성되었다. 교과서에서 자신 있게 말하기를 네 가지로 설명한다. 즉, 듣는 사람을 바라보며 말하기, 말끝을 흐리지 않고 말하기, 고개를 들고 큰 소리로 말하기, 다른 사람이 알아들을 수 있도록 또렷한 목소리로 말하기이다. 이 단원에서는 자신 있게 말하는 태도와 자세 뿐 아니라 학생들이 말할 내용을 구성하는 것이 핵심이다. 1학년 수준에 맞게 자신의 기분을 말하는 것과 자신을 소개하는 것으로 과제를 부여하여 이에 대하여 자신 있게 말하는 것을 익히도록 하였다.

3.3. 자신 있게 말하기의 평가

자신 있게 말하기를 평가하려면 학생들의 대화 상황을 관찰하여 평가하고 학생들이 말하는 상황을 녹화하여 비디오 분석법으로 평가할 수 있다. 또한 상호평가 방법을 활용할 수 있다.

예를 들면 자기가 좋아하는 애완동물을 소개하는 말하기 과제를 내 준 후에 2주간의 시간을 준다. 어떤 애완동물에 대하여 소개를 할 것인지 말할 내용을 정하고 자료를 조사하여 내용을 정리한다. 그런 다음 자신이 말하는 모습을 비디오로 녹화하여 자기가 말한 장면을 직접 보면서 평가할 수 있다.

평가를 할 때는 시간을 충분히 주어 학생들이 말할 내용을 생성할 수 있도록 한다. 학생들이 까닭을 들어 자신의 기분을 말할 수 있으면 성공한 것으로 본다. 말하기 불안이 심한 학생들은 선생님과 학생 둘이 마주보면서 대화하듯이 평가해도 좋고 모둠 활동으로 만들어 학생들이 순서대로 이야기하도록 하여 관찰하며 평가해도 된다.

참고문헌

김미선(2008), 초등학교 고학년 학생들의 말하기 태도 연구, 경인교육대학교 석사 학위 논문.
김현기(2006),《파워스피치 특강》, 고요아침.
류성기(2012),《초등 말하기 · 듣기 교육론》, 박이정.
신헌재 외(2009),《초등 국어과 교수 · 학습 방법》, 박이정.
전은주(1999),《말하기 듣기 교육론》, 박이정.
이선영(2014), 한국어 발표 수행 능력을 위한 담화능력 교육 방안 연구, 고려대학교 박사 학위 논문.
이창덕 외(2000),《삶과 화법》, 박이정.
이창덕 외(2010),《화법교육론》, 역락.
임칠성 외(2004),《말꽝에서 말짱되기》, 태학사.

4. 소리 내어 읽기

4.1. 소리 내어 읽기의 개념

소리 내어 읽기는 읽기 지도의 가장 기초적인 방법으로 입문기 어린이가 읽기 기능을 몸에 익히도록 하기 위하여 사용하는 방법이다. 소리 내어 읽기는 말하기 연습과 훈련 과정에서도 매우 유용하게 사용된다. 또한 읽기의 비정상적인 발달의 진단 및 치료에도 이 방법이 자주 사용된다.

소리 내어 읽기를 통하여 아동들은 음성을 통해 들리는 소리를 듣고 음성 언어를 이해할 뿐 아니라 듣기 능력의 향상이나 단어의 축적, 이해력을 증진할 수 있다. 또한 읽기에 대한 긍정적인 태도 형성, 추론 능력의 향상에도 소리 내어 읽기는 매우 효과적인 지도방법이다. 특히 교사가 아동에게 소리 내어 읽어주는 것은 아동에게 의미를 전달하면서 동시에 훌륭한 읽기 모델이 되는 매우 유용한 학습법이다. 소리 내어 읽기는 아동의 듣기 · 읽기능력을 향상시킬 뿐 아니라 상당한 즐거움을 주고 어휘력 및 사고 능력과 독서 능력을 증진시키며 사물과 주변 세상에 대한 자연스러운 탐구심을 이끌어낼 수 있는 의미 있는 활동이라고 볼 수 있다.

교육과정에 제시된 소리 내어 읽기 관련 내용 대표적인 성취기준은 2009 개정의 경우 1-2학년군의 읽기 성취 기준 '(2)낱말과 문장을 정확하게 소리 내어 읽는다.'와 문법 성취 기준 '(1)한글 낱자(자모)의 이름과 소릿값을 알고 정확하게 발음하고 쓴다.'를 들 수 있다. 또한, 1-2학년군 읽기 (2)의 성취기준의 해설에서는 낱말과 문장 단위에서 정확한 발음으로 읽을 수 있게 하되, 소리와 글자가 다른 경우 변화의 원리를 이해하여 정확하게 소리 내어 읽을 수 있도록 한다고 명시하고 있다. 또한, 낱말과 문장을 정확하게 소리 내어 읽기를 반복적으로 연습함으로써 글자의 모양과 발음을 연결시켜 기억할 수 있도록 하고, 글자의 뜻이 자연스럽게 연상될 수 있도록 한다는 해설을 제시하였다. 문법 영역의 (1)성취기준에서도 한글 낱자의 이름과 모양을 차례로 익히고 자연스러운 순서에 따라 쓰도록 하며, 이들 낱자들의 결합으로 이루어진 글자를 바르게 쓰고 발음할 수 있도록 지도한다고 명시하여 글자를 정확한 발음으로 소리내어 읽기와 관련을 맺고 있다.

소리 내어 읽기 3-4학년 군과 관련된 성취 기준은 '문법(1) 소리와 표기가 다를 수 있음을 알고 낱말을 바르게 발음하고 쓴다.'이다. 3-4학년군 문법(1) 성취기준에서는 소리대로 표기되는 낱말과 그렇지 않은 낱말을 비교하는 활동을 통해, 표기와 발음이 서로 다른 차원이라는 점과 낱말을 한글로 적을 때에는 일정한 규칙을 따라야 한다는 점을 자연스럽게 깨닫도록 하고 있다. 심영택(2011)에 따르면 소리 내어 읽기의 과정은 다음과 같이 나타낼 수 있다.

표기(문자)→시각적 인지→발음(소리 내어 읽기)→청각적 인지(자신과 타인의 말을 비교하며 듣기)

소리 내어 읽기는 '읽기'뿐만 아니라 '듣기'가 수반되는 활동이며, 문자에 대한 시각적 인지 능력과 발음 기관을 이용한 말하기 능력뿐만 아니라 자신과 다른 학생들이 읽는 소리에 대한 청각적 인지 능력을 신장하는 과정이다. 이는 초등학교 저학년 문식성 교육이 이러한 인지적 능력을 신장하기 위함이며, 이 능력이 있어야 비로소 소리와 문자의 대응 관계를 제대로 파악할 수 있기 때문이다.

소리 내어 읽기는 먼저 낱말을 소리 내어 읽기에서 시작하여 문장을 소리 내어 읽기로 점차 발전해 나간다. 낱말을 소리 내어 읽는 데는 세 가지 음운 환경을 설정해 볼 수 있다. 첫째, 음운 변동이 없는 조건의 낱말 음독이다. 주로 받침이 없는 낱말이나 받침이 있더라도 받침 규칙에 적용을 받지 않는 낱말이 해당된다. 둘째, 연음 규칙이 적용되는 조건의 낱말 음독이다. 단일어 내에서 연음이 일어나는 낱말, 앞말의 받침이 모음으로 시작하는 형식 형태소와 결합할 때 일어나는 연음 규칙을 말한다. 셋째, 다수를 차지하는 음운 변동이 일어나는 조건의 낱말 음독이다.

문장을 소리 내어 읽는 데는 한 글자씩 읽을 때와 글자를 이어 읽을 때에 소리가 다른 것을 학생들이 알도록 하는 것이 중요하다. 처음에는 시범독이나 함께 읽는 것(일제독)에서 시작하여 점차 혼자서 문장을 정확하게 소리 내어 읽도록 해야 한다. 특히 음운 변동이 일어나는 곳에 밑줄을 긋게 하여 문장 안에서 일어나는 변화를 정확하고 바르게 읽을 수 있도록 해야 한다.

소리 내어 읽기의 특이한 형태로는 일제히 읽기와 따라 읽기 등이 있다(강경호 외, 2009). 일제히 읽기는 초등학교 저학년 문자 입문기의 학생들의 경우 한 학급의 학생이나 한 분단의 학생들 전체가 입을 모아 일제히 읽는 형태이다. 따라 읽기는 교사나 읽기 능력이 우수한 학생이 읽기 시범을 보이면 큰 소리로 따라 읽는 것을 말한다. 이것도 초등학교 저학년에서 흔히 볼 수 있는 현상이다. 이런 읽기에 적합한 글은 문예 작품이고, 결의문 낭독과 같은 것도 있다.

4.2. 소리 내어 읽기의 지도 방법

소리 내어 읽기는 '시범 → 연습 → 수행'의 과정을 통해 지도할 수 있다. 시범은 학생들이 소리 내어 읽기를 할 수 있도록 교사나 능숙한 학생이 시범을 보여주는 것이다. 교사는 시범을 보일 때 음의 고저나 띄어 읽기에도 관심을 가지고 지도할 필요가 있다. 그리고 부모의 시범도 중요하다. 집에서 밤에 동화책을 소리 내어 읽어 주면 좋다. 연습은 낱말, 문장, 이야기 순으로 하는 것이 바람직하다. 학생들이 소리 내어 읽은 것을 녹음한 후 들려주는 것도 한 가지 방법이다. 연습이 어느 정도 되면 독자적 읽기가 가능하도록 한다.

소리 내어 읽기의 구체적인 내용에 대한 지도는 자모 인식과 글자의 짜임 알기, 낱말 소리 내어 읽기, 문장 소리 내어 읽기로 구분하여 살펴보고자 한다. 자음자와 모음자를 인식하는 것은 문자 익히기 활동에서 핵심적인 학습 요소이다. 먼저 자음자와 모음자를 인식한 후 이름을 알도록 한다. 자모의 인식은 위치와 주변 사물을 통해 구별하는 활동, 찾은 것을 허공에 그려보는 활동, 몸으로 자모음자 모양 만들기 활동, 자모음자 찾기 놀이 활동 등을 통해 자연스럽게 익힐 수 있다. 자모를 인식할 때는 글자와 소리의 관계를 이해하고 기억하여 바르게 읽는데 초점을 두며, 그 범위는 글자, 낱말, 글로 확대하여 나간다.

낱말 소리 내어 읽기는 가능한 한 학생들의 배경 지식에 있는 낱말을 활용하도록 한다. 이는 학생들이 의미를 알고 읽는 데 도움을 준다. 제시하는 언어 자료는 학생들이 소리와 글자가 다르다는 것을 인식할 수 있을 정도의 기본적인 낱말을 활용하되, 다양한 음운 변동이 일어나는 낱말은 가급적 활용하지 않도록 한다. 너무 다양하게 음운 변동이 일어나면 학생들은 외워버리는 경향이 있기 때문이다. 낱말 소리 내어 읽기는 교사가 먼저 시범을 보이고 학생들이 따라 읽게 한다. 낱말을 소리 내어 읽기는 교사가 먼저 읽고 학생이 따라 하기, 모둠별로 읽고 전체 읽기, 모둠별로 읽고 개인별로 읽기 등 다양한 방법을 활용할 수 있다. 학생이 주도적으로 읽을 때도 학생들의 흥미를 고려하여 전체 읽기, 개인별 읽기, 짝과 함께 읽기 등 다양한 방식으로 낱말을 읽는다.

문장 읽기는 문장을 말하듯 자연스럽게 읽는 것이다. 문장에 대한 학습은 한글 낱자를 활용하여 글자를 만드는 것을 바탕으로 한다. 처음에는 교사가 읽어주는 문장을 따라 읽는 연습을 한다. 문장 따라 읽기는 문장의 뜻을 생각하며 말하듯이 자연스럽게 따라 읽는 것이다. 문장을 따라 읽는 방법에는 교사가 들려주는 것을 듣고 따라 읽기, 손가락으로 짚어가며 문장 읽기, 수수께끼를 풀어가며 문장 따라 읽기, 문장의 뜻을 마음속으로 생각하며 문장을 따라 읽어보기 등이 있다. 다양한 방법을 활용하는 것이 좋다. 문장을 소리 내어 읽으면 문장의 뜻을 알 수 있고, 읽으면서 들을 수 있고, 문장을 소리로 나타낼 수 있으며, 글자와 소리의 관계를 알 수 있다.

다음은 소리 내어 읽기의 지도 예시이다. 소리 내어 읽기를 적용한 초등학교 국어 교과서의 사례는 1~2학년군 1-가 1단원 '바른 자세로 낱말을 읽고 쓸 수 있다.', 2단원 '한글 낱자를 읽고 글씨를 바르게 쓸 수 있다.', 3단원 '글자의 짜임을 알고 낱말을 소리 내어 읽을 수 있다.', 6단원 '문장을 바르게 쓸 수 있다.'등이 있다. 그리고 3~4학년군 3-가 4단원 '다른 사람의 말을 듣고 중요한 내용을 파악할 수 있다'에 확장된 내용으로 적용되어 있다.

여기에서는 두 가지 적용 사례를 예시하고자 한다. 첫 번째로 1~2학년군 1학년 1학기 2단원 7-9차시에서 '같은 낱자가 들어간 낱말을 소리 내어 읽을 수 있다.'이다.

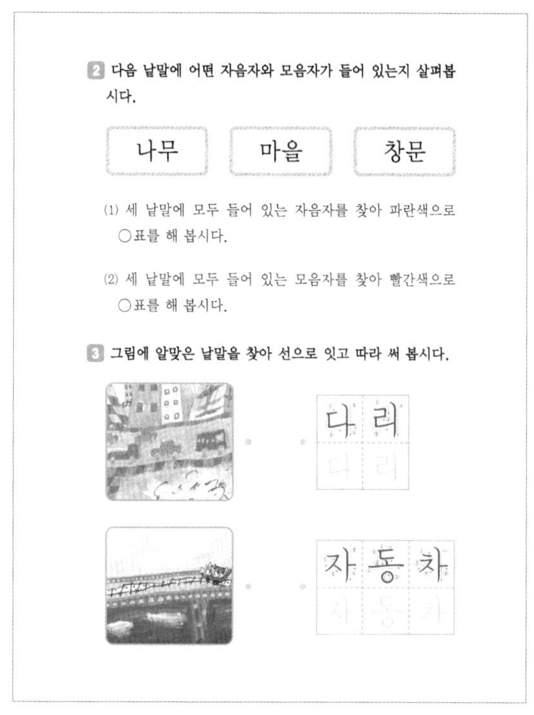
2 다음 낱말에 어떤 자음자와 모음자가 들어 있는지 살펴봅시다.

나무 마을 창문

(1) 세 낱말에 모두 들어 있는 자음자를 찾아 파란색으로 ○표를 해 봅시다.

(2) 세 낱말에 모두 들어 있는 모음자를 찾아 빨간색으로 ○표를 해 봅시다.

3 그림에 알맞은 낱말을 찾아 선으로 잇고 따라 써 봅시다.

다리

자동차

[그림3-1] 2009 국어 1-1

이 차시는 그림책에서 같은 낱자가 들어간 낱말을 읽어 보는 활동으로 구성되어 있다. 활동 2는 같은 자음자와 모음자 찾기 활동이다. 학생들은 2번에 있는 세 낱말(나무, 마을, 창문)을 선생님의 시범을 듣고 여러 번 따라 읽는다. 칠판에 세 낱말을 같이 제시하고 보면서 읽어도 좋다. 주어진 낱말에서 같은 자음자가 두 개 이상 나온 것이 있는지 확인하고, 파란색으로 동그라미 표시를 해 본다. 몇 사람이 나와 칠판에 표시하게 하고 다 같이 확인할 수도 있다. 같은 방법으로 같은 모음자가 공통적으로 나오는지 확인하고, 빨간색 동그라미 표시를 해 본다. 활동 3은 직접 낱말을 따라 써 보는 활동이다. 이야기에 나오는 여러 낱말 중에서 두 개를 연습하여 본다. '다리', '자동차'의 그림과 낱말을 찾아 선으로 이어 보고 따라 써 보게 한다. 낱말을 따라 쓰기 전에 소리 내어 읽어 보고, 허공에 손가락으로 써 보게 하면서 낱자 쓰는 순서를 개별적으로 익히는 시간을 가진다.

두 번째는 교과서 1-1 3단원 2~3차시에서 '받침이 없는 글자를 만들고 소리 내어 읽을 수 있다.'이다.

[그림3-2] 2009 국어 1-1

활동 1에서는 자음자와 모음자 결합의 필요성을 이해한다. 남자아이와 여자아이의 표정을 살펴보며 'ㅂ'과 같은 자음자는 혼자서는 소리가 나지 않고, 'ㅣ'와 같은 모음자는 혼자서도 소리가 난다는 사실을 알게 한다. 자음자와 모음자가 만난 그림을 보고 자음자와 모음자가 결합하면 자음자도 소리를 낼 수 있다는 사실을 알게 하고 소리 내어 읽어 본다.

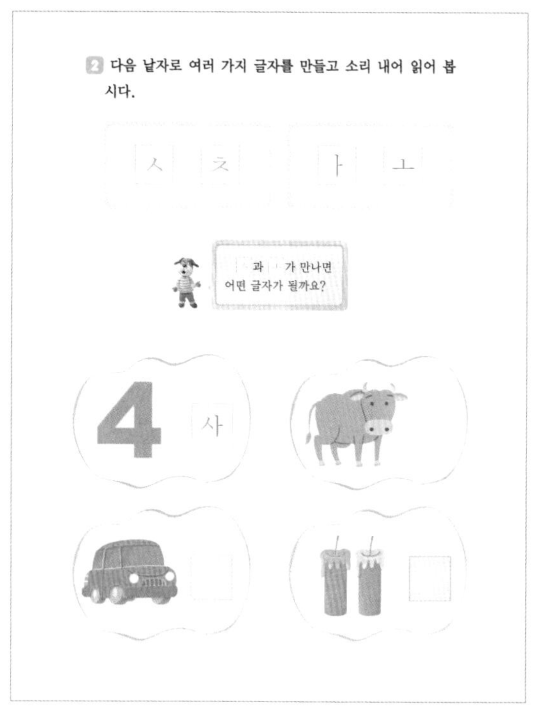

[그림3-3] 2009 국어 1-1

활동 2에서는 낱자를 활용하여 여러 가지 낱말을 만들어 본다. 같은 자음자라도 어떤 모음자와 결합하느냐에 따라 다른 글자가 되며, 결합의 방향이 다르다는 사실도 이해할 수 있도록 지도한다. 낱말 카드를 다양하게 결합하여 여러 가지 낱말을 만들어 보고, 소리 내어 읽을 수 있게 지도한다. 같은 낱자를 가지고 여러 가지로 결합될 수 있는 조합을 미리 생각하여 학생들에게 제시하고, 이를 통하여 자음자와 모음자의 결합방식에 따라 글자의 뜻이 달라질 수 있음을 알 수 있게 지도한다.

소리 내어 읽기는 읽기 영역의 요소이지만, 쓰기와 문법 등 다른 영역과도 밀접하게 관련을 맺고 있다. 소리 내어 읽기는 기초 문식성 교육의 기틀이 되는 것이므로 실생활과의 연계 속에서 이루어지는 것이 중요하다. 소리 내어 읽기 학습에서 고려해야 할 사항은 정확성과 유창성이다. 특히, 1학년에서 처음으로 지도할 때는 정확성이 좀 더 강조될 필요가 있다. 학생들이 소리 내어 읽기에 익숙해지면 국어 수업 이외에 다른 교과 시간에도 꾸준히 소리 내어 읽기를 하는 것이 좋다.

4.3. 소리 내어 읽기의 평가

1) 평가 예시

(1) 평가 목표

· 글자의 짜임을 알고 글자를 만들 수 있다.

· 낱말을 소리 내어 읽을 수 있다.

(2) 평가 문항 및 기준

〈자료3-3〉 소리 내어 읽기 평가 문항(예시)

• 글자의 짜임을 알고 받침이 없는 글자와 낱말을 만들어 읽어 봅시다.
• 받침이 있는 낱말을 만들고 글을 소리 내어 읽어 봅시다.

상	• 낱말을 정확하게 소리 내어 읽고 글자의 짜임을 이해하며 글자를 만든다.
중	• 낱말을 정확하게 소리 내어 읽고 글자를 만든다.
하	• 낱말을 소리 내어 읽으나 글자를 만드는 능력이 다소 부족하다.

2) 평가 유의점 및 활용 방안

① 자음자와 모음자가 모여야 소리를 내게 된다는 것을 알고, 낱말을 소리 내어 읽는지 확인하도록 한다.

② 글자의 짜임을 이해하여 글자와 낱말을 만드는지 수업 중에 관찰한다. 그리고 평가지에 써 보도록 하여 확인한다.

③ 평가 결과는 피드백하여 학생의 읽기, 말하기 능력 증진에 도움을 줄 수 있도록 한다.

④ 평가 기준을 학생들이 숙지하도록 하여 일상적인 언어 사용 상황에서도 일어난 일의 차례에 맞게 말할 수 있는 것이 중요함을 깨우쳐 준다.

⑤ 학생 스스로 자신의 언어 사용 능력을 평가하고 되돌아보며 부족한 부분은 보충 학습을 할 수 있도록 지도한다.

3) 평가 참고 사항

평가는 한글해득(자모 인식, 낱말짜임)과 소리 내어 읽기로 구분하여 살펴보고자 한다. 한글해득에서 자모 인식에 대한 평가에서는 교사가 낱말을 여러 번 읽어 준 후 낱말을 제시할 필요가 있다. 자(모)음자 살펴보기는 평가 문항을 제시한 뒤에 낱말을 살펴볼 시간을 충분히 주고 평가해야 한다. 그리고 학생들이 직접 주변에서 사용하는 낱말이나 글자가 낱자로 이루어짐을 알고 흥미를 가질 수 있도록 한다. 글자의 짜임 알기는 자음자와 모음자가 모여야 소리를 내게 된다는 것을 알게 한다. 이를 위해 글자의 짜임을 이해하여 글자와 낱말을 만드는지 수업 중에 관찰하거나 평가지에 써 보도록 하여 확인하도록 한다. 학생들에게 스스로 자신이 잘못 인식하는 부분을 점검하고, 부족한 부분은 보충학습을 할 수 있도록 지도한다.

소리 내어 읽기에서 낱말을 소리 내어 읽기는 자음자와 모음자가 모여야 소리를 내게 된다는 것을 알고, 낱말을 소리 내어 읽는지 확인하도록 한다. 바르게 읽었는지 평가할 때는 선생님을 따라 낱말을 바르게 읽었는지 점검하고 평가표를 제시하는 것보다는 간단한 말로 자기의 의견을 말하도록 하는 것이 좋다. 문장을 소리 내어 읽기는 의미 중심 접근법으로 그림을 활용한다. 그림에 어울리는 문장을 완성할 때에는 지나치게 맞춤법에 치중하기보다는 표현 능력에 중점을 두어 평가한다. 개인차를 고려하여 개별 학생에게 적합한 피드백을 할 필요가 있다. 예를 들어, 어법은 맞지만 표현을 잘 못하는 경우, 창의적인 문장은 잘 만들지만 문자로 표현하는 것을 어려워하는 경우 등을 구분하여 지도한다.

참고문헌

강경호 외(2009), ≪개정 7차 교육과정에 따른 초등 국어과 수업 방법≫, 박이정.

교육과학기술부(2013), ≪초등학교 국어 교사용 지도서≫, 1~2학년군, 1, (주) 미래엔.

교육과학기술부(2013), ≪초등학교 국어 교사용 지도서≫, 1~2학년군, 2, (주) 미래엔.

송은경, 이성은(2006), 소리 내어 읽어주기 활동이 아동의 언어 이해력에 미치는 영향, ≪교과교육학연구≫, 교과교육학연구소, pp.21-36.

심영택(2011), 초등학교 저학년 기초 문식성 교수 학습 방법, ≪한국초등국어교육 제42집≫, 한국초등국어교육학회.

5. 내용 확인하기

5.1. 내용 확인하기의 개념

내용 확인하기는 글을 읽고 글의 중심 내용이나 세부 내용을 확인하는 것으로, 기초적인 읽기 기능 중 하나이다. 예를 들어, '흥부와 놀부'를 읽고 등장인물은 누구인지, 놀부는 왜 제비의 다리를 고쳐주었는지, 줄거리는 무엇인지 등의 내용을 확인하는 것이다. 내용 확인을 사실적 읽기라고 하기도 한다. 곧, 내용 확인은 글에 적혀 있는 사실 그대로 내용을 파악하는 것을 의미한다. 내용 확인은 2009 개정 국어과 교육과정의 내용 체계표에서 찾아볼 수 있다. 다음 〈표3-10〉은 2009 개정 국어과 교육과정에 제시된 읽기 영역의 내용 체계이다.

〈표3-10〉 2009 개정 국어과 교육과정의 읽기 영역 내용 체계

실제		
• 다양한 목적의 글 읽기 – 정보를 전달하는 글 – 설득하는 글 – 친교 및 정서 표현의 글 • 읽기와 매체		
지식	기능	태도
• 읽기의 본질과 특성 • 글의 유형 • 읽기와 맥락	• 낱말 및 문장의 이해 • 내용 확인 • 추론 • 평가와 감상 • 읽기 과정의 점검과 조정	• 가치와 중요성 • 동기와 흥미 • 읽기의 생활화

위의 〈표3-10〉에서 볼 수 있는 것처럼, 기능 범주에 속해 있는 내용 확인은 '추론', '평가와 감상'의 기초가 된다. 추론은 글의 내용과 독자의 배경지식을 결합하여 글에 생략된 내용을 채워나가는 것인데, 내용 확인은 추론의 기초가 된다. 글의 내용에 대한 정확한 이해 없이, 글에 생략되어 있는 내용을 올바르게 추론해 내기는 힘들기 때문이다. 또한 적절한 평가와 감상이 이루어지기 위해서도 내용 확인은 필수적이다. 독자가 글에 대하여 평가하고 글을 더 깊이 감상하며 읽는 것은 글에

대한 독자의 임의적인 해석을 뜻하는 것이 아니다. 독자는 글의 내용에 대한 정확한 이해에 기초하여, 글을 평가하고 감상해야 한다. 흔히 말하는 '해석의 무정부 상태'는 글에 대한 각가지 해석이 난무하는 것으로, 잘못된 평가와 감상의 결과라고 할 수 있다. 이러한 상태는 글의 내용을 정확하게 확인하지 않는 데서 비롯되는 경우가 많다. 글에 대한 바람직한 평가와 감상이 이루어지도록 하기 위해서는 정확한 내용 확인이 전제되어야 한다.

위에 제시된 '내용확인', '추론', '평가와 감상'은 Barrett(1976), Irwin(천경록 · 이경화 · 서혁 역, 2012) 등과 같이 읽기의 본질이나 과정을 기능이나 전략에 초점을 두어 구분한 논의에 기반을 둔다. 이 중 Barrett는 다른 논의들의 기초가 되는 것으로, 그는 읽기의 하위 기능을 다음과 같이 다섯 가지 수준으로 구분하였다.

① 축어적 읽기
② 재조직
③ 추론적 읽기
④ 평가
⑤ 감상

위의 구분에서 축어적 읽기는 글에 명시적으로 진술된 아이디어와 정보에 초점을 두는 것으로, 내용 확인에 해당한다. 축어적 읽기는 다시 재인(recognition)과 회상(recall)으로 구분되는데, 재인은 학생들이 글에 명시적으로 진술된 아이디어와 정보의 위치를 찾거나 확인하는 것을 요구하고, 회상은 학생들이 글에 명시적으로 진술된 아이디어와 정보를 기억해 내는 것을 요구한다.

한편, 2009 개정 국어과 교육과정에서 내용 확인과 관련된 1~2학년군의 성취기준은 '(6) 글을 읽고 중요한 내용을 확인한다.'이다. 이 성취기준은 학생들이 글에 표현된 그대로의 의미를 대략적으로 아는 것을 의도한다. 예를 들어, 설명체 글의 경우에 설명의 대상인 화제가 무엇인지, 화제에 대해 어떠한 설명을 하였는지 파악하도록 한다. 그리고 이야기체 글의 경우에 주인공이 누구인지, 그 주인공이 무엇을 하였는지 파악하도록 한다. 1~2학년군 수준에서는 학생들이 글의 자세한 내용까지는 완벽하게 파악하지 못하더라도, 중요하고 특징적인 내용을 확인하며 읽도록 하는 데 중점을 둔다.

5.2. 내용 확인하기의 지도 방법

여기에서는 내용 확인하기를 지도하는 몇 가지 방법에 대하여 알아본다.

1) 질문하기

재인과 회상은 질문을 통하여 지도할 수 있다. 먼저, 재인과 관련된 질문은 다음과 같다.

· 주인공이 __________ 하도록 한 원인들의 위치를 찾고 확인하세요.
· 갈등을 일으킨 인물들의 위치를 찾고 확인하세요.
· 선생님에게 색인(목차, 장 제목 등)을 보여 주세요.
· __________ 이 묘사된 페이지를 찾으세요.
· 몰랐던 단어를 선생님에게 보여 주세요. 그 단어를 어떻게 이해했나요?

다음으로, 회상과 관련된 질문은 다음과 같다.

· 글쓴이는 누구인가?
· 글쓴이의 배경(집, 가족 등)에 대해 무엇을 알고 있나요?
· 주인공은 누구인가요?
· __________ (특정 사건) 후에, 어떤 일이 일어났나요?
· 처음에 어떤 일이 일어났고, 그 다음에 어떤 일이 일어났는지 선생님에게 말해 줄래요?

2) 이야기 별

이 활동은 이야기를 읽고 이야기의 구조를 파악함으로써, 글의 내용을 확인하는 방법이다. 먼저, 교사가 학생들에게 이야기를 들려주거나 학생들이 이야기를 읽도록 한다. 다음으로, 글을 읽은 후에 학습지에 이야기의 주요 내용을 정리하도록 한다. 다음 [그림3-4]와 같은 '이야기 별' 학습지를 사용할 수 있다(천경록 등, 2013). 이는 이야기의 서사 구조를 시각적으로 파악할 수 있게 한다. 다른 읽기 활동들과 마찬가지로, 이 활동 역시 교사가 몇 차례 시범을 보여 준 후 학생들이 스스로 해

보도록 할 때 보다 효율적이다.

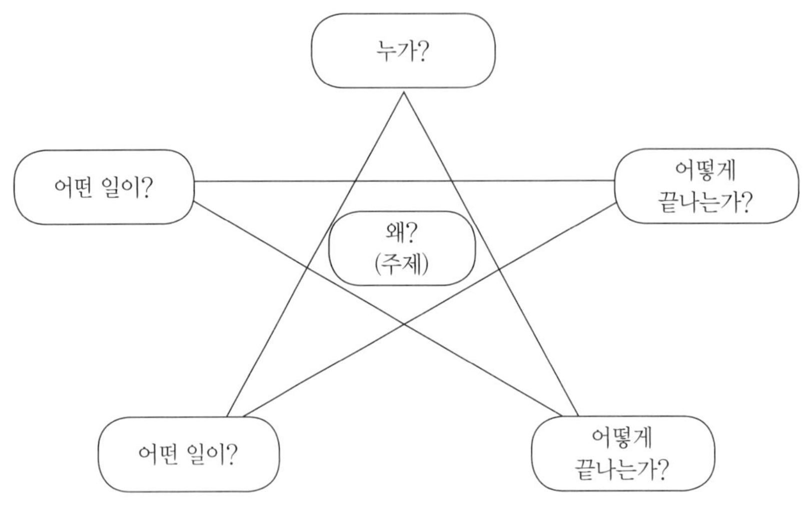

[그림3-4] 이야기 별

3) 손 그리기 활동

손 그리기 활동은 글의 중심내용과 세부내용을 정리하여 글의 내용을 파악하게 하는 방법이다. 이 활동은 다음과 같이 중심내용이 명확히 드러나는 문단을 가지고 지도하는 것이 좋다. 학생들에게 자신의 손을 종이에 그리도록 한다. 글을 읽고, 중심내용을 손바닥 부분에 쓰게 하고, 세부내용을 손가락 부분에 쓰게 한다.

> 부리로 먹이를 먹는 동물이 있습니다. 독수리는 튼튼하고 끝이 갈고리처럼 구부러진 부리로 먹이를 먹습니다. 딱따구리는 날카롭고 곧은 부리로 나무에 숨어 곤충을 잡아먹습니다. 또, 왜가리는 가느다랗고 긴 부리로 머리를 물에 담그지 않고도 먹이를 잡아먹을 수 있습니다.
>
> - 〈이가 없는 동물〉(2009 3-1 국어 교과서) -

4) KWL 활동

KWL 활동은 Ogle(1986)이 설명체 글에 대한 읽기를 지도하기 위하여 개발한 것이다. 여기에서 K는 '아는 것(What I Know)', W는 '알고 싶은 것(What I Want to Know)', L은 '알게 된 것(What I Learned)'을 의미한다. KWL은 내용 확인하기를 지도하는 데 유용하며, 배경지식 활성화하기, 예측하기 등 다양한 전략을 지도하는 데에도 활용할 수 있다. KWL은 일반적으로 다음과 같은 지도 절차를 따른다.

(1) 글을 읽기 전에, 학생들에게 글의 내용에 대하여 아는 것을 떠올리도록 한다. 학생들은 K 칸에 자신이 이미 아는 것을 쓴다.
(2) 학생에게 이 글의 화제에 대하여 알고 싶은 질문을 생각하도록 한다. W 칸에 알고 싶은 것을 쓴다.
(3) 알고 싶은 질문에 주의하며 글을 읽도록 한다.
(4) 글을 읽은 후에, L 칸에 질문에 대한 답을 쓴다.
(5) K 칸을 살펴보고 자신이 가지고 있던 생각을 확인하거나 수정한다.
(6) W 칸을 살펴보고 해결되지 못한 질문이 있는지 확인한다. 해결되지 못한 질문은 친구나 교사에게 도움을 요청한다.

〈표3-11〉 KWL 활동지

글의 화제:		
K(아는 것)	W(알고 싶은 것)	L(알게 된 것)

한편, 내용 확인하기를 적용한 교과서의 사례는 다음과 같다. 여기에서 예로 든 것은 1학년 2학기 4단원 '뜻을 살려 읽어요.'이다. 이 단원의 4~5차시 학습 목표는 '글을 읽고 누가 무엇을 하였는지 알아봅시다.'이다. 이를 위해 '발 그리기'라는 제목의 글을 읽고, 누가 무엇을 하였는지 알아보게 한다. 이 글의 등장인물은 서영이, 동생 주영이, 할머니이다. 주인공인 서영이는 숙제로 가족의 발을 그린다. 도화지에 동생과 할머니의 발을 그린 후에 색칠을 하는데, 맨발로 뛰어다녀 더러워진 동생의 발 그림에는 까만 때를 그려 넣고 자신을 돌보느라 고생하신 할머니의 발 그림에는 분홍 꽃을 그려 넣는다. 글을 읽은 후에, 다음 그림과 같은 활동이 제시된다.

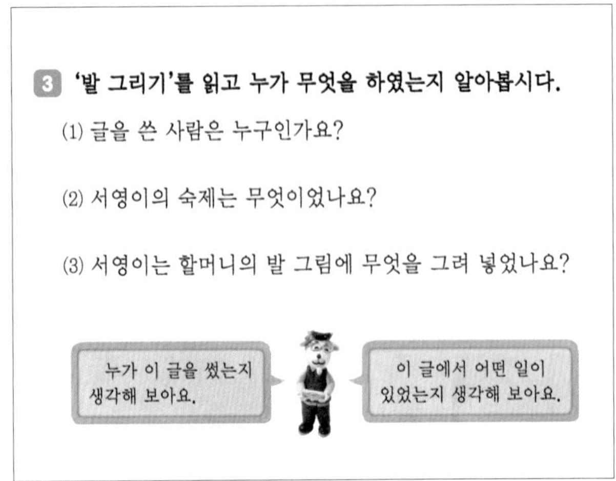

[그림3-5] 2009 국어 1-2

위의 그림에서 볼 수 것처럼, 이 활동은 글을 읽고 누가 무엇을 하였는지 알아보는 것이다. (1), (2), (3)의 답은 각각 '서영이, 우리 가족의 발 그리기, 분홍 꽃'이다. 이를 바탕으로 '서영이가 동생과 할머니의 발을 그렸다.' 또는 '서영이가 할머니의 발 그림에 분홍 꽃을 그려 넣었다.'라는 글의 내용을 확인한다. 또한 학습 도우미로 제시된 염소 선생님도 글의 주인공과 그 주인공이 한 일을 확인하는 데 초점을 두고 있다. 앞서 언급한 것처럼, 1~2학년군에서는 글에서 중요하고 특징적인 내용을 대략적으로 확인하는 데 초점을 둔다.

5.3. 내용 확인하기의 평가

내용 확인하기에 대한 평가는 형식적 평가(formal assessment)와 비형식적 평가(informal assessment)의 방법 모두를 사용할 수 있다. 이 둘은 상호보완적인 관계를 지닌다. 먼저, 형식적 평가는 검사 도구를 사용하여 학생들이 내용을 잘 확인할 수 있는지 알아보는 것이다. 주로 표준화 검사와 같은 읽기 능력 검사 도구를 사용하는데, 이 중 사실적 이해에 해당하는 문항이 내용 확인을 평가한다. 내용 확인에 대한 일반적인 문항의 형식은 다음과 같이 '위 글의 내용과 일치하는 것은?'을 들 수 있다.

〈자료3-4〉 내용 확인하기 평가 문항(예시)

> 사자는 한참 늘어지게 자고 일어나서 어슬렁어슬렁 먹이를 구하러 갔다. 그런데 그만 사냥꾼이 쳐 놓은 그물에 걸리고 말았다. 사자는 온 들판이 쩌렁쩌렁 울리게 으르렁대며 그물을 벗겨 내려고 하였지만, 그럴수록 그물은 점점 사자를 세게 옭아맸다. 바로 그 때 눈앞에 생쥐가 나타났다. 생쥐는 사자 몸뚱이 위를 이리저리 뛰어다니면서 날카로운 이빨로 그물을 갉아 댔다. 사자는 마침내 그물에서 벗어나게 되었다.

1. 다음 중 위의 글의 내용과 일치하는 것은? (　　　)

① 생쥐는 평소에 사냥꾼과 사이가 좋지 않았다.

② 사냥꾼은 생쥐를 잡기 위해 그물을 쳐 놓았다.

③ 생쥐의 도움으로 사자는 그물에서 빠져 나왔다.

④ 사자는 날카로운 이빨로 그물을 갉아 벗어났다.

⑤ 사자와 생쥐가 힘을 합쳐 사냥꾼을 혼내 주었다.

다음으로, 비형식적 평가는 교사의 관찰 등에 의한 방법으로 학생들의 내용 확인을 평가하는 것이다. 비형식적 평가의 대표적인 방법으로 '다시 말하기(retelling)'를 들 수 있다. 다시 말하기는 읽은 글의 내용을 학생 자신의 말로 교사나 친구들 앞에서 다시 말하는 것이다. 교사는 학생의 다시 말하기를 들으면서, 학생이 내용 확인을 적절히 하였는지 판단한다. 학생들이 글의 내용을 다시 말할 수 있도록 하기 위해 다음 [자료3-3], [자료3-4]와 같은 안내를 제시한다. [자료3-3]은 동화와 같은 이야기체 글에 활용하고, [자료3-4]는 설명문과 같은 설명체 글에 활용한다.

〈자료3-5〉 이야기체 글을 다시 말하기

이야기체 글을 다시 말하기
• 제목과 글쓴이 • 주요 등장인물 • 배경 • 인물의 문제나 목적 • 사건 • 해결

〈자료3-6〉 설명체 글을 다시 말하기

설명체 글을 다시 말하기
• 제목과 글쓴이 • 화제와 배경 • 글의 짜임 • 중요한 내용, 정보, 사건 • 읽기 목적 • 글쓴이의 의도

참고문헌

천경록 · 백해경 · 진명숙 · 양서영 · 고지용(2013), ≪활동중심 독서지도≫, 교육과학사.

Barrett. T.(1976), Taxonomy of reading comprehension. In R. Smith & T. Barrett(Eds.). Teaching reading in the middle grades. Mass: Addison-Wesley.

Irwin, J. W., 천경록 · 이경화 · 서혁 역(2012), ≪독서교육론≫, 박이정.

Ogle, D.(1986), KWL: A teaching model that develops active reading of expository text. The Reading Teacher 32, 564-570.

Owocki, G., 천경록 · 조용구 역(2013), ≪유 · 초등 독서지도≫, 박이정.

6. 겪은 일 쓰기

6.1. 겪은 일 쓰기의 개념

저학년에서는 인지과정에서 일어나는 모든 생각들을 정리하여 쓰기 어렵다. 왜냐하면 머릿속에서의 인지과정은 동시다발적으로 생성되지만 글을 쓴다는 행위는 순차적으로 선조적 과정을 거쳐 수행되는 것이므로 아직 쓰기의 초보적인 저학년 학생들이 자신들의 생각을 글로 옮기기에는 어려움을 겪게 된다. 그러므로 저학년에서는 인상 깊었던 일이나 겪은 일을 중심으로 자신 주변에서 일어나는 일들을 써보도록 하는 초보적 활동을 하게 된다.

겪은 일을 쓴다는 것은 정보의 사실성이나 정확성을 요구하는 설명문이나 의견의 논리성을 추구하는 설득적인 글보다는 자신의 느낌이나 생각을 자유롭게 표현하는 정서적 차원의 접근이 용이할 것이다. 또한 글을 쓴 다는 행위가 경험한 내용이 바탕이 될 때 더 구체화될 수도 있을 것이다. 저학년 학습자들은 자기중심적 사고를 하므로 자신의 생각을 타자에게 사회적 언어를 사용하여 객관화시켜 표현한다는 행위가 쉽지 않다. 자기 주변에서 일어난 일부터 표현하게 하는 것이 가장 쉬운 접근이기 때문이다. 따라서 가장 쉽게 접근할 수 있는 일기 쓰기를 중심으로 겪은 일 쓰기 활동을 살펴 볼 수 있을 것이다.

겪은 일 글쓰기는 이러한 겪은 일 쓰기 글은 일기 쓰기로 구체화되는데 글의 형식적 특징이기보다는 생산자, 즉 글 쓰는 사람의 일상에서 자유롭게 표현하는 모든 내용을 포함한 내용적 속성을 강하게 가지고 있다. 따라서 내용 역시 자신의 경험과 함께 상상력, 소망, 즐거움, 생각 등등 스스로의 내적 외적 경험세계를 모두 망라하여 글감이 될 수 있다.

일기문의 경우, 학생들은 주로 시간의 경과에 따라 글을 전개하려는 경향[10]이 있으며 이야기식으로 자유롭게 전개하여 서사성[11]이 있다. 이는 저학년에서는 일기라는 형식을 빌어 간단히 기록하는 데 그치게 되지만, 느낌이나 생각이 많아지고 점차 관찰력과 사고력이 깊어지면서 자기를 표현하는 주체로서 자신과의 내적대화를 통해 자아형성과 자기 이해 및 세계를 이해하는 중요한 글쓰기 방식으로 나아가게 된다. 따라서 일기쓰기는 초기의 글쓰기 활동에서 중요한 밑거름을 제공한다.

10) 황경희(1994)에서는 초등학생의 생활문에 나타난 특성 중 하나로 시간의 흐름에 따라 쓰여지는 경향이 있다고 보았다.
11) 이병희(1993)에서는 생활문의 특징 중 하나로 서사성을 들고 있다.

처음에는 한 두 문장을 중심으로 표현하는 것으로부터 안내하여 점차 문단정도의 글을 쓸 수 있도록 안내하게 되는데 직접 쓰게 하는 활동보다는 인상 깊은 내용을 친구에게 이야기하듯이 말해보도록 하는 활동으로 시작하는 것이 좋다. 글자의 부담을 줄이기 위해 그림으로 표현하게 하기도 하는데 그림일기가 대표적인 활동이 될 것이다. 그러나 이런 경우에는 그림에 너무 치우쳐 많은 시간을 할애하지 않도록 유의해야 할 것이다.

겪은 일을 글로 쓴다는 것은 일상적인 일들을 글로 써 본다는 의미로 볼 때, 일종의 생활문을 쓰는 행위로 볼 수 있다. 실상 생활문은 특정 장르로 규정지을 수는 없으나, 초등학교에서는 일기나 편지, 감상문, 기록문, 기행문, 반성문 등등 어린이가 일상의 생활에서 접하게 되는 글들을 총칭한다. 그중에 저학년에서는 일기를 주요 장르로 가져와 글쓰기의 첫 활동으로 안내하고 있다. 교육과정에 제시된 이 활동과 관련된 내용을 살펴보면 다음과 같다.

---

5) 인상 깊었던 일이나 겪은 일을 글로 쓴다.

인상 깊었던 일이나 겪은 일을 글로 표현하는 것을 통해 학생들은 글쓰기를 쉽고 재미있게 시작할 수 있다. 학생들이 쉽게 글감을 마련하여 쓸 수 있도록 인상 깊었던 일이나 자신의 경험한 재미있는 일을 친구들에게 이야기하듯이 글로 쓰도록 지도한다. 문자 언어의 관습과 규범에 익숙하지 않은 학생들이 부담 없이 글을 쓸 수 있도록, 처음에는 즐거웠던 경험을 글과 그림으로 함께 표현하도록 한다. 또한 인상 깊었던 일이나 겪은 일을 지속적으로 글로 쓰고 이를 나누는 과정을 통해 쓰기에 대해 호감을 가지고 쓰기가 자신을 표현하는 방법임을 깨닫도록 한다.

겪은 일 쓰기는 위에 언급한 장점에도 불구하고 내적, 외적으로 문제에 부딪히게 된다. 이 문제점은 실제 일기쓰기를 지도하는데 교사에게 또 학습자들에게 많은 부담감을 제공한다. 교육과정에서 다루는 '겪은 일 쓰기' 활동이 국어시간 전체에 할애되는 것이 아니라 절대적으로 시간이 적을 뿐 아니라, 특정시간에 학습한다고 해서 글쓰기 능력이 습득되는 것이 아니므로 지속적으로 지원되어야 하기 때문이다. 또한 글을 쓰는 행위가 겉에 드러나는 행위보다는 머릿속에서 일어나는 사고 과정에 의지하는 시간이 더 많기 때문에 머릿속에서 일어나는 과정과 짜임을 어떻게 가르쳐야 할이지 난감하기 때문이다. 또한 일상에서 겪은 일을 써 본다는 것은 설명문이나 논설문처럼 일반화할 수 있는 요소들이 많지 않을뿐더러 개인적으로 보고 생각한 것들을 자유롭게 접근할 수 있는 글이기 때문에 지극히 개별적인 접근일 수밖에 없다. 따라서 일반화 보편화시켜 가르칠 수 있는 요소들이 많지 않아 체계적으로 가르치기 어려운 것이다.

6.2. 겪은 일 쓰기의 지도 방법

겪은 일 쓰기 혹은 일기쓰기는 자신의 경험을 어떻게 글로 환치시킬 것인가가 중요하다. 이는 일반적인 글쓰기 접근과 크게 다르지 않다. 그림일기는 어떤 면에서는 그림이 글감의 내용이 되기도 하고 아이디어생성의 단서를 제공하기도 한다. 일기 쓰기 과정을 글쓰기 과정과 관련지어 그 원리를 살펴보면 다음과 같다.

1) 기존 텍스트인지하기

(1) 내용에 대한 인지

겪은 일을 글로 표현하는 행위는 자유로운 글쓰기에 해당되지만 저 학년 학습자들에게는 일기라는 장르로 접근하도록 안내되어 있다. 2009개정 교과서에서는 1학년에서 한 학기가 끝날 무렵 그림일기 형식을 빌어 써 보게 되어 있다. 일기를 처음 접하는 학습자들에게는 우선 기존의 모델이 되는 텍스트를 제시하여 그 내용을 살펴보게 함이 적당하다.

2007개정 읽기 교과서에서는 일기 글을 제시하고 누가 무엇을 하였는지 살펴보게 하고 있다. 텍스트를 살펴보는 활동은 기존 텍스트를 통해 누가 무엇을 하였는지 살펴보게 함으로써 어떻게 쓰는 것이지 막연한 학습자들에게 직접 대면하도록 안내하는 방식이다. 학습자는 일기를 직접 살펴보면서 막연하게나마 있었던 일들을 쓰는 것이라는 생각을 가지게 된다.

(2) 형식에 대한 인지

일기에는 형식적 요소들이 있다. 즉 꼭 기록해야 할 필수요소들이다. 교과서에서는 이를 강조해서 다루는 경향이 있다. 내용적 원리들은 형식적인 요소들에 비해 일반화하여 교과서에 표현되기 어려우므로 보다 객관적이고 보편화하여 시각적으로 접근할 수 있기 때문이다. 교과서에서는 주로 다음 [그림3-6]과 같이 그 필수 요소들을 가르치고 있다.

[그림3-6] 2009 국어 1-1

[그림3-6]에서 살펴볼 수 있듯이 겪은 일 쓰기의 각 활동 중 가장 기억에 남는 내용이나 느낌이라는 진술이 교과서 상에는 상세히 설명되지 못하고 개념적으로 제시되어 있다. 교사들이 학생들을 지도할 때에는 좀 더 구체적인 '기억에 남는 일이나 느낌'이 무엇인지 보여 줄 수 있는 예시 글 등의 학습 자료가 보완되어야 할 것이다.

겪은 일을 글로 쓴다는 것이 꼭 일기의 형식을 가질 필요는 없지만 지속적으로 글을 쓸 수 있는 장르로 일기를 좋은 글쓰기 학습이 될 수 있다. 자기성찰이나 자기 기록의 효과를 넘어서 글쓰기 능력의 향상을 위해서도 좋은 활동이 된다. 그러나 일기의 형식적 특성을 강조하다보면 자칫 글에 대한 본질적인 내용들을 놓치게 될 수 있다. 또 가르칠 요소로 형식적 접근이 보편적으로 용이하므로 내용을 도외시할 수 있으므로 주의할 필요가 있다.

2) 쓰기 과정에 대하여 인지하기

글을 쓰는 과정과 일기를 쓰는 과정이 다르지 않다. 생각 떠올리기, 글 쓸 내용 구조화하기, 초고쓰기, 다듬기 등 일련의 과정을 교과서에서도 다음과 같이 제시하고 있다.

[그림3-7] 2009 국어 2-1

생각을 떠올리는 과정은 일기를 쓰기 위하여 글감을 찾는데 중요한 과정이다. 이 단계에서 충분히 떠올릴 글감이 없다면 후에 글을 써 나갈 때에도 빈약한 글을 쓰기 쉽다. 글을 구조화하는 단계는 저학년에서, 또는 겪은 일에 대한 글쓰기와 같이 자유롭게 쓰는 글쓰기에서는 강조하지 않는 게 오히려 더 좋을 때가 있다. 앞에 떠올린 글감들과의 관계를 생각하느라 글을 써 나가는데 인지적 방해를 주기도 한다. 보다 정교한 글쓰기를 하거나 좀 더 고학년에서 고등의 사고를 할 때 더 유용하게 활용된다. 단계를 체계적으로 제시하여 과정에 따라 글을 쓰는 것도 좋지만 경우에 따라서는 특히 저학년 학습자들에게는 생각나는 대로 글에 직접 들어가도록 안내하는 것도 글에 대한 흥미를 잃지 않게 하는 전략이 되기도 한다. 초고쓰기를 한 후에 다듬는 과정 역시 글에 대한 정교한 의미나 기준을 설정하기 어려운 저학년의 경우에는 상당히 부담스러운 활동이 되므로 강조하지 않는 것이 좋다.

3) 전략에 따라 실행하기

(1) 아이디어 생성하기

매일 매일의 한 일, 보고 들은 것, 겪은 것, 생각한 것, 읽은 것을 떠올려 본다. 이 때, 단순히 학습자들에게 주제를 주거나 떠올리라고 요구하는 것은 학습자들에게 어려운 주문이다. 그럼에도 저학년 교과서에서 제시된 다음 활동내용을 살펴보면 상당히 간단히 접근하고 있음을 알 수 있다.

초보적인 학습자일수록 교사와 함께 글감을 잡아보는 것이 좋다. 즉 교사가 먼저 겪은 일들에 대하여 제한적인 주제들을 떠 올릴 필요가 있다. 이는 주로 교사의 사고의 시범을 통해 가능한데 사고의 시범은 언어를 통해 가능하다. 말로 자신이 생각한 것을 중얼거리면서 다음과 같이 '생각그물 만들기'전략을 활용해도 좋다.

〈교사의 사고 시범 예시〉

① 생각한 것에 대한 예시

"어제 TV를 보았는데, 황사에 대한 내용을 보도하더라고. 그래서 황사가 왜 일어나게 되었을까? 지구가 온난화로 인해 점점 사막이 만들어지고 그러면 우리나라는 갈수록 피해가 더 심해지겠지? 사막에 커다란 비행기를 가지고 가서 비를 내려 보면 어떨까? 나무를 수백그루 가지고 가서 심어 볼까? 이런 저런 상상도 해 봤어요."

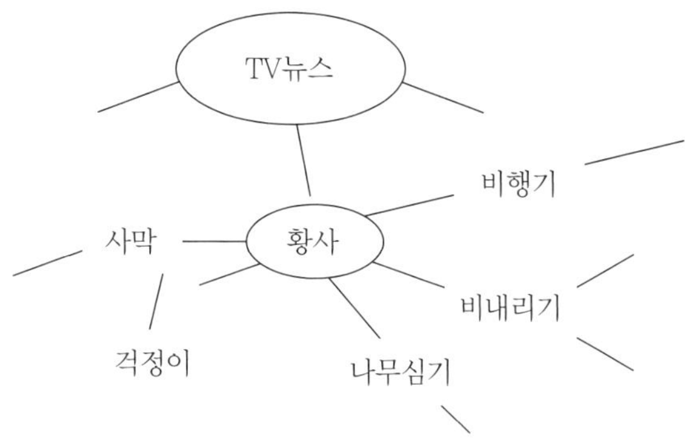

② 겪은 일에 대한 예시

"우리 반 민혁이가 어제 집에 가기 전에 선생님한테 공룡을 접어서 주었어요. 그래서 이렇게 책상위에 붙여 놨어요. 그랬더니 다른 반 선생님들이 보시고는 참 잘 접었다고 칭찬을 해 주셨어요. 선생님이 생각하기에도 아주 잘 접었어요. 그런데 공룡이 덩그러니 혼자 있는 게 안 좋아보여서 선생님도 공룡을 접어보았어요. 그런데 참 어려웠어요. 선생님이 접근 공룡보다 민혁이가 접은 공룡이 더 근사했어요. 내일 민혁이를 만나면 한 마리 더 접어달라고 해야지 하고 생각했어요."

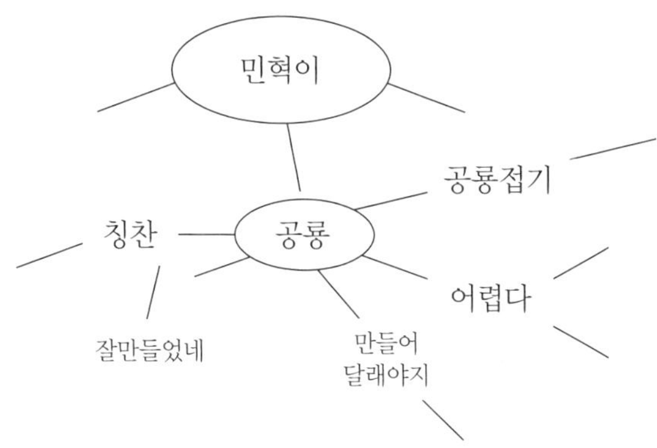

(2) 그림과 글쓰기

그림일기에서 글과의 관계는 다양하다. 그림을 그리면서 재미있는 글쓰기 아이디어를 재생사하기도 하고 글에 미처 표현하지 못한 요소를 그림으로 나타내어 내용을 풍성하게 하면서 글과 그림이 서로 보완적인 성격을 갖기도 한다.

(3) 읽고 다듬기

저학년 학생들은 특성상 자신의 글을 읽고 점검하는 활동이 어렵다. 글을 점검한다는 것은 단순히 글을 다시 살펴보는 행위가 아니라 글에 대한 메타적인 인지력이 수반되어야 하는데 글에 대한 의미구성을 하는 초보적인 단계에서는 지극히 무리한 활동이 될 수 있는 것이다. 따라서 이 단계의 활동은 자신의 글을 소리내어 읽어보거나 칭찬이나 공감을 통하여 글을 동료와 나누는 과정이 되어야 한다.

4) 겪은 일 쓰기 지도의 예시

(1) 대화 문구 활용하여 일기 쓰기

글쓰기의 초보 단계인 저학년은 있는 사실을 객관성을 유지하면서 글로 표현하기가 어렵다. 따라서 자신이 들은 말, 주고 받은 대화장면을 떠올리며 직접 그 대화를 글로 옮겨 보게 하면 오히려 경험에 대한 아이디어도 떠오르고 훨씬 생동감 있는 일기가 될 수 있다.

가령 다음과 같은 예를 살펴 볼 수 있다.

〈예시〉

5월 23일 일요일 맑음

"아이, 난 몰라. 어떻게 해."

"미안해, 누라, 일부러 그런 것이 아니잖아."

그리기 숙제를 하고 있는 누나의 화첩에 잘못하여 물을 엎질러 그림이 엉망이 되었다. 누나는 울상이 되어 나의 머리에 알밤을 한 대 주었다.

"왜 때라! 누가 이 좁은 방에서 하랬어?"

누나에게 아픔을 참으며 달려 들었다.

"요게 쬐그만한게 대들어."

누나와 나는 서로 씩씩거리며 다투었다. 그때, 밖에서 들어오신 엄마한테 꾸중을 듣고 싸움을 멈췄다. 내가 잘 못한 것 같다.

'누나, 정말 미안해.'

김국향(2007)

위 예는 저학년의 글쓰기 같지는 않다. 다만 생동감이나 일이 일어난 장면을 묘사할 때 유용함을 보인다. 학습자들에게 예를 들어 줄 때에도 일기에 이런 대화를 실제 보여주면서 글을 쓰게 하면 자신의 경험을 좀 더 역동적으로 떠올려 접근할 것이다.

(2) 그림과 함께 하기

그림이 브레인스토밍이나 생각 떠올리기 작용을 하기도 한다. 따라서 그림을 먼저 그린 후 글을 쓰게 하는 것이 효과적일 수 있다. 또 저학년의 경우 글로 상황을 묘사하는 것이 어려우므로 그림으로 자신을 표현해 보는 활동으로 그림이 효과적인 경우가 있다. 하지만 그림에 너무 비중을 두거나 꼼꼼히 색칠을 하게 하여 부담을 주는 경우에는 일기자체의 흥미를 떨어지게 한다. 그러므로 그림은 학생들이 일기 내용을 보충하는 수준에서 간단하게 접근하는 것이 좋다.

(3) 주제에 맞게 마인드맵하기

글이란 선조적으로 이루어지고 동시에 문법적 지식이 동시에 수행되는 표현이기 때문에 초보적인 학습자는 어려움을 느낄 수밖에 없다. 그러므로 문장수준의 훈련이 필요한데, 숙달되지 않은 저학년에게는 마인드맵 정도의 활동만으로도 일기를 쓸 수 있도록 안내할 수 있다.

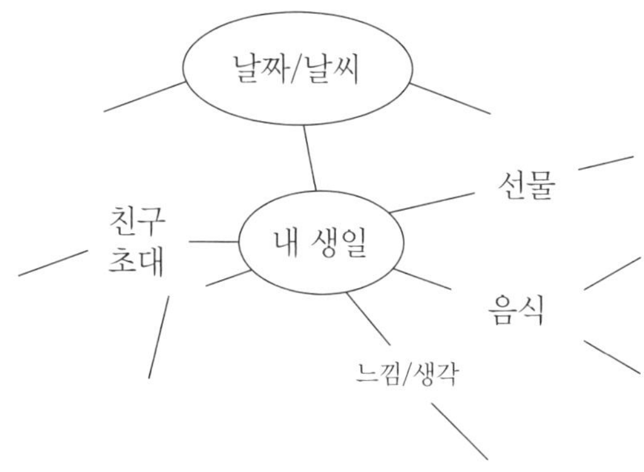

위의 예시자료는 교사가 미리 제시한 자료로 자신이 조금 숙달된 후에는 학생들 자신이 마인드맵을 만들어 활용할 수 있다. 그림일기처럼 곳곳에 그림을 그려 넣을 수도 있을 것이다.

(4) 독서 감상문과 연결하기

현장에서 흔히들 하고 있는 활동 중 하나이기도 하다. 일기와 독서 감상문을 연결하여 주인공에게 편지쓰기, 서평쓰기(고학년), 다른 사람에게 소개하기, 등장인물을 그리고 충고해주기, 기승전결 책 만들기 등등의 활동이 있다. 이는 현장의 상황에 맞게 다양하게 접근하여 학생들의 흥미를 고취시킬 수 있다.

6.3. 겪은 일 쓰기의 평가

일기에 대한 평가는 점수를 매기거나 기준을 세워 좋고 나쁨을 가르지 않는 접근이 중요하다. 일기라고 특별히 글쓰기의 기본 내용에서 벗어나지는 않지만 기본적인 몇 가지 기준을 제시하면 다음과 같다.

첫째: 글감을 다양하게 기록하고 있는가; 글감을 찾기 어려워하는 학생들은 '오늘은 ~먹었다. 참 맛있었다.'하는 표현으로 일관되기 쉽다. 실제 일에 대한 기록, 생각한 것, 본 것 들은 것들도 모두 일기의 소재가 될 수 있음을 알고 다양하게 접근하는 안내가 필요하다.

둘째: 글에 참신한 아이디어가 있는가; 너무 일상적이고 당연한 것들이 아니라 대상에 대한 자신의 생각을 기록하고 있는지가 중요하다.

셋째: 표현하고자 하는 내용을 통일성 있게 가지고 가는가; 초보자의 경우 글을 쓸 때, 한 내용이 아니라 이것저것 섞어서 표현하는 경향이 있다. 가급적 생활문에서도 한 주제를 일관성 있게 가져가는 능력이 필요하다.

넷째: 그림과 글이 서로 보완적 성격을 가지고 있는가; 글에서 다 표현되지 못한 내용을 그림이 보완하여 표현되는 경우 글과 그림 모두가 좋은 역할을 할 수 있다. 그림을 통해 미처 생각지 못한 내용을 다시 글로 쓰게 되는 경우가 생기기도 한다.

참고문헌

김국향(2007), 초등학교 일기쓰기지도의 실태와 효과적지도방안연구, 제주교육대학교, 석사학위논문
김외숙 (2003), 포트폴리오를 이용한 생활문 쓰기 능력 신장 방안 : 초등학교 1학년을 중심으로, 인제대 석사학위논문.
김재춘 (2002), 초등학생의 일기 쓰기 능력 신장 방안 연구 : 고학년을 중심으로 , 국민대 석사학위논문.
김찬동 (1983), 작문 능력을 향상시키기 위한 일기 쓰기 지도 방법 연구, ≪논문집≫ 4, 금오학술문화재단.
김희정(2006), 드라마 매체를 활용한 쓰기 교육 방안 연구:감상문 쓰기를 중심으로, 홍익대학교 석사학위 논문
류승범(2008), 서간(書簡)을 활용한 아날로그 편지쓰기 학습과 생활화 방안, 단국대학교 교육대학원 석사 학위 논문
송선희 (2005), 쓰기 워크숍을 통한 생활문 쓰기 지도 방안: 3학년을 중심으로, 서울교대 교육대학원 석사학위논문.
송영애(2002), Keypal 학습모듈 개발 · 적용이 어휘력과 편지쓰기 능력에 미치는 영향, 부산교육대학교, 석사학위논문
오영임 (1999), 유형별 일기 쓰기 지도를 통한 자기표현 능력 신장 방안, 전주대 교육대학원 석사학위논문.
윤여준 (2000), 분석지도를 통한 일기 쓰기 능력 신장 연구 : 초등학교 2학년을 중심으로, 공주교대 석사학위논문.
은명숙 (2004), 초등학교에서의 일기 쓰기 지도방법에 대한 탐색적 연구, 전주교대 석사학위논문.
이은영 (2003), 표현주체 중심 글쓰기 지도 방법 연구: 고등학생 생활글 쓰기 지도를 중심으로, 한국교원대석사학위논문.
이인옥 (2004), 한문일기를 활용한 일기 교육 방안, 성신여대 교육대학원 석사학위논문.
임성득 (2002), 초등학교 일기 쓰기 지도 방안 연구, 대구교대 교육대학원 석사학위논문.
전용표(2008), 역대 편지글의 읽기, 쓰기를 통한 의사소통 활성화 방안, 단국대학교 교육대학원, 석사 학위 논문
최용근 (2000), 단계적 과정안 적용을 통한 일기 쓰기가 글쓰기 능력 신장에 미치는 영향, 전주대 석사학위논문.
홍기옥 (2000), 일기 쓰기를 통한 글쓰기 능력 신장 연구 :초등학생을 중심으로, 아주대 석사학위논문.
홍성란(2006), 마인드 맵을 통한 일기쓰기 지도가 초등학교 쓰기 장애 학생의 쓰기표현력 및 일기쓰기 태도에 미치는 효과, 이화여자대학교 석사학위논문.
홍혜진(2010), 읽기-쓰기 통합 지도 방안 연구-독서 감상문을 중심으로-, 한국교원대학교 석사학위논문.
황경희 (1994), 아동의 제재 흥미와 생활문 짓기 능력과의 관계, 이화여대 박사학위논문.

7. 낱말의 의미 관계와 말놀이를 활용한 어휘 지도

7.1. 의미 관계와 말놀이를 활용한 어휘 지도의 개념

1) 의미 관계를 활용한 어휘 지도의 의의

낱말의 의미는 어떤 방식으로든 다른 낱말과 서로 관련된다. 언어의 구조에 나타나는 이러한 의미 관계에 대한 지도는 개별 낱말의 의미를 정확하게 파악하는 데 도움이 될 뿐 아니라 생산적인 어휘 학습을 위해서도 중요한 의미를 지닌다.

의미 관계를 이용하여 어휘 지도를 하면 여러 가지 점에서 의의가 있다. 정지영(2006)에서는 의미 관계를 이용한 어휘 지도의 의의를 제시하고 있는데, 그 중 몇 가지를 제시하면 다음과 같다.

첫째, 어휘소 간의 의미 관계에 토대를 둔 어휘 학습 방법은 개별적인 어휘소들이 지닌 각각의 의미를 통해 어휘 학습을 하는 것보다 학습자에게 인지적 부담이 적어 결과적으로 많은 양의 어휘를 보다 효율적으로 학습할 수 있게 한다는 점이다.

둘째, 어휘 체계에 기초한 체계적인 어휘 학습을 가능하게 한다는 점이다.

셋째, 기본적으로 학습자의 인지 방식에 부합한다는 점이다. 학습자들의 인지적 성향, 즉 어휘소들을 분류하고 조직화하려는 경향과 한 어휘소가 주어졌을 때 그에 대립적인 개념을 자연스럽게 머릿속에 떠올리는 경향에 부합되는 어휘 지도 방안이라는 점이다.

넷째, 어휘력의 양적·질적 확대에 효과적인 방안이라는 점이다. 의미 관계를 이용한 어휘 지도는 학습의 양적 어휘력 확대뿐 아니라 질적 어휘력의 확대에도 기여한다. 학습자는 의미 관계를 중심으로 어휘를 배우면서 어휘소들 간의 연관성과 미묘한 차이점 등을 파악함으로써 질적 어휘력도 향상시킬 수 있다.

2) 말놀이를 활용한 어휘 지도의 의의

정선희(2004)에서는 말놀이가 '다른 놀이와는 언어를 매개로 한다는 점에서 차별성이 있고, 규칙성과 흥미성이라는 요건이 포함되어야 하며, 학습의 여러 형태에 대한 고려도 필수적'이라는 점을 포함시켜 다음과 같이 말놀이의 개념을 규정하였다.

"말놀이란 어린이가 언어적 상호 작용을 통하여 언어 자체뿐 아니라, 언어에 대한 감각, 다양한 의의 관계, 언어를 통한 사실 세계의 이해 등을 학습해 가능 역동적인 활동이라 할 수 있다. 그러므로 말놀이란 언어활동을 하면서 어떤 규칙에 따라 두 사람 이상이 언어적 상호작용을 하는 가운에 즐거움을 느끼는 인지적 활동이다."

또한, 이상의 말놀이 개념을 바탕으로 국어 교육에서 말놀이가 '국어 어휘력 확장', '국어를 실제 사용해 보는 기회 제공', '구체적 의사소통 능력의 증진', '국어 생활에 대한 흥미 제고'의 측면에서 의의가 있다고 보았다. 이처럼 말놀이는 국어 어휘 능력 신장을 위한 방법으로 중요한 의의를 지닌다.

이러한 관점에서 김령(2006)에서는 말놀이의 특성을 어휘 교육의 입장에서 다음과 같이 규정하였다.

첫째, 말놀이 활동은 초등학교 저학년의 어휘 지도에 효과적인 지도방법이지만, 전 학년에 걸쳐 적용이 가능하다.

둘째, 말놀이 활동에서의 언어는 음성 언어와 문자 언어를 포괄한다.

셋째, 말놀이 활동은 말하기, 듣기, 읽기, 쓰기, 국어 지식, 문학의 전 영역에서 활용될 수 있다.

7.2. 의미 관계 및 말놀이를 활용한 어휘 지도의 원리

1) 의미 관계의 개념 및 관련 교육 내용

의미 관계[12]는 크게 '계열관계'와 '결합관계'로 대별된다. 그 중 '계열 관계'는 단어의 의미가 종적으로 대치되는 관계이다. 예를 들면, "아이가 {강아지/고양이}와 놀고 있다."에서 '강아지'와 '고양이'는 대등한 자격으로 선택될 수 있는 계역 관계의 보기이다. 계열 관계에는 '유의 관계, 반의 관계, 상하 관계'가 있다. 의미의 '결합 관계'는 단어의 의미가 횡적인 연관 관계를 말한다. 예를 들면 "동생이 왼발로 공을 찼다."에서 '공-차다', '발-차다', '왼-발'은 상호의존적으로 연결되는 결합 관계의 보기이다. 결합 관계에는 '합성 관계, 관용 관계, 연어 관계'가 있다. 이에 대해 보다 구체적으로 살펴보도록 하자.

12) 이하 의미 관계 관련 내용은 김광해 외(1999: 248-262) 및 임지룡 외(2005: 309-317)를 참조하였다.

(1) 계열 관계

(가) 유의 관계

같거나 유사한 의미를 지닌 둘 이상의 단어가 맺는 의미 관계를 말함, 이런 관계에 있는 단어들을 '동의어' 또는 '유의어'라고 부른다. 둘 이상의 단어가 동일한 의미를 지닌 경우 '동의어'라 하며, 유사한 의미를 지닌 경우 '유의어'라고 칭하는 것이 일반적이지만 실제로, 의미가 같고 모든 문맥에서 치환이 가능한 '동의어'는 그 수가 매우 제한되어 있기 때문에, 유의 관계의 대부분은 개념적 의미의 동일성을 전제로 한 '유의어'를 가리킨다.

유의 관계는 '방언, 문제, 전문성, 내포, 완곡어법'과 같은 기준에 따라 다음과 같이 다섯 가지의 유형을 나눌 수 있다.

① 표준어와 방언에 의한 유의어

(예) 부추: 정구지, 솔, 세우리

② 문체의 차이에 따른 유의어: 고유어와 외래어가 공존하는 경우 문제에 있어서 서로 다른 층을 형성하는데, 일반적으로 고유어는 음성 언어 또는 비격식체로, 외래어는 글말 또는 격식체로 쓰인다.

③ 전문성의 차이에 따른 유의어

(예) 소금: 염화나트륨, 술: 곡차

④ 내포의 차이에 따른 유의어: 유의관계로 맺어진 두 단어에서 한 쪽이 갖는 내포를 다른 쪽에서는 갖지 않는 경우를 말한다. 내포가 다른 유의어 간에는 화자의 심리적 태도가 반영되어 있는데, 예를 들어 '즐겁다-기쁘다'에서 전자는 중립적이고 객관적인 데 비하여 후자는 주관적이며, '흑인-깜둥이'에서 후자는 부정적인 내포를 지니고 있다.

⑤ 완곡 어법에 의한 유의어: 어느 문화권에서 금기어가 있게 마련인데, 특히 죽음, 질병, 성에 관해서는 직설적인 표현을 피하고 완곡어법을 사용하여 두려움이나 어색함을 완화시킨다.

(예) 죽다-돌아가다, 변소-화장실

(나) 반의 관계

반의 관계는 의미상으로 대립되는 단어의 관계를 가리킨다. 반의 관계에 대하여는 '반대말, 반의어, 상대어, 대립어, 맞선말, 짝말' 등의 술어가 혼용되어 왔는데, 이는 곧 의미적 대립에 여러 종류의 다른 유형이 존재함을 뜻한다. 의미적 대립은 크게 '이원 대립'과 '다원 대립'으로 구별할 수 있다. 그 중에서 '반의 관계'는 주로 이원 대립에 국한된다. '반의 관계'의 의미 특성은 동질성과 이질성의 양면성을 지니는데, 공통된 의미 특성을 많이 지님으로써 의미상 동질성을 드러내며 하나의 매개 변수가 다름으로써 의미상 이질성을 드러낸다.

반의 관계는 정도 반의어, 상보 반의어, 방향 반의어의 세 가지 유형으로 대별된다.

① 정도 반의어: 정도나 등급에 있어서 대립되는 단어 쌍으로서, 전형적인 보기는 '길다/짧다, 쉽다/어렵다, 덥다/춥다' 등과 같은 형사 무리이다.

② 상보 반의어: '상보어'라고도 하며, 반의 관계에 있는 개념적 영역을 상호 배타적인 두 구역으로 철저히 양분하는 단어 쌍으로서, '남성/여성, 참/거짓, 합격하다/불합격하다' 등이다.

③ 방향 반의어: 맞선 방향을 전제로 하여 관계나 이동의 측면에서 대립을 이루는 단어 쌍으로서, 공간적 관계의 '부모/자식, 남편/아내, 스승/제자', 이동의 '가다/오다, 사다/팔다, 입다/벗다' 등이다.

(다) 상하 관계

상하 관계는 단어 의미의 계층적 관계로서, 한 쪽이 의미상 다른 쪽을 포함하거나 다른 쪽에 포함되는 관계를 말한다. 예를 들어, '사과'와 '과일', '가다'와 '들어가다'에서 '사과'와 '들어가다'는 각각 '과일'과 '가다'의 '하위어'이며, 역으로 '과일'과 '가다'는 '사과'와 '들어가다'의 '상위어'이다.

(2) 결합 관계

결합 관계 중에서도 관용 관계와 연어 관계를 중심으로 살펴보면 다음과 같다.

(가) 관용 관계

'관용어'는 둘 이상의 어휘소가 구의 형식을 이룰 때 의미가 특수화되어 있을 뿐 아니라 구성 방식이 고정된 결합 관계를 말한다. 따라서 관용어는 전체가 부분의 총화일 수 없으며, 또한 전체는 부분으로 환원되지 않는다.

예를 들어, '미역국 먹다'라는 표현은 의미적인 측면에서 볼 때, '미역으로 끓인 국을 먹다'라는 글자 그대로의 의미와 '실패하다'나 '낙방하다'라는 관용적 의미를 지니고 있다. 그 중 관용어의 의미는 '미역국'이라는 명사와 '먹다'라는 동사의 단순 결합으로 설명될 수 없다.

어떤 용법이 관용어가 되기까지는 여러 단계를 거치게 된다. 곧 구체적인 상황에 쓰이던 표현이 유사한 일반적인 상황에 적용되면서 그 유래가 잊혀진 채 관용적 구조와 의미로 굳어진다.

(나) 연어 관계

단어가 모여 더 큰 구성체를 이루게 될 때, 주변의 다른 요소와 의미적으로 조화를 이루어야 한다. 예를 들면, '밥을 먹었다'와 '밥을 입었다'에서 '밥'과 '먹었다'는 의미적으로 통하는 조화로운 결합으로 볼 수 있지만. '밥'과 '입었다'는 어색한 결합체이다. 이처럼, 상호 의존적 관계에 있는 단어의 결합체를 연어 관계(collocation)라 한다.

말놀이 지도는 어떤 기준에 따라 말놀이의 유형을 분류하느냐에 따라 다양하게 이루어질 수 있다. 말놀이를 활용한 어휘 지도 방안을 소개한 김령(2006)에서는 문답형, 연결형, 전달형 말놀이 활동으로 크게 세 개의 유형을 제시하였다. 각 활동에 속하는 대표적인 전략을 살펴보면, 문답형 활동 유형에서는 하위 활동의 하나인 문답놀이 유형에 스무고개/다섯고개 놀이, 수수께끼 놀이 전략을 소개하고, 연결형 활동 중 말잇기 유형에 속하는 전략으로 끝말/앞말 잇기, 윗말 잇기, 이야기 잇기 등을 제시하였다. 또한, 전달형 말놀이 활동에는 전달놀이 유형에 속하는 전략으로 말로 전하기, 그림카드로 전하기, 몸짓으로 전하기 등을 제시하였다.

초등학교에서는 말놀이를 활용한 어휘 지도 방법은 널리 활용되고 있다. 특히 2007 개정 초등학교 국어 교과서에서 각 단원 말미에 언어적 창의성 신장을 위한 목적으로 마련되었던 '놀이터'[13] 코너에서 전 학년에 걸쳐 말놀이 활동이 다양하게 제시되고 있어 주목된다. 육미경(2012)에서는 교과서 속 '놀이터'에 끝말잇기, 가운데말 잇기, 수수께끼, 삼행시(사, 오행시)짓기, 십자말풀이, 다섯고개 등을 비롯하여 발음과 관련된 활동, 끝말잇기와 짧은 글 쓰기를 접목시킨 활동, 말놀이를 경험할 수 있는 시, 회문 만들기 등 다양한 활동들이 제시되었음을 소개하였다. 말놀이는 놀이의 성격이 큰 활동이지만 언어 학습의 맥락에서 분명하게 학습 요소를 제시할 필요가 있는데, 자칫 단순한 흥미 위주의 놀이로 학습이 끝나버리지 않도록 유의해야 한다. 재미의 요소를 가지고 학습자들이 언어 사용의 충분한 연습의 기회를 가짐으로써 언어 능력 신장에 도움이 될 수 있도록 교사는 항상 유념해야 한다.

13) 이후 2009 개정 교과서에서도 '국어 활동'의 한 코너인 '놀며 생각하며'로 그 명칭이 변경되어 유지되고 있다.

7.3. 의미 관계와 말놀이를 활용한 어휘 지도의 평가

1)교실에서의 평가

초등학교 교실에서 이루어지는 어휘 교육의 평가는 다양한 평가 방법을 모색하여 시행하는 것이 무엇보다 중요하다. 어휘의 의미 관계나 말놀이에 대한 학습 또한 지식 위주, 지필 방식 위주의 평가를 지양하고, 학습자의 실제 언어 수행을 평가하는 것이 좋다. 직접적인 지식을 단편적으로 평가하는 지필 문항보다는 듣기·말하기, 읽기, 쓰기, 문학영역과 통합하여 언어 사용 상황에서의 수행을 중심으로 평가하는 방법이 보다 실제성(authenticity)을 더할 수 있다.

다음 [그림3-8]은 수수께끼 놀이에 대한 수행 평가 계획을 제시한 교사용 지도서의 내용이다.

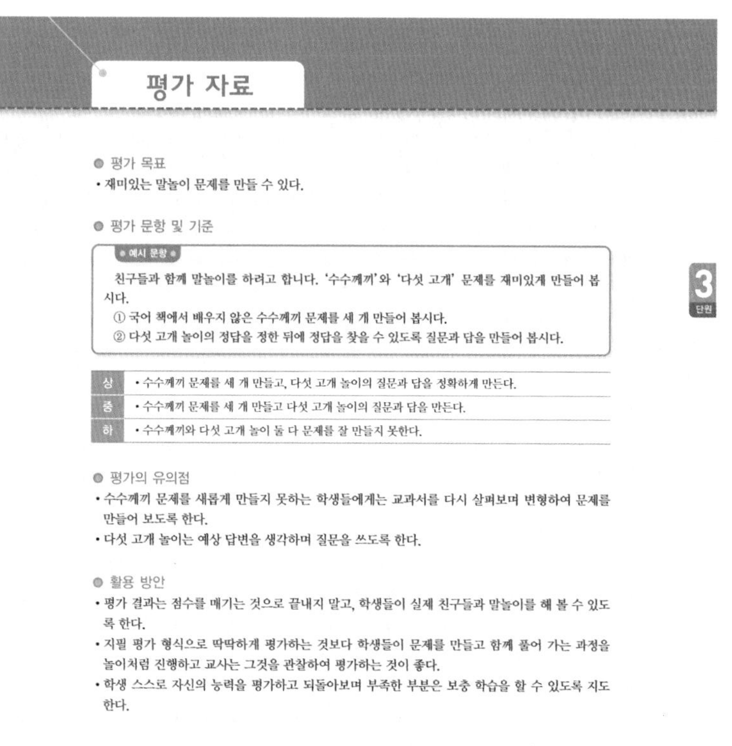

평가 자료

● 평가 목표
• 재미있는 말놀이 문제를 만들 수 있다.

● 평가 문항 및 기준

예시 문항

친구들과 함께 말놀이를 하려고 합니다. '수수께끼'와 '다섯 고개' 문제를 재미있게 만들어 봅시다.
① 국어 책에서 배우지 않은 수수께끼 문제를 세 개 만들어 봅시다.
② 다섯 고개 놀이의 정답을 정한 뒤에 정답을 찾을 수 있도록 질문과 답을 만들어 봅시다.

상	• 수수께끼 문제를 세 개 만들고, 다섯 고개 놀이의 질문과 답을 정확하게 만든다.
중	• 수수께끼 문제를 세 개 만들고 다섯 고개 놀이의 질문과 답을 만든다.
하	• 수수께끼와 다섯 고개 놀이 둘 다 문제를 잘 만들지 못한다.

● 평가의 유의점
• 수수께끼 문제를 새롭게 만들지 못하는 학생들에게는 교과서를 다시 살펴보며 변형하여 문제를 만들어 보도록 한다.
• 다섯 고개 놀이는 예상 답변을 생각하며 질문을 쓰도록 한다.

● 활용 방안
• 평가 결과는 점수를 매기는 것으로 끝내지 말고, 학생들이 실제 친구들과 말놀이를 해 볼 수 있도록 한다.
• 지필 평가 형식으로 딱딱하게 평가하는 것보다 학생들이 문제를 만들고 함께 풀어 가는 과정을 놀이처럼 진행하고 교사는 그것을 관찰하여 평가하는 것이 좋다.
• 학생 스스로 자신의 능력을 평가하고 되돌아보며 부족한 부분은 보충 학습을 할 수 있도록 지도한다.

[그림3-8] 2009 국어 2-1 교사용 지도서

[그림3-8]의 '활용 방안'에서 제시하고 있는 바와 같이 평가 결과는 점수를 매기는 것으로 끝내지

말고, 학생들이 실제 친구들과 직접 말놀이를 해 볼 수 있도록 하는 것이 중요하다. 이처럼 초등학교 현장에서는 어휘 학습에 대해 학생에게 평가로 인한 부담을 주기보다는 학생들이 문제를 만들고 함께 풀어 가는 과정을 놀이처럼 진행하게 함으로써 생태적인 평가 환경이 되도록 할 필요가 있다.

2) 국가 수준 학업 성취도 평가 문항

국가 수준 학업 성취도 평가 도구에서도 어휘 영역의 문항을 찾아볼 수 있다. 이기연(2012: 51)에 의하면 문맥적 의미를 묻거나, 괄호 안에 적절한 단어 혹은 어구를 넣는 방식, 의미 관계 등을 묻는 문제 등이 성취도 평가에서 자주 출제되는 어휘 문항의 유형이라고 한다. 그 연구에서는 성취도 평가에 자주 등장하는 어휘 평가 문항의 예를 제시하고 있는데, 그 중 초등학교 문항을 살펴보면 다음 [자료3-5]와 같다.

〈자료 3-7〉 초등학교 성취도 평가 문항(예시)

12. 낱말과 낱말 사이의 관계가 밑줄 친 낱말들 간의 관계와 같은 것은 어느 것입니까 (2007년, 초6)

〈자료〉

손가락에는 엄지손가락, 집게손가락, 가운뎃손가락, 약손가락, 새끼손가락 등이 있다.

① 추위 : 더위　② 보호 : 보존　③ 과일 : 포도
④ 불만 : 만족　⑤ 교사 : 학생

15. 밑줄 친 ㉡과 같은 뜻으로 쓰인 것은 어느 것입니까? (2011. 초 6)
① 현주의 소매에서 단추가 떨어졌다.
② 그때 할아버지의 불호령이 떨어졌다.
③ 깜깜한 밤하늘에서 별똥별이 떨어졌다.
④ 민수는 수학 실력이 예전보다 떨어졌다.
⑤ 지혜는 전학을 가서 수미와 멀리 떨어졌다.

[자료3-5]의 첫 번째 문제는 낱말과 낱말 사이의 관계를 묻고 있는데, 이것은 의미 관계를 묻는 문항의 대표 유형으로, 학년에 따라 어휘의 수준을 달리하거나 의미 관계의 유형을 달리하여 다양하게 출제될 수 있다. 두 번째 문제는 다의어의 의미를 분석하여 문맥에서 적절한 의미를 찾아낼 수 있는가를 묻고 있는 문항이다. 이와 같이 성취도 평가와 같은 대단위 평가에서는 개별적으로 어휘의 의미를 묻는 단독 문항이 출제될 수도 있고, 제시된 지문과 관련하여 어휘 요소를 평가할 수도 있다.

참고문헌

고영근, 남기심(2005),《표준국어문법론》, 탑출판사.

임지룡 외(2005),《학교 문법과 문법 교육》, 박이정.

김광해 외(1999),《국어지식탐구》, 박이정.

김지영(2010),《균형적 학습 전략을 활용한 어휘력 신장 방안》, 서울교육대학교 교육대학원 석사 학위 논문.

______(2013), 워크숍 모형을 활용한 초등학교 어휘 교육 방안,《문법 교육》 18, 한국문법교육학회.

안찬원(2012), 국어사전 활용 수업 분석 연구,《문법 교육》 17, 한국문법교육학회.

육미경(2012),《'놀이터'와 '우리말 꾸러미'를 활용한 어휘 지도 방안》, 서울교육대학교 교육대학원 석사 학위 논문.

이기연(2012),《국어 어휘 평가 내용 연구》, 서울대학교 박사 학위 논문.

이연섭 외(1980),《한국 아동의 어휘 발달 연구(I)》, 한국교육개발원.

정선희(2004),《말놀이를 활용한 아이디어 생성 활동 지도 방안》, 서울교육대학교 교육대학원 석사 학위 논문.

정지영(2006),《의미 관계를 이용한 어휘력 확대 방안》, 이화여자대학교 교육대학원 석사 학위 논문.

8. 표준 발음 지도[14)]

8.1. 표준 발음의 개념

표준 발음은 명칭에서 알 수 있듯이 '표준'으로 정한 발음을 의미한다. 사회적 · 지역적으로 다른 사람들이 모여 대화를 할 때 원활한 의사소통이 이루어지도록하기 위해서는 하나의 기준이 필요한 것이다. 즉, '의사'를 사회적, 지역적 차이로 인해 [의사], [으사], [이사]로 발음하게 되면 원활한 의사소통이 이루어지지 않게 되므로 표준화된 발음을 하나로 정해 서로의 생각을 쉽고 빠르게 나눌 수 있게 한 것이다. 그러므로 '표준 발음'은 원활한 의사소통을 위해 국가에서 정한 발음에 대한 규범이다.

국가에서 정한 발음에 대한 규정을 '표준 발음법'이라 한다. 앞서 논의한 것과 같이 한글 표기에 대한 규정이 '한글 맞춤법'이라면 한글 발음에 대한 규정이 '표준 발음법'인 것이다. '표준 발음법' 역시 1988년 1월 19일 문교부에서 제88-2호로 고시하였다. 하지만 '한글 맞춤법'과 달리 '표준어 규정' 속에 포함된 규정이다. '표준어 규정'은 크게 표준어 사정 원칙과 표준 발음법으로 나뉘는데 그 중 표준 발음법을 의미한다.

발음 교육은 '표준 발음법'에 대한 교육과 한글을 바르게 발음하는 교육을 포함한다. 하지만 모어 학습자의 특성상 표준 발음 원리를 가르치지 않아도 이미 제대로 발음을 하고 있는 경우가 많이 있기 때문에 초등학교 단계에서는 '표준 발음법'이 일어나는 언어 규칙보다 바르게 발음하는 것에 초점을 두고 지도해야 한다. 발음 교육의 위치를 문법 교육의 측면에서 논의하면 '문법 교육 〉 규범 교육 〉 표준어 교육 〉 표준 발음 교육'으로 설정할 수 있으나 듣기 · 말하기 교육의 측면에서 논의할 경우 '말하기 교육 〉 표현하기 〉 정확하게 발음하기'의 차원에서 접근할 수도 있다. 문법 교육의 측면에서는 표현의 정확성을, 듣기 · 말하기 교육의 측면에서는 표현의 효율성을 추구하고 있어 초등학교 표준 발음 교육에서는 두 가지 측면을 모두 고려하여 지도한다.

14) 최규홍(2015)의 내용을 발췌, 수정하였음.

표준 발음법은 표준화된 발음 규칙이다. 표준 발음법은 6개의 장[15]과 30개의 세부 항으로 이루어져 있다. 그중 가장 기본이 되는 표준 발음법의 원리는 제1장 제1항[16]을 통해 확인할 수 있다. 여기서는 표준 발음법은 표준어를 대상으로 정한하다는 것과 표준어의 실제 발음을 따른다는 근본 원칙에 국어의 전통성과 합리성을 고려하여 정한다는 조건이 붙어 있다. 이를 다시 해석하면 '표준어를 쓰는 사람들이 사용하고 있는 발음이 표준 발음이라는 말이며, 표준어를 쓰는 사람들이 쓰는 발음이라도 하여도 세대간의 차이가 있을 때에는 전통적으로 써 오던 발음을 표준 발음으로 정하고, 또 표준어를 쓰는 사람들의 발음이라 하여도 문법적으로 맞는 발음을 표준 발음으로 정한다.'(신헌재 외, 2009)는 말이다.

이를 좀 더 상세하게 살펴보면 다음과 같다. 표준어의 실제 발음에 따라 표준 발음을 정한다는 것은 표준어의 규정과 직접적인 관련을 가진다. 그러므로 표준어 사정 원칙 제1항[17]에 따라 표준 발음법은 교양 있는 사람들이 두루 쓰는 현대 서울말의 발음을 표준어의 실제 발음으로 여기고 일단 이를 따른다. 그런데 현대 서울말에서조차 실제의 발음에서는 여러 형태로 발음하는 경우가 있어서 그러한 경우에는 국어의 전통성과 합리성을 고려하여 표준 발음을 정한다는 조건을 이어서 제시하였다.(문교부, 1998)

표준어의 실제 발음에 따르되 합리성을 고려하여 표준 발음법을 정함에는 어려움이 있을 경우도 있다. 예컨대 '맛있다'는 실제 발음에서는 〔마싣따〕가 자주 쓰이나 두 단어 사이에서 받침 'ㅅ'을 〔ㄷ〕으로 발음하는 〔마딛따〕가 오히려 합리성을 지닌 발음이다. 이러한 경우에는 전통성과 합리성을 고려하여 〔마딛따〕를 원칙적으로 표준 발음으로 정하되, 〔마싣따〕도 표준 발음으로 허용하고 있다(문교부, 1998). 즉, 실제 발음, 전통성과 합리성을 모두 고려해서 표준 발음을 정하고 있고, 언어 사용자들의 실제 발화를 적극적으로 반영하고 있다는 뜻이다.

제2장에서 제6장까지는 대원칙에 따른 세부 원칙을 제시하고 있다. 제2장에서는 한글의 자음과 모음에 대한 발음을, 제3장에서는 음의 길이에 따른 발음을 어떻게 할지를 정해 놓은 것이다. 또한

---

15) 표준 발음법의 구성

제1장 총칙	제2장 자음과 모음	제3장 음의 길이	제4장 받침의 발음
제5장 음의 동화	제6장 경음화	제7장 음의 첨가	

16) 표준 발음법은 표준어의 실제 발음에 따르되, 국어의 전통성과 합리성을 고려하여 정함을 원칙으로 한다.

17) 표준어는 교양 있는 사람들이 두루 쓰는 현대 서울말로 정함을 원칙으로 한다.

제4장은 받침의 발음을, 제5장은 두 음이 서로 동화될 때의 발음을, 제6장은 경음화가 일어날 때의 발음을 제시한 것이다. 끝으로 제6장에서는 음이 첨가될 때의 표준 발음을 제시하고 있다.

'표준 발음법'의 내용은 발음의 원리에 대한 내용을 담고 있다. 초등학교 학생의 발달수준과 학습 수준을 고려할 경우 이러한 내용을 모두 다루는 것은 불가능하다. 또한 모어 학습자를 대상으로 수업이 이루어지다보니 이미 실천적 지식으로 실행하고 있는 것을 후천적 지식 학습으로 만들 가능성이 있다[18]. 즉, 표준 발음에 대한 지도는 규범적, 문법적 지식을 중심으로 학습하게 할 것이 아니라 의사소통 과정에서 필요한 내용을 중심으로 선별적 학습이 이루어져야 한다는 것이다. 초등학교 교육과정에서 제시하고 있는 표준 발음 관련 성취 기준은 〈표3-12〉와 같다.

〈표3-12〉 2009 개정 국어과 교육과정(초등)에 제시된 맞춤법 관련 성취기준

학년군	영역	성취 기준	주요 내용	비고
1~2	읽기	(2) 낱말과 문장을 정확하게 소리 내어 읽는다.	낱말과 문장 단위에서 정확한 발음으로 읽을 수 있게 하되, 소리와 글자가 다른 경우 변화의 원리를 이해하여 정확하게 소리 내어 읽을 수 있도록 한다.	
	문법	(1) 한글 낱자(자모)의 이름과 소릿값을 알고 정확하게 발음하고 쓴다.	한글 낱자의 결합으로 이루어진 글자를 바르게 쓰고 발음할 수 있도록 지도한다.	
3~4	문법	(1) 소리와 표기가 다를 수 있음을 알고 낱말을 바르게 발음하고 쓴다.	소리대로 표기되는 낱말과 그렇지 않은 낱말을 비교하는 활동을 통해, 표기와 발음이 서로 다른 차원이라는 점과 낱말을 한글로 적을 때에는 일정한 규칙을 따라야 함을 제3, 4장의 예를 통해 지도한다.	
5~6	문법	(1) 발음과 표기, 띄어쓰기가 혼동되는 낱말을 올바르게 익힌다.	한글 맞춤법 51~57항에 제시된 혼동하기 쉽고 잘 틀리는 낱말과 41~48항에 제시된 틀리기 쉬운 띄어쓰기 자료를 생활 속에서 탐구하고 바르게 쓸 수 있도록 지도한다.	

〈표3-12〉의 내용을 살펴보면 초등학교에서의 발음 지도 방향을 파악할 수 있다. 초등학교 1~2학년 군에서는 읽기 영역과 문법 영역에서 발음 지도를 다루고 있는 그 주요 내용으로는 낱자의 결

18) 예를 들어 '국물'을 〔궁물〕로 발음해야 한다는 것은 학교 교육에서 가르쳐 주지 않아도 이미 학습자들이 제대로 발음을 하고 있는 상태이므로 이를 다시 "'ㄱ, ㄷ, ㅂ'이 'ㅁ, ㅇ'과 만났을 때 같은 위치의 소리로 동화되어 나타난다."라는 지식을 가르치는 발음 교육이 되어서는 곤란하다는 뜻이다.

합으로 이루어진 글자를 바르게 발음하고 낱말과 문장을 정확하게 소리 내어 읽는 것이다. 그리고 소리와 글자가 다른 경우 변화의 원리를 이해하고 정확하게 발음할 것을 지도하고 있다. 즉, 초등학교 1~2학년 학생들에게는 표준 발음의 지식적인 측면보다 낱말과 문장을 바르게 발음하는 데 초점을 두고 있고, 발음을 할 때 그 원리를 고민해 보게 함을 알 수 있다.

3~4학년군에서는 문법 영역에서만 표준 발음을 다루고 있다. 여기서도 1~2학군과 마찬가지로 소리와 표기가 다른 낱말을 대상으로 이를 바르게 발음하는 것에 초점을 두고 있다.표준 발음법에 제시된 구체적인 원리를 가르치는 것이 아니라 '바르게 발음을 하는 것'에 성취기준의 의도가 있음을 알 수 있다.

5~6학년 군에서도 문법 영역에서만 표준 발음을 다루고 있다. 한글 맞춤법과 연계하여 혼동되는 낱말을 중심으로 생활 속에서 자주 틀리는 낱말을 바르게 발음하고 쓰는 활동을 제시하고 있다. 이러한 내용을 종합해 보면 초등학교 시기에는 구체적인 표준 발음의 원리를 탐구하는 것보다 실생활 속에서 바르게 발음하는 데 중점을 두고 있음을 알 수 있다.[19]

8.2. 표준 발음하기 지도 방법

1) 표준 발음 지도의 접근 방법

표준 발음 지도 방법은 2009 개정 교육과정에 따른 교과서를 살펴보면 자세히 알 수 있다. 하지만 「국어」교과서에서 발음 학습을 직접적으로 다루지는 않는다. 단지 '낱말과 문장을 바르게 발음해 보기' 차원에서 접근하고 있을 뿐이다. 발음 학습에 대한 구체적인 자료는 「국어 활동」교과서의 '우리말 다지기'[20]에서 찾을 수 있다. 우리말 다지기에서 '발음'에 해당하는 부분을 찾아보면 〈표 3-13〉과 같다.

---

19) 이는 중학교 성취기준과 비교해보면 좀더 선명해진다. 다음은 중학교 1~3학년군 문법 영역 성취기준이다.
문법 (2) 음운 체계를 탐구하고 그 특징을 이해한다.
문법 (3) 어문 규범의 기본 원리와 내용을 이해한다.
문법 (4) 음운 변동의 규칙성을 탐구하고 자연스러운 발음의 원리를 이해한다.

20) 2009 개정 교육과정에 따른 새 교과서의 「국어 활동」 교과서의 단원별 활동 자료 제시되어 있는 '우리말 다지기'는 해당 단원에서 꼭 익혀야 하는 우리말과 글에 대한 이해, 기초적인 기능과 전략을 다지기 위해 마련되었다. 기초 학습 능력을 강화하기 위한 것으로 크게 발음, 맞춤법, 낱말 · 어휘, 문장 학습, 국어 사랑에 대한 학습으로 구분되어 제시되어 있다.

〈표3-13〉 「국어 활동」교과서에 제시된 발음 학습 현황

학년학기	권	단원	분야	지도 내용	비고
1-1	가	1	발음	ㅏ, ㅣ 발음하기	
		2	발음	ㅗ, ㅜ 발음하기	
	나	5	발음	ㅓ, ㅡ 발음하기	
1-2	가	1	발음	ㅔ 와 ㅐ 발음하기	
	나	6	발음	ㅚ, ㅟ 발음하기	
2-1	가	6	발음	'ㅑ, ㅕ, ㅛ, ㅠ' 발음하기	
	나	7	발음	'ㅘ, ㅝ' 발음하기	
		10	발음	'ㅢ' 발음하기	
2-2	가	3	발음	'ㅙ, ㅞ' 발음하기	
		5	발음	'ㅒ, ㅖ' 발음하기	
	나				없음
3-1	가	3	발음	받침 'ㅊ, ㅋ, ㅍ' 바르게 발음하기	
	나	9	발음	예사소리와 된소리 바르게 발음하기	
3-2	가	1	발음	모음 'ㅟ' 바르게 발음하기	
	나	9	발음	예사소리와 거센소리 바르게 발음하기	
4-1	가	1	발음	겹받침이 들어 있는 낱말 발음하기	
	나	9	발음	이중 모음 'ㅢ'가 들어 있는 낱말 발음하기	
		10	발음	'ㄴ'과 'ㄹ'이 어서 나오는 낱말 발음하기	
4-2	가	4	발음	겹받침이 들어 있는 낱말 발음하기	
	나	8	발음	거센소리로 바뀌는 낱말 바르게 발음하기	
5-1	가	1	발음	발음이 같거나 비슷한 낱말 구별하기	
		3	발음	'ㄹ'이 [ㄴ]으로 발음되는 낱말 발음하기	
		6	발음	받침이 [ㄴ, ㅁ, ㅇ]으로 발음되는 낱말 발음하기	
	나	10	발음	'ㄱ, ㄷ, ㅈ'이 '[ㄲ, ㄸ, ㅉ]'으로 발음되는 낱말 찾고 발음하기	
5-2	가	1	발음	받침 'ㅎ'에 주의하며 바르게 발음하기	
		5	발음	받침 'ㅅ, ㅈ, ㅊ, ㅌ' 바르게 발음하기	
		6	발음	발음과 표기가 혼동되는 낱말 바르게 사용하기	
	나	7	발음	사이시옷이 붙은 낱말 정확히 발음하기	
6-1	가	4	발음	발음의 길이로 낱말의 뜻 구별하기	
		5	발음	[ㄹ]소리가 덧나는 낱말 발음하기	
	나				
6-2	가	2	발음	받침('ㅎ' 계열)을 바르게 발음하기	
	나	9	발음	우리말 바르게 발음하기	

「국어 활동」 교과서의 '우리말 다지기'는 자기 주도적 학습이기 때문에 학생들이 스스로 학습할 수 있게 구성이 되어 있다. 그렇다 보니 학생들이 스스로 학습할 수 있도록 구체적이고 상세한 설명과 안내가 되어 있다. 이를 통해 발음 학습에 대한 접근 방법을 유추할 수 있다.

(1) 정확한 발음(입모양) 중심 지도

초등학교 발음 학습 방법 가장 오래된 전통을 가진 접근 방법은 학생들에게 정확한 발음을 가르치는 방법이다. 지난 교육과정에 따른 교과서에서는 주로 이러한 방법을 사용하여 발음 학습을 지도해 왔다. 현재 교과서에서도 이러한 방법이 사라지지 않고 그대로 사용되고 있으나 주로 초등학교 1~2학년군에서 다루는 방식이다. 이 방법은 정확한 입모양을 중심으로 초등학교 학령기 이전에 임의로 했던 발음을 예시 자료를 통해 정확하게 학습하는 방법이다.

다른 지도 방법과 마찬가지로 정확한 입모양 지도를 할 경우도 실제 학생들이 사용하는 언어를 대상으로 해야 한다. 그 절차를 살펴보면, 먼저 학습할 음운이 포함된, 학생들이 주로 사용하는, 낱말을 제시하고 발음을 해 보도록 한다. 그런 다음 해당 음운이 소리가 날 때의 입모양에 대해 고민을 해 보게 한다. 그 후에 정확한 입모양을 제시하여 해당 음운의 발음을 정확하게 하는 연습을 한다. 끝으로 다른 낱말을 통해 연습을 한다. 이러한 방법으로 제시된 교과서를 살펴보면 [그림3-9]와 같다.

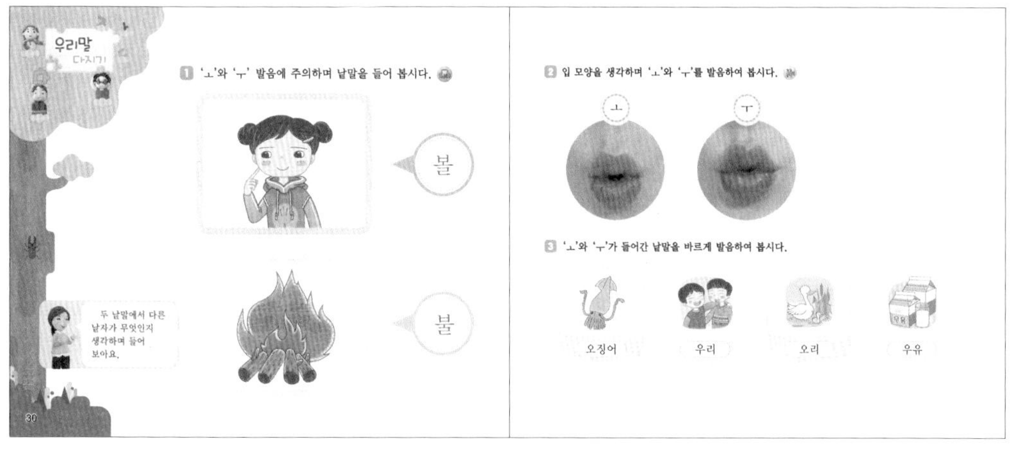

[그림3-9] 2009 국어 1-1

(2) 오류 발음 수정 중심 지도

다음으로는 발음의 오류가 많은 낱말을 중심으로 바르게 발음하는 방법을 가르치는 것이다. 이는 학생들이 실생활 속에서 자신도 모르게 잘못 발음하고 있는 낱말을 중심으로 정확한 발음을 알려주는 방법이다. 초등학생들의 경우 모어 학습자이기 때문에 정확한 발음에 대한 지식이 이미 갖추어진 상태이다. 그러므로 생활 속에서 자주 틀리는 낱말을 제시하여 정확한 발음을 하도록 하는 방법이다. 현재 교과서에서는 3~4학년군에서 주로 사용하는 방법이다.

이 방법은 의도에서도 드러나듯이 실제 학생들이 사용하는 언어를 대상으로 한다. 그 절차를 살펴보면, 먼저 학습할 음운이 포함된, 학생들이 주로 틀리게 발음하는, 낱말을 사용하는 문제 상황을 제시하고 자신의 발음을 되돌아보게 한다. 그런 다음 해당 음운과 같은 음운이 사용된 다른 낱말을 제시하여 정확한 소리에 대해 고민을 해 보게 한다. 그 후에 해당 음운이 사용된 다른 낱말을 찾아보고, 지속적으로 연습하게 한다. 이러한 방법으로 제시된 교과서를 살펴보면 [그림3-10]과 같다.

우리말 다지기

예사소리와 된소리를 바르게 발음하여 봅시다.

1 파란색으로 쓴 낱말의 발음에 주의하며 그림을 살펴봅시다.

2 1에서 '가시', '잘라 줘', '자를까요'를 어떻게 발음하는 것이 바른지 알맞은 것을 찾아 ○표를 해 봅시다.

(1) 가시 …… ① [까시] ( ) ② [가시] ( )

(2) 잘라 줘 …… ① [잘라 줘] ( ) ② [짤라 줘] ( )

(3) 자를까요 …… ① [자를까요] ( ) ② [짜를까요] ( )

3 파란색으로 쓴 낱말의 발음에 주의하며 다음 문장을 읽어 봅시다.

(1) 토마토는 거꾸로 발음해도 토마토이다.

(2) 머리가 좀 아픈 것 같다.

4 된소리로 발음하는 낱말이 아닌데 평소에 된소리로 발음하는 낱말에는 어떤 것이 있는지 더 찾아봅시다.

보물 주머니

• 다음 문장에서 파란색으로 쓴 낱말의 발음으로 바른 것에 ○표를 해 봅시다.

① 숭구게는([숭구게는], [쑹구게는]) 여러 민족이 살고 있다.

② 고추가([고추가], [꼬추가]) 익으면 색이 붉게 변한다.

[그림3-10] 2009 국어 3-1

(3) 발음 원리 탐구 중심 지도

끝으로 발음 원리를 바탕으로 표준 발음을 가르치는 방법이다. 이는 동일한 음운 현상이 일어나는 낱말을 계열적으로 제시하여 학습자에게 원리를 생각해 보게 하는 방법이다. 그렇다고 하더라도 문법적 지식을 학습하기 보다는 비슷한 계열의 낱말을 통해 언어 속에 규칙성이 있음을 생각해 보게 하고 다른 낱말이 나왔을 때 표준 발음을 유추할 수 있게 하는데 초점이 있는 방법이다. 현재 교과서에서는 5~6학년군에서 주로 사용하는 방법이다.

이 방법 역시 실제 학생들이 사용하는 언어를 대상으로 한다. 이때 대상이 되는 낱말은 주로 음운 변동, 축약, 첨가가 일어나는 낱말이다. 그 절차를 살펴보면, 먼저 학습할 음운이 포함된 낱말을 계열성 있게 제시하고 바르게 발음할 방법을 고민해 보게 한다. 그런 다음 바르게 발음할 방법을 유추하여 발음을 하게 하고 끝으로 비슷한 음운 변동, 축약, 첨가가 일어나는 낱말을 찾고 바르게 발음해 보게 한다. 이러한 방법으로 제시된 교과서를 살펴보면 [그림3-11]과 같다.

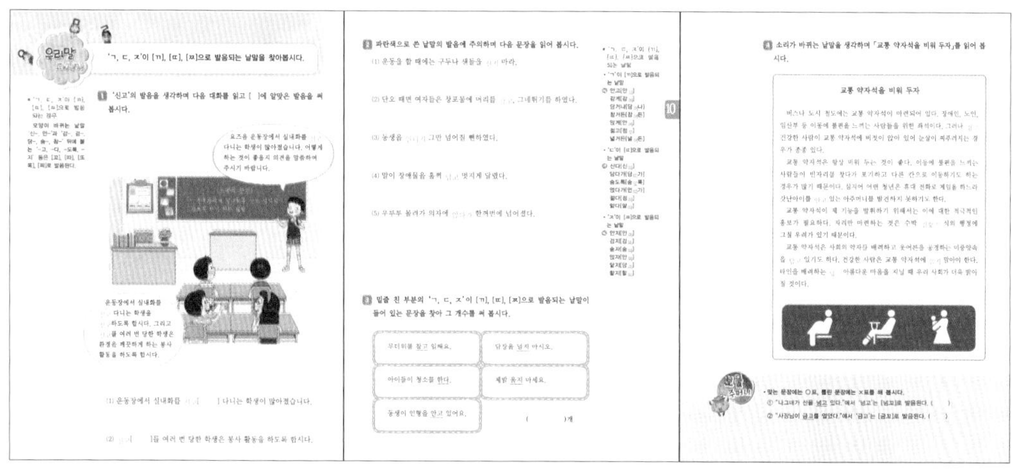

[그림3-11] 2009 국어 4-2

2) 표준 발음 지도 절차

표준 발음 지도의 절차는 학습의 목적에 따라 달라질 수 있다. 즉, 앞서 논의한 표준 발음 교육의 방향을 어떻게 설정하느냐에 따라 학습의 절차가 달라질 수 있다는 것이다. 정확한 발음 교육을 위해서는 교사의 직접적인 시범이 동반된 '직접 교수법'을 사용할 수 있다. 또한 오류 교정을 위한 발음 학습이나 발음 원리를 중심으로 한 발음 학습에서는 '지식 탐구 학습법'을 사용할 수도 있다. 여기서는 신헌재 외(2009)에서 논의된 '지식 활동 교수 · 학습 방법'을 간단히 안내하고자 한다.

(1) 도입 학습

어떤 발음을 학습할 것인지에 대한 학습 목표를 인지시키고, 학습 동기 및 성취동기를 유발시키며, 배울 내용에 대한 인지 및 활용 활동이 잘 일어나도록 배경지식을 활성화시킨다.

(2) 인지 학습

배울 말의 발음이 어떤 것인지 예측하여 발음을 해보게 하여 인지할 발음에 대한 관심과 학습에 대한 긴장성과 기대감을 갖게 한다. 그런 후 실제 표준 발음이 무엇인지 교사의 발음을 듣고 인지한다.

(3) 원리 학습

표준 발음이 왜 그렇게 나는지 원리를 인지시키고, 시범을 보여 주어 따라 발음해 보게 한다.

(4) 적용 학습

반복적, 지속적으로 발음 학습을 시켜 자동화, 자기화 시키고, 그 발음을 다양한 언어 환경 속에서 발음해 볼 수 있도록 확장, 적용해 보는 지도를 한다.

(5) 정리

학습 내용을 정리하고, 형성평가를 하고, 차시예고를 하는 정리학습을 한다. 형성평가 결과 잘못된 결과가 나오면 회귀적으로 학습을 하여 바른 결과가 나오게 한다.

3) 표준 발음 지도 기법[21]

수업 시간에 교수 · 학습 활동을 통하여 표준 발음을 익히기에는 시간적으로 제약이 있다. 그래서 표준 발음을 일상화하는 학습 방법이 필요하다. 즉 표준 발음을 수시로 익혀 자동화 및 자기화할 수 있도록 발음 학습을 하는 방법이 필요하다. 이는 새 교과서의 개발 방향과도 맥락이 닿아 있다. 개정 교과서의 경우 언어사용기능의 통합을 추구하기 때문에 별도의 발음 학습을 두기 보다는 듣고, 말하고, 읽는 활동이 이루어지는 과정 속에서 발음 학습이 이루어져야 한다. 다른 활동과 통합을 통해 발음 학습을 할 수 있는 기법은 다음과 같다.

21) 신헌재 외(2009)의 내용을 발췌 · 요약 · 추가하였음을 밝힌다.

(1) 동시 낭송법

흔히 학교에서는 동시나 시조를 낭송하는 활동을 한다. 이러할 때 정확한 표준 발음으로 동시를 낭송하도록 함으로써 표준 발음을 익힐 수 있다.

(2) 동화 구연법

동화 구연을 할 때 표준 발음으로 하게 한다. 동화 구연은 같은 동화를 여러 번 반복하여 익혀서 한다. 그렇기 때문에 같은 말의 표준 발음을 자기화하는 데에 좋은 방법이다.

(3) 음독 지도법

교과서를 읽을 때 눈으로 읽기보다는 소리 내어 읽도록 하여 표준 발음을 입에 익히도록 하는 방법이다. 글을 표준 발음으로 소리 내어 자주 읽다 보면 그 음이 자기화 되어 자연적으로 표준 발음으로 말할 수 있게 될 것이다.

(4) 받아쓰기

표준 발음을 정확하게 듣고 쓸 수 있는지를 확인해 보는 방법이다. 표준 발음에 대한 인지도를 측정해 보고, 표준 발음을 얼마나 잘 활용할 수 있는지를 점검해 보는 방법이다.

8.3. 표준 발음하기의 평가

표준 발음 교육의 평가는 국어과의 다른 분야에 비해 어렵고 힘들다. 표준 발음 교육의 목적에 따라 평가 방식이 변경되겠지만 기본적으로 표준 발음에 대한 평가는 학생들의 발음을 듣고 평가를 해야 한다. 물론 지식 평가를 할 수도 있지만 앞에서 살펴본 바와 같이 초등학교 교육의 특성상 표준 발음의 원리를 문법적 지식으로 학습하는 데 초점을 두기보다 바르게 발음하는가를 살펴보는 수행 평가에 중점을 두어야 한다.

표준 발음 교육이 바뀌면 평가의 방향도 달라져야 한다. 정확한 발음을 지도하는 과정에는 '〔 〕' 기호를 사용하여 바르게 소리 나는 것을 찾는 문제를 중심으로 평가를 하였다. 하지만 서서히 소통을 중심에 둔 발음 교육으로 바뀌고 있기 때문에 평가 역시 달라져야 한다. 하지만 순간적이고 일시적인 학습자의 발음을 듣고 평가를 하는 것은 상당히 힘들다. 이럴 경우 녹음 자료 등을 통해 평가를 해야 한다. 즉, 대화 상황에서 발음의 오류로 인해 상대방이 이해하지 못하는 경우를 관찰하거나 녹음 자료를 통해 찾아내는 방식으로 학습자의 표준 발음 능력을 평가하는 것이 필요하다.

또한 발음 원리를 중심으로 발음 교육을 실시한 경우에도 평가 방법이 바뀌어야 한다. 이때 원리 자체를 문법적 용어를 사용하여 풀어내기보다는 같은 원리로 발음이 되는 것을 찾아보게 하는 활동 등으로 제시하여 원리 자체를 익히는 것이 아니라 비슷한 낱말들을 통해 원리가 있음을 생각하게 하고, 언어에 대해 탐구하려는 태도를 길러줄 수 있는 평가가 되어야 한다. 이러한 형태로 평가가 바뀌게 되면 표준 발음에 대한 평가는 자연스럽게 언어사용의 맥락 속에서 이루어진다. 즉, 알맞게 소리 나는 것을 찾는 지식 평가에서 벗어나 실생활 속에서 바른 발음을 하고 있는지, 자신이 사용하는 언어들에는 어떤 원리가 적용되고 있는지를 탐구하는 형태로 바뀌게 되는 것이다.

참고문헌

김현(2005), 발음 교육의 발전 방향,《국어교육론 2》, 한국어교육학회편찬위원회 편, 한국문화사, pp 161-176.

문교부(1988),《국어어문규정집》, 대한교과서주식회사.

신헌재 외(2009),《초등 국어과 교수 · 학습 방법》, 박이정.

이문규(2005), 국어과 발음 교육의 개선 방향에 대한 연구,《국어교육연구》제38집, 국어교육학회, pp 129-148.

이승왕(2011), 초등학교 국어 규범 교육 내용 연구, 부산대학교 박사학위논문.

이창근(2007), 초등학교 문법 교육 연구, 한국교원대학교 박사학위논문.

______(2008), 국어 발음 학습 교재 구성 방안,《학습자 중심 교과교육연구》제8권 제1호, pp 337-356.

이혜진(2002), 초등학교 발음지도 방안 연구, 대구교육대학교 교육대학원 석사학위 논문.

임성규(1996), 언어지식을 이용한 발음 지도 방법 연구,《한국초등국어교육》 제8집, 한국초등국어교육학회, pp 223-262.

임지룡 외(2005),《학교 문법과 문법 교육》, 박이정.

조성문 · 백경미(2004), 저학년 초등학생의 발음 오류 분석,《언어연구》제20집, 한국현대언어학회, pp 149-167.

조재윤(2005), 발음 교육 연구사,《국어교육론 2》, 한국어교육학회편찬위원회 편, 한국문화사, pp 101-129.

최규홍(2009), 문법 현상 인식 중심의 초등학교 문법 교육 연구, 한국교원대학교 박사학위논문.

______(2015), 초등학생의 발음 지도 방법 연구,《학습자 중심교과교육연구》 제15권 제6호.

Scott Thornbury, 이관규 외 역(2004),《문법을 어떻게 가르칠 것인가?》, 한국문화사.

9. 시 낭송하기

9.1. 시 낭송하기의 개념과 특성

낭송(朗誦)은 시의 분위기를 살려 소리 내어 읽거나 외워서 말하는 음독(音讀)형식을 말한다. 음독을 하되, 시의 내용과 분위기에 따라 말소리의 높낮이, 쉼과 빠르기, 효과음 등을 활용하여 여러 사람 앞에서 공연하듯 말하는 활동이다. 학습자는 낭송을 하면서 시를 음미하고 다른 사람과 폭넓게 소통하고 공유할 수 있다.

낭송은 시의 음악성에 주의하여 읽는 방법이다. 선사 시대에 시는 신비스러운 힘을 가진 '주술적인 언어'였다. 가락국의 족장들이 수로왕을 맞이하기 위해 불렀다는 〈구지가〉나 신라 시대에 서라벌에 뜬 두 개의 해를 보고 〈혜성가〉를 불렀다는 일화는 시가 지닌 강력한 힘을 보여준다. 시의 주술적인 힘은 음악이나 춤과 함께 여러 사람이 함께 불렀다는 데서 비롯된다. 사람들이 노래를 함께 부르며 하늘에 애원했을 때, 정서적으로 강렬한 공감이 이루어졌을 것이다. 낭송은 한 사람이 선창하듯이 혼자 할 수도 있고 여럿이 같이 할 수도 있다. 혼자서하든 여럿이하든 낭송은 말하는 사람과 듣는 사람이 함께 시를 즐긴다는 공통점이 있다. 낭송은 태곳적 주술적인 언어를 함께 공유하듯이 시의 향유하는 방식인 것이다. 시를 함께 음미하기 위해서는 시 속에 잠재해 있는 음악성을 찾아낼 필요가 있다. 시의 음악성은 시의 분위기를 살려 입으로 소리 내어 읽었을 때 감촉되는 성질이다. 소리 내어 시를 읽을 때, 시는 백지 위에 쓰인 글자의 집합이 아니라 시간의 흐름을 지닌 시간 예술로 변화된다. 시가 지닌 리듬은 소리에 따라 질서 정연하게 조직되어 드러난다. 결국 시의 리듬은 독자의 감상 결과에 따른 독자의 심리에 의해 지각되는 것이다(Lotman, 1987:92).

그런데 최근 창작되는 현대시는 '입으로 말하는 시'에서 '눈으로 읽는 시'로 변화하고 있다. 현대시가 운율이나 음보를 통해서 리듬감을 담보하기보다는 시행 차원에서 리듬을 만들어 가고 있기 때문이다(이향근, 2013:478~479). '입으로 말하는 시'는 동일한 글자 수나 음절, 음운 등을 활용하여 외형률을 쉽게 느낄 수 있는 시를 말한다. 반면 '눈으로 읽는 시'는 굳이 소리 내어 읽지 않아도 의미를 파악할 수 있는 내재율을 가진 시를 말한다. 초등학교에서 주로 활용되는 동요에는 엄격한 외형률은 아니지만 쉽게 리듬을 발견할 수 있는 시들이 많다. 그러나 최근 창작되는 동시에는 외형률보다는 내재율에 의존한 시들이 대부분이다. 따라서 이러한 시를 낭송하기 위해서는 시를 여러 번 읽으면서 시의 분위기를 파악해야 한다. 학습자에 의해 포착된 시의 분위기에 따라 낭송에 필요한 목소리의 크기나 읽기의 속도, 쉼과 멈춤, 손짓이나 표정, 효과음을 선정해야 한다.

9.2. 낭송하기의 지도 방법

낭송을 위해서는 시의 리듬을 발견해야 한다. 리듬은 시에 사용된 말의 소리와 소리들의 일정한 시간적 간격과 질서 속에서 형성된다. 낭송을 위해서 리듬을 발견하는 일은 간단하지 않다. 흔히 시를 시답게 하는 변별 자질을 리듬이라고 하지만, 리듬은 일상적인 담화나 산문문학에서도 발견된다. 무엇보다도 시에 개별적으로 실현된 리듬을 교육 내용으로 삼을 것인지 아니면 개별적인 현상으로부터 추상화한 기층 체계를 교육 내용으로 삼을 것인지의 문제는 첨예하게 대립되는 양상을 보인다. 시조와 같이 외형률이 엄격한 시를 활용하여 낭송을 지도하는 방법과 내재율을 가진 시에서 분위기를 포착하여 시의 리듬감을 찾도록 하는 방법 사이에서 선후의 문제를 해결해야 하는 것이다. 초등학교에서는 정형률의 동시조나 전래동요, 혹은 동요의 노랫말이 된 동시를 활용하여 리듬감을 익히는 활동을 먼저 진행하는 것이 효과적이다. 학습자가 박자치거나 소리를 내면서 리듬감이 무엇인지 이해하고 체감하도록 유도하는 활동을 통해 리듬의 속성을 쉽게 이해시킬 수 있기 때문이다. 또한 외형률의 요소가 많은 작품일수록 시의 내용이 단순하고 말소리의 재미를 활용한 말놀이 형식의 동시가 많아 학습자가 시의 내용을 쉽고 재미있게 이해할 수 있다. 리듬감에 대한 실제적인 이해를 바탕으로 시의 분위기를 파악하여 낭송하는 방법을 순차적으로 지도할 수 있다.

1) 낭독하기 지도

낭독의 유형은 크게 두 가지로 나눌 수 있는데 하나는 '이해적(理解的) 낭독' 이고 다른 하나는 '정취적(情趣的) 낭독'이다(신헌재 외, 1995). 이해적 낭독은 이지적 문장 곧 논설문, 설명문, 기록문 등에서 자주 쓰이는 문장의 의도를 효과적으로 이해하기 위한 낭독이다. 반면 정취적 낭독은 문학적 문장이나, 시, 소설, 동화 등을 독자의 느낌을 실어 읽는 방법이다. 시를 낭독하는 일은 정취적 낭독의 한 방법이라고 할 수 있다.

새는 새는

새는 새는 나무 자고
쥐는 쥐는 구멍 자고
소는 소는 마구 자고
닭은 닭은 홰에 자고

돌에 붙은 따개비야
나무 붙은 솔방울아
나는 나는 어디 붙어
꺼부꺼부 잠을 자나
우리 같은 아이들은
엄마 품에 잠을 자지.

-2007 4-1 읽기 교과서 수록 작품-

학습자에게 낭독하기를 지도할 때에는 먼저 교사의 모범독이나 낭독 전문가의 낭독을 따라 읽게 하는 것이 좋다. 교사는 낭독하기 지도에 앞서 운율의 특성이나 시의 분위기를 파악하도록 한 뒤에 낭독 시범을 보인다. 교사의 시범에 따라 학습자가 따라 읽도록 하면서, 학습자 스스로 낭독할 때에 어떤 점에 유의해야 하는지 파악하도록 유도한다. 스스로 낭독방법을 탐구하면서 개인의 흥미와 감동에 따라 개인적인 낭독법을 창조해 낼 수 있기 때문이다. 교사의 시범독을 들으면서 학습자에게 다양한 기호를 사용하여 표시하게 할 수 있다. 예를 들어 연과 연, 행과 행 사이 등을 띄어 읽을 경우 '⩔'를 사용하고, 한 행에서 띄어 읽어야 할 경우 'V'로 표시하도록 할 수 있다. 또한 강조하는 낱말이나 글자에 ○표를 하거나 강조점을 찍어 표시할 수도 있다. 이러한 연습은 이후에 학습자 스스로 낭독을 준비할 때 낭독을 위한 대본으로 구성하는 데 유익한 방법이다.

교사의 낭독을 충분히 들으면서 낭독의 재미를 이해한 학습자에게 학습자 스스로 낭독하는 경험을 줄 수 있다. 낭독을 위해서는 시를 충분히 음미할 수 있는 시간을 주어야 한다. 시의 행과 연에 따라 어떠한 목소리와 높이, 빠르기와 느리기, 쉼의 길이를 활용할 수 있는지 함께 논의하면서 시의 분위기도 함께 파악할 수 있다. 아래에 제시된 〈새는 새는〉은 자장가류의 전래 동요이다. 이 시는 4음절의 음수율을 잘 지키고 있고 내용도 재미있어 낭독을 지도하기에 적당하다. 또한 자장가의 성질 때문에 어릴 적 부모님이나 조부모님이 들려주시던 자장가를 떠올리고 목소리를 흉내내면서 낭독할 수도 있다.

2) 시의 정서와 분위기 파악하기 지도

시를 효과적으로 낭송하기 위해서 시의 정서와 분위기를 파악하는 과정이 필요하다. 시의 정서와 분위기를 파악하기 위해서는 시를 읽고, 구체적인 장면을 떠올릴 수 있어야 한다. 예컨대, 눈을 감고 시를 들은 후에 어떤 장면이 떠올랐는지, 어떤 구절이 기억에 남아있는지 발문할 수 있다. 흉내 내는 말이 사용된 시에서는 흉내 내는 모습을 구체적인 몸짓이나 그림으로 표현해 보면서 이미지를 선명하게 구성해 볼 수도 있다.

시인은 무엇인가 경험하고, 느끼고, 마음 속 깊이 관찰한 것을 시로 형상화하게 된다. 시를 이해하려면 학습자도 시인처럼 느끼도록 안내해야 한다. 학습자가 시적 화자가 되어 손으로, 몸으로, 입으로 느끼게 하여 시의 장면과 분위기 속에 몰입하도록 이끌어야 한다. 이후에 몸이나 표정, 그림 등으로 느낌을 표현하는 기회를 주는 것도 좋다. 다음은 시의 정서와 분위기를 파악하는 방법이다. 시의 내용이 보다 선명하게 인식할 수 있도록 교사가 구체적인 도움을 주어야 한다.

• 시의 정서와 분위기를 파악하는 방법
  ① 시적 화자가 처한 상황을 이해하고 상상한다.
  ② 시어를 통해 마음속에 떠오르는 그림이나 모습을 다시 말해 본다.
  ③ 비유적 표현에 주의하여 시에 나타난 대상을 상상한다.
  ④ 시적 화자와 비슷한 경험을 떠올리고, 나라면 어떤 마음이 들었을 지 생각한다.
  ⑤ 시적 화자에게 격려하거나 위로하는 말을 떠올려 본다.
  ⑥ 반복적으로 등장하거나 두드러지게 쓰인 표현 방법을 찾아본다.

시의 정서와 분위기를 파악하기 위해서는 시를 여러 번 읽으면서 음미할 필요가 있다. 주로 '전체적 접근 - 부분적 접근 - 종합적 접근'의 세 단계를 거치면서 시를 읽어 나갈 수 있다(Burkhardt, 2006:37~68).

전체적 접근의 단계에서는 학습자가 시에 몰입하여 적극적으로 읽도록 유도한다. 학습자가 시에 관심을 가지고 자발적으로 다양한 반응을 할 수 있도록 다양한 활동을 조성한다. 이 단계에서는 학습자의 다양한 반응을 광범위하게 수용하고, 존중하는 것이 중요하다. 부분적 접근의 단계에서는 시의 각 부분에 대해 질문하거나 이야기를 나눈다. 어려운 단어나 지역어, 옛말 등이 나오면 그 단어의 사전적 의미를 먼저 파악하게 한다. 지역어나 옛말의 경우 그 단어가 쓰이는 맥락을 설명하여 시적 화자가 어떤 상황에 있는지 그리고 어떠한 감정 상태에 있는지 짐작할 수 있도록 한다. 또한 비유적인 표현의 경우, 이미지를 제공하는 말이나 이미지를 받는 말을 단순하게 찾는 것에 집중하기 보다는, 시인이 비유적 표현을 위해 동원한 어휘에 주목하도록 유도한다. 시적 화자가 여러 가지 유자격의 어휘들 중에서 유독 그 낱말을 선택한 이유를 생각해 본다면, 학습자가 시적 화자의 의도를 찾는데 도움이 될 것이다. 마지막으로 종합적인 접근 단계는 시 전체 의미 구성을 바탕으로 심화된 반응을 하도록 격려하는 단계이다. 이 단계에서는 시적 상황을 재구성하면서 시적 화자의 심정이 되어 자기의 느낌과 생각을 표현한다든지, 시의 상황을 자신의 경험과 관련지으면서 시의 감동을 체험하는 활동을 하는 것이 좋다. 또한 시적 상황을 재구성하거나 시적 화자의 심정을 표현하는 활동, 학습자가 느낀 감동을 말이나 몸짓, 표정 등으로 진솔하게 표현하는 활동을 구성할 수 있다. 전체적 접근 단계에서는 텍스트와 관련 있는 작품을 더 찾아 읽게 하면서 해당 작품의 분위기를 파악하도록 한다. 교사는 비슷한 주제나 소재로 이루어진 시나 같은 시인의 다른 작품을 미리 준비해 두었다가 제시할 수도 있고, 학습자에게 과제로 제시하여 시에 대한 경험을 풍부하게 할 수 있다.

3) 낭송하기 지도

일반적으로 낭독(朗讀)이 분위기에 맞는 목소리로 읽어 가는데 주안점이 있다면, 음악적 요소까지 가미된 형태의 발표를 낭송이라고 한다. 시를 낭송할 때에는 주로 시의 내용을 외워서 암송을 한다. 시를 암송하려면 시에 대한 충분한 이해와 내면화가 선행 되어야 하며 여러 사람 앞에서 자신감 있게 발표하는 말하기 능력도 필요하다. 시를 충분하게 음미하지 않은 상태에서 학습자에게 낭송하도록 유도하는 일은 지양되어야 하며, 여유를 가지고 낭송을 준비하도록 유도해야 한다. 따라서 낭송을 위해서는 시의 분위기 파악하기나 낭독하기 활동이 충분히 지도되어야 한다. 여기서는 개인 낭송과 합창 낭송으로 나누어 지도 방법을 설명하기로 한다.

① 개인 낭송의 지도

낭송하기 지도를 위해서 소리의 크기를 아래 표〈3-14〉와 같이 '소리 표지판'으로 만들어 지도하면 효과적이다. 흔히 학교에서 접할 수 있는 상황으로 소리의 크기 정도를 설명하면 학습자는 쉽게 소리의 크기를 짐작할 수 있다.

〈표3-14〉 낭송할 때의 소리 크기(예시)

소리의 크기	소리의 크기 정도	시 낭송에 사용한 예
0의 소리	소리 없음	눈으로 읽으며 연습할 때
1의 소리	짝이 들을 수 있을 정도의 소리	입술 소리로 연습할 때
2의 소리	모둠이 들을 수 있을 정도의 소리	시 낭송할 때 배경음악
3의 소리	또박또박 발표할 때의 소리	시 낭송 목소리 낭송전후의 배경음악
4의 소리	실외에서 뛰어 놀 때의 소리	*
5의 소리	운동장에서 구령할 때의 소리	*

개인 낭송을 지도할 때에는 학습자가 시 내용을 이해하게 하고 '0'의 소리로 연습하도록 한다. 이후에는 '1의 소리'로 짝과 함께 연습한다. 또한 시의 내용에 맞는 배경음악을 선정하고 배경음악에 맞추어 실제 낭송을 연습하도록 한다. 낭송음악은 낭송의 분위기를 크게 좌우할 수 있으므로 신중하게 골라야 한다. 배경음악은 노랫말이 없는 경음악을 사용하는데, 낭송자의 시 감상 결과에 유의하여 교사가 추천하거나 낭송자 스스로 선정하도록 할 수도 있다. 경우에 따라 배경 음악 없이 시를 낭송할 수도 있다. 배경 음악을 틀어주는 단계도 단계별로 조절하는 것이 좋다.

1단계: 낭송이 시작되기 전 배경음악을 '3의 소리'에 맞춘다.

2단계: 낭송자가 교실 앞이나 무대 위에 서서 인사를 하고 낭송한 준비가 되면 '2의 소리'로 낮춰 준다.

3단계: 낭송이 계속되는 동안 '2의 소리'를 유지한다.

4단계: 낭송이 끝나면 다시 '3의 소리'로 높여준다.

시 낭송을 할 때에는 녹음기, 배경음악, 소리 표지판, 엔솔로지, 파일홀더 등을 준비한다. 소리 표지판은 앞에서 언급한 바와 같이 시를 낭송할 때나 연습할 때 소리의 크기를 익히기 위한 판이다. 엔솔로지는 낭송할 시들을 묶은 모음집으로 청자를 위한 배려차원에서 필요하다. 청자들이 시인의 낭송을 들으며, 엔솔로지를 참조하고 낭송의 순서나 낭송자의 이름 혹은 낭송시를 확인할 수 있다. 또한 파일홀더에 발표할 시를 끼워 2-3개를 준비하여 릴레이식으로 사용할 수도 있다. 이것은 여러 사람 앞에 서면 긴장하여 시의 내용을 잊어버리는 수가 있는데, 이 때를 대비한 것이다.

② 합창 낭송의 지도

전문 '시 낭송회'에서는 혼자 낭송하거나 남녀가 짝을 지어 낭송하는 모습을 흔히 볼 수 있다. 그러나 다인수 학급에서 학습인원 모두에게 개별 낭송기회를 주기 어려운 경우가 많아 합창 낭송을 계획하여 학급전체가 낭송에 참여하도록 할 수 있다.

먼저 학급 전체가 한 목소리로 다 함께 시를 낭송할 수 있다. 이 방법은 가장 쉬워 보이지만 사실 학급 전체가 비슷한 억양, 비슷한 속도로 낭송해야 하므로 오히려 완성하기 힘든 경우도 많다. 주로 짧은 시를 이용하는데 그렇지 않을 경우 낭송의 속도를 맞추기 어려워 시를 제대로 음미할 수 없게 된다. 합창 낭송을 위해서 일부 학생들은 낭송을 하고, 일부 학생들은 시의 분위기나 정서에 따라 간단한 팬터마임을 하도록 꾸밀 수도 있다.

다음으로, 후렴 부분만 학급전체가 낭송하고 개인이나 모둠이 나머지 부분을 낭송하도록 할 수 있다. 독창하는 사람이나 모둠이 시의 본문을 낭송하고 후렴부분을 여럿이 함께 낭송하는 방법이다. 후렴독을 위한 시는 단순한 운율을 지닌 것으로 반복성이 뚜렷한 작품을 고르는 것이 좋다.

이 밖에도 목소리가 다른 두 그룹이 번갈아 가며 시를 낭송할 수도 있다. 예를 들어, 목소리가 '굵은' 소년들과 목소리가 '가는' 소녀들로 그룹을 나누어 낭송할 수 있다. 이 방법은 가장 흔히 활용되는 합창 낭송의 형태로서, 그룹을 지을 때 단순하게 남학생 모둠과 여학생 모둠으로 나눌 수도 있고, 좀 더 복잡하게 목소리의 높낮이에 따라 3-4명이 한 모둠이 되게 구성할 수도 있다. 이를 위해서는 병치 관계가 뚜렷한 시를 활용하는 것이 좋다. 합창 낭송 활동은 간단한 공연처럼 꾸밀 수도 있다. 반원 형태의 계단식으로 좌석을 배치하여 낭송하는 사람들이 서로를 볼 수 있도록 한다. 그리고 왼쪽에 '가장 높은 목소리 그룹'을 배치하고, 중간에 '중간 목소리 그룹', 오른쪽에 '낮은 목소리 그룹'을 배치 한 후 독창자는 한 발짝 앞이나 한 쪽 끝에 위치하게 한다. 혹은 모둠별로 자리를 배치 한 후 순서를 정하여 공연으로 진행할 수도 있다.

합창 낭독을 지도할 때, 교사는 다음과 같은 점에 유의해야 한다. 첫째, 학습자가 관심을 가지고 흥미롭게 낭송할 시를 선택한다. 시의 내용이 학습자들의 이해 수준을 훨씬 넘거나 운율이 너무 복잡한 것은 피한다. 유머러스한 시나 놀라움을 줄 수 있는 시를 먼저 낭송해보며 낭송의 경험을 긍정적으로 유도한다. 둘째, 교사가 먼저 시범 낭송을 한다. 낭송하기 전에 교사가 해당 시를 음미하며 느꼈던 감정과 그 결과가 낭송에 미친 영향 등을 설명해 주는 것이 좋다. 셋째, 낭송하기 전에 학습자와 시에 대한 이야기를 충분히 나눈다. 시의 주된 이미지, 재미있는 시어, 재미있는 발음, 운율 등에 대하여 이야기한다. 한두 명의 학습자를 선정하여 시에 대한 느낌을 설명하도록 하고, 그러한 느낌을 살리기 위한 낭송 목소리나 속도에 대해 논의한다. 운율을 지도하기 위해 손가락을 두드리거나 손뼉을 쳐 보는 것도 좋다. 넷째, 학습자들이 시를 암송하기 시작할 때 교사도 암송해야 한다. 학습자가 합창 낭송을 하는 동안 교사는 지휘자와 같이 한 손으로 학습자의 말하는 속도를 조절하고 다른 손으로는 목소리 크기를 통제하면서 지도할 수 있다.

9.3. 시 낭송하기 지도의 예시

낭송하기를 지도하기 위해서는 먼저 알맞은 시 작품을 선정하는 일이 중요하다. 낭송을 처음 시도할 때에는 운율감이 뚜렷한 시를 선정한다. 글자 수가 같은 아동시조를 선택하는 것도 좋다. 또한 노래로 불리어지는 동시를 선택하여 노래를 들어보는 활동도 가능하다. 정완영의〈봄 오는 소리〉는 동시조로, 운율감이 뚜렷하고 청각적 이미지가 선명하게 드러나 있다. 본격적인 낭송을 하기 전에 교사가 〈봄 오는 소리〉를 낭송하여 시범을 보이는 것이 좋다. 교사가 들려주는 시를 들으면서 시의 느낌을 생각하여 보고, 학생들이 스스로 시를 읽어 보도록 한다. 또한 학습자의 일상생활에서 쉽게 접할 수 있는 내용을 담고 있는 시를 선정해야 한다. 시의 내용에 쉽게 공감할 수 있어야 어떠한 목소리와 분위기로 낭송할 수 있는지 결정할 수 있기 때문이다. 낭송하기는 시를 읽은 사람마다 개성적인 느낌을 살려 읽는 것이다. 따라서 자신의 느낌을 포착하는 것이 낭송의 성패를 좌우한다고 할 수 있다.

봄 오는 소리

정완영

별빛도 소곤소곤
상추씨도 소곤소곤

물로른 살구나무
꽃가지도 소곤소곤

밤새 내
내 귀가 가려워
잠이 오지 않습니다.

-2009 3-1-가 국어 교과서 수록 작품-

낭송하기 지도를 위해서 시에 곡을 붙인 노래를 들어보는 활동도 가능하다. 시를 읽어보고, 노래로도 들어보면서 시의 리듬감을 느낄 수 있다. 〈개구쟁이 산복이〉(이문구, 1988)나 〈이슬비〉, 〈반달〉과 같이 잘 알려진 동요를 함께 부르면서 시의 운율이나 분위기를 체감하도록 유도할 수 있다.

처음에 개인 낭독을 하기 보다는 짝이나 모둠끼리 가장 어울리는 낭독 방법을 찾아보도록 한다. 시를 말하고 있는 화자를 이야기의 등장인물로 상상해보고, 등장인물의 성격이나 목소리, 몸짓이나 표정 등을 생각해 보도록 한다. 또한 어떠한 효과음을 언제 넣어야 하는지 고려하여 배경음악이 아니더라도, 모둠원들이 입소리로 효과를 만들어 보는 것도 좋다.

낭송하기 활동을 위한 시간이 충분하다면, 시를 읽고 그 느낌을 살려 시화를 그려보는 활동을 하는 것도 좋다. 시화를 그리면서 시가 주는 분위기나 느낌을 음미할 수 있는 기회를 얻을 수 있기 때문이다.

사냥꾼

한인현

숨어라 꼭꼭 모두 다 꼭꼭.
건너 산 솔밭에 사냥꾼 들었다.
양지의 노루는 음달에 꼭꼭.
너구린 굴 속에 토끼는 눈 속에
꿩들은 꺽꺽, 기침도 말아라.

감춰라 살짝, 발자국 살짝.
사냥꾼 따를라, 너희들 발자국.
나무 위 새들아 재빨리 내려온.
눈에 난 발자국 하나도 안 뵈게
날개로 살살, 엎어서 감춰라.

울어라 깍깍. 까마귀 깍깍.
사냥꾼 가는 곳 앞서서 다니며
네 소리 언짢아 총끝이 떨리면
헛방만 놓다가 그대로 간단다.
울어라 깍깍, 목놓아 울어라.

-《귀뚜라미와 나와》(보리, 1999)

9.4. 시 낭송하기의 평가

낭송하기 평가는 시 낭송회와 같이 낭송을 즐기는 활동 차원에서 구성되어야 한다. 평가를 중심으로 낭송활동을 기획하면 목소리의 기교나 낭송의 기법에 초점을 둘 가능성이 높고 낭송의 재미는 사라지기 쉽다. 따라서 교수-학습 과정에서 자연스럽게 평가가 이루어지도록 한다.

낭송하기를 평가할 때에는 앞에서 언급한 동시조와 같이 운율이 뚜렷한 시를 선정하거나, 〈사냥꾼〉과 같이 분위기를 쉽게 파악할 수 있으면서도 재미있는 시를 선정하는 것이 좋다. 〈사냥꾼〉은 산짐승을 잡으러 온 사냥꾼을 피하라는 화자의 목소리가 긴박하게 다가오는 시이다. 어린 아이들이 편을 나누어 숨바꼭질을 할 때, 서로 조심해야 할 점을 이야기하는 상황을 떠오르게 한다. 1연은 사냥꾼이 산에 들었다는 신호를 산짐승들에게 알려주고 있다. 따라서 '숨어라 꼭꼭 모두 다 꼭꼭'을 큰 소리로 낭송할 수 있다. 위급한 상황이 생겼을 때 누군가 큰 소리로 대피요령을 말해 주듯이, 산 속의 동물들에게 대피하라는 안내를 하는 상황이기 때문이다. 2연은 사냥꾼이 산짐승을 잡을 때 주시하는 발자국을 어떻게 지울지 말하고 있다. 새들이 날아 내려와서 재빨리 발자국을 지워서 사냥꾼이 쉽게 추적하지 못하도록 하라고 말하고 있다. 여기서 '살짝' '재빨리', '살살' 등의 흉내 내는 표현들은 목소리를 나직하고 조심스럽게 할 수 있다. 3연은 까마귀에게 목청껏 울어서 사냥꾼의 심기를 건드려 실수를 유도하라고 하고 있다. 따라서 까마귀 소리를 크고 시끄럽게 낼 수 있다. 각 연마다 산짐승들의 울음소리나 '어서어서 숨어라'와 같은 배경음을 넣을 수도 있을 것이다.

〈표3-15〉 낭송하기 평가를 위한 점검표

평가 요소	평가 내용
시의 분위기 파악	낭송자가 시의 내용과 분위기를 파악하였는가?
낭송의 목소리	낭송가의 목소리의 톤과 높이가 적당한가?
시의 내용 전달력	낭송자의 발음과 띄어 읽기, 휴지 등이 적절한가?
배경음이나 효과음	배경음이나 효과음이 시의 분위기나 목소리와 잘 어울리는가?
청중과의 호흡	낭송자가 청중의 반응에 유의하며 낭송하는가?

〈표3-15〉는 낭송하기 평가를 위한 체크리스트이다. 생생한 낭송을 하기 위해서는 시의 내용을 파악하여 주된 분위기를 인지해야 한다. 시의 분위기를 파악해야 낭송자의 목소리 높이와 톤, 빨리 읽어 내려갈 부분과 느리게 읽을 부분, 휴지를 줄 부분이 어디인지 파악할 수 있다. 또한 아무리 분위기를 잘 살린다고 할지라도 낭송 내용이 청중에게 정확하게 전달되어야 한다. 낭송하기는 청중과 함께 시를 읽은 느낌을 나누는 공연활동이다. 따라서 청중과의 호흡도 매우 중요하다.

참고문헌

국어교육을 위한 초등교사 모임(2000), 《아이들과 함께 하는 시 수업》, 우리교육.

신헌재 외(1995),《국어교교육학의 이론화 탐색》, 일지사.

신헌재 · 진선희(2006),《학습자 중심 시 교육론》, 박이정.

이향근(2007), 동시 독서 지도, 《초등학교 독서교육의 방법》, 역락.

______(2013), 동시의 병렬 구조가 리듬 교육에 주는 의미,《어문연구》, 한국어문교육연구회, pp.475~495.

Lotman,Y 유재천 역(1987),《시 텍스트의 분석: 시의 구조》, 가나.

Burkhardt, R.M.(2006), Using Poetry in the Classroom, ML: Rowman & Littlefield Education.

10. 그림동화 감상하기

10.1. 그림동화의 개념과 특성

1) 그림동화의 개념

그림의 비중이 크고 글이 비교적 적은 글로 구성된 책, 혹은 글이 전혀 없고 그림만으로 정보나 이야기를 전해주는 책을 통틀어 그림책(picture books)이라 한다. 그림책 중에 '이야기 그림책'은 서사성과 픽션을 갖추고 있어서 아동문학의 범주에 포함시킬 수 있다. 이렇게 글과 그림이 상호작용을 하면서 서사 구조를 형성하는 이야기 그림책을 "그림동화"라 한다.

그림동화는 글과 그림이 함께 제시되어 있거나 글 없이 그림만으로 이야기가 전개되는 동화이다. 다시 말하면 그림동화는 그림만 있으면 그림동화가 될 수 있지만, 그림 없이 글만 존재할 수는 없다. 그림동화가 다른 서사 텍스트와 크게 구별되는 점은 그림 때문이지만 그림만 있다고 해서 모두 다 그림동화라고 할 수는 없다. 그림이 단지 글의 내용을 그려내는 삽화의 구실만 한다면 그것은 그림동화가 아니다. 그림동화에서 그림은 글의 보조 장치가 아니라 독자적인 풍부함과 구체성을 지니고 서사를 진행하거나 장면을 제시하는 기능을 한다.

그림동화는 글과 그림이 동일한 의미만을 표현하지 않는다. 그림동화의 글과 그림은 유기적 결합을 통하여 새로운 이야기 세계를 창조한다.《파랑이와 노랑이》(레오 리오니, 2003)에서 글 없이 그림만 있다면 독자는 여러 가지 색깔의 동그라미와 크기가 좀 큰 파랑 동그라미가 무슨 뜻인지 이해하기 어려울 것이다. 하지만 "여기는 파랑이네 집이야. 엄마 아빠랑 파랑이랑 세 식구가 살지.", "파랑이는 친구도 많아"라는 글이 있기 때문에 이 장면에서 집안과 집밖의 공간적 차이, 가족 구성원과 친구들의 존재를 구별할 수 있게 된다. 즉, 그림과 함께 제시된 글이 그림을 보는 시점을 명확하게 해 주는 기능을 한다. 반대로 그림은 파랑이와 여러 가지 색깔, 그리고 크기를 통해 색깔이 다른 개체들, 그리고 그런 다른 색깔들이 섞여서 살아갈 때 서로 영향을 미치며 잘 살아 갈 수 있을 것이라는 숨은 의미를 드러내며 글의 의미를 더욱 확장시킨다(안영길, 2014)

그림동화에서의 그림은 이야기를 전개하는 필수적인 요소이다. 등장인물의 표정과 동작, 배경의 제시와 변화 등으로 직접 사건을 진행시켜나가기도 하고 그림 속에 짐짓 소도구를 배치하여 앞으로 전개될 사건의 복선을 마련해두기도 하고 그림의 크기와 여백을 이용하여 작가의 메시지를 드러내기도 한다.

그림동화에서 그림은 다양한 역할을 담당한다(신헌재 외, 2009). 첫째, 그림은 플롯 전개에 도움을 준다. 그림의 크기와 여백을 적절히 사용함으로써 긴장감의 고조를 표현하거나, 소도구를 숨겨둠으로써 앞으로 전개될 사건의 단서를 제공하는 기법을 효과적으로 사용한다. 둘째, 그림 작가는 선의 모양과 색조, 명암과 채도 등을 이용하여 이야기의 기본적인 분위기를 형성한다. 셋째, 공간의 적절한 사용으로 인물의 심리를 표현한다. 인물과 인물 사이의 거리 또는 인물과 배경 사이의 공간적 거리는 인물의 친소관계를 의미한다. 넷째, 그림이 표현하는 성격 묘사는 이야기 속의 성격과 일치하며, 인물의 성격은 색채와 표정, 동작으로 표현된다. 그러므로 그림의 시각적 의미와 글의 언어적 의미뿐만 아니라 글과 그림의 관계를 고려하여 함께 이해해야 한다. 따라서 그림동화에서 필수적인 요소인 그림을 글과 함께 중요하게 다루어야 하고 글과 그림의 관계를 파악하며 감상하지 않고서는 제대로 된 감상이라 말할 수 없다.

2) 그림동화 감상의 특성

그림동화는 아름다운 색채와 형상으로 흥미진진한 세상일을 담아내어 즐거움을 선사한다. 그리고 글과 그림의 다양한 관계에 따라 반전이나 위트를 느낄 수 있어서 독자의 흥미를 끌 수 있고, 호기심을 충족시켜준다. 이러한 이미지의 형상 제공은 상상력의 발달을 돕는다. 그림은 글만으로 표현하기 어려운 공간과 이미지의 형상을 제공해주어 상상력을 풍부하게 해주며, 현실적으로 존재하지 않는 사물이나 시간을 마음속에 구체화하는 데 도움을 준다. 그림동화의 그림은 어린이의 상상력을 제한하기는커녕 어린이의 적극적인 상상력과 사고력을 향상시켜주는 경우가 더 많다. 특히 상상의 세계를 풍부하게 하는 상상 속의 동물이나 판타지의 세계를 그린 그림은 그들 나름의 세계를 창조하는 밑거름이 될 수 있다. 좋은 그림동화는 문학성과 예술성이 조화를 이루고 있어서 이런 작품을 반복적으로 읽은 어린이들은 예술 양식의 다양성을 접함으로써 시각적인 성숙을 꾀하고 예술을 감상하는 능력을 발달시킬 수 있게 된다.

그림동화는 언어와 인지의 발달에도 더욱 효과적으로 작용한다. 글만으로 표현할 수 없는 내용을 그림으로 알려주고 이해시키면서 어린이들은 그림을 통해 사물의 이름을 배우며, 되풀이되는 듣기를 통해 글자 하나하나가 소리와 어떤 관련이 있음을 배우며, 글자가 의미를 가지고 있음을 알게 된다. 그리고 글과 그림이 제시하는 상황을 통해 어휘들이 사용되는 실제의 상황을 알게 된다.

또한 간략한 문장으로 이루어진 글 속에서 더 많은 내용을 상상하게 되고 그리고 표현하고 싶은 욕구를 느끼며 사고의 세계를 넓혀 나간다. 이는 궁극적으로 어린이들의 어휘력과 언어 사용 능력을 기르고 문학적 표현 능력을 향상시키는 효과를 가져 온다.

10.2. 그림동화 감상 지도 방법

그림동화의 그림은 어린이의 상상력을 제한하기는커녕 어린이의 적극적인 상상력과 사고력을 향상시켜주는 경우가 더 많다. 유아나 입문기의 독자들은 아직 배경지식이 풍부하지 못해서 글만 읽을 경우 머리에 떠올리는 영상이 매우 제한적일 수가 있다. 이때 그림동화의 그림은 글만으로 표현하기 어려운 공간과 이미지의 형상을 제공해주어 상상력을 풍부하게 해주며, 현실적으로 존재하지 않는 사물이나 시간을 마음속에 구체화하는 데 도움을 준다.

1) 표지와 면지 살피기

그림동화를 감상할 때 교사는 그림동화의 요소들 중 두드러진 특징을 가지는 요소들에 대해 학습자에게 발문함으로써 학습자가 관심을 가지고 의미를 찾도록 한다.

① 표지 그림과 제목을 보고 내용 예측하기

책을 읽기 전에 제일 먼저 훑어보는 것이 표지이다. 그러므로 표지는 책의 전체적인 주제와 인상을 요약적으로 제시하여 독자의 눈길을 사로잡아야 한다. 제목과 표지 그림을 보고 무슨 일이 일어날 것인지 예측해보도록 한다. 그리고 그림동화를 듣거나 읽으면서 자신이 예측한 내용과 글의 내용을 비교하도록 한다.

② 책의 앞 면지와 뒤 면지의 내용 살피기

그림동화의 본문이 시작되기 전, 표지를 넘기자마자 바로 이어지는 앞 면지와 본문이 끝나고 난 뒤에 제시되는 뒤 면지도 책의 매력을 풍부하게 하는 데 한 몫을 한다. 근래에는 면지도 본문의 내용을 강조하거나 주제를 암시하는 그림이나 글씨로 처리하여 책의 예술적 가치를 높이고 있다. 우리나라의 옛이야기를 그림동화로 구성한 《팥죽 할멈과 호랑이》(서정오 글 · 박경진 그림, 1997)의 앞면지에는 호랑이에게 위협을 당하며 무서워하는 할머니의 그림자를 그려놓았고, 뒤 면지에는 자라와 밤톨, 쇠똥 등의 친구들과 호랑이를 물리치고 좋아서 춤을 추고 있는 듯한 모습의 그림자를 그려놓아 책의 전체 주제를 암시하고 있다.

2) 그림의 크기와 색 살피기

그림동화에서는 그림의 크기로 인물의 심리를 나타내기도 한다. 《지각대장 존》(존 버닝햄 글 · 그림, 1999)에서 '존'은 작게, '선생님'은 크게 그려져 있다. 왜 아이는 작게 그려지고 선생님은 크게 그려져 있는지 생각해 보도록 질문한다. 그림의 크기로 '존'과 '선생님' 사이의 갈등을 알 수 있다.

[그림3-12] 《지각대장 존》(존 버닝햄 글 · 그림, 1999)

그림의 크기로 현실 세계와 비현실 세계를 구분할 수 있다. 《괴물들이 사는 나라》(모리스 샌닥 글 · 그림, 2002)에서는 주인공 맥스가 욕구가 해소되지 않은 현실 세계에서 짓궂은 장난을 할 때는 그림이 작고 여백이 넓었다가, 환상 세계로 가까이 갈수록 그림이 점점 커지고 여백은 줄어든다. 환상 세계에서 괴물들과 소동을 벌일 때는 지면 전체가 그림으로 채워진다. 《숲 속으로》(앤서니 브라운 글 · 그림, 2004)의 '숲 속'은 현실에서 환상의 세계로 넘어가는 길이다.

[그림3-13] 《숲 속으로》(앤서니 브라운 글 · 그림, 2004)

숲 속에서 주인공을 제외한 전 화면이 흑백처리 되는데, 이것은 주인공이 겪는 환상의 세계를 나타낸다. 숲 속의 세계는 모두 어두컴컴하게 그려져 있다. 오직 아이와 빨간 외투만이 칼라로 되어 있는데, 이는 아이의 불안하고 두려운 내면을 보여주고 있는 것이다. 그리고 할머니 댁에 도착하자 환한 모습으로 맞아주는 할머니의 모습이 밝은 색깔로 그려져 있는데, 이 부분부터의 그림은 따뜻한 느낌의 칼라로 되어 있다. 아이들의 마음을 안심시키는 따뜻한 결말로 끝이 난다.

3) 글과 그림의 관계 파악하기

그림동화에서 글과 그림은 서로 상호작용을 하면서 서사구조를 펼쳐 가는데 이때 두 매체의 관계를 살펴보면 대응 관계, 상호보완 관계, 굴절 관계와 같은 양상으로 나누어 볼 수 있다(현은자, 2004). 그림동화의 관계에 따라 김수현(2010)이 제안한 그림 속 보물찾기, 글과 그림 넘나들기, 알쏭달쏭 깨우치기 전략을 활용하여 지도한다.

① 대응 관계 - 그림 속 보물찾기 전략

그림책에서 글이 이야기하는 내용과 그림이 이야기하는 내용이 일치할 경우, 글과 그림은 대응 관계를 이룬다고 말한다. 그러나 글과 그림이 서로 대응 관계를 이룬다고 하더라도 반드시 일치하는 것은 아니다. 경우에 따라 그림이 글을 축소하기도 하고 구체화하기도 한다. 축소는 그림이 글보다 더 단순화되어 있는 경우를 말한다. 구체화는 글과 그림이 내용면에서 일치하는 가운데, 그림이 배경이나 활동을 상세하게 묘사하는 경우이다. 이 경우 글보다는 그림에서 더 많은 정보를 얻을 수 있다.

대응 관계가 잘 드러난 장면을 대상으로 한 '그림 속 보물찾기' 전략은 교사가 읽어준 글 이외에 그림에서 더 알 수 있는 점을 찾아보는 활동이다. 글에서 표현된 것이 그림으로 적절히 표현되어 있는지 글과 그림에 나타난 사실적 정보들을 비교하고 확인하도록 한다.

② 상호보완 관계 - 글과 그림 넘나들기 전략

대부분의 책은 글과 그림이 일치하는 관계이거나 상호보완적인 관계를 갖는다. 그림책에서 글과 그림은 각 매체가 가지고 있는 특성을 활용하여 서로 도움을 주며 이야기를 전개시켜 나간다. 글에 없는 것이 그림에 제시되기도 하고 그림에 없는 것이 글에 제시되기도 한다. 상호보완 관계는 그 특성에 따라 확장, 보충으로 세분화된다. 확장은 글에 설명되지 않은 과정이나 상황을 그림이 자세하게 보여주며 부연 설명의 역할을 하는 경우이다. 확장은 상황을 더 자세히 보여주고 더 많은 정보를 준다. 보충은 글과 그림이 서로 도와가며 이야기를 전개해 나가는 관계를 말한다. 그러므로 글과 그림을 함께 읽어야만 그림책의 정확한 이야기를 파악할 수 있다.

글과 그림 넘나들기 전략은 교사의 발문을 통해 글과 그림을 번갈아 보면서 정보를 나누거나 글과 그림 사이의 추론적인 의미를 구성하는 활동이다. 글에 나타난 모호한 언어적 표현, 이야기 속 사건들의 연결 관계, 작가가 의도적으로 숨겨놓은 상징적, 암시적 표현들을 그림과 앞뒤 맥락 속에서 추론을 통해 의미를 구성하도록 안내하거나 질문한다.

③ 굴절 관계 - 알쏭달쏭 깨우치기 전략

굴절 관계는 작가가 의도적으로 독자를 놀라게 하거나 이야기 전달 효과를 높이기 위하여 글과 그림의 내용을 서로 어긋나게 설정하는 것이다. 그림책에서 자주 접할 수 있는 예는 아니지만, 풍자적이거나 아이러니한 상황 묘사에서 이러한 관계가 나타난다. 이 경우 그림과 글이 서로 상반되지만 그림책 전체의 주제는 더욱 잘 드러난다. 굴절 관계에는 아이러니와 대위가 있다. 아이러니는 글과 그림의 내용이 일치하지 않고 서로 반대의 이야기를 하는 경우이다. 대위는 글과 그림이 서로 다른 관점에서 이야기하는 것이다.

알쏭달쏭 깨우치기 전략은 글은 글대로, 그림은 그림대로 재점검하며 아이러니를 깨닫는 활동이다. 반어 관계의 경우 글과 그림을 읽으며 서로 상충되는 의미의 진의를 파악하고자 노력함으로써 어느 순간 각 장면들의 재조직을 통해 작가가 드러내고자 한 의미를 파악할 수 있다. 글과 그림이 대위 관계를 이루는 경우 독자들은 글과 그림 각각의 의미를 파악하는 한편, 그들 간의 결합에서 빚어지는 새로운 차원의 의미를 구성해 보도록 한다.

10.3. 그림동화 감상 지도 적용 예시

1) 표지와 그림의 의미 파악하기

■ 《돼지책》[22)]

① 표지 그림을 보고 엄마와 아빠, 아들들의 몸짓과 표정을 써 본다.

22) 앤서니 브라운(2001), 《돼지책》, 웅진주니어.

[그림3-14] 《돼지책》의 표지

	표정	몸짓
아빠		
엄마		
아들들		

② 왜 그런 표정과 몸짓을 하고 있는지 생각해본다.

③ 이 책은 어떤 내용일지 표지의 그림과 제목을 보고 추측해본다.

④ 다음 [그림3-15]의 등장인물들의 몸짓과 표정을 살펴보고, 인물들이 무슨 생각을 하고 있을지 말풍선에 써 봅시다.

[그림3-15] 《돼지책》의 한 장면

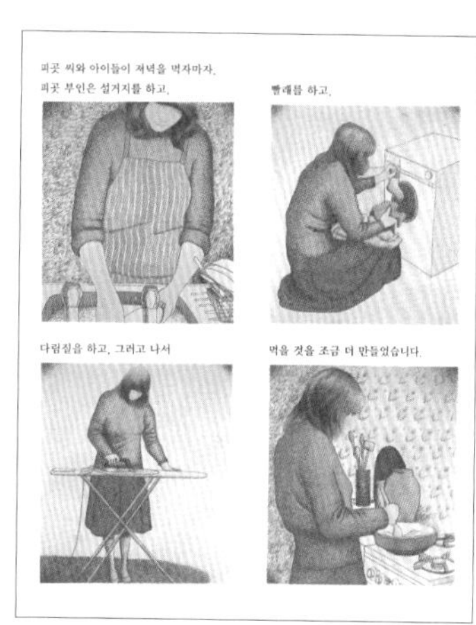

[그림3-16] 《돼지책》의 한 장면

⑤ 그림을 보고 엄마가 하고 있는 일을 말하여 봅시다.

⑥ 그림의 크기와 색, 엄마의 얼굴 표정을 보고 엄마의 기분이나 생각을 말하여 봅시다.

2) 글과 그림을 관련짓기

그림동화는 글과 그림이 함께 어우러져 내용을 전하는 그림책의 일종으로, 이야기를 전하는 데 그림이 글 못지않게 중요한 역할을 한다. 그림동화에서는 이야기 속 인물, 대상(서사 기능을 담당하는 배경 요소 등의 대상), 사건에 대한 정보가 그림을 통해 보충되기도 하고, 글에는 담겨 있지 않은 내용이 그림에 나타나기도 한다. 그림동화는 그림의 의미를 잘 파악해야 좀 더 이야기의 내용을 잘 해석하고 주제를 올바르게 파악할 수 있다. 그림 동화 관련 내용은 '2007개정 교육과정(【1-문학-(3)】그림동화 속의 그림을 이야기와 관련지어 이해한다.)과 '2009개정 교육과정('[문학]-(5) 글이나 말을 그림, 동영상 등과 관련지으며 작품을 수용한다.')에 반영되었다.

2009 개정 교과서(1-1-4 국어)에는 다음과 같이 이해학습과 적용학습에서 연속하여 글과 그림의 관계 파악하는 내용을 다루고 있다. 이 단원은 그림동화의 요소인 글과 그림의 관계를 파악하며 그림책을 읽는 활동으로 구성되어 있다. 글과 그림의 관련성뿐만 아니라 그림 속 인물의 표정이나 몸짓을 통하여 인물이 어떤 상황에 놓여 있는지를 파악할 수 있도록 지도한다.

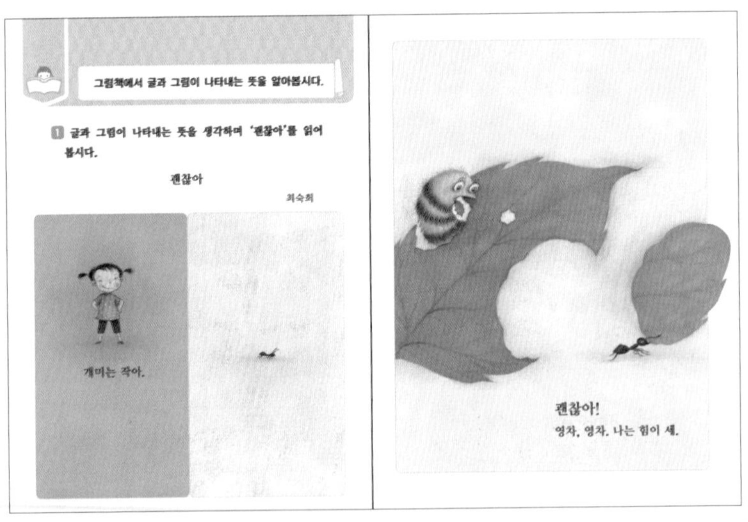

[그림3-17] 2009 국어 1-1《괜찮아》이해학습

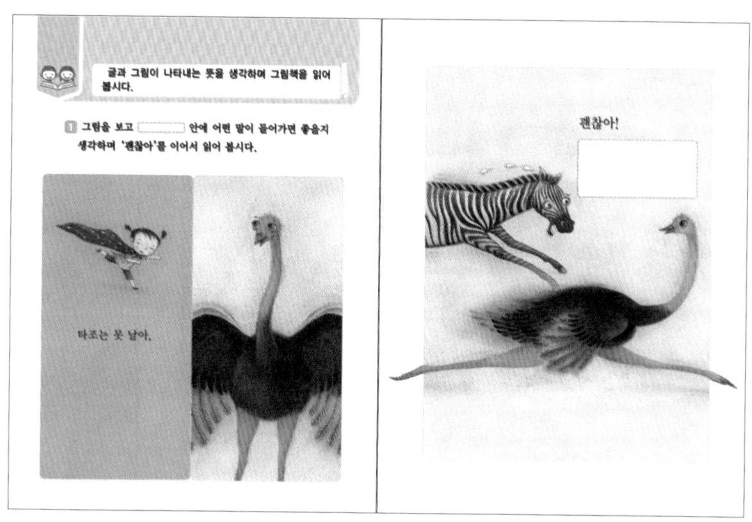

[그림3-18] 2009 국어 1-1《괜찮아》적용학습

이해학습에서는 '애벌레의 표정이 어떤가요? 왜 깜짝 놀란 표정을 하고 있을까요? 개미는 작은데 왜 괜찮다고 하였나요? 개미가 힘이 센 것을 어떻게 알 수 있나요?'와 같은 질문을 하여 글과 그림을 관련짓도록 한다. 적용학습에서는 그림을 보고 구체적인 정보를 얻어 이를 바탕으로 문장을 구성하도록 한다.

3) 글 없는 그림동화의 이야기 꾸미기

① 그림 보고 이야기를 나눈다.

아무리 쉬운 그림일지라도 학생들과 충분히 이야기를 나누어야 한다. 이야기를 나눌 때 교사가 숨어 있는 그림의 의미를 학생들이 찾아내도록 질문으로 유도한다.

② 교사가 사고구술을 하거나 예시 작품을 보여준다.

교사가 첫 그림의 예를 보여줄 때 사고 구술을 하여 그림을 어떻게 해석하여 어떤 방식으로 표현하는지를 학생들이 알도록 한다. 다른 방법으로는 다른 학생이 한 예시 작품을 보여주는 것이다.

[그림3-19] 《파도야 놀자》이야기 꾸미기[23)]

《파도야 놀자》는 36쪽으로 이루어진 글 없는 그림동화이다. 그 중 몇 장면을 골라 [그림3-19]처럼 한 장면의 내용을 제시하고 나머지 두 장면을 학생들이 구성해 보게 한다. 수준이 높은 학생들에게는 제목만 제시하고 장면을 모두 글로 구성해 보도록 할 수 있다.

23) 이수지(2009), 《파도야 놀자》, 비룡소.

[그림3-20] 《나도 돌차기 할래》[24)]

그림을 보고 이야기를 구성하기 위해 처음에는 [그림3-20]과 같은 만화 그림책을 활용해도 좋다. 마지막 장면에 들어갈 그림을 그리고 알맞은 말을 써 보도록 한다.

참고문헌

곽춘옥(2002), 심미적 듣기를 통한 문학교수 · 학습 방안에 관한 연구, 한국교원대 석사 논문.
김수현(2010), 그림동화 감상을 위한 발문 구성 방안 연구, 한국교원대 석사 논문.
김영주 외(2003),《그림동화로 여는 국어 수업》, 나라말.
김태은(2009), 그림동화 읽기 과정 양상 연구, 한국교원대 석사 논문.
신헌재 · 권혁준 · 곽춘옥(2009),《아동문학의 이해》, 박이정.
안영길(2014), 그림책의 글과 그림 읽기 지도방안 연구, 가천대학교 석사학위논문.
현은자 외(2004),《그림책의 그림 읽기》,마루벌.

24) 우리누리(2007), 《머리가 좋아지는 그림책 창의력 편》, 파란하늘.

11. 실감 나게 낭독하기

11.1. 낭독의 개념

'낭독'이란 글을 소리 내어 읽는 방법 중의 하나이다. 글을 소리 내어 읽는 방법에는 '음독'도 있는데, 동화나 희곡 같은 문학 작품을 소리 내어 읽을 때는 음독보다는 낭독이라고 한다. 낭독은 낭독자가 글의 의미를 재음미하거나 다른 사람에게 전달하기 위하여 언어의 리듬, 억양, 끊어 읽기를 통해 문자의 소리와 의미를 동시에 전달하는 읽기 활동이다. 음독이 글을 속으로 읽지 않고 단순히 소리 내어 읽는 것이라면, 낭독은 문자의 해독과 해독한 의미를 다시 음성 언어로 기호화하는 두 가지 과정이 동시에 일어나는 읽기 행위이다(곽춘옥, 2014).

문학 감상에서 학습자들의 낭독은 단순한 읽기를 의미하지 않는다. 등장인물의 입장이 되어 목소리 연기를 하면서 읽기 때문에 등장인물에 감정이입할 수 있는 텍스트 읽기 활동이다. 글을 읽을 때 목소리 연기를 하여 말하기처럼 하는 것이 일반적이다. 희곡 낭독 역시 대본을 외우지 않고 음성적 변화를 사용하여 생동감 있게 읽는 것이다.

낭독은 감상에서 중요한 전략적 의미를 지닌다. 낭독은 이야기를 읽은 독자가 해석적 수행을 하는 것이다. 등장인물의 특성을 해석하여 목소리의 톤과 크기를 달리하여 읽기 때문이다. 텍스트를 낭독함으로써 그것을 눈으로 읽거나 귀로 들었을 때보다 훨씬 정감적인 상태에 들어갈 수 있게 된다. 낭독은 반응의 형성 단계에서 학습자가 문학 작품에 몰입하도록 도와준다. 그리고 작품을 읽고 이해한 내용이나 생각과 느낌을 다른 사람과 공유할 때 낭독을 활용하여 표현할 수 있다. 같은 작품이라 하더라도 사람에 따라 생각과 느낌이 다를 수 있고 이것은 낭독에 그대로 반영된다.

효과적으로 낭독하려면 무엇보다도 낭독자가 글의 내용을 정확히 알고 있어야 한다. 글의 내용을 정확히 파악하고 내용 전달에 적절한 음성으로 표현해야 한다. 가장 중요한 것은 등장인물의 성격을 파악하고 대사나 해설을 자기 나름대로 해석하여 목소리 연기를 하는 것이다. 낭독은 스스로 주인공이 되어 그 사건에 동참하고 있는 듯한 느낌을 가져다주는 감정이입을 쉽게 할 수 있어 다양한 정서 체험을 가능하게 해 준다.

11.2. 낭독의 지도 방법

문학 수업에서 가장 어려운 점은 문학 반응을 활성화시키는 것인데 낭독은 재미있고 감동적인 문학 읽기가 가능하도록 도와준다. 반응을 표면으로 드러내는 대표적인 방법 중의 하나가 텍스트를 실감 나게 읽는 것이다. 실감 나게 읽는다는 것은 문학 작품에 등장하는 인물과 배경 등의 내용을 현실감 있으며 생생하게 소리 내어 읽기로 구현하여 읽는 것이다.

1) 낭독의 3요소

낭독에는 낭독자, 텍스트, 청자가 필요하다. 혼자 낭독할 때는 청자가 필요하지 않다. 낭독자에는 해설자도 포함되는데, 동화에서는 바탕글을 읽는 사람, 대본에서는 해설자가 인물을 소개하거나 대사로 연결되지 못하는 부분이나 행동을 연관시키는 부분을 설명적으로 읽는다. 인물의 말을 맡은 낭독자는 실감 나게 읽으면서 필요한 경우 적절한 효과음을 목소리로 내기도 한다.

낭독을 위한 텍스트에는 동화와 독자극장 대본, 희곡이 있다.[25] 일반적인 동화는 바탕글과 인물의 말로 되어 있다. 바탕글은 인물이 직접 한 말과 인물의 생각이나 혼잣말을 뺀 나머지 내용을 말한다.[26] 독자극장(reader's theater)은 동화 텍스트를 대본으로 수정하여 역할을 나누고 자기 차례에서 해설이나 인물의 대화를 낭독하는 활동이다. 독자극장 대본은 독자극장을 하기에 알맞게 창작을 하거나 동화와 희곡을 수정한 텍스트이다. 여기에서는 때, 곳이 생략되기도 한다. 독자극장은 몸짓과 행동이 드러나지 않기 때문에 해설자의 해설 부분이 많다. 그래서 대부분의 독자극장 대본에는 해설자가 두 명 이상 등장한다. 희곡은 연극을 하기 위한 동극본이다.

청자는 낭독해주는 텍스트를 공유하는 독자를 말한다. 청자의 주된 역할은 낭독하는 텍스트를 공유하는 것이기도 하지만, 평가자가 되기도 한다.

---

25) 낭독에 시를 포함하는 경우도 있으나, 주로 시는 낭송 활동으로 하는 것이 일반적이다. 그리고 시 낭송은 다른 부분에서 다루므로 여기에서는 서사 텍스트만 다룬다.

26) 바탕글: 소설에서 대화 부분을 뺀 나머지 글. http://stdweb2.korean.go.kr/(국립국어원 표준국어대사전)

2) 낭독의 지도 절차

(1) 텍스트 선정하기

낭독을 수행하기 위해 적절한 텍스트를 고르거나 주어진 텍스트를 바꾸는 과정이 필요하다. 동화 낭독이나 독자극장을 할 때 대화가 많은 것이 좋으므로 가능하면 대화가 많은 글을 고른다. 독자극장 대본은 외국에는 많지만, 우리나라에는 아직 자료가 많지 않다. 독자극장 대본을 창작하여 사용할 수 있지만, 희곡이나 동화 텍스트를 수정하여 사용하는 방법이 많이 활동된다. 다음과 같은 방법으로 대본으로 바꾼다(박효훈, 2009).[27]

- ■ "그/그는 말했다."라고 말하는 부분은 이야기의 흐름을 깨거나 낭독자를 혼란스럽게 한다. 부가적인 정보를 주는 부분과 저자가 운율을 살리기 위한 장치로 만든 부분은 남긴다.
- ■ 많은 텍스트에서 읽기 진행을 느리게 만드는 자세한 묘사와 해설이 있다. 이는 종종 축소되거나 없앨 수 있다.
- ■ 단역 등장인물과 장면을 없애는 것은 시연에서의 연기를 단순하게 하고 작은 모둠의 낭독자들이 보다 쉽게 시연할 수 있게 한다. 종종 단역에 있어 중요한 대사나 정보는 다른 등장인물의 대사나 다른 장면으로 바꿀 수 있다.
- ■ 등장인물을 나누거나 합칠 때 대본의 변화가 필요하다.
- ■ 몇몇 등장인물은 대사가 없거나 그들이 말하기 전에 오랫동안 무대에 서 있어야 할 경우 이들에게 짧은 대사를 만들어 줄 수 있다.
- ■ 해설이 등장인물의 대사와 행동을 언급한다면 이것을 등장인물의 대사로 바꿀 수 있다.
- ■ 어렵고 애매모호한 단어를 단순한 단어로 바꾸거나 긴 문장을 짧은 문장 여러 개로 나눌 수 있다.
- ■ 두 명의 해설자에게 번갈아 맡기거나 문단 반쪽씩만 할당한다.
- ■ 새로운 장면에서 다른 해설자로 역할을 바꾸어 변화를 준다.
- ■ 두 명의 해설자에게 한 해설자의 읽기 역할을 주어 강조하여 읽게 할 수 있다.
- ■ 각 등장인물에게 해설을 할당한다.
- ■ 대본은 읽기 쉽고 보기 편해야 한다. 너무 빽빽하게 텍스트가 배치되어 있으면 낭독자들이 대

27) Shepard(1997)의 독자극장 대본 수정 지침을 제시하였다.

사를 찾아 읽기가 어렵다.

(2) 텍스트 읽기

모둠원과 함께 돌아가며 소리 내어 읽거나 개별적으로 묵독으로 읽을 수도 있다. 이 과정에서 텍스트의 대강의 내용을 파악한다. 필요한 경우에 교사가 인물의 특성에 맞게 낭독을 시범 보여주어도 좋다. 듣거나 읽으면서 등장인물과 주요 사건을 알아본다. 그리고 인물의 말이나 생각을 나타내는 문장 앞에 누구의 말이나 생각인지 이름을 써 넣는다. 즉 큰따옴표와 작은따옴표 속의 문장들이 누구의 것인지 표시하는 활동이다. 이 활동을 '말 주인 찾기'라고 한다(이주영, 2007).

(3) 역할 정하기

주어진 텍스트를 읽고 낭독자 수를 정하고 역할을 나눈다. 낭독자 수는 대본 수정할 때 미리 고려되는 경우도 있다. 학생들이 자율적으로 역할을 나누되, 어려움을 겪을 때는 교사가 조정하여야 한다. 역할 정하기에서는 누구나 한 가지 역은 반드시 맡도록 한다. 인원이 부족할 때에는 1인 2역을 하고 인원이 남을 경우에는 분량이 많은 역을 나누어 맡는다.

(4) 연습하기

개별적으로 낭독을 해보거나 모둠원끼리 같이 연습을 할 수도 있다. 서로 의논하면서 가장 잘 전달할 수 있는 읽기 방법을 찾아 연습하도록 한다. 텍스트에 나오는 중요한 대사나 바탕글을 중심으로 분위기에 맞게 낭독하는 방법을 연습한다. 텍스트의 장면을 상상하거나 인물의 성격을 파악하여 알맞은 목소리로 반복하여 낭독을 연습한다. 낭독 기술과 관련하여 소리 내어 읽는 방법을 함께 지도한다.

(5) 시연하기

낭독자와 청자가 서로 같은 텍스트를 공유하며 낭독자가 청자 앞에서 직접 낭독하는 것이다. 교실 앞에 낭독자들이 나와 텍스트를 보며 의자에 앉거나 서서 낭독을 한다. 필요한 경우에는 보면대를 활용한다. 자기 차례가 되면 한 걸음 앞으로 나오거나 의자에서 일어서서 낭독을 하고 다시 자기 자리로 온다.

11.3. 낭독 지도 적용 예시

1) 동화 낭독: 동화 텍스트 낭독하기

동화의 바탕글과 인물의 말을 배역을 정하여 실감 나게 읽는 방법이 동화 낭독이다. 이 방법은 구연성에 의한 연극적 문학 읽기를 선호하는 저학년이나 동화 읽기에 대한 흥미가 부족한 어린이들도 즐겨 참여할 수 있는 방법이다. 지루하고 집중하기 어려운 일반적인 묵독에 비해 친구들과 함께 읽는 동화 낭독은 부담이 적고 재미있게 끝까지 읽을 수 있으며, 내용을 더 쉽게 이해할 수 있다.

(1) 대화로만 이루어진 동화 낭독하기

어린 아이들을 대상으로 하는 책 중에는 바탕글 없이 대화로만 이루어진 동화들이 있다. 어린 아이들은 인물의 말에 비해 바탕글을 소리 내어 읽는 것이나 내용 파악하는 것을 더 어려워한다. 그러므로 낭독을 처음 시작할 때는 대화로만 이루어진 동화를 선정하는 것이 좋다. 《꼭 잡아!》(이혜경 글 · 강근영 그림, 2007), 《넌 누구 생쥐니?》(로버트 크라우스 글 · 호세 아루에고 그림, 2014), 《앗! 따끔!》(국지승 글 · 그림, 2009), 《코끼리와 꿀꿀이》(모 윌렘스 글 · 그림, 2011) 등 어린아이들을 대상으로 하는 그림책은 대화로만 이루어진 그림책이 많다. 책에 따라 큰따옴표가 있는 것도 있고, 없는 것도 있는데, 아직 따옴표에 대하여 배우지 않았을 때는 따옴표가 없는 것이 더 낫다. 대화로만 된 동화에서는 인물이 중요하다. 인물의 마음은 상황에 따라 달라지기 때문에 실감 나게 읽으려면 이러한 인물의 마음이 어떤 것인지 알아야 한다. 인물의 말과 행동, 생각을 통하여 인물의 마음을 파악하도록 지도를 하여야 한다. 그리고 인물의 마음에 알맞은 말투를 알려 주어야 한다. 인물의 입장이 되어 실제 말하듯이 목소리를 표현하여 읽도록 지도한다. 예를 들면 슬픈 마음일 때는 힘없는 말투로, 목소리의 크기는 작게, 천천히 읽어야 한다. 인물의 마음에 어울리는 말투로 읽어야 이야기의 내용을 더 잘 파악할 수 있다. 뿐만 아니라 이야기에 대한 생각과 느낌을 더 많이 가질 수 있다.

2009 교과서를 보면 《국어》에 '앗! 따끔!' 동화가 제시되어 있고,《국어활동》에는 '앗! 따끔!' 동화를 대본처럼 바꾸어 제시하였다.

[그림3-21] 2009 국어 1-1 《앗! 따끔!》[28)]

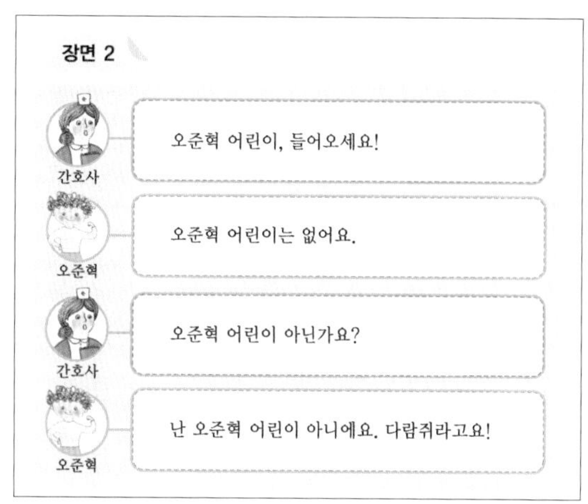

장면 2

간호사: 오준혁 어린이, 들어오세요!

오준혁: 오준혁 어린이는 없어요.

간호사: 오준혁 어린이 아닌가요?

오준혁: 난 오준혁 어린이 아니에요. 다람쥐라고요!

[그림3-22] 2009 국어활동 1-1 《앗! 따끔!》

《국어활동》을 보면 대본처럼 바꾸면서 1학년 아이들의 발달성을 고려하여 누가 한 말인지 쉽게 알 수 있도록 그림으로 제시하였다. 이러한 예시는 다음에서도 찾아볼 수 있다.

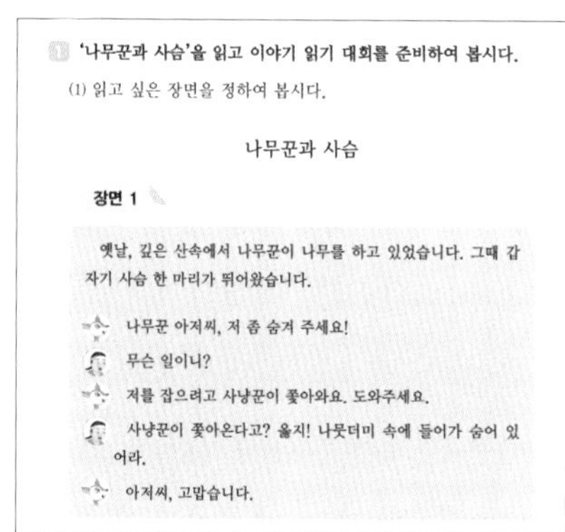

1 '나무꾼과 사슴'을 읽고 이야기 읽기 대회를 준비하여 봅시다.

(1) 읽고 싶은 장면을 정하여 봅시다.

나무꾼과 사슴

장면 1

옛날, 깊은 산속에서 나무꾼이 나무를 하고 있었습니다. 그때 갑자기 사슴 한 마리가 뛰어왔습니다.

나무꾼 아저씨, 저 좀 숨겨 주세요!

무슨 일이니?

저를 잡으려고 사냥꾼이 쫓아와요. 도와주세요.

사냥꾼이 쫓아온다고? 옳지! 나뭇더미 속에 들어가 숨어 있어라.

아저씨, 고맙습니다.

[그림3-23] 2009 국어활동 1-1 《나무꾼과 사슴》

[그림3-24] 2009 국어 1-2 《슬퍼하는 나무》

동화 낭독을 할 때 그림으로 누가 한 말인지를 알 수 있도록 표시를 하거나 학생들이 직접 인물의 말 앞에 이름을 써 넣고 읽는 것이 좋다.

---

28) 국지승(2009), 《앗! 따끔!》, 시공주니어.

(2) 바탕글과 대화로 이루어진 동화 낭독하기

이야기 글에는 바탕글과 인물의 말이 있다. 인물의 말은 문장 부호인 따옴표를 보고 알 수 있다. 문장의 내용과 형식에 알맞은 목소리를 정해야 한다. 문장의 내용에 따라 목소리의 크기와 빠르기를 어떻게 해야 하는지 알려 주어야 한다.

먼저 문장을 구분하고 목소리를 정한다. 문장의 형식이 바탕글인지 인물의 말인지에 따라 알맞은 목소리를 정해야 한다. " "(큰따옴표)는 인물이 직접 한 말임을 알려준다. ' '(작은따옴표)는 인물의 생각이나 혼잣말을 나타낼 때 사용한다. 바탕글은 " "(큰따옴표)나 ' '(작은따옴표)가 없는 문장이다.

《거짓말》의 '아, 그 자동차' 는 인물의 생각이나 혼잣말에 해당하므로 '1' 정도의 목소리 크기로 읽는다. 갑자기 머리가 깜깜해졌어요. 나도 모르게 그만……. 은 바탕글에 해당하므로 보통의 목소리(2 정도의 목소리 크기)로 읽는다. "못 봤어." 는 인물이 직접 한 말이므로 '3' 정도의 목소리 크기로 읽는다.

둘째, 문장의 형식을 구분하여 읽는다. 인물의 말이 물음표(?)가 있는 묻는 문장이면 끝을 올려 읽고, 느낌표(!)가 있는 감탄을 하는 문장이면 문장 전체를 높은 톤으로 읽는다.

2) 독자극장: 동화 텍스트를 대본으로 바꾸어 낭독하기

독자극장을 하기 위해서는 텍스트의 극본화 정도, 텍스트에서 인물 · 사건 · 배경 요소의 비중, 텍스트의 길이, 텍스트의 전체를 다룰지 일부를 다룰지를 정하여야 한다. 동화에서 인물은 주로 직접 인용한 대화문이나 간접 인용한 대화문으로 드러난다. 이러한 인물의 대화가 자주 등장하는 극본화 정도가 큰 텍스트가 독장극장에 알맞다. 독자극장은 동화 텍스트를 대본으로 바꾸는 것이 가장 중요하다. 국어 교과서에 인물 요소가 많이 드러나 있는 제재를 활용하거나, 대화가 적은 텍스트는 각색을 많이 하여야 한다. 다음의 예시는 '호수의 주인'과 '어떤 크리스마스'를 독자극장 대본으로 수정한 것이다(박효훈, 2009).

〈자료 3-8〉 독자극장 대본(예시–동화)

동화: 호수의 주인	독자극장: 호수의 주인
"당장 저리 가지 못해? 이 호수는 내가 먼저 차지했어." "말도 안 되는 소리! 우리 코끼리들은 할아버지 때부터 이 호수에서 목욕을 했어." 코뿔소와 코끼리가 호수를 차지하려고 아침부터 소란스럽게 싸움을 하고 있습니다. "비키지 않으면 이 긴 코를 휘두를 테야." 코끼리가 말하였습니다. "흥, 길기만 하였지 힘도 없는 그 코, 하나도 안 무섭다. 내가 이 뿔로 받으면 무서워서 도망가고 말걸."	장소: 호숫가 등장인물: 코뿔소, 코끼리, 여우, 해설자 코뿔소: (화난 목소리로) 당장 저리 가지 못해? 이 호수는 내가 먼저 차지했어. 코끼리: (자신 있게)말도 안 되는 소리! 우리 코끼리들은 할아버지 때부터 이 호수에서 목욕을 했어. 해설자: 코뿔소와 코끼리가 호수를 차지하려고 아침부터 소란스럽게 싸움을 하고 있습니다. 코끼리: (위협하듯이)비키지 않으면 이 긴 코를 휘두를 테야. 해설자: 코끼리가 말하였습니다. 코뿔소: (무시하며)흥, 길기만 하였지 힘도 없는 그 코, 하나도 안 무섭다. 내가 이 뿔로 받으면 무서워서 도망가고 말걸.

동화뿐만 아니라 희곡도 필요에 따라 다음과 같이 수정하여 독자극장에 사용할 수 있다.

〈자료 3-9〉 독자극장 대본(예시–희곡)

희곡: 어떤 크리스마스	독자극장: 어떤 크리스마스
등장인물: 카메라맨, 아나운서 해설: 흥겨운 크리스마스 캐럴이 나지막이 흘러나오는 가운데 아나운서가 마이크를 들고 서 있다. 카메라맨: (카메라를 들고 촬영하며, 말을 천천히)아유, 빨리 시작해요. 아나운서:(짜증나는 듯이) 알겠어요! 해설: 촬영이 시작된다.	등장인물: 해설자 1, 해설자 2, 카메라맨, 아나운서, 피디 해설자 1: (징글벨 노래를 가볍게 부르며) 징글벨, 징글벨! 흥겨운 캐럴이 어디선가 들리네요. 해설자 2: 법원 앞에 한 아나운서가 마이크를 들고 서 있네요. 무슨 일일까요? 카메라맨: (카메라를 들고 촬영하며, 말을 천천히)아유, 빨리 시작해요. 아나운서:(짜증나는 듯이) 알겠어요! 피디: (서두르며) 자, 자 촬영이 시작되네요.

3) 낭독공연: 희곡 낭독하기

희곡은 '연극을 상연하기 위한 대본'으로 문학의 한 갈래이면서 동시에 연극 공연을 전제로 하는 특성을 가진다. 희곡은 무대 상연을 위한 문학이며, 대사의 문학이다. 또한 대사에 반드시 행동이 수반되는 행동의 문학이다. 이러한 특성을 지닌 희곡을 한 공간에서 같은 시간에 두 명 이상의 사람이 등장인물에 따라 배역을 정하여 낭독하는 방법이 낭독공연이다. 다시 말하면 낭독공연은 '행동은 하지 않고 희곡을 분위기에 맞게 등장인물의 성격과 느낌을 살려 소리 내어 읽는 일'이다.[29] 무대 장치나 몸으로 연기를 하지 않고 목소리 연기만 하는 것이 독자극장과 낭독공연의 공통점이다. 다른 점이 있다면 텍스트가 대본으로 바꾼 것과 희곡이라는 것이다.

다음은 2009 교과서에 제시된 희곡 '숲 속의 대장간'의 일부이다.

> 사냥꾼: 아이, 재수 없어. (꼬마에게) 물이나 좀 다오.
> 꼬마: (솥에서 물을 떠내어 주며) 여기 있어요.
> 사냥꾼: (물은 마시지 않고 혼잣말로) 에에, 이젠 그놈의 토끼를 쫓지 말아야지. 그놈의 토끼 한 마리 때문에 아침내 공연히 땀만 흘렸네. (꼬마에게) 꼬마야, 잘 있어라!
> 꼬마: 예, 예, 잘 가세요.
>
> 사냥꾼, 토끼가 나간 반대쪽으로 나가 버린다. 까마귀와 참새들, 숲 속에서 고개를 내밀고 합창한다.
>
> 참새 1, 2, 3, 까마귀 1, 2, 3: (노래)
> 이젠 정말 되었네. 토끼도 살아나고
> 사냥꾼은 딴 길로 가 버렸으니까.
> 대장간 아궁이에는 불이 붙었다.
> 불아, 어서 피어나라. 똥땅 똥땅 똥땅.

[그림3-25] 2009 국어활동 4-2 《숲 속의 대장간》

이 희곡을 낭독하기 위해서는 사건이나 갈등이 압축된 대화로 되어 있으므로 바로 낭독을 하기보다는 여러 번 묵독을 하여야 한다. 여러 번 읽게 되면 학습자는 전체적인 상황과 그것이 주는 느낌을 파악하게 된다. 그리고 약간의 표정이나 몸짓은 사용할 수 있으나, 연기보다는 목소리 표현에 집중하여 낭독하도록 지도하여야 한다.

29) 낭독공연과 비슷한 개념으로 '입체낭독'이 있다. 입체낭독은 언어적 표현으로만 이루어지는 라디오 극에 해당한다고 볼 수 있다. 입체낭독은 종교계와 연극 연습에서 많이 활용되고 있다.

참고문헌

곽춘옥(2014), 공감적 읽기를 위한 동화 낭독,《독서연구 31호》, 한국독서학회.

김수진(2011), 초등학교 수업에서 낭독 활동 방법에 관한 연구, 공주교대 석사 논문.

박효훈(2009), 서사적 텍스트 공감적 읽기를 위한 독자극장 활용 방안, 서울교대 석사 논문.

양지영(1999), 초등학생 낭독 지도 연구, 전남대 석사 논문.

오주아(2013), 낭독공연을 통한 텍스트 읽기 지도 방안, 서울교대 석사 논문.

이주영(2007), 문학 반응 활성화를 위한 역할정하여 낭독하기 방법 연구, 광주교대 석사 논문.

최여진(2011), 독자극장을 활용한 희곡 지도방안, 서울교대 석사논문.

최요섭(2013), 낭독공연을 활용한 희곡교육 방법 연구, 동국대 석사논문.

제2장

기본적인 국어사용 능력 신장을 위한 초등 국어 수업의 실제

이 장은 일상생활과 학습에 필요한 기본적 국어 능력을 갖추는데 필요한 능력을 길러주기 위한 초등 국어 수업의 실제로 구성되어 있다. 초등학교 중학년 학생들은 대상과 상대를 고려하여 국어 생활을 효과적으로 수행하며 국어 생활에 대한 관심을 일상생활과 이웃으로 넓혀 간다. 이러한 특성을 가진 중학년 학생들은 사적인 상황과 공적인 상황에 알맞은 의사소통을 할 수 있어야 하며, 글의 내용을 추론하며 읽고 글의 구조를 파악하는 활동을 많이 해야 한다. 또한 한글 맞춤법을 인식하고 어휘의 다양한 특성을 이해하며, 문학 작품을 읽고 향유하기 위한 수업이 지원되어야 한다. 이에 이 장에서는 '반언어·반언어지도, 독서경험 공유하기, 글의 짜임에 따라 요약하기, 내용추론하기, 중심생각 찾기, 설명문 쓰기, 낱말의 확장 원리 및 국어사전을 이용한 어휘지도, 맞춤법 지도, 비유적 표현을 이해하고 활용하기, 동화의 내용 간추리기, 동화에 대한 감상 표현하기' 등을 다루었다.

1. 반언어적 · 비언어적 표현 지도

1.1. 반언어적 · 비언어적 표현의 개념

비언어적 의사소통은 감정을 표현해주고, 대인관계를 전달해주며, 상대방에게 자신의 성격을 나타낸다. 이것은 의사소통에서 인간의 기쁨이나 슬픔, 놀람, 분노 등의 감정이 얼굴표정이나 시선 등 비언어적 행위에 의해 상대방에게 전달되는 경우가 많다는 것을 말해주고 있다. 만일 비언어적 요소가 배제된 채 언어로서만 의사소통이 이루어진다면 나타내고자 하는 정보전달이 정확도가 높지 않다. 비언어적인 개념에 대한 학자들의 견해는 언어를 제외한 모든 의사소통을 비언어적 의사소통이라고 하는 점에서 일치하고 있다(윤향희, 2010). 의사소통을 언어적 의사소통과 비언어적 의사소통으로 구분할 때, 언어를 제외한 비언어적 신호를 통한 의도적, 비의도적 정보교환을 비언어적 의사소통이라고 정의한다는 의미이다.

2007 개정 국어과 교육과정에서는 의사소통의 수단을 크게 언어적 표현, 반언어적 표현, 비언어적 표현 이렇게 세 가지로 구분하고 있다. 언어적 표현은 어휘, 문장 등의 형태로 나타나는 기호에 의해 이루어지는 의미 작용을 가리키며, 반어적 표현은 언어 표현에 직접적으로 매개되어 의미작용을 하는 발음, 조음, 고저, 어조, 크기 등을 가리키고, 비언어적 표현은 언어적 표현과는 독립적으로 의미작용을 할 수 있는 자세, 손동작, 몸동작, 얼굴 표정, 눈맞춤, 옷차림 등을 가리킨다. 실제로 사람들은 의사소통 과정에서 자신이 하는 말에만 관심을 두기 때문에 음성이나 얼굴 표정, 눈빛, 자세, 몸짓 등을 통해서 자신을 노출시키고 있다는 것을 거의 의식하지 못한다. 그렇지만 정작 상대방은 말을 통해 전달되는 언어적 메시지보다는 목소리나 억양, 얼굴 표정, 몸짓, 말하는 자세와 태도 등에서 전달되는 비언어적 메시지에 주목해서 의미를 파악하는 경향이 높다.

Stewart 외(2005)에서는 비언어 의사소통을 배워야하는 이유로 3가지를 제시하였다. 첫 번째는 우리가 대화하면서 비언어적 표현에 더 주목하기 때문이다. 예를 들면, 학생들이 선생님한테 과제물 기한을 연장해달라고 하였을 때 선생님이 화난 표정과 딱딱한 어조로 이틀만 더 시간을 주겠다고 말하였다고 가정해보자. 아마 선생님의 어조와 표정에서 화남, 조급함을 보고 학생들은 더 이상 연장해달라고 하지 않을 것이다. 이 상황에서는 비언어적 표현이 언어적 표현보다 과제물이 늦은 것에 대한 선생님의 태도를 잘 보여준다.

두 번째, 비언어적 표현은 통제할 수 없는 것이고, 사람의 생각이나 느낌을 은연중에 표현한다고 오해하고 있기 때문이다. 비언어적 표현이 사람의 생각이나 느낌을 나타내지만 또한 조종할 수 있다. 예를 들면, 영화배우들이 아무리 기분이 나빠도 카메라 앞에서는 계속 웃는다. 또한 어떤 사람들은 거짓말을 하면서도 태연히 상대방의 눈을 바라볼 수도 있다. 이렇게 비언어적 표현은 사람의 생각이나 느낌을 노출하지만 또한 조종하고 통제할 수 있다.

세 번째, 비언어적 표현은 정체성을 형성하고 유지하는데 도움을 주기 때문이다. 프랑스나 중 · 남아메리카 출신 사람들은 인사할 때 서로 볼에다 키스한다. 만약 어떤 사람이 이러한 문화의 구성원이라면 볼에다 키스하면서 편안함을 느낄 것이다. 우리나라에는 고개를 숙여 인사를 한다. 우리나라에서 살아가는 사람들은 고개를 숙여 인사를 하면서 상대방과 같은 문화에 속한다는 편안함을 가지고 정체성을 형성해간다. 이처럼 어떤 문화에 참여하는 기초적인 방법은 비언어로 의사소통하는 방식을 따르고 이 방식에 친숙해지는 것이다.

비언어적 표현은 언어적 의사소통과 함께 일어나는 경우가 많지만 언어적 의사소통 외에 독립적으로 일어날 수 있다. 또한 화자가 의도하지 않았더라도 상대방이 화자의 비언어에 주목하여 의미를 부여하였다면 의사소통이 일어났다고 볼 수 있다.

1) 반언어적 · 비언어적 표현의 특성[1)]

반언어적 표현은 말하는 사람이 누구인지 나타내면서 동시에 음조, 강세, 전달 속도, 목소리의 크기, 억양 등에 의해서 얼마든지 그 메시지에 변화를 줄 수 있다. 반언어적 표현은 다음과 같은 특성이 있다.

첫째, 반언어적 표현에 따라 의미의 차이가 있다. 같은 말이라도 어디에 강세를 두느냐에 따라 의미가 달라진다. "지금 내가 가야해"에서 "지금"에 강세를 두는지 또는 "내가"에 강세를 두는지에 따라 의미가 달라진다.

둘째, 사람의 목소리에는 감정 상태가 반영되어 있다. 예를 들면, 평소보다 큰 목소리는 화가 났거나 흥분이 되었다는 것을 나타내고, 평소보다 작은 목소리는 기운이 없거나 의욕이 없음을 나타낸다.

1) 이기종(2005)에서 발췌함.

똑같은 발화라도 목소리의 음색, 억양, 강세 등 반언어적 표현에 따라 의미가 결정된다. 비언어적 표현의 특성은 아래와 같다.

첫째, 비언어적 표현은 언어적 의사소통을 보완해주고 강화해 주는 기능을 한다. 언어적 의사소통과 비언어적 의사소통은 언제나 공존한다.

둘째, 언어적 의사소통은 말이라는 음성언어에 의해서 전달되는 청각적 메시지의 형태를 취하는 반면, 비언어적 의사소통은 표정이나 몸짓이라는 동작언어에 의한 시각적 메시지의 형태를 취한다.

셋째, 비언어적 의사소통은 무의식적이면서도 본능적인 성격이 강하다. 본능적인 성격이 강하다는 말은 보편성이 강하다는 말과 일맥상통한다.

넷째, 언어적 의사소통에 비해 표현 방법이 훨씬 구체적이고 직접적이어서 전달력이 크다.

다섯째, 비언어적 의사소통은 언어적 의사소통을 보충해주는 정보와 단서를 제공한다.

여섯째, 비언어적 몸짓언어는 문화에 따라 다르게 해석될 수 있다. 모든 문화는 각각 나름의 독특한 비언어적 의사소통의 체계를 가지고 있다.

2) 반언어적· 비언어적 표현의 기능

비언어적 표현은 언어적 의사소통과 함께 일어나는 경우가 많지만 언어적 의사소통 외에 독립적으로 일어날 수 있다. 또한 화자가 의도하지 않았더라도 상대방이 화자의 비언어에 주목하여 의미를 부여하였다면 의사소통이 일어났다고 볼 수 있다. Stewart 외(2005)에서는 반언어적[2] 비언어적 표현의 중요한 기능을 다음의 세 가지로 제시하였다.

(1) 감정 표현하기

사람의 얼굴 표정에는 연령대, 건강 상태, 사회적 신분 정도나 성격 등의 대략적인 신상 정보는 물론 희로애락 같은 기본적인 감정상태, 놀라움이나 두려움, 증오심, 질투, 혐오감, 수치감 등과 같은 복합적인 감정 상태까지도 그대로 나타난다(이창덕 외, 2010: 135). 화, 슬픔, 연민, 부러움, 분노, 아픔 같은 감정들은 단어로써 의사소통하기가 어렵다. 대신에, 사람들은 화나게, 슬프게, 격렬

2) 김윤옥(2014)의 내용에서 발췌한 것임.

하게, 아프게 비언어로 표현한다. 우리는 다른 사람들의 얼굴 표정, 자세, 몸짓, 목소리 톤, 침묵 등으로 이런 감정들을 읽을 수 있다. 비언어적 의사소통인 표정과 목소리는 감정을 표현하는 중요한 매개이다. 상대방에게 "너 화났니?"라고 물었을 때 "나 화 안났어"라고 큰 소리를 지른다면 우리는 언어적 표현과 달리 비언어적 표현을 보고서 상대방이 화가 많이 났다는 것을 알아차릴 수 있다. 이처럼 비언어는 감정을 표현한다.

우리가 상대방에게 어떠한 제안을 하였을 때, 만약 상대방이 "검토해보겠습니다"라고 건조한 목소리로 무표정하게 말하였다면 듣는 사람들은 결과를 예측하지 못하여 결과에 대해 긴장하고 걱정하게 될 것이다. 그런데 상대방이 웃는 얼굴로 고개를 끄덕이면서 말했다면 긍정적인 의미로 받아들일 수 있다. 이처럼 비언어는 그 사람의 감정을 표현한다.

(2) 문화 정체성 표현하기

우리들 개개인은 많은 동질적인 문화에서 자랐고, 각각의 문화는 사람들이 문화에서 의사소통하는 방식에 의해서 다른 문화와 기본적으로 구분된다. 비언어적 표현은 문화적 동질성을 나타내는 것을 돕는 역할을 하며, 옷 입는 것, 몸짓, 스킵십의 종류, 목소리 톤, 얼굴 표현에 대한 것도 문화에 따라 다를 수 있다.

문화는 비언어적 의사소통 영역에서 강력한 영향력을 행사한다. 그 사회의 생활 양식이라고 할 수 있는 문화는 각각 그 나름의 비언어적 의사소통 체계를 가지고 있다. 그래서 각 국가나 민족 또는 사회 분야나 계층에 따라서 독특하고 고유한 비언어적 의사소통의 행위를 가지고 있는 것이다(장영희, 2006:228). 비언어적 의사소통은 문화적으로 공통적인 의미를 가질 때도 있지만 완전히 다른 의미를 가질 수도 있다. 우리 나라는 머리를 위, 아래로 끄덕이는 것이 긍정의 의미이지만 인도의 경우에는 머리를 좌, 우로 흔드는 것이 긍정의 의미를 나타낸다. 이처럼 비언어는 의사소통하는 사람들의 문화 정체성을 표현한다.

(3) 관계 정의하기

비언어적 표현은 의사소통하는 사람들의 관계를 나타낸다. 의사소통하는 사람들이 대화를 할 때의 얼굴 표정, 눈 마주침, 목소리 톤을 관찰하면서 관계에 대하여 정의한다. 학교나 직장에서 자신의 관계에 대해서 조금만 생각해 보면 알 수 있다. 어떤 모임에 처음 갔을 때, 그 장소에서 팀장이 누구인지 말하지 않아도 짐작할 수 있다. 입고 있는 옷, 그 사람의 목소리 톤, 어느 자리에 앉는지와 같은 비언어적 표현을 통해 누가 팀장인지 알 수 있을 것이다. 그리고 이러한 비언어적 의사소통으로 관계가 정의되면 그 관계에 따르는 규칙과 의사소통이 생겨나게 된다.

어떤 두 남녀가 의자에 앉아서 서로 눈을 바라보면서 가까이 앉아있다면 친한 사이라는 것을 짐작할 수 있을 것이다. 그러나 어떤 두 사람이 의자의 양쪽 끝에 앉아서 서로 눈을 마주치지 않고 스마트폰만 들여다보고 있다면 두 사람은 서로 모르고 있는 사람일 것이라고 짐작할 수 있다. 이처럼 비언어적 표현은 의사소통 참여자들의 관계를 나타내 준다.

3) 반언어적·비언어적 표현의 유형[3)]

미국의 사회학자 매러비안(A. Mehrsbian)이 조사한 바에 의하면, 메시지 전달에서 말이 차지하는 비중이 7%, 목소리(음조, 억양, 크기) 등이 38 %, 비언어적인 태도가 55%에 달한다고 한다. 이 주장을 받아들인다면 실제 의사소통에서 비언어적 의사소통이 차지하는 비중은 언어적 의사소통이 차지하는 비중에 비해 훨씬 크다는 것을 알 수 있다(이창덕 외, 2010). 비언어적 의사소통과 반언어적 의사소통의 유형을 살펴보면 다음과 같다.

(1) 비언어 의사소통 유형

① 몸짓언어: 아이디어, 의도, 또는 느낌을 전달하는데 사용되는 몸의 움직임

• 눈빛(시선): 반갑거나 상대방이 매력적이라고 느끼게 되면 저절로 눈동자가 커지지만 상대방에게 적대감을 가지거나 부정적인 기분이 들 때 동공이 작아진다. 즐겁고 행복할 때 시선이 늘어나며 슬프거나 죄책감을 느낄 때 시선을 줄인다. 눈을 자연스럽고 따뜻하게 응시하는 것은 서로간의 교감을 형성한다. 눈을 통한 응시는 상대방에게 말 순서를 넘겨주기 위한 신호나 상대방의 관심을 끌기 위한 신호로 사용될 수 있다.

• 얼굴: 상대방에 대한 일차적인 정보는 대개 그 사람의 얼굴 표정에서 얻을 수 있다. 얼굴 표정에는 연령대, 건강 상태, 사회적 신분 정도나 성격 등의 대략적인 신상 정보는 물론 희로애락 같은 기본적인 감정 상태, 놀라움이나 두려움, 증오심, 질투 같은 복합적인 감정 상태까지도 그대로 나

3) 이창덕 외(2000)의 내용을 발췌하여 정리한 것임.

타난다.

• 제스처: 상대방에게 시각적 신호를 보내는 갖가지 동작(고개 끄덕임, 미소 등)을 뜻한다. 매우 구체적인 의미를 갖는 제스처를 엠블렘이라고 한다.

② 자세: 자세는 신분이나 나이, 건강, 심리상태 등에 많은 정보를 준다. 신분이 높은 사람은 고자세, 공격적인 성향인 사람은 머리를 앞으로 내민 자세, 불행한 일을 많이 겪은 사람은 찌푸린 얼굴로 고개를 앞으로 수그리고 있다.

③ 침묵: 상황에 따라 침묵의 의미는 다르므로 상대방의 침묵이 무엇을 의미하는가를 해석하려는 노력이 필요하다.

④ 신체 접촉: 일반적으로 신체 접촉은 신뢰감, 관심, 애정이나 격려와 같은 긍정적인 메시지를 전달한다. 신체 접촉은 문화적으로 규정되며, 신체적 접촉이 내포하는 잠재된 성적 의미 때문에 대부분 아주 조심스럽게 행해진다.

⑤ 공간 언어: 사람들은 서로 간에 남의 공간을 침범하지 않으면서도 다른 사람과 가깝게 지낼 수 있는 최적의 거리를 유지하려고 노력한다. 사람은 누구나 자신만의 절대적인 공간을 본능적으로 요구하고, 이 공간이 확보되지 않으면 불안감이나 위협감을 강하게 느낀다.

(2) 반언어적 의사소통 유형

① 음조: 긴장된 감정은 목소리를 높아지게 하고, 우울하거나 피곤할 때 음조는 낮아진다. 낮으면서도 강력한 음조는 듣는 이로 하여금 힘을 느끼게 한다.

② 강세: 음절이나 단어 또는 어절에 얹히는 고저에 의해 실현되며 주로 강조나 대조를 위해 사용된다.

③ 말의 빠르기: 대개 사람들이 말하는 속도는 일 분에 120-180개 단어 정도이다. 말의 빠르기는 감정과 태도를 반영한다. 빨리 말하는 사람은 흥분, 표현이 풍부, 설득적이며 느리게 머뭇거리면서 말하는 사람은 뭔가 둔하고 열의가 없다는 인상을 준다.

④ 목소리의 크기: 상황에 따라 목소리 크기를 조절한다. 큰 목소리는 열정, 확신에 찬 이미지를 나타내는 반면에 공격성이나 과장된 자아를 드러낸다. 작은 목소리는 무기력과 나약함, 열등감의 이미지를 나타낸다.

⑤ 억양: 억양에는 대개 발화의 의미와 태도가 드러나기 때문에 잘 이해해야 정확한 의미를 전

달할 수 있다. 하강 억양은 완결 의미, 상승 억양은 미완 의미를 나타낸다.

1.2. 반언어적·비언어적 표현의 지도 방법

반언어적 · 비언어적 표현을 지도할 때는 학생들이 내용을 이해하고 자신들이 이해한대로 직접 연습하는 기회를 주는 것이 중요하다. 그러므로 반언어적 · 비언어적 표현을 지도할 때는 다음과 같은 방법으로 할 수 있다.

첫째, 반언어적 · 비언어적 표현을 학습할 수 있는 구체물을 활용한다. 학생들이 비언어적 표현의 의미를 알아보는 자료는 그림, 사진, 만화, 동영상 등이 있다. 학생들의 표정이나 동작이 나타난 사진을 제시하여 어떤 상황이고 어떤 의미가 담겨있는지 이야기하도록 하여 사진에 나타난 비언어적 표현의 의미를 찾아볼 수 있다. 반 친구들의 활동이 담긴 사진들은 학생들의 동기 유발을 더 높일 수 있을 것이다. 반언어적 표현은 녹음 자료나 동영상 자료를 활용하여 상황에 따라, 의미에 따라 어떻게 달라지는지 변화를 찾아보게 하면서 지도할 수 있다.

둘째, 학생들이 직접 연습하게 한다. 현재 교과서에도 학생들이 역할극을 하거나 연극을 하도록 하여 학생들이 직접 연습하도록 활동을 구현하였다. 학생들이 알고 있는 것과 직접 수행하면서 몸으로 익히는 것은 차이가 있다. 학생들이 이해하고 알고 있는 것을 직접 몸으로 익히고 습관화할 수 있도록 연습할 기회를 주어야한다. 아울러, 학습한 내용이 일상 생활에 어떻게 적용할 수 있는지 관련을 지어 학생들이 실제로 사용할 수 있도록 지도한다.

셋째, 상대방과의 관계를 증진시키는 비언어적 · 반언어적 표현을 사용하도록 지도한다. 반언어적 · 비언어적 표현의 의미를 알아본 후에 일상생활에서 적용할 때는 상대방과의 관계를 생각해야 한다. 학생들에게 지도하는 반언어적 · 비언어적 표현은 문화가 반영되어 있다. 그리고 의사소통의 한 방식으로서 상대방과의 관계 증진에도 영향을 미친다. 그러므로 대화 상황에 적절하고 문화에 적절한 방식으로 반언어적 · 비언어적 표현을 사용하고 상대방과의 관계를 증진하도록 상대방을 배려하고 존중하는 반언어적 · 비언어적 표현을 사용하도록 지도한다.

〈표3-16〉 '비언어적 표현' 교수 · 학습 단계별 지도 방안(서현진, 2008)

도입	• 학습분위기를 조성한다 • 사진자료를 제시하여 학습자의 흥미를 유발하고 학습목표를 제시한다
전개 1	• 비언어적 표현에 대한 설명을 해주고 학습자들은 이해한다. – 앞서 본 사진을 예로 들어 설명을한다
전개 2	• 여러 가지 사진을 제시하고 그 속에서 비언어적 표현을 찾는 활동을 한다. – 사진 자료는 다양하게 제시한다. – 협동 학습 원리에 따라 소집단 활동을 한다. – 탐색 활동 전략 : 사진을 보며 학습자들은 비언어적 표현을 찾아보기로 한다. 이 때 학습자들은 표정, 손짓이나 몸짓, 의상이나 자세로 나누어서 비언어적 표현의 종류를 찾아보고 그 의미를 생각하도록 한다.
전개 3	• 비언어적 표현을 실제로 행해 보는 적용하기 활동을 한다. – 과제 학습장에 따라 실제에 적용하는 활동을 한다. – 적용하기 전략: 학습자는 말하고자 하는 바를 생각하고 이에 적합한 비언어적 표현을 생각하도록 한다.
정리	• 비언어적 표현의 종류와 그 기능을 확인한다. • 다음 차시 예고와 과제를 제시한다.

서현진(2008)에서는 각 단계에 따른 비언어적 표현 지도 방법을 도입, 전개, 정리의 단계로 나누어 설명하였다. 도입 단계에는 학습 분위기를 조성하는 단계로 학습자들의 주의를 집중을 시키는 단계이다. 학생들에게 사진을 보여 주면서 학습자의 흥미를 불러일으킨 뒤 학습할 내용의 학습 목표를 제시한다.

전개1 단계에서는 학습자들이 비언어적 표현에 대한 개념을 지도한다. 비언어적 표현에 대해 설명을 할 때 앞서 제시한 사진을 예로 들어 학습자가 잘 이해하도록 한다.

전개2 단계에서는 사진 자료 이외에 동영상 자료를 활용하여 반언어와 비언어적 표현을 지도한다. 이 단계에서는 다양한 사진 자료를 제시하도록 한다. 우선 학습자들은 사진 자료 속에서 비언어적 표현을 찾아본 뒤 표현을 표정으로 하는지 몸짓이나 손짓을 통해 하는지 의상이나 자세를 통해 하는지 구분하도록 한다. 그리고 그 사진이 말하고자 하는 바가 무엇인지를 짐작하는 활동을 통해 학습자들은 비언어적 표현의 종류와 그 기능에 대해 스스로 인지할 수 있게 지도한다.

전개3 단계에서는 비언어적 표현을 학습자가 직접 표현해 보면서 실제에 적용하는 적용 단계이다. 비언어적 표현을 하는 학습자는 자신이 표현하고자 하는 바를 정한 뒤에 비언어적표현을 하고 이를 확인하는 학습자는 앞서 익힌 비언어적 표현의 기능을 확인하고 익힐 수 있을 것이다.

정리 단계에서는 비언어적 표현의 종류와 기능이 다양하다는 사실을 학습자들에게 확인시켜주도록 한다. 이 단계에서는 과제 학습장의 내용 정리 확인을 통해 비언어적 표현의 종류와 기능에 대해 정리하고 학습 목표 성취의 정도와 협동 학습이 효과적으로 이루어졌는지에 대해 점검하도록 한다. 내용을 정리한 후에는 다음 차시를 예고하고 그에 따른 과제를 제시하도록 한다. 이와 같은 학습을 하기 위해서는 사진 자료를 다양하게 준비해 두어야 하고 이 자료를 활용할 수 있게 멀티미디어를 활용할 수 있게 미리 준비하는 것이 필요하다.

다음으로 학생들이 직접 연습하도록 지도하는 방법을 예로 들어 설명해보도록 한다. 반언어적 · 비언어적 표현의 효과 이해하기는 초등학교 3학년 국어 교과서에 반영되어 있다.

[그림3-26] 2009 국어 3-1-나

[그림3-26]의 활동에서는 말의 빠르기, 말의 높낮이, 말의 세기를 '말투'로 정의하면서 표정과 말투를 연관지어 보게 했다. 1번에서 4번까지의 상황을 제시하여 각 상황에서 제시된 표정이 다르고 "네"라고 대답하는 상황으로 구성되었다. 어떤 상황에서 이러한 표정을 짓고 이런 표정에 어울

리는 "네"라는 말의 빠르기, 높낮이, 세기가 어떠한지 생각해보면서 상황에 적절한 비언어적 표현인 표정과 반언어적 표현인 말의 빠르기, 높낮이, 세기에 대해 학습하는 상황으로 구성되었다. 학생들은 자신의 경험 속에서 그림에 제시된 표정과 말투를 찾아보게 되고 학습하게 된다. 그리고 이러한 상황에 어울리는 반언어적 표현과 비언어적 표현을 실제로 연습하게 된다.

이러한 방식 외에도 반언어적 · 비언어적 표현은 국어과의 다른 영역에서도 적용할 수 있다. 동화책을 읽으면서 인물의 마음이나 성격을 알 수 있는 몸짓이나 말투, 행동 등 비언어를 찾아보는 활동을 하며, 이러한 비언어가 인물의 성격과 어떠한 관련이 있는지를 알아보는 활동이 문학영역의 수업에서 일어날 수 있다. 그리고 어떤 동작이 있는 사진을 보여 준 후에 그 다음에는 어떠한 일이 일어날 지를 상상하여 글을 써보는 쓰기 영역의 수업에서도 할 수 있다. 반언어적 · 비언어적 표현은 언어문화이다. 그러므로 국어 시간뿐만 아니라 평소에 학생들의 언어생활에서도 지도할 수 있는 요소이다. 학생들의 일상생활이나 다른 교과 수업 시간에서도, 교사가 시범을 보여줄 수 있고 학생들이 직접적인 경험 및 적용하면서 꾸준히 학습할 수 있다.

1.3. 반언어적·비언어적 표현의 평가

반언어적 · 비언어적 표현을 평가할 때는 학생들의 대화 상황을 관찰하여 평가할 수도 있고 반언어적 · 비언어적 표현을 할 수 있는 상황을 주어 직접 표현하게 하는 수행평가를 활용할 수도 있다. 학생의 수준이나 여건을 고려하여 평가 방법을 선정할 수 있다. 중요한 것은 학생들이 상황에 적절하게 반언어적 · 비언어적 표현을 사용하여 의사소통할 수 있는지에 초점을 두고 평가해야한다. 학생들의 반언어적 표현과 비언어적 표현을 평가할 때는 아래의 〈자료3-6〉의 평가예시를 활용할 수 있다.

〈자료3-10〉 반언어적 표현과 비언어적 표현의 평가문항(예시)[4]

평가 문항 \ 도입	○○○	○○○	○○○	○○○
1. 역할에 어울리는 목소리로 연기했는가?				
2. 목소리의 크기나 억양은 적절했는가?				
3. 대와 분위기에 맞게 표정을 잘 지었는가?				
4. 대화 내용에 맞게 손짓과 몸짓, 움직임을 보였는가?				

학생들은 대화 상황을 보면서 평가지를 활용하여 반언어적 표현과 비언어적 표현에 대하여 평가할 수 있다. 또한 더 구체적은 평가 항목을 추가하여 활용할 수 있다.

참고문헌

김윤옥(2014), 비언어적 의사소통 교육 내용 고찰, ≪화법연구≫, 한국화법학회. pp.233-254.

서현진(2008), 비언어적 의사소통 교수 · 학습 방법 연구, 인제대학교 교육대학원 석사학위 논문.

윤향희(2010), 비언어적 의사표현 학습 방법 연구, 한남대학교 교육대학원 석사학위 논문.

이기종(2005), 반언어적 표현과 비언어적 표현에 대한 교육 방법 연구, 국민대학교 교육대학원 석사 학위 논문.

이주섭(2005), 듣기 · 말하기 교육에서의 비언어적 표현 지도 방안, ≪청람어문교육≫, 청람어문교육학회. pp.101-121.

이창덕 외(2010), ≪화법교육론≫, 역락.

이창덕 · 임칠성 · 심영택 · 원진숙(2000), ≪삶과 화법≫, 박이정.

E. Myers & Michele Tolela Myers(1985), 임칠성 역(1995), The Dynamics of Human Communication : A Laboratory Approach, McGraw-Hill, Inc, ≪대인관계와 의사소통≫, 집문당.

Stewart, J., Zediker. K., & Witteborn. S. (2005). Together: Communicating Interpersonally: A Social Construction Approach (6TH), Roxbury Pub Co.

4) 이기종(2005)의 평가표를 수정함.

2. 독서 경험 공유하기

2.1. 독서 경험 공유하기의 개념

독서 경험 공유하기는 글을 읽고 자신의 생각이나 느낌을 다른 사람과 공유하는 것이다. 이 때, 다른 사람은 교사, 동료 학습자, 부모, 상급생 등 다양할 수 있다. 자신이 이해한 내용을 다른 사람과 공유함으로써, 글에 대한 이해가 깊어진다. 읽은 내용을 말이나 글로 공유하는 과정에서 읽은 내용을 다시 한 번 생각해 볼 수 있기 때문이다. 또한 독서 경험을 공유하는 과정에서 사람마다 생각의 차이가 다르다는 것을 알 수 있게 되며, 현대 사회에서 요구되는 관용의 정신을 기를 수도 있다.

독서 경험 공유하기의 중요성은 읽기의 과정을 설명하는 모형에서 찾을 수 있다. 읽기가 일어나는 과정은 최근에 교섭 모형(transaction model)으로 설명된다. 교섭 모형은 읽기의 과정이 글과 독자 사이의 교섭 과정인데, 독자가 글을 읽을 때 자신의 배경지식은 물론 자신을 둘러싼 사회적 상황의 영향을 받는다고 설명한다. 즉, 교섭 모형은 글, 독자, 사회적 상황 등의 요인을 모두 중요하게 고려한다. 사회적 상황 요인에는 독자의 친구, 부모, 글을 읽는 장소 및 시간 등 여러 가지가 포함된다. 교섭 모형의 대표적인 이론가인 Rosenblatt(김혜리 · 엄해영 역, 2006)는 이러한 요인 모두를 중시하여 읽기의 과정을 교섭의 과정이라고 하였다. 결과적으로, 글을 읽는 과정 자체가 사회적 상호작용이므로, 자신의 독서 경험을 공유하는 것은 그 자체로 독서의 중요한 부분이 된다.

효과적인 독서 경험 공유하기가 이루어지기 위해서는 학생들이 여러 가지 유형의 독서 반응을 하도록 권장할 필요가 있다. 독서 반응은 학생들이 글의 내용에 대하여 다시 한 번 생각하도록 하는 사고나 활동을 말한다. 글을 읽고 자신의 생각을 다른 사람과 나누기 전에 다양한 독서 반응 방법을 충실히 익혀둔다면, 독서 경험 공유하기가 보다 충실히 이루어질 수 있다. 독서 반응에는 다음과 같은 몇 가지 종류가 있다(Owocki, 천경록 · 조용구 역, 2013).

- 시각적 반응 – 그리기, 색칠하기, 만들기, 손 인형 사용하기
- 쓰기 반응 – 자신의 생각을 글로 쓰기, 질문을 기록하기, 도해조직자 작성하기
- 연극적 반응 – 장면을 재연하기, 역할극하기
- 말하기 반응 – 글에 대한 생각이나 느낌을 말하기

한편, 2009 개정 국어과 교육과정에서 독서 경험 공유하기와 관련된 3~4학년군의 성취기준은 '(6) 글에 대한 경험과 반응을 다른 사람과 나눈다.'이다. 이 성취기준은 다양한 글이나 책에 대한 생각이나 느낌을 주고받기, 여러 가지 감상문을 읽고 비교하기, 음악 · 미술 · 신체 등 다양한 활동으로 표현하기 등을 통하여 독서 경험 공유하기를 생활화하는 것을 의도하고 있다. 또한 이 성취기준은 독서 경험 공유하기를 통하여 글의 내용에 대해 폭넓게 생각하고, 다른 독자와 공감대를 이루는 것을 강조한다.

2.2. 독서 경험 공유하기의 지도 방법

여기에서는 독서 경험 공유하기를 지도하기 위한 몇 가지 활동을 소개한다. 다른 활동들과 마찬가지로, 여기에 제시된 활동들은 교실 상황에 맞게 적절히 변용하는 것이 가능하다.

1) 책 소개하기

책 소개하기(Book Talks)는 자신이 읽은 책을 다른 사람에게 소개하는 활동이다. 책 소개하기 방법을 지도하기 위해 다음과 같은 절차를 따른다.

(1) 책 소개하기 활동을 계획하고 시범보이기 위해 다음 〈자료3-11〉과 같은 자료를 사용한다. 먼저, 청중을 끌어들일 여는 말을 한다. 다음으로, 책에서 좋았던 점을 말한다. 끝으로, 그 책을 읽을 잠재적인 독자를 끌어들일 닫는 말을 한다.

(2) 학생들과 함께 다른 책을 읽고 활동지를 채우는 방법을 보여 준다. 쓸 내용을 결정할 때 그들의 도움을 구한다.

(3) 두세 명의 학생 지원자가 2번에서 만든 활동지를 사용하여 반 친구들에게 연습으로 책 소개하기를 하도록 한다.

(4) 개인이나 소집단별로 책 소개하기 활동을 하도록 한다.

책 소개하기 준비 자료

이름: ____________

날짜: ____________

책 제목: ____________

여는 말: ____

____

____

책의 좋았던 점: ____

____

____

____

____

닫는 말: ____

____

____

〈자료3-11〉 책 소개하기 준비 자료

2) 독서 토의하기

독서 토의는 책을 읽고 짝이나 모둠 또는 학급 전체와 글의 내용에 대하여 토의하는 것이다. 이때의 토의는 듣기 · 말하기 영역에서 학습하는 토의의 엄격한 절차를 따를 필요는 없다. 비교적 허용적인 분위기에서 자신의 생각이나 느낌을 다른 사람과 공유하는 데 초점을 둔다.

3) 책 평가 카드 만들기

책 평가 카드는 독서 경험을 공유할 수 있는 간단하고 재미있는 방법이다. 학생들은 책을 읽은 후에, 다음 〈자료3-12〉와 〈자료3-13〉과 같은 책 평가 카드를 만든다. 〈자료3-12〉는 동화와 같은 이야기체 글에 활용하는 카드이고, 〈자료3-13〉은 설명문과 같은 정보전달 글에 활용하는 카드이다. 이러한 활동을 통하여 학생들은 서로의 독서 경험을 공유할 수 있으며, 책을 읽을 때 참고할 수 있다.

좋은 책인가? -이야기체 글
책 제목:
인물들이 실제 있는 사람들 같나요?
좋은 이야기인가요?
글쓴이는 끝에 무슨 일이 일어나는지 알고 싶게 하나요?
그림이 재미있나요?
그림이 글쓴이가 하는 말에 의미를 더하나요?

〈자료3-12〉 책 평가 카드(이야기)

좋은 책인가?(정보전달 글)
책 제목:
정보를 찾기 쉬운가요?
책이 어린이들에게 재미있나요?
책이 이해하기 쉬운가요?
글쓴이는 화제에 대해 관심을 가지게 하나요?
목차, 제목, 색인, 용어 해설, 그림이 도움이 되나요?

〈자료3-13〉 책 평가 카드(정보전달 글)

4) 서평 공유하기

서평은 책의 내용에 대하여 평가한 글을 말한다. 책에 대한 자신의 생각이나 느낌을 서평으로 쓰고 다른 사람의 서평을 읽는 과정을 통하여, 학생들은 서로의 독서 경험을 공유할 수 있다. 서평 공유하기는 일반적인 책임이양의 원리에 따라 다음과 같은 절차로 이루어진다.

(1) 몇 권의 책과 그에 대한 서평을 교사와 학생이 함께 읽는다.
(2) 교사가 서평을 쓰는 방법을 시범 보인다.
(3) 학급 전체가 서평을 쓴다.
(4) 자신이 좋아하거나 좋아하지 않는 책을 찾기 위해 학급 문고를 살펴본다.
(5) 학생들이 각자의 서평을 쓰고, 다른 사람과 돌려 읽는다.

한편, 독서 경험 공유하기를 적용한 교과서의 사례는 다음과 같다. 여기에서 예로 든 것은 4학년

1학기 9단원 '생각을 나누어요.'이다. 이 단원의 3~4차시 학습 목표는 '글을 읽고 친구들과 생각이나 느낌을 나눌 수 있다.'이다. '아끼며 나누어 써요'라는 제목의 글을 읽고, 자신의 생각이나 느낌을 친구들과 공유하는 것이 차시 학습 목표이다. 글을 읽은 후에, 다음과 같은 활동이 제시된다.

2 '아끼며 나누어 써요'를 읽고 물음에 답하여 봅시다.

(1) 강찬 시리즈 책들이 엉망이 된 까닭은 무엇인가요?

(2) 학급 회의에서는 어떤 해결 방법이 나왔나요?

3 '아끼며 나누어 써요'를 읽고 친구들이 어떤 생각을 하였는지 살펴봅시다. 그리고 자신은 어떤 생각을 하게 되었는지 써 봅시다.

4 3에서 쓴 자신의 생각을 친구들과 함께 이야기하여 봅시다.

친구 이름	생각

[그림3-27] 2009 국어 4-1

위의 [그림3-27]에서 볼 수 있는 것처럼, 활동 3에서는 글에 대한 자신의 생각을 정리한다. 그 이후에, 활동 4에서는 자신의 생각을 친구들과 함께 이야기해 본다. 이 활동은 앞에서 언급한 독서 반응 중 말하기 반응에 해당한다. 학생들이 이러한 활동에 익숙하지 않다면, 한두 모둠이 전체 학생 앞에서 시범을 보이도록 한 후에, 나머지 학생들이 자신의 독서 경험을 공유하도록 한다. 다른 활동이나 읽기 전략과 마찬가지로, 이 활동 역시 한두 번의 학습으로 효과를 거두기는 어렵다. 교사나 능숙한 학생들의 설명이나 시범을 지속적으로 보여 줄 필요가 있다.

2.4. 독서 경험 공유하기의 평가

독서 경험 공유하기에 대한 평가는 일반적으로 비형식적 평가로 이루어진다. 교사는 학생들이 책 소개하기, 독서 토의하기, 책 평가 카드 만들기, 서평 공유하기 등의 활동을 할 때, 이들을 자세히 관찰하고 관찰기록지에 그 내용을 지속적으로 기록한다. 이때, 교사는 학생들이 글의 내용을 이해하고 있는지, 학습한 읽기 전략을 적절히 활용하고 있는지에 관찰의 초점을 둔다. 학생들을 관찰할 때 활용할 수 있는 관찰기록지의 예는 다음 [표3-17]과 같다.

〈표3-17〉 독서 경험 공유하기의 관찰기록지

독서 경험 공유하기 관찰기록지 (빈칸에 학생들의 이름을 쓰고, 관찰한 내용을 자세히 기록한다.)		

참고문헌

천경록 · 임성규 · 염창권 · 김재봉 · 선주원 · 서수현 · 최원오(2013), ≪(2009 교육과정에 따른) 초등국어과교육≫, 교육과학사.

Owocki, G., 천경록 · 조용구 역(2013), ≪유 · 초등 독서지도≫, 박이정.

Rosenblatt, L. M., 김혜리 · 엄해영 역(2006), ≪탐구로서의 문학≫, 한국문화사.

3. 글의 짜임에 따라 요약하기

3.1. 글의 짜임과 요약하기의 개념

1) 글의 짜임

대체로 모든 글에는 일정한 구조가 있다. 텍스트의 구조는 글 내용의 전체적인 의미를 보여주기 때문에 텍스트의 주제를 파악하는 데 매우 중요한 요소이다. 글의 구조를 이해하면 글의 내용을 쉽게 기억할 수 있다. 독자가 글을 읽을 때 대체로 기억하는 것은 글의 세부적인 내용이 아니라 글 전체 대강의 내용이다(김정훈, 1996).

텍스트에 담겨진 일정한 구조는 거시적으로 혹은 미시적으로 분류할 수 있다[5]. 텍스트의 거시적 구조는 대체로 텍스트의 종류에 따라 일정하다. 거시 구조는 텍스트의 형식 또는 유형을 표시해 주는 구조이다. 특정한 전달 의도들을 반복적으로 실현함으로써 굳어진 담화의 전형적 구조를 의미한다(성새롬, 2010). 다시 말해, 독자에게 어떤 메시지를 전달하기 위해서 텍스트 내의 아이디어들을 상호 연결짓거나, 특정한 것에 종속시키거나 논리적으로 결합시키는 등의 일정한 틀을 마련하게 되는데 이것이 바로 글의 거시 구조가 된다. 따라서 글의 거시 구조는 텍스트의 특징을 결정짓는 중요한 요소 중 하나가 된다. 설명문의 경우는 독자의 이해를 돕기 위해 자세하고 상세한 설명이 글의 주요 내용이 되는 반면, 논설문은 주장하고자 하는 바에 대해 독자를 설득하기 위해 필요한 여러 가지 근거를 마련하는 것이 글의 주요 내용이 된다. 설명문은 설명하고자 하는 대상을 소개하고 여러 가지 방식으로 그 대상을 설명하는 내용으로 구조화되지만, 논설문은 주장하려는 내용을 제시하고 그 주장에 대한 근거를 마련하는 내용으로 구조화된다.

거시적 구조에 대해 집합(collection), 원인/결과(cause-effect), 문제/해결(problem-solution), 비교/대조(compare-contrary), 기술(description) 등으로 나누거나(Meyer, 1975), 기술, 집합, 인과, 반응(문제/해결, 질문/대답), 비교/대조 구조로 나누는 (Kintsch, 1978) 등 다양하기는 하나 대

5) 거시구조와 미시구조는 상대적인 차이를 의미를 드러내는 용어이다. 따라서 학문적으로 거시구조나 미시구조가 대체로 몇 개의 단락을 의미하는지를 결정하지는 못한다. 어떤 이들은 미시 구조를 한 단락의 구조를, 거시구조는 단락들 간의 구조를, 초거시구조는 글 전체의 구조를 의미한다고 하기도 한다. 여기에서는 글 전체를 거시 구조, 단락들 간의 관계를 미시구조로 보고 설명하였다.

체로 비슷한 편이다.

집합 구조 혹은 수집 구조는 하나의 화제를 두고 이를 순서에 구애받지 않고 나열하거나 사건을 설명 또는 묘사하는 내용을 나열한 구조로, 내용의 중요성은 서로 비슷하다. 그래서 다른 구조에 비해 내용 구성의 긴밀도가 약한 편이다. 집합 혹은 수집 구조는 대체로 단락들 간에 '우선', '처음에', '그 다음으로', '마지막으로', '첫째, 둘째, 셋째'와 같은 표지어를 사용하여 단락들 간의 관계를 나타낸다.

인과 구조는 사건의 원인이나 결과를 기술하는 방법으로 어떤 결과를 가져온 원인과 그 원인으로 인해 초래된 현상들을 서로 관련지어 표현하는 방법이다. 그래서 인과 구조는 대체로 시간적인 선후 개념이 성립되기도 한다. 대체로 '왜냐하면', '그러므로', '그래서', '따라서'와 같은 표지어를 사용하여 단락들 간의 관계를 나타낸다.

문제 해결 구조는 특정한 문제와 그 문제에 대한 해결 방법을 나열하는 형식의 구조를 의미한다. '~에 대한 해결책은', '~에 대한 원인은', '이 문제를 해결하기 위한 방법으로는' 등과 같이 문제와 그것의 해결 방법을 표현하는 표지어를 많이 사용한다.

비교 구조는 둘 또는 그 이상의 대상을 유사성이나 특징을 바탕으로 하여 비슷한 점이나 서로 다른 점을 비교하여 설명하는 방식을 의미한다. 하나의 화제라고 하더라도 여러 가지 관점에서 대상들을 비교하기 때문에 정보들이 서로 긴밀하게 연관되어 있고 대등하게 얽혀있다. '~와 공통점은', '~와 유사하다', '~과 다른 점이 있다' 등의 표지어를 주로 많이 사용한다.

글의 미시적 구조는 글의 거시적 구조보다 더 다양하다. 박영순(2004)는 담화 표지어를 문법적 결속 장치, 논리적 결속 장치, 어휘적 결속 장치, 의미적 결속 장치로 분류한 바 있다. 문법적 결속 장치는 지시어와 같이 어떤 대상을 지칭하거나, 대용어와 같이 선행 단어나 문장, 담화를 반복적으로 언급하기 위해 사용하는 것이나, 접속사처럼 앞의 내용에 대한 첨가, 보충, 반대, 이유 등으로 결속시키는 표지어를 의미한다. 논리적 결속 장치는 '왜냐하면, 따라서, 그러므로, 그러는 바람에, 이에 반하여, 한편'과 같이 논증이나 인과, 조건과 비교를 의미하는 표지어를 말한다.

어휘적 결속 장치는 특별히 표지어가 있는 것은 아니며 주제어나 핵심어를 반복적으로 사용하거나 같은 의미를 가진 다른 어휘를 사용하여 글의 결속력을 높이는 효과를 가져오게 하는 요소들이다. 의미적 결속 장치는 첨가 및 강조, 화제 바꿈, 요약 및 응집을 의미하는 표지어로 '또, 뿐만 아니라, 다시 한 번, 더구나, 그런데, 그러나, 그 대신, 그렇다하여도, 그럼에도 불구하고, 요컨대, 한마디로, 결국, 결론적으로, 종합하면, 이상의'와 같은 것들이 있다. 마지막으로 인용 장치로는 '에 의하면, ~에 따르면, ~와 같이, ~한 것은'과 같은 표지어가 있다.

글의 짜임을 파악하는 활동은 글의 내용을 이해하는 데 매우 중요한 활동이다. 인지 능력에 따라 다르다고 하여도 독자는 읽은 글의 내용을 모두 기억할 수 없다. 따라서 독자는 필요하거나 중요한 내용만을 선택하여 기억하게 되는데 글의 가장 기본적인 얼개인 글의 짜임을 파악하면 글의 중요한 내용을 쉽게 이해할 수 있게 된다. 또한 글의 짜임을 파악하는 활동은 독자가 필자가 되어 한 편의 글을 쓸 때도 매우 유용하다. 여러 유형의 글을 읽음으로써 알게 된 글의 짜임을 실제 한 편의 글을 쓰는 데에도 적용할 수 있기 때문이다.

2) 글 요약하기

요약하기란 글의 내용을 압축적으로 표현하는 것을 말한다. 압축적으로 표현한다는 것은 단지 글의 내용이 줄어드는 것을 의미하는 것이 아니라 글의 전체적인 내용이 요약적으로 잘 표현되어야 함을 의미한다. 다시 말해, 글의 중요한 생각을 간략하게 간추려 그 글의 주제가 잘 드러나게 표현해야 하는 것이 요약하기이다.

요약하기가 중요한 이유는 독자가 기억하는 내용의 양이 한정되어 있기 때문이다. 다시 말해 독자가 글의 모든 내용을 기억할 수 없기 때문에 요약하는 과정을 거쳐 텍스트를 이해하고 기억하기 쉽게 만들고 이를 통해 보다 오래 글의 내용을 기억할 수 있게 된다.

글 요약하기는 언어 사용의 두 가지 기능이 복합적으로 작용한다. 글 요약하기에 관여하는 언어 사용 기능은 읽기와 쓰기이다. 글을 요약하기 위해서는 글을 읽어야하기 때문에 읽기는 글 요약하기의 전제가 되는 기능이다. 반면 쓰기는 글 요약하기에서 절대적으로 필수가 되는 기능은 아니다. 글을 읽고 그 내용을 요약할 때 글이 아닌 말을 사용할 수도 있기 때문이다. 말을 하는 것과 글을 쓰는 것은 사고의 표현이라는 점에서 동일한 과정이라고 하더라도 말과 글의 특성상 그것이 전적으로 일치하지는 않는다. 즉 말은 시간에 구애를 받는 일시적이고 즉각적으로 존재하는 반면, 글은 시간에 구애를 받지 않는 지속적으로 나타난다. 글 내용을 그대로 옮기는 것이 아니라 재창조의 과정을 거쳐야 하는 글 요약하기의 속성상 말보다는 글이 좀 더 유용하다. 그래서 글 요약하기는 말보다 글로 이루어지는 경향이 강하다.

글 요약하기에 관여하는 읽기 기능에는 여러 가지가 있는데, 가장 기본이 되는 읽기 기능은 내용 파악이다. 글의 내용을 파악한다는 것은 글의 세부적인 내용뿐만 아니라 글의 전체적인 내용도 파악하고 있어야 함을 의미한다. 그러나 이것인 곧 글의 축자적 이해를 의미하는 것은 아니다. 글에 드러나 있지 않는 부분을 추론하여 그것이 곧 글의 주제와 어떠한 관련이 있는가를 판단하는 것은 중요한 내용을 요약해야 하는 요약하기와 밀접한 관련이 있다. 또한 글을 읽으면서 세부 내용과 중요 내용을 구별하는 것도 요약하기에서 중요한 전략 중 하나이다. 글에서 무엇이 중요한지, 중요한 내용을 뒷받침하고 설명하는 내용은 무엇인지 알아야만 중요하지 않은 내용을 삭제할 수 있기 때문이다.

글쓴이의 의도나 관점을 파악하는 것도 글을 요약하기 위한 읽기 기능 중 하나이다. 글쓴이의 의도나 관점은 곧 글의 주제나 중심 생각과 관련이 있다. 글쓴이의 의도나 관점을 파악한다면 글의 중요 내용을 선별하는 것에 도움이 된다.

또한, 글 요약하기를 잘 하려면 상위어나 바꾸어 쓸 수 있는 표현을 잘 알아야 한다. 많은 사람들이 요약하기를 글 내용을 그대로 옮기는 행위로 생각하는 경향이 있다. 그러나 이는 잘못된 생각이다. 왜냐하면 하나의 문장 안에서도 중요한 내용과 중요하지 않는 내용이 있기 때문이다. 다음의 예를 살펴보자.

'우포늪은 우리나라 최대의 자연습지로서 경상남도 창녕군 대합면 주매리 등에 걸쳐 있습니다. 우포늪은 수없이 자라는 물풀과 밑동을 늪에 담근 채 하늘을 향하여 잎사귀를 흔드는 나무들이 어우러져 원시의 분위기를 자아냅니다. 우포늪에서는 사계절 내내 희귀한 생물들을 볼 수 있습니다. 냇버들과 왕버들이 연초록 새순을 내미는 봄을 지나, 여름이면 가시연꽃이 우포늪 전체를 자줏빛으로 수놓습니다(2007 개정 5-2 읽기교과서).

위 글을 읽고 '우포늪은 우리나라 최대의 자연습지로서 경상남도 창녕군 대합면 주매리 등에 걸쳐 있습니다. 우포늪에서는 사계절 내내 희귀한 생물을 볼 수 있습니다.'로 요약하는 것은 글의 내용을 적절히 잘 요약한 것은 아니다. 왜냐하면 '경상남도 창녕군에 위치한 우리나라 최대의 습지인 우포늪에서는 희귀한 생물을 찾을 수 있다' 로 더 압축하여 요약할 수 있기 때문이다. 즉, 핵심 내용을 간추리되 그 핵심 내용을 더 압축적으로 표현하여 요약하는 것이 바람직한 요약하기이다.

이러한 점에서 본다면 요약하기는 단지 글의 내용을 줄이는 행위가 아니라 글의 내용을 재구조화하는 행위라고 할 수 있다. 독자의 읽기 목적과 글의 이해 정도, 중요한 정보 등에 따라 요약되는 내용이 달라질 수 있기 때문이다. 요약하기를 텍스트의 내용을 분석하고 종합하는 능력과 관련이 있다고 본 이삼형(1994)은 요약하기는 텍스트에 대한 독자의 이해정도를 확인할 수 있는 중요한 지침이라고 하였고, 서혁(1994)는 요약하기가 글의 중요도를 판단하는 기능을 통해 읽은 내용을 분석, 종합, 평가하는 종합적인 읽기 행위라고 한 것도 요약하기의 그러한 특성 때문이다.

3.2. 글 요약하기의 방법

1) 요약하기의 일반적 전략

텍스트 요약하기를 규칙화한 대표적인 연구자는 Kintsch & van Dijk(1978)이다. 이들은 텍스트의 의미 구조를 거지 구조 측면에서 접근하여 요약하는 방법을 마련하였으며 현재 이들의 연구가 요약하기 원리 중 가장 대표적인 것이라 할 수 있다. 이들이 제시한 요약하기 방법을 자세히 살펴보자.

(1) 삭제하기

삭제하기는 중복되거나 중요하지 않는 세부사항을 삭제하는 전략이다. 다음 글을 살펴보자.

'우포늪은 우리나라 최대의 자연습지로서 경상남도 창녕군 대합면 주매리 등에 걸쳐 있습니다. 우포늪은 수없이 자라는 물풀과 밑동을 늪에 담근 채 하늘을 향하여 잎사귀를 흔드는 나무들이 어우러져 원시의 분위기를 자아냅니다. 우포늪에서는 사계절 내내 희귀한 생물들을 볼 수 있습니다. 냇버들과 왕버들이 연초록 새순을 내미는 봄을 지나, 여름이면 가시연꽃이 우포늪 전체를 자줏빛으로 수놓습니다.

위 글에서 주요 중심 생각은 밑줄 친 문장이다. 하지만 밑줄 친 문장이 모두 중요한 내용을 담고 있는 것은 아니다. 가령, 우포늪이 경상남도에 있다는 것 정도는 주요 정보가 될 수 있지만 대합면 주매리와 같은 상세한 지명은 그리 중요한 정보가 아니다. 따라서 밑줄 친 문장 안에서도 필요 없는 정보는 삭제해야 한다. 가령 첫째 문장은 '경상남도에 위치한 우포늪은 우리나라 최대의 자연습지다.'라는 말로 요약될 수 있다.

(2) 선택하기

선택하기는 중요한 정보를 생략하지 않고 선택하는 전략이다. 선택하기 전략은 생략하기 전략과 반대되는 것으로 중요한 정보를 중요하다고 인식할 수 있는 능력을 의미한다. 가령, 우포늪에 관한 글을 읽고 '우포늪'이 중요한 정보라고 인식하여 이를 생략하지 않는 것은 선택하기 전략을 활용한 것이라고 할 수 있다.

(3) 일반화하기

일반화하기는 하위개념들을 포괄하는 상위개념어로 묶어 대체하는 전략이다. 다음을 살펴보자.

지구에서 가장 늦게 발견된 땅인 남극은 수천 미터 두께의 얼음으로 덮여 있는 미지의 대륙으로, 아직도 사람의 접근을 쉽게 허락하지 않는 신비의 땅이다. 시간이 정지한 듯 얼어붙은 땅, 눈으로 덮인 혹독한 추위, 얼음 바다 속에 살고 있는 생물들……. 이러한 어려움 속에서도 우리나라는 수 만년 동안 침묵하여 온 남극 대륙에 일찍부터 관심을 가졌다. 남극 대륙은 풍부한 지하자원이 매장되어 있고, 지구의 기후 변화를 연구하는데 꼭 필요한 곳이기 때문이다(2007 개정 5-2 읽기교과서).

위 글에서 밑줄 친 부분은 남극이 살기에 적합하지 않은 아주 척박한 땅이라는 것을 뜻한다. 따라서 '우리나라는 지하자원과 기후 변화를 연구하기 위해 오래 전부터 척박한 남극 대륙에 관심을 가졌다.'처럼 요약할 수 있다.

(4) 구성하기

구성하기는 중심 문장이 드러나 있지 않은 문단에 대한 새로운 중심 문장을 구성하는 전략이다. 구성하기 전략은 대체로 많은 학습자들이 어려워하는 전략인데, 이는 중심 내용이 글 속에 명확하게 드러나 있지 않고, 그것을 포괄하는 다른 문장을 생성해 내어야하기 때문이다. 다음을 살펴보자.

본격적인 남극 연구를 위하여 우리나라는 1987년 4월부터 5월까지 기지를 세울 장소를 조사하였다. 연구자들은 남극 관련 자료와 기지를 세우는데 필요한 여러 가지 자료를 모았다. 그들은 기지를 세울 곳의 지형이 어떠한지, 건물을 지을 수 있는지, 주변에 마실 물이 잇는지, 배가 오고 갈 수 있는지 등을 직접 눈으로 보면서 조사하였다. 그러나 적당한 장소를 찾는 일은 쉽게 않았다. 기지를 들어설 만한 곳에는 이미 다른 나라의 기지가 있거나 보호 구역으로 지정되어 기지를 세울 수 없었다.

위와 같은 문단에서는 중심 문장이 잘 드러나 있지 않다. 따라서 학습자는 새로운 문장을 생성해 내어야 하는데, 위 문단의 경우 '남극에 기지를 세울 곳이 쉽게 물색되지 않아 어려움을 겪었다' 정도로 요약될 수 있을 것이다.

요약하기 전략을 정확하게 적용하기 위해서는 중심 생각 혹은 글의 주제를 파악해야 한다. 중심 생각 혹은 글의 주제를 안다면 중요한 정보와 중요하지 않은 정보를 선별할 수 있기 때문이다. 따라서 요약하기를 지도할 때에는 바로 요약하기 전략을 적용하기보다는 글의 중심 생각이나 글의 주제를 먼저 이해할 수 있도록 해야 한다.

2) 도해조직자를 이용한 요약하기

도해조직자는 Ausubel(1968)의 '선행조직자'에서 나온 개념이다. 선행조직자는 텍스트에서 중요한 부분을 강조하여 이에 관한 지식을 담기 위해 사용되었다. 선행조직자는 학습이 일어나기 전에 학습자가 가지고 있는 지식과 학습할 지식을 서로 관련지을 수 있도록 하는 장치로, 선행조직자를 통해 학습의 유의미성을 높이기 위한 목적으로 이용되었다.

도해조직자는 글의 내용을 재인하는 것을 도와주고, 글 속에 있는 중심 생각을 논리적 구조로 조직할 수 있도록 한다(최영수, 2008). 도해조직자는 글의 주요 내용을 바탕으로 선, 화살표, 공간 배열, 순서도 등을 사용하여 위계적인 다이어그램을 재현한 것(천경록, 1995)이다. 도해조직자는 기본적인 원리나 개념들을 조직하는 데 있어 시각적 조직 구조를 제공하기 때문에 학습자들에게 상호관계나 논리적 관계를 구조화할 수 있도록 해 준다. 일반적으로 도해조직자, 그래픽조직자, 도식조직자처럼 여러 가지 용어로 사용되기도 한다. 먼저, 비교와 대조를 나타내는 도해조직자로는 다음과 같은 것들이 있다.

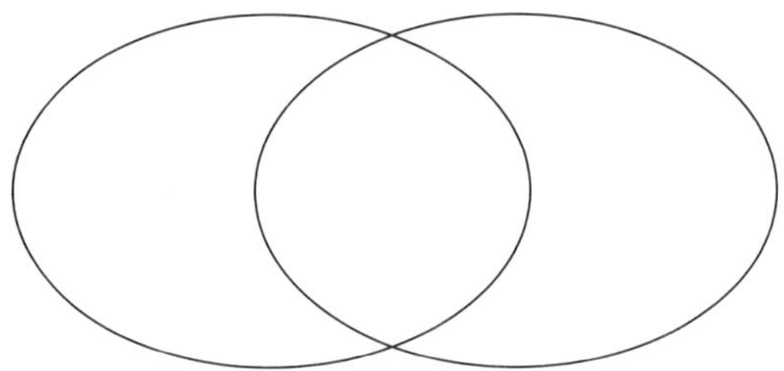

[그림3-28] 도해조직자-비교 · 대조

비교와 대조는 공통점과 차이점을 중심으로 두 대상을 비교하는 짜임이다. 가령, 우포늪을 세계의 다른 유명한 늪과 비교하여 공통점이나 차이점을 기술하는 방식이 그것이다. 비교와 대조는 독자가 이미 알고 있는 익숙한 대상을 글쓴이가 설명하려는 대상과 비교하여 독자의 이해를 높이려고 할 때 주로 사용하는 방식이다.

원인과 결과는 대체로 시간적 흐름과 일치하는 경향이 있지만, 정확히 일치하지는 않는다. 예를 들어 우포늪이 세계적인 습지로 보존 가치가 높기 때문에 우리가 모두 관심을 기울이고 보존하자는 것은 원인과 결과이지만, 우포늪이 세계적인 습지로 보존 가치가 높아진 것이 먼저 일어난 일이고, 우리가 관심을 가져야 하는 것이 그 이후에 일어난 일이라고는 할 수 없다. 그렇다고 하여도 원인과 결과는 그 원인으로 인해 결과가 발생하였기 때문에 화살표 등을 이용한 도해조직자를 주로 사용한다.

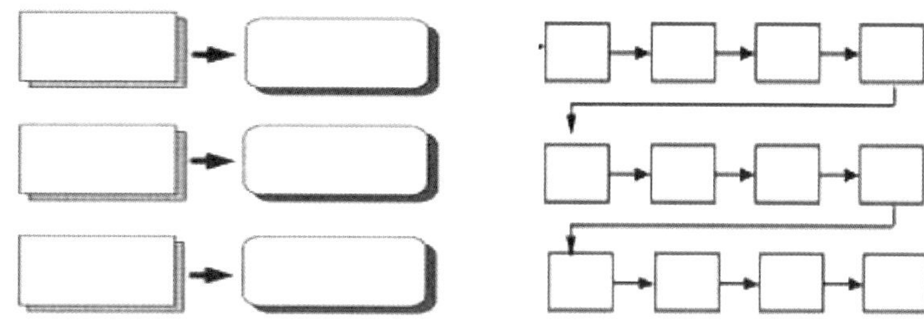

[그림3-29] 도해조직자-원인과 결과

마지막으로, 분류와 분석은 특정한 기준을 중심으로 대상을 나누는 설명 방법이다. 예를 들어 소금을 얻을 수 있는 수단으로 암염이나 바닷물 등이 있는데, 우리나라 서해안의 경우는 바닷물을 증발시켜 얻는 방법으로 소금을 얻는다고 설명하는 것은 분류의 방식이 된다. 분석은 특정한 한 대상을 여러 다른 기준을 통해 나누어 세밀하게 살펴보는 방법이다. 대체로 분석은 설명하고자 하는 대상에 대한 좀 더 깊이 있는 설명방식을 취할 때 사용된다. 분류와 분석에 대한 도해조직자도 특정한 기준에 따라 나누는 방식이므로 일정부분 비교 · 대조 도해조직자와 비슷하다.

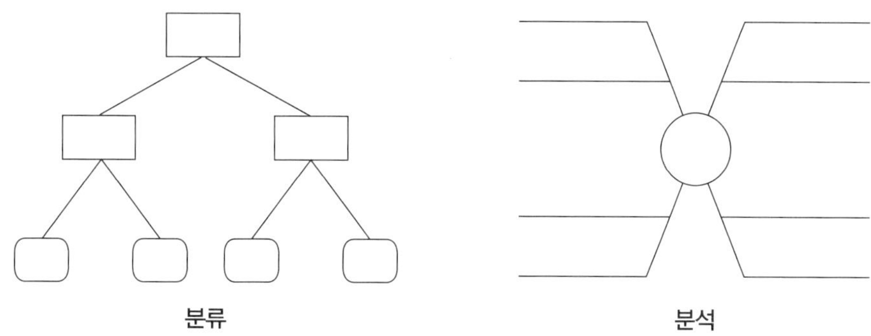

[그림3-30] 도해조직자-분류와 분석

글의 짜임에 대한 지도를 할 때에는 먼저 글의 내용을 정확하게 이해하고 각 문단이 어떤 것에 대해 설명하고 있는지를 파악하는 활동을 해야 한다. 앞서 설명한 바와 같이 글쓴이는 자신의 생각을 효율적으로 드러내기 위해 문단을 구성하는 데 이 문단은 서로 치밀하게 얽혀있기 때문이다. 가령, 태극기에 대한 글을 읽고 각 문단에서 설명하는 대상이 무엇인지를 생각해 보자. 첫 번째 문단은 태극기의 전체적인 모양에 대해 설명하고 있고 그 다음 문단부터는 태극기의 부분적인 요소에 대해 설명하고 있다. 두 번째 글은 우리나라 민요에 대한 설명을 담고 있다. 각 문단은 각 지역의 민요가 다른 고장과 달리 어떤 특징이 있는지, 그리고 대표적인 민요에는 어떤 것이 있는지를 제시하고 있다.

각 문단의 중요 설명 내용이 무엇인지 파악하였다면, 이 설명을 통해 설명하려고 하는 전체적인 대상이나 내용이 무엇인지를 짐작할 수 있어야 한다. 가령, 태극기에 대한 글에서는 태극기 모양을 이루는 각 요소에 대한 설명을 담고 있다. 두 번째 문단은 흰 색 바탕, 세 번째 문단은 태극 문양, 네 번째 문단은 사괘에 대한 설명으로 이 세 가지 요소에 대한 설명을 모두 이해하면 태극기 문양에 대해 이해할 수 있다. 그런데 이 설명 방식에 특정한 순서가 있는 것은 아니다. 즉 반드시 바탕을 먼저 설명해야 하고 그 이후에 사괘를 설명해야 하는 등의 순서가 있는 것이 아니라는 점은 인식하는 것도 필요하다. 민요에 대한 글에서는 지역에 따른 민요의 특징을 통해 우리나라 민요가 각 지역에 따라 어떤 특징이 있는지를 파악할 수 있다. 그래서 각 지역에 따른 특징도 알 수 있고 서로 비교도 가능하지만 특정한 어떤 지역과 어떤 지역을 비교하는 것이 아니라 단지 서로를 나열하는 수준에서 비교하고 있다는 점을 파악해야 한다.

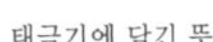
태극기에 담긴 뜻

태극기의 모양을 전체적으로 보면 흰색 바탕의 한가운데에 태극 문양이 있습니다. 그리고 건, 곤, 감, 이의 사괘가 태극 문양을 감싸고 있습니다.

태극기의 흰색 바탕은 밝음과 순수, 그리고 평화를 사랑하는 우리의 민족성을 나타냅니다.

태극 문양은 양의 기운을 나타내는 빨간색과 음의 기운을 나타내는 파란색의 조화를 보여 줍니다. 이는, 우주 만물이 양의 기운과 음의 기운의 조화를 바탕으로 하여 만들어지고 발전한다는 자연의 이치를 나타낸 것입니다.

건, 곤, 감, 이의 사괘는 네 모서리에 그려져 있으며, 검은색 막대 모양입니다. 사괘는 음과 양이 서로 변화하고 발전하는 모습을 나타낸 것으로, 각각 상징하는 의미가 있습니다. 왼쪽 위의 건(☰)은 하늘, 오른쪽 아래의 곤(☷)은 땅, 오른쪽 위의 감(☵)은 물, 왼쪽 아래의 이(☲)는 불을 상징합니다.

순수하고 자연스러운 겨레의 노래, 민요

우리 민족은 언제 어디에서나 노래를 즐겨 불렀습니다. 우리 민족의 감정과 흥겨움을 담고 있는 것이 민요입니다. 민요는 지역에 따라 경기 민요, 남도 민요, 서도 민요, 동부 민요, 제주 민요로 나눌 수 있습니다.

각 지역의 민요는 어떤 특징이 있나요?

경기 민요는 서울, 경기, 충청 북부를 중심으로 발달하였는데 서정적이고 부드러우며 맑고 경쾌한 느낌이 특징입니다. 「도라지 타령」, 「늴리리야」, 「군밤 타령」 등이 있습니다.

남도 민요는 전라도와 충청남도 일부 지역의 민요로, 기교가 뛰어나고 표현이 구성집니다. 대표적인 곡으로는 「새타령」, 「농부가」 등이 있습니다.

서도 민요는 황해도와 평안도 지방을 중심으로 발달하였습니다. 음색이 얇고 콧소리를 많이 내어 마치 우는 듯한 느낌을 주는 것이 특징입니다. 「수심가」가 대표적인 곡입니다.

동부 민요는 태백산맥 동쪽에 있는 함경도, 경상도 지역을 중심으로 발달하였는데 대체로 꿋꿋하고 소박한 느낌을 줍니다. 「한오백년」, 「쾌지나 칭칭 나네」 등이 대표적입니다.

마지막으로 제주 민요는 제주도를 중심으로 독자적으로 발달하였으며 제주도의 아름다운 경치나 부녀자들에 대한 노래가 많은 것이 특징입니다. 대표적인 곡으로는 「오돌또기」, 「이야홍 타령」 등이 있습니다.

지역별 민요

[그림3-31] 2009 국어 5-1

각 문단의 중요 설명 내용과 전체적인 설명 대상간의 관계를 이해하는 것으로 글의 짜임을 파악할 수 있다. 즉 태극기에서는 태극기에 대한 전체적인 문양 설명을 위해 각 부분을 설명하였고, 우리나라 민요에 대한 설명을 위해 각 지역의 민요에 대한 설명을 하였다. 첫 번째 태극기는 분석의 방법을, 두 번째 민요는 분류의 방법으로 설명하고 있기 때문에 글의 짜임도 그러하다는 점을 파악할 수 있다.

3.4. 글 요약하기의 평가

요약하기를 평가할 때에는 그 글의 내용을 정확하게 이해하였는가를 먼저 생각해 보아야 한다. 요약하기가 중심 활동이라고 해서 요약을 잘 하였는가 여부만 살펴보는 것은 활동의 의미를 매우 협소하게 생각한 것이다. 글을 읽고 요약을 잘 하였는가를 살펴보는 이유는 글의 내용을 잘 이해하였는가를 파악하기 위한 하나의 방법이 요약하기이기 때문이다. 따라서 글 전체에서 글쓴이가 전하고자 하는 내용이 잘 반영되었는가를 살펴보는 것은 매우 중요한 평가 요소이다. 위에 제시된 예시 [그림3-34]을 살펴보면 제목이 '태극기에 담긴 뜻'으로 이 글을 쓴 글쓴이는 태극기의 각 요소가 어떤 의미를 담고 있는지를 알려주고 싶은 의도가 담겨 있다. 따라서 태극기의 각 요소가 무엇을 뜻하는 것을 알려주는 것이 이 글에서 다루어야 할 중심 내용이 된다. 다음은 위 글을 요약한 수행 예시이다.

태극기에 담긴 뜻

태극기의 모양을 전체적으로 보면 흰색 바탕의 한 가운데에 태극 문양이 있습니다. 그리고 건, 곤, 감, 이의 사괘가 태극 문양을 감싸고 있습니다.
태극기의 흰 색 바탕은 밝음과 순수, 그리고 평화를 사랑하는 우리의 민족성을 나타냅니다.
태극 문양은 자연의 이치를 담고 있습니다.
사괘는 검은 색으로, 막대 모양입니다.

앞서 설명한 바와 같이 위 글은 태극기에 담긴 의미나 상징을 이해하기 쉽게 요약하는 것이 중요하다. 그러나 위의 요약문은 단지 글의 내용을 줄인 것에 불과하고, 각 내용도 서로 단편적인 나열에 불과하여 기억하기에 쉽지 않다.

글의 짜임에 따른 요약하기를 평가하는 두 번째 요소는 글의 내용을 그대로 옮기지 않고 자신의 언어로 재구성하였는가 여부이다. 요약하기는 글쓴이의 생각을 그대로 옮겨오는 활동이 아니다. 만약 글쓴이의 생각을 그대로 옮겨온다면 불필요한 정보가 담겨 있을 가능성이 매우 높거나 요약하기의 목적에서 벗어나 지나치게 내용이 길 수 있다. 글쓴이의 생각을 짧게 요약하기 위해서는 글을 읽는 이가 적절한 용어로 글의 내용을 '대체'하는 과정이 필요하다. 위 예시는 주로 글쓴이의 말을 그대로 옮겨 오고 있다. 그러다보니 불필요한 요약이 되고 있는데, 가령 첫 번째 문단 안에 다른 두 번째, 세 번째, 네 번째 문단의 내용을 담아 낼 수 있다. 예를 들어 '태극기는 밝음과 순수, 평화를 상징하는 흰 색 바탕 위에'와 같이 하나의 짧은 구절로 문단의 내용을 바꿀 수 있다.

참고문헌

김정훈(1996), 요약하기 책략 지도 방안 연구, 한국교원대학교 석사학위논문.

박영순(2004), 외국어로서의 한국어 교육론, 월인.

서혁(1994), 요약 능력과 요약 규칙, 국어교육학연구 4권 1호, 국어교육학회

성새롬(2010), 요약문 쓰기 활동이 이해에 미치는 영향 연구, 한양대학교 석사학위논문.

안라경(2008), 요약하기 수업의 교수학적 내용 지식에 관한 사례 연구, 청주교육대학교 교육대학원 석사 학위 논문.

이삼형(1994), 설명적 텍스트의 내용 구조 분석 방법과 교육적 적용 연구, 서울대학교 박사학위논문

이은주, 이용(2010), 《독서논술에 날개를 다는 요약하기 전략 12》, 즐거운 상상.

천경록(1995), 도해 조직자 지도가 독해에 미치는 효과, 국어교육, 5

최영수(2008), 텍스트 구조를 활용한 중심생각 찾기 전략의 효과 연구, 춘천대학교 석사학위논문

Meyer, B. J. F.(1975), The organization of prose and its effects on memory, Amsterdam: North Holland Publishing co.

Kintsch, W., & Van Dijk, T. A.(1978), Toward a model of text comprehension and production, Psychological Review.

4. 내용 추론하기

4.1. 내용 추론하기의 개념

1) 추론하기의 개념

필자는 한정된 지면 등의 이유로 글에 모든 내용을 기록하지 않는다. 필자는 독자가 어느 정도의 지식을 가지고 있을 것이라고 생각하고 내용을 생략하여 글을 쓴다. 따라서 독자는 글의 의미를 효과적으로 구성하기 위하여, 필자가 명시적으로 제시하지 않은 내용을 파악할 수 있어야 한다. 독자는 자신의 배경지식을 활용하여 생략된 정보를 보완해 가며 글을 읽는다. 이처럼 글의 명시적인 정보를 활용하여 글에서 생략된 내용을 보완해 가며 읽는 독해 전략이 추론하기(inferring)이다.

추론은 가정을 찾거나 글에 명확히 드러나지 않은 정보를 보충하는 것이다(Owocki, 2003: 15). 곧, 추론은 어떤 내용이 글에 명확히 제시되지 않았다고 하더라도 앞 뒤 상황을 고려하여 의미를 파악해 내는 능력이다. 독자는 글에 제시된 내용을 단서로 활용하여 자신의 배경지식을 결합시켜 글의 의미를 구성하게 된다. 다음 글을 읽어 보자.

• 철수네 가족은 캠핑을 갔다. 그들은 서둘러 텐트를 치고, 저녁 식사를 준비하기 시작했다. 그러나 기대했던 멋진 저녁식사를 할 수 없었다.

위의 글을 읽은 독자는 '그들은'이 철수네 가족이라는 것을 알 수 있다. 또한 캠핑을 가본 사람이라면 저녁식사로 보통 야외에서 고기를 구워먹는다는 것을 생각하고, 철수네 가족이 고기나 휴대용 가스레인지를 가져오지 않았다는 것을 추론할 수 있다. 이처럼 독자는 자신의 경험을 떠올려 철수네 가족이 제대로 식사를 할 수 없었던 이유를 파악할 수 있어야 한다. 글에 명시적으로 드러난 정보와 독자의 배경지식을 결합시켜 글을 읽을 때, 글에 대한 이해는 보다 깊고 풍부해진다. 추론은 글에 대한 처리의 깊이(process of depth)에 중요하게 작용하는 전략이다.

독자는 자신이 추론한 내용이 적절하지 않다면, 이를 수정해야 한다. 예를 들어, 위의 글 다음에 '그 날 일기 예보가 완전히 빗나갔기 때문이다.'라는 문장이 제시되었다고 하자. 독자는 철수네 가족이 저녁식사를 제대로 할 수 없었던 이유로 다른 것을 생각해야 한다. 즉, 비가 많이 와서 집으로 돌아가야 했거나 텐트 안에서 지내면서 저녁 식사를 간단히 해결했을 것이라고 새로운 추론을 해야 한다. 독자가 자신의 배경지식을 떠올려 글의 의미를 보충한다는 것은 독자의 임의적 판단을 뜻하는 것이 아니다. 글을 읽는 과정은 독자와 글의 상호작용이기 때문에, 독자는 글의 내용에 근거하여 논리적인 추론을 해야 한다. 추론한 내용이 틀렸을 때는 적절한 근거를 들어 수정할 수 있어야 한다.

추론하기에는 다음과 같은 몇 가지 종류가 있다(신헌재 등, 2009; Irwin, 한철우 · 천경록 역, 1996). 첫째, 글쓴이의 가정 추론하기이다. 앞서 언급한 것처럼, 글쓴이는 글에 모든 내용을 기술하지 않는다. 독자는 글을 바탕으로 글쓴이의 가정을 추론할 수 있어야 한다. 다음과 같은 글을 예를 들 수 있다.

- 영희는 당번 활동을 하다가 컵을 떨어뜨렸다. 누군가 볼까봐 두려웠다.
- 수우족은 겨울에 먹을 것이 거의 없다. 모든 버팔로가 죽어버렸다.

글쓴이는 각각 '영희가 컵을 깨뜨렸다.'와 '수우족이 평상시 버팔로를 먹었다.'고 가정하고 있다. 위의 글을 읽고 독자는 이러한 글쓴이의 가정을 추론할 수 있어야 한다.

둘째, 인물에 대하여 추론하기이다. 독자는 글에 드러난 인물의 말이나 행동을 바탕으로 인물이 특정 행동을 한 이유나 인물의 심리 상태 등을 추론할 수 있어야 한다. 다음과 같은 글을 예로 들 수 있다.

이삿짐이 들어왔습니다. 서랍 두 개가 딸린 책상이 하나, 일인용 침대가 하나, 낡은 책장이 두 개, 그리고 무엇이 들었는지 꽤 무거워 보이는 종이 상자가 서른 개쯤 있었습니다.

'무엇을 하는 사람일까?'

아저씨는 밤늦게까지 책상 앞에 앉아 책을 읽거나 무엇인가를 씁니다. 때때로 소리 내어 책을 읽기도 하고, 자기가 쓴 글을 읽기도 합니다. 나는 그 모든 것을 보고 듣는 것이 즐겁습니다.

위의 글을 읽고, 독자는 글의 내용을 바탕으로 인물에 대하여 추론할 수 있어야 한다. 작은 책상, 일인용 침대, 낡은 책장 등으로 보아, 그는 부유하지 않을 것이다. 그러나 밤늦게까지 책상에서 글을 읽거나 쓰는 것으로 보아, 자신의 일에 열정을 가지고 있는 사람일 것이다. 이사를 온 아저씨의 직업은 소설가나 시인일 가능성이 높다.

끝으로, 이어질 내용 추론하기이다. 독자는 사건의 흐름, 글의 논리적 배열, 인과 관계 등에 주의를 기울이며, 이어질 내용을 추론한다. 다음과 같은 글을 예로 들 수 있다.

• 철수는 창문 밖을 쳐다보았다. 그는 코트를 입고, 눈삽을 들고 밖으로 나갔다.

이 글을 읽고, 독자는 철수가 집 앞의 눈을 치우는 내용이 이어질 것이라고 추론할 수 있다.

2) 교육과정의 추론하기 관련 내용

여기에서는 교육과정에 추론하기 전략이 어떻게 제시되고 있는지 살펴보기로 한다. 먼저 2009 개정 국어과 교육과정을 살펴보고, 다음으로 2010년에 발표된 미국의 국가수준 교육과정인 CCSS(Common Core State Standards)를 살펴본다.

먼저, 2009 개정 국어과 교육과정의 읽기 영역에서는 추론하기와 관련하여 다음 〈표3-18〉과 같은 성취기준을 제시한다.

〈표3-18〉 2009 개정 국어과 교육과정 추론하기 관련 성취기준

〈1~2 학년군〉
(5) 글의 내용을 자신이 겪은 일과 관련지어 이해한다.
〈3~4 학년군〉
(2) 글쓴이의 마음이나 인물의 마음을 짐작하며 글을 읽는다.
(3) 읽기 과정에서 지식과 경험을 적극적으로 활용하며 글을 읽는다.
〈5~6 학년군〉
(3) 내용을 추론하며 글을 읽는다.

〈1~2학년군〉의 (5)번 성취기준에서는 인물의 행동이나 생각을 파악하고, 그런 행동이나 생각을 하게 된 상황, 까닭 등을 고려하여 그 사람의 입장에서 이해할 수 있도록 한다. 그리고 자신의

경험이나 생각과 비교해 보게 함으로써, 글의 내용에 깊이 공감하도록 한다. 〈3~4학년군〉의 (2)번 성취기준에서는 글쓴이나 인물의 마음이 직접적으로 표현된 부분을 찾아보거나, 마음을 간접적으로 묘사한 부분을 찾아 인물의 마음을 짐작하고 파악할 수 있도록 한다. (3)번 성취기준에서는 독자의 배경지식이나 경험을 적극적으로 활용하여 글의 의미를 파악하도록 한다. 〈5~6학년군〉의 (3)번 성취기준에서는 글의 앞뒤 내용을 미루어 짐작하거나 독자의 배경지식이나 경험, 맥락 등을 활용하도록 한다. 추론의 중요성을 이해하고, 글의 제목이나 삽화, 차례 등을 보고 추론하며, 인물이나 장소, 배경에 대해 추론하거나, 이어질 내용에 대해 예측한다.

다음으로, 미국의 국가수준 교육과정인 CCSS를 살펴본다. CCSS의 큰 특징 중 하나는 고등학교를 졸업한 학생이 대학이나 직업의 준비도를 갖추도록 하는 것이다. 이를 위해 '대학 및 직업 준비도 성취기준'이라는 최종 목표에 해당하는 폭넓은 성취기준을 설정하고, 학년군별로 이를 달성하기 위한 '학년 세부 성취기준'을 제시하고 있다. 즉, 학년 세부 성취기준에 도달한 후, 최종적으로 대학 및 직업 준비도 성취기준에 도달하도록 구성되어 있다. 추론하기와 관련된 대학 및 직업 준비도 성취기준과 학년 세부 성취기준은 다음〈표3-19〉와 같다.

〈표3-19〉 CCSS의 추론하기 관련 성취기준(CCSSI,2010)

대학 및 직업 준비도 성취기준		
1. 텍스트가 명시적으로 말하는 것을 결정하고, 이를 바탕으로 논리적 추론을 하기 위하여 면밀히 읽는다; 텍스트로부터 얻은 결론을 뒷받침하기 위해 쓰기나 말하기를 할 때, 특정한 텍스트적 근거를 인용한다.		
학년 세부 성취기준		
유치원-5학년	6-8학년	9-10학년, 11-12학년
유치원생 1. 촉진하기와 뒷받침과 함께, 텍스트의 핵심 세부내용에 대해 질문하고 답한다. 1학년 학생 1. 덱스트의 핵심 세부내용에 대해 질문하고 답한다. 2학년 학생 1. 텍스트의 핵심 세부내용에 대한 이해를 보이기 위해 누가, 무엇을, 어디서, 언제, 왜와 같은 질문을 하고 답한다.	6학년 학생 1. 텍스트가 명시적으로 말하는 것은 물론 텍스트로부터 추론한 것에 대한 분석을 뒷받침하기 위하여 텍스트적 근거를 인용한다. 7학년 학생 1. 텍스트가 명시적으로 말하는 것은 물론 텍스트로부터 추론한 것에 대한 분석을 뒷받침하기 위하여 몇 가지 텍스트적 근거를 인용한다.	9-10학년 학생 1. 텍스트가 명시적으로 말하는 것을 물론 텍스트로부터의 추론한 것을 뒷받침하기 위하여 강력하고 철저한 텍스트적 근거를 인용안다. 11-12학년 학생 1. 텍스트가 불확실한 문제를 남겨두는 곳을 결정하기를 포함하여, 텍스트가 명시적으로 말하는 것은 물론 텍스트로부터 추론한 것을 뒷받침하기 위하여 강력하고 철저한 텍스트적 근거를 인용한다.
3학년 학생 1. 대답에 대한 기초로서 텍스트를 명시적으로 언급하면서, 텍스트에 대한 이해를 보이기 위해 질문하고 답한다. 4학년 학생 1. 텍스트가 명시적으로 말하는 것을 설명할 때 그리고 텍스트로부터 추론할 때, 텍스트의 세부내용과 예시를 언급한다. 5학년 학생 1. 텍스트가 명시적으로 말하는 것을 설명할 때 그리고 텍스트로부터 추론할 때, 텍스트로부터 정확히 인용한다.	8학년 학생 1. 텍스트가 명시적으로 말하는 것은 물론 텍스트로부터 추론한 것에 대한 분석을 가장 강력하게 뒷받침하는 텍스트적 근거를 인용한다.	

위의 〈표3-19〉에서 볼 수 있는 것처럼, 대학 및 직업 준비도 성취기준은 고등학교 12학년까지 마친 학생들이 텍스트에 명시적으로 드러난 내용을 확인하고, 이를 바탕으로 텍스트의 근거를 들

어가며 추론을 하도록 하고 있다. 이를 위하여 학년별로 세부 성취기준을 제시하고 있는데, 저학년 단계에서는 글에 명시적으로 제시된 내용을 확인하는 것에 중점을 두고, 고학년으로 갈수록 근거를 들어가며 추론을 하도록 한다.

4.2. 추론하기의 지도 방법

추론하기의 지도 방법에는 여러 가지가 있다. 이 중 교사가 쉽게 활용할 수 있는 간단한 방법 몇 가지를 간추려 소개한다.[6]

1) 질문하기

추론하기는 필자가 명시적으로 제시한 내용을 바탕으로 필자가 말하지 않은 것을 채워나가는 과정이다. 교사는 다음과 같은 대화를 사용하며 학생들이 추론하기 전략을 활용할 수 있도록 한다.

- 나는 ___________이 궁금해요.
- 글쓴이는 여러분이 어떤 점을 알기를 바라나요?
- 다음 단서에 기초하여, 어떤 사실을 이끌어낼 수 있나요?
- 글쓴이는 여러분의 결론을 이끄는 어떤 단서를 주었나요?
- ___________으로부터 중요한 결론은 무엇인가요?
- 어떤 세부내용이나 근거가 여러분의 결론을 뒷받침하나요?
- 그 이야기의 밑에 있는 이야기는 무엇인가요?
- 만약 ___________하다면, 어떤 일이 일어날까요?
- 왜 그 일이 일어날 것이라고 생각하나요?
- ___________가 할 일을 예측해 보세요.
- 행간 읽기를 하세요.
- 그것을 어떻게 알았나요?
- 인물의 마음이 어떠하다고 생각하나요?
- 이 문장을 ___________을 의미한다.
- 결론을 이끌기 위하여 글의 단서와 여러분이 알고 있는 내용을 어떻게 결합시켰나요?

---

6) 추론하기 전략의 지도 방법은 Owocki(천경록 · 조용구 역, 2013)을 참고하였다.

2) 추론한 내용을 글로 쓰기

학생들이 추론할 때, 이를 보다 구체화하기 위하여 추론한 내용을 글로 쓰도록 한다. 다음과 같은 간단한 예가 도움이 된다.

• 나는 ______________라고 추론한다. 왜냐하면 _____________.

학생들에게 자신이 쓴 것을 논의할 기회를 준 후에, 추론한 내용이 맞았는지 틀렸는지 확인할 기회를 반드시 주어야 한다.

3) 배경지식 활성화하기

학생들이 글을 읽을 때 배경지식을 떠올리도록 한다. 배경지식 활성화하기는 추론하기의 중요한 구성요소이다. 이는 어린이들이 글의 화제에 대해 아는 것과 느끼는 것을 떠올리도록 하기 때문이다. 다음 교사의 대화 상자는 어린이의 배경지식 활성화를 지도하는 일반적인 질문이다. 추론하기 위해 배경지식을 사용하는 방법을 시범보이는 교사의 예도 함께 제시한다.

배경지식 활성화하기

일반적인 질문

• 이 화제에 대해 아는 것을 떠올려 보세요.
• 전에 이와 같은 것을 보거나 경험한 적이 있나요?
• 여러분의 지식과 생각이 글을 읽고 이해하는 데 어떤 도움이 되나요?

예시:

• 오늘 신문에는 새끼 곰에 대한 다른 기사가 실려 있어요. 기사를 잘 이해하기 위해서 내가 이미 아는 것을 생각해 보는 것이 도움이 될 거예요. 어제 기사에는 곰이 사람들이 사는 곳으로 내려왔다는 내용이 실렸어요. 선생님은 오늘 기사가 곰이 다른 것을 하고 있다는 내용일 것이라고 예측해요. 이것이 곰이 다시 신문에 나온 이유예요.
• '곰이 호기심 때문에 죽을 수도 있다.'라는 것이 제목이에요. 선생님은 이것으로부터 무엇을 추론할 수 있을까요?

---

4) 글 훑어보기

글 훑어보기(text walks)는 추론을 하기 위한 또 다른 방법이다. 글을 읽기 전에, 학생들이 그림, 이야기, 글의 형식을 바탕으로 추론을 하며 책장을 넘겨보도록 한다. 또한 학생들은 자신들이 발견할지도 모른다고 생각하는 핵심어를 예측할 수도 있다. 글 훑어보기는 어린이들에게 곧 읽을 내용에 대한 일반적인 감각을 제공하고, 글에서 마주칠 언어와 어휘에 친숙해지도록 한다.

5) T차트 활동

이 활동은 학생들이 T자 모양의 학습지에 추론한 내용과 그 근거를 쓰도록 하는 것이다. 다음과 같은 학습지를 나눠주고, 추론하기 전략에 적절한 글을 읽어 준다. 또는 짝과 함께 글을 읽고 활동하게 할 수도 있다. 학습지의 왼쪽에는 추론한 내용을 쓰고, 오른쪽에는 추론의 근거나 이유를 쓰도록 한다. 글을 다시 읽어 주면서, 바뀐 내용이 있으면 학생들이 학습지에 쓴 내용을 고치도록 한다. 글에 대해 추론을 할 때에는 근거가 있어야 한다는 점을 지속적으로 강조한다.

추론하기	
추론한 내용	근거

한편, 추론하기를 적용한 교과서의 사례는 다음과 같다. 여기에서 예로 든 것은 국어 6학년 1학기 7단원 '이야기의 구성'이다. 이 단원의 5~6차시 학습 목표는 '이야기의 구성 요소들의 관계를 생각하며 이야기의 뒷부분을 상상하여 봅시다.'이다. 이러한 학습 목표에 도달하기 위하여, '살구가 익을 무렵'이라는 글을 읽고, 인물, 배경, 사건의 관계를 생각하며 이야기의 뒷부분을 추론하도록 한다. 글을 읽은 후에, 다음 [그림3-32]와 같은 활동이 제시된다.

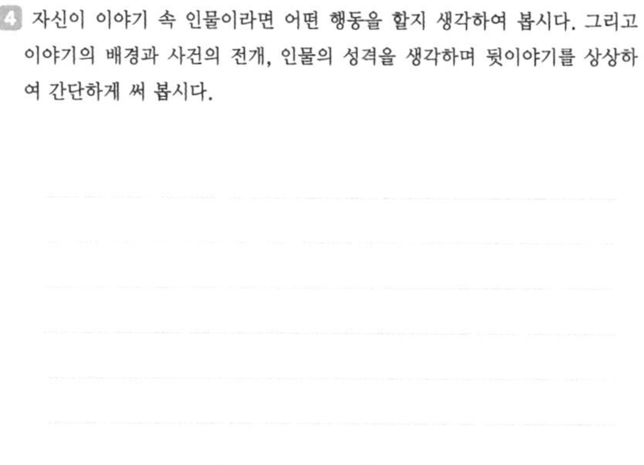
4 자신이 이야기 속 인물이라면 어떤 행동을 할지 생각하여 봅시다. 그리고 이야기의 배경과 사건의 전개, 인물의 성격을 생각하며 뒷이야기를 상상하여 간단하게 써 봅시다.

[그림3-32] 2009 국어 6-1

위의 [그림3-32]에서 볼 수 있는 것처럼, 학생들은 이야기의 구성 요소인 인물, 사건, 배경의 관계에 따라 이어질 내용을 추론한다. 이 활동을 한 이후에 다음 [그림3-33]과 같은 활동이 제시되는데, 이는 자신이 추론한 내용의 적절성을 점검하는 학습 활동이다.

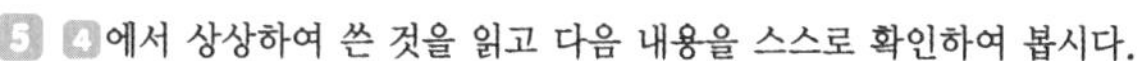
5 4에서 상상하여 쓴 것을 읽고 다음 내용을 스스로 확인하여 봅시다.

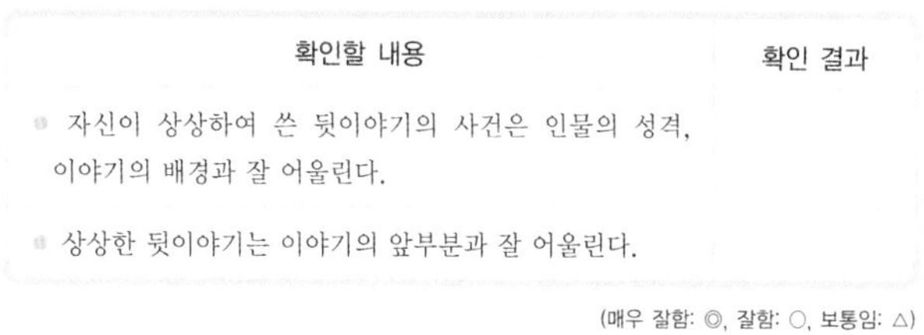

확인할 내용	확인 결과
자신이 상상하여 쓴 뒷이야기의 사건은 인물의 성격, 이야기의 배경과 잘 어울린다.	
상상한 뒷이야기는 이야기의 앞부분과 잘 어울린다.	

(매우 잘함: ◎, 잘함: ○, 보통임: △)

[그림3-33] 2009 국어 6-1

4.3. 내용 추론하기의 평가

독해 전략의 평가는 글에서 의미를 구성하는 학생의 능력을 파악하는 것이다. 독해 전략의 하나인 추론하기 역시 학생의 의미 구성 능력을 파악하는 데 초점을 둔다. 교사는 개별 학생의 강점과 약점을 평가하고, 학생의 다양한 요구를 충족시키기 위하여 향후 지도 계획에 이를 반영한다.

다른 전략과 마찬가지로, 추론하기 전략도 형식적 평가와 비형식적 평가를 실시한다. 먼저, 형식적 평가는 검사 도구를 활용하여 학생의 추론하기 능력을 평가하는 것이다. 검사 도구에는 표준화 검사와 빈칸 메우기 검사가 있다. 표준화 검사는 학업성취도 평가와 같이 흔히 접할 수 있는 검사이다. 추론하기 전략을 평가하는 일반적인 문항의 형식은 다음과 같이 '위 글의 내용에 이어질 내용으로 알맞은 것은?'을 들 수 있다.

〈자료3-14〉 추론하기 평가를 위한 표준화 검사 형식(예시)

1. 위 글의 내용에 이어질 내용으로 알맞은 것은? ------------- (　　　)
①
②
③
④
⑤

빈칸 메우기 검사(cloze test)는 지문의 특정 단어를 빈칸으로 제시하고, 빈칸에 들어갈 단어를 고르도록 하는 것이다. 문항의 유형은 다음과 같다.

〈자료3-15〉 추론하기 평가를 위한 빈칸 메우기 검사 형식(예시)

2년 전, 아버지께서 돌아가시고 난 뒤부터 어머니께서는 정말 많이 1_____. 나무에 붙은 벌레 한 마리도 잡지 못하던 어머니께서는 눈 하나 깜짝하지 않고 쥐덫을 놓아 쥐를 잡으셨고, 배추 한 포기도 무겁다며 쩔쩔매던 어머니께서는 쌀 한 포대도 거뜬히 드셨으니까.	1	① 우셨다　② 변하셨다 ③ 참으셨다　④ 슬퍼하셨다

위의 문항에서 피험자는 지문을 읽고, 4개의 답지 중 하나를 선택하도록 요구받는다. 4개의 모든 답지는 빈칸이 있는 문장에 대해 통사적으로 그리고 의미적으로 적절하다. 즉, '2년 전, 아버지께서 돌아가시고 난 뒤부터 어머니께서는 정말 많이1____.'는 문장만을 놓고 볼 때, 빈칸에는 ①, ②, ③, ④번 모두가 적절하다. 그러나 지문 전체를 통해 ②번 답지만이 최상의 답지가 된다. 답지가 의미적으로 그리고 통사적으로 빈칸에 어울리기 때문에, 빈칸이 있는 문장과 답지만 읽고 정답을 찾을 수 없다. 따라서 피험자는 지문을 전체적으로 읽고, 추론적 읽기를 수행해야 한다.

다음으로, 비형식적 평가는 학생의 추론하기 능력을 임상적으로 기록하는 것이다. 다음과 같은 표에 날짜 및 학생의 추론하기 능력을 간단히 기록한다. 이 때, 추론을 하기 위해 학생들이 자신의 배경지식과 글의 단서를 적절히 활용하는지에 주목한다. 또한 자신이 추론한 내용이 틀렸을 때, 추론한 내용을 수정할 수 있는지도 확인한다. 이를 바탕으로 개별 학생에 대한 지도 계획을 세운다. 평가 기록지는 앞에서 제시한 '2. 추론하기 지도 방법'들을 적용하는 과정에서 수시로 기록한다.

〈자료3-16〉 추론하기 평가를 위한 평가 기록지(예시)

추론하기 평가 기록지

날짜:

이름	배경지식과 글의 단서의 사용 여부	추론 수정하기	지도 계획
강○○	○	잘못된 추론이 없음	보다 어려운 글을 제공하고 추론을 하게 함
김○○	×	·	추론을 할 수 있도록 교사의 설명과 시범을 필요로 함
박○○	○	추론한 내용이 틀렸을 때 수정을 할 수 있음	보다 어려운 글을 제공하고 추론을 하게 함
이○○	○	추론한 내용이 틀렸을 때 수정을 못 함	잘못된 추론을 수정할 수 있도록 교사의 설명과 시범을 필요로 함

참고문헌

신헌재 외(2009), ≪초등 국어과 교수 · 학습 방법≫, 박이정.

조용구 · 이경남(2013), 읽기 능력 측정을 위한 빈칸 메우기 검사 도구의 개발, ≪독서연구≫ 30, 465-491, 한국독서학회.

천경록 · 백해경 · 진명숙 · 양서영 · 고지용(2013), ≪활동중심 독서지도≫, 교육과학사.

CCSSI(2010). Common Core State Standards for English Language Arts & Literacy in History/Social Studies, Science, and Technical Subjects. Washington, DC: CCSSO & NGA.

Owocki, G., 천경록 · 조용구 역(2013), ≪유 · 초등 독서지도≫, 교육과학사.

Irwin, J. W. & Baker, I., 한철우 · 천경록 역(1996), ≪독서 지도 방법≫, 교학사.

5. 중심생각 찾기

5.1. 중심생각 찾기의 개념

텍스트를 수용한다는 것은 텍스트에 담긴 의미를 생각할 수 있다는 뜻이다. 다시 말해, 글을 읽는다는 것은 글에 담긴 의미를 아는 것이다. 초보적인 수준에서 문자의 해독이나 정확한 소리 내어 읽기에 중점을 두었다면, 중심생각 찾기의 수준에서는 의미에 집중하면서 텍스트를 읽을 수 있도록 한다.

한 편의 글은 중심 내용과 세부 내용이 위계적으로 연관되는 의미 구조를 가지고 있으며, 이러한 의미구조에 대한 체계적 이해는 학습의 기본 능력이자 논리적 사고의 토대가 된다. 따라서 한 편의 글을 지엽적으로 이해하는 것이 아니라 글 전체의 중심생각을 파악하는 것이 무엇보다 중요하다. 글의 세세한 세부 내용까지 자세히 이해하는 것보다 중요한 내용이 무엇인지 알 수 있는 것이 강조된다.

글쓴이가 글에서 드러내고자 하는 바가 글의 중심생각이며, 이를 파악하는 것이 글 이해의 핵심이라 할 수 있다. 중심생각을 파악하려면 글 전체의 내용을 포괄하는 중심 내용을 찾아야 한다. 이를 바탕으로 글쓴이가 한 편의 글에서 말하고자 하는 바를 짐작해야 하는데, 이것은 글감 또는 글의 제목에서 추론하거나 글 전체의 이해를 통해 이루어질 수 있다(교육부, 2009). Cunningham & Moore(1986)는 중심생각과 관련된 유사한 개념들을 아홉 가지 들고 이에 대한 조작적 정의를 진술한 바 있다(문선모 역, 1995 재인용). 예를 들면, 중심생각은 요점, 해석, 핵심단어, 선택적 요약/선택적 도표, 제목, 화제, 화제의 쟁점, 주제문과 관련이 있다(신헌재 외, 1996). 이처럼, 중심생각은 글에서 가장 중요한 단일 개념의 핵심어이기도 하고, 글의 전체적인 요약이면서, 글의 전체적인 내용을 담을 수 있는 주제이기도 하다. 우리가 보편적으로 말하는 중심생각과 가장 유사한 용어는 바로 '주제'일 것이다.

그러나 텍스트로부터 의미를 구성하는 읽기 행위는 개별적인 독자에 의해 이루어진다. 동일한 텍스트를 읽는 서로 다른 학생들이 같은 의미를 생산하는 것은 아니다. 학생 개개인은 일련의 독특한 개인적인 경험을 가지고 있을 뿐만 아니라, 책에 대한 경험 또한 다르며, 아울러 텍스트를 처리하는 능력도 다르다. 모든 학생들이 다르고, 교사와도 다르다. 서로 약간씩 다른 방식으로 텍스트를 수용하게 되는 것이다. 물론 텍스트에 대한 독자의 이해는 글을 쓰면서 저자가 마음속으로 생각한 것과도 정확하게 일치하는 것도 아니다(Goodman, 1972). 어떤 학생은 텍스트의 표면적인 이해에 그칠 수도 있지만 어떤 학생들은 텍스트가 의미하는 바를 보다 풍부하게 이해할 수도 있는 것이다. 이처럼 중심생각 찾기는 자신이 읽은 것의 요점을 명료하게 확인하는 차원과 함께 나름의 개인적인 독자의 의식과 관심에 따라 중심생각을 판단하는 차원까지 포함되어야 한다.

이처럼 글에 대한 체계적인 이해를 강조하는 중심생각 찾기와 함께 글의 구조나 체계적인 요약 차원을 넘어서 독자의 의미 구성을 강조하는 중심생각 찾기에도 주목할 필요가 있다. 독자 중심으로 새로 알게 된 사실이나 관심 있는 내용을 중심으로 정리하거나, 친구들에게 알려주고 싶은 내용을 중심으로 찾아보거나, 특정한 과제를 해결하는데 적합한 내용을 중심으로 읽은 내용을 정리하는 것도 교육적 의미가 크다. 중심생각 찾기를 독자 나름의 목적에 따라 중심 내용을 선별하고, 여러 가지 관심 있는 내용, 공감하는 내용이 엄밀한 의미의 중심생각인 것이다. 결국, 중심생각 찾기는 글에 위계적인 의미 구조에 담긴 필자의 일관된 생각을 찾는 행위와 함께 독자 자신의 목적이나 관심에 따라 새로 알게 된 사실이나 관심 있는 내용에 주목하는 중요도 결정행위까지를 포함한다.

따라서 자신이 읽은 글의 요점이나 중심생각 찾기는 여러 가지 단계의 사고 과정을 거치게 된다. 학생들은 반드시 필수적인 요소의 확인하기, 추론하기, 판단하기를 구별할 수 있어야 한다. 우선, 중심 생각 찾기는 아마도 책의 내용 어딘가에 있는 것, 다시 말해 텍스트에 명시적으로 드러난 내용의 확인에서 시작할 것이다. 그리고 중심생각은 명시적으로 표현되지 않은 것, 다시 말해 텍스트에 함축적인 것도 있다. 그래서 학생들은 그것을 추론해야 할 것이다. 아울러 텍스트의 내용을 개인적인 읽기 목적이나 관심에 따라 중심생각이 선별되는 판단하기의 과정도 거칠 것이다.

5.2. 중심생각 찾기의 지도 방법

중심생각 찾기의 지도 방법은 앞에서 언급한 세 차원의 사고 과정을 거칠 수 있도록 해야 한다. 어휘수준 혹은 문단수준에서 필수적인 요소로 중심 내용과 세부 내용을 확인하도록 하고, 문단이 무엇에 관한 내용인지 자주 등장하는 핵심어를 확인하면서 언급되는 내용을 중심 생각으로 표현하기도 하며, 세부 내용을 통해 중심생각을 추론하는 과정을 거치기도 한다. 아울러 텍스트의 내용을 자신의 맥락에 따라 선별하는 판단하기의 과정도 함께 다루어져야 한다.

1) 어휘 범주화하기

중심생각을 찾기 위해서는 여러 가지 어휘들을 범주화할 수 있는 능력이 필수요건이다. 어휘 범주화하기는 학습자들에게 어휘를 요약하는 경험을 제공하고, 이런 경험들로 어휘를 범주화할 수 있는 능력을 신장시킬 수 있다(신헌재 외, 2005). 그래서 일반적으로 글의 중심생각 찾기 방법을 배우는 것의 시작은 어휘들의 목록을 범주화하는 활동으로 이루어진다.

먼저, 교사는 칠판에 제목이 없는 어휘들의 목록을 제시한다. 그런 다음 학생들에게 제시되는 어휘들이 무엇에 관한 것인지 생각해보도록 유도한다. 예를 들어, 다음의 몇 가지 어휘 목록을 보면서, 어휘들은 대부분 무엇에 관해 말하고 있으며 그것을 설명하고 있다는 것을 강조한다. 이처럼, 중심생각은 무엇에 관한 가장 중요한 생각이고, 중심생각을 지원하는 다른 종류의 정보들은 세부내용이라고 한다는 점도 함께 강조한다.

〈표3-20〉 어휘 범주화 목록(예시)

동물	과일	옷	학용품
개 고양이 새 말	사과 포도 수박 딸기	셔츠 바지 드레스 청바지	연필 지우개 샤프 공책

2) 핵심어 찾기

글의 중심생각을 찾기 위해서는 글의 세세한 내용까지는 아니더라도 중요한 내용이 무엇인지를 대략 알 수 있어야 한다. 따라서 설명하는 글의 경우에는 설명의 대상, 곧 화제가 무엇인지를 알고, 이야기 글의 경우에는 이야기의 주인공이 누구인지를 아는 등 핵심적인 대상이나 어휘를 찾을 수 있도록 한다. 그런 다음 설명하는 글은 화제나 설명 대상에 대해 어떠한 설명을 하였는지, 이야기 글에서는 주인공이 어떤 일을 하였는지를 알도록 하여 중심 생각을 찾는 수준으로 접근하게 된다. 이 수준에서는 '화제가 어떠하다' 또는 '주인공이 무엇을 하였다'와 같이 중요 내용을 몇 개의 문장으로 정리하도록 한다. 이런 핵심어 찾기의 과정에서 글이 글쓴이의 생각을 담은 것이라는 점을 알고, 글쓴이의 생각이 어떤 목적에 맞추어 이루어지는지도 함께 생각할 수 있는 기회를 주어, 중심생각이 글쓴이의 생각이라는 점을 명료하게 할 수 있도록 이끈다.

구체적으로 짧은 문단의 핵심어 찾기를 통해 어떻게 중심생각을 찾는지에 대한 교사의 사고구술을 통한 시범을 보여준다.

〈표3-21〉 중심 생각 찾기 시범 보이기(예시)

명왕성은 태양을 한바퀴도는데 200년이 넘게 걸린다는 것을 알고 있나요? 우리 행성인 지구는 365일이 걸려요. 가장 작은 행성인 수성은 태양을 도는데 단지 88일 걸려요. 태양계의 모든 9개의 행성은 태양을 도는데 걸리는 날과 시간이 달라요.

이 문단을 학생들과 소리 내어 읽은 다음, 교사는 다음과 같이 사고구술을 한다. 예를 들어, "처음에 나는 이 문단이 명왕성에 대하여 말하고 있다고 생각했어요. 그러나 다음에 다른 행성이 나왔네. 사실, 모든 9개의 행성에 관한 무엇을 말하고 있지요. 그래서 나는 이 문단은 행성에 관한 것이라고 생각했어. 그렇다면 행성에 관한 무엇일까? 각 문장들은 행성들이 태양을 도는데 얼마나 걸리는지에 관한 정보를 주고 있어요. 결국, 이 문단은 행성들이 태양을 도는데 얼마나 걸리는가에 관한 것이라고 생각했어요." 이처럼 무엇에 관한 핵심어를 찾는 과정을 통해 '무엇이 어떠하다' 수준에서 중심 생각을 결정하는 과정을 보여줄 수 있다.

이처럼 핵심어 찾기를 통한 중심 생각 파악하기는 글감 또는 글의 제목에서 추론하기를 동반하기도 한다. 추론을 보다 원활하게 하기 위하여 삽화나 그림을 보면서 글감의 개념을 개발하는데 도움을 줄 수도 있다. "이 그림은 무엇에 관한 것인가?" 라는 질문에 답하면서 글감이나 화제를 개발할 수 있게 된다. 또한 학생들이 짧은 문단을 읽으면서 여러 가지 주어진 것에서 가장 좋은 제목을 선택하는 것도 중심생각 찾기에 도움이 된다. 학생 스스로 자신의 제목을 만들어보는 과정을 거치면서 이 문단의 중심 생각을 가장 잘 표현할 수 있게 된다.

3) 중심 내용과 세부 내용 구분하기

흔히 교사가 학생들에게 내용을 요약하라고 말을 하면, 아이들은 한숨을 내쉬거나 아니면 전체 이야기의 세부사항까지 하나하나 다 말하는 경우가 많다. 반대로 중심 내용을 표시하라고 하면, 한 쪽에 있는 거의 모든 단어를 밑줄 칠지도 모른다. 이 두 유형은 모두 핵심 주제와 주제를 뒷받침하는 세부 내용을 구분하지 못하는 경우라 볼 수 있다. 즉, 무엇이 중요한지를 결정하지 못하는 것이다. Havey & Goudvis(2000)는 핵심 아이디어와 중요 정보를 식별하는 능력은 통찰력을 발달시키는 필수 요소라고 말한다. 이야기의 내용을 기억하려면 반드시 핵심내용을 파악해야 한다. 세부 내용 속에서 헤매는 아이들은 핵심 아이디어나 주제를 파악하지 못하기 때문에 그것을 이해하지도 못한다. 또 효과적으로 요약하지도 못하고 무엇을 기억해야 하는지도 모른다. 또한 추론과 같은 전략은 기본적으로 텍스트에서 중요한 것과 부차적인 것을 구분할 수 있다는 가정을 바탕으로 한 것이다(NICHD, 2000).

반면, 유능한 독자들은 텍스트의 구조와 그 요소를 효과적으로 이용해서 핵심 아이디어나 주제를 요약하고 찾아낸다. 텍스트의 구조란 필자가 자신의 글을 구성하기 위해 사용하는 인과관계와 같은 구조적 매트릭스라고 할 수 있다. 텍스트 요소는 제목, 소제목, 삽화 등 핵심적인 아이디어를 표시하기 위해 사용되는 소도구들이다. Weaver & Kintsch(1991)는 텍스트 구조를 인지하면 전체적인 아이디어 또는 핵심주제를 이해하는데 도움이 된다고 말한다. Pearson & Fielding(1991)은 아이들에게 텍스트 구조 사용법을 가르쳤을 때의 효과와 관련하여, 설명식 텍스트 구조에 관한 모든 교육이 효과가 있다고 말한다.

설명적 텍스트에서 학생들은 텍스트 요소와 텍스트 구조를 살펴본다. 텍스트 구조는 텍스트가 구성된 방식을 말한다. 예를 들어, 건물을 지을 때 쓰는 건축 자제와 같은 것이다. 나무와 못, 강철, 콘크리트를 이용해서 집을 짓는데, 집의 골격이 벽돌과 콘크리트 속에 감추어져 있는 것처럼 텍스트의 구조도 텍스트에 묻혀 있는 것이다. 텍스트의 틀을 구성하기 위해서 작가는 인과관계, 서술, 순서, 비교, 대조, 나열, 설명 등을 활용한다. 각각의 텍스트 구조에는 텍스트를 조직하기 위한 계획이 있는데, 필자는 각각에 대해 다른 장치들을 쓴다. 예를 들어, 순서 구조를 만들기 위해 첫째, 둘째, 셋째라는 단어를 사용하는데, 이런 장치는 글을 읽는 독자에게 일종의 의미 단서를 제공하는 것이다. 또 '반면' 이나 '이와 비교해서' 라는 문구를 보면 필자가 비교나 대조를 사용하다는 것을 짐작할 수 있다. 그러면 대조가 되는 아이디어를 찾는 것이다.

이와 같이 대체적으로 정보전달의 글은 중심 내용과 세부 내용이 위계적으로 관련되는 의미 구조를 가지고 있다. 중심 화제와 이에 대한 주요 설명으로 이루어지는 중심 내용과 이 중심 내용을 뒷받침하거나 자세하게 풀이하거나 예를 들어주는 세부 내용이 있다. 즉, 세부 내용이 중심 내용을 보조하는 것이다. 이러한 기본 구조가 가장 간명하게 나타나는 것이 바로 문단이라 할 수 있다. 하나의 중심 내용과 이에 대한 여러 가지 세부 내용으로 구성되는 의미 구조를 파악함으로써 글의 의미 구조를 이해하게 할 수 있다. 따라서 학생들은 문단의 세부내용을 살펴보면서 중심생각을 찾을 수 있게 되는 것이다.

앞에서 교사는 문단이 '대부분 무엇에 관한 내용인가? 무엇에 관하여 어떤 내용을 언급하고 있는가?' 정도의 수준에서 접근을 했다면 여기에서는 세부 내용들을 살펴보고 중심생각을 말하는 과정을 거치게 된다. 다음 문단을 예로 어떤 세부 내용이 중심생각으로 표현되는지를 설명할 수 있다.

〈표3-22〉 중심내용과 세부내용 구분하기 시범보이기(예시)

대기 오염은 각종 질환을 유발한다. 대기 오염을 일으키는 주원인인 아황산가스는 허파나 기도에 손상을 주어 호흡기 질환을 일으킨다. 또 오존층의 파괴로 인한 강한 자외선이 피부암을 일으키고 백내장 등의 질환을 유발한다.

어떤 문단에서 중심생각은 직접적으로 진술된다는 점을 지적해 주고, 관련된 여러 가지 정보들이 부연 설명하는 세부 내용을 통해 핵심적인 메시지를 확인할 수 있을 것이다(신헌재외, 2005). 예를 들어, 이 문단에서 가장 일반적인 진술이 무엇인가 각 문장을 살펴보면, 반복되거나, 강조되는 가장 일반적인 생각이 바로 중심 생각이라는 점을 말해볼 수 있을 것이다. 아울러 일반적인 중심 생각과 특별한 세부내용 사이에 차이점을 이해시킬 수 있도록 한다.

이처럼 구체적인 세부 내용을 언급할 수 없다면 중심 생각을 찾을 수 없게 된다는 점, 문단에서 중심 생각을 바로 찾을 수 있다는 점, 추가적으로 중심 생각의 위치는 문단의 처음에, 문단의 끝에, 문단의 중간에, 혹은 문단의 처음과 끝에, 아니면 직접적으로 진술되지 않을 수 있다는 점도 언급할 수 있다. 만약에 중심 생각이 진술되지 않았다면 세부적인 내용을 사용하여 중심생각을 판단해야 한다는 점도 함께 언급할 수 있다.

지금까지의 하위전략들을 통해 문단의 중심생각 찾기의 방법을 배울 수 있도록 도움을 줄 수 있다. 더 나아가 한 문단 수준의 범위를 넘어서 여러 문단의 중심 생각을 파악하는 과정을 거치게 된다. 이 수준까지 나아가면서 문단과 문단의 연결 관계 파악하기, 문단의 중심 내용을 연결하여 대강의 내용 간추리기까지 지도할 수 있게 된다.

4) 맥락에 따라 중요도 결정하기

중심생각 찾기는 글의 필수적인 요소의 확인이나 세부 내용을 통한 추론을 거쳐 만들어진다. 이런 논리적인 이해를 거쳐 능동적인 독자는 자신의 관심사나 과제 맥락에 따라 중심 생각을 선별하거나 혹은 비판적으로 인식하는 과정을 거치게 된다. 일반적으로 중심 생각은 글쓴이가 그 글에서 담고 있는 생각으로 이를 잘 파악했다고 읽기가 성공적으로 수행되었다고 말할 수는 없다. 읽기는 다양한 맥락 속에서 이루어지는 활동으로 능동적인 독자의 수준에 따라 중심 생각은 도출되기도 하고, 선별되기도 하며, 판단되기도 한다. 예를 들어, 정보 전달의 글을 읽는 학생이 그냥 흥미삼아 책을 읽는 경우도 있지만 특별한 과제를 해결하기 위해서 읽기도 한다. 자신의 과제를 해결하기 위하여 설명하는 글을 읽는다면, 그 글에 담긴 글쓴이의 생각보다는 과제를 해결하는데 도움이 되는 내용을 선별하고 정보를 파악해야 하는 것이기도 하다. 자신의 배경지식이나 과제맥락과 연결시켜 수용되는 내용에 보다 관심을 기울여야 한다. 문단을 구조를 파악하여 체계적인 내용을 이해하는 것보다 독자측면의 배경지식이나 과제의 맥락에 관심을 기울여 중요도를 결정하는 과정도 필요한 것이다.

물론 이런 전략을 중심 생각 찾기와 별개의 요소로 논의하는 것이 더 효과적이라 생각할 수도 있다. 필자도 그 의견에 공감을 하는 면도 있다. 하지만 중심생각 찾기의 전략에서 이런 논의를 하는 까닭은 지나치게 정보전달의 글이 텍스트의 내용에 국한되어 학생들에게 다가가는 경향이 강하기 때문이다. 정보전달의 글이 너무도 담백하게 학생들에게 텍스트의 내용을 정리하는 수준에서 진행되어, 독자 개인의 관심사나 흥미를 주목하지 않기 때문이다. 사실 설명하는 글은 개인의 관심이나 흥미에 주목하여 그 뜻을 알게 하고, 이런 내용을 중심으로 정리하게 하여야 알아가는 기쁨을 스스로 느끼게 될 뿐만 아니라, 다른 친구들에게도 가르쳐 주고 싶은 내용도 찾아가며 진정한 설명한 글을 읽는 가치와 재미를 맛볼 수 있게 할 수 있을 것이다.

궁극적으로 설명하는 글은 정보나 지식 등 가치 있는 사실을 알려주려는 목적을 가지고 있으며 독자는 그러한 정보나 지식을 알기 위해서 읽는다. 여러 가지 관심 있는 주제에 대하여 설명하는 글을 즐겨 읽을 수 있도록 이끌기 위해서는 독자 나름대로 다양한 맥락 속에서 중요도를 결정하는 과정도 의미가 있다. 중심 생각은 텍스트에 존재하는 필자의 생각이기도 하지만 독자가 글에서 공감하는 내용, 나에게 꼭 필요한 정보, 친구에게 알려주고 싶은 내용이기도 하다. 이를 통해, 궁극적으로 설명하는 글 읽기가 개인의 지적 호기심을 충족하고, 일상생활의 필요를 충족시키는 정보를 찾아보며, 타자와의 정보 교류의 장으로 확장되길 기대한다. 텍스트의 내용 요소로 한정되는 중심 생각 찾기의 사고 수준을 보다 고등 사고 수준의 행위로 이끌어 갈 수 있는 계기도 될 것이다. 세부적인 지도의 모습은 수업 적용의 사례에서 다루고자 한다.

여기에서는 보다 적극적으로 독자의 능동적인 중요도 결정하기를 강조하는 중심생각 찾기의 지도 사례를 살펴본다. 우선, 수업의 시작은 설명하는 글이 필요한 상황을 이해하는 것이다. 2007 개정 2학년 1학기 읽기 교과서 '설명하는 글을 읽으면 어떤 점이 좋은지 알아봅시다.'라는 목표가 설정되어 운영되었다. 설명하는 글은 왜 읽는지, 설명하는 글을 읽는 까닭, 설명하는 글을 읽었을 때의 좋은 점 등을 의논한다. 설명하는 글이 필요한 상황맥락은 크게 3차원으로 접근한다. 일반적으로 독자상황, 텍스트상황, 과제상황을 언급하게 된다. 구체적으로 교과서에 구현된 상황들을 예시로 살펴보면 다음과 같다.

〈그림3-34〉 2007 국어 2-1

세 가지 장면을 보면서 어떤 목적으로 설명하는 글을 읽는지 그 까닭을 말해 볼 수 있을 것이다. 새로운 사실을 알 수 있기 때문에, 혹은 내가 알고 있는 사실을 확인할 수 있기 때문에, 궁금했던 사실을 확인할 수 있기 때문에 등의 답변을 얻게 된다. 처음에는 개인적인 독자상황을 중심으로 그 답변을 유도하게 되지만 보다 맥락을 확장하여 자신이 관심 있는 정보를 얻을 수 있고, 어떤 과제나 숙제를 해결하기 위해서, 혹은 다른 친구들에게 알려 주기 위해서 하는 경우로 다양해진다.

이런 다양한 상황맥락에 주목하면서 설명하는 글을 읽고, 중심 생각을 찾도록 유도한다. 가장 먼저 독자맥락을 고려하여 '새로 알게 된 사실이나 관심 있는 내용에 주목하여 중심 생각을 찾고 정리하게 한다. 개인적인 관심사에 주목하여 설명하는 글을 읽으면서 새롭게 알게 된 점을 통해 중심 생각을 정해보는 것이다. 나에게 꼭 필요한 정보가 바로 중심 생각일 수 있다. 새롭게 알게 된 정보가 바로 중심 생각 일 수도 있는 것이다. 읽기 능력이 떨어지는 미숙한 독자 수준에서 문단의 구조적이 접근보다는 개인적인 차원에서 자신이 새롭게 안 사실들을 위주로 중심생각을 찾도록 유도할 수도 있다.

또한 과제맥락을 제시하여 중심 생각을 정하도록 한다. 2007 개정 2학년 1학기 읽기 교과서에서 시도된 적이 있었다. "전통 공예 체험 행사에 참여하려고 합니다. 어떤 내용이 중요한지 생각하며 '전통 공예 체험 행사'를 읽어 봅시다." 이런 활동이 교과서에 제시된 적이 있다. '무엇을 알아야 하는지'에 따라 중심 내용이 달라지는 것이다. 행사에 참여하기 위하여 여러 가지 조건들을 생각하며 꼭 알아 두어야 할 것의 우선순위를 고려하면서 중심 생각을 정하도록 할 수 있다. 다른 차시에서는 "책을 빌리려면 무엇을 알아야 하는지 생각하며 ' 푸른 꿈 도서관'을 읽어 봅시다." 라는 활동도 제안되었다. 구체적인 과제맥락을 제시하여 중심생각을 판단할 수 있는 고등 수준의 사고 과정을 거치는 계기를 마련할 수 있게 된다.

아울러 다양한 상황맥락을 도입하여 단순한 텍스트 내용의 요약과 정리 수준을 넘어서는 사고 과정을 거치도록 유도할 수 있다. '친구들에 알려주고 싶은 내용', '자신에게 흥미와 관심이 있는 내용', '앞으로 더 알고 싶은 질문이 생기는 내용' 등의 과제 맥락을 도입하여 중심 생각 찾기의 사고 과정의 수준을 높일 수 있다. 뿐만 아니라 궁극적으로 설명하는 글을 찾아 즐겨 읽을 수 있는 태도를 기르는데도 기여할 수 있게 된다. 아울러 학습자들의 개인적인 수준차를 고려하여 다양한 과제 맥락을 설정하는 계기를 마련하는데도 도움이 될 것이다.

5.3. 중심생각 찾기의 평가

중심생각 찾기의 평가는 기본적으로 스스로 자기를 점검할 수 있는 기회를 제공하는 데 목적을 두어야 한다. 그래서 평가 장면을 접하면서 항상 자기 점검에 필요한 질문들을 먼저 교사가 시범보이는 것이 매우 중요하다. 평가도 중요한 수업의 일환으로 그 의미를 가질 수 있어야 한다. 평가 장면을 접하면서 스스로에게 항상 해야 하는 질문들을 학생들과 함께 의논하면서 만들어가는 과정이 평가 전 활동으로 기획되어야 한다. 학생들과 함께 만들어가는 중심생각 찾기의 자기 점검 질문들에는 어떤 것들이 있을까? 예를 들면, "한 문단을 읽으면서 스스로에게 먼저 전체 문단은 무엇에 관한 것인가? 이 문단의 대부분은 무엇에 관한 내용인가? 바로 이 질문들은 설명 대상이 되는 화제를 찾는 것이지." 혹은 이런 질문도 만들어 질 수 있다. "이 문단에서 가장 일반적인 진술은 어느 것인가? 각 문장을 살펴보면서 가장 일반적인 생각을 담고 있는 것이 있는가? 그것이 바로 중심 생각이라고 할 수 있지." 아니면 비슷한 형태로 이런 질문도 만들어 질 수 있다. "각각의 세부적인 특별한 내용들이 말하고자 하는 내용은 무엇일까? 이 답이 바로 중심 생각이라고 할 수 있다." 이런 다양한 질문들을 생성하면서 중심 생각 찾기의 방법의 요점을 개발하는 것이다. 이런 자기 점검의 질문을 만든 후에 다음의 여러 가지 평가 장면을 접하면 중심 생각 찾기 전략을 강화하는 계기가 될 수 있을 것이다.

첫째, 중심생각의 포괄적이고 총체적인 본질을 이해하는데 도움을 주기 위해서 일반적인 것과 특별한 생각 사이에 차이점을 이해하는 데 도움이 될 만한 단어 목록을 제공하여 중심 생각에 대한 가장 좋은 예를 찾고 그 까닭을 논의하도록 한다. 예를 들면, '다른 것을 포함할 수 있는 단어를 표시하시오.'라는 평가 과제를 제시할 수 있다. 아울러 개별 단어를 포함할 수 있는 가장 알맞은 답을 찾고 이유를 말하도록 할 수도 있다.

〈표3-23〉 중심생각의 좋은 예 찾기를 위한 단어 목록(예시)

눈, 비, 날씨, 안개 우표, 동전, 스티커, 수집 지구, 토성, 목성, 행성 놀이, 빙고, 구슬치기, 널뛰기
사과, 포도, 수박, 딸기, 참외는 모두 ________ 호랑이, 악어, 도마뱀, 코끼리, 여우는 모두 ______

둘째, 학생들은 중심 생각이나 중심 문장의 예를 찾기 위한 다양한 유형의 문단을 살펴볼 필요가 있다. 한 문단에서 중심 문장이 조직되는 다양한 유형의 문단 구조를 사용하도록 한다. 한 문단에서 중심 문장을 조직하는 방법에는 크게 5가지가 있는데, 이 유형들을 학생들에게 경험시키며 동료 학생과 상의하도록 한다(신헌재 외, 2005). 한 문단에서 중심 문장을 조직하는 5가지 유형은 중심문장이 앞에 오는 문단, 중심문장이 뒤에 오는 문단, 중심문장이 앞과 뒤에 오는 문단, 중심문장이 가운에 오는 문단, 중심문장이 직접 진술되지 않은 문단이다. 이런 다양한 유형의 문단 구조를 보면서 중심 문장을 찾아보거나, 아니면 중심문장을 스스로 만들어 보거나, 간단한 기본 구조는 학생 스스로 한 문단을 쓰게 할 수도 있다.

〈표3-24〉 중심문장이 앞에 오는 문단(예시)

(올빼미는 밤에도 볼 수 있는 야행성 새이다.) 올빼미들은 밤에 작은 동물을 찾아서 사냥하여 잡아먹는다. 올빼미는 밤에도 볼 수 있는 큰 눈을 가지고 있기 때문에 밤에 사냥을 할 수 있다. 그들의 눈은 인간의 눈보다 50배 더 강력하다. 또한 올빼미는 굉장히 민감한 귀를 가지고 있어 높은 나무에서도 바삭거리는 쥐 소리를 들을 수 있다.

〈표3-25〉 중심문장이 뒤에 오는 문단(예시)

사람이 살아가는 데에는 여러 가지 지켜야 될 일이 많다. 그 중에서도 규칙은 기본 질서를 지키기 위한 것이라고 볼 수가 있다. 서로간의 약속 같은 것이어서 지키지 않으면 아무 소용이 없다. 여럿이 함께 살아가는 사회 집단에서는 규칙이 필수적이다. (그러므로 규칙을 잘 지키자.)

〈표3-26〉 중심문장이 앞뒤에 오는 문단(예시)

우리들은 다른 사람들에게도 고마움과 사랑을 느낄 줄 알아야 한다. 우리와 함께 한 마음, 한 나라를 이루고 있는 사람들은, 낯모르는 사람일지라도 우리들에게 도움을 주고 있다. 한여름의 뜨거운 햇볕 아래서 곡식을 일궈 내는 사람들, 추운 겨울날에도 한길에서 교통정리를 해주는 사람들이 없으면 우리는 살 수가 없다. 그러므로 (우리들은 다른 모든 사람들에게 고마움을 느끼고 사랑할 줄 알아야 한다.)

셋째, 중심생각과 세부내용을 파악하기 위한 평가활동으로 일련의 나열된 문장을 읽고, 중심 생각을 하나 고르는 활동은 보다 역동적으로 자기의 생각을 교정할 수 있는 기회를 제공한다. 예를 들어, 카드의 앞면에는 여러 문장이 나열되어 있고, 학생들이 읽으면서 하나의 중심 생각을 고른다. 그런 다음 카드의 뒷면을 보고 중심생각과 번호를 확인할 수 있다.

〈표3-27〉 중심생각 찾기 평가 카드(예시)

카드의 앞면	카드의 뒷면
1. 박쥐는 날 수 있다. 2. 박쥐는 동굴에서 볼 수 있다. 3. 박쥐는 진기한 동물이다. 4. 박쥐는 땅에서는 잘 움직이지 못한다. 5. 박쥐는 사람을 위협한다.	중심생각: 3번 박쥐는 진기한 동물이다.

넷째, 중심 생각 찾기의 평가 활동을 설계하면서 반드시 친구들과의 협의나 토의 활동을 제시하는 것이 필요하다. 일반적인 수행평가는 대부분 학습지의 형태로 학생들의 쓰기맥락으로 구현되는 경우가 많다. 그러나 학생들이 수업에서 거치는 사고 과정의 복잡성을 찾아내기 위해서는 학생들의 구두표현의 맥락에서 관찰되어야 한다. 또한 협의나 토의에서 일어나는 사회적 상호작용은

학생들의 능력을 평가할 뿐만 아니라, 다양한 학생들의 반응에 대한 변화와 발전을 평가하는데 좋은 상황맥락을 제공한다. 개별 수행 맥락의 과제에서 볼 수 없는 다양한 학습자들의 반응들을 확인할 수 있으며 그 자체가 또 다른 학습의 공간이 되기도 한다.

중심생각 찾기의 협의 내용을 예로 들어보면, 중심 생각이 없는 세부 내용으로 이루어진 문단을 우선적으로 제공한다. 그리고 이 문단의 중심 생각으로 적절한 문장을 고르도록 한다. 고를 수 있는 예시는 네 문장으로 만들어 제시하는 것이 좋다. 물론 한 문장은 이 문단의 중심 생각을 담고 있는 것이고, 다른 한 문장은 너무 일반적이고 넓은 내용을 담고 있으며, 하나는 너무 세부적인 내용이고, 마지막은 이 문단에서 진술되지 않은 정보를 담고 있다. 학생들은 각각의 문단에서 중심 생각을 선택 한 후, 자신의 선택에 대한 이유나 까닭을 의논 할 뿐만 아니라 왜 다른 문장들이 중심 생각으로 적절하지 않은지도 의논한다. 이런 안내된 토의는 자신의 생각을 보다 분명하게 만들 수 있기 때문에 매우 중요하다.

끝으로, 중심생각 찾기의 평가 활동은 실생활과도 밀접한 관계를 가질 수 있어야 한다. 일반적인 평가 과제는 보다 학생들의 문식성 생활과의 관련 속에 이루어져야 그 효과를 높일 수 있기 때문이다. 일반적인 숙제나 과제 맥락으로 신문 기사를 사용하여 학생들이 중심 생각에 밑줄을 치거나, 아니면 다양한 칼라의 펜을 이용하여 중심 생각을 지원하는 세부 내용에 밑줄을 치면서 신문 기사를 보도록 한다. 또한 아직 정보전달의 글보다는 이야기 글에 익숙한 학생들에게 아주 친숙한 이야기, 예를 들면 아기 돼지 삼형제의 배경 지식을 사용하여 그 이야기의 중심 생각을 논의하도록 할 수도 있다. 그 뿐만 아니라 일기 쓰기를 통하여 학생들은 다양한 유형의 문단 구조, 예를 들면 중심문장이 앞에 오는 문단이나 혹은 중심문장이 뒤에 오는 문단을 자기 스스로 한 문단 쓸 수 있도록 하는 것도 의미가 있는 평가 과제일 수 있다.

참고문헌

교육부(2007). ≪초등학교 교육과정 해설≫, 교육부.

교육부(2009). ≪초등학교 교육과정 해설≫, 교육부.

김국태(2006). 읽기 수업의 교수적 비계설정 양상 연구. 박사학위 논문, 한국교원대.

문선모 역(1995), ≪중심내용의 이해와 수업≫, 교육과학사. J. F. Baumann(1986). (Ed). Teaching Main Idea Comprehension. IRA.

신헌재 외 (2005), ≪초등 국어과 교수 학습 방법≫, 박이정.

이경화(2003), ≪읽기 교육의 원리와 방법≫, 박이정

초등국어교육학회(1999). ≪읽기 수업의 방법≫, 박이정

천경록 · 이경화 역(2003), ≪독서지도론≫, 박이정. J.W. Irwin(1991). Teaching readeding comprehension processes. (2nd). Allyn & Bacon.

Goodman, K. S. (1972), The reading process: Theory and practice. In R, Hodges & E. H. Rudorf (Eds), Language and learning, Boston: Houghton Mifflin.

Havey, V. H., & A. Goudvis (2000). Strategies that work: Teaching comprehension to enhance understanding. Portland, ME: Stenhouse.

NICHD(Natioal Institute of Child Health and Human Development).(2000). Teaching Children to read: An evidence-based assessment of scientific research literature on reading and its implications for reading instruction. Comprehension Report of the National Reading Panel. Washington, DC: U.S. Government Printing Office.

Weaver, C. A., & W. Kintsch(1991) Expository text. In R. Barr et al., Handbook of reading research, vol. 2, 230-44. White Plains, NY: Longman.

Pearson, P. D., & L. Fielding(1991) Comprehension instruction: In R. Barr et al., Handbook of reading research, vol. 2, 815~60. White Plains, NY: Longman.

6. 설명문 쓰기

6.1. 설명문의 개념 및 특징

1) 설명문의 개념

현대 사회는 잡지나 신문, 각종 안내서, 안내문, 공연안내 책자, 전자제품 설명 등을 통해 정보를 접하게 된다. 따라서 효과적인 정보처리 능력이 무엇보다 중요하며 이를 효과적으로 전달하기 위한 논리적 구조가 필요하다. 즉 전달하고자 하는 내용을 독자가 정확하고 효과적으로 이해할 수 있도록 하기 위해서는 객관적인 사실들을 논리적으로 구조화하여야 보다 정보를 효과적으로 전달할 수 있기 때문이다.

설명문은 독자에게 무엇인가 알리기 위하여, 즉 정보를 전달하기 위함을 목적으로 쓰여진 글이다. 따라서 설명하는 글을 쓸 때에는 사실을 바탕으로 내용이 명료하고 구체적이어야 하며, 대상을 정확하고 자세히 기술해야 하는데. 이를 위해서는 설명하고자 하는 대상의 특징을 잘 드러내거나 상황에 알맞은 낱말을 사용하여야 한다. 또한 설명 대상을 독자가 쉽게 알 수 있도록 객관적인 내용이 제시되어야 하므로 주관적인 개입을 삼가 해야 한다. 따라서 설명하는 글을 쓸 때에는 자신이나 다른 사람이 쓴 글을 읽어 보고, 의미가 정확하지 않거나 대상을 제대로 표현하지 못하고 있는 낱말을 알맞은 낱말로 고쳐 쓰는 활동도 함께 하도록 한다.

저학년에서는 쉽게 접할 수 있는 인물이나 사물을 표현하는 경험을 통해, 주변의 대상에서 특징을 발견해 안내하여, 학생들이 쉽게 접근할 수 있도록 하고 중학년이 되어서는 어휘확장과 관련지어 지도한다. 또한 고학년으로 갈수록 일이 일어난 순서나 인과 관계에 따라, 혹은 공통점과 차이점을 중심으로 설명하는 등, 자신의 설명 방법에 따라 내용의 전개나 글의 조직 방식이 달라짐을 깨닫도록 한다. 학생들이 일상에서 접하게 되는 보고서, 기사문, 기행문 등도 설명문의 범주에 든다.

설명문은 설명의 방법에 따라 효과적인 설명 방법이 사용될 수 있다. 그래서 설명할 대상이나 목적에 따라 글이 구조화 될 수 있는데 그 방식을 그림으로(그래픽조직자 혹은 도해조직자)으로 나타내기도 한다. 설명의 방법은 흔히 다음 몇 가지로 정리할 수 있는데 실제 초등학교 단계에서는 한 가지 대상에 대하여 늘어놓아 설명하는 방식이 흔하다. 즉, "연에는 여러 가지 종류가 있습니다. 방패연, 가오리연 등이 있는데..." 항목을 나누어 설명하는 방식으로 '분석'의 설명방식이 많이 나타나고 있다. 몇 가지 예를 들면 다음과 같다.

2) 설명의 방식

(1) 분류

대상을 기준에 따라 나누거나 묶는 방법으로 설명하는 방식이다. 이때 기준을 어떤 식으로 하느냐가 중요하다.

태권도의 기술은 크게 품새와 겨루기로 나눌 수 있습니다. 품새는 공격과 방어의 기본 기술을 연결한 연속 동작입니다. 품새를 통하여 혼자서도 상대방과 겨루는 연습을 할 수 있습니다. 겨루기는 품새로 익힌 기술을 두 사람이 겨루어 보는 것입니다. 경기에서 두 사람의 승패를 가리는 방법으로 겨루기를 합니다.

-2007개정 3-1읽기 교과서

(2) 분석

일의 순서나 항목을 나누어 설명하는 방식이다.

우리가 아는 동물은 대부분 이가 있습니다. 동물은 이로 먹이를 잡거나 씹어서 삼킵니다. 그러나 이가 없는 동물도 많이 있습니다. 이가 없는 동물도 저마다 다양한 방법으로 먹이를 먹습니다.

부리로 먹이를 먹는 동물이 있습니다. 독수리는 튼튼하고 끝이 갈고리처럼 구부러진 부리로 먹이를 찢어 먹습니다. 딱따구리는 날카롭고 곧은 부리로 나무에 숨어 있는 곤충을 잡아먹습니다. 또, 왜가리는 가느다랗고 긴 부리로 머리를 물에 담그지 않고도 먹이를 잡아먹을 수 있습니다.

혀로 먹이를 잡아 삼키는 동물도 있습니다. 카멜레온은 곤봉처럼 생긴 아주 긴 혀를 총처럼 쏘아서 벌레를 잡아 삼킵니다. 개구리와 두꺼비도 카멜레온보다는 짧지만 길고 넓은 혀로 번개처럼 빠르게 벌레를 잡아 삼킵니다. 달팽이는 치설이라고 불리는 강판처럼 까끌까끌하게 생긴 혀로 잎이나 꽃을 갉아 먹습니다. 또, 개미핥기는 끈끈한 혀로 흰개미를 핥아 먹습니다.

입으로 먹이를 빨아들이거나 물과 함께 마시는 동물도 있습니다. 바다에 사는 해마는 진공청소기처럼 생긴 긴 입으로 아주 작은 동물들을 빨아들입니다. 흰긴수염고래와 같이 고래수염이 있는 고래들은 크릴이라는 작은 새우를 바닷물과 함께 들이마십니다. 그런 다음에 물은 고래수염 사이로 뱉어 내고 크릴만 걸러서 삼킵니다.

-2007개정, 3-1읽기 교과서

(3) 예시

설명하고자 하는 내용과 관계있는 예들을 보이면서 설명하는 방식이다.

어떤 나무는 껍질이나 잎을 사용합니다. 육계나무, 헛개나무, 가시오갈피 나무는 껍질을 말려서 쓰고, 차나무, 감나무, 뽕나무는 잎을 말려서 차로 끓여 마십니다 나무도 약도 만들어 먹는데, 버디나무 껍질로는 열을 내리고 통증을 달래 주는 약을 만들고, 은행나무 잎으로는 피를 잘 돌게 하는 약을 만듭니다.

-2009개정, 국어 3-1-나

(4) 비교/대조

설명하고자 하는 내용을 좀 더 효과적으로 하기 위해 다른 대상에 빗대어 공통점이나 차이점을 들어 설명하는 방식이다.

한옥은 지방마다 구조가 조금씩 달랐습니다. 따뜻한 남부 지방에서는 바람이 잘 통하도록 넓은 마루를 두고 방을 한 줄로 배열하였습니다. 마루는 방들을 연결하는 통로로 사용되었고, 무더운 여름날에는 시원한 마루에서 주로 생활하였습니다. 추운 북부 지방에서는 집을 낮게 지으면서 방을 두 줄이나 사각형으로 배열하여 집 안의 열기가 밖으로 빠져나가지 않도록 하였습니다. 방과 부엌 사이에 '정주간'이라고 하는 별도의 방을 만들어 일을 하거나 밥을 먹는 등 여러 용도로 사용하기도 하였습니다.

-2007개정, 4-2 읽기 교과서

(5) 비유

설명하고자 하는 내용이 낯선 것일 때, 보다 쉬운 다른 대상에 대입하여 이해를 쉽게 하도록 설명하는 방식이다.

백제 사람들은 무령왕릉 내부의 벽과 천장을 모두 벽돌로 쌓아 올렸는데, 네 줄은 눕혀서 쌓고 한 줄은 세워서 쌓아 밋밋하고 단조로운 느낌을 피하였다. 천장은 터널 모양을 하고 있고, 연꽃 모양을 새겨 구운 벽돌은 두 장을 맞대면 한 송이 연꽃이 되도록 하였다.

무령왕릉에서는 약 3,000점의 유물이 발굴되었는데, 특히 왕과 왕비가 쓰던, 불꽃이 타오르는 듯한 모양의 금제관 장식이 유명하다.

– 2007개정, 4-1 읽기 교과서

6.2. 설명문 쓰기 지도 방법

1) 설명문 쓰기 지도의 원리

설명문은 정보 등을 효과적으로 알리는 데에 목적이 있기 때문에 직접 글을 쓰기 이전에 글 쓸 대상에 대하여 자료 수집 활동을 하는 것이 좋다. 요즈음에는 인터넷이나 책 등 자료가 풍부하고 쉽게 접할 수 있는 장점이 있어 손쉽게 많은 자료를 수집할 수 있으나 가장 어려운 점은 자신이 설명하고자 하는 목적과 글에 맞게 변용시키는 능력이다. 따라서 설명문을 쓸 때에는 관련 자료를 소화하여 글에 맞게 쓸 수 있는 능력도 필요하다.

설명문 쓰기 지도를 할 때에는 다양한 설명의 방법을 익히도록 하는 것이 선행된다. 즉 학생들은 다양한 설명 방식을 익혀 쓰기 주제에 적합한 설명 방법을 습득하여야 하는데 이를지도하는 방법으로 흔히 도식조직자(graphic organizer–그래픽조직자, 혹은 도해조직자 라고도 함)를 제시하게 된다. 도식조직자는 설명을 할 때, 내용 요소들 간의 관계를 시각적으로 나타낸 것으로서 글의 내용이나 전개방식을 개략적으로 스케치할 수 있을 뿐 아니라 글의 짜임을 명확히 할 수 있다. 또한 설명문을 읽을 때에 내용의 핵심을 파악할 때에도 활용할 수 있다. 이는 쓰기 뿐 아니라 글의 중요한 개념과 이를 설명하고 있는 요소를 그림으로 나타내어 중요 개념과 용어를 지도할 때에도 유용하다.

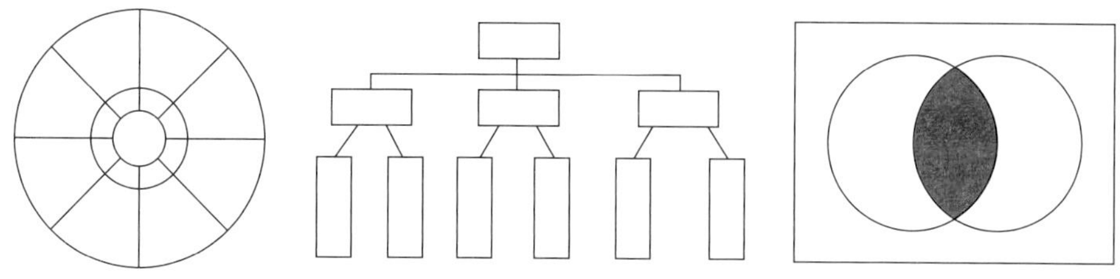

[그림3-35] 여러 가지 도식조직자

도식조직자는 텍스트의 내용이 어떻게 서로 관련되는가를 나타내는 수형도(tree structure), 단어의 의미 확장이나 단어 사이의 관계를 나타내며 언어 지식이나 언어 영역의 공통점을 나타내는 벤다이어그램(venn diagram), 하나의 주제를 중심으로 관련되는 어휘나 사실을 열거하고 범주화하는 의미 지도(semantic mapping), 내용을 맵(map)으로 정리하여 입체적으로 나타내는 마인드맵(mind map) 등으로 학습자의 전략활용 정도나 학습목적에 따라 다양하게 활용할 수 있다.

설명문 쓰기에서는 텍스트 유형에 맞게 다시 구조화하여 접근한 것으로 수집구조, 비교대조 구조, 순서구조 등을 갖는다. 초등학생의 경우, 수집구조나 설명구조, 비교대조 등에 따른 글을 구조화하기 어렵거나 아직 글을 덩어리로 인식하기에 어려워하는 단계라면 자유롭게 글감을 찾고 그에 따른 부수적인 아이디어를 생성하고 구조화하는 과정, 즉 확산적 사고와 수렴적 사고를 동시에 활용할 수 있는 구조로 [그림3-39]와 같이 안내하는 것도 좋다.

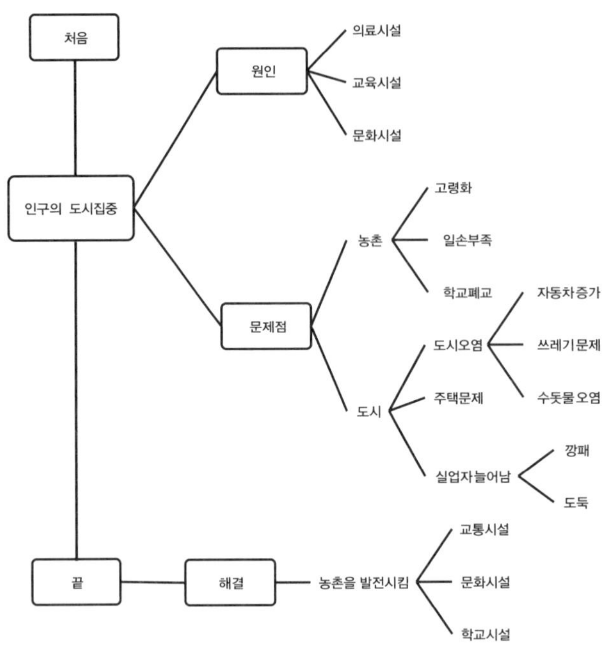

[그림3-36] 학습자의 도식조직자 활용 예(출처:이경선,1998)ㄹ

2) 설명문 쓰기 지도의 실제

(1) 자료 수집하기/ 예시글 살피기

설명문을 쓸 때에는 우선 대상에 대하여 잘 알 필요가 있다. 따라서 정보를 수집하는 일이 선행된다. 그런데 정보를 수집하여 많은 정보를 자신의 글로 소화시키기에는 저학년이나 중학년에서 이루어지기 어렵다. 따라서 중학년 정도에서는 간단한 기존의 설명문들을 비교하는 활동을 통해 설명문이 무엇이고 어떤 내용이 들어가야 하는지를 살피는 것이 중요하다. 아래 [그림3-40]에서는 3학년 교과서에 제시된 활동을 보면 떡볶이 만드는 법에 대하여 어떤 식으로 설명하여야 하는지, 내용은 일의 순서에 따라 어떻게 나누는 게 좋을지 알아보는 활동을 통해 설명문을 작성하는 방법을 보여주고 있다.

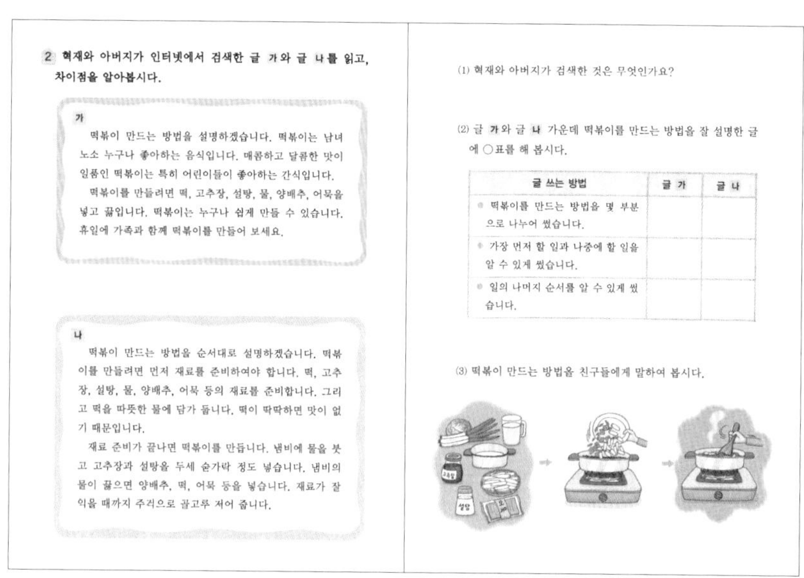

2 혁재와 아버지가 인터넷에서 검색한 글 가와 글 나를 읽고, 차이점을 알아봅시다.

가

떡볶이 만드는 방법을 설명하겠습니다. 떡볶이는 남녀노소 누구나 좋아하는 음식입니다. 매콤하고 달콤한 맛이 일품인 떡볶이는 특히 어린이들이 좋아하는 간식입니다.

떡볶이를 만들려면 떡, 고추장, 설탕, 물, 양배추, 어묵을 넣고 끓입니다. 떡볶이는 누구나 쉽게 만들 수 있습니다. 휴일에 가족과 함께 떡볶이를 만들어 보세요.

나

떡볶이 만드는 방법을 순서대로 설명하겠습니다. 떡볶이를 만들려면 먼저 재료를 준비하여야 합니다. 떡, 고추장, 설탕, 물, 양배추, 어묵 등의 재료를 준비합니다. 그리고 떡을 따뜻한 물에 담가 둡니다. 떡이 딱딱하면 맛이 없기 때문입니다.

재료 준비가 끝나면 떡볶이를 만듭니다. 냄비에 물을 붓고 고추장과 설탕을 두세 숟가락 정도 넣습니다. 냄비의 물이 끓으면 양배추, 떡, 어묵 등을 넣습니다. 재료가 잘 익을 때까지 주걱으로 골고루 저어 줍니다.

(1) 혁재와 아버지가 검색한 것은 무엇인가요?

(2) 글 가와 글 나 가운데 떡볶이를 만드는 방법을 잘 설명한 글에 ○표를 해 봅시다.

글 쓰는 방법	글 가	글 나
떡볶이를 만드는 방법을 몇 부분으로 나누어 썼습니다.		
가장 먼저 할 일과 나중에 할 일을 알 수 있게 썼습니다.		
일의 나머지 순서를 알 수 있게 썼습니다.		

(3) 떡볶이 만드는 방법을 친구들에게 말하여 봅시다.

[그림3-37] 2007 듣기 · 말하기 · 쓰기 3-1

고학년이 되면 글의 전개 방식에서 벗어나 조사한 내용을 자신의 글에 맞도록 정리하는 방식을 익히게 되는데 이는 앞서 진술한 설명의 내용을 구조화하는 방식을 익히는 것과도 연관된다. 조사한 내용을 글 뿐 아니라 그림이나 사진 등 여러 자료에서 찾아보고 목적에 맞게 분류하는 활동이 제시되어 있다. 이는 여러 가지 정보를 자신의 글에 맞도록 구조화하는데 활용할 수 있는 능력을 기르기 위함이다.

(2) 도식(도해)조직자 활용하기

도식(도해) 조직자를 활용하여 비교/대조의 내용 전개 방식을 파악하도록 제시한다. 일반적으로 도해조직자를 활용하는 것은 저 중학년 모두 가능하나, 저학년에서 활용하기 위해서는 다음과 같은 낱말 사이의 의미군을 먼저 익힌 후에 지도하는 것이 좋다.

(3) 목적에 따른 쓰기 과제 제시

설명의 유형에 적합한 설명문 쓰기 과제를 제시한다. 앞서 제시된 비교 대조나 예시제시방식, 또는 순서대로 설명하기 등 목적에 따라 적합한 설명방식을 선택하도록 안내할 필요가 있다.

(4) 짜임 구성하기

도식조직자를 활용하여 글의 짜임을 구성하도록 안내 한다. 쓰기과정에서 활동한 것이 아니라 텍스트 읽고 난 후 내용을 정리하는 읽기 활동이다. 조직하기의 쓰기 전략은 읽기 전략을 전제로 숙달된 후에 접근하는 것도 한 방법이다.

(5) 초고쓰기

구성한 내용을 바탕으로 초고를 쓰도록 안내 한다.

초고 쓸 때에는 필자가 자신의 경험과 스키마를 끌어들여, 내용과 형식을 조합해 나가게 되는데 의식적 무의식적 독자를 염두에 두고 진행하게 된다.

(6) 수정하기

앞서 짠 개요와 초고를 비교하면서 초고를 읽고 수정하도록 안내한다.

6.3. 설명문 쓰기의 평가

설명문에 대한 접근은 주로 정보(사실)를 어떻게 효과적으로 전달하고 있는냐에 주안점이 있기 때문에 글을 표현하는 데에 있어서도 설명하려는 내용을 형식에 맞게 잘 구조화하고 있느냐를 주로 살펴 볼 필요가 있다. 저학년과 중학년, 고학년의 설명방식도 다양하기 때문에 학습자가 작성한 설명문의 특성을 잘 파악할 필요가 있다. 다음 〈자료3-17〉은 학생의 설명문 쓰기를 평가할 때 주요 관점 및 평가 내용을 예시한 것이다.

〈자료3-17〉 설명문 평가 관점 및 내용(예시)

학년	평가 관점 및 내용
저학년	• 글감에 맞는 정보를 표현하고 있는가? 저학년은 사실과 느낌을 구별하기도 어렵고 표현하기도 어렵다. 또 한 주제에 맞게 객관적인 설명을 응집성있게 끌고 나가 글을 완성하기도 쉽지 않다. 한 두 문장의 글을 가지고 나름대로 중심문장과 보조문장의 관계를 유지하며 한 주제를 설명해 간다면 기본적인 설명문을 습득했다고 할 수 있을 것이다. 이때에 중요한 것은 제재를 제시할 때에, '우리 가족 소개하기', '내가 좋아하는 장난감에 대하여' 등 경험의 글처럼 쉽게 접근할 수 있는 글감을 제시하는 것이 좋다.
중학년	• 쓰기 과정에 따라 중심문장과의 관계를 인식하면서 작성할 수 있는가? 중학년이 되면 본격적인 글쓰기 초입에 서게 되므로 한 두 문단 단위의 글을 쓰게 된다. 이 때에는 낱말의 위계 등을 인지하고, 중심문장과 보조 문장 간의 관계를 학습하면서 글을 의미의 한 덩어리로 점차 인식할 수 있게 된다. 따라서 다양한 읽기 활동을 통해 비교나 대조의 방식으로 간단히 한 두 문난 성도로 작성할 수 있다.
고학년	• 설명방식에 따라 다양하게 조직하면서 표현할 수 있는가? 고학년은 글을 분류와 비교, 대조, 수집, 순서 등의 덩어리 단위로 구조화 하는 것이 가능하다. 따라서 자신이 쓴 글을 의도에 맞게 구조화하여 순서에 따라 설명한다든지, 예를 들어 설명하는 등의 설명방식을 알고 서너 문단 정도를 가진 한 편의 설명문을 작성할 수 있으며 각 문단의 글들이 통일성을 갖추게 된다.

참고문헌

기명숙(2006), 구두 작문과 자유쓰기가 설명적 텍스트 쓰기 능력 신장에 미치는 효과, ≪초등국어과교육 ≫제18집, 광주교대 국어교육과.

김미옥(2007), 문단쓰기 지도를 통한 글쓰기 지도 방안 연구:설명문을 중심으로, 한국교원대학교 석사학위논문.

김선국(2003), 협동학습 기법의 활용을 통한 설명적인 글쓰기 지도 효과 연구, 한국교원대 석사학위논문.

김영진(1998), 설명문 쓰기의 단계적 지도 방안 연구, ≪어문학교육≫ 20, 한국어문교육학회.

김학수(1997), 구조모형을 통한 설명문 쓰기 지도에 관한 연구, 경성대 석사학위논문.

김현정(2001), 글 구조 지도를 통한 설명문 쓰기 능력 신장 방안 연구, 대구교대 교육대학원 석사학위논문.

남경숙(2003), 일화적 방법을 통한 설명적 텍스트 읽기 쓰기 지도 방안 연구, 한국교원대 석사학위논문.

류지춘(2000), 설명적 텍스트 구조의 발달 단계별 지도 방법 연구, 공주교대 석사학위논문.

이경선(1998), 글 구조파악 훈련을 통한 자기주도 글쓰기 지도 연구, 한국교원대학교 석사학위논문.

이삼형(1994), 설명적 텍스트의 내용 구조 분석 방법과 교육적 적용 연구, 서울대 박사학위논문.

이일수(1996), 설명문 쓰기 지도 방안 연구 : 산문 모형 중심으로, 한국교원대 석사학위논문.

장남숙(2003), 구조 익히기를 통한 설명문 쓰기 지도 방안 연구, ≪어문학교육≫ 26, 한국어문교육학회.

7. 낱말의 확장 및 국어사전을 이용한 어휘 지도

7.1. 낱말의 확장 지도의 개념

2009 개정 교육과정에 의하면, '국어의 낱말 확장 방법을 이해하면 국어의 어휘 세계에 대한 인식 능력을 높이고 어휘 능력을 신장시킬 수 있다.'고 밝히고 있다. 낱말 학습을 할 때 학생들은 낱말의 형태적 특성에 기반하여 구조적인 분석을 시도하기도 한다. 즉, 낱말의 일부를 이용하여 모르는 낱말의 뜻을 생각하거나, 의미와 철자를 기억하는 데 도움을 받는 것이다.

낱말의 일부를 이용한 어휘 지도 방법과 관련된 문법 지식으로는 낱말의 형성 원리를 들 수 있다. 낱말 형성 원리는 형태소끼리 모여 새로운 낱말을 만들어 내는 것인데 이를 흔히 조어법(造語法)이라고도 한다. 낱말은 짜임새가 단일한 단일어(單一語)와 짜임새가 복합적인 복합어(複合語)로 나눌 수 있다. 또, 복합어는 실질형태소에 형식형태소가 붙어서 만들어진 파생어와 실질형태소들의 결합으로 이루어진 합성어로 나눌 수 있는데, 복합어의 형성에 나타나는 실질형태소를 어근(語根)이라 하고 형식형태소를 접사(接辭)라고 한다. 접사는 어근과 결합되는 자리에 따라 접두사와 접미사로 구분된다. '덧신'과 '드높다'에 나타나는 '덧-'과 '드-'는 어근 '신, 높-'의 앞에 붙는 접두사이다. 또, '지붕'의 '-웅'은 어근 '집'의 뒤에 붙는 접미사이다.

7.2. 어휘 지도의 방법

1) 낱말의 확장 지도 방법

접두사나 접미사 등을 익혀 낱말을 확장해 가는 어휘 학습에서 중요한 것은 어떤 접사를 제시해야 효과적으로 지도할 수 있는가 하는 점이다. 이때 국어에서 사용 빈도가 높은 접사, 생산성이 높아서 많은 단어에 적용할 수 있는 접사, 그리고 학생들의 언어적 생활 경험에서 친근하게 접할 수 있는 접사인지를 고려하여 대상 단어를 선정하는 것이 효과적이다. 낱말 확장 방법을 익혀 학생들이 생산적인 어휘 학습을 하도록 지도하는 방법을 다음과 같이 예시할 수 있다.

① 공통적인 접두사(혹은 접미사)가 들어간 친숙한 낱말 두 개를 제시하고, 학생들에게 그 낱말을 나름대로 정의해 보게 한다. 예) 개꿈, 개살구

② 두 낱말에 공통적으로 포함되어 낱말의 일부를 이루는 접두사(혹은 접미사)에 표시하여 그것이 어떤 의미를 가지는지 유추해 보게 한다.

③ 해당 접두사가 들어가는 다른 낱말을 제시하고, 앞서 유추했던 접두사의 의미가 맞는지 확인해 보게 한다. 혹은, 앞서 제시했던 두 낱말이 들어간 문장을 제시하여 문장 속에서의 의미를 파악하면서 접두사가 나타내는 의미를 확인해 보게 할 수도 있다. 이때 먼저 교사가 그 뜻을 확인하는 과정을 시범보이도록 한다.

④ 교사가 절차를 한두 번 시범 보인 후에 학생들이 스스로 해당 접두사가 들어간 낱말을 찾아보게 하거나 해당 낱말로 알맞은 문장을 만들어 보게 할 수 있다. 이때, 필요하다면 교사가 적절히 도움을 제공할 수도 있다.

⑤ 다음으로는 해당 접두사와 같은 형태소가 낱말의 일부를 이루고 있기는 하지만 같은 뜻을 드러내지는 않는 다른 낱말을 찾아 명시적으로 주의를 기울이도록 할 필요가 있다. 예를 들어 앞서 제시한 '개꿈, 개살구'에서의 '개-'는 '야생 상태의' 또는 '질이 떨어지는', '흡사하지만 다른'의 뜻을 공통적으로 가지고 있지만 '개집'에서의 '개'는 동물을 나타내는 형태소이다.

2) 국어사전 사용을 통한 어휘 지도 방법

(1) 국어사전 사용 지도

학생들에게 국어사전을 활용하는 방법을 지도하기에 앞서 국어사전의 정의, 국어사전의 용도, 국어사전의 종류, 국어사전에서 낱말을 검색하는 방법, 어휘 정보 등을 익히게 하는 것이 좋다. 예를 들어, 국어사전은 우리말의 낱말들을 자모순으로 차례로 싣고, 낱말의 발음, 의미, 용례 등을 풀어서 설명한 책으로, 초등학생에게는 모르는 낱말에 대한 정보를 획득하는 데 용이하다는 점을 소개한다.

다음으로 국어사전에는 대사전, 중사전, 소사전 등 여러 가지 종류의 사전이 있으며, 학습자용 사전도 있음을 알려준다. 이때 교사는 여러 가지 종류의 사전을 미리 준비하여 실물로 보여주거나 이미지 파일을 제시할 수 있다. 최근 여러 학교에서 시행 중인 학교 도서관 수업과 연계하여 각 학교 도서관에 비치된 사전을 학생들에게 소개해 줄 수 있다. 이러한 활동은 학생 수준에 적합한 사전을 선택하는 데 도움을 줄 것이다.

국어사전의 종류를 소개한 뒤 국어사전에서 낱말을 검색하는 방법을 학습한다. 자모음자의 배

열순서는 1학년에서 학습하지만, 경음, 겹받침, 이중모음의 순서를 혼동하는 학생이 있을 수 있으므로 명시적으로 지도할 필요가 있다.

다음으로 한자, 외래어의 로마자 표기, 발음, 예문 등 국어사전에 제시된 어휘에 관한 정보를 학습한다. 어휘 정보를 학습하는 이유는 국어사전의 범례를 해석하는 기초적인 기능을 학습하기 위한 것으로 지나치게 강조하지 않는 것이 좋다. 국어사전에서 낱말을 찾다가 궁금한 점이 발견되면 앞에 소개된 '일러두기'를 참조할 것을 안내하는 정도로 학습을 마무리한다.[7]

(2) 국어사전 활용지도

국어사전 활용 교육은 어휘, 읽기, 쓰기 교육 등과 병행되는 것이 바람직하다. 읽기 영역에서는 주로 내용 이해와 관련해서, 쓰기 영역에서는 낱말의 선택이나 고쳐쓰기 과정에서 국어사전을 활용할 수 있다. 또한, 유의어 사전을 활용하여 문맥에 가장 적합한 낱말을 선별하는 활동은 이미 잘 알려진 글쓰기 방법이다.[8] 또한, 국어사전의 활용을 가르칠 때에는 낱말의 분류와 관련된 지식을 관련시켜 지도할 수 있다.

3) 낱말의 분류와 관련한 지도

다의어(多義語)는 하나의 낱말이 둘 이상의 관련된 의미를 지닌 것을 말한다. 이 경우 관련된 의미의 형성은 낱말의 기본적이며 원형적인 의미를 바탕으로 그 용법이 확장된 것이라 할 수 있다. '다리'는 원래 '사람이나 짐승의 몸통 아래에 붙어서 몸을 받치며 서거나 걷거나 뛰게 하는 부분'을 가리키지만, '책상 다리', '지겟다리'처럼 '물건의 하체 부분'을 가리키기도 하는데, 이때 '다리'는 다의어이다. 이에 비해 동음이의어(同音異義語)는 의미가 다른 둘 이상의 낱말이 우연히 동일한 형태(소리)를 취한 것이다. 예를 들면 배는 먹는 배와, 사람의 신체 일부인 배, 그리고 바다 위 선박을 의미하는 배로 형태는 같으나 그 뜻이 다양한데, 이때 배는 동음이의어이다.

다의어와 동음이의어는 본질적으로 구분되는 개념이지만, 다의어에서 확장 의미가 원형 의미와 연관성을 찾기 어려울 정도로 확장이 진행될 경우, 이를 하나의 낱말인 다의어로 간주할 것인가 아니면 별개의 낱말인 동음이의어로 취급할 것인가의 문제가 일어나게 되기도 한다. 사전에는 다의

7) 이 부분의 내용은 안찬원(2012: 186-187)에서 발췌, 정리하였다.

8) 안찬원(2012: 190-192)에서 발췌, 정리하였음.

어의 경우 하나의 표제어로, 동음이의어의 경우 별개의 표제어로 기술한다. 다음 그림과 같이 '손01'과 '손02'는 동음이의어 관계이고, '손01'에서의 「1」, 「2」, 「3」, 「4」는 다의어들로서, 그 의미의 차이를 기술하고 있다.

〈자료3-18〉 국립 국어원 표준국어대사전(http://www.korean.go.kr) '손' 검색 결과

손01
「명사」
「1」 사람의 팔목 끝에 달린 부분. 손등, 손바닥, 손목으로 나뉘며 그 끝에 다섯 개의 손가락이 있어, 무엇을 만지거나 잡거나 한다.
「2」 =손가락.
「3」 =일손 「3」.
「4」 어떤 일을 하는 데 드는 사람의 힘이나 노력, 기술.
「5」 어떤 사람의 영향력이나 권한이 미치는 범위.

손02
「명사」
「1」 다른 곳에서 찾아온 사람.
「2」 여관이나 음식점 따위의 영업하는 장소에 찾아온 사람.
「3」 지나가다가 잠시 들른 사람.
「4」 =손님마마.
【손<용가>】

손03
「명사」 『민속』
날짜에 따라 방향을 달리하여 따라다니면서 사람의 일을 방해한다는 귀신. 초하루와 이튿날은 동쪽, 사흗날과 나흗날은 남쪽, 닷샛날과 엿샛날은 서쪽, 이렛날과 여드렛날은 북쪽에 있고, 9 · 10 · 19 · 20 · 29 · 30일은 하늘로 올라가기 때문에

여기에서는 낱말의 분류와 관련한 지도 방안과 관련하여 동음이의어와 다의어를 다루고 있는 초등학교 국어 교과서를 간략히 살펴보고자 한다.

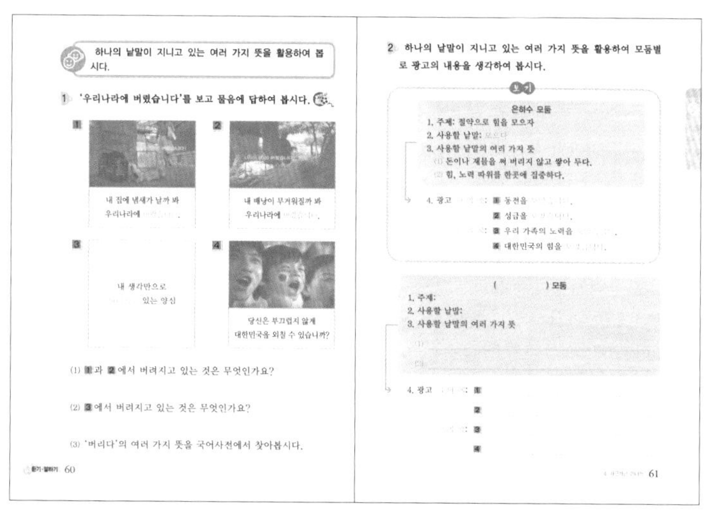

하나의 낱말이 지니고 있는 여러 가지 뜻을 활용하여 봅시다.

1 '우리나라에 버렸습니다'를 보고 물음에 답하여 봅시다.

1 내 집에 냄새가 날까 봐 우리나라에 .

2 내 배낭이 무거워질까 봐 우리나라에 .

3 내 생각만으로 있는 양심

4 당신은 부끄럽지 않게 대한민국을 외칠 수 있습니까?

(1) 1과 2에서 버려지고 있는 것은 무엇인가요?

(2) 3에서 버려지고 있는 것은 무엇인가요?

(3) '버리다'의 여러 가지 뜻을 국어사전에서 찾아봅시다.

듣기·말하기 60

2 하나의 낱말이 지니고 있는 여러 가지 뜻을 활용하여 모둠별로 광고의 내용을 생각하여 봅시다.

보기

은하수 모둠
1. 주제: 절약으로 힘을 모으자
2. 사용할 낱말:
3. 사용할 낱말의 여러 가지 뜻
(1) 돈이나 재물을 써 버리지 않고 쌓아 두다.
(2) 힘, 노력 따위를 한곳에 집중하다.
4. 광고 : 1 동전을 .
2 성금을 .
: 3 우리 가족의 노력을 .
4 대한민국의 힘을 .

( ) 모둠
1. 주제:
2. 사용할 낱말:
3. 사용할 낱말의 여러 가지 뜻
(1)
(2)
4. 광고 : 1
2
: 3
4

61

[그림3-38] 2007 듣기 · 말하기 · 쓰기 3-2

[그림3-41]의 첫 번째 활동에서는 다의어 '버렸습니다'라는 낱말이 광고에 사용된 예를 통해 광고에서 전하고자 하는 메시지와 그 효과에 대해 살펴보고 있다. 일상생활에서 동음이의어나 다의어가 효과적으로 활용되는 실제적인 자료를 중심으로 동음이의어와 다의어의 의미를 파악하고, 담화 속에서 어떤 효과를 내고 있는지 알게 함으로써 학습자들이 이들 어휘를 주도적으로 사용할 수 있도록 의도한 활동이라고 볼 수 있다.

두 번째 활동에서는 국어사전을 활용하여 낱말을 찾고, 다의어의 세부 의미를 이용해 광고를 만들어 보도록 하는 활동을 제시하고 있다. 동음이의어나 다의어의 특성에 주목하고, 광고에서 전달할 메시지와 효과를 모두 고려해야 한다는 점에서 이 활동은 학습자의 복합적인 사고 과정이 필요할 것으로 예상할 수 있다. 이때 학습자간 상호작용을 할 수 있는 시간을 충분히 제공하여 일상생활에서 흔히 쓰는 낱말 중에서 다의어나 동음이의어에는 무엇이 있는지 생각해 보게 하고, 그러한 어휘들을 이용하여 새로운 텍스트를 구성하는 과정에서 의미 있는 언어적 경험을 공유할 수 있도록 환경을 제공해 주는 것이 중요하다.

또한 동음이의어와 다의어의 학습은 문법 영역에서뿐 아니라 듣기·말하기, 읽기, 쓰기, 문학영역과도 효과적으로 통합하여 지도할 수 있다. 위에 제시된 활동과 같이 광고나 다양한 읽기 자료에 포함된 동음이의어나 다의어를 찾아본다거나, 목적에 맞게 동음이의어나 다의어를 활용하여 담화나 텍스트를 생산해 보게 할 수도 있다. 또한, 문학 작품에서도 동음이의어가 어떤 효과를 내고 있는지 생각해 보게 함으로써 이들 어휘에 대한 심화된 이해를 북돋울 수 있다.

참고문헌

고영근, 남기심(2005),《표준국어문법론》, 탑출판사.
임지룡 외(2005),《학교 문법과 문법 교육》, 박이정.
김광해 외(1999),《국어지식탐구》, 박이정.
안찬원(2012), 국어사전 활용 수업 분석 연구,《문법 교육》 17, 한국문법교육학회.
이기연(2012),《국어 어휘 평가 내용 연구》, 서울대학교 박사 학위 논문.
이연섭 외(1980),《한국 아동의 어휘 발달 연구(Ⅰ)》, 한국교육개발원.

8. 맞춤법 지도

8.1. 맞춤법 지도의 개념

1) 맞춤법과 맞춤법 교육

'맞춤법'은 명칭에서 알 수 있듯이 '규칙' 또는 '규범'을 의미한다. 규범의 사전적 의미는 인간이 행동하거나 판단할 때 마땅히 따르고 지켜야할 가치 판단의 기준이다. 일반적으로 국어에 대한 규범은 한글 맞춤법, 표준어 규정, 외래어 표기법, 국어의 로마자 표기법이 있는데 '한글 맞춤법'은 한글을 표기하는데 마땅히 따르고 지켜야 할 규범에 해당하는 것이다.

'한글 맞춤법'은 한글이라는 문자 체계로 국어를 표기하는 규범(국립국어원, 1997)이자 문교부가 고시(1988)한 맞춤법 규정을 담은 책 이름이다. 맞춤법과 유사한 용어로는 '정서법', '표기법', '철자법' 등이 있는데, '정서법'은 표기법과 작문 전반에 걸친 개념으로 '맞춤법', '철자법'보다 넓게 사용되는 용어이고, '표기법'은 학술적으로 잘 사용되어 '외래어 표기법, 국어의 로마자 표기법' 등을 포함하는 용어이며, '철자법'은 '맞춤법'보다 좁은 의미로 사용된다(이익섭, 1992).

맞춤법 교육은 '맞춤법 규정'에 대한 교육과 한글을 바르게 적는 표기법 교육을 포함한다. 맞춤법 교육의 위치를 문법 교육의 측면에서 논의하면 '문법 교육 〉 규범 교육 〉 표기법 교육 〉 맞춤법 교육'(민현식, 2008)으로 설정할 수 있으나 쓰기 교육의 측면에서 논의할 경우 '쓰기 교육 〉 표현하기 〉 글씨 쓰기 〉 맞춤법에 맞게 쓰기'의 차원에서 접근할 수도 있다. 두 측면 모두 '맞춤법'이 의사소통 과정에서 '효율성'을 추구하기 보다는 표현의 '정확성'을 추구하는 '규범'에 해당하므로[9] 초등학교 맞춤법 교육에서는 '정확한 표현'에 초점을 두고 지도한다.

2) '한글 맞춤법'의 이해

한글 맞춤법은 표준화된 표기 규칙이다. 한글 맞춤법은 1933년 조선어학회가 마련한 '한글 맞춤법 통일안'에 기초를 두고 있다. 이후 1988년 문교부에서 '한글 맞춤법'을 수정 · 고시하였고, 이 규

9) 의미 전달의 과정에서 보면 정확한 표현이 효과적일 수 있겠지만 의사소통의 맥락 측면에서 볼 때는 적절한 표현이 효과적일 수 있으므로 상대적인 차원에서 표현한 것임.

정을 지금까지 사용하고 있다.[10] 현재 우리가 사용하고 있는 '한글 맞춤법'은 6개의 장과 1개의 부록으로 나뉘어져 있다. [11]

한글 맞춤법의 원리는 제1장, 제1항을 통해 확인할 수 있다. 제1장은 한글 맞춤법의 대원칙(제1항), 띄어쓰기 원칙(제2항), 외래어 표기 원칙(제3항)을 담고 있는데, 그 중 제1항[12]은 첫째, 한글 맞춤법은 표준어에 대한 규정이라는 점, 둘째, 한글의 표기는 소리 나는 대로 적는 것을 원칙으로 한다는 점, 셋째, 어법에 맞게 적는다는 의미를 담고 있어, 한글 맞춤법의 기본 원리를 제시하고 있다.

이를 상세하게 살펴보면 먼저, 한글의 표기 규칙은 '표준어[13]'를 적는 규칙이다. 방언이나 속어, 은어, 신조어 등은 '맞춤법'에서 규정하지 않는다는 것이다. 물론 이들의 말을 맞춤법 규정을 적용하여 표기할 수도 있으나 학교 교육에서는 비표준어들의 정확한 표기를 고민하기 보다 표준어를 사용하도록 하는 것으로 수업 방향 설정하여야 한다.

다음으로 한글은 표음 문자임을 나타내고 있다. 표준어를 소리대로 적는다는 것은 표준어의 발음 형태대로 적는다는 뜻이다. 맞춤법이란 주로 음소 문자에 의한 표기 방식을 이른다. 한글은 표음 문자이며 음소 문자이다. 따라서 자음과 모음의 결합 형식에 의하여 표준어를 소리대로 표기하는 것을 근본 원칙으로 한다.(문교부, 1988)

---

10) 문화체육부관광부에서 2014년 10월에 '한글 맞춤법 일부 개정안'을 공시(2015년 1월 1일 시행)하였으나 제1장~제6장까지의 내용은 변화가 없고, 부록에 해당하는 '문장부호'만 개정함.

11) 한글 맞춤법의 구성

제1장 총칙		
제2장 자모		
제3장 소리에 관한 것		
제1절 된소리	제2절 구개음화	제3절 'ㄷ'소리 받침
제4절 모음 제5절 두음법칙	제6절 겹쳐 나는 소리	
제4항 형태에 관한 것		
제1절 체언과 조사	제2절 어간과 어미	제3절 접미사가 붙어서 된 말
제4절 합성어 및 접두사가 붙는 말		제5절 준말
제5항 띄어쓰기		
제1절 조사 제2절 의존명사, 단위를 나타내는 명사 및 열거하는 말 등		
제3절 보조용언	제4절 고유명사 및 전문 용어	
제6장 그 밖의 것		
부록 문장 부호		

12) 하늘 맞춤법 제1장 1항: '한글 맞춤법은 표준어를 소리대로 적되, 어법에 맞도록 함을 원칙으로 한다.'

13) 표준어는 교양 있는 사람들이 두루 쓰는 현대 서울말로 정함을 원칙으로 한다.

끝으로 의사소통 주체들의 혼란을 방지하고 있다. 어법(語法)이란 언어 조직의 법칙, 언어 운용의 법칙이다. 그러므로 '어법에 맞도록 적는다.'는 것은 각 형태소의 본 모양을 밝혀 적는다는 말이다. '소리대로 적기'와 상충될 수도 있는 이러한 규정을 제시한 까닭은 모든 표기를 소리대로 적을 경우 언어 사용의 혼란을 가져올 수 있기 때문에 의사소통의 주체들이 뜻을 쉽게 파악할 수 있게 하기 위하여 정한 것이다.

제2장에서 제6장까지는 대원칙에 따른 세부 원칙을 제시하고 있다. 제2장에서는 한글의 자음과 모음을 규정하고 있고, 제3장에서는 음운 변동 등 소리에 따라 표기를 어떻게 할지를 정해 놓은 것이다. 또한 제4장은 형태소들의 결합에 따라 표기를 어떻게 할지, 제5장은 띄어쓰기는 어떻게 할지를 정해 놓은 것이다. 제6장은 3, 4장에 포함되지 않은 맞춤법 규정을 제시한 것이다. 끝으로 부록에서 문장부호의 개념과 사용에 대해 규정하고 있다.

8.2. 맞춤법 지도 방법

1) 한글 맞춤법 관련 성취기준

'한글 맞춤법'의 내용은 한글 표기에 대한 많은 규정을 담고 있다. 초등학교 학생의 발달수준과 학습 수준을 고려할 경우 이러한 내용을 모두 다루는 것은 불가능하다. 그렇다보니 한글 표기의 가장 기본인 '맞춤법'임에도 불구하고 맞춤법의 전 규정을 학습하는 것이 아니라 일부 규정만을 대상으로 학습하게 된다. 즉, 규범적, 문법적 지식을 중심으로 학습하는 것이 아니라 의사소통 과정에서 필요한 내용을 중심으로 선별적으로 학습하게 되는 것이다. 초등학교 교육과정에서 제시하고 있는 맞춤법 관련 성취 기준은 〈표1〉과 같다.

〈표3-28〉 2009 개정 국어과 교육과정(초등)에 제시된 맞춤법 관련 성취기준

학년군	영역	성취 기준	주요 내용	비고
1~2	문법	(1) 한글 낱자(자모)의 이름과 소릿값을 알고 정확하게 발음하고 쓴다.	한글 낱자의 이름과 모양을 차례로 익히고 자연스러운 순서에 따라 쓰도록 하며 이들 낱자들의 결합으로 이루어진 글자를 바르게 쓰고 발음할 수 있도록 지도한다.	
	문법	(4) 문장의 기본 구조를 이해하고 문장 부호를 바르게 쓴다.	문장이 마침표(온점, 물음표, 느낌표)로 종결되는 구조임을 이해한다.	
3~4	쓰기	(1) 맞춤법에 맞게 문장을 쓴다.	표준어를 소리대로 적되 어법에 맞도록 함을 원칙으로 하며, 문장의 각 낱말을 띄어 씀을 원칙을 하되 조사는 그 앞말에 붙여 쓴다.	
	문법	(1) 소리와 표기가 다를 수 있음을 알고 낱말을 바르게 발음하고 쓴다.	소리대로 표기되는 낱말과 그렇지 않은 낱말을 비교하는 활동을 통해, 표기와 발음이 서로 다른 차원이라는 점과 낱말을 한글로 적을 때에는 일정한 규칙을 따라야 함을 제3, 4장의 예를 통해 지도한다.	
5~6	문법	(1) 발음과 표기, 띄어쓰기가 혼동되는 낱말을 올바르게 익힌다.	한글 맞춤법 51~57항에 제시된 혼동하기 쉽고 잘 틀리는 낱말과 41~48항에 제시된 틀리기 쉬운 띄어쓰기 자료를 생활 속에서 탐구하고 바르게 쓸 수 있도록 지도한다.	

〈표3-28〉의 내용을 살펴보면 초등학교에서의 맞춤법 지도 방향을 파악할 수 있다. 초등학교 1~2학년 군에서는 '문법' 영역에서만 맞춤법을 다루고 있는데, 그 주요 내용으로는 한글 낱자의 이름과 모양, 순서를 익히고, 이를 바탕으로 글자를 만들어 바르게 쓰고, 발음하는 것과 문장부호(마침표)에 대한 것이다. 즉, 초등학교 1~2학년 학생들에게는 맞춤법의 지식적인 측면보다 한글 자모에 대한 학습과 글자를 익히는데 초점을 두고, 문장을 쓸 때 기본적으로 사용되는 문장부호에 대한 학습에 초점을 두고 있음을 알 수 있다.

3~4학년군에서는 쓰기 영역과 문법 영역에서 맞춤법을 다루고 있다. 이는 맞춤법이 쓰기 활동과 관련이 있음을 확인할 수 있다. 3~4학년군의 두 영역에서 제시된 맞춤법 관련 성취 기준의 주요 내용은 맞춤법의 대원칙인 '소리대로 적되, 어법에 맞게' 적는 것에 대한 학습과 띄어쓰기에 대한 학습이라고 볼 수 있다. 즉, 초등학교 3~4학년 학생들에게는 소리대로 적는 낱말과 어법에 맞게 적는 낱말이 있음을 이해하게 하고 실제 쓰기 활동 속에서 이를 활용할 수 있는데 초점을 두고 지도해야 함을 알 수 있다.

5~6학년 군에서는 하나의 성취기준만 제시하고 있다. 하지만 학생들이 틀리기 쉬운 낱말을 중심으로 같은 소리로 나지만 표기가 다른 낱말들과 세부적인 띄어쓰기에 대한 규칙을 익히게 하여 학습의 난이도를 조정하였음을 알 수 있다. 그러므로 초등학교 5~6학년 학생들에게는 실생활 속에서 사용하는 혼란스러운 낱말을 대상으로 쓰기 활동과 연계하여 지도할 수 있도록 해야 한다.

2) 초등학생들의 맞춤법 오류 원인과 현상

(1) 맞춤법 오류의 원인

초등학생들의 맞춤법 오류의 원인은 여러 가지로 분석될 수 있다. 먼저 학습 환경적인 측면으로 국어 교과 시간의 부족을 첫째 원인으로 들 수 있다. 국어 교과에 배정된 시간이 충분하다면 학교 교육 과정에서 '맞춤법'과 관련된 교육 내용 또한 충분히 지도할 수 있게 된다. 우리나라의 자국어 과목 시간 배당은 저학년 28%, 고학년 19%로 일본(36, 28), 미국(37, 32) 등의 나라와 비교했을 때도 상당 부분 부족함을 알 수 있다.

초등학교 수준에서 필요한 한글 글자 수는 1,500자 안팎이다. 그 가운데 1, 200자가 넘는 글자가 1~2학년 국어 교과서에 나타난다. 그럼에도 불구하고 초등학교 고학년으로 가면 한글 해득이 부진한 아동이 많다. 이는 국어 학업성취 뿐만 아니라 타 교과의 학업성취를 저해하는 요인이 된다. 우선 입문기에 필요한 만큼의 국어 능력을 키워 놓고, 그 다음에 다른 과목의 교육이 이루어지도록 배려할 수 있는 여건이 마련되어야 한다.(김규선, 1996)

둘째 원인은 소통 환경적인 측면에서 찾을 수 있다. 최근 학생들이 문자를 접하는 상황은 책이 아니라 PC 화면이다. 스마트폰과 게임, 인터넷 소설 등에 길들여진 학생들은 맞춤법 규정을 지키지 않고 글을 쓰며 재미있는 단어를 발견할 경우 다시 반복, 확장을 하고 있다. 이러한 상황에서 맞춤법을 지켜가며 글을 쓰게 되면 시대에 뒤떨어진 것으로 취급받고 함께 어울리지 못하게 되는 것이다. 초등학생의 경우 온-오프라인에 대한 인식이 부족하기 때문에 온라인 상에서 사용한 언어를 그대로 오프라인으로 옮겨 재사용하기 때문에 맞춤법의 오류가 빈번히 일어나게 된다.

셋째 원인은 수업 환경측면으로 교사의 인식 부족을 들 수 있다. 맞춤법의 복잡성과 예외 규정 등은 전 교과를 담당하고 있는 초등학교 교사들에게 상당히 부담스러운 내용이다. 6개 장, 57개의 항[14]으로 구성되어 있는 맞춤법은 사실 음운론, 형태론의 학문적 내용이 모두 집결되어 있는 것이기 때문에 이를 전문적으로 학습하기란 쉽지 않다. 또한 국어과 교육의 방향이 정확성 보다는 효과성에 초점을 두고, 문법적 지식 학습보다 소통적 의미 전달 학습에 중점을 두고 있기 때문에 수업 시간에 맞춤법의 중요성을 강조할 시간이 부족하게 되었다.

(2) 맞춤법 오류 현상

초등학생들이 쓴 글을 분석하면 여러 가지 맞춤법 오류를 발견할 수 있다. 사실 유형을 나눌 수 없을 정도로 한글 맞춤법의 모든 항에 해당하는 예를 어렵지 않게 찾을 수 있다. 초등학생들이 자주 틀리는 맞춤법을 간단히 살펴보면 다음과 같다.[15]

먼저, 정확한 낱말에 대한 노출 부족으로 일어나는 경우이다. 대표적인 예로 'ㅐ'와 'ㅔ'가 사용된 말을 들 수 있다. 학생들이 평소 언어생활 속에서 'ㅐ'와 'ㅔ'를 명확하게 구분하여 발음하는 언어 사용자를 만나기 힘들고, 학생들 역시 정확하게 구분하여 발음하지 못하기 때문이다. 결국 'ㅐ'와 'ㅔ'가 사용된 낱말을 읽기 자료를 통해 자주 접하는 경우 이외에는 학생들이 이를 변별하여 사용하기 힘들게 된다. 초등학생들이 자주 틀리는 낱말로 '그런데(그런대), 데리고(대리고), 떼쓰다(때쓰다.), 꽃게(꽃개), -한테(-한태), 깨다(께다), 헷갈리다(햇갈리다), 베개(배개), -하는데(-하는대)' 등이 있다.

다음으로 잘못된 언어 환경의 영향으로 생기는 경우이다. 대표적인 예로 받침에 'ㅎ, ㅅ'의 오류를 들 수 있다. 초등학생의 맞춤법 오류는 대부분 받침이 있는 글자에서 나타난다. 그 중에서도 독특한 현상으로 볼 수 있는 것이 'ㅎ'과 'ㅅ'의 혼동이다. 이는 '소리대로 적는 것과 어법에 맞게 적는' 것을 모두 고려하더라도 이러한 현상이 일어난 것을 설명하기는 힘들다. 다만 초등학생들이 학급 홈페이지나 인터넷 대화면 하면서 '낫다'와 '낳다'를 구분 없이 사용하던 습관이 그대로 남아 있는 것으로 생각된다. 초등학생이 자주 틀리는 낱말로 '낫다(낳다), 낳다(낫다), 좋다(좃다)' 등이 있다.

셋째로 지역사회 환경의 영향으로 생기는 경우이다. 대표적인 예로 방언의 사용을 들 수 있다. 이는 표준어에 대한 명확한 인식이 없는 초등학생의 경우 글을 쓸 때 자신들이 사용하는 말을 그대로 글로 옮기기 때문에 일어난다. 지역별로 차이가 있겠지만 조사 자료에 의하면 '부셨다(뿌샀다),

14) 부록의 문장부호까지 포함하면 더 많은 내용이 포함되게 된다.

15) 최규홍(2011), 강민정(2008), 박미자(2006)의 실태 조사 자료를 바탕으로 유형을 정리하였음

기다리다(기달리다), 나르(내르)' 등이 있다.

끝으로 정확한 음운 변동에 대한 이해 부족으로 생기는 경우이다. 앞서 언급한 대로 맞춤법 오류 현상은 받침이 있는 글자에서 많이 일어나는데 그 중에서도 겹받침 글자의 경우는 문제가 더 심각하다. 겹받침 글자의 경우에서는 다른 음소를 추가하여 겹받침을 만드는 경우와 음소를 탈락시켜 겹받침 글자를 소리 나는 대로 표기한 경우, 겹받침 글자의 받침 글자를 잘못 사용한 경우로 나눌 수 있다. 대표적인 예로 '안(않), 만큼(많큼)', '핥다(할다), 읊다(읖다), -었다(-엇다)', '많다(많다), 않다(앉다), 핥다(핧다)' 등이 있다.

3) 맞춤법 지도 전략[16)]

(1) 실제를 중심으로 한 맞춤법 지도

초등학교의 맞춤법 지도는 언어 사용의 맥락 속에서 이루어져야 한다. 문법과 언어 사용은 서로 유기적인 관계이다. 듣고, 말하고, 읽고, 쓰는 과정에서 문법이 관여를 하고, 언어가 사용되는 맥락 속에서 문법이 존재하는 것이다. 초등학교의 맞춤법 교육은 학생들이 실제 사용하는 어휘를 중심으로 이루어져야 한다.

초등학생이 사용하는 실제적인 낱말을 바탕으로 해야 한다는 것은 초등학생들의 발달[17)]과 환경을 동시에 고려해야 한다는 것이다. 예를 들어 '맏이'라는 낱말은 일상생활에 많이 쓰이는 낱말로 구개음화 현상이 일어나는 소리와 표기가 다른 낱말이다. 한글 맞춤법 규정에서도 예시 자료로 들고 있을 정도로 일반적으로 사용되는 낱말이나 최근에 한 가정에 한 아이만 있는 가구들이 늘어나면서 '맏이'라는 말을 접하게 되는 경우가 줄어들게 되어 문법적으로 기초적인 낱말이지만 인지적

---

16) 최규홍(2011)의 내용을 발췌 · 요약 · 수정하였음을 밝힌다.

17) 민현식(2008)에 의하면 영어 교육에서는 표기 학습 발달 단계를 다음과 같이 설정하고 있다.

① 의사소통 이전 단계(Precommunicative: Preschool - Midkindergarten, 2-5세): 문자와 유사한 것을 그리는 시기

② 반음성적 단계(Semiphonetic: Kindergarten 말 - 1학년 초, 5-6세): 문자가 단어를 만든다는 것을 인식하고 자음을 중심으로 문자가 뭉친 단어를 만듦.

③ 음성적 단계(Phonetic: 1학년 중간, 6세) 들은 소리를 순서대로 문자로 나열한다. 소리와 기호의 관계를 인식한다.

④ 이행기(Transitional: 1학년 말 - 2학년 초, 6-7세): 소리와 문자의 관계가 형성되어 간다. 오류 표기에서 규범 표기로 이행하여 간다.

⑤ 관습기(Conventional: 2-4학년, 7-9세): 맞춤법 관습에 적응하여 간다.

⑥ 형태 통사기(Morphemic & Syntactic: 5-8학년, 10-13세): 음운, 표기 형태, 통사적 관계를 인식한다.

으로는 어려움을 느끼는 낱말이 된 것이다.

실제를 중심으로 한 맞춤법 지도는 실제 학생들의 맞춤법 오류 현상으로 나타나는 낱말을 중심으로 이루어진다. 활동 순서는 먼저 학생들의 실태를 바탕으로 계열화된 낱말을 선정하고, 학습할 내용에 대해 안내를 실시한다. 그런 다음 낱말을 익힐 수 있도록 연습 활동을 하고, 맞춤법 지식을 생성하는 순서로 이루어진다.

이러한 학습 방법은 앞서 살펴본 오류 유형의 대부분의 경우에 사용할 수 있다. 초등학생의 맞춤법 오류 유형은 저학년의 경우 낱말의 형태를 정확하게 알지 못하는데서 비롯되므로 여러 활동을 통해 글자의 형태를 익히는데 중점을 둘 필요가 있다. 'ㅐ, ㅔ'의 학습을 간단히 예로 들면 〈표 3-29〉와 같다.

〈표3-29〉 'ㅐ'와 'ㅔ'의 학습

1. 'ㅐ'와 'ㅔ'가 사용된 낱말로, 학생들이 생활 속에서 주로 사용하는 낱말을 계열화 한다.

구분	ㅐ	ㅔ
명사	개, 해 대문, 개미, 새 , 새우, 노래, 매미, 새벽, 배탈, 등	게, 세수, 제비, 제기, 배게 , 레몬, 세로, 메밀 등
조사		~한테, 에서, 에게 등
어미		~는데 등
의존 명사	대로 등	데 등

* 초등학생의 경우 문법 용어는 학습하지 않는 것을 원칙으로 하고 있음

2. 명사의 경우 그림 카드를 제시하거나 음절을 연상할 수 있는 놀이를 통해 낱말의 형태를 연습하게 한다.
3. 조사나 어미, 의존 명사의 경우 각각의 말이 사용된 문장을 제시하여 연습하게 한다.
4. 'ㅐ'와 'ㅔ'가 사용된 낱말을 통해 'ㅐ'와 'ㅔ'는 다른 표기임을 알게 하고, 지식을 갖게 한다.
5. 학습 활동을 정리하고, 주변에서 'ㅐ'와 'ㅔ'를 포함하는 다른 말을 찾아보게 한다.

실제를 중심으로 한 맞춤법 지도의 가장 큰 장점은 동기 유발이 자연스럽게 이루어질 수 있다는 것이다. 내재적 동기가 없는 교육은 결과의 확실성을 담보하기 어려우나 자신이 어려움을 겪고 있는 낱말을 실제 경험할 수 있는 대상을 바탕으로 안내를 하고 연습을 함으로써 자연스럽게 학습 장면으로 이끌 수 있다는 것이다.

(2) 원리를 강조한 맞춤법 지도

한글 맞춤법은 체계화된 원리를 바탕으로 구성된 개념이다. 원리를 중심으로 맞춤법 교육을 할 경우 상대적으로 파급 효과를 가져올 수 있다. 학습자의 인지 발달 수준을 고려하여 원리 교육을 실시하고, 단순히 연역적인 접근이 아닌 귀납적인 접근도 가능하므로 원리 학습을 통해 학생들의 사고력을 내면화시킬 수 있다.

원리를 강조한 맞춤법 지도는 개념에 대한 정확성을 가지게 하는 것을 목적으로 하는 지도 방법이다. 교육과정이나 지도서에서 탐구 학습을 강조하는 것은 원리를 학생이 찾아냄으로써 학생 중심의 지식 학습이 이루어질 수 있게 한 것이다. 하지만 학생 중심의 원리 학습은 많은 어려움을 전제로 한다. 특히 탐구 학습을 초등학생에게 강조할 경우 학습자의 지적 수준의 문제와 많은 시간이 소요된다는 점, 잘못된 가설을 세우는 학생들에 대한 대처가 부족하다는 점, 탐구 학습에 대한 지식이 부족하다는 점 등에서 문제가 발생할 수도 있다.

원리를 강조한 맞춤법 지도는 교사의 안내 속에서 이루어져야 한다. 실제를 강조한 맞춤법 지도가 정확성 보다 유창성에 좀더 비중을 둔 것이라면 원리를 강조한 맞춤법 지도는 보다 정확성에 비중을 둔 것이기 때문에 정확한 개념을 갖도록 하는 것이 중요하다. 초등학생의 경우 학습 장면에서 새로운 지식을 스스로 탐구하기 보다는 교사의 시범과 안내에 의해서 의도된 학습을 하는 경우가 많다. 원리를 강조한 맞춤법 지도는 문법 원리를 설명하고, 연습을 한 다음, 학습자가 원리를 익히는 단계로 진행할 수 있다.

이 방법은 앞서 살펴본 오류 유형 중 '소리 나는 대로' 글자를 쓴 경우 원리를 설명할 때 적용할 수 있다. 예를 들면 한글 맞춤법 제1조 1항에 해당하는 원리를 알려 주기 위해 학생들이 자주 오류를 범하는 현상에 대해 조사를 한 다음 〈표3-30〉과 같이 학생들이 자주 사용하는 낱말을 중심으로 변화하는 모습을 제시하고, 올바른 표기와 잘못된 표기를 제시하여 학생들에게 한글 맞춤법 제1조 1항의 개념을 가질 수 있게 하는 것이다. 그리고 난 후 개념 이해 확인을 관련 질문을 하고, 학습 활동에 대한 점검을 실시한다.

〈표3-30〉 소리 나는 대로 적는 경우와 어법에 맞게 적는 경우

구분	소리 나는 대로 적기	어법에 맞게 적기
음운 변동이 없고 받침이 없는 낱말	나무 등	나무 등
음운 변동이 없고, 받침이 있는 낱말	구름 등	구름 등
음운 변동이 있고, 받침이 없는 낱말	해도지* 등	해돋이 등
음운 변동이 있고, 받침이 있는 낱말	어름* 등 … 꼰닙* 등	얼음 등 … 꼰닙 등
겹받침이 사용된 낱말	…	…
조사와 결합된 말	…	…
…	…	…

한글 맞춤법의 제1조 1항의 경우 맞춤법 전체에 대한 원리이기 때문에 저학년의 경우 개념을 갖기가 힘들다. 저학년 학습의 경우는 간단한 원리를 카드 형태로 제시하여, 각각의 원리를 학습하는 방법도 가능하다. 예를 들어, '소리와 표기가 다름을 안다.'를 지도하기 위해 〈표3-31〉과 같은 방법을 사용할 수 있다. 하지만 이런 방식으로 학습하는 교사가 도식화를 시켜 줌으로 학생이 맞춤법에 대해 기초적인 개념을 가질 수 있게 된다.

〈표3-31〉 겹받침 글자의 학습

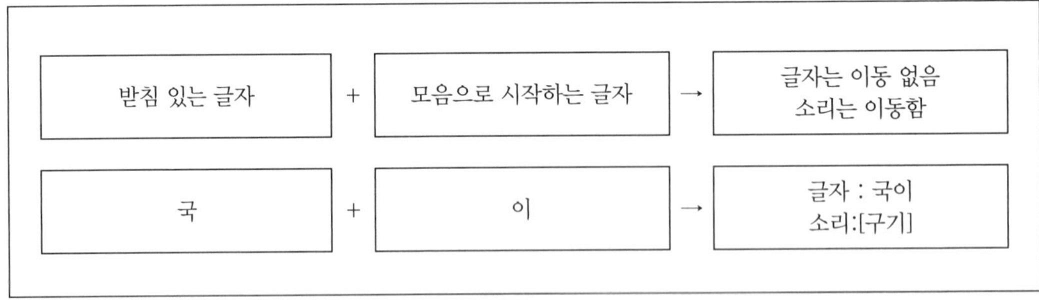

받침 있는 글자	+	모음으로 시작하는 글자	→	글자는 이동 없음 소리는 이동함
국	+	이	→	글자 : 국이 소리:[구기]

원리를 중심으로 한 맞춤법 지도는 탐구학습의 기초적인 활동으로 접근할 수 있다는 장점이 있다. 초등학교 교육의 목표가 학습에 대한 기초를 길러 준다고 했을 때, 맞춤법 지식에 대해 원리를 고민하고, 해결해 나가는 과정을 통해 앞으로 접하게 될 다양한 문법 현상 탐구에 기초 능력으로 작용할 것이다.

(3) 언어 인식(language awareness)을 중심으로 한 맞춤법 지도

언어 인식은 국어에 대한 태도 및 사고력과 관련이 있다. 최근 문법 교육에서 언어 인식 또는 국어 의식에 대한 논의가 많이 이루어졌다. 2007 및 2009 개정 교육과정에서도 '국어 의식'을 포함하면서 '언어의 본질을 이해하고 이에 대한 이해를 바탕으로 구체적인 실천 행위를 하는 태도' 등으로 설명하고 있다. 하지만 이는 태도를 가지고 구체적으로 언어의 본질을 이해하고, 실천하므로 언어에 대한 사고력 향상을 가져오게 된다.

언어 인식을 중심으로 하는 맞춤법 지도는 학습자 자신이 사용한 언어를 인식한 다음 이를 점검하고 보완하여 다시 다음 사용 상황에서 적용할 수 있어야 한다는 것이다. 실제와 원리를 강조한 맞춤법 지도를 통해 학습한 내용을 자신의 언어 사용 상황에서 발견하고 이를 다시 보완하는 활동을 의미한다. 이러한 활동이 반복될 경우 학습자는 맞춤법을 자동화하여 오류를 줄일 수 있게 된다.[18]

최근의 국어 교육은 의사소통의 정확성 보다는 효율성을 강조하고 있다. 발신자와 수신자 사이의 의미 전달을 주된 목적으로 하여 문법 지식의 학습 보다는 원활한 의사소통 방법에 초점을 두고 있는 것이다. 이러한 흐름은 초등학교에의 문법 교육을 통합적 관점에서 실시하는 것과도 같은 맥락으로 볼 수 있다. 그러나 정확성을 전제하지 않는 효율성은 기반이 없는 사상누각과 같은 것이다.

언어 인식을 중심으로 한 맞춤법 지도 방법은 정확한 언어 사용의 자동화를 전제로 한다. 언어 사용의 현상 속에서 학습한 맞춤법 지식이 제대로 사용되고 있는지를 성찰적으로 반성함으로써 지식과 사용의 연계성을 높이고 지식의 내면화를 꾀하는 것이다. 내면화된 지식은 의식하지 않고 언어 사용에 반영되어 문법 지식과 언어 사용이 일체화되어 나타나게 된다.

언어 인식을 강조한 맞춤법 지도는 현상 속에서 맞춤법 지식을 찾아내고, 이를 자신의 지식에 비추어 분석한 다음, 적절성을 파악한다. 그리고 자신이 가진 지식을 내면화하여 성찰적으로 사용하는 단계로 진행할 수 있다. 이러한 과정은 학습 상황에서는 선조적으로 일어나는 것처럼 보이지만

18) 최규홍(2009)에서는 이를 인식-사용의 순환 과정이라고 명명하면서 다음과 같이 제시하였다.

새로운 지식 학습 → (지식의 사용)

자동화된 사용 → 지식의 사용 → 현상의 인식 → 지식의 완성 → 성찰적 사용 → 자동화된 사용

실제로는 순환적으로 일어난다. 언어 인식과 사용이 일회적인 것이 아니라 일상생활 속에서 전진 순환의 형태로 나타난다.

이 방법은 앞서 살펴본 두 가지 방법을 통해 학습한 지식을 언어 사용 현상 속에서 적용하는 모형으로 볼 수 있다. 이 방법은 전진 순환을 전제로 이루어지는 것이기 때문에 최초에 학습할 때와 달리 순환 과정에서 학습 때 사용할 수 있는 자료는 자신의 자료까지 확대할 수 있다. 또한 적용하기 단계도 자동화가 이루어질 때까지 계속 회귀적으로 이루어지는 것이다.

이 방법의 학습 과정은 먼저 오류 현상이 들어 있는 글을 주어 자료를 확인하게 한다. 그리고 정확하게 표기된 자료를 제시하여 정오 관계를 확인하게 하고, 오류 현상의 일관성을 찾게 한다. 자신의 찾은 오류 현상에 대해 맞춤법 지식을 비추어 보고, 자신이 갖고 있는 지식을 점검하고 성찰 수 있게 한다. 그리고 자신의 언어 사용에서는 이러한 오류가 일어나지 않도록 언어 사용을 하는 활동으로 이루어진다. 그리고 학습이 끝난 후에는 자신의 글을 바탕으로 다시 순환 활동을 하게 되는 것이다. 초등학생들이 자주 오류를 범하는 겹받침 글자의 학습을 예로 들어 설명하면 〈표 3-32〉와 같다.

〈표3-32〉 겹받침 글자의 학습

1. 'ㄶ'이 사용된 자료 제시하기 (많다 - 않다 - 친구들많 등 정오 표기가 같이 들어 있는 글) 2. 'ㄶ'이 들어간 추가 자료 제시하기 (오류가 없는 문장) 3. 오류가 보이는 단어 찾기 4. 맞춤법 지식에 비추어 바르게 수정하기 5. 'ㄶ'이 들어간 단어를 사용하여 글쓰기 6. 자신의 글을 보고 분석하고, 점검하기 7. 신문, 일기 등 다른 글에서 'ㄶ'이 들어간 글 찾아보고 확인하기등

언어 인식을 중심으로 한 맞춤법 지도는 지식을 내면화하고, 생활화하는데 장점이 있다. 즉, 아는 것을 하는 것으로 바꾸지 못하는 초등학생들[19]에게 살아있는 지식을 갖게 할 수 있다는 것이다 맞춤법에 대한 의식 없이 자연스럽게 언어를 사용하였음에도 불구하고, 맞춤법 규정에 어긋남이 없이 언어를 사용하는 것이 맞춤법 교육의 가장 궁극적인 목표라고 볼 때 이를 도달하기 위해서는

19) 최규홍(2009)에 의하면 초등학생들은 문법 지식에 대해 77% 정도 정확한 답을 할 수 있으나 이를 언어 사용 현상 속에서 인식하고 적용하는 경우는 30% 정도에 불과함을 알 수 있다.

지식을 내면화하고 자동화하는 언어 인식을 중심으로 한 맞춤법 지도 방법이 반드시 필요하다고 할 수 있다.

8.3. 맞춤법 학습의 평가

맞춤법 교육의 평가는 국어과의 다른 영역에 비해 독특한 특성을 갖고 있다. 또한 문법 영역의 다른 분야에 비해서도 독특하다. 대부분의 국어과 평가는 정확한 정답을 요구하기보다 효과적인 정답을 찾으려고 하고, 어느 정도 정답의 폭이 열려 있다. 또한 문법 영역이라고 하더라도 의미론, 화용론 분야에서 강조하는 맥락에서의 언어 기능에 초점을 두지 않는다. 맞춤법 평가는 표기가 틀리면 고려의 여지도 없이 오답 처리 된다. 즉, 철저하게 정확한 답을 요구하는 것이다.

맞춤법 평가도 평가 원리에 따른 문항 출제를 해야 한다. 일반적으로 표준화된 지필 평가에서 맞춤법 평가의 경우 평가 원리나 절차에 따른 평가 문항을 잘 출제하지 않는다. 학생들의 쓰기 자료를 바탕으로 하는 수행평가와 달리 성취도 평가의 경우에 맞춤법 평가가 이루어지는 경우는 대부분 받아쓰기이다. 받아쓰기 문제의 경우 타당도와 신뢰도를 바탕으로 이원목적분류표를 작성하여 문제를 출제한다. 하지만 그 외의 경우 다른 문항을 풀이하는 과정에서 평가 내용과 관계없이 '국어 교과'라는 이유로 맞춤법 평가를 실시한다. 하지만 그것은 문항의 '타당도'를 떨어뜨리는 원인이 된다. 예를 들어 '중심 문장을 찾아내는 능력'을 평가하는 문제에서 '맞춤법'을 평가하는 꼴이 되는 것이다.

맞춤법 평가도 맥락 속에서 평가해야 한다. 현재의 맞춤법 평가는 '맞춤법'만을 위한 받아쓰기 평가와 '맞춤법'의 평가 요소가 무엇인지 모르는 '평가 문항'으로 이루어지고 있다. 맞춤법이 한글을 표기하는 기본적인 규범이라 중요하다고 생각하여 그에 대한 지식을 묻는 것이 아니라면 맞춤법 문제 역시 언어사용의 맥락 속에서 이루어져야 한다. 지필평가 역시 마찬가지이다. 즉, 현재 사용하고 있는 '받아쓰기'는 경우 수업 상황을 고려하여 수시 평가로 시행하고 성취도 평가의 경우에는, 맞춤법의 각 요소를 반영하여, 각각의 문항에 세부 조건을 달아 학생들이 맞춤법을 의식하며 글을 쓸 수 있게 하여야 한다.

참고문헌

강민정(2008), 초등학생 맞춤법 오류 분석과 지도 방안, 부산교육대학교 석사학위논문.

교육과학기술부(2011),《국어과 교육과정》, 교육과학기술부.

구본관(2008), 맞춤법 교육 내용 연구,《국어교육》127, 한국어교육학회, pp 195~232.

국립국어원(1997),《한국어 연수 교재》, 국립국어원.

김규선(1996),《국어과 교수법》, 학문사.

김은미(2014), 국어 맞춤법 교육의 실태와 지도 방안 연구, 경희대학교 석사학위논문.

문교부(1988),《국어어문규정집》, 대한교과서주식회사.

문화체육관광부(2014),《한글 맞춤법 일부 개정안》, 문화체육관광부.

민현식(2008), 한글 맞춤법 교육의 체계화 방안,《국어교육연구》21, 서울대학교 국어교육연구소, pp 7~74.

박미자(2006), 초등학생의 맞춤법 오류 실태 분석과 지도 방안, 세명대학교 석사학위논문.

신헌재 외(2009),《초등 국어과 교수 · 학습 방법》, 박이정.

이승왕(2011), 초등학교 국어 규범 교육 내용 연구, 부산대학교 박사학위논문.

이익섭(1992),《국어 표기법 연구》, 서울대학교 출판부.

이창근(2007), 초등학교 문법 교육 연구, 한국교원대학교 박사학위논문.

최규홍(2009), 문법 현상 인식 중심의 초등학교 문법 교육 연구, 한국교원대학교 박사학위논문.

______(2011), 초등학생의 맞춤법 지도 방법 연구,《청람어문교육》43, pp 441~462.

홍연정(2012), 원리중심의 한글 맞춤법 교육 방안 연구, 경북대학교 석사학위논문.

H. Douglas Brown, 권오량 · 김영숙 공역(2010),《원리에 의한 교수(3판)》, 피어슨에듀케이션코리아.

Scott Thornbury, 이관규 외 역(2004),《문법을 어떻게 가르칠 것인가?》, 한국문화사.

9. 비유적 표현을 이해하고 활용하기

9.1. 비유적 표현의 개념과 특성

연말이나 새해가 되면 신년 운수를 보는 사람들이 많다. 젊은 세대들은 타로점이나 별자리로 자신의 운명을 예견하려고도 한다. 요즘은 신문에서도 쉽게 오늘의 운수를 볼 수 있다. 다음은 어느 일간지에 나온 띠별 운수 중의 한 대목이다.

26년생 순리에 따르면 순조로운 날임.
38년생 지나온 세월 감회가 깊으리라.
50년생 밤이 지나면 새벽이 오는 법.
62년생 진퇴를 알면 승리하게 됨.
74년생 강을 건너려는데 나룻배가 없는 형국.
86년생 씨앗이 늦게 싹트는 형상.

친절하게 태어난 해까지 앞세운 표현들을 잘 살펴보면 공통점을 찾을 수 있다. 누구에게나 맞아떨어지도록 비유적 표현을 사용하고 있다는 것이다. 특히 '밤이 지나면 새벽이 오는 법' 이나 '씨앗이 늦게 싹트는 형상'과 같은 표현은 자기의 상황에 맞추어보면 반드시 맞아 들어갈 수밖에 없다. 예를 들어 '씨앗이 늦게 싹트는 형상'에서 '씨앗'이 가리키는 것은 실제 씨앗이 아니며 '싹트는 형상' 도 그렇다. '씨앗'이란 '씨앗처럼' 생각되어질 수 있는 모든 것을 말하며, '싹트는 형상' 역시 '싹트는 형상'처럼 생각되어질 수 있는 모든 것을 가리킨다. 이처럼 비유적 표현은 하나의 언어가 다양한 의미로 확장되도록 하는 진술 방식으로서 문학의 기본적인 성격이라고 할 수 있다.

비유적 표현은 어떤 사물이나 현상을 그것과 비슷한 다른 사물이나 현상에 빗대어 나타내는 표현방식이다. 시 텍스트 속에 드러나는 비유적 표현들은 일상적이거나 표준적인 의미의 연관관계에서 일탈하는 경우가 많으며, 심지어 문법적인 언어 사용을 거부하기도 한다. 따라서 문학 작품의 비유적 표현을 가리켜 언어의 무늬를 그린다는 뜻에서 '문채(文彩)'라고 부르기도 한다. 시를 읽다 보면 지역 방언이 등장하기도 하고 비문을 자주 접하는 경우가 있는데, 이러한 표현들도 '시적 허용(Poetic licence)'으로 인정한다. 시 텍스트는 시인 또는 시적 화자의 감정, 정서 등을 표현하여 독자에게 감동을 주고 정서를 순화하는 것을 일차적 목적으로 하기 때문이다. 따라서 맞춤법이나 띄어쓰기에 어긋나는 표현을 사용하여 운율적 효과를 주거나, 비유하는 대상을 통하여 강조, 변화, 아쉬움, 미련, 동정, 애착 등의 느낌을 형상화하는 것이다.

비유적 표현은 두 개 이상의 시어나 문맥을 전제로 한다. 둘 중 하나는 이미지를 주는 말이고 다른 하나는 이미지를 받는 말이다.

집

강정규

혼자 사시던 외할머니가
요양병원 가신 후,
엄마는 이제 외갓집이,
집이 아니라고 하셨다

그럼,
외할머니가 집이었네
사람이 집이네

《동시마중》 2012년 5-6월호

〈집〉은 외할머니가 요양원에 가신 후 이제는 더 이상 외갓집이 집이 아니라는 어머니의 말에 대한 단상을 적고 있다. 2연에서 '외할머니가 집이었네'라는 구절에 주목해 보자. 여기서 '집'은 이미지를 제공하는 이미지 제공어이고 '외할머니'는 이미지를 받는 이미지 수령어이다. 단순한 비유의 경우 이미지 제공어가 이미지 수령어에 작용하여 그 의미를 전환한다. 위의 시에서도 '할머니'를 '집'에 비유하여 우리들이 인식하고 있는 집은 물리적인 건물이 아니라 심리적 안식처임을 드러내고 있다. 그러나 '집'이라는 이미지는 심리적 안식처로서 할머니의 존재 의미를 설명해 주고 있으므로 '집'이 일방적으로 '할머니'를 수식하기 보다는 두 시어가 상호작용하여 서로를 조명하는 이미지를 만들어 내고 있음을 알 수 있다.

9.2. 비유적 표현 교육의 필요성

독자가 비유적 표현을 읽으면, 그 문맥을 이해하기 위하여 상대적으로 시간을 소요하게 된다. 이것은 사물을 낯설게 하여 그것을 지각하고 해석하는 데 공을 들여야 하기 때문이다. 비유의 초점과 상호 작용하고 있는 두 이미지를 찾아내는 것은 사물의 특징과 본질을 파악하는 것이다.

인간은 사물과 사물을 비교하여 그 사물을 보다 정확하게 인식할 수 있다. 비교는 표현 방법이라기 보다는 인식 방법의 하나이다. 추상적이고 관념적인 것을 눈에 보이는 사물과 비교하여 그 사물의 형상을 통해 구체적 이미지를 떠오르게 함으로써 보다 실감나는 공감을 불러일으킬 수 있기 때문이다.

비유의 한 종류인 직유는 서로 유사한 어떤 사물의 성질이나 현상을 직접적으로 비교해 표현한 방법이며, 은유는 두 가지 사물을 비교하지 않고 어떤 말의 의미를 다른 의미로 바꾸어 간접적으로 표현하는 방법이다. 직유는 서술적이고 설명적이며, 은유는 두 대상을 직관적으로 결합하여 표현함으로써 시적이고 암시적인 상징과 이미지를 불러일으킨다고 할 수 있다.

에이브럼즈(1998)는 '화자가 어떤 특별한 의미나 효과를 얻기 위해 일상적인 또는 보편적인 그 단어의 의미와 그 단어의 연결체로부터 벗어나는 표현 형태'라고 말한다. 다음은 비유적 표현의 효과를 살펴보고자.

가) 길이 있다.

나) 길이 꿈처럼 있다.

가)와 나)에서, 가)는 일상적이고 또 보편적인 의미의 단어(길, 있다)와 그 연결체(문장)로 되어 있다. 이런 것을 축어적 표현(literal expression)이라고 하고, 그것이 나타내는 의미를 문자적 의미(literal mearning)라고 한다. 그런데 나)는 조금 다르다. 길이 있되 '꿈처럼' 있는 것이다. 길의 의미가 '꿈처럼'이라는 비유(직유)에 의해 일상적이거나 보편적인 의미로부터 벗어나 있다. 즉, 화자에 의해 파악된 다른 말(꿈)의 이미지를 받아 새로운 비유적 의미(figurative mearning)가 탄생하여 특별한 의미망을 갖게 된 것이다. 이와 같은 효과를 얻기 위해 사용하는 갖가지 수사법을 비유라고 할 수 있다. 다음 시의 비유적 표현을 살펴보자.

가을 단풍나무를 노래한 이 시는 어른의 작품임을 느끼게 한다. 낙엽이 떨어지는 모습을 보고 소꿉동무가 솔솔 그리워지는 모습은 어린 시절을 동경하는 어른이나 생각해냄직한 발상이다. '은행잎'과 '단풍잎'을 마치 소꿉동무의 모습을 찍은 사진으로 생각해 '앨범'을 만들자고 표현한 부분은 시인이 과거의 기억을 그리워하며 새로운 현실이나 세계를 만들어 보고자 하는 의도가 담겨있는 것처럼 보인다. 그렇다고 동심에서 멀리 떨어져 있는 시는 아니다. 가을바람에 떨어지는 낙엽과 그리움은

가을 우체부

송명호

가랑잎 편지를 전해 주는
바람은 가을 우체부

뭐라고 썼을까
노오란 은행잎에
그 누가 보냈을까?
예쁜 손같은 단풍잎을

솔솔 그리운 생각일랑
소꿉동무 얼굴이 떠오르면
책장마다 한잎 두잎
앨범 만들자.

가랑잎 편지를 전해 주는
바람은 가을 우체부.

《우리 선생님이 추천한 동시300편》
(서울교육대학교 초등국어교육연구소)

어른 세계에 대한 하나의 예감을 경험시켜 준다. 어린 시절의 소중함을 어린 아이들도 알아야 할 것만 같은 생각이 들기 때문이다.

위의 시에서 '가랑잎'은 '편지'로, '바람'은 '우체부'로 비유되어 있음을 알 수 있다. 바람이 불어 잎이 떨어지는 모습을 보고 우체부가 편지나 소포를 다른 사람에게 전해주는 모습을 상상하여 공통점을 발견해 낸 것이다. 시인은 '바람에 나뭇잎이 떨어지는' 단순한 현상을 '우체부의 우편배달'과 연결시킴으로서 신선한 시적 형상화를 이루고 있다.

'예쁜 손 같은 단풍잎'에서는 단풍잎을 손으로 비교하여 표현하였다. 이는 비유 중에서도 ~같이, ~처럼, ~듯이의 직유 표현을 사용한 것이다. 비유에서 직유는 서로 유사한 어떤 사물의 성질이나 현상을 직접적으로 비교해 표현한 방법으로 손과 단풍잎이 뾰족뾰족 벌려져 있는 모양을 손으로 비유하여 가랑잎의 모양이나 생김새를 더 정확하게 인식할 수 있게 하였다. 또한 '뭐라고 썼을까?', '그 누가 보냈을까?'에서는 '바람'을 사람으로 의인화하여 삶의 체험과 정서를 바람이라는 매체로 전이시키고 있다.

9.3. 비유적 표현의 지도 방법

시의 비유적 표현을 이해하고 활용하기 위해서는 먼저 시 텍스트의 비유적 표현을 이해하는 과정이 필요하다. 비유적 표현을 알아가는 과정은 일종의 이모베이션(imovation; imitation+innovation) 활동이다. 다른 사람의 글이나 아이디어를 그대로 받아들이는 것은 모방이지만, 모방에 머물지 않고 더 나은 것을 얻기 위한 목적(innovation)으로 다른 사람의 아이디어를 활용하는 활동이기 때문이다.

비유적 표현을 이해하기 위해서 독자는 시 텍스트 속에 들어 있는 주요 사고나 정서를 파악하여 그 틈새를 찾아내고, 그 틈새를 비집고 들어가 자신의 체험으로 채우는 시 읽기 활동이 필요하다. 시적 화자의 생각의 틈을 비집고 들어가는 활동은 자신의 경험 내용이 아직 정리되지 않았거나 일반적으로 받아들여지는 경험인데도 불구하고 아직 접하지 못한 경험을 손쉽게 자기 것으로 할 수 있다는 점에서 그 효과가 인정된다.

1) 비유적 표현을 찾고 그렇게 표현한 까닭 말하기

비유적 표현을 이해하기 위해서는 먼저 보통 누구나 쉽게 이해할 수 있는 텍스트를 활용하여 접근하는 것이 중요하다. 초등 학습자가 쉽게 인지할 수 있는 사물이나 동물을 대상으로 형상화한 텍스트를 먼저 활용하고 이후에 좀 더 추상적인 상황이나 정서를 다룬 텍스트로 수준을 옮기는 것이 좋다. 또한 완성된 텍스트가 아니라 텍스트 일부를 활용하여 접근할 수도 있다. 예를 들어 〈돼지〉나 〈버섯〉 같은 시는 짧으면서도 이미지를 제공어와 이미지 수용어를 쉽게 찾을 수 있고, 그 둘 사이의 공통점도 대상의 모양을 통해 쉽게 파악할 수 있다.

돼지

신성희

돼지는 몸이 길쭉하여 둥글다.
돼지 꼬리는 라면같이 말려 있다.

어린이는 모두 시인이다(지식산업사)

버섯

김진광

소나기 내리자
길 가던 개미에게
얘 이리 들어와."
사알짝
우산을 받쳐 주고 있다.

《꽃이 파리가 된 나무》(우리교육)

다음과 같은 표를 활용하여 정리하게 유도할 수도 있다. 〈돼지〉, 〈버섯〉을 예로 아래와 같이 정리할 수 있다. 모양을 비유하는 표현을 지도하는 경우 간단한 그림으로 표현하게 하는 방법도 좋다.

〈표3-33〉 비유적 표현 지도(예시 1-정리표)

비유하는 표현	비유하는 대상	그렇게 표현한 까닭
라면같이 말려 있다.	돼지 꼬리	돼지꼬리가 꼬불꼬불 말려 있기 때문에
우산을 받쳐 주고 있다.	버섯	버섯 모양이 우산처럼 생겼고 개미가 비에 맞지 않게 받쳐 주고 있어서

목련꽃

제해만

목련꽃은
입이다.

아이스크림처럼 하얀 봄을
한 입 가득 물고 있는 아이들의 예쁜 입이다.

목련꽃은
웃음이다.

새봄의 기쁨을
얼굴 가득 담고 있는
아이들의 티 없는 웃음이다.

목련꽃은
꿈이다.

추운 겨울을
이겨 낼 수 있게 해 주는
힘 있는 꿈이다.

- 2007 개정 5-1 읽기 교과서 수록 작품-

위와 같이 비교적 쉬운 비유적 표현에 익숙하게 되었을 때 〈목련꽃〉과 같은 텍스트를 지도할 수 있다. 〈목련꽃〉은 시 텍스트 내에서 비유적 표현을 한 까닭을 찾을 수 있는 시여서 비유적 표현을 지도하기에 더욱 적절하다. 목련꽃을 맛있는 아이스크림을 물고 있는 아이들의 입, 웃음을 머금고 있는 아이들의 얼굴, 어려움을 이겨낼 수 있는 아이들의 꿈으로 비유를 하였다.

2) 비유적 표현을 활용하여 말놀이하기

초등학생들이 좋아하는 말놀이를 통하여 비유적 표현을 지도할 수도 있다. 수수께끼나 스무고개 등의 말놀이에는 다양한 비유적 표현이 자주 등장한다. 아래 수수께끼를 살펴보자.

가) 노란 옷 속에 조각달 하나가 들어 있는 것은?

나) 별 중에 가장 슬픈 별은?

다) 날마다 가슴에 흑심을 품고 있는 것은?

노란 옷 속에 조각달 하나가 들어 있는 것은 '바나나'를 설명한 것이다. 바나나 껍질의 색깔과 과육부분을 싸고 있다는 점을 파악하여 '노란 옷'으로 표현한 것이다. 또한 가장 슬픈 별은 '이별', 날마다 가슴에 흑심을 품고 있는 것은 '연필'이다. 이러한 수수께끼가 성립할 수 있는 근거는 대상 사이의 공통점을 찾아서 비유적으로 표현하였기 때문이다. 또한 다음과 같이 스무고개 놀이 문제를 만들어 서로 맞추어 보는 활동을 할 수 있다. 아래의 스무고개 문제의 내용은 붉은 고추를 비유적으로 표현한 것이다.

〈표3-34〉 비유적 표현 지도(예시 2-스무고개)

	스무고개 문제
1	나는 빨간 주머니입니다.
2	나는 몸속에 노란 동전을 가지고 있습니다.
3	나는 손가락처럼 길쭉합니다..

3) 비유적 표현을 활용하여 협동시 쓰기

비유적 표현을 활용하여 시를 쓰기 위해서는 먼저 비유적 표현을 바꾸어 표현해 보는 활동으로 연습하는 것이 좋다. 기존의 시나 전래동요를 바꾸어 써보는 것이다. 전래동요는 시에서의 운율감을 느끼게 하고, 가사를 바꾸어 보거나 모방하게 함으로써 자연스럽게 비유적 표현을 연습할 수 있다. 처음부터 비유적 표현을 바꾸어 표현하도록 하는 것은 학습적 부담을 줄 수 있으므로, 다음과 같은 전략을 활용하여 아이디어를 생성하도록 돕는다.

먼저 대상의 속성이나 성질에서 유추하는 활동이다. 학생들이 대상의 속성이나 성질, 느낌을 찾아내기 위해서는 대상에 대해 충분하게 음미하는 시간을 주어야 한다. 이를 위해서는 사전적 지식뿐만 아니라 자신의 개인적인 경험도 환기하도록 유도한다. 대상에 대한 배경지식을 모두 찾아보는 것이다. 다음의 예를 통해 살펴보자.

〈표3-35〉 비유적 표현 지도(예시 3-배경지식 찾기)

대상	성질이나 느낌	비유 대상	그렇게 생각한 까닭
어금니	- 사전적 의미 : 포유동물의 아래윗니 중에서 구석 쪽에 있는 가운데가 오목한 이 - 음식을 잘게 부수는 기계	맷돌 곡식을 가는 데 쓰이는 재래식 기구	둥글넓적한 모양으로 위와 아래가 짝을 부딪히며 음식이나 곡식을 잘게 부수어 주기 때문에
나무줄기		빨대	

위의 활동을 보다 쉽게 하기 위해서 생김새나 특징에 맞는 별명을 지어보도록 하는 것도 좋다. 생김새나 색깔은 그 자체로 하나의 이미지가 될 수 있다. 대상의 이미지를 떠올리게 함으로써 유사한 형태를 찾아내어 새로운 이미지를 형성하도록 돕는 것이다. 또한 생김새나 특징을 직접 그림을 그려보는 것도 좋다. 그림을 그리면서 학습자가 인지하고 있는 대상물의 특징을 확인할 수 있기 때문이다.

이 밖에도 연상 활동을 통하여 아이디어를 이어가도록 유도할 수도 있다. 하나의 사물이나 대상을 통해 다른 사물이나 대상으로 인식을 전환하는 것이다. 이것은 속성이나 생김새에서 공통성이 적은 사물이나 대상을 더욱 새롭고 흥미 있게 인식을 할 수 있게 된다.

예) 벚꽃 → 팝콘 → 입 → 웃음 → 희망

9.4. 비유적 표현 학습의 평가

이준관의 〈참새〉는 참새 떼를 '해바라기 씨'에 비유하고 있다. 참새 떼는 해바라기 씨가 촘촘하게 박혀 있듯이 옹기종기 모여 있다가 아침에 우르르 쏟아져 나오는 모습을 그리고 있는 것이다. 〈참새〉를 제재로 수업을 하고 다음과 같은 수행 평가를 실시할 수 있다. 또한 협동시 쓰기 작업 후 상호 평가할 수 있는 평가표도 참고할 수 있을 것이다.

참새
이준관

참새 떼는

해바라기씨처럼
해의 커다란 꽃 판에 촘촘히
박혀 있다가
아침이면
한꺼번에 우루루 쏟아져 나오지요.

그래서, 참새들이
창가에 날아와
노래 부르면

내 자그만 창은
해바라기 되어
눈부시게 해를 향하지요.

– 우리나라 아이들이 좋아서, 대교출판–

〈자료 3-19〉 수행 평가(예시)

활동지

* '참새' 시에서 가장 재미있는 부분을 찾아보고 이유를 말해 봅시다.

* '해바라기씨'가 비유하는 것은 무엇인지 알아봅시다.

비유하는 표현	비유하는 대상	그렇게 표현한 까닭

* 가장 좋아하는 동물을 비유적으로 표현하여 봅시다.
  - 동물의 이름을 쓰고 떠오르는 낱말을 적어 봅시다.

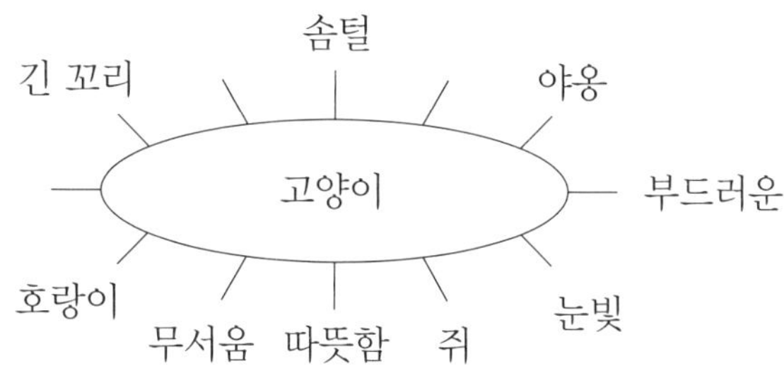

- 낱말을 사용하여 비유적인 표현을 써 봅시다.

〈자료 3-20〉 협동시 쓰기 작업 후 상호 평가표(예시)

협동시 쓰기 상호 평가표

* 다른 모둠의 협동시를 다음 기준에 따라 평가해 보자.
  (매우 좋음(5점), 보통임(4점), 조금 부족함(3점))

평가 기준	모둠 평가						
	1	2	3	4	5	6	7
다른 사람에게 감동이나 즐거움을 주는 경험이 담겨 있는가?							
주제가 분명하게 드러났는가?							
비유적인 표현을 사용하였는가?							
운율이 효과적으로 드러났는가?							
완성한 시를 감동적으로 전달하고 있는가?							
합계							

참고문헌

신헌재(2006), 문학교육과정 내용 선정을 위한 대안적 연구 방향,《문학교육학》, 한국문학교육학회, pp.67~87.

유종호(1994),《문학이란 무엇인가》, 창작과비평사.

이향근(2012), 시적 감성의 교육 내용 설계 연구, 한국교원대학교 박사학위논문.

이향근(2014), 동시에 나타난 시간의식과 교육적 함의, 청람어문교육 52호, 청람어문교육학회.

최지현(1998), 문학 정서 체험 : 교육내용으로서의 본질과 가치, 구인환 외 공저,《문학 교수 · 학습 방법론》, 삼지원.

Dilthey, W.,이한우 역(2012),《체험 · 표현 · 이해》, 책세상.

Lamping, Dieter(1989), 장영태 역(1994),《서정시: 이론과 역사》, 문학과지성사.

10. 동화의 내용 간추리기

10.1. 동화의 내용 간추리기의 개념과 필요성

문학 작품을 읽고 내용을 간추린다는 것은 작품을 이해하고, 분석하여, 자신의 관점에서 정리하는 것을 뜻한다. 내용 간추리기는 줄거리 파악하기와 유사한 부분이 있다. 줄거리(story)란 소설이나 희곡 속의 연속적으로 일어난 사건의 집합이다(서울대학교 국어교육연구소, 1999: 697-8). 사실 플롯(plot)과 줄거리는 약간 다른 개념이다. 줄거리가 사건이 시간의 흐름에 따라 조직된 것이라면, 플롯은 사건이 인과 관계와 같은 일정한 관계에 따라 조직된 것이다. 만약 작품에서 사건이 일어난 순서대로 제시된다면 줄거리와 플롯이 일치한다. 그러나 사건이 시간 순서대로 배치되어 있지 않으면 플롯과 줄거리는 일치하지 않는다. 작품에서 작중 인물이 회상하는 방식으로 사건이 전개된다면 시간의 흐름과 사건의 제시 순서가 같지 않으므로 플롯과 줄거리가 달라진다.

그러므로 줄거리를 간추린다고 하면 시간의 순서에 따라 사건을 정리하여 말하는 것을 뜻한다. 내용 간추리기는 꼭 시간의 흐름에 따라 정리하여야 하는 것은 아니므로, 줄거리 간추리기와 완전히 같다고 할 수는 없다. 다시 말하면, 내용 간추리기는 플롯의 순서에 따라 작품의 내용을 간추리는 것을 포함한다.

또 다른 비슷한 개념에는 요약하기가 있다. 문학 작품 감상은 독자와 텍스트 간의 상호 작용을 통한 메시지의 획득이라는 측면에서 중요시되어야 하며, 읽기의 가장 직접적이고도 가시적인 결과는 '요약화'를 통하여 확인될 수 있다(서울대학교 국어교육연구소, 1999: 565). 요약하기는 단순히 작품을 읽는 것에 그치지 않고, 자신이 이해한 내용을 다시 논리적으로 표현하여야 하는 것이기 때문에 작품의 이해 능력과 생각의 표현 능력이 모두 요구되는 고차적인 활동이다. 작품의 요약은 단순한 줄거리의 축약만이 아니라 인물, 사건, 주제 의식, 문체 등을 모두 포함하는 텍스트 내적인 축약, 즉 질적인 축약까지도 포함한다(서울대학교 국어교육연구소, 1999: 565). 요약하기와 내용 간추리기는 거의 유사한 개념이지만, 요약하기는 문학 작품을 대상으로 할 때와 설명적인 글(expository text. 설명문이나 논설문과 같은 글)을 대상으로 할 때에 모두 사용하는 용어이다. 그에 비하여 내용 간추리기는 문학 작품을 대상으로 할 때에 좀 더 많이 쓰고, 요약하기보다 독자가 미숙한 결과물을 산출하는 것을 허용하는 용어라 볼 수 있다.

10.2. 동화의 내용 간추리기 지도 방법

1) 이야기 퍼즐 맞추기

이야기 퍼즐 맞추기 활동을 할 때에 교사는 이야기의 여러 가지 사건들을 섞어 놓고 사건의 흐름에 맞게 완성하도록 한다. 학년성에 맞게 다양한 형태가 가능하다. 처음에는 간단한 이야기의 화소(話素) 또는 핵심 사건을 모두 제시하고, 나중에는 조금 더 복잡한 이야기를 제시하되 한두 가지의 화소나 사건을 학생이 찾아 이야기 전체를 완성하도록 할 수 있다. 또 학년에 올라감에 따라서 이야기의 미세한 부분을 보충하여 더 구체적이고 재미있게 만들어 말하거나 글로 표현하도록 할 수도 있다.

다음의 자료는 2007개정 5학년 1학기 듣말쓰 교과서에 실린 〈별 삼 형제, 삼태성〉의 내용을 간추릴 때에 활용할 수 있는 이야기 퍼즐의 예시 자료이다. 아래의 카드를 순서 없이 섞어서 활용할 수 있다.

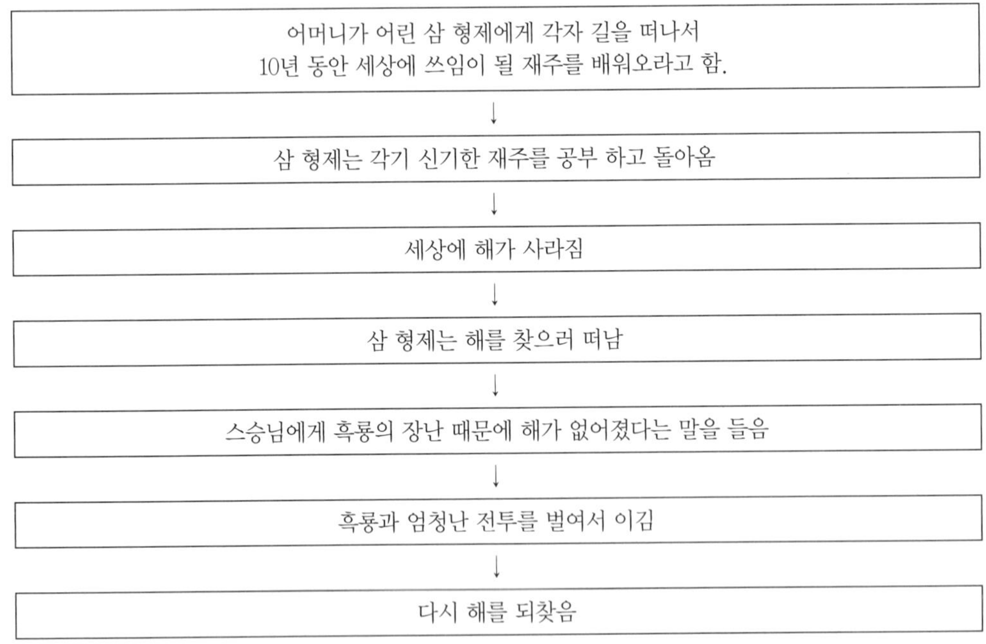

[그림3-39] 《별 삼 형제, 삼태성》의 이야기 퍼즐(예시)

이야기 퍼즐을 활용하면 학생은 사건들이 인과 관계를 이루고 있음을 이해하게 된다. 처음에는 교사가 대부분의 퍼즐 조각을 제시하지만, 나중에는 스스로 몇 개의 퍼즐 조각을 만들어보면서 이야기의 내용을 혼자 간추릴 수 있도록 한다. 교사는 퍼즐 조각만 확인하여도 전체 이야기의 내용을 파악할 수 있어야 함을 주지시키면서, 이야기의 내용을 간추린 후에 점검의 과정이 중요함을 강조하여야 한다.

2) 시간의 흐름에 따라 내용 간추리기

동화의 내용을 간추리는 가장 간단한 방법은 시간의 흐름에 따라 간추리는 것이다. 동화의 내용을 배경의 변화에 따라 정리하는 것은 시간의 변화에 따라 내용을 간추리는 한 가지 방법이다. 동화에서 시간의 흐름은 시간을 나타내는 낱말로 분명하게 드러나기도 하지만, 장소의 이동으로 표현되기도 하기 때문이다. 시간적 배경이나 공간적 배경의 변화에 따른 동화의 내용 간추리기는 배경의 변화에 따라 달라지는 사건을 연속적으로 정리하는 것과 유사하다. 시간적 배경과 공간적 배경, 사건의 관계에 대해서는 앞서 동화의 구성 요소에서 대부분 설명하였다.

시간적 배경이나 공간적 배경과 같은 용어를 모르는 경우에도 유사한 개념을 도입하여 동화의 내용을 간추리도록 할 수 있다. 시간적 배경과 공간적 배경에 대한 학습이 아직 이루어지지 않은 초등학교 3학년 2학기 교과서 77쪽에서는 〈종이 봉지 공주〉를 읽고 다음과 같은 순서로 활동을 하면서 중요한 사건을 파악하도록 하고 있다.

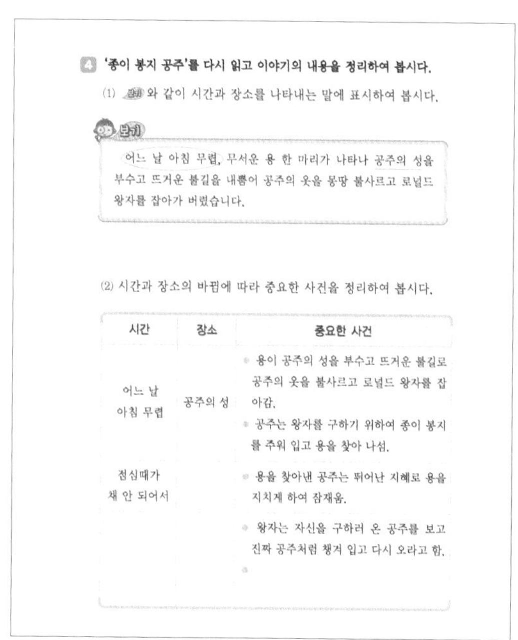

4 '종이 봉지 공주'를 다시 읽고 이야기의 내용을 정리하여 봅시다.

(1) 보기 와 같이 시간과 장소를 나타내는 말에 표시하여 봅시다.

보기

어느 날 아침 무렵, 무서운 용 한 마리가 나타나 공주의 성을 부수고 뜨거운 불길을 내뿜어 공주의 옷을 몽땅 불사르고 로널드 왕자를 잡아가 버렸습니다.

(2) 시간과 장소의 바뀜에 따라 중요한 사건을 정리하여 봅시다.

시간	장소	중요한 사건
어느 날 아침 무렵	공주의 성	용이 공주의 성을 부수고 뜨거운 불길로 공주의 옷을 불사르고 로널드 왕자를 잡아감. 공주는 왕자를 구하기 위하여 종이 봉지를 주워 입고 용을 찾아 나섬.
점심때가 채 안 되어서		용을 찾아낸 공주는 뛰어난 지혜로 용을 지치게 하여 잠재움.
		왕자는 자신을 구하러 온 공주를 보고 진짜 공주처럼 챙겨 입고 다시 오라고 함.

[그림3-40] 2009 국어 3-2

위의 표에서는 시간적 배경이나 공간적 배경과 같은 용어를 직접적으로 설명하고 있지는 않지만, 거의 유사한 방식으로 동화의 내용을 간추리고 있다. 그리고 내용을 간추리는 방법에 대해서는 다음과 같이 정리하고 있다. 먼저 이야기의 내용을 간추리는 방법은 '아침 무렵'과 같이 시간을 나타내는 말을 찾도록 한다. 그리고 '공주의 성'과 같이 장소를 나타내는 말을 찾는다. 마지막으로 이야기의 흐름이 잘 나타나도록 시간, 장소, 중요한 사건을 정리하여 말이나 글로 간추린다.

3) 인과 관계에 따라 간추리기

동화와 같은 서사 문학 작품의 사건은 원인과 결과의 관계로 이어져 있는 경우가 많다. 서사 문학은 이야기 속 사건들을 통하여 삶의 총체성을 드러내고자 한다. 짧은 한 편의 글일지라도 그 속에서는 완결된 구조를 가지고 있으며, 그것은 작가가 의도한 주제와 관련이 있다. 따라서 사건들의 흐름은 인과 관계를 이루는 수가 많다.

인과 관계에 따라 내용을 간추리면, 시간의 흐름에 따라 간추릴 때보다 사건의 전개와 사건 사이의 관계를 좀 더 분명하게 이해할 수 있다. 다음은 "참나무와 갈대"를 읽고 인과 관계에 따라 간추리는 과정을 시범보인 것이다.[20]

〈자료3-21〉 인과 관계에 따라 간추리기 시범(예시)

> 선생님과 함께 '참나무와 갈대'이야기의 줄거리를 간추려 봅시다. 참나무와 갈대에게 어떤 일이 일어났나요? 일어난 일들을 다 생각하려고 하지 말고 중요하다고 생각되는 일들만 떠올려 보세요. 중요한 일이 하나라고 생각하면 한 가지만, 여러 가지라고 생각하면 여러 가지를 쓸 수 있어요. 이 이야기에서는 어떠한 일이 중요한 일이지요? 네, 돌개바람이 불어서 참나무는 뽑히고 갈대는 살아남은 것이지요. 이러한 일이 벌어진 이유를 동화에서 찾을 수 있나요? 맞아요. 참나무는 튼튼한 대신 구부러지지 않았고, 갈대는 약한 대신 잘 구부러졌기 때문이지요. 그렇다면 이 이야기의 사건은 어떻게 간추릴 수 있을까요? 튼튼한 몸통의 참나무는 자신을 자랑하였지만 센 바람이 불자 뽑히고 말았고, 갈대는 약한 바람에 몸이 흔들리지만 센 바람에도 살아남았습니다. 정리한 내용만 보고도 이야기 전체의 내용을 알 수 있는지 확인하여 봅시다. 그렇게 되었다면 잘 정리한 것입니다.

20) 시범의 내용은 이경화 외(2012: 296)을 참고로 하여 수정한 것이다.

4) 이야기 문법을 고려하여 간추리기

동화를 간추릴 때에는 이야기를 구성하는 핵심적인 요소인 '이야기 문법(story grammar)'을 고려하는 것이 도움이 된다. 이야기 문법을 활용하면 전형적인 이야기의 구조를 알고, 그 특성을 인식할 수 있다. 이야기 문법에 대한 논의는 다양하지만, 대표적인 논의는 Stein and Glenn(1977)의 것이다. 그들에 따르면 이야기의 범주는 6개로 나누어진다. 배경, 발단 사건, 내적 반응, 시도, 결과, 반응이 그것이다. 구체적인 내용은 다음과 같다(천경록 · 이경화 · 서혁 역, 2012: 109).

〈표3-36〉 이야기 문법의 범주(천경록 · 이경화 · 서혁 역, 2012: 109의 내용을 일부 수정)

배경	주인공과 배경의 소개
발단 사건	주인공의 반응을 일으키는 어떤 것
내적 반응	발단 사건을 겪는 동안 인물의 감정이나 생각, 또는 주인공의 목표
시도	목표를 이루기 위해 취한 명백한 시도, 행동
결과	사건, 행동, 또는 시도의 성공이나 실패 여부를 보여주는 최종 상태
반응	감정, 인식, 행동 또는 인물의 목표 달성이나 실제의 결과에 대한 인물의 느낌을 표현하는 최종 상태

〈표3-36〉에서 보이듯이, 이야기 문법에서 배경은 인물과 배경에 대한 내용을 포함한다. 발단 사건과 내적 반응, 해결을 위한 시도와 그 결과, 인물에 대한 반응은 발단-전개-절정-결말의 구조와 비슷한 흐름을 가지고 있다. 교사는 위의 표에서 왼쪽 부분만 제시하고, 오른 쪽 방법은 작품의 예시를 들어 정리하는 방법을 시범보인 후, 학생들에게 같은 표를 제시하고 동화의 내용을 간추리도록 할 수 있다.

이야기 문법을 활용한 동화 간추리기의 내용은 독자에 따라 달라질 수 있다. 한명숙(2003)이 독자가 구성하는 이야기 구조 교육을 강조한 것과 같이, 독자가 동화의 구조를 어떻게 인식하느냐에 따라 서로 달리 내용을 간추릴 수 있다.

동화의 내용을 간추리도록 한 다음에는 말로 표현해 보도록 하는 것이 좋다. 말로 표현하는 것은 간추린 내용을 쓰는 것에 비하여 학생들에게 부담을 적게 준다. 또 학생은 말로 표현하는 과정에서 자신이 간추린 내용을 좀 더 정교화하는 기회를 가질 수 있다. 그리고 교사는 학생이 말로 표현하는 것을 듣고, 학생의 간추리는 능력을 평가할 수 있다.

5) 이야기 피라미드(narrative pyramid)를 활용하여 간추리기

이야기 피라미드는 이야기의 구조를 고려하되, 형식에 맞추어 요약을 하는 방법이다. 이야기 피라미드는 이야기 내용을 한 눈에 파악할 수 있고 이야기 구조를 이해하는 데에 도움을 준다(신헌재 외, 2009: 288-291).

이야기 피라미드의 각 부분은 학생들에게 낯설게 느껴질 수 있으므로, 교사가 충분히 자세한 시험을 보여야 한다. 먼저 교사는 학생들과 함께 하나의 이야기를 읽는다. 그리고 피라미드의 형식이 제시된 활동지를 제공한다. 처음에는 교사가 이야기 피라미드 완성에서 많은 역할을 하며, 학급 전체가 함께 이야기 피라미드를 완성한다. 그리고 점차 학생에게 많은 역할을 부여한다. 학생들이 이야기 피라미드 만들기에 익숙해지면, 모둠이나 짝 활동으로 제시한다. 모둠 구성원이나 짝끼리 다른 글을 대상으로 이야기를 정리하도록 한 후, 이를 바탕으로 하여 토론 활동을 유도할 수도 있다.

다음과 같은 활동지를 제시하면, 학생들이 좀 더 쉽게 이야기 피라미드를 만들 수 있다.

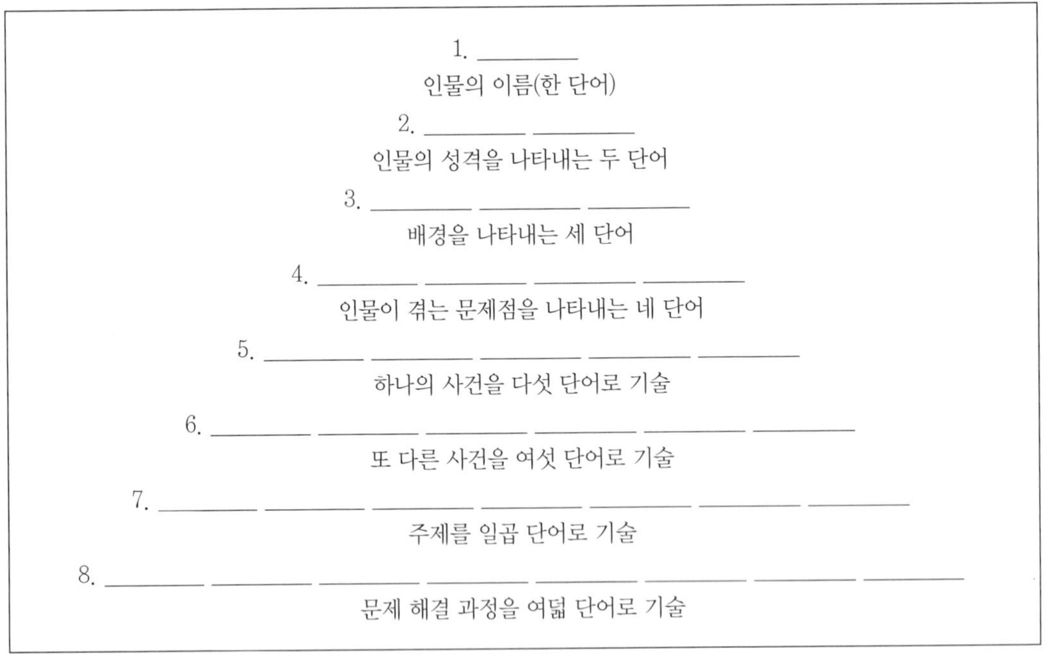
1. ________
인물의 이름(한 단어)
2. ________ ________
인물의 성격을 나타내는 두 단어
3. ________ ________ ________
배경을 나타내는 세 단어
4. ________ ________ ________ ________
인물이 겪는 문제점을 나타내는 네 단어
5. ________ ________ ________ ________ ________
하나의 사건을 다섯 단어로 기술
6. ________ ________ ________ ________ ________ ________
또 다른 사건을 여섯 단어로 기술
7. ________ ________ ________ ________ ________ ________ ________
주제를 일곱 단어로 기술
8. ________ ________ ________ ________ ________ ________ ________ ________
문제 해결 과정을 여덟 단어로 기술

[그림3-41] 이야기 피라미드 활동지 예시 자료(신헌재 외, 2009: 291)

교사는 아래의 예시를 함께 제시하면서 이야기 피라미드에 대하여 시범을 보일 수 있다.

1. 강아지똥

2. 자신감이 없음

3. 흙덩이를 소달구지에 실음

4. 자신이 쓸모가 없다고 생각함

5. 참새가 더러운 개똥이라고 놀림

6. 민들레는 강아지똥에게 거름이 돼 달라고 함

7. 강아지똥이 민들레를 껴안아 주어서 민들레 꽃이 핌

8. 강아지똥은 자신이 쓸모가 없다고 생각했지만 민들레를 만나 달라짐

[그림3-42] 《강아지똥》의 이야기 피라미드(예시)

이야기 문법과 관련지어 설명하자면, 사건을 기록하는 5, 6, 7줄에는 발단 사건과 내적 반응, 시도에 대하여 기록하고, 8줄에는 결과와 반응에 관한 내용을 기록하는 것이 좋다. 시간적 순서를 고려하여야 이야기 전체의 내용을 확인하기 쉽다.

6) 다시 말하기(retelling)를 통한 간추리기

'다시 말하기(retelling)'는 아동에게 다양한 방법으로 이야기를 들려주거나 알려준 다음 이를 아동 스스로 기억하여 다시 말하게 하는 것(윤혜련, 2005: 16)이다. 그러나 좀 더 넓은 범위로 볼 수도 있는데, 몇 명의 학생이 함께 하나의 이야기를 다시 이야기하거나, 소품을 활용하여 재현하는 것까지를 모두 포함하는 것(Owocki, 천경록 · 조용구 역, 2013: 37-39)이다. 또 구두(口頭) 다시 말하기, 손으로 쓴 다시 말하기, 컴퓨터로 쓴 다시 말하기와 같이 표현의 방법을 다양하게 하기도 한다(Camero, Hunt & Linton, 1985. Sthal, K. A. 2009: 433에서 재인용).

다시 말하기는 교사의 시범을 활용하여 지도하는 것이 좋다. 즉, 동화의 구조를 고려하면서 내용을 정리하고, 다시 말하는 방법을 충분히 시범 보여야 한다. 다음과 같은 종류의 활동지를 활용하면 내용을 모두 기억하여서 다시 말하기를 해야 한다는 부담을 줄일 수 있다.

다시 말하기
• 제목과 글쓴이 • 주요 등장인물 • 배경 • 문제나 목표 • 사건 • 해결

이야기 지도 1 제목:	
등장인물	배경
문제	해결

이야기 지도 2 제목:	
등장인물과 배경	문제
사건	
해결	주제

[그림3-43] 다시 말하기를 위한 다양한 활동지의 유형(Owocki, 천경록 · 조용구 역, 2013: 89-93)

앞서 언급한 이야기 문법과 연관 지어 다시 말하기를 지도하는 것도 한 가지 방법이 된다. [그림 3-43]의 세 가지 활동지에서 등장인물과 배경은 이야기 문법에서는 모두 배경으로 본다. 문제와 사건, 해결은 이야기 문법의 발단 사건, 시도에 해당하며 이야기 문법의 내적 반응은 문제 부분에서 함께 다룰 수 있다. 이야기 문법의 결과와 반응은 해결 부분에서 함께 서술하도록 한다.

10.3. 동화의 내용 간추리기 학습의 평가

지금까지 동화의 내용을 간추릴 수 있는가에 대해서는 주로 지필 평가의 방법이 이루어져 왔다. 그런데 동화 간추리기는 상당한 정도의 지적인 부담을 요구하는 작업이고, 지필 평가는 신체적으로 많은 양을 써야 해서 학생에게 추가적인 부담이 된다. 그리고 간추린 후에는 자신이 간추린 내용이 동화의 핵심 사건을 모두 포함하고 있는가를 점검하는 과정이 이루어지고 있는가를 평가할 필요가 있다.

따라서 현재 주로 이루어지고 있는 지필 평가가 아닌 다른 평가 방법의 모색이 필요하다. 다시 말하기는 지필 평가 위주의 간추리기 평가의 대안이 된다. 다시 말하기는 동화 간추리기 능력을 증진시켜 줄 뿐 아니라, 평가의 방법으로도 매우 유용하다. 동화의 내용을 잘 간추리는가를 다시 말하기의 방법으로 평가할 때에는 앞서 제시한 활동지들을 활용할 수 있다. 또 다시 말하기를 활용한 평가는 말로 하는 것이기에, 쓰기에 대한 학생의 부담을 줄여준다. 앞서 교육의 실제에서 설명하였듯이, 다시 말하기는 그 자체로 간추리기 능력을 향상시키는 데에 도움이 되기 때문이다. 또한 다시 말하기 과정에서 생략과 축소, 구체화 등이 일어나서 문학 수용과 생산 활동의 다리가 될 수 있다. 학생이 다시 말한 텍스트는 어느 정도 문학 창작의 성격을 지니고 있는 것으로 볼 수 있기 때문이다. 그리고 학생이 동화 작품 전체와 동화의 인물, 동화의 사건에 대하여 어떻게 느끼는지를 함께 알 수 있기 때문에 인지적 영역과 정의적 영역을 통합적으로 평가할 수 있다는 장점이 있다(하근희, 2013: 235-236). 그리고 녹음과 같은 방법을 활용하면 교사가 즉시 평가를 완료해야 한다는 부담에서 벗어날 수 있으며, 평가의 근거가 저장되기 때문에 평가의 신뢰도를 높일 수도 있다.

간추리기 평가의 핵심은 간추린 내용만 보고도 동화의 전체 내용을 파악할 수 있는가 하는 것이다. 이것은 지필 평가이든 다시 말하기를 활용한 구두 평가이든 동일하다. 그러므로 간추린 내용만 보고도 전체 이야기가 자연스럽게 이어지는가를 점검할 수 있도록 한다. 학생이 사건을 어느 수준으로 상세하게 간추려야 하는지를 어려워하는 경우가 있을 수 있다. 이때에는 교사가 사건을 2가지 정도 제시하여 주고, 나머지를 학생이 채우도록 하면 된다.

간추리기 평가에서는 자기 평가의 과정을 강조하여야 한다. 자기 스스로 간추린 내용이 동화 전체의 흐름을 보여주는가를 스스로 점검하도록 함으로써 간추리기 능력을 향상시킬 수 있다. 처음부터 간추리기에 능숙한 학생은 드물다. 자기가 간추린 내용을 보고, 스스로 수정하는 과정을 통하여 간추리기 능력을 향상시킬 수 있다.

참고문헌

서울대학교 국어교육연구소(1999),《국어교육학 사전》, 대교출판.

신헌재 외(2009),《예비교사와 현장교사를 위한 초등 국어과 교수 · 학습 방법》, 박이정.

윤혜련(2004),〈다시말하기'를 통해 본 학령기 단순언어장애아동의 이야기 이해 및 산출 특성〉, 박사학위논문, 이화여자대학교.

하근희(2014),〈초등학생의 문학능력 평가를 위한 다시 말하기(retelling)의 활용〉, 우리말연구 39, 우리말학회.

한명숙(2003),〈독자가 구성하는 이야기 구조 교육에 관한 연구〉, 박사학위논문, 한국교원대학교.

Irwin, J. W. 지음, 천경록 · 이경화 · 서혁 옮김(2012),《독서 교육론 -독해 과정의 이해와 지도》,박이정.

Stahl, K. A. (2009), Assessing the comprehension of young children. In S. E. Israel & G. D. Duffy(Eds), Handbook of research on reading comprehension(pp. 428-448), New York: Routledge.

11. 동화에 대한 감상 표현하기

11.1. 동화 감상의 개념과 감상 표현의 필요성

동화 감상에서 '감상'(鑑賞)은 '주로 예술 작품을 이해하여 즐기고 평가함'(국립국어원 표준국어대사전)이라는 뜻으로 인지적 영역과 정의적 영역을 모두 포괄하는 낱말이다. 흔히 '마음속에서 일어나는 느낌이나 생각'을 뜻하는 감상(感想)을 뜻하는 것으로 오해하기도 하는데 이것은 감상의 의미를 지나치게 좁게 설명한 것이다(하근희, 2011: 470). 어떤 사람들은 비평을 좀 더 고차적인 것으로, 감상을 좀 더 일차적인 것으로 생각하기도 한다. 그러나 문학교육에서 '비평'을 '문학교육의 맥락에서 작품 수용에서 작품에 대한 반응의 생산에 이르는 모든 과정에 걸쳐 있는 활동'(김성진, 2004: 12)으로 본다면 감상과 비평은 유사한 면을 지닌다. 반응의 생산에 이르는 모든 과정은 작품을 이해하여 즐기고 평가하는 것과 다르지 않기 때문이다.

문학교육의 목표 중 하나가 문학을 향유하는 인간을 길러내는 데에 있다고 할 때, 동화를 풍부하게 감상할 수 있는 능력은 문학의 수용 교육 측면에서 핵심적인 능력이다. 또 동화를 읽고 풍부한 감상을 할 수 있는 능력을 갖추는 것은 문학 작품의 창작 능력과도 맞닿아 있다. 작품을 풍부하게 감상하면서 이야기에 대한 자신의 생각을 표현하거나, 자신이 원하는 방식으로 이야기를 바꾸어 쓸 수 있기 때문이다. 즉, 풍부한 감상은 작품을 바꾸어 쓴다거나, 읽은 작품에서 영감을 얻어 새로운 작품을 쓰려는 의지를 갖게 할 수 있고, 작품의 창작 과정에서 의식적·무의식적으로 영향을 줄 수 있다. 그러므로 자신의 감상을 표현하는 것은 학생의 풍부한 감상을 유도하고, 표현의 과정에서 즐거움을 느끼도록 하며, 감상과 창작을 잇는 역할을 한다. 학생은 동화에 대한 감상을 표현해야 한다는 목적의식을 가지고 있을 때에 좀 더 적극적인 감상을 하게 된다.

그리고 자신의 감상을 여러 가지 방법으로 재미있게 표현하면서 그 과정에서 즐거움을 느낄 수 있다. 여기에서 느끼는 즐거움은 문학 감상에 대한 긍정적인 태도를 지니게 한다. 그리고 자신의 감상에 따라 동화의 빈 공간(gap)을 채우거나, 이야기의 일부분을 바꾸어 쓰는 활동을 함으로써 동화 감상과 창작이 별개의 것이 아님을 경험하게 할 수 있다.

그러나 동화를 읽고 생각이나 느낌을 말해보라고 하는 것만으로는 풍부한 감상을 유도할 수 없다. 독후감으로 대표되는 동화에 대한 감상의 표현이 학생들에게 부정적으로 인식되는 이유는 감상의 과정은 강조하지 않고, 결과물만 강조하기 때문이다. 또한 독후감과 같이 쓰기로 고정된 형태의 표현을 강요하기 때문이기도 하다.

풍부한 감상을 유도하기 위해서는 서사 문학으로서 동화가 가지는 미적 특성을 이해하고, 그것을 다양한 방법으로 표현하며, 서로 공유하는 과정이 필요하다. 이런 과정을 거치면서 학생은 작품의 줄거리를 파악하는 데에서 얻는 즐거움 뿐 아니라 좀 더 심화된 서사 문학의 즐거움을 느낄 수 있게 된다. 앞서 동화의 구성 요소나 서술자와 시점, 내용 간추리기 등을 학습한 이유는 이 때문이다.

동화에 대한 감상을 표현하도록 하기 위해서는 먼저 학생들의 풍부한 감상을 이끌어 내어야 한다. 표현할 거리가 없는데 감상을 표현하라고 해서는 안 되기 때문이다. 학생들의 풍부한 감상을 이끌어 내기 위해서는 다음과 같은 것들을 고려해야 한다.

첫째, 작품 선정에 주의를 기울어야 한다. 가장 먼저 고려해야 할 것은 학생의 발달 단계에 적합한 동화를 선정하는 것이다. 박민수(1993)의 논의를 수정한 신헌재(1995)의 연구나 곽춘옥(2006: 106-125)의 논의를 고려하면, 동화를 선정할 때에는 어린이가 이해할 수 있는 시점과 문체를 사용한 것, 현실 세계를 그린 작품의 경우 친밀하고 사실적인 것, 판타지 동화의 경우 내적 논리가 치밀한 것, 플롯이 비교적 단순하고 명쾌한 것, 어린이에게 적합한 총체적 삶을 지향하는 가치를 내포하고 있는 것을 선정하는 것이 좋다.

둘째, 어린이의 작품 선호 경향을 고려해야 한다. 신헌재 · 권혁준 · 곽춘옥(2007: 43)은 Whitehead와 이재철의 논의를 고려하여, 다음과 같이 연령 단계별 선호 경향을 제시하였다.

〈표3-37〉 연령 단계별 동화 선호 경향(신헌재 · 권혁준 · 곽춘옥, 2007: 43)

단계(연령)	내용
우화기 (만 4~7세)	'옛날 이야기'의 심성이 아직 나타나나, 어린이의 실생활이 점차 사회적으로 확대되면서, 새로운 생활 장면에서의 행동 규범에 관심을 가지게 되는 단계이다. 따라서 선악이 뚜렷하여 단순한 가치 판단을 요하는, 권선징악적인 도덕성을 내포한 설화를 좋아한다. 이 시기는 글을 스스로 읽기 시작하나, 아직 그림이 있는 책들을 선호한다.
동화기 (만 7~9세)	자기중심적 심성에서 조금씩 벗어나, 설화에 의한 현실의 재구성을 즐기게 되는 단계이다. 또한, 동화 세계에서 자기생활의 단순한 재확인에 그치지 않고, 타인의 경험을 통해 새로운 현실을 배우기를 좋아하는 시기이기도 하다. 그래서 자기 생활의 공간을 확대하면서 차츰 새로운 것을 자기 주도적으로 대하며 스스로 가치 적용도 해보는 힘을 길러가는 시기이다.
소설기 (만 9세~12세)	논리적 사고력이 점차 발달하고, 새로운 행동의 영역도 적극적으로 개발해가기 시작하는 단계이다. 어린이에게 일상 행동의 장벽을 극복하는 장치로서 즐거움을 주는 판타지도 황당무계한 것보다 얼마간 합리성과 과학성을 바탕에 둔, 좀 더 그럴 듯한 것을 선호한다. 또한 사회적 지각도 생겨서, 인간관계에서 일어나는 갈등에 대하여 비록 표피적인 수준의 것이라도 흥미를 갖게 된다.

셋째, 동화를 감상하는 교실에서 교사의 독특한 위치를 고려하여야 한다. 일반적인 독서 상황에서는 동화 작품과 독자 사이에 아무런 매개물이나 매개자가 존재하지 않는다. 그러나 교실에서의 독서 상황에서는 독자인 학생과 동화 사이에 매개자로서 교사가 존재한다. 그러므로 교실 동화 감상의 장에서 교사의 역할은 특별하다. 교사가 학생의 감상을 더 깊이 있고 풍부하게 할 수도, 단편적으로 몰아갈 수도 있다.

교사는 학생과 동등한 위치의 독자로서 위치를 가지되, 학생들의 감상을 촉진하는 역할을 해야 한다. 교사가 학생과 다른, 권위 있는 독자로서의 위치를 차지한다면 학생들은 교사와 같은 감상을 하기 위해 노력하게 될 것이다. 정답을 가지고 있는 절대적인 존재로서 교사가 역할을 한다면, 학생들은 동화에 없는 정답을 찾기 위하여 달려가는 존재가 될 수 있다. 그러나 이와 더불어 교사는 학생들이 보지 못한 면을 볼 수 있도록 자극해 주는 촉매의 역할을 하여야 한다. 《강아지똥》을 읽은 학생들이 강아지똥으로 대변되는 소외받고 약한 존재에 대하여 인식하지 못한다면, 교사는 '왜 하필 강아지똥을 주인공으로 삼았을까?'와 같은 질문을 제기하고, 학생들과 함께 고민하는 듯한 모습을 보여줄 필요가 있다. 이러한 질문을 통하여 학생들과 동등한 위치에 있는 독자로서의 모습과 학생들의 사고를 자극하는 존재로서 교사의 모습을 함께 보여줄 수 있게 된다.

좀 더 구체적으로 동화 감상의 지도에서 교사가 갖추어야 할 좀 더 적극적인 특성은 다음과 같다(곽춘옥, 2006: 61-62). 먼저, 동화 교육의 목표와 방법을 결정하기 위한 전문가적 지식이 있어야 한다. 다음으로, 교사는 다른 사람의 해석을 그대로 전달하는 수준이 아닌 수용이론에서 말하는 이상적인 독자로서의 자격을 갖추고 있어야 한다. 수용이론은 Iser가 주창한 것으로, 같은 텍스트라 할지라도 독자가 어떻게 수용하느냐에 따라 다른 작품이 될 수 있음을 강조하는 이론이다. 이때 독자가 텍스트의 빈 공간(gap)을 어떻게 채우느냐에 따라 작품의 의미는 달라진다. 교사는 텍스트의 빈 공간을 채우고자 적극적으로 노력하는 사람이어야 하며, 같은 동화라 할지라도 독자에 따라 서로 다른 의미를 부여할 수 있음을 알아야 한다. 또, 교사는 동화에 대한 전문가적 지식을 갖추어야 한다. 그림책의 경우 그림의 크기나 위치, 색깔 등이 단서가 되기도 하고, 동화 속에는 무심코 흘려버릴 수 있는 다양한 기호가 존재하는 경우도 있다. 《괴물들이 사는 나라》에서 맥스가 괴물들이 사는 나라로 떠날 때에 그림이 점점 커지다가, 다시 집으로 돌아올 때에는 그림의 크기가 점점 작아지는 것은 그림책의 한 가지 기호이다. 이러한 기호의 의미를 교사가 설명할 필요는 없지만, 기호에 대하여 학생들이 한번 더 짚어줄 수 있어야 한다. 예를 들면, '이 책의 그림의 크기는 어떠한가요? 왜 그림의 크기가 변할까요?'와 같은 질문이 좋다.

넷째, 적절한 교수 · 학습 모형을 적합하게 활용해야 한다. 문학 작품 이해 수업에서 가장 널리 쓰이는 교수 · 학습 모형은 반응 중심 학습 모형이다. 일반적으로 반응 중심 학습 모형은 다음과 같은 과정으로 이루어진다.

〈표3-38〉 반응 중심 학습 모형의 과정

과정	주요 활동
반응 준비하기	– 학습 문제 확인 – 배경 지식 활성화하기
반응 형성하기	– 작품 읽기 – 작품에 대한 개인 반응 정리
반응 명료화하기	– 작품에 대한 개인 반응 공유 및 상호 작용 – 자신의 반응 정교화 및 재정리
반응 심화하기	– 다른 작품과 관련짓기 – 일반화하기

그런데 한 차시의 학습에서 위의 모든 과정을 지켜야 할 필요는 없다. 교실의 사정을 고려하여 반응 심화하기 단계를 생략한다든가, 몇 시간에 걸쳐서 네 과정을 수행할 수도 있다.

반응을 형성하는 단계에서는 독자와 작품의 교섭(transaction)이 활발하게 일어날 수 있도록 도와야 한다. Rosenblatt에 따르면 교섭은 그 구성 요소 또는 요인의 한 쪽이 다른 쪽에 의해 규정되고 또 규정하는 전체 상황에 대한 양상이라고 말할 수 있는 진행 중인 과정이다(L.M.Rosenblatt, 김혜리 · 엄해영 역, 2008: 29-30). 즉, 어느 한 쪽이 다른 한 쪽에 일방적으로 영향을 미치는 것이 아니고 서로 영향을 주고받는 것을 뜻한다. 이것은 탁구 경기에서 공이 오가면서 경기의 흐름이 바뀌듯이, 전체 상황에 영향을 미치는 것이다. 그리고 이 과정은 독자의 과거 경험에 의하여 상당히 영향을 받는다.

반응의 명료화 단계에서는 반응을 공유하고, 자신의 반응을 정교화할 수 있도록 하고 있다. 이것은 곧 자신의 감상을 표현하고, 다른 사람의 감상을 들어봄으로써 감상의 폭과 깊이를 확장하는 것을 뜻한다. 감상의 확장을 위하여 서로의 감상을 표현하도록 하는 것이다.

11.2. 동화에 대한 감상 표현하기의 지도 방법

1) 저학년 학생에게 적합한 동화 감상의 표현 방법

저학년 학생의 경우, 문자 언어만으로 감상을 표현하는 것에 부담을 느낄 수 있으므로 신체적 활동이나 시각적 표현 활동과 같은 재미있는 방법을 활용한다. 또 감상을 표현하도록 할 때에는 인물에 초점을 맞추는 것이 학생들의 발달 단계에 적합하다. 2009 개정 1학년 2학기 지도서에서는 다양한 방법의 감상 표현에 대하여 대표적으로 다음의 세 가지 방법을 제시하고 있다(교육과학기술부, 2013: 369-370).

첫째, 역할놀이를 활용한다. 역할놀이를 통하여 인물의 생각과 마음을 잘 이해할 수 있게 된다.

학생들의 대사는 동화의 본문과 꼭 같지 않아도 된다. 학생들이 대사 외우기에 부담을 가진다면 '읽기 극장(reading theater)'활동을 활용하여 대사를 보면서 실감나게 읽는 것에만 중점을 두는 것도 좋다.

둘째, 인상 깊은 부분을 그림으로 그린다. 어떤 장면이 그림으로 나타내기에 적합할지 친구들과 의견을 나눈다. 그리고 이야기의 재미있는 장면이나 기억에 남는 장면을 그린 그림을 여러 장 준비하여 보여주면서 어떤 이야기인지 알아맞혀 보는 놀이를 한다. 이때 그림만 제시하기, 이야기 속의 인물이나 사건에 대한 설명 한 가지 제시하기, 이야기 속의 인물이나 사건에 대한 설명 두 가지 제시하기 등과 같이 한 단계씩 접근하여 학생들이 그림을 보고 이야기를 떠올릴 수 있도록 한다. 인상 깊은 장면을 그림으로 표현하는 것이므로, 책의 삽화와 똑같을 필요가 없음을 강조한다. 교과서에 제시된 내용은 다음과 같다.

셋째, 자신만의 이야기책을 만들어 본다. 여러 가지 책 모양을 보여 주고 이야기의 내용을 몇 개의 장면으로 나누어 써넣은 뒤에 그림을 그려 완성하도록 한다. 결과물로 이야기책의 내용을 정확히 이해하였는지 평가할 수 있다. 또는 이야기를 듣거나 읽고, 이어지는 이야기를 상상해서 책으로 만들 수도 있다. 책을 만드는 방법은 학생의 수준에 따라 달리한다. 교과서에 제시된 내용은 다음과 같다.

2) 중학년에게 적합한 방법

중학년은 작품 전체의 내용에 비추어 자신의 감상을 표현하고, 다른 사람의 감상을 수용할 수 있게 된다. 그리고 좀 더 문자 언어 표현에 초점을 맞춘 활동을 한다. 감상을 표현하는 방법의 대표적인 예라 할 수 있는 독서 감상문의 다양한 형식과 내용을 제시함으로써 자신에게 적합한 방법을 선택할 수 있도록 하는 것이 좋다. 이것은 교육과정에서 제시한 '독후감'이라는 용어를 달리 표현한 것이다.

교과서에서는 독서 감상문을 '책을 읽고 난 뒤에 자신의 생각이나 느낌을 표현한 글'로 본다(교육과학기술부, 2014: 272). 그리고 독서 감상문을 쓰기의 장점을 읽은 글에 대하여 다시 한 번 더 생각할 수 있다고 제시한다. 독서 감상문의 내용으로는 책을 읽게 된 동기나 책 내용, 읽고 난 뒤의 생각이나 느낌 등을 쓰도록 하고 있다. 독서 감상문 쓰기가 대표적인 언어적 방법이라고 한다면, 교육과정에서는 독후 활동의 한 가지 방식으로 독후 그림 그리기와 같은 비언어적인 방법을 제시하여, 언어적인 방법과 비언어적인 방법을 모두 강조하고 있다.

교과서에서 제시하는 독서 감상문의 방법은 일기 형식, 편지 형식, 시 형식, 만화 형식, 책 광고 형식이다(교육과학기술부, 2014: 273-276). 독서 감상문을 쓰도록 할 때에는 내용보다 형식에 치우치는 일이 없도록 주의해야 한다.

〈자료3-22〉 다양한 독서 감상문 쓰기 방법(예시)

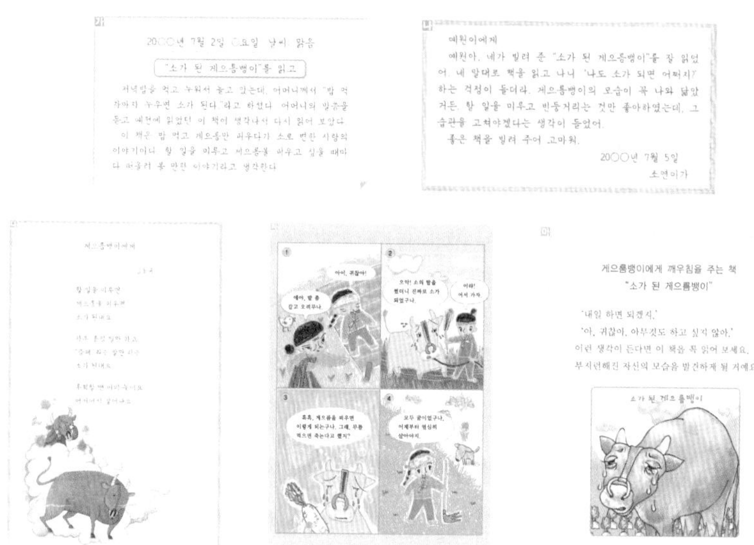

3) 고학년에게 적합한 방법

고학년 학생들에게는 그들의 발달 단계를 고려한 표현 방법이 필요하다. 이들은 저학년 학생들이 선호하는 역할놀이와 같은 신체적 표현 방법은 오히려 부담스러워 한다. 동화를 읽고, 내용을 깊이 있게 감상하며 자신의 삶을 되돌아보는 활동이 이루어질 수 있도록 하는 것이 좋다. 또, 자신의 감상에 대한 적절한 근거를 제시하는 활동을 강조하여야 한다.

이러한 내용을 고려할 때, 고학년 학생에게 적합한 첫 번째 방법은 비평 텍스트 쓰기이다. 과거에는 문학 비평은 전문가들이 하는 어려운 활동이며 비평 텍스트 쓰기는 학생이 하는 것이 아니라는 인식이 많았다. 그러나 교육에서 비평의 성격을 장르에서 활동으로 전환할 것을 주장한 이후로(김성진, 2004), 학생들 역시 비평 활동을 할 수 있다는 인식이 확산되고 있다. 그에 의하면 비평은 자신의 시각으로 텍스트를 다시 쓰는 활동이자 동시에 자신의 세계를 '다시 쓰는' 활동이다. 즉, 자신의 시각에서 동화를 읽고, 적절한 근거를 들어 동화의 내용을 평가하는 활동을 말한다.

초등학생을 위한 문학 비평 교육은 다음과 같은 성격을 지닌다(서민정, 2007: 54-55). 첫째, 객관적인 감상의 수준에서 이루어져야 한다. 둘째, 교사가 비평의 관점을 제시해 주면 학생은 문학 작품의 성격에 맞게 비평의 관점을 선택할 수 있도록 해 주어야 한다. 비평의 관점은 Abrams의 문학 비평 이론에서 제시한 문학 작품의 구조, 독자의 경험, 사회문화적인 맥락을 중심으로 학습자의 수준을 고려하여 제시한다. 작품 속의 인물과 비슷한 경험을 떠올려보도록 한다든가, 작품 속에 드러난 시대적 배경에 비추어 작품을 다시 읽어보도록 하는 것과 같은 관점을 제시할 수 있다. 셋째, 자유로운 반응을 표현한 비평 텍스트를 생산하도록 허용해 주어야 한다. 다음의 교수·학습 모형을 따르면 초등학생들이 초보적인 비평 텍스트를 쓰는 데에 도움이 된다(서민정, 2007: 85).

〈표3-39〉 문학 비평 교수 · 학습 모형(서민정, 2007: 85의 내용을 토대로 일부 수정)

교수 · 학습 단계	활동요소	중심 활동
반응 준비하기	관심 갖기	• 문학 작품 훑어보기 • 문학 작품에 대한 스키마 확인하기 • 문학 작품 읽기
들어가기	내용 파악하기	• 문학 작품 해석의 장애 요인 해결하기 • 문학 작품의 중심 내용 파악하기 • 문학 작품의 주제 파악하기
올라서기	자기 경험화 하기	• 느낀 점 말하기 • 자신의 경험과 관련짓기 • 문학 작품 관련 자신의 경험 확대하기
넘어서기	비평 활동하기	• 비평 관점 정하기 • 문학 작품에 대한 가치 판단하기 • 비평의 근거가 되는 부분 찾기 • 비평 텍스트 쓰기 • 상호 점검하기

다가가기 단계가 학습 독자가 문학 작품에 대해 관심을 갖고 읽으려는 태도를 길러주는 단계라면 들어가기 단계는 작품에 대해 내용을 이해하는 인지적 활동 중심의 단계이다. 올라서기 단계는 문학 작품을 주관적이고 정의적인 입장에서 감상하고, 문학 작품의 의미를 자신의 경험과 연관시키는 단계이다. 넘어가기 단계는 학습독자가 문학 작품에 대해 비평하고 이를 구체적인 비평 텍스

트로 표현하는 단계를 뜻한다.

문학 비평 활동이 어느 정도 가능하다면, 작품에 대한 비평을 나눔으로써 작품에 대한 감식안을 높이며, 정의적으로 풍요로운 경험을 유도하는 토론 활동을 고려해 볼 필요가 있다. 여기에서 토론은 찬반 토론을 의미하는 것이 아니라, 문학 텍스트에 관해 학습자가 나누는 모든 대화를 뜻한다. 문학 토론은 학생과 교사가 주고받는 문답식 교육에서 벗어날 수 있게 해 주며, 근접발달영역에 속해 있는 학습자 간의 발달을 도모한다는 점에서 의의가 있다. 학습자 중심의 문학 토론 모형은 다음과 같다(김상욱, 2007).

읽기 전 동기 유발
활동 과제의 설정
초기 이해의 모색
해석의 구체화
비판적 관점의 활성화
토론의 정리

읽기 전 동기 유발 단계에서는 동화와 관련된 학습자의 배경지식을 환기한다. 그리고 동화를 훑어보고 예상하여 답할 수 있는 다양한 질문들을 한다. 활동 과제의 설정 단계에서는 텍스트를 읽고, 어려운 부분을 점검한다. 초기 이해의 모색에서는 토론을 위하여 줄거리나 배경, 사건, 인물의 성격 등을 검토한다. 해석의 구체화와 비판적 관점의 활성화는 토론의 가장 핵심이 되는 단계이다. 이때 교사는 해석에 도움이 되는 질문을 제시한다든가, 관점을 정할 수 있도록 도움으로써 조력자로서의 역할을 다해야 한다.

그런데 토론은 학생들에게 상당히 인지적 부담이 큰 활동이기 때문에 이를 덜어주기 위한 방법을 고려하여야 한다. 이때에 작품에 대한 간단한 일지 쓰기가 도움이 될 수 있다(김상욱, 2009: 21~23). 디딤돌로서 글쓰기는 초기 반응을 형성할 뿐만 아니라, 더욱 구체화함으로써 본격적인 토론을 향한 자료로 활용할 수 있다. 학습자들은 텍스트에 관한 질문을 기록하고, 예측하고, 인물의 변화 과정을 비롯하여 텍스트에서 파악하게 된 다양한 사실과 그 사실들에 대한 느낌과 생각들을 '반응 일지'에 기록하고, 이 기록을 디딤돌 삼아 토론을 확장하고 심화시킬 수 있다. 다음과 같은 활동지가 도움이 될 것이다.

〈표3-40〉 문학토론을 위한 반응일지 활동지의 예(김상욱, 2009: 24)

첫 느낌 쓰기 → 나중 느낌 쓰기 → 경험과 연결시켜 쓰기

첫 느낌	나중 느낌	떠오르는 경험/떠오르는 생각

동화 인용 → 반응 → (다른 학생의)언급 → 응답

첫 느낌	나중 느낌	떠오르는 경험/떠오르는 생각

대면 토론이 어려운 상황에서 문학 토론을 활성화 시킬 수 있는 다른 방법은 인터넷을 활용하는 것이다. 인터넷게시판을 활용한 문학 토론은 다음과 같은 효과를 가진다(류덕제, 2012: 165-166). 첫째, 언제든 접속할 수 있어 교수·학습의 과제 접근도가 높다. 둘째, 자료가 개방되어 있어 같은 학급의 학생이라면 누구나 글을 읽을 수 있으므로 자료 접근의 개방성이 높고, 피드백 효과의 공유가 가능하다. 셋째, 인접발달 영역(ZPD)에서 교수·학습 활동을 촉진하고 활성화한다. 온라인상에서는 다른 사람이 나의 비평문에 대하여 쓴 글을 보고 다시 재비평을 하는 메타 비평 활동이 쉽게 일어날 수 있다는 장점이 있으므로 시도해 봄직한 방법이다.

11.3. 동화에 대한 감상 표현하기의 평가

동화에 대한 감상의 표현을 평가할 때에는 다음과 같은 것들을 고려하여야 한다.

첫째, 표현의 결과 뿐 아니라 결과가 나오기까지의 과정을 함께 평가하여야 한다. 학생의 표현 능력에 따라서, 어떤 학생은 깊지 않은 감상도 흥미롭게 표현할 수 있고, 어떤 학생은 충분히 깊이

있는 감상을 했음에도 불구하고 표현이 잘 되지 않는 경우도 있다. 감상을 표현하기까지의 과정을 함께 평가함으로써, 학생 감상의 근거를 찾고 수행 과정을 평가에 포함할 수 있도록 한다. 특히 역할놀이와 같이 신체 활동이 주가 되는 표현 방법을 사용하는 경우, 과정에 대한 평가가 매우 중요하다. 같은 모둠 내에서 칭찬하고 싶은 친구를 말하도록 하는 방법을 활용하면, 과정에 대한 상호 평가가 가능하다.

둘째, 학생의 수준과 특성에 적합한 표현의 형식을 제공한 후 평가하여야 한다. 앞서 제시한 학년별 표현 방법은 대체적인 특징에 따른 것일 뿐이다. 고학년 학생이라 할지라도 중학년이나 저학년 학생에게 적합하다고 소개한 방법을 더 선호할 수도 있다. 그리고 저학년 학생이라 할지라도 신체적 표현보다는 자신의 생각을 차분히 정리하고 글로 감상을 표현하기를 원하는 학생도 분명히 있다. 그러므로 다양한 방법을 제시하여 학생이 표현의 방법을 선택하도록 한다든가, 교사가 학생에게 적합한 표현 방법을 권장함으로써 자신의 감상을 최대한 편안하고 풍부하게 표현하도록 도울 필요가 있다.

셋째, 다양한 동화를 대상으로 하여 감상을 표현하도록 한 후 평가하여야 한다. 학생의 개인적 특성과 선호에 따라 평소 동화를 깊이 있게 감상하는 학생이 특정 동화에 대해서는 깊이 있는 감상이 이루어지지 않는 경우가 있으며, 반대로 특정한 텍스트에 대해서만 깊이 있는 감상이 이루어지는 학생도 있다. 그러므로 교사는 다양한 텍스트에 대한 감상을 누적하여 평가함으로써 평가의 타당도와 신뢰도를 확보하도록 해야 한다.

참고문헌

곽춘옥(2006), 〈초등학교 동화 감상 지도 방법에 관한 연구〉, 박사학위논문, 한국교원대학교.

교육과학기술부(2014), 《초등학교 국어 3-1》, 미래엔.

김상욱(2007), 《국어교육의 재개념화와 문학교육》, 역락.

김성진(2004), 〈비평 활동 교육의 내용 연구〉, 박사학위논문, 서울대학교.

류덕제 외(2014), 《초등 국어과 교육론》, 보고사.

서민정(2007), 〈문학 비평 교수-학습 방안 연구: 초등 학습독자를 중심으로〉, 석사학위논문, 한국교원대학교.

서민정(2007), 〈문학 비평 교수-학습 방안 연구: 초등 학습독자를 중심으로〉, 석사학위논문, 한국교원대학교.

신헌재(1995), 아동을 위한 서사문학 작품 선정의 기준 고찰: 아동의 발달 단계를 중심으로, 《국어국문학》 114, 국어국문학회, 367-385.

신헌재 · 권혁준 · 곽춘옥(2007), 《아동문학과 교육》, 박이정.

하근희(2011), 〈동화 감상문 분석을 통한 동일 독자의 감상 변화 양상 연구 - 초등학생 시기와 대학생 시기를 중심으로〉, 새국어교육 88, 한국어교육학회, 467-495.

Pennac 저, 이정임 옮김(2004), 《소설처럼》, 문학과 지성사.

Rosenblatt, L. M. 저, 김혜리 · 엄해영 역(2008), 《독자 텍스트 시》, 한국문화사.

제3장

핵심적 의사소통 역량을 기르기 위한 초등 국어 수업의 실제

이 장은 초등학교 고학년 학생들에게 여러 상황에서 목적에 맞는 의사소통을 하고, 글의 의미를 능동적으로 구성하며 비판적으로 읽을 수 있도록 하는 수업 방안을 모색한다. 또한, 독자와 목적을 고려하여 글을 쓰는 전략과 어휘 의식을 높이고 국어 문화의 특성을 이해하며, 문학 작품에 대한 해석의 근거를 찾아 구체화함으로써 문학 작품이 지닌 개인적·사회적 의미를 이해하게 하는 수업 방안을 다룬다. 이 장에서 다루는 주요 내용은 '매체를 활용하여 발표하기, 토론하기, 비판적 읽기, 의견이 드러난 글쓰기, 쓰기 윤리를 지키며 글쓰기, 내용과 표현을 중심으로 고쳐쓰기, 호응 관계가 올바른 문장 구성하기, 함축성에 유의하며 시 감상하기, 인물, 사건, 배경을 생각하며 동화 감상하기, 동화에서 말하고 있는 사람의 관점 이해하기' 등이다.

1. 매체를 활용하여 발표하기

1.1. 매체를 활용하여 발표하기의 개념

1) 매체 활용의 의미

매체 발달에 따라 우리의 언어생활이 변화하였다. 학생들은 매체를 통하여 언어 지식을 습득하고 활동하는 경험이 많다. 인터넷과 멀티미디어 기능을 갖춘 스마트폰의 사용이 어린이들 사이에서도 급증하면서, 초등학생들의 문식 활동에서도 매체 사용의 비중이 더욱 커지고 있다. 이는 매체가 어린이들의 지식 · 정보 습득과 학습 및 여가생활은 물론 또래집단 내 대화의 소재에 영향을 주기 때문이다(정현선 외, 2014). 이러한 매체 환경의 변화는 국어 교육에서 다루어야할 대상이 문자로 이루어진 텍스트뿐만 아니라 다양한 매체 텍스트 차원까지 포함할 것을 요구한다.

이러한 분위기 속에서 국어교육 분야에서는 2007 개정 국어과 교육과정에서부터 매체에 대한 교육이 강화되었다. 2007 개정 국어과 교육과정에서는 내용 체계에서 각 영역의 지식 범주에 '매체의 특성'이 하위 범주로 설정되었고, 2009 개정 국어과 교육과정에서는 각 영역의 실제 범주에서 '듣기 · 말하기와 매체'처럼 매체를 설정하여 매체에 대한 교육을 강화하고 있다(김윤옥, 2014). 그래서 언어 사용 변화를 적극적으로 반영하여 매체, 매체 교육, 매체 언어라는 용어를 사용하여 텍스트 형성에 작용하는 매체나 다양한 양식까지 확장하여 국어 교육에서 수용하려고 하였다. 그러다보니 용어들의 개념이 모호해지고 결국에는 국어 교육에서 어느 범위까지, 어떻게 수용할 것인지에 대한 합의가 이루어지지 않았다.

'매체'란 '중재하는 수단 또는 물체, 도구, 매개체(최미숙 외, 2012;357)' 라는 의미를 지니고 있는 것으로 의사소통 상황에서는 인간과 인간을 중재하는 매개체, 즉 간접적인 의사소통을 하게 하는 도구인 것이다. 이러한 매체로 인해 간접적인 의사소통이 이루어짐으로써 의미작용을 일으키는 언어적 속성에 관심을 둔 것이 '매체 언어'이다. '매체'는 인간을 내상으로 매개하는 기기를 통해 메시지를 전달하는 것으로 매체가 지니는 기술적 속성, 문화적 속성, 언어적 속성 등을 아우르는 용어인 반면, '매체 언어' 는 매개하는 기기를 통한 의사소통활동으로서 매체가 지닌 언어적 속성만을 지칭하는 용어로 재정의 할 수 있다(이영창 · 오현아, 2014).

국어교육에서 매체 언어에 주목하는 것은 현대 언어생활에 많은 영향을 미치는 매체에 대해 언어의 관점에서 접근할 필요가 있다는 것을 반영하는 것이며, '매체' 자체가 아니라 '매체 언어'를 바탕으로 할 때, 의미의 생산, 의미의 공유 및 소통이 이루어질 수 있다는 전제에서 시작해야 하는 것이다(최규홍, 2010). 매체 교육은 매체에 대한 교육, 매체를 활용한 교육, 매체 언어에 대한 교육을 모두를 포함한다고 볼 수 있다. 매체에 대한 교육은 매체의 특성과 본질에 대한 내용과 사용 방법 등을 학습하는 것을 의미하고, 매체를 활용한 교육은 수업에서 매체를 활용하는 것을 의미한다. 매체 언어에 대한 교육은 매체 언어의 특성이나 양상, 그리고 매체 언어가 지닌 심리적, 사회문화적 의미에 대하여 교육하는 것을 의미한다. 매체를 활용한 발표하기는 매체를 활용하는 교육에 해당된다고 볼 수 있다. 신헌재 외(2009)에서는 매체 자료의 특성을 다음과 같이 세 가지로 보고 있다.

(1) 자료의 시각성

매체 자료의 특성 중의 하나는 시각성이 중시된다는 점이다. 신문에서의 활자 편집, 사진과 문자의 결합, 영상에서 몸짓, 표정, 배경과 같은 시각적인 기호들의 결합은 다양한 의미로 소통될 수 있다. 그리고 소통 맥락이 문어에 비해서 뚜렷하고 감정에 보다 적극적으로 호소할 수 있다. 이러한 시각성은 학습 상황을 보다 구체적으로 드러내 주고 상상력을 유발한다. 그리고 문자 또는 음성 언어로 제공된 정보를 학습자가 인지적 이미지의 형태로 바꾸기 위해서는 별도의 사고를 해야 하는데, 이러한 시각 정보는 정보 처리에 따른 학습자의 인지 부담을 줄여주고, 학습자에게 문제 상황을 좀 더 빠르게 인식하도록 도와준다는 장점도 있다.

(2) 기호의 복합성

매체 자료는 대부분 여러 가지 기호들로 이루어져 있다. 신문에서는 주로 사진이나 그림과 문자의 조합이 나타나지만, 전자 매체는 기호의 조합이 인쇄 매체보다 훨씬 다양한데, 예를 들면 동영상에서 언어, 몸짓, 표정, 의상 등을 비롯하여 조명, 음향, 색체 등의 기술적인 표현 양식의 조합 등이 그것이다. 이미지나 영상은 부가 언어 없이 그 자체로도 의미를 구성하는 기호로 작용할 수 있다. 이러한 기호들은 인간의 시각, 청각, 지각 등 감각의 연장선상에 있고, 영상이나 이미지 자체로도 많은 의미를 전달할 수 있다는 점에서 '또 다른 형태의 언어'라고 볼 수 있다. 뿐만 아니라 그러한 언어들은 기존의 문자 언어와 마찬가지로 인간의 인지적, 정서적, 도덕적 반응을 불러일으킨다는 점에서 다양한 텍스트 형식을 만들어내는 바탕이 된다고 할 수 있다. 또한 언어 사용 상황을 좀 더 자세하고 역동적으로 설정함으로써 관심을 유발하고 의미 전달을 쉽고 명확하게 한다. 이러한 개별 요소들은 그 자체로 작동할 수도 있지만 대부분은 여러 가지 기호들의 유의미한 결합으로 하나의 텍스트 자료를 구성한다.

(3) 자료의 변환성

기존의 시청각 자료는 일방적이고 순차적 정보 구성체라서 필요한 부분을 선택적으로 구성하거나 실제 수업 상황에서 자료를 임으로 조작 · 활용하기가 불가능했다. 그러나 요즘의 매체 자료는 기본적으로 변환성을 가지고 있어, 다양한 형태로 표상될 수 있고 다양한 관점에서 재구성될 수 있다. 예를 들어 신문은 책처럼 짜여진 체재로 존재하는 것이 아니므로 필요한 기사 부분만 오려서 활용할 수 있다. 영화는 소설에 비하여 변환성을 가지고 있기 때문에 장면을 모자이크처럼 나누어 시간의 공간화를 만들어 낼 수도 있다. 특히, 최근의 컴퓨터와 정보 통신 기술을 결합한 매체 자료는 텍스트의 생산자가 정보간의 다양한 연결 고리를 사용자에게 제공하고 있어 이러한 변환을 가속화시키고 있다. 그 연결은 사진이나 동영상일 수도 있고, 책이나 전자 서점의 초록일 수도 있다. 여기서 독자는 저자가 미리 짜놓은 경로는 따르기보다는 자료의 장면과 순서를 결정하는 주도권을 가진다.

신헌재 외(2010)에서는 매체 활용 시 교사가 고려해야 할 점을 4가지로 제시하였다.

첫째, 매체 환경이 적절한 국어 수업 활동을 선택해야 한다. 매체 환경이 모든 국어과 수업에 유용한 것이 아니기 때문이다. 매체 자료는 흥미와 동기 유발에는 유리한 면이 있지만 사고력이나 창의력과 같은 지적 발달을 저해하고 영상 매체의 범람으로 문자 매체의 기피 현상을 가져올 수 있다.

둘째, 학습자가 매체의 특성과 국어과 수업에서 활용 목적을 명확히 알도록 해야 한다. 매체 활용을 통한 언어 학습에서 학습자는 교수 · 학습 목표나 자료의 내용보다는 주변적인 상황에 초점을 두는 경우가 많으므로 사전에 목표를 분명히 인식시키고 자료 제시 이후의 활동 내용을 안내해 주는 것이 필요하다.

셋째, 교사는 매체 자료를 포함한 매체 환경을 교수 · 학습 목표에 맞게 창의적으로 활용토록 해야 할 것이다. 매체 환경을 선택하거나 매체 자료의 일부를 발췌하거나 재구성하는 데 있어서 학습 목표와 학습자 수준에 적절한가를 판단하고 조작하는 것은 전적으로 교사의 책임이다.

넷째, 교사는 매체 활용을 통하여 의미 구성에 필요한 지식과 전략을 자극하고 적극적으로 중재하는 역할을 해야 한다. 이를 위해서 교사는 목표 언어를 자유롭게 구사하는 언어 능력은 물론, 매체를 다루는 기술적 능력과 정보 탐구 능력을 갖추어야 한다. 그리고 매체를 통하여 자기주도적인 학습을 안내하거나 지원하는 역할을 할 수 있다.

2) 매체를 활용하여 발표하기의 개념

발표란 여러 사람 앞에서 자신의 생각이나 의견 또는 어떤 사실에 대해서 진술하는 말하기를 가리킨다(이창덕 외, 2010). 발표는 말하기로만 이루어지는 것이 아니라 시각자료, 시청각 자료 등 보조 자료를 활용하는 경우가 많다. 자료를 활용하면 청중들이 이해하는데 도움을 줄 수 있고 말로는 길게 설명해야하는 것을 매체를 이용하여 한 눈에 보여주고 이해할 수 있기 때문이다. 2015 개정 교육과정에서는 5~6학년(군) 성취기준에 이와 관련된 내용을 제시하고 있다.[1] 그러면서 발표를 할 때 사진, 그림, 도표, 음악, 도구, 동영상 등 다양한 매체와 자료를 통해 효과적으로 발표하는 능력을 지도한다고 설명하였다. 여기에서 매체를 활용하여 발표하기는 자료를 활용하여 발표하는 것을 의미한다고 볼 수 있다.

발표를 지도할 때 중요하게 다루어야 할 것은 매체의 표현 방식이 아니라 청중과의 소통이다. 일반적으로 학생들은 발표를 할 때 준비해 온 원고의 내용을 읽거나 슬라이드 화면 등의 자료를 그대로 읽는 경우가 많다. 청중에게 자료를 그대로 읽어주지 않고, 자료의 내용을 가지고 서로 소통하는 과정을 중시하는 의사소통이 되도록 지도해야 한다. 그래서 발표를 할 때는 다음과 같은 점을 주의해야 한다.

첫째, 발표할 때에는 구체적으로 표현한다. 청중들이 이해하기 쉽고 실제적으로 느낄 수 있도록 경험이나 실제적인 사례를 들어 설명하는 것이 좋다. 어려운 개념을 다루더라도 청중이 쉽게 이해할 수 있도록 구체적으로 표현해야 한다.

둘째, 문장을 복잡하게 이어서 설명하지 않고 단문을 사용하여 간단하게 표현하는 것이 효과적이다. 문장이 길게 되면 청중 입장에서는 정확한 의미를 파악하기 힘들다. 단문을 유기적으로 연결

---

1) 매체 활용과 관련된 성취기준을 살펴보면 다음과 같다.
[6국01-05] 매체 자료를 활용하여 내용을 효과적으로 발표한다.
[6국02-05] 매체에 따른 다양한 읽기 방법을 이해하고 적절하게 적용하며 읽는다.
[6국03-02] 목적이나 주제에 따라 알맞은 내용과 매체를 선정하여 글을 쓴다.

하여 발표하는 것이 청중들이 이해하기 쉽다.

셋째, 내용 연결 표현을 잘 사용한다. 발표를 듣는 중에 청중이 지금 어디쯤 왔는지 다음에 어떤 내용이 연결되는지 수시로 알려주어 청중들이 발표 내용에 더 집중할 수 있도록 도와주어야 한다. 이때 필요한 것이 내용 연결 표현이다. 예를 들면, '첫 번째로', '지금까지', '다음으로', ' 마지막으로' 등이 있다.

이창덕 외(2010)에서는 발표에서 시각 자료를 활용하는 이유로 두 가지를 제시하였다. 첫째는 청중의 이해를 쉽게 하기 위해서이다. 복잡하고, 생소한 개념을 설명할 경우에는 시각 자료를 활용하는 것이 발표에 효과적이다. 어려운 개념을 쉽게 설명할 수 있는지, 한눈에 비교하기 어려운 자료가 있는지 판단하여 발표에 적절한 시각 자료를 선택해야 한다. 둘째, 청중에게 강렬한 인상을 주는 것이다. 청중에게 발표의 효과를 가져 오거나 오래도록 기억하도록 하기 위해 사용하면 효과적이다.

그러나 시각 자료를 제대로 사용하면 발표의 효과를 높일 수 있지만 잘못 사용하면 발표에 부정적인 영향을 미칠 수도 있다. 시각 자료가 청중의 생각의 흐름을 방해할 수 있고 오히려 보조 자료가 더 비중을 차지하여 발표의 핵심에서 벗어날 수도 있다. 그러므로 발표하면서 청중이 핵심 내용을 오래 기억할 수 있도록 시각 자료를 활용하며, 시각 자료가 말하기 목표에 도움이 되는지를 결정해야한다. 매체의 유형을 살펴보면 다음과 같다.

(1) 도표

도표는 다른 값과의 상대적인 차이가 아니라 해당 자료의 구체적인 수치를 전달하는 것이 중요한 경우, 가공하지 않은 데이터를 제시하여 청중이 자유롭게 해석할 경우, 조사의 철저함과 데이터의 풍부함을 보여주고자 할 경우에 주로 사용한다(김경태, 2008). 도표를 활용하여 발표할 경우 발표자는 도표를 해석하여 핵심적인 내용을 간추려 발표함으로써 청자에게 의미있는 내용이 되도록 전달해야 한다. 그러므로 도표를 해석하는 능력이 필요하다.

(2) 그래프

그래프는 발표 내용을 청중이 더 쉽게 이해하고 해석하도록 데이터를 제시하는데 도움이 된다. 막대그래프는 자료의 차이를 부각하여 제시할 경우, 선 그래프는 시간에 따른 변화를 보여주거나 두 변수의 상호 관계를 나타낼 경우에, 원 그래프는 상대적 비율을 보여줄 경우에 효과적이다. 그래프의 특성을 고려하여 제시하고자 하는 정보에 맞는 것을 선택하여 사용하며 그래프의 정보를 해석하여 청중에게 전달해야 한다.

(3) 그림 · 사진

그림이나 사진은 말로 표현하기 어려운 부분을 설명하는데 아주 유용한다. 또한 청중이 청각뿐만 아니라 시각을 활용하도록 하여 뇌를 자극한다. 그래서 그림이나 사진은 감정적 반응을 유발할 필요가 있을 때 사용하는 것이 효과적이다.

(4) 음악

음악은 발표의 분위기에 맞으면서 발표의 주제와도 어울려야 한다. 음악이 지나치게 강조될 경우 발표의 내용보다는 음악에 중점을 두어 오히려 발표를 방해할 수 있으므로 신중하게 선택해야 한다.

(5) 동영상

발표의 주제에 관련이 있는 동영상은 청중들의 흥미를 불러일으키고 이해를 쉽게 할 수 있다. 그러나 주제와 관련성이 떨어지면 오히려 동영상에 관심을 갖게 되어 발표의 주제와 내용에 상관이 없이 동영상 시청으로 흐를 수 있다. 그러므로 발표의 주제와 발표의 효과를 높일 수 있는 부분을 선정, 편집하여 전달하여야 한다.

발표에 적절한 매체를 활용하기 위해서는 발표의 주제와 관련된 자료를 선정하고 청중이 잘 이해하고 발표의 효과를 높일 수 있도록 구성해야 한다. 그러기 위해서는 발표의 목적이 무엇이고 발표를 듣는 청중이 누구인지 확인한 다음에 발표 주제에 맞는 매체를 선정하여 발표하는 것이 필요하다.

매체를 이용할 때는 적절한 시기에 보이도록 하여 발표 효과를 높여야 한다. 그리고 기기들을 사전에 점검하여 작동이 되는지 확인해야 한다. 매체를 이용하여 발표할 때는 다음과 같은 점에 유의한다.

① 매체를 사용할 때는 보여주는 시간을 정해야 한다. 보여주고자 하는 순간까지 숨기거나 가려

주었다가 그 순간이 왔을 때 보여주고, 설명이 끝난 후에는 곧바로 치우는 연출을 해야 한다(조원환, 2002). 발표 시작할 때부터 잘 보이는 곳에 두어 청중들이 다 보거나, 자료를 활용하여 설명이 끝난 후에도 자료를 계속 그 자리에 놓아두면 청중의 눈길이 그 쪽으로 쏠리게 되어 발표에 집중할 수가 없게 된다.

② 모든 사람이 볼 수 있게 해야 한다. 매체가 잘 보이지 않은 상태에서 발표를 한다면 발표 효과를 볼 수가 없다. 그러므로 모든 청중이 다 볼 수 있는 위치에서 잘 보이는 크기로 제시한다. 발표 중에 자료를 청중들에게 직접 제시하여 돌려보게 하면 안 된다. 이럴 경우 청중들의 집중도가 떨어지게 되어 분위기가 산만해진다.

③ 발표를 할 때는 청중을 보면서 자료를 설명한다. 발표자가 청중을 보지 않고 발표 자료만 쳐다보면서 해설하게 되면 청중들의 반응을 살필 수가 없게 된다. 이렇게 되면 발표자의 자세가 자연스럽지 않을 뿐 아니라 자료를 활용하여 소통하려는 발표의 의도와 멀어지게 된다.

④ 매체 자료는 어디까지나 발표의 보조 자료이므로 자료에 대한 해설은 필요한 만큼만 하고 가능한 짧고 명쾌하게 하는 것이 좋다. 그러기 위해서는 자료 자체가 단순해야 한다.

발표를 하려면 발표하는 목적이 무엇인지, 청중이 누구인지, 어디에서 하는지를 분석해야 한다. 목적, 청중, 장소를 분석하여 이를 바탕으로 발표 내용을 구성하고 표현하는 방법을 정할 수 있기 때문이다. 그런 다음 발표 내용을 구성해야 한다.

발표는 정해진 시간에 꼭 필요한 핵심적인 내용을 청중들이 이해하도록 전달해야하기 때문에, 내용이 간결하고 체계적이어야 한다. 이창덕(2010)에서는 발표의 단계를 도입부, 전개부, 정리부로 구분하여 제시하고 있다. 도입부에서는 발표 내용의 화제나 주제, 목적, 배경을 다루고, 전개부에서는 구체적인 예시 등을 곁들여 핵심 내용을 진술하고, 정리부에서는 핵심 내용을 강조하고, 특별히 당부하고 싶은 말이나 덧붙이고 싶은 말들을 짤막하게 언급한다.

발표의 서론은 전체의 10% 정도, 본론은 85% 정도, 결론은 5% 정도로 구성한다(조원환, 2002). 발표의 내용을 준비할 때는 먼저 전개부를 개발하고 도입부와 정리부는 전개부의 조직이 완성된 다음에 결정하는 것이 어려운 발표 내용을 더 쉽게 구성할 수 있다. 전개부의 내용을 구성할 때는 개요를 작성하여 만드는 것이 효과적이다.

전개부에는 핵심적인 정보를 설명형과 설득형의 논리 구조에 맞게 제시하고, 이를 뒷받침하는 논거를 함께 제시해야 한다. 논거를 제시할 때는 발표의 성격상 가장 효과적으로 제시할 수 있는 방법을 선택하는 것이 좋다. 비교할 때는 막대그래프, 추이를 드러낼 때는 꺾은선 그래프를 사용하고, 복잡한 숫자 등은 도표를 사용하여 간략하게 정리하여 제시하는 것이 효과적이다. 예시, 인용, 사례 등을 제시할 경우는 사진, 인터뷰 영상, 소리 등 다양한 시청각 매체를 사용하여 현장의 생생한 장면과 목소리를 들려주는 것이 더욱 효과적이다(이창덕, 2010). 도입부에서 내용이 길어지면 청중이 지루함을 느끼게 되고, 본론을 이야기할 시간이 그 만큼 줄어들게 되므로 도입부가 전체의 10% 이하가 되도록 한다. 정리부에서는 본론에서 다룬 내용을 간략히 정리하고 핵심 사항을 강조한 후 마무리한다. 결론은 청중을 이해시키는 것이 아니라 본론을 통해 이해한 바를 정리한 것이므로 전체 발표의 5% 이내가 되도록 한다.

1.3. 매체 활용하여 발표하기 지도 방법 및 유의점

첫째, 매체를 활용하여 발표하기가 교과서에 반영된 예를 찾아보면,[2] 대표적으로 국어교과서에서 6학년 2학기 2단원을 찾아볼 수 있다. 이 단원은 듣기 · 말하기 영역의 '(6) 매체를 활용하여 효과적으로 발표한다.'라는 기준에 따라 구성된 단원이다. 단원명은 '자료를 활용한 발표'로 하여 매체를 발표 자료로서 활용한다는 의미를 표현하였다. 그래서 발표할 내용에 따라 활용할 자료를 찾아보게 하였다. 여기에서 활용하는 자료로 그림, 지도, 사진, 동영상, 그래프, 실물이 제시되었다. 학생들이 자료를 활용하여 발표할 계획을 세우고, 주제에 맞는 영상 자료를 만들어 실제로 발표하는 것으로 구성하였다.

교과서에 구현된 활동을 보면 우리의 전통 문화에 대하여 학생들은 발표 주제를 정하고 발표 내용을 선정한다. 그런 다음 설명 방식과 활용할 자료를 정한 다음 역할을 나누어 발표할 내용과 활용자료를 찾는다. 그런 후에 찾은 자료를 활용하여 발표 자료를 만들고 발표 내용을 도입부, 전개부, 정리부로 나누어 내용을 구성하도록 하였다. 그리고 친구들 앞에서 발표 내용과 상황에 알맞은 자료를 활용하여 발표하도록 하였다. 마지막으로는 자료를 활용한 발표를 듣고 잘한 모둠을 선정하는 활동으로 구성되었다.

둘째, 매체를 활용하여 발표하기는 실제적인 활동 위주로 운영되어야 한다. 교사의 일방적 설명

2) 2015 개정 교육과정에 따른 5~6학년(군) 교과서는 2019년에 학교 현장에 보급되므로 여기서는 2009 개정 교육과정의 성취기준에 따라 개발된 교과서를 예로 들었음을 밝힌다.

보다는 학생들 스스로 꼼꼼히 따져 볼 수 있도록 직접 매체에 대해 공부하고 활용할 수 있도록 가르쳐 주어야 한다. 또 학생들이 발표한 내용을 효과적으로 전달하기 위해 사용한 그림이나 사진 자료가 발표의 의도를 제대로 살렸는지 점검할 기회를 제공하여야 한다.

셋째, 매체를 활용하여 발표하기는 학습자 중심으로 이루어져야 한다. 실제적인 활동 중심의 교육이 이루어지려면 필히 학생들이 주도적으로 학습을 이끌어 나가야 한다. 이처럼 학습자 중심의 학습이 원활하게 이루어지기 위해서는 다양한 자료를 찾아서 발표의 내용에 어울리고 효과를 높일 수 있는 자료를 학생들이 스스로 찾을 수 있도록 해야 한다. 자료의 양이 많다고 해서 좋은 발표가 되는 것이 아니므로 발표의 주제와 내용에 맞는 자료를 찾도록 안내한다.

넷째, 매체 활용이 효과적으로 되기 위해서는 발표할 내용이 먼저 결정되어야 한다. 발표 내용을 결정한 다음에 발표 내용을 효과적으로 전달할 수 있는 매체를 찾도록 하고 그 매체를 어떻게 구성할 것인지 계획이 필요하다. 또한 너무 매체를 강조하다보면 매체 활용이 목적이 되므로 매체 제작에 지나치게 시간을 많이 소비하지 않도록 한다.

다섯째, 매체를 활용하여 발표하기는 토의학습, 협동학습으로 할 수 있다. 학습자가 교사보다 매체 활용에 대하여 더 많은 지식과 기능을 가지고 있는 경우가 있으므로 토의학습이나 협동학습을 활용하여 동료와 상호작용 할 수 있게 하는 것도 학습의 질을 향상시킬 수 있는 좋은 방법이다.

여섯째, 매체를 활용하여 발표하기는 듣기·말하기 영역 뿐만 아니라 매체의 특성상 다른 영역 수업에서도 통합적으로 활용할 수 있다. 매체를 활용하여 글을 쓰는 쓰기 영역과 다양한 매체 읽기를 하는 읽기 영역, 문학 영역과도 통합하여 수업을 운영할 수 있다.

일곱째, 매체를 활용하여 발표하기는 국어과 수업뿐 아니라 타 교과 수업 또는 창의적 체험 활동 시간에서도 일어날 수 있다. 매체를 활용하여 발표하기는 사회, 과학, 수학 등 다른 교과목에서도 발표 내용을 선정하여 매체를 활용하여 발표하는 학습 활동이 수시로 일어나기 때문이다. 따라서 다른 교과와도 연계하여 수업할 수 있다.

1.4. 매체 활용하여 발표하기의 평가

매체를 활용하여 발표하기를 평가하려면 학생들이 발표하는 상황을 관찰하여 평가할 수도 있고 과제를 제시하여 처음부터 계획하여 실제로 발표하는 과정 전체를 평가하는 수행평가로 할 수도 있다. 학생의 수준이나 여건을 고려하여 평가 방법을 선정할 수 있다. 중요한 것은 학생들이 발표의 주제와 내용에 따라 매체를 잘 활용할 수 있는지에 초점이 있다.

예를 들면, 광고가 주는 영향에 대하여 매체를 활용하여 발표하기를 할 때에는 주제에 대한 발표 내용과 매체 활용 면으로 나누어 평가를 할 수 있다. 평가 방법은 관찰평가, 상호 평가 방법을 활용할 수 있다. 관찰평가 방법을 예로 든다면, 상황을 주고 그 상황에 어울리게 발표하고 매체를 활용하였는지 관찰하여 평가할 수 있다.

〈표3-41〉 발표하기의 평가 항목(예시)

확인할 내용	확인 결과
중요한 내용이 잘 들어가 있다.	
어려운 낱말을 쉬운 말로 바꾸어 썼다.	
친구들이 이해하기 쉽게 다양한 자료를 썼다.	
알맞은 목소리로 발표하였다.	

참고문헌

김경태(2007),《스티브 잡스의 프레젠테이션》, 멘토르.

김윤옥(2014), 초등학교 국어 교과서에 반영된 광고 텍스트 양상 연구,《동남어문논집》 제37집, pp. 27~45

류성기(2000), 광고와 국어교육,《국어교육》 제101호집, 한국 국어교육 연구회.

신헌재 외(2009),《초등 국어과 교수 · 학습 방법》, 박이정.

이영창 · 오현아 (2014), 국어교육 내 매체 교육 변화 양상 탐색,《새국어교육》 제101호, 한국국어교육학회.

이창덕 외(2010),《화법교육론》, 역락.

정현선외(2014), 초등학생의 매체 문식 활동에 관한 조사 연구,《독서연구》제 33호, 한국독서학회.

조재윤(2012), 국어과 매체 수업 개선 방법 연구,《청람어문교육》, 제 42집, 청람어문교육학회, 33-63.

조원환(2002),《스피치와 프리젠테이션》, 갑진출판사.

최미숙 외(2012),《국어교육의 이해》 ,서울:사회평론.

최규홍(2010), 초등학교 매체 언어 교육의 방향 탐색,《청람어문교육》, 제 45집, 청람어문교육학회, 107-132.

2. 토론하기

2.1. 토론의 개념

일반적으로 토론은 논쟁과 관련이 깊으며, 상반된 입장에서 논리와 합리성을 중요시하는 화법의 한 유형이다. 김환열(2000: 31-32)은 '토론이란 말이나 주장에 다툼, 즉 논쟁을 의미한다.'고 하였다. 논쟁의 한 적용 사례인 토론은 기본적으로 논쟁의 형식을 취하고 있지만 논쟁의 당사자가 형식화된 구체적인 절차에 따라 공동으로 자신들의 주장을 제시한다는 특성을 지니고 있다. 토론의 논쟁은 논리성을 강조하며 대화 참여자가 서로 다른 입장에서 대립함을 전제로 하고, 쟁점이 될 만한 논제가 있어야 시작된다는 점에서 일상 대화에서 벌어지는 의견 조정 행위와 구별된다. 예를 들어, '어머니'와 '아들'의 관계나 '장인어른'과 '사위' 사이의 대화에서 의견 차이가 발생하였다면, 사실과 합리성만을 근거로 하여 자신의 주장이 옳다고 논쟁하지는 않을 것이다. 우리의 문화적 맥락에서는 합리성을 따지기보다는 관계를 중시하여 상대방인 웃어른의 주장을 우선적으로 존중할 것이기 때문이다. 이 점에서 상호적 관계 혹은 친밀 관계의 의사소통 상황에서 작동하는 일상적인 대화의 원리와 달리, '논쟁적 대화' 라 볼 수 있는 토론에서는 전제와 주장 사이의 논리성과 합리성이 좀 더 중요한 원리가 된다.

임칠성(2008)에 의하면 '토론'은 참여자들이 어떤 논제에 대한 찬반을 논증과 논박의 과정을 통해 청중을 설득하고자 하는 경쟁적인 담화 유형이다. 그의 연구에 따르면, 일반적으로 수직적 소통 구조를 벗어나 수평적 소통 구조를 향하기 위해 필요한 모든 의사소통 장치를 토론이라 부르는 경향이 있고, 여러 사람이 모여서 의견을 제시하는 대부분의 형태를 토론이라 부르기 때문에 토론은 토의나 의논, 대화나 모둠 활동 등과 혼동되는 경우가 많다[3]. 하지만 토론은 근거를 세워 잘잘못을 따지는 쪽에 초점이 있고, 토의는 잘잘못을 따져 함께 올바른 일을 궁리하는 쪽에 초점이 있다는 점에서 구별된다. 다시 말하면, 토론은 논증과 논박을 통해 청중을 설득한다는 점에서 일방적으로 자기주장만을 입증하는 연설과 다르고, 토의는 참여자들이 가장 좋은 대안에 합의하는 반면 토론

3) 서울시교육청에서 각 학교에 배포한 '2009 교과서와 함께 하는 독서 · 토론 · 논술 지도'에서 '토론'영역의 내용을 살펴보면 '브레인라이팅과 PMI 기법을 활용한 토론, 피라미드와 Pro-Con 토론, 개념 탐구를 위한 토론, 토의형 원탁 토론, 패널 토론, 찬반 대립 토론' 등으로 토의와 토론이 구별 없이 제시되어 있다.

은 청중으로 하여금 가장 좋은 해결책에 도달할 수 있도록 일종의 논리적인 정보를 제공하며 자신의 주장을 끝까지 입증해 나간다는 점에서 차이가 있다(임칠성, 2008: 165-170).

토론은 찬성과 반대로 나뉘어 대립하는 '경쟁적' 담화의 한 유형으로 생각되는 경우가 많은데, 이에 대한 이견도 있다. 즉, 박숙자(2007)는 토론이 찬성과 반대의 입장에서 서로의 주장이 좀 더 나음을 입증하되 경쟁하는 방식이 아니어야 함을 강조하였다. '찬반'형식에 대한 잘못된 오해 때문에 토론 교육에서 흔히 지적되는 학생들의 흑백논리나 감정적인 태도의 문제가 발생한다고 보고, 토론을 민주적인 형식인 동시에 근대 사회의 공론화를 도모하는 소통의 새로운 방법으로 보아야 한다는 것이다. 다시 말해, '찬성'과 '반대'라는 대립을 통한 토론이라는 말하기 형식은 특정 주제를 개인들이 판단하기 쉽게 재구성한 담화의 방식으로 이해를 돕기 위해 논의의 주제를 입체화한 것이다. 그의 연구에서는 현재 진행되고 있는 토론은 공론화보다는 누구의 의견이 더 타당한가를 인증받기 위한 것으로 한정되고 있어 문제가 있다고 보았다. 본래 토론의 목적은 '더 나은 대안으로 향해가는 공론화의 형식'이며, 이 때문에 이미 알고 있는 것이나 대다수의 사람이 찬성하는 의견이어도 토론했다는 것이다. 그래서 토론에서는 청중을 포함하는 소통의 맥락이 중요하며 청중의 판단을 전제로 한다. 토론의 과정을 통해 찬성과 반대 측의 처음 주장은 수용 맥락에 따라 처음과 달라진 '공론'에 이르게 된다.

근대적 소통의 한 방식으로써 '토론'은 공론화를 향한 '개인'의 의사소통이다. 이 소통의 목적은 '공론화' 과정을 담아내는 것이기 때문에 이 과정에 청중의 '판단'이라는 행위는 한층 강조된다. 이 '판단'은 공중의 몫이며, 이 판단을 통해 논증의 성공여부가 가려진다고 보는 것이다. 즉, '소통'의 중심에는 찬반 논자들 간의 소통뿐만 아니라 발표자와 공론화에 참석한 청중들과의 소통도 있다. 학교 교육에서 학생들의 학업적 성취를 변별하기 위해 토론에 참석한 발표자들의 논증 과정을 평가하는 경우에도 역시 '청중'을 적극 고려해야 한다(박숙자, 2007:110). 토론에서 청중은 일차적으로는 참석한 방청객이지만, 포괄적으로는 담화 공동체로 확대될 여지를 가지고 있는, '청자를 포함하는 언어공동체 안에서 동일한 사회 문화적 규범을 지닌 합리적이 집단'의 의미를 가진다(홍종화, 2006: 339). 이러한 논의는 특정 주제가 가지고 있는 다층적인 측면을 이해시키기 위해 '찬반'의 형식을 취했다는 점은 상당히 설득력이 있다. 공론화 과정에서 찬반 형식은 필수적이며 찬반 논쟁이 제기되지 않는 상황에서 공론은 쉽게 형성되지 않기 때문이다. 누구나가 다 옳다고 생각하거나 누구나가 다 그르다고 생각할 때 개인들은 적극적으로 자기 의사를 표명할 필요를 느끼지 않으며, 이 주제를 자신이 판단해야 할 주제로 수용하지 않는다(김대영, 2004:121). '공론화'의 과정이 토론임을 고려하였을 때, 교육의 상황에서 토론의 담화 유형을 구별하고자할 때에는 '경쟁적'이라는 용어보다는 '상호 교섭성'의 특성이 좀 더 부각될 필요가 있다(서현석, 2011).

2.2. 토론하기의 필요성과 시기

1) 미래의 핵심 역량과 토론 능력

현시대를 살아감에 있어 '토론 능력'은 점점 더 강조되고 있다. 자신의 생각을 논리적으로 표현하고 그것을 다른 사람과 공유할 수 있는 능력을 갖추는 것은 점점 더 전문화 · 개별화 되어가는 미래 사회를 살아가는데 필수적이기 때문이다. 한국교육과정평가원(2007)에서 보고한 '미래 한국인의 핵심 역량 증진을 위한 초 · 중등학교 교육과정 비전 연구'에서는 '갈등 조정 능력'을 미래 한국 사회의 특징인 신자유주의 및 다원주의적 특성과 맞물려 초, 중등 교육 학습자들이 반드시 함양해야 할 핵심 역량으로 선정한 바 있다. '토론'은 갈등을 조정해 가는 언어활동과 밀접한 관련을 맺고 있는 대표적인 구두 의사소통의 한 유형이다. 화법 교육의 영역에서 토론이 중요하게 자리 잡고 있는 이유도 '세계와 소통하는 시민으로서 배려와 나눔의 정신으로 공동체 발전에 참여하는 사람'을 형성하는데 '토론 능력'이 직접적이면서도 깊이 관여하기 때문이다.

2) 초등학습자의 언어발달 단계와 토론교육의 시기

많은 경우에 아동의 언어 발달에 대해 논의할 때, 가장 먼저 언어 사용에서 자기중심성을 중요한 개념으로 든다. Piaget는 3-6세에 해당하는 아동의 사용 언어 중 자기중심적 언어가 반수 가깝게 차지하고 있다가, 7세경이 되면 급속도로 감소한다는 사실을 제시한 바 있다. 즉, 7세를 기점으로 하여 아동이 사회화되기 시작하면서 언어도 사회화의 영향을 받는다는 것이다. 최근 소련의 심리학자인 Elkonin의 연구에서도 5세에서 7세 사이의 아동이 언어적 사고를 형성한다는 사실을 말해 주고 있다. 이처럼 아동의 언어는 초등 학습자로서 출발 시기인 7세부터 자기중심적 언어에서 차츰 사회화된 언어로 발달한다. 사고와 언어의 관계를 연구한 Vygotsky 역시 언어 발달을 다음의 네 가지 단계로 나누어 설명하고 있는데, 그 것은 '초기 언어 단계-순수 심리적 단계-자기중심적 단계-내적 성장 언어 단계'의 과정을 말한다. 그 역시 7세 이후 아동은 자기중심적 언어의 양이 줄어들며, 논리적 기억을 사용하여 머리 속에서 언어를 조작할 수 있게 된다고 하였다(이현림 외, 2006:86-88).

앞에서 살펴본 바와 같이 아동의 언어 발달에 관한 선행 연구들을 통해 초등학교 학습자들이 언어의 내적 성장 단계에 들어서게 되며, 이 시기에 획득된 사고 능력과 언어를 기초하여 일생을 통하여 언어적 사고를 함에 있어 내적 언어와 외적 언어를 함께 구사하게 된다. 즉, 약 7세부터 해당되는 초등학교 학습자는 자기중심적 언어에서 사회화된 언어를 사용하게 되며, 논리적 기억을 통해 내적 언어를 구사하게 되는 시기를 맞이하게 되는 것이다. 이러한 시기의 학습자에게 토론 교육은 반드시 필요하며 좀 더 구체적이고 체계적으로 접근할 수 있어야 할 것이다.

이와 관련하여 영국과 우리의 국어 교육과정의 내용과 시기를 비교하여 보면, 영국은 가장 저학년인 제 1단계에서부터 학생들은 말하기와 듣기 내용으로 청자의 욕구를 고려하면서 분명하게 말하는 법을 배워야 함을 명시하고 있다. 즉, 학생들은 작은 집단이나 학급의 구성원으로 토론에 참여하고 관련 요점을 이끌어 내어야 하며 다른 사람들이 이야기하는 것을 주의 깊게 듣는 법을 배워 들은 내용의 요점을 기억할 수 있어야 한다. 또한, 집단의 구성원으로 참여하기 위해 학생들은 순서 교대와 앞에 수행된 발화의 내용과 관련지어 말하기, 다른 관점 고려하기, 의견과 행동에 대한 이유를 설명하여야 한다(우리말 교육연구소, 2003: 168-169). 우리나라의 교육과정에서는 대략 12세인 초등학교 5학년 학생들이 '토론' 담화 유형을 공식적으로 교육받게 되어 있다[4]. 물론 선행된 국어과 교육의 내용에서 토론과 관련된 선행적 듣기와 말하기 성취기준들이 있다고 볼 수도 있고, 잠재적 교육과정의 측면에서 활동 차원으로 토론을 경험해 본 적이 있을지라도, 토론이라는 담화 형식을 통해 각각의 말하기 듣기 기능들을 통합적으로 경험하게 되는 것은 초등학교 5학년 시기가 처음이다. 이러한 토론 교육의 도입 시기는 실제적인 학습자의 국어사용의 현실을 고려했을 때 다소 늦은 감이 있다. 또한 토론 담화가 지니는 범교과적, 도구적 성격을 고려했을 때에도 좀 더 일찍 체계적인 국어 교육적 접근이 필요하다.

4) 2015 개정 교육과정에 따르면 초등학교 5~6학년(군) 듣기 · 말하기 영역에 다음과 같은 성취기준이 제시되어 있다.
[6국01-02] 의견을 제시하고 함께 조정하며 토의한다.
[6국01-03] 절차와 규칙을 지키고 근거를 제시하며 토론한다.

2.3. 토론 교육의 내용과 방법

1) 토론 교육의 내용

토론은 의견의 차이를 처음부터 인정하고 이를 공론화하여 청중들에게 정보를 제공하고 설득하는 의사소통의 수단이 되므로 토론이 있기 전에 반드시 관심사에 대한 의견의 차이나 충돌이 존재해야 한다. 반대되는 입장은 토론의 선행조건이면서 동시에 필수적인 요소라고 할 수 있다. 이때, 토론 참여자가 제시한 문제와 주장을 명확하게 이해하고 그 것에 반론할 수 있다면 토론의 맥락을 이해하고 토론의 효과를 극대화 시킬 수 있다. 그런데, 초등학교 토론에서 참여자들은 논제에 대한 자신의 입장을 분명하게 인식하지 못하고 참여하는 경우가 종종 있다. 이러한 경우는 주로 논제에 대한 관심이 부족했거나 자신의 입장을 충분히 인지하지 못하였을 경우인데, 이 때 학습자는 자신의 주장이 무엇인지, 자신이 어느 측에 서서 토론에 임하는지를 혼동하며, 논제에 대한 자신의 관점을 놓치고 있는 것이다. 이 점에서 토론에 임하는 참여자(토론자, 사회자, 청중)에게 가장 중요하고 기본이 되는 사항은 토론의 '논제'에 대한 관심과 이해이며, 논제에 대한 자신의 관점과 역할을 인식하고 이를 일관되게 유지해 나가는 것이라고 할 수 있다. 이 과정에서 다른 참여자들의 관점과 청중을 포함한 토론의 상황맥락을 공유하면서 반대측이 제시하는 근거를 비판적으로 이해하고 자신의 반론을 구성하거나 입장을 점검해 나가야 한다.

이러한 토론의 과정을 고려하였을 때, 초등학교 토론 교육은 상호주관성 형성에 기반하여 그 목표와 내용을 설정할 필요가 있다. 즉, 상호주관성을 강조한 초등학교 토론 교육에서 화자는 먼저 '자기이해' 단계에서 논제에 대한 자신의 주장을 확고하게 인지하고 이를 위해 어떠한 의도와 목적으로 말을 해야 할지 정한다. 그런 다음 자기와 의미를 나누는 상대편 청자에 대한 이해가 필요하다. 이것은 '상대 이해' 단계로 설명할 수 있는데, 토론의 상황에서 '반대측'의 주장이나 근거를 살피고 그 내용을 요약하고 쟁점을 파악하는 것을 말한다. 마지막으로 말할 내용과 화법이 일어난 상황에 대한 이해가 있어야 하는데 여기에는 상대 측 뿐만이 아니라 토론에 참여하는 사회자나 판정인, 그리고 청중까지 고려하는 것을 포함해야 할 것이다. 이러한 상황맥락을 조정하면서 서로 상호 이해에 도달해 가는 '상호교섭'의 단계는 좀 더 강조될 필요가 있다.

정리하면, 초등학교 토론 교육은 자신의 주장을 정확히 파악하는 '자기 이해', 상대방의 주장을 파악하고 토론에 참여하는 다른 참여자를 이해하는 '상대 이해', 그리고 토론이 벌어지는 상황맥락에 적극적으로 참여하여 새롭게 창조된 공론을 형성하는 '상호교섭'을 강조하는 '상호주관성'의 원리에 입각하여 그 목표와 내용이 설정되어야 한다. 이를 김윤옥(2007: 148-150)의 틀에 기초하여 토론 교육의 내용으로 구성하여 제시하면 다음과 같다.

(1) 자기 이해

- 토론자는 논제에 대해 깊이 생각하고 자신의 입장을 정한다.
- 토론자는 논제에 대한 자신의 타당한 주장을 표현한다.
- 토론자는 상대방이 합의할 수 있는 논리로 내용을 조직하여 말한다.
- 토론에 참여하면서 자신의 의도를 일관성있게 표현한다.
- 토론에 참여하면서 성실하게 협력한다.
- 토론에 참여하면서 자신의 주장을 분명하게 표현한다.

(2) 상대 이해

- 토론에 참여하면서 주제에 대한 다른 참여자의 타당한 주장을 인정한다.
- 토론에 참여하면서 주제에 대한 다른 참여자의 타당한 주장을 수용한다.
- 토론에 참여하면서 주제에 대한 다른 참여자의 논리를 이해한다.
- 토론에 참여하면서 다른 참여자의 의도에 공감한다.
- 토론에 참여하면서 다른 참여자에게 주장에 호응한다.
- 토론에 참여하면서 다른 참여자의 요구를 수용한다.

(3) 상호 교섭

- 토론을 통해 논제에 대한 이해를 심화시켜 나간다.
- 토론을 통해 논제에 대한 내용을 서로 공유한다.
- 토론을 통해 논제에 대한 전개 논리를 공유하며 비판적으로 이해한다.
- 토론의 상황맥락을 조정하며 적극적으로 참여한다.
- 토론을 통해 다른 참여자들과 신뢰를 형성한다.
- 토론을 통해 다른 참여자들을 존중하는 마음을 기른다.

2) 초등학교 토론 교육의 방법

김병원(2001)의 연구는 단기간(4주)간의 토론 교육을 통해 초등학생의 사고의 기능이 발달하였음을 보여준 바 있다. 그의 연구에서는 일상적인 경험으로 습득 될 수 있는 이야기 스키마와 달리 토론과 관련된 '주장하는 내용의 스키마'는 의도적인 교육 활동에 의해서 길러진다고 보았다. Piaget(1959/1972)도 추상화와 같은 생각의 기능들은 사람들이 서로 말을 주고받는 사회생활을 통해서 생각을 표현하는 경험의 축척으로 인해 향상된다고 보았다.

(1) 토론의 요소

일반적으로 토론은 다음과 같은 요소들이 준비되었을 때 원만하게 진행될 수 있다.

첫째, 주제가 있어야 한다. 이때 주제는 토론을 위해 모인 사람들의 공통적으로 인식한 주제이다. 만약 주제에 대한 합의나 개념 이해가 다르다면 토론은 겉돌게 되어 의미가 없어진다. 토론에 적합한 주제의 예시로는, '학생회장 선거 출마, 학업 성적을 기준으로 삼아야 하는가?', '교복을 입어야 할까?' 등이 있다.

둘째, 여러 사람이 참여하되, 주장이 달라야 한다. 토의는 주장이 같아도 할 수 있다. 그러나 주장이 같으면 토론은 불가능하다. 이미 각자의 결론(주장)은 정해져 있고, 자신의 결론이 옳다고 주장하기 위해 토론을 하는 것이다.

셋째, 논증과 실증이 전개되어야 한다. 토의는 정보와 의견이 교환되지만 토론은 각자의 주장을 정당화하기 위해서 논리적으로 증명하든가, 실제로 증명해야 한다. 사실상 토론 과정의 대부분은 이러한 논증과 실증의 공방이라고 볼 수 있다.

넷째, 토론 규칙이 있어야 한다. 토의에도 규칙이 있지만 토론처럼 엄격하지는 않다. 규칙의 내용은 주로 절차와 예의에 관한 것이지만 토론 방법에 따라 다양할 수 있다. 따로 규칙이 없다고 하더라도 암묵적으로 토론에 참여한 사람들이 만족할 만큼 참여자들에게 공평한 기회를 제공하는 것이 기본이다.

다섯째, 말하기와 듣기 과정이 있어야 한다. 자기주장만 한다거나 듣기만 해서는 토론이 일어날 수 없다. 특히 상대의 주장을 경청해야 상대 주장의 오류를 지적하고, 자신의 주장을 더 강력하게 펼칠 수 있다.

(2) 토론 교수 · 학습 과정

일반적으로 토론 교육은 다음과 같은 교수·학습의 과정을 거쳐 이루어진다.

〈표3-42〉 토론 교수 · 학습 과정

과정	주요활동
논제 정하기	토론의 필요성 인식하기 토론 주제 정하기
토론 형태 정하기	토론 형태 정하기 토론 형태에 따른 소집단 나누기
역할 분담하기	소집단별 사회자, 토론자 등 역할 분담하기
토론 준비하기	양쪽 토론자의 입장에서 토론 자료 준비하기 사회자 입장에서 토론 자료 준비하기 토론 판정자의 입장에서 평가 자료 준비하기
토론하기	토론하기 평가하기
평가하기	심판의 평가 결과 발표 및 토론 학습 평가 사회자, 토론자의 자기 및 상호평가하기

(3) 토론 능력 향상을 위한 지도 방법[5)]

① 신호등 토론

신호등 토론이란 글자 그대로 교통 신호등의 원칙을 이용하여 신호등의 색깔을 가지고 자신의 의견을 표현하고, 진행자가 토론을 전개 시켜 나가는 방식이다. 이 방식은 먼저, 아이들의 일상과 밀접히 관련 있는, 특히 학교에서의 생활과 관련이 있는 토론주제를 정한다(학급 모두가 관련 있어야, 의견을 제시할 수 있으므로). 그런 다음 자신의 의견을 한 방향으로 정하도록 한다.(이때 신호등 판을 이용하여 아이들의 의견을 알아볼 수도 있다.) 그 후 그 이유를 적어서 칠판에 붙인 후, 교사가 다양한 의견들을 정리하여 얘기해 준다. 참가자 모두에게 삼각 신호등을 1개 씩 배부한다. 제기하는 질문에 대하여 자신의 의견이 찬성일 경우에는 초록색, 반대일 경우에는 빨강색, 판단이 서지 않아 잘 모르는 경우에는 노란색이 보이도록 한다. 진행자는 수업 목적에 적합하도록 6단 논법에 질문들을 가지고 진행한다. 이 때 진행자는 교사가 될 수도 있고, 반 아이들의 수준에 따라 반

5) 토론 지도 방법에 대한 내용은 2009 5-1 교사용 지도서에서 발췌하였음

학생이 될 수도 있다. 학급 친구들의 의견과 이유를 들어본 후 다시 한 번 신호등 토론을 이용하여 자신의 입장을 정한다. 교사는 토론을 하기 전과 한 후의 신호등 색깔을 이용한 찬성/반대의 수 증가/감소를 관찰한다. 신호등 토론은 한 주제를 깊게 다루기보다는 여러 주제를 빨리 다룰 때 많이 사용된다. 또한 여러 대안들을 평가할 때 사용하기도 좋다.

② 6단 논법

6단 논법은 '안건, 결론, 이유, 설명, 반론 꺾기, 정리'의 순서로 주장을 표현하는 방법이다. 글을 쓰는 틀을 정해준다는 것이 아이들의 생각을 일정한 틀 안에 가두어둔다는 단점이 있기는 하지만, 처음 주장하는 글쓰기를 가르칠 때 매우 효과적인 방법이다. 토론을 할 때에 6단 논법만 가지고 참여할 수도 있고, 6단 논법으로 글을 쓴 후 이를 토대로 참여할 수도 있다.

③ 독서 토론 일기

학습자에게 어떤 책을 읽고 그 책의 주인공들에 관한 논제에 대한 자신의 의견을 글로 적어보라는 독서 토론일기는 후에, 실제 토론에서 자신의 의견을 발언할 때 도움이 된다. 아이들이 공책에 적어온 것을 발표하게 함으로써, 다른 사람의 의견을 들어보는 것 또한 도움이 될 것이다. 독서 토론의 논제는 다음과 같다.

〈자료3-23〉 독서 토론 논제(예시)

책 제 목	논 제
신데렐라	신데렐라는 본받을 만한 인물인가?
흥부와 놀부전	흥부는 착한 사람이고 놀부는 나쁜 사람인가?
콩쥐팥쥐전	콩쥐는 사회에 잘 적응한 인물인가? 새어머니가 시키는 대로 일만 하는 콩쥐의 행동은 옳은가?
혹부리 영감	이웃집 혹부리 영감은 왜 혹을 두 개나 달아야 했는가?
아기돼지 삼형제	셋째 돼지만 영리한 돼지인가? 늑대가 정말 나쁜 짓을 한 것인가?
백설공주	백설공주는 어리석지 않은가? 벼락을 맞은 왕비가 불쌍하다고 생각합니까?
토끼와 거북	토끼와 거북이 중 누구를 본받아야 하는가? 토끼가 잠들었을 때 거북이가 혼자 간 것에 대해 어떻게 생각하나?

잠자는 숲속의 미녀	초대받지 못한 마녀의 행동은 정당한가?
장화 신은 고양이	고양이의 주인과 고양이는 너무 이기적이지 않은가?
여우와 게의 경주	게가 이긴 것을 정정당당하다고 생각합니까?
양치는 소년	마을 사람들은 정말로 늑대가 왔을 때 양치는 소년을 도와주지 않았습니다. 마을 사람들의 행동이 옳다고 생각합니까?
선녀와 나무꾼	선녀와 결혼하기 위해 옷을 감춘 나무꾼의 행동은 옳은가?
심청전	눈 먼 아버지를 두고 뱃사람을 따라 목숨을 버리는 심청이의 행동은 옳은가?
토끼의 간	임금님의 병을 고치기 위해 토끼를 속여 용궁으로 데려온 자라의 행동은 옳은가?
견우과 직녀	견우와 직녀를 만나지 못하도록 벌을 내린 임금님의 행동은 옳은가?
아주 특별한 우리 형	부모님이 형이 장애인이라고 동생에게 숨긴 사실을 어떻게 생각하나?

④ 모둠 인터뷰

모둠 인터뷰는 Kagan(1994)의 협동학습 구조 중의 하나이다. 이 방법은 모둠 구성원 중의 한 사람을 특정 인물의 역할을 맡기고, 나머지 모둠 구성원이 인터뷰를 한다. 예를 들어 세종대왕과의 인터뷰를 한다면, 한 학생을 세종대왕으로 세우고, 나머지 사람들이 질문을 한다. "왜 한글을 만들었습니까?", "반대하는 사람은 어떻게 하셨습니까?" 등 학생들이 궁금한 질문을 하고, 세종대왕 역할을 맡은 학생은 나름대로 세종대왕의 입장에서 대답을 한다. 다음에는 그 역할을 바꾸어 해본다. 같은 방식으로 모두 세종대왕이 되어 본다. 이 방법은 학생들로 하여금 감정이입의 경험을 해 보게 할 뿐만 아니라, 숨어 있는 자신의 생각을 발견하는 데도 도움이 된다. 돌아가면서 그 인물이 되어 인터뷰를 한 후 느낀 점을 발표한다.

⑤ 순위결정을 위한 만장일치 의사결정 토론

이 방법은 만장일치를 통해 모든 학생들이 존중받으면서 토론을 경험하게 하려는 목적을 가지고 있다. 만장일치란 반대로 이야기하면 누구나 '거부권'을 가지고 있다는 것을 뜻한다. 거부권을 가지게 되면 그 만큼 자아존중감이 높아진다. 또한 순위를 매기는 것은 매우 흥미로운 활동이다. 특히 정답이 있을 경우는 더욱 그렇다. 정답이 있으면 적극적으로 활동하는 경향이 있기 때문이다. 간략하게 진행 방법을 소개하면 다음과 같다. 먼저, 학습지를 나누어준다(모둠 구성원수 +1, 모둠의 결정을 표시하기 위해). 문제 상황에 대한 설명과 질의응답 시간을 갖는다. 그런 다음 개인별로 문제해결에 가장 적절한 결정을 해본다. 모둠별로 토론을 통해 모두가 동의하는 만장일치 결정을 정한다. 모둠별 결정된 답을 발표를 한다.

⑥ 육색 생각 모자 토론

이 방법은 사고의 틀인 동시에 생각 가지를 펼쳐나가는 토론 수업이다. 이는 사람들의 행동을 자아로부터 분리시킬 수 있다. 즉 자신의 생각을 고집하는 것이 아니라 다양한 방향으로 생각을 해 보게 한다는 것이다. 활동 방법은 먼저, 학생들이 각각 6개의 색깔 생각 모자를 만든다. 주제에 대하여 색깔에 해당되는 기능을 중심으로 각각 다른 생각을 발표한다. 6가지 색깔 생각 모자를 모두 사용하여 돌아가며 발표한다.

〈표3-43〉 육색 생각 모자의 기능

하얀 모자	중립적이고 객관적인 사고로 학생들에게 주어진 문제 상황과 정보, 사실 등을 확인하도록 한다.
빨간 모자	직관에 의한 감정이나 느낌으로 주어진 문제 상황에 대한 자신의 감정, 떠오르는 느낌을 말하도록 한다.
노란 모자	밝고 긍정적인 생각으로 주어진 문제 상황에서 장점, 강점, 좋은 점을 말하도록 한다.
까만 모자	부정적이고 비판적인 생각으로 학생들에게 주어진 문제 상황에서 단점, 약점, 나쁜 점을 말하도록 한다.
녹색 모자	새롭고, 창의적이고, 대안을 말하도록 한다.
파란 모자	메타 인지적 사고로 침착하고 냉정하게 다른 색깔 모자에서 나온 이야기를 정리, 평가한다.

⑦ 회전목마 토론

이 방법은 회전목마처럼 학생들이 계속 한 방향으로 돌아가면서 학생들의 생각을 보다 넓고, 깊게 생각하고 발표하는 경험을 제공하려는 것을 목적으로 한다. 이 방법의 특징으로는, '참여를 극대화하기 위함이다(항상 절반의 학생이 발표하고 절반이 경청한다.), 빠른 시간에 말하고 이해하는 능력을 기른다, 학생들은 임의의 학생을 만나 짧은 경청과 발표를 하므로 여러 학생을 만날 수 있다.' 등이 있다. 활동방법은 먼저, 똑같은 인원수로 두 개의 원(바깥쪽 원과 안쪽 원)을 만들어 의자를 놓아 두고 두 사람이 마주보며 앉는다. 교사가 주제를 제시하면 그 주제에 대해 안쪽에 있는 학생이 의견을 말한다. 바깥쪽에 있는 학생은 오른쪽으로 자리를 옮겨 앉아서 들었던 의견을 요약해서 말해준다. 바깥쪽에 있는 학생은 다시 오른쪽으로 자리를 옮겨 앉아서 이전 두 학생의 의견을 요약해서 말해준다. 세 사람의 의견을 요약해서 발표시킨다.

⑧ 가치 수직선 토론

가치 수직선은 학생들이 자기의 가치 판단 경험을 하고, 그것을 실천에 옮기는 훈련을 함으로써 자기 확신과 자존감을 높이기 위한 목적도 가지고 있다. 활동 방법은 먼저, 교실의 반쪽에 의자를 두 줄로 놓고, 학생들은 반대쪽에 모인다. 학생들은 자유롭게 자신의 의사를 말하고 해당하는 의자에 앉는다. 교사는 의자를 놓아 둔 앞쪽 교실 바닥에 의자와 나란히 긴 밧줄을 놓는다. 오른쪽으로 갈수록 찬성이고, 왼쪽으로 갈수록 반대이며, 중간은 중립 위치라는 것을 설명해주고 학생들이 자발적으로 주어진 주제에 대해 어떤 입장인지 중앙에 나와서 자신의 의견을 말하고 해당되는 부분의 빈자리에 앉도록 지시한다. 말을 하고 싶지 않은 학생들도 해당하는 의자에 앉는다. 모든 학생이 앉으면 교사가 현 상태를 설명해 주고 정리한다.

토론 지도 시에는 다음과 같은 점에 유의하여야 한다. 첫째, 소수가 아닌 다수의 학습자가 참여하는 토론 수업이 되도록 해야 한다. 토론은 대개의 사람들은 한 가지 주제를 놓고 전체 학생이 난상토론을 벌이거나 교사가 학생을 대상으로 특정 주제에 관해 질문을 하고 학생들이 응답하는 방식을 생각하기 쉽다. 그러나 이러한 방법으로 교육적 효과를 얻기 어려우며 설사 효과를 얻을 수 있더라도 그것은 우수한 몇몇 학생들에게 국한될 뿐 나머지 학생들은 오히려 토론으로 인해 더 주눅이 들거나 위축되는 역효과를 낼 수 있다. 말하기 능력에 있어 소수의 우수아가 이끌고 다수의 부진아가 공존하는 학급에서 토론을 한다는 것은 그것이 의사 결정 과정이든 단순한 토론이든 교육적 효과를 크게 얻기란 어렵다. 따라서 토론수업을 원활히 하기 위해서는 대다수 학급 구성원의 토론의 활발한 참여를 유도할 수 있는 다양한 장치와 방안을 계획하여야 한다.

둘째, 토론 전에 먼저 학습자의 듣기 능력에 신경 써야 한다. 토론 학습은 문제의 대립점에 대하여 긍정과 부정으로 갈려서 대립을 전면에 드러내는 형식으로 자기의 주장을 상대방 또는 청중들에게 납득시키기 위해 논쟁을 벌이는 학습이다. 그러나 상대방이 말할 때 자기 할 말만 생각하고 있다가 상대방 주장에 대한 충분한 이해도 없이 자기주장만 내세우다보면 말싸움이 되고 결국 지나치게 감정적으로 흘러 상대방의 이야기에 더욱 귀를 기울이지 않게 된다. 이러한 태도는 토론수업에서 얻고자하는 목적을 이룰 수 없다. 토론은 상대방의 말을 경청하여 그 진의를 파악하고 그 바탕 위에서 자신의 주장을 합리적으로 펼칠 때 가능하다. 따라서 학생들이 상대방의 의견을 먼저 정확히 듣고, 그 의도나 타당성을 파악하는 듣기 능력을 갖출 수 있도록 도와야 한다.

셋째, 참여자 모두에게 역할을 주고 책무성을 강화해야 한다. 토론수업을 하고자 할 때 아이들이 적극성을 발휘하지 못한다면 그처럼 답답하고 재미없는 수업은 없다. 학생 중심의 수업을 하고자 하는 교사는 적극성을 발휘하는 학생이 많을수록 좋다. 토론수업은 학생들이 자기 주도적으로 이끌어가는 수업형태이다. 따라서 학습에 참여의욕이 낮은 학생들에게 각자의 역할을 분명히 제시함으로써 구성원 모두에게 적극성과 활발함을 키워주는 협동학습 훈련이 꼭 필요하다.

넷째, 토론을 일상화해야 한다. 모둠을 잘 활용해서 적절한 상황이나 주제를 설정하고 집단적으로 의사소통할 기회를 줌으로써 학생들이 이러한 학습 문화에 익숙해지도록 유도할 필요가 있다. 학생들이 토론을 흥미를 갖도록 그들이 관심 있는 것을 토론주제로 삼거나, 학생들의 생활과 직결된 문제를 바탕으로 실시하면 적극적으로 참여하게 된다. 또한, 토론 자료를 충분히 확보하고, 주제에 대한 충분한 이해를 유도하여 깊이 있고 활발한 토론을 할 수 있게 해야 한다. 사전에 충분한 자료를 제공하거나 출처를 알려주어서 학생들이 충분히 준비해 오게 하고, 과제 준비 상태를 반드시 확인한다.

다섯째, 토론을 위해 교사는 사전에 다양한 자료와 활동을 준비해야 한다. 토론 자료로는 영상매체나 책, 그림, 신문, 잡지와 같은 것을 제시하여 학생들의 흥미와 관심을 끌도록 하는 것이 좋다. 학생들의 활발한 참여를 이끌기 위해 가볍고 즐거운 활동을 겸하도록 한다. 예를 들어 자기소개, 노래 부르기, 웅변, 시낭송, 큰소리로 외치기를 활용하도록 한다. 토론 주제에 대한 깊이 있는 공부를 위해 브레인스토밍이나 마인드맵 그리기 등과 같은 활동을 미리 하게 한다. 이를 바탕으로 토론과 관련된 학습지를 작성할 수 있고, 역할 분담 및 사전 준비가 가능하다.

여섯째, 토론 과정에서 교사의 역할에 충실해야 한다. 어떤 주제를 놓고 토론이 활발해지려면 먼저 교사가 그 주제에 대해 아는 것이 많아야 한다. 자신이 아는 것에 기초해서 학생들의 생각을 발전시킬 수 있기 때문이다. 먼저 토론주제에 관련된 자료를 최대한 찾아서 읽어보고, 학생들에게 전해줄 수 있는 자료를 수집하는 노력이 있어야 한다. 그리고 토론을 시작하기 전에 왜 이 토론을 하고자 하는지 문제의식을 던져주어야 한다. 그래야 토론 분위기가 진지해진다. 예를 들어서 처음 시작할 때는 먼저 학생들의 관심을 끌만한 이야기를 던지고 그 다음에는 문제 제기를 해야 하며, 그 내용은 왜 우리에게 중요하고 왜 이 토론을 해야 하는지를 이야기해야 한다. 마무리 준비도 잘해야 한다. 마무리를 잘해야 토론을 잘한 효과가 나타난다. 가능하면 학생들이 토론한 문제가 우리들 자신과 무슨 관련이 있는지를 보여주고, 토론의 내용을 삶의 태도에 관한 문제로 연결시켜 줄 수 있는 마무리 준비를 해야 한다. 토론 과정에서 행하여야 할 교사의 역할에는 계획의 수립자, 토론학습 분위기의 조성자, 토론학습의 안내자, 토론 유지 및 조정자, 관찰 평가자 등이 있다.

참고문헌

신헌재 외(2009), 초등 국어과 교수 · 학습 방법, 박이정

교육과학기술부(2007), 개정 2007년 초등학교 국어과 교육과정 해설

정문성(2008), 토의 · 토론 수업방법 36, 교육과학사

류성기(2003), 초등 말하기 · 듣기 교육론, 박이정

James T. Dillon(1997), 토론학습의 이론과 실제, 교육과학사

경기도교육정보연구원(1999), 토론과 토론학습, 경기도교육정보연구원

3. 비판적 읽기

3.1. 비판적 읽기의 개념

한 편의 글을 쓴다는 것은 곧 그 글을 읽을 특정한 독자에게 필자의 생각을 전달하고자 함을 의미한다. 그것은 단지 주장하는 글에만 한정되는 것은 아니다. 예를 들어 여행 안내문의 경우 특정한 지역이나 장소에 대한 정보를 담고 있을 뿐만 아니라 그 지역이나 장소를 방문하고 싶도록 독자의 호기심을 자극하기도 하는데, 이것은 곧 여행 안내문을 읽는 독자에게 그 지역이나 장소를 방문하게끔 하는 필자의 의도가 담겨 있기 때문이다.

이처럼 모든 글에는 필자의 생각이나 의도가 함께 독자에게 전달된다. 그런데 독자에게 전달되었다고 해서 필자의 생각이나 의도가 반드시 수용되어야 하는 것은 아니다. 필자의 생각이 잘못된 것일 수도 있고, 필자의 의도가 불순할 수 있으며, 필자와 독자의 생각이 다를 수 있기 때문이다. 따라서 독자는 필자의 생각을 정확하게 걸러낼 수 있는 능력을 가져야 한다. 이것이 바로 비판적 읽기 능력이다.

비판적 읽기가 무엇이고 그것은 어떠한 기능으로 연관되어 있는가는 오래 전부터 국어교육학계의 관심이었다. 비판적 사고의 기능에 대해 Ennis(1991)는 진술의 의미, 추론 과정의 타당성, 진술들 간의 논리성, 결론의 타당성, 진술의 구체성 및 명확성, 진술의 신빙성, 정의의 타당성, 가정과 사실의 구분 등이 비판적 사고 기능이라고 보았다. Paul은 비판적 사고를 정의적 전략 9가지와 인지적 전략 17가지로 나누었는데 자신의 관점 개발하기, 평가의 기준 계발하기, 정보 원천의 신뢰도 평가하기, 논쟁, 해석, 신념, 이론을 분석하고 평가하기, 행동이나 정책을 분석하고 평가하기, 간학문적 연관성 만들어가기 등을 제시하였다(이종일, 2009 재인용).

허경철(1990)은 사실과 의견 구별하기, 타당하고 충분한 근거를 들어 의견과 주장을 평가하기, 다양한 정보원의 신뢰성을 비교 분석하고 더 신뢰로운 정보를 선택하기, 한 문제를 다양한 관점으로 조망하기, 주장이나 진술에 게재된 편견 탐지하기, 어떤 진술에 숨겨진 의미와 가정을 확인하기, 문제의 본질에 적합한 평가의 준거 사용하기를 꼽았다.

대체로 비판적 읽기는 타당성 및 신뢰성 평가하기가 주 기능으로 작동한다. 타당성의 평가는 두 가지 측면에서 이루어진다. 하나는 주장의 타당성이고 다른 하나는 근거의 타당성이다. 대체로 주장의 타당성은 필자가 제시하는 주장이 현실적으로 실현가능한가, 혹은 인식한 문제에 대한 정확한 대안이 될 수 있는가 등을 평가함으로써 이루어진다. 이에 대해 근거의 타당성은 그러한 주장을 입증하거나 뒷받침할 수 있는 정확한 자료인가 여부로 판단할 수 있다.

타당성 평가하기는 평가할 수 있는 기준 즉, 평가 잣대에 따라 달라질 수 있다. 따라서 정확한 평가 기준을 마련하는가는 매우 중요한 학습 요소가 된다. 이는 곧 합리적인 판단 능력과 관련이 된다. 따라서 주장의 타당성 평가하기 학습은 합리적 사고 능력 및 비판적 사고 능력을 기르는 데 도움이 된다.

비판적 읽기 능력을 길러주는 또 다른 활동은 신뢰성 평가하기이다. 신뢰성은 타당성에 우선하는 평가 요소로, 타당성 평가는 텍스트의 수용 여부를 결정하는 아주 중요한 요소이다. 신뢰성은 주로 책의 저자, 출판사, 출판 연도 및 참고 문헌 등과 같이 글의 내용이 아닌 부분도 평가 요소가 될 수 있다. 타당성 평가와는 달리 신뢰성 평가는 평가 잣대가 정해져 있기 때문에 평가 내용이 달라지지 않는다. 그러므로 신뢰성 평가 결과는 대체로 비슷하다고 할 수 있다.

3.2. 비판적 읽기의 지도 방법

1) 타당성의 개념과 타당성 평가 방법

타당성에 대해 표준국어대사전은 '사물의 이치에 맞는 옳은 성질' 이라고 그 뜻을 정의한다. 다시 말해, 어떤 사물이 '이치'에 맞으면 타당성이 있다고 볼 수 있음을 의미한다. 이치는 사물의 정당한 조리를 뜻하므로 어떤 사물이 정당하게 맞다면 그것은 타당성이 있음을 뜻한다고 할 수 있다. 일반 도덕 범주에서 논의를 하면 '쓰레기를 함부로 버려도 된다' 혹은 '여러 사람이 함께 이용하는 곳을 자기 혼자만 차지한다' 등과 같은 것은 일반적 사회의 도덕적 규범에 어긋나기 때문에 타당성에 맞지 않는 예가 된다.

이것은 일반적 사회의 도덕적 규범이 판단의 기준이 되었을 경우에 한하여 설명한 것으로, 텍스트에 대한 타당성 판단은 사회의 도덕적 규범을 포함하여 논리적 전개나 필자의 의도나 관점 등도 판단의 기준이 된다.

타당성을 평가하는 가장 중요한 대상은 주장과 근거이다. 왜냐하면 한 편의 글로 자신의 주장을 내세우기 위해서는 주장을 뒷받침해 줄 근거가 마련되어야 하기 때문이다. 특히 근거는 그 주장이 설득력이 있는가 없는가를 판별하는 가장 중요한 자료이다. 그러므로 주장의 타당성을 평가하기 위해서는 주장뿐만 아니라 근거도 평가를 해야 한다.

주장의 타당성을 평가하는 기준은 필자가 내세우는 바가 적절한가 여부이다. 적절하다는 것은 크게 두 가지 의미를 가지고 있다. 첫째는 주장할 만한 것을 주장했는가이다. 이것은 그 주장이 옳은가 그른가에 선행하여 판단해야 할 문제이다. 다시 말해, 주장의 옳고 그름을 판단하기 이전에 그 주장이 주장으로써 가치를 가지는가에 대한 판단이 우선 작용해야 한다는 것을 의미한다. 예를 들어 꼭 필요한 쓰레기 매립장을 우리 지역 '어디에' 설치하면 좋겠는가에 대한 문제에 대해 우리 지역이 아닌 다른 지역에 설치해야 한다고 주장하거나, 쓰레기 매립장보다는 자연 친화 시설을 건립하자는 등의 주장은 주장할 만한 것이 되지 못한다. 왜냐하면 현재 문제를 해결하기 위해서는 우리 지역 어디가 쓰레기 매립장으로써 적합한지에 대한 논의가 이루어져야하기 때문이다. 또, 우리 지역이 아닌 다른 지역이 더 적합하다든지, 자연 친화 시설을 건립하자 등의 주장은 우리 지역에 쓰레기 매립장을 건설하자는 주장에 앞서 논의해야 할 내용이기 때문이다.

둘째는 주장하는 것이 옳은가 그른가 혹은 문제 해결에 더 적합성을 지니는가 여부이다. 그런데 주장이 옳은가 그른가 혹은 문제 해결에 더 적합한가 여부는 주장 그것만으로 판별하기는 매우 어렵다. 예를 들어 '우리 지역 중 ㉮ 지역이 쓰레기 매립장으로 적절하다'는 주장과 '우리 지역 중 ㉯ 지역이 쓰레기 매립장으로 적절하다'는 주장 중 어느 것이 더 옳고 그른지를 판별하기는 쉽지 않다. 이 주장의 타당성을 판별하기 위해서는 근거를 살펴볼 수 밖에 없다. 국어 교육에서도 이 부분에 많은 중점을 두고 교육 내용을 마련해 왔다. 2015 개정 국어과 교육과정에서 '[6국02-04] 글을 읽고 내용의 타당성과 표현의 적절성을 판단한다.'의 성취 기준을 제시하고 있고, 이를 지도할 때는 '내용의 타당성과 적절성을 판단하는 방법을 지도할 때에는 글에 나타난 주장이나 내용이 편견에 치우치지 않고 타당한지, 글쓴이가 자신의 생각을 드러내기 위해 사용한 표현이 적절한지를 평가'하도록 하고 있다.

근거의 타당성을 평가하기 위해서는 여러 가지 기준이 있는데, 가장 우선시 해야 할 평가 기준은 근거가 사실 그대로인지 옳은 생각인지 여부이다. 주장은 타당하지만 근거 자체가 옳지 않은 생각일 수도 있다. 가령, 우리 지역 중 ㉮ 지역이 쓰레기 매립장으로 적절하다는 주장 자체는 모순이 없지만, 그 근거로 ㉮ 지역에 사는 주민들은 더럽기 때문이라는 근거는 옳지 않는 생각이다. 잘못된 근거로 인해 많은 사람들이 피해를 보는 일은 종종 일어난다. 히틀러의 유대인 대학살도 잘못된 근거에서 비롯되었으며, 페루 정부에서 자행한 원주민 불법 낙태 시술도 역시 잘못된 근거에서 빚어진 참사이다.[6]

두 번째 판단 기준은 주어진 문제를 해결하는 데 가장 적합한가이다. 이는 제시된 근거가 모두 옳은 생각이지만, 이 중에서 문제 해결에 더 타당성이 있는 근거를 구별해야 함을 의미한다. ㉮ 지역이 쓰레기 매립장으로 적절한 이유가 인근 주변에 거주자가 별로 없고 산으로 둘러싸인 곳이어서 다른 주민들에게 피해가 적다는 근거를, ㉯ 지역이 쓰레기 매립장으로 적절한 이유가 지역 간의 경계가 되는 곳이기 때문에 교통이 원활하여 ㉮, ㉯ 지역의 쓰레기를 가져오기 편리하다는 근거를 마련하였다고 하였을 때 어떤 근거가 문제를 해결하는 데 더 적합한지를 판단하는 것이다.

그런데 주어진 문제를 해결하는 데 그 근거가 가장 적합한지 여부를 판단하는 것은 경제성, 논리성보다는 가치의 문제와 관련되는 경우가 많다. 앞서 제시한 예에서 알 수 있듯이 쓰레기 매립장으로 ㉮, ㉯ 지역 중 어디가 적절한지를 결정하기 위해서는 ㉮ 지역을 선정함으로써 얻을 수 있는 인권과 ㉯ 지역을 선정함으로써 얻을 수 있는 경제성 중 어떤 가치를 더 우위에 둘 것인지를 판단해야 한다. 경제적인 논리로 환산한다면 ㉯ 지역이 쓰레기 매립장으로써 더 타당하겠지만, 그로 인해 주민들이 겪을 고통 등을 감안한다면 ㉮ 지역이 더 타당하다. 결국 돈을 좀 더 들이더라도 주민들이 덜 고통 받을 곳을 선택하느냐 아니면 돈을 가장 적게 들 수 있도록 하는가에 대한 가치의 판단이 적절하게 이루어져야 올바른 선택을 할 수 있게 된다.[7]

---

6) 극심한 인플레이션에 시달리던 페루 정부는 IMF에 자금을 요청한다. 자금을 대여하는 조건으로 IMF는 페루 정부에 출산율 저하를 요청하는데, 이에 페루 정부는 출산율을 낮추기 위해 원주민들에게 불법 낙태 시술을 실시하게 된다. 즉 원주민들은 자손을 낳지 않아도 되며 원주민이 존재하지 않아도 된다는 잘못된 인식에 의하여 살인 및 인권 침해라는 극단적인 방법을 선택하게 된 것이다.

7) 우리가 흔히 공해를 일으키지 않는 발전소로 풍력 발전을 꼽는데, 대체로 풍력 발전기가 설치되려면 높은 지형이어야 한다. 그래서 우리나라는 강원도와 같이 대지가 높은 산간 지역에 풍력 발전기를 설치하는데, 강원도는 그 특성상 보호해야 할 자연 동식물이 많다. 매년 반복되는 에너지 수급난을 해결하는 것에 더 많은 가치를 둘 것인지, 강원도 생태를 보존하는 것에 더 많은 가치를 둘 것인지를 결정하는 것은 곧 경제의 문제가 아닌 가치의 문제가 된다.

폐광 재개발 놓고 찬반 공방 '석탄산업법' 개정 간담회

찬 "에너지 확보 · 경제 활성화"
반 "수급 불투명 · 갱내수 문제"

태백 함태탄광의 재개발을 뒷받침하기 위한 '석탄산업법 일부개정 법률안'과 관련한 논의의 장이 열려 법 개정에 탄력이 붙을지 주목된다.

새누리당 염동열(태백-영월-평창-정선) 의원은 23일 국회 의원회관에서 '석탄산업법' 개정을 위한 간담회를 개최했다.

간담회에서 정승일 산업통상자원부 에너지정책관은 "가행탄광이 인접 폐탄광을 통합 개발할 수 있도록 석탄산업법이 개정될 경우 1989년 이후 정부가 추진중인 석탄산업합리화 정책에 배치되고 정책 일관성도 결여된다"며 "석탄공사의 만성 적자로 투자비 조달이 불가능하며 석탄 수급여건이 불투명해 개발 타당성이 없다. 갱내수 배수 · 처리 문제와 갱도 안전성 확보도 어렵다"고 주장했다.

반면 법 개정에 찬성하는 측은 국가에너지 안보 차원에서 무연탄 비축과 최소한의 탄광은 장기 가행이 반드시 필요하다는 입장을 보였다.

이원학 강원발전연구원 탄광지역발전센터장은 "함태탄광 재개발은 지역 주민의 숙원사업으로 적극적인 재개발 검토가 필요하다"며 "함태탄광 재개발은 고급 무연탄 수입에 따른 무역수지 적자, 국내 에너지원 개발을 통한 에너지 안보, 지역경제 활성화 등 다양한 부분에서 탄광지역 및 국가에 기여할 수 있을 것"이라고 전망했다.

장철규 도 경제진흥국장도 "국제 에너지자원 상황 변화 추이에 맞춰 국내 유일 에너지자원인 석탄산업 정책의 변화가 필요한 시점"이라며 "태백 경제의 큰 축인 장성광업소가 폐광될 경우 제2의 지역공동화가 우려되므로 장성광업소의 장기 · 안정적 가행이 반드시 필요하다"고 강조했다.

'석탄산업법 개정안'은 폐광된 탄광에 인접한 가행 탄광을 개발할 수 있도록 하기 위한 법적 근거 마련을 위해 지난해 7월 염동열 의원이 대표 발의했으나 논의가 이뤄지지 않고 있다.

-2013년 7월 24일자 강원도민일보-

위의 기사문에서 논쟁이 되고 있는 점은 폐광을 다시 개발하자는 것으로 그것에 찬성하는 입장과 반대하는 입장으로 의견으로 나누어진 상황이다. 폐광을 개발해야 한다고 주장하는 의견에 대한 근거로 다음과 같은 것들이 마련되었다.

① 고급 무연탄 수입에 따른 무역수지 적자 해소

② 국내 에너지원 개발을 통한 에너지 안보 마련

③ 지역경제 활성화

반면, 폐광을 개발해서는 안된다는 주장에 대해 근거로 다음과 같은 것들이 마련되었다.

① 석탄산업합리화 정책에 위배

② 석탄공사의 만성 적자로 투자비 조달이 불가능

③ 개발 타당성이 없음

④ 갱내수 배수 · 처리 문제

⑤ 갱도 안전성 미확보

주장의 타당성은 곧 근거의 타당성과 밀접한 관련을 가지고 있으므로, 주장의 타당성을 판단하기 위해서는 근거가 타당한지 살펴보아야 한다. 먼저 폐광 개발을 찬성하는 쪽에서 주장하는 근거가 타당한지를 확인하기 위해서는 현재 우리나라의 고급 무연탄 수입이 어느 정도이며, 폐광을 개발함으로 인해 얻게 되는 무연탄의 양을 가늠해 볼 수 있어야 한다(근거 ①에 대한 타당성 확인). 또한 앞으로 우리나라 무연탄 소비가 어느 정도가 될지 확인하고, 폐광 개발로 얻게 되는 무연탄의 양이 이 소비에 어떠한 영향을 끼칠 수 있는지를 계산해야 한다(근거 ②에 대한 타당성 확인). 마지막으로 폐광 개발로 인해 지역에 미칠 수 있는 경제적 영향이 어느 정도인지, 관광지로 개발한다면 관광 수익이 얼마나 될지, 그로 인해 지역 경제에 미칠 영향이 어느 정도가 될지 등을 통해 경제적인 이익을 가늠해야 한다(근거 ③에 대한 타당성 확인).

폐광 개발을 반대하는 쪽에서 주장하는 근거가 타당한지 확인하기 위해서는 석탄산업합리화 정책이 무엇인지, 그 정책을 위배함으로 인해 생기게 되는 문제가 무엇인지 짐작할 수 있어야 한다.(근거 ①에 대한 타당성 확인) 또한 석탄 공사에서 폐광 개발을 위해 투자비를 얼마나 지원할 수 있는지, 이 지원비를 부담하게 됨으로써 석탄 공사에 미치게 되는 경제적인 부담은 얼마인지, 또한 이 투자비만으로 폐광 개발이 가능한지 등을 확인해야 한다.(근거 ②에 대한 타당성 확인). 개발 타당성을 조사한 기관은 어디이며 무엇을 기준으로 개발 타당성을 조사한 것인지를 살펴보아야 하고(근거 ③에 대한 타당성 확인), 갱내에 발생되는 물이 폐광 평균 어느 정도인지, 실제로 갱내수가 어떤 문제를 일으키는지에 대한 조사가 필요하다.(근거 ④에 대한 타당성 확인). 마지막으로 폐광 개발로 인해 생긴 안전 문제는 없는지, 갱도 안전성을 확보하기 위해서 어떤 제반 시설이 갖추어져야 하는지, 그 시설 투자비는 얼마인지 등을 확인해야 한다.(근거 ⑤에 대한 타당성 확인)

양 측이 주장하는 근거를 실제적인 자료 조사를 통해 검증하고, 이를 바탕으로 어떤 근거가 더 문제를 합리적으로 해결하는 것인가에 대한 판단을 해야 한다. 가령, 양 측의 주장이 모두 어느 정도 합리성이 있다면 즉, 폐광을 개발해야 한다고 주장하는 입장에서 제시한 근거처럼 무연탄이 우리 국민이 쓸 수 있을 정도로 채광될 수 있고 그로 인해 무역 수지가 어느 정도 해소될 수 있으며, 개발 수익 등으로 인해 지역 경제가 어느 정도 활성화될 수 있다면, 또한 폐광을 개발해서는 안 된다고 주장하는 입장에서 제시한 근거처럼 그럼에도 불구하고 개발하였을 때 투자비가 많이 들고 이로 인해 석탄 공사가 부담해야 할 금액이 상당하며 안전성에 대한 담보를 할 수 없다고 하였다면 이 두 가지 근거 중 어느 것에 더 가치를 둘 것인가를 결정해야 한다.

2) 신뢰성의 개념과 신뢰성 평가하기

신뢰성에 대해 표준국어대사전은 '굳게 믿고 의지할 수 있는 성질'이라는 그 뜻을 정의한다. 다시 말해, 신뢰성이란 특정한 대상을 얼마만큼 믿을 수 있는가의 문제라고 할 수 있다. 신뢰성을 평가하는 기준에 대해 Irwin & Baker(한철우, 천경록 1999)는 저자의 신뢰성 평가하기(누가 말했는가? 누구의 관점인가?), 사실과 의견 구분하기(사실인가, 의견인가?), 주관적인 감정 판단하기(어떤 느낌을 담고 있는 말을 사용하였는가?), 저자의 어조, 목적, 관점 파악하기 등을 제안하였다.

저자에 대한 신뢰성을 평가하는 것으로 저자가 해당 텍스트의 권위자인가, 그렇지 않은가? 저자가 말하고자 하는 문제에 대해 이전부터 특정한 관점을 가지고 있었는가, 그렇지 않은가? 저자가 속해 있는 특정한 단체가 저자가 말하고자 하는 문제와 어떤 관련이 있는가? 등이 그 평가 요소가 된다.

사실과 의견 구분하기는 텍스트 내용에 대한 신뢰성을 평가하는 것이다. 의견이지만 사실처럼 써 놓은 경우 독자는 그것을 하나의 사실로 받아들여 텍스트 내용의 신뢰성을 높게 평가할 수 있다. 또한 사실을 사실이라고 인지하지 못할 경우 텍스트 내용의 신뢰성을 평가하는 데 어려움을 겪을 수도 있다.

주관적인 감정 판단하기는 필자가 자신의 의도를 드러내되 독자가 그것을 알아차리기 힘든 어휘나 구절을 사용함으로써 독자를 설득할 수 있기 때문에 이러한 주관적 감정이 담긴 어휘를 걸러낼 수 있어야 함을 의미한다. 가령, '국민 혈세 펑펑'과 '세금으로 집행'이라는 말은 같은 의미를 담고 있다고 하여도 독자가 읽으면서 가지게 되는 느낌은 달라진다. '혈세' 와 '펑펑'이라는 감정적 어휘를 사용하여 독자로 하여금 필자가 언급하고자 하는 것이 아주 큰 문제이고 심각하다는 것을 드러내는 반면, '세금' 과 '집행'이라는 어휘에는 감정적 요소가 거의 담겨 있지 않기 때문에 앞서 언급한 어구보다 그 의미가 축소되어 전달될 수 있다. '현명한 엄마라면 이 과자를 선택합니다'라는 광고 문구에서 '현명한'과 같은 어휘도 주관적 감정이 담겨 있다. 이는 '이 과자를 선택하지 않으면 현명한 엄마가 아닙니다'과 같이 이 문구를 역으로 이해할 경우 감정적 요소가 부여될 수밖에 없기 때문이다.

저자의 어조, 목적, 관점과 같은 요소도 텍스트의 신뢰성을 평가하는 중요한 요소가 된다. 저자가 특정한 사실을 지지하거나 특정한 문제에 대해 어떤 입장을 가지고 있는가는 저자가 쓴 글의 내용이 신뢰성을 가지고 있는가를 평가할 수 있기 때문이다. 우리가 특정 신문사에 대해 '정부 우호적'이라는 일반적인 견해를 가지고 있다면 이 신문사의 기사 내용은 정부 비판적 시각을 많이 가지고 있는 다른 신문사에 비해 더 우호적인 입장으로 각종 정책에 대한 평가를 할 것이라고 예상하는 것도 이와 같은 맥락에서이다.

3.3. 수업 설계 및 평가하기

주장의 타당성[8]을 평가하기 위해서는 가장 먼저 무엇에 대한 주장인지를 파악해야 한다. 즉, 어떤 문제에 대한 주장인가를 파악함으로써 주장하고자 하는 내용이 타당한지를 판단해 볼 수 있다. 다음 〈표3-44〉는 2009 개정 교육과정에 따른 국어과 6학년 2학기 교과서 52~58쪽에 수록된 내용이다.[9]

〈표3-44〉 6학년 2학기 3단원

경진	연극 동아리를 만들면 좋겠습니다. 첫째, 옆 반에 질 수 없습니다. 옆 반에서는 이미 연극 동아리를 조직하여 졸업식에서 공연하는 것을 목표로 연습 중이라고 합니다. 우리 반은 옆 반과 비교하여 모자란 것이 없습니다. 우리 반도 지금부터 열심히 준비하면 졸업식에서 공연할 수 있을 것입니다. 둘째, 연극을 무대에 올리면 뿌듯하기 때문입니다. 연극을 무대에 올리기까지의 과정은 무척 힘이 듭니다. 연극을 하려면 희곡을 쓰고, 감정과 동작을 어떻게 표현할지도 고민해야 하며, 무대 연출도 해야 합니다. 자신의 역할에 충실하면서도 다른 사람과의 화합도 고려해야 하고요. 이렇게 개인의 노력이 모여서 하나의 작품을 완성하는 공동의 경험은 무척 어렵고 힘들겠지만, 성공했을 경우에는 큰 기쁨이 될 것입니다. 잊을 수 없는 추억이 되겠지요.

8) 대체로 교육과정에서는 '타당성'에 대해서만 다룬다. 왜냐하면 신뢰성이 없는 글을 교과서에서 제시하여 학습자에게 읽도록 하는 것은 교육적으로 무의미하기 때문이다. 이러한 측면에서 여기에서도 타당성에 대해서만 다룬다.

9) 2015 개정 교육과정에 따른 5~6학년(군) 교과서는 2019년에 학교 현장에 보급되므로 여기서는 2009 개정 교육과정의 성취기준에 따라 개발된 교과서를 예로 들었음을 밝힌다.

지혜	운동 동아리를 만들면 어떨까요? 체육은 많은 학생이 좋아하는 과목입니다. 그런 체육 시간만 기다리다가 이론 수업을 한다고 하여 실망했던 적이 누구에게나 있을 것입니다. 막상 체육관이나 운동장에 나가도 우리가 기대했던 체육 활동이 아닌 적도 있었지요. 여러분, 이제는 운동 동아리를 만듭시다. 운동 동아리를 만들면, 첫째, 그동안 하고 싶었지만 하지 못했던 운동을 마음껏 할 수 있습니다. 둘째, 두뇌가 좋아진다고 합니다. 운동과 뇌의 관계를 설명해 주는 좋은 예가 있습니다. 수업 시간에 의자에 가만히 앉아서 공부할 때와 몸을 움직이면서 활동적으로 공부할 때를 떠올려 보십시오. 공부한 내용이 더 오래 기억나고 즐거웠던 적은 어느 때입니까? 바로 활발히 움직였을 때입니다. 날마다 운동을 하면 학습 능력이 향상되어 성적이 오른다는 연구 결과도 있습니다.
호열	지역 사랑 동아리는 어때요? 첫째, 다양한 활동을 할 수 있습니다. 마을의 쓰레기를 줍거나 우리 지역의 어려운 사람을 찾아가 도와주는 일을 할 수 있습니다. 우리 지역의 역사를 알아보거나 우리 지역 홍보 동영상을 만들 수 도 있겠지요. 둘째, 봉사 시간을 받을 수 있습니다. 봉사를 하면 기쁨과 보람을 느낍니다. 그리고 봉사 시간도 채울 수 있으니 일석이조입니다. 또, 형한테 들었는데 봉사 시간을 많이 채우면 대학교에 갈 때나 사회에 나가 취직할 때도 많은 도움이 된다고 합니다.

교과서에 제시된 글은 이전 교육과정의 교과서와 달리 '학급 동아리를 왜 만들어야 하는가?'에 대해 '초등학교 시설의 특별한 추억을 만들고 싶어서'라는 문제 인식을 제시해 놓고 있어 좀더 합리적인 판단을 할 수 있게 하였다. 교과서에 제시된 내용을 참고로 각 학생들의 주장과 근거를 마련하면 〈표3-45〉와 같다.

〈표3-45〉 주장과 근거 파악하기(예시)

경진	주장	연극 동아리를 만들자.
	근거	1. 옆 반에 질 수 없다. 2. 연극을 무대에 올리면 뿌듯하다.
지혜	주장	운동 동아리를 만들자.
	근거	1. 그동안 하고 싶었지만 하지 못했던 운동을 마음껏 할 수 있다. 2. 두뇌가 좋아진다.
호열	주장	지역 사랑 동아리를 만들자.
	근거	1. 다양한 활동을 할 수 있다. 2. 봉사 시간을 받을 수 있습니다.

주장과 근거를 찾도록 한 다음 해야 할 것은 주장과 근거가 긴밀한 연관성을 가지는가 여부이다. 이는 주장이나 근거가 타당한지 여부 이전에 파악해야 하는 것으로, 주장이나 근거가 서로 관련이 없다면 당연히 근거나 주장이 타당하지 않을 수 있기 때문이다. 위 예시에서 지혜의 주장처럼 운동을 하면 두뇌가 좋아지는가 여부가 바로 그것이다. 그리고 주장이나 근거의 타당성을 살펴보도록

해야 하는데, 예를 들어 경진이의 주장과 근거는 개인적인 경쟁심을 바탕으로 하고 있으므로 타당성이 있다고 볼 수 없다.

주장의 타당성 평가를 제대로 수행하였는지 여부는 크게 세 가지 범주에서 평가가 가능하다. 먼저 주장의 타당성을 평가하기 위해서는 주장과 근거를 명확히 인식하는 것이 필요한데, 이것이 첫 번째 평가 범주가 된다. 주장과 근거가 명확히 드러나는 경우도 있지만 그렇지 않은 경우도 있어서 필자의 주장이 무엇인지, 또한 그 근거로는 무엇을 제시하였는지를 정확하게 구분할 수 있어야 한다.

두 번째 평가 기준은 주장과 근거가 합리적인가 여부이다. 이는 주장 그 자체에 오류는 없는지, 근거 그 자체에 오류는 없는지를 살펴보는 능력을 평가하는 것이다. 문제와 상관없는 주장을 하고 있지는 않은지, 잘못된 근거를 드러내놓고 있지는 않은지를 살펴봄으로써 주장의 타당성을 평가할 수 있기 때문이다.

세 번째 평가 기준은 주장과 근거를 평가할만한 기준을 합리적으로 설정하였는가 여부이다. 주장과 근거를 평가하기 위한 기준을 마련하고 이 기준에 따라 주장과 근거를 평가하는데 이 때 기준을 합리적이고 타당한 것으로 설정하지 못하면 주장의 타당성 평가가 바르게 이루어질 수 없다. 따라서 합리적이고 타당한 기준으로 주장의 타당성을 평가하였는지를 살펴보아야 한다.

그러나 무엇보다 주장의 타당성은 실제 생활과 관련지어 평가하는 것이 필요하다. 모든 교과가 그러하겠지만, 특히 국어과는 실제 언어생활에 기반하여 학습이 이루어진다. 그런데 교실에서 학습에 제공되는 상황은 학습의 효과를 극대화시킬 수 있거나 실제로 학습자들이 많이 접하는 상황을 유목화하여 학습의 형태로 재가공된 것들이다. 다시 말해 국어 학습에서 사용되는 상황은 실제 언어생활에 기반하였지만 실제 언어생활 그 자체는 아니라고 할 수 있다. 그러므로 학습자가 가공된 상황에서 학습한 학습 원리를 실제 언어 사용 상황에서 제대로 적용할 수 있어야만 학습 목표가 완전히 도달했다고 볼 수 있다. 이러한 점에서 학습의 최종 목적은 실제 언어생활에서 학습한 요소를 활용하는 것에 있다고 하겠다.

또한 주장의 타당성 평가는 실제 언어생활의 상당 부분을 차지하는 활동 중 하나이다. 일상생활을 하면서 우리는 하루에도 수없이 많은 주장과 접하고 있다. 텔레비전의 논평이 그러하고 신문 사설이 그러하며, 광고가 그러하고, 인터넷 기사가 그러하다. 이 주장들 중에서 어떤 것이 받아들일만한 것인지를 평가해야 하는 것은 결국 학습자의 몫이다. 이러한 점에 따라 주장의 타당성 학습은 실제 생활에 기반하여 평가해 보도록 하는 장치가 마련되어야 한다.

실제 언어생활에서 평가를 하는 방법은 크게 두 가지로 나누어 볼 수 있을 것이다. 먼저 학습자의 학습 상황에서 평가를 하는 것이다. 이는 국어과가 아닌 다른 교과를 학습하는 상황에서나, 교과 학습이 아닌 재량 활동 시간에 참여하는 모습을 통해 평가하는 방법이다. 가령, 현장 체험 학습 계획을 짜면서 모둠원들끼리 서로 다른 주장을 하였을 때 그 주장을 검토하여 수용하는 자세를 살펴봄으로써 주장의 타당성을 타당한, 합리적인 기준에 따라 평가하였는지를 살펴볼 수 있다. 두 번째는 토론 학습 시간에 참여하는 모습을 통해 평가를 하는 것이다. 대체로 학급 회의나 전교 어린이회의 등을 통해 토론을 하기도 하는데, 이때 학습자가 어떻게 주장을 검토하고 이에 대해 검증하는가를 살펴봄으로써 평가를 할 수 있다.

참고문헌

김혜정(2002), 텍스트 이해의 과정과 전략에 관한 연구 : '비판적 읽기' 이론 정립을 위한 학제적 접근, 서울대학교 박사학위 논문

안부영(2009), 비판적 읽기 개념 재정립에 대한 논의,《한국초등국어교육》 40, 한국초등국어교육학회, 97-117.

안부영(2010), 사회적 문식성에 기반한 읽기 교육에 대한 시론,《독서연구》 23, 한국독서학회, 41-69.

이종일(2009), 적극적 의미의 비판적 사고하기를 통한 반편견 교수방안, 사회과 교육, 48(4).

한철우, 천경록 역(1999), 독서 지도 방법, 교학사

허경철(1990), 사고력 신장을 위한 프로그램 개발 연구, KEDI

Ennis, R. H. (1962). A concept of critical thinking. Harvard Educational Review, 32(1)

4. 의견이 드러나는 글쓰기

4.1. 의견이 드러나는 글쓰기의 개념

의견이란, 어떤 문제에 대한 자신의 주장이다. 이 주장에는 객관적인 근거와 합리적인 논리가 필요하다. 그러기에 의견이 드러난 글에는 자신의 주장을 뒷받침할 만한 근거와 논리로 상대방을 설득할 목적이 담기게 된다. 우리가 흔히 말하는 논설문도 주장과 근거가 담겨 있으며 상대방을 설득할 목적이 강하므로 의견이 드러난 글에 속한다. 다만 의견이 드러난 글은 상대를 설득하고자 하는 언어사용목적이 강조된 글쓰기 구분이라면 논설문은 좀더 일정한 형태를 갖는 글이라는 점에서 구분된다. 실제로 2015 개정 국어과 교육과정에서는 의견이 드러난 글은 3~4학년(군)에, 논설문은 5~6학년(군)에 배치하고 있다. 이는 형식을 갖추어 쓰는 것이 좀 더 정교성과 논리성을 요하는 과정이라는 판단에 기인한 것으로 보인다.

[4국03-03] 관심 있는 주제에 대해 자신의 의견이 드러나게 글을 쓴다.
이 성취기준은 읽는 이의 흥미나 관심, 입장, 반응 등을 고려하여 글을 쓰는 자세를 기르기 위해 설정하였다. 글은 글쓴이와 읽는 이가 만나는 공간이다. 글을 통해 다른 사람과 소통하려면 읽는 이의 흥미나 관심, 입장, 반응 등을 고려하여 글을 써야 한다. 친구, 부모님, 선생님, 이웃 등 주위 사람을 대상으로 하여 고마움, 미안함, 기쁨, 슬픔, 사랑, 우정, 고민 등 자신의 정서와 감정을 표현하는 글을 쓰는 경험을 통해 읽는 이를 고려하여 쓸 내용을 마련하거나 적절한 표현을 할 수 있는 능력을 기르도록 한다.

[6국03-04] 적절한 근거와 알맞은 표현을 사용하여 주장하는 글을 쓴다.
이 성취기준은 주장하는 글 쓰기의 능력을 기르기 위해 설정하였다. 주장하는 글 쓰기의 중요성과 특성, 주장하는 글의 조직 방식, 주장하는 글의 특징에 따른 표현 방법에 대해 학습하게 한다. 특히 주장과 근거의 개념, 주장과 근거의 관계 등을 알고 이를 적절히 활용할 수 있게 한다. 그리고 주장하는 글을 쓸 때 알맞은 표현에 관심을 갖게 하며 특히 주관적 표현이나 단정적인 표현, 모호한 표현 등을 사용하지 않도록 한다.

논설문은 자신의 주장을 펼치는 글로 문제 상황을 정확히 파악하고 이에 대해 자신의 견해와 주장을 논리적으로 서술한 글이다. 자신이 옳다고 믿는 것이나 해야 한다고 생각한 것을 이치에 맞게 주장하여 자신의 관점을 독자들에게 확신시키거나 설득하여 나와 같은 생각을 가지게 하거나 독자들의 태도나 감정을 변화시켜 같이 행동해 주기를 바라는 글이라 할 수 있다. 여기에 더하여 논설문은 서론, 본론, 결론이라는 일정한 형식을 가지며 각 부분에서 요구하는 내용과 짜임이 일정한 장르를 형성하고 있다.[10] 따라서 자기 주변에 산적한 여러 가지 문제를 어떻게 해결할 것인가에 대한 논설문을 잘 쓰려면 해결해야 할 문제를 잘 파악해야 하는 것은 물론, 그 문제를 어떻게 해결할 것인가에 대한 창의적이고도 적극적인 사고방식이 중요하다. 단순한 상상이나 감정을 가지고 쓰는 글이 아니라 문제를 해결하기 위한 객관적이고 합리적인 해결 방법을 모색하는 정합성을 갖추어야만 의견이 담긴 글을 쓸 수 있게 되는 것이다.

의견이 나타난 글은 다른 글과 달리 논리적이고 타당하며 합리적인 이유를 바탕으로 자신의 주장을 펼쳐야 한다. 따라서 글쓰기에서는 고도의 사고과정에 대한 훈련이 필요하며 이것을 바탕으로 한 다양한 지적능력이 필요하다. 이러한 특성 때문에 학생들이 주장과 근거가 포함된 글쓰기를 어려워하거나 제대로 된 근거 없이 주장만 나열하는 경우도 많다. 어떤 일에 대하여 자세하게 분석하고 합리적이고 타당한 이치를 따져 자신의 주장을 펼칠 수 있으려면 알맞은 이유를 들어가며 써야 하는데 이 과정이 쉽지 않다. 학생 필자가 의견이 드러난 글을 잘 쓰려면 우선 글에 담기는 의견과 이유[11]를 어떤 내용으로 할 것이며 이를 어떤 짜임으로 써야 할지를 접근해야 한다.

국어과 교육과정에서는 언어 사용 목적에 따라 수행되는 담화 기능을 정보전달, 설득, 친교 및 정서 표현의 세 가지로 분류하고, 이들 담화 기능을 언어사용활동 설정의 기준으로 삼았다. 이중에서 '설득을 위한 담화'는 청자/독자에게 초점이 맞추어진 기능으로 독자에게 무엇인가를 요구하여 특정 행동을 하게 하거나 어떤 생각을 받아들이게 하는 것이다. 이러한 교육과정의 내용 요소를 교과서에서는 '부탁하는 글, 제안하는 글, 주장하는 글(논설문)' 등으로 구체화하여 접근하고 있다.

현행 초등학교 국어과 교사용 지도서에서는 논설문을 '논리적으로 설득하는 글'로 정의하고 있고 '주장 · 의견이 뚜렷한 글, 근거를 들어서 증명한 글, 서론, 본론, 결론이 분명한 글'이라고 제시하고 있다. 논설문은 자신의 의견을 독자들에게 확신시키고 설득을 목적으로 하기 때문에 다른 종류의 글에 비하여 그 내용과 짜임이 독특한 글이며 주장을 정당화하는 과정으로서의 논증은 논설문의 중요한 특징 중의 하나이다. 논설문의 논리성을 높이기 위해서는 논증의 과정이 필수적이며

10) 논술의 조건을 세 가지로 꼽기도 한다. 첫째, 자신의 주장이 있어야 한다. 논술은 상대방을 설득하기 위해 글을 쓰는 것이므로 자신의 강한 주장이 반드시 있어야 한다. 둘째, 그 주장에는 근거가 있어야 한다. 그 주장을 할 만한 합리적이고 객관적이며 타당한 이유가 들어 있어야 한다. 셋째, 다른 글쓰기와는 구별된다. 논술은 자신의 주관적인 주장을 비판하며 현실의 문제점을 분석하고 해결 방안을 제시하는 형태의 글이다(임성규, 1998: 141).

11) 이를 5~6학년군에서는 주장과 근거라는 용어로 접근하고 있다.

이때 필요한 것이 근거이다. 3~4학년 교육과정 성취기준에서는 '이유'를 들어가며 의견을 써야 함을 강조하는 것과 맥이 닿아 있다.

의견이 나타난 글에는 자신의 의견과 이유뿐만 아니라 독자의 생각을 변화시키기 위한 객관적이고 타당한 자료나 사실에 기반 하는 경우가 많다. 학생들은 자신이 주장하는 내용이 자기 혼자만의 생각이 아니라 많은 사람이 그렇게 생각하는 것이며 이치를 따졌을 때 올바르고 여러 사람에게 이익이 생기는 일임을 강조하게 된다. 이런 내용들이 알맞은 '이유'에 담길 수 있다.

4.2. 의견이 드러나는 글쓰기의 지도 방법

1) 의견이 드러나는 글쓰기 지도

글쓰기에 앞서 교사는 학생들에게 주변의 문제 상황에 생각해 보는 시간을 충분히 주어야 한다. 자신의 주위에서 고민거리를 찾고 그 문제를 해결하는 과정을 글로 쓸 것이라고 안내한 후 쓰기 주제에 알맞은 고민거리를 제시한다. 예를 들면 '부탁하는 글쓰기' 지도를 할 때 교실에서 문제가 되는 일이 무엇이 있을지 생각해 보게 하는 것이다. 그렇다면 '부탁하는 글쓰기'를 예로 하여 다양한 쓰기 학습 전략에 대하여 알아보자.

(1) 브레인스토밍

교사는 우리 교실에서 친구들이 고쳤으면 하는 문제 상황을 머릿속으로 떠올려 보게 한다. 학생들은 청소가 잘 되지 않는 문제, 도서관에서 너무 떠드는 문제, 지각하는 경우 등 자신의 경험이나 주변에서 생겼던 문제에 대해 생각을 쏟게 될 것이다. 이러한 생각들을 자유롭게 가지 그림으로 나타내어 보게 하는 것이다.

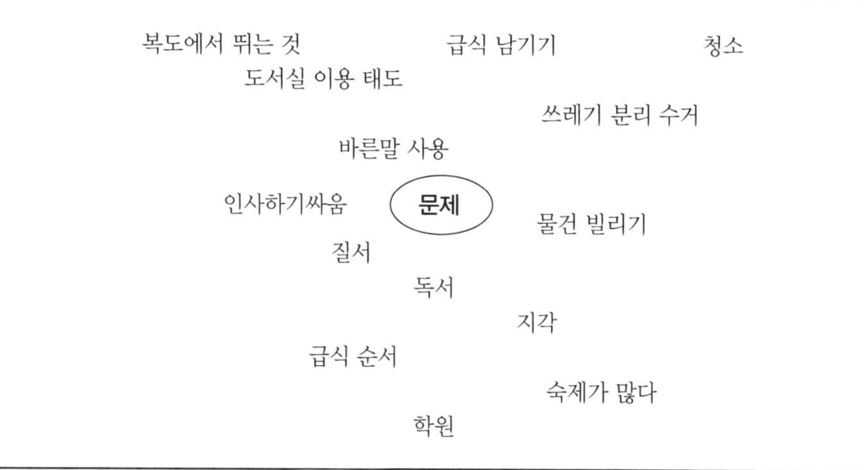

[그림3-44] 브레인스토밍(예시)

(2) 마인드맵 그리기

학생들이 무작정 내용을 떠올린 것은 때로 생각을 정리하는 데 방해가 될 수도 있다. 따라서 내용을 떠올리면서 구분을 하여 보고 같은 내용끼리 묶어 보는 과정에서 쓸 내용 선정이 자연스럽게 되기도 한다. 내용을 떠올릴 때 큰 줄기를 생각하며 문제 상황을 떠올리면 좀더 내용을 선정하고 조직하는 데 일관성을 가질 수 있다.

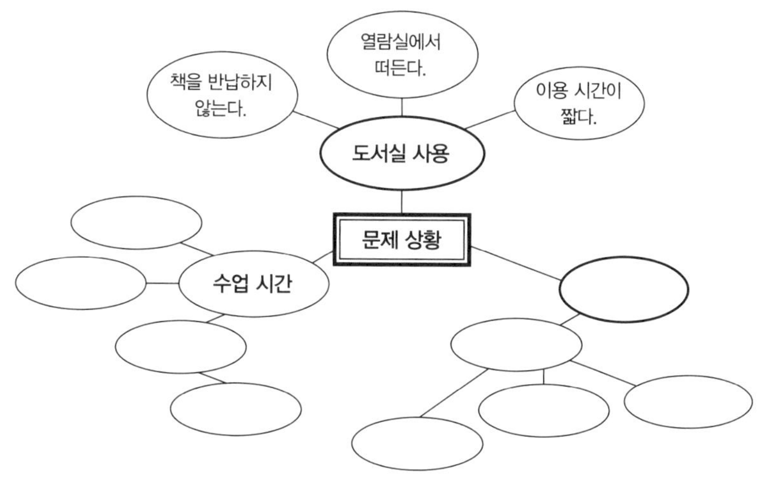

[그림3-45] 마인드맵 그리기(예시)

(3) 중심 생각 정리하기

여러 가지 문제를 떠올린 후에 자신의 의견을 쓰려고 해도 주장이 무엇인지 확실하지 않은 경우가 많다. 이때 학생들에게 떠올린 부탁 중에서 왜 그런 생각을 했는지 그렇게 하면 좋은 점이나 다른 사람에게 피해가 되는 점을 이유로 들어 자신의 주장을 한 문장으로 정리하게 한다. 무작정 중심 문장을 작성하는 것은 무척 어려운 일이지만 핵심적인 낱말이나 생각을 나열한 후 문단별 중심 생각을 정리하게 하면 한결 수월하게 생각하는 경우가 많다.

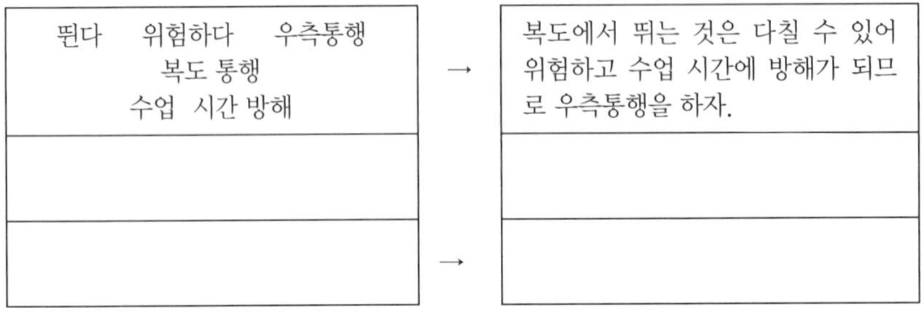

[그림3-46] 중심생각 정리하기(예시)

(4) 의미구조도 그리기

문제 상황과 자신의 주장 즉, 부탁 그리고 이유를 그림으로 나타내어 채우게 하면 생각을 좀더 입체적으로 하게 된다. 학생들에게 문제 상황과 하고 싶은 말, 그 까닭 등으로 나누어 의미구조도를 채우게 한다.

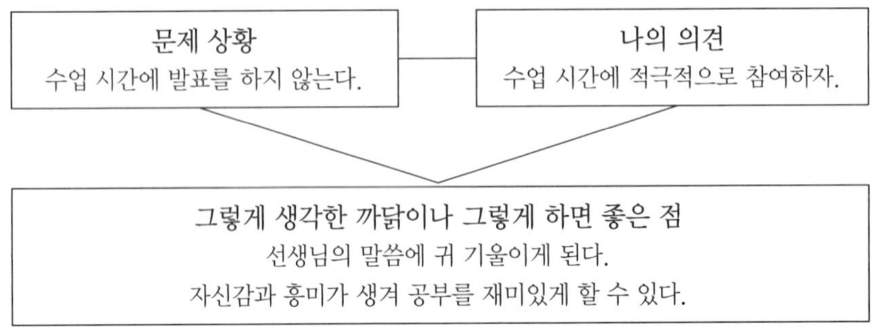

[그림3-47] 의미구조도 그리기(예시)

(5) 개요 작성하기

짜임을 미리 제시하고 쓸 내용을 떠올려 조직하게 하면 학생들의 생각이 한결 정연해진다. 그러면서 자기가 미처 생각하지 못한 부분이 있음을 깨닫고 곧 보충하기도 한다. 따라서 의견이 드러난 글의 짜임을 제시하여 미리 개요를 작성하여 보게 하는 전략이 유용하다.

친구들에게 부탁하고 싶은 말	
제목	
나의 부탁	
부탁하는 까닭	

[그림3-48] 개요 작성하기(예시1)

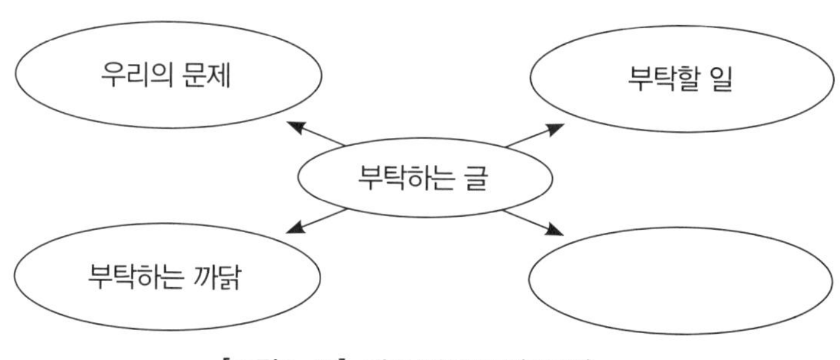

[그림3-49] 개요 작성하기(예시2)

(6) 그래픽조직자 활용하기

이외에도 다양한 글의 구조를 나타내는 그래픽조직자를 제시하고 이에 맞게 내용을 조직하여 정리하게 할 수도 있다.

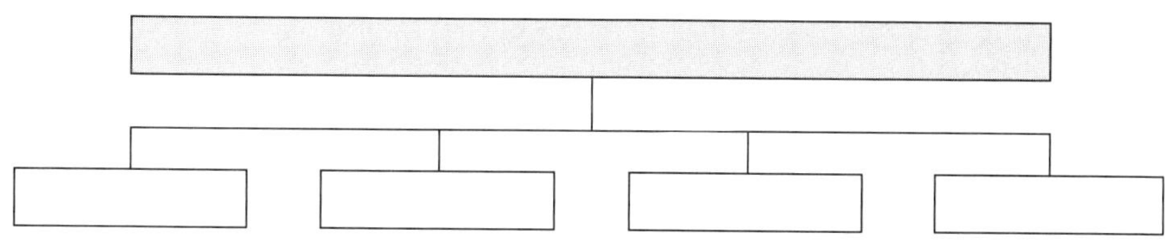

[그림3-50] 열거-기술 구조의 도식조직자(예시)

[그림3-51] 시간 순서 구조의 도식조직자(예시)

원인	결과
1. 2. 3.	1. 2. 3.

[그림3-52] 원인과 결과 구조의 도식조직자(예시)

(7) 다양한 형태로 글쓰기

흔히 이유를 들어 의견을 나타내는 글이라고 하면 서론, 본론, 결론을 갖춘 논설문을 떠올리기 쉽다. 그렇지만 학생들이 접근하기 편한 글은 편지글이나 일기글, 광고문 등 일상생활에서 흔히 볼 수 있는 글이다. 다음과 같이 편지 형태로 부탁하는 글을 쓰게 하면 학생들은 글을 읽을 대상을 생각하면서 쓰는 데 편안함을 느낀다. 또, 광고문 형태로 쓰게 하면 독자를 설득할 좀 더 강력한 요소를 찾기 때문에 부탁하고자 하는 내용을 잘 전달할 수 있다.

2) 논설문 쓰기 지도[12)]

논설문 쓰기 지도는 의견이 드러난 글쓰기와 달리 논설문의 내용과 형식에 대한 지도가 이루어져야 한다. 논설문 쓰기 지도의 핵심은 학생들이 타당한 주장과 설득력 있는 근거를 생성해 내도록 해 주어야 한다는 점이다. 이를 위해 학생들은 논제에 대해 생각을 정리하고 설득력 있는 논거를 조직하는 논증 구조와 조직 방식 등에 관한 개념적 · 절차적 지식들을 학습할 필요가 있다.

(1) 논설문의 요소와 조직 방식에 관해 학습하기

한 편의 논설문을 구성하는 구성 요소인 논증 구조와 이를 효과적으로 조직하는 조직 방식인 논증 도식에 관한 일련의 학습은 구성주의 학습 원리에 따라 교사의 시범을 통해 개념적, 절차적 지식에 관한 원리를 확립한 후 학생의 적용을 통해 점차 학습자에게 내면화되도록 한다. 이 때, 학습

12)논설문 쓰기 지도 방법에 대한 부분은 신헌재 외(2009:369~383)의 논의를 참고.

자의 수준에 따라 논설문의 구성 요소에 관한 도해 조직자를 활용하면 효과적이다.

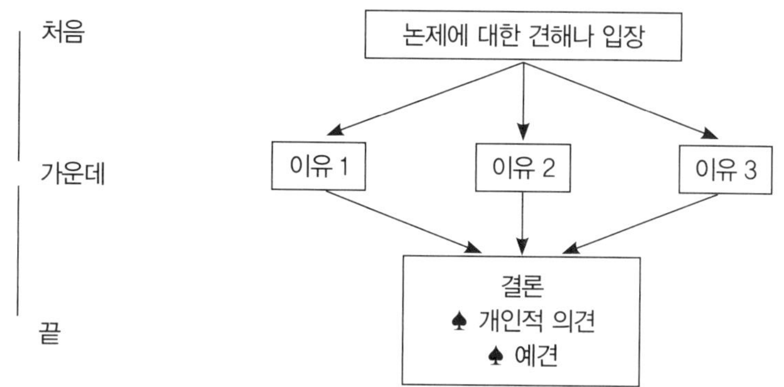

[그림3-53] 논설문의 구성요소를 나타낸 도식조직자(예시)

(2) 논제에 대한 입장 정하기

주어진 논제에 대한 다양한 자료의 조사와 입장의 탐색을 통해 자신의 견해를 밝힌다. 이 때 다양한 측면에서 심화된 사고를 유도하기 위한 방법으로 토론 학습이나 소집단 토의 등을 거쳐 다른 사람의 의견을 참고하도록 하여 편협하거나 성급한 입장 결정을 견제하도록 한다.

(3) 자료 조사를 통한 근거 보강

설득력 있는 논설문을 쓰기 위해서는 객관적이고 신빙성 있는 근거 자료를 마련하는 일이 필수적이다. 자료 조사를 위한 방법으로 면담하기, 설문 조사하기, 자신의 경험이나 주변의 경험 인용하기, 신문이나 보도 자료 인용하기, 법칙이나 일반화된 원리 찾기 등을 활용할 수 있다.

(4) 근거와 주장을 효과적으로 조직하기

근거와 주장 간의 논리적 관계는 다양하게 유형화되어 있으나 초등학교 단계에서 주로 활용되는 조직 방식은 원인결과, 문제해결, 비교, 유추, 권위, 예시 등이 있다.

〈인과 관계에 의한 논증〉

① 이 제품은 경쟁 상대들보다 더 정밀한 검사를 받았다.

② 그것은 아마도 더 좋은 품질을 지닌다.

③ 정밀한 검사들은 일반적으로 더 좋은 품질의 제품을 가져온다.

〈징후에 의한 논증〉

① 십중팔구 알베르는 회의에 늦었다.

② 그는 다음에도 회의에 늦을 것이다.

③ 과거의 지각들은 미래의 지각의 징후이다.

〈유추에 근거한 논증〉

① 특별 조치들은 학교에서 실패를 줄여준다.

② 특별 조치들은 대학에서 실패를 줄여준다.

③ 예방실패 감소 관계는 두 경우에 같다.

〈일반화에 의한 논증〉

① 릴, 리옹, 스트라스부르, 렌느의 시장들은 지방 분권에 호의적이다.

② 다른 대도시들의 시장들도 지방 분권에 호의적이다.

③ 대표적인 견본에서부터 참인 것은 같은 범주의 다른 구성 요소들에게도 참일 것이다.

〈비교에 의한 논증〉

① 휴가를 떠나는 것과 비 내리는 주말의 우연한 일치가 도로 사고 재발을 야기했다.

② 휴가에서 돌아오는 것과 폭풍우 치는 주말의 우연한 일치는 같은 결과를 가져올 것이다.

③ 교통 조건은 비슷할 것이다.

〈권위의 논증들〉

① K는 "P"라고 말한다.

② P

③ P가 속한 분야에 대해 K가 말한 것은 믿을 만하다.

〈예시(귀납적 예시)에 의한 논증〉

① 체벌은 육체적 고통을 수반한다, 선생님을 미워하는 마음이 생기게 한다, 공평하게 이루어지지 않는다.

② 체벌은 부정적인 결과를 초래한다.

③ 바람직하지 않은 것은 부정적인 것이다.

(5) 독자를 고려하여 효과적으로 표현하기

반대편에서 제기될 수 있는 반증을 고려하여 이를 자신의 논설문에 미리 언급하면서 장점을 인정하면서도 단점과 한계를 부각시키는 수사적 전략은 논설문의 설득력을 높일 수 있다. 또한, 예상 독자를 고려하여 언어적 표현을 선택할 수 있다.

4.3. 의견이 드러나는 글쓰기의 평가

의견이 드러나는 글쓰기 평가는 일반적인 쓰기 평가와 마찬가지로 결과 평가와 과정 평가를 사용할 수 있다. 또한 분석적 평가와 총체적 평가를 사용할 수도 있는데 분석적 평가는 일정한 기준을 정해 기준별로 배점을 부여하는 방식이다. 이렇게 하면 학생별로 주장이 명확하지 않다든가 근거가 타당하지 못하다든가 하는 구체적 평가를 할 수 있다. 이에 반하여 총체적 평가는 글에서 어떤 점이 부족한가보다는 글 전체적으로 어떤 내용과 구조를 갖고 있어 응집성이 있는가를 판단한다. 최근에는 이 둘의 장점을 취하여 두 점수를 합산하여 학생을 평가하기도 한다.

지금까지 평가는 교사에 의해 이루어지는 경우가 많았다. 그렇지만 학생 자신의 평가나 동료 간의 평가도 유용한 방법으로 알려져 있다(임천택, 2002). 다음과 같이 점검 기준을 주어 자기 평가를 해 본 후 글을 고쳐 쓰게 하거나 다른 친구들과 바꾸어 읽고 잘된 점이나 고칠 점을 이야기하게 하는 것도 좋다. 교사는 자기 점검 내용과 동료 평가 결과를 글쓰기 평가에 활용할 수 있다.

참고문헌

원진숙(1995), ≪논술교육론≫, 박이정.
이재승(2002), ≪글쓰기 교육의 원리와 방법≫, 교육과학사.
임성규(1998), ≪글쓰기 전략과 실제≫, 박이정.
임천택(2002), ≪학습자중심의 국어과 평가≫, 박이정.

5. 쓰기 윤리를 지키며 글쓰기

5.1. 자료 통합적 글쓰기와 쓰기 윤리의 개념

1) 자료 통합적 글쓰기의 개념

우리는 자신의 경험이나 생각만으로 쓸 내용을 구체화하기 힘들 때 책, 신문, 텔레비전, 인터넷 등 다양한 매체에서 자료를 조사하여 글을 쓰는 경우가 있다. 이처럼 다양한 매체를 통하여 검색한 자료를 글쓰기에 활용하는 것을 '자료 통합적 글쓰기(writing from sources)'라고 한다. 강민경(2013)은 '자료 통합적 글쓰기'를 필자가 글쓰기를 위해 '자료'를 검색하고, 이를 '통합'하여 자신의 글에 활용하여 쓰되, 자료의 통합 양상이 '명시적'으로 드러나 있는 글쓰기라고 정의하고 있다. 이러한 글쓰기를 가리키는 유사한 표현으로는 담화 종합(Spivey, 1997), 쓰기를 위한 읽기(Flower, et al., 1990), 자료 기반 글쓰기(writing from sources, sources-based writing) 등이 있다(강민경, 2013 재인용).

자료 통합적 글쓰기는 '자료', '통합', '명시적'이라는 단어에 초점을 맞춘 글쓰기 방식이라 할 수 있다(강민경, 2013). 먼저 자료 통합적 글쓰기에서 글을 위해 수집한 자료에는 문자로 작성된 것뿐 아니라 도표, 이미지 등도 포함된다. 최근 다양한 매체를 기반으로 한 문식 환경은 기술적 발전 덕분에 다양한 형태의 자료를 글쓰기에 활용할 수 있도록 해주었다. 아울러 자료 통합적 글쓰기에서는 '자료의 활용'이 아닌 '자료의 통합'에 초점을 맞춘다. 그 이유는 필자가 배경 지식의 활성화를 통해 구성한 내용과 조사한 자료의 내용을 인용, 요약 등을 통해 글의 일부로 구성해 가기 때문이다. 즉, 기존의 스키마를 위에 새롭게 수집된 정보가 만나 새로운 내용으로 통합되는 것이다. 끝으로, 통합적 글쓰기는 다양한 매체에서 수집된 자료의 내용이 '명시적'으로 드러나는 글쓰기이다. 이것은 모든 텍스트는 결국 이전에 쓰인 텍스트(자료)와 직·간접적으로 영향을 관계를 맺는다는 상호텍스트성을 부각시킨 것이다.

이러한 개념적 특성을 가진 '자료 통합적 글쓰기'에서는 '창의적인 내용 생성'에 대해 종래와는 다르게 접근할 필요가 있다. 한 편의 글에 담긴 내용은 필자가 독자적으로 새롭게 구성한 것이 아니라 다양한 텍스트 혹은 자료들을 자신의 관점에 맞게 통합하여 재구성한 것이라고 설명하는 것이 타당할 것이다. 따라서 필자에게는 올바른 쓰기 윤리 의식이 필요하다.

2) 쓰기 윤리의 개념

쓰기 윤리는 '윤리'라고 하는 일반적 가치 개념을 '쓰기'라는 구체적인 영역에 적용하여 만들어진 개념이다(박영민, 2009: 202). 일반적으로 '윤리'라는 낱말이 가지고 있는 의미와 범위를 명확하게 한정하여 정의하는 것이 어려운 것처럼 '쓰기 윤리'역시 그것의 개념이 무엇인지 어떤 것이 포함되는지에 대해서는 학자마다 의견이 분분하다. 국내 선행 연구자들이 정의한 '쓰기 윤리'의 개념을 살펴보면 다음과 같다.

먼저 김혜선(2008)은 쓰기 윤리를 '글쓰기에서 지켜야 할 필자의 인지적, 절차적, 가치적 윤리'로 정의하고, 글 내용의 윤리성 준수, 윤리적 글쓰기 과정, 주체의 신념에서 나오는 진실성으로 범주화하고 있다. 각각의 범주를 간략하게 살펴보면, '글 내용의 윤리성'은 글쓰기 상황에 맞는 자신의 가치를 성찰하는 내용을 지향점으로 삼는 것을 의미하고, '윤리적 쓰기 과정'은 필자가 자신의 쓰기 과정에 대해 윤리적으로 성찰하는 것을 말하며, '진실성'은 필자가 자신의 생각을 진실하게 텍스트에 표현하는 것(김혜선, 2009: 116~119)을 말한다.

박영민(2009)은 쓰기 윤리를 '필자가 글을 쓰는 과정에서 준수해야 할 윤리적 규범'으로 규정하고 있다. 그는 이를 풀어 설명하면서, 여기서 말하는 '글을 쓰는 과정'은 필자의 표상적 의미를 문자언어로 변환하여 표현하는 과정뿐만 아니라 쓰기를 계획하고 내용을 마련하는 과정, 초고를 작성하고 수정하는 과정 등 쓰기의 모든 과정을 의미한다고 기술하고 있다. 아울러 이 정의에서 말하는 '준수해야 할 윤리적인 규범'은 다른 사람이 생산한 자료의 활용과 인용, 표현 내용의 진실성 및 사실성, 언어적 표현의 적절성 등과 관련된 규범이라고 밝히고 있다(박영민, 2009: 203).

가은아(2009)는 쓰기 윤리를 '쓰기를 수행하는 과정에서 필자가 지켜야 하는 기본적인 도리 또는 행위의 규범'으로 정의하고 있다. 이때 쓰기를 수행하는 과정이란 필자의 생각을 글로 변환하여 표현하는 과정에만 국한되지 않고 자신의 생각을 정리하거나, 다른 사람과의 대화나 토론을 토해 아이디어를 얻는 것, 다른 사람의 글이나 인터넷 등에서 정보를 탐색하는 것 등 쓰기를 계획하고 내용을 마려하는 과정까지 포함하는 것이다. 그러면서 쓰기 윤리의 범주를 '정직하게 쓰기', '진실하게 쓰기', '사실대로 쓰기', '배려하며 쓰기'의 네 가지로 나누어 제시하고 있다(가은아, 2003: 234~237).

끝으로, 강민경(2013)은 쓰기 윤리를 '필자가 담화공동체 내에서 소통할 때에 다양한 대상에 대해 지켜야 할 도리'로 정의하고 있다. 강민경은 자료 통합적 글쓰기와 쓰기 윤리를 관련지어 살펴보고 있는데, 현대 사회에서 이루어지는 글쓰기는 필자의 독자적인 사고를 기반으로 하여 의미를 구성하는 것이 아니라 주제와 관련하여 세상에 존재하는 모든 자료 및 상호텍스트를 기반으로 그것을 효과적으로 연결하여 의미를 구성하는 것이기 때문에 쓰기 윤리가 매우 중요하게 부각된다고 보고 있는 듯하다. 이러한 인식을 바탕으로 강민경은 글쓰기 윤리에 대한 개념 정의에는 '필자', '독자', '텍스트', '담화공동체', '쓰기과정', '읽기과정'의 측면에 관여한다고 설명하고 있다.

이처럼 대부분의 학자들이 쓰기 윤리의 개념에 대해서는 쓰기의 전 과정에서 필자가 지켜야 할 윤리적 의식 또는 규범 정도로 합의를 도출하는 듯 보인다. 하지만 쓰기 윤리의 범주에 어떠한 것들을 포함시켜야 하는 지에 대해서는 의견이 갈리는 것을 알 수 있다. 담화 공동체 내에서 필자는 쓰기 행위의 주체이며, 쓰기 과정의 윤리성이나 텍스트의 윤리성을 결정하는 요소이다. 결국 필자의 글쓰기가 윤리적인지 아닌지는 필자가 윤리적인 의도로 글을 썼는지, 필자의 글쓰기가 과정과 관련된 윤리적 기준을 준수하였는지, 완성된 텍스트가 쓰기 윤리와 관련된 기준에 합당한지의 여부로 판단하게 된다(강민경, 2013: 50~54). 따라서 이러한 요인들을 범주화한다면 쓰기 윤리의 교육 내용이 마련될 수 있을 것이다.

5.2. 쓰기 윤리의 지도 방법

1) 쓰기 윤리 관련 국어과 교육과정

쓰기 윤리는 2009 개정 국어과 교육과정에서 5~6학년군 쓰기 영역의 여섯 번째 성취기준과 중 1~3학년군 쓰기 영역의 열 번 째 성위기준에 반영되어 있는데, 그 내용은 다음과 같다.

〈표3-46〉 2009 개정 국어 교육과정 내 쓰기 윤리 관련 성취 기준[13]

[5~6학년군] (6) 다양한 매체에서 조사한 내용을 바탕으로 쓰기 윤리를 지키며 글을 쓴다.
다양한 매체에서 조사한 내용을 자료로 하여 글을 쓸 때는 쓰기 윤리를 지키는 것이 중요하다. 자신의 경험이나 생각만으로 쓸 내용을 구체화하기 힘들 때, 책, 신문, 텔레비전, 인터넷 등에서 자료를 조사하여 글을 쓰는 경우가 있다. 중요한 내용을 중심으로 조사한 내용을 정리하거나 독자의 요구, 관심, 상황에 따라 조사한 내용을 달리 정리할 수 있으며, 독자의 흥미를 끌기 위해 구체적인 사례를 소개할 수도 있다. 또 자신의 생각과 느낌을 표현하는 데 도움이 되는 그림이나 사진, 도표, 동영상 등을 활용할 수 있다. 이때 학생들에게 다른 사람의 글이나 표현을 그대로 옮겨 써서는 안 된다는 것과 필요한 경우 학생들에게 참고하거나 조사한 내용의 출처를 밝히도록 지도한다.
[중 1-3학년군] (10) 쓰기 윤리의 중요성을 인식하고 책임감 있는 태도로 글을 쓴다.
쓰기 윤리란 필자가 글을 쓰는 과정에서 준수해야 할 윤리적 규범이다. 다른 사람이 생산한 자료를 표절하지 않고 올바르게 인용하기, 연구 결과를 과정하거나 왜곡하지 않고 사실에 근거하여 기술하기, 인터넷 등에 허위 내용 및 악성 댓글 유포의 윤리적 문제를 인식하고 건전하고 책임감 있는 태도로 글쓰기 등을 지도함으로써 학생들에게 쓰기 윤리의 중요성을 인식시키고 이를 준수하도록 하는데 중점을 두어 지도한다.

〈표3-46〉에서 볼 수 있듯이 2009 개정 국어과 교육과정에서 쓰기 윤리를 언급하고 있는 내용은 초등학교 5~6학년군과 중학교 1~3학년군에 각각 한 번씩 총 두 번에 걸쳐 등장한다. 먼저 5~6학년군의 성취 기준은 2007 개정 국어과 성취 기준인 '쓰기 6 -(1) 다양한 매체에서 조사한 내용을 정리하여 요약하는 글을 쓴다'를 수정 · 보완하여 '쓰기 윤리'를 학습하도록 한 것이다. 초등학교 전 과정을 통틀어 '쓰기 윤리'의 개념이 처음 등장하기 때문에 학생들이 이것을 개념적으로 이해하는 것이 필요하지만 '윤리'라는 용어가 가지고 있는 의미가 다소 어렵고 광범위하기 때문에 초등학교 학생들이 이해하는 데는 다소 한계가 있다. 그리하여 성취 기준 해설에서 밑줄 친 부분에 언급되어 있듯이 초등학교에서는 '쓰기 윤리'의 범위를 일부 축소하여 '다른 사람의 글이나 표현을 표절하지 않고 내용의 출처를 밝히며 글쓰기'에 초점을 맞추고 있다.

13) 2015 개정 국어과 교육과정에서는 쓰기 윤리 관련 성취 기준을 초등학교 급에서 제시하지 않고 있다. 현재 5~6학년(군)에서 사용하고 있는 교과서는 2009 개정 교육과정에 따른 교과서이므로 교육 내용을 참조하기 위해 2009 개정 교육과정의 내용을 제시하였다. 참고로 2015 개정 교육과정의 중학교 급에 제시된 쓰기 윤리 교육 관련 성취 기준은 다음과 같다.

[9국03-10] 쓰기 윤리를 지키며 글을 쓰는 태도를 지닌다.

이 성취기준은 쓰기 윤리를 지키며 글을 쓰는 태도를 기르기 위해 설정하였다. 쓰기 윤리란 필자가 글을 쓰는 과정에서 준수해야 할 윤리적 규범이다. 다른 사람이 생산한 아이디어나 자료, 글을 쓰기 윤리에 따라 올바르게 인용하기, 조사 결과나 연구 결과를 과장, 축소, 변형, 왜곡하지 않고 제시하기 등에 중점을 두어 쓰기 윤리의 중요성을 인식하고 쓰기 윤리를 준수하는 태도를 기르는 데 중점을 둔다.

초등학교 5~6학년군에서 지도하는 쓰기 윤리가 '표절하지 않는 것'으로 한정되고 있다면 중학교 1~3학년군에서는 쓰기 윤리의 개념을 '필자가 글을 쓰는 과정에서 준수해야 할 윤리적 규범'으로 확장하여 명시적으로 제시하고 있다. 그리하여 쓰기 윤리와 관련하여 지도할 내용 요소를 '표절하지 않고 올바르게 인용하기', '과정하거나 왜곡하지 않고 사실에 근거하여 기술하기', '허위 내용과 악성 댓글 등을 인식하고 건전하고 책임감 있는 글쓰기' 등으로 다양하게 제시하고 있다. 이를 통해 초등학교와는 달리 중학교에서는 쓰기 윤리의 개념과 유형을 보다 구체적으로 제시함으로써 관련 교육 내용을 학생들이 명료하게 이해시킴은 물론 쓰기 윤리 준수를 생활화 할 수 있도록 지도하고 있음을 알 수 있다.

2) 쓰기 윤리 관련 성취 기준의 지도 방향

쓰기 윤리를 다루고 있는 5~6학년군 쓰기 영역 성취 기준 '(6) 다양한 매체에서 조사한 내용을 바탕으로 쓰기 윤리를 지키며 글을 쓴다'는 '매체를 활용한 자료 조사 글쓰기'와 '쓰기 윤리를 지키며 글쓰기'라는 두 가지 중점 학습 요소가 결합되어 있다. 앞서 설명한 것처럼 다양한 매체에서 조사한 내용을 바탕으로 글을 쓰는 것은 '자료 통합적 글쓰기'에 해당한다. 이러한 형식의 글쓰기는 국어과를 비롯하여 여러 내용 교과에서도 자주 활용되는 것으로 쓰기 윤리와 연계하여 지도하는 것이 필요하다. 2009 개정 국어과 교사용 지도서의 부록에는 초등학교 학생들을 위한 '글쓰기 윤리 지도'와 관련된 내용이 안내되어 있는데, 이를 토대로 쓰기 윤리의 지도 내용 및 지도 방향을 소개하면 다음과 같다.

우선 초등학교 학생들의 쓰기 윤리 의식을 함양하기 위해서는 쓰기 윤리 의식을 다룰 만한 내용을 선정하고, 이를 바탕으로 하여 내용의 체계를 수립하여야 한다. 초등학교에서 쓰기 윤리를 지도할 때에는 다음과 같은 영역들을 다룰 수 있다.

첫째, 솔직하고 거짓 없이 쓰기이다. 너무 인위적으로 꾸며 쓰기보다는 자신의 생각이나 느낌을 솔직하게 쓰는 것도 일종의 쓰기 윤리와 관련된 문제이다. 너무 인위적으로 쓰려고 하다 보면 거짓된 내용을 담게 되어 쓰기 윤리에 어긋나는 행위를 하게 될 수도 있다. 특히 다른 사람에게 무엇을 알려주거나 설득하는 글을 쓰려고 할 때에 있지도 않은 일을 있었던 것처럼 쓰거나 과장하여 쓰면 다른 사람이 대상에 대해 잘못된 정보를 갖거나 오해할 수 있으므로 바람직하지 않다.

둘째, 성의 있게 쓰기이다. 학생들은 글을 쓸 때에 건성으로 쓰는 경향이 있다. 대충 쓴 글을 읽고 읽는 이가 감동을 받기는 어렵다. 읽는 이가 이해하기 어렵거나 읽는 이에게 중요한 부분에 대해서는 부연 설명을 해 주고, 글씨나 편집 같은 경우도 세심하게 하는 것이 필요하다. 성의 없이 글을 쓰는 것은 읽는 이를 무시하는 행위라고 볼 수 있다. 이처럼 성실하게 쓰는 것도 쓰기 윤리 문제와 직결된다.

셋째, 객관적으로 내 생각 쓰기이다. 어떤 문제 에 대하여 설명하거나 주장하는 글을 쓸 때에 선입견이나 편견 없이 그 현상을 객관적인 입장에서 바로 보면서 글을 쓰도록 해야 한다. 또한 다른 사람의 생각으로 자신의 글을 채우거나 다른 사람의 생각을 약간 수정하는 식으로 글을 쓰는 것은 곤란하다. 글은 기본적으로 자신의 생각이나 느낌을 쓰는 것이다. 따라서 자신의 생각을 객관적으로 쓰는 것이 중요하다.

넷째, 신중하게 글쓰기이다. 학생들은 어떤 문제에 대하여 깊이 있게 생각하지 않고 글을 쓰는 경우가 있다. 학생들에게 글쓰기를 지도할 때에는 자신의 글에 대하여 책임을 질 수 있도록 해야 한다. 뿐만 아니라 자신이 쓴 글이 자칫 어떤 사람에게 큰 상처나 피해를 줄 수 있는지 인식할 수 있도록 해주어야 한다. 예를 들어, 인터넷 댓글에서 무심코 쓴 말이 당사자에게 얼마나 많은 아픔을 줄 수 있는지 인식하여야 한다.

다섯째, 다른 사람의 저작물을 활용하였을 때에는 출처를 분명히 밝히도록 해야 한다. 요즘과 같이 다양한 매체를 통해 자료를 수집하여 글을 쓰는 경우 무의식적으로 타인의 저작물을 마치 자신의 것처럼 무분별하게 사용하는 경우가 있다. 하지만 이것은 엄연히 지적 저작권을 침해하는 범죄해위에 해당하므로 자신의 것과 남의 것을 명확하게 구분하는 교육이 반드시 필요하겠다. 뿐만 아니라 타인의 글의 핵심 아이디어를 그대로 가져와 마치 자신의 글로 보이도록 하는 것 역시 경계해야 한다.

이러한 쓰기 윤리 의식을 증진하기 위한 교육 내용은 그 지도 순서가 딱히 정해진 것은 아니다. 다만, 일정한 순서를 통해 보다 체계적으로 접근할 필요가 있다. 아울러 쓰기 윤리 교육은 학생들에게 생활화될 수 있도록 저학년부터 지도하여야 하는데, 학년이 올라갈수록 점차 그 수준을 높이는 것이 필요하다.

먼저 초등학교 저학년에서는 쓰기 윤리 문제에 대하여 관심을 갖게 하는데 초점을 두는 것이 바람직하다. 왜 우리가 다른 사람의 저작물을 소중히 해야 하는지, 다른 사람의 저작물을 소중하게 하지 않으면 어떤 일이 생기는지 등을 알게 하면서, 글쓰기 윤리에 대한 관심과 이를 지키려는 자세를 가지게 하는 것이 좋을 것이다.

이어서 중학년에서는 저 학년 단계에서 교육한 것을 포함하되 좀 더 구체적인 문제로 확장하는 것이 필요하다. 예를 들어, 다른 사람의 글을 정확히 이해하는 태도, 솔직하고 거짓 없이 쓰기 등을 강조하여 지도하면서 필자로서 가져야 할 쓰기 윤리 의식을 형성하도록 하는 것이 좋을 것이다.

마지막으로 고학년에서는 다른 사람의 저작물을 활용할 때의 자세나 방법, 정확하게 쓰기, 객관적으로 내 생각을 쓰기, 신중하게 쓰기 등에 좀 더 초점을 두어 지도하는 것이 바람직하다. 이를 통해 학생들이 자신이 속한 담화공동체 내에서 바람직한 윤리적 쓰기 행위가 어떤 것인지에 대해 인식하도록 하는 것이 필요하다.

초등학생들의 글쓰기 윤리 의식을 함양하기 위해서는 많은 노력이 필요하다. 결코 일회적으로 집중하여 지도한다고 해서 길러질 수 있는 성질의 것이 아니기 때문에 꾸준히 지도하는 것이 중요하다. 아울러 너무 선언적인 다짐 형태로 지도하면 학생들의 흥미를 떨어뜨릴 수 있기 때문에 최대한 구체적인 사례를 들어 주면서 재미있게 하는 것이 필요하다. 사례를 통해 왜 쓰기 윤리를 지켜야 하는지, 쓰기 윤리를 지키려면 어떻게 해야 하는지 등을 자연스럽게 터득할 수 있도록 하는 것이 중요하다.

이를 위해서는 적절한 교수 · 학습 자료가 필요하다. 학교급, 학년 발달에 맞게 쓰기 윤리 의식을 증진할 수 있는 자료나 활동, 방법 등을 개발하는 것이 중요하다. 뿐만 아니라 쓰기 시간뿐만 아니라 다른 교과 수업 시간이나 학교생활 중에 수시로 쓰기 윤리에 대한 관심을 가지고 이를 지키려는 태도를 가지게 하는 것이 바람직하다. 쓰기 시간을 비롯하여 교과 수업 시간에 쓰기 윤리를 지도할 때에는, 특히 이들 문제와 관련된 단원이나 차시를 표시하여 두고 좀 더 많은 시간을 할애하여 지도하는 것이 필요하겠다.

3) 지도 예시

5~6학년군 쓰기 성취 기준 '(6)다양한 매체에서 조사한 내용을 바탕으로 쓰기 윤리를 지키며 글을 쓴다.'가 교과서에 반영된 단원은 6학년 2학기 8단원 '정보의 활용'이다. 이 단원에서는 기사문이 갖추어야 할 조건과 기사문을 쓸 때 자료를 올바르게 활용하는 방법을 알아보는 활동이 주를 이루는데, 기사문에 사용하는 다양한 자료의 올바른 활용법과 쓰기 윤리를 연계하여 지도하고 있다.

초등학교 국어과 교육과정에서 '쓰기 윤리'가 이 단원에서 처음 등장하기 때문에 '쓰기 윤리'의 개념이 무엇이며, 어떤 것이 쓰기 윤리에 위반되는 행동인지에 대해 범주화하여 지도하는 것이 필요할 수 있다. 하지만 '쓰기 윤리'의 개념이 아직 초등학생들에게는 어렵기 때문에 초등학생들이 일상생활에서 쉽게 접할 수 있는 '저작권'으로 지도 내용의 범위를 축소하여 다루고 있다.

교과서에 제시된 활동을 중심으로 '저작권'과 관련된 수업의 흐름을 간략하게 살펴보면 다음과 같다. 먼저, 초등학생들에게는 '쓰기 윤리'와 '저작권'와 같은 개념들이 어려울 수 있기 때문에 그러한 일이 일어 날 수 있는 구체적인 상황을 제시해 주거나 이야기를 들려주는 것이 효과적일 수 있다. 2009 개정 6학년 2학기 국어 교과서 8단원 4~5차시에서는 '글쓰기 숙제'라는 이야기를 읽는 것으로 수업이 시작된다. 학생들은 '글쓰기 숙제'라는 제재 글을 읽으면서 등장인물이 학교에서 내준 과제를 해결하는 과정에서 쓰기 윤리를 지키지 않는 내용을 확인하게 된다. 이 이야기를 통해 학생들은 어떠한 행동이 쓰기 윤리에 위배되는 행동인지에 대해 인지하게 된다.

"다른 사람 공책을 보고 베낀 것도 아니고, 인터넷으로 검색한 내용을 보고 해도 잘못이에요?"

"당연하지. 숙제를 성실하게 하지 않고 요령을 피운 것도 잘못이지만 너희는 잘못을 한 가지 더 했어. 일단은 자리에 들어가렴. 이제부터 너희가 얼마나 큰 잘못을 했는지 자세히 말해 주마."

우리 셋은 얼굴이 빨갛게 되어 자리로 돌아왔어요. 하지만 그때까지 우리가 한 일이 얼마나 큰 잘못인지는 알지 못했어요. 우리가 자리에 앉자마자 담임 선생님은 한숨을 푹 내쉬며 칠판에 이렇게 쓰셨어요.

'지식 재산권'.

지식 재산권? 반 아이들은 아리송한 표정을 하고 서로를 돌아보았어요. 나도 처음 들어 본 말이었어요.

"그래요. 지식 재산권이라는 말이 있어요. 이것은 예전에는 중요하게 여기지 않았지만 요즘에는 아주 중요한 말이에요. 보람이와 경태, 재민이는 숙제를 하면서 지식 재산권법을 어겼어요."

"예? 법을 어겼다고요?"

우리는 깜짝 놀랐어요. 인터넷에 올라와 있는 글을 보고 베껴 적은 게 법하고 무슨 상관이 있는 걸까요? 지식 재산권은 또 뭐고요.

196

2 「글쓰기 숙제」를 읽고 물음에 답하여 봅시다.

(1) 보람이가 '나'와 재민이에게 알려 준, 숙제를 잘하는 비결은 무엇입니까?

(2) 보람이와 '나', 재민이가 종례 시간에 선생님께 꾸중을 들은 까닭은 무엇입니까?

(3) 보람이와 '나', 재민이는 숙제를 하면서 어떤 잘못을 하였습니까?

(4) 만약 보람이와 '나', 재민이처럼 다른 사람의 저작물을 함부로 사용하면 어떤 문제가 생길까요?

- 지식 재산권 가운데 하나로 '저작권'이 있어요.
- **저작권**은 저작물을 만든 사람이 다른 사람의 이용을 허락할 수 있는 권리를 말해요. 저작권의 주인은 그 저작물을 만든 사람이에요.
- 다른 사람의 저작물을 이용할 때에는 저작권을 가진 사람에게 허락을 받거나 이용료를 내야 할 때가 있어요. 영화를 보거나 책을 살 때에 우리가 내는 돈에는 저작권을 가진 사람에게 주는 돈이 포함되어 있어요.

8

197

[그림3-54] 2009 국어 6-2

2009 6학년 2학기 국어 교과서에는 인터넷에 올라와 있는 다른 사람의 글을 베껴 숙제를 한 학생들의 잘못을 사례로 제시하여 다른 사람이 만든 저작물을 어떻게 다루어야 하는지 일깨워주고 있다. 즉, 다른 사람의 저작물을 함부로 사용하면 어떤 문제가 생기는지 생각하여 보고, 지식 재산권에 하나인 '저작권'의 개념을 명확히 알도록 해야 한다. 이어지는 활동에서는 학급 신문 제작 등 실제적인 국어사용 활동을 통하여 자료를 수집하여 글을 쓸 때 '저작권'을 침해하지 않고 자료를 올바르게 활용하는 방법을 배우고 실천해 보도록 한다.

5.3. 쓰기 윤리를 지키며 글쓰기의 평가

과정 중심의 쓰기 지도에서는 지금까지 완성한 글을 필자 스스로 수정하기 위하여 자기 평가의 적극적인 활용을 강조한다. 쓰기의 과정을 조정하고 통제하는 데 필요한 이러한 자기 평가는 자기 점검으로도 불리는데, 전문적이고 능숙한 필자는 이러한 자기 평가 능력이 뛰어나다. 필자는 쓰기 과정을 스스로 평가하고, 그 결과에 따라 쓰기 과정을 조정하고 통제함으로써 글을 더욱 체계적으로 완성할 수 있기 때문이다. 따라서 자기 평가에 대한 지도는 학생들의 쓰기 능력 신장에 맞닿아 있다(박영민, 2008: 92).

이러한 자기 평가는 쓰기 윤리 지도 후 평가에도 적절하게 활용할 수 있다. 교사는 학생들에게 글쓰기 활동을 마친 후 자기 점검표나 체크리스트 등을 활용하여 쓰기 과정과 완성된 텍스트에 대한 자신의 쓰기 윤리를 평가 할 수 있도록 안내할 수 있다. 박영민(2008)은 쓰기 윤리 지도에서 이루어지는 자기 평가의 효과를 다음과 같이 설명하고 있다.

첫째 쓰기 윤리를 쓰기 윤리를 준수하는 상황을 점검할 수 있도록 안내해 준다.

둘째, 쓰기 윤리를 준수하기 위하여 해야 할 것을 확인할 수 있게 해준다.

셋째, 현재 완성한 글에 대해 쓰기 윤리를 준수하도록 도울 수 있을 뿐만 아니라, 앞으로 전개될 쓰기 활동에서 쓰기 윤리를 준수할 수 있도록 돕는 준거를 제공해 준다.

쓰기 윤리의 평가는 〈자료3-24〉와 같은 점검표를 제시하여 각각의 항목들을 생각해 보게 하는 자기 점검의 방식으로 이루어질 수 있다.

〈자료3-24〉 쓰기 윤리 학습 평가를 위한 자기 점검표(예시)

자기 점검 내용	확인
인터넷에서 베낀 자료를 내가 만든 것처럼 사용한 적이 있다.	
다른 사람이 쓴 책이나 글에서 본 내용을 인용 표시 없이 그대로 사용한 적이 있다.	
인터넷에서 다른 사람이 찍은 사진을 그냥 가져다 쓴 적이 있다.	
사실을 확인하지 않고 내 생각을 그냥 쓴 적이 있다.	

(◎: 매우 그렇다, ㅇ: 보통이다, ×: 전혀 그렇지 않다)

참고문헌

김혜선(2008), 쓰기윤리의 개념과 지도 방향, ≪한국어문교육≫ 17집, pp.111~130.

가은아(2009), 중·고등학생을 위한 쓰기 윤리 교육의 방향과 지도 방안, ≪작문연구≫ 8집, pp.231~250.

강민경(2013), 쓰기 윤리 교육의 내용 연구, 서울대학교 박사학위 논문.

교육부(2013), ≪초등학교 1~2학년군 국어 ④ 교사용 지도서≫, 교육부

박영민(2008), 쓰기 윤리 의식 함양을 위한 쓰기 교수·학습 방안, ≪국어교육학연구≫ 33집, pp.73-102.

박영민(2009), 중학생 쓰기 윤리 의식 함양을 위한 쓰기 교육 프로그램 개발 연구, ≪청람어문교육≫ 40집, pp.201~234.

박영민·최숙기(2008), 중학생 쓰기 윤리 실태 연구, ≪청람어문교육≫ 37집, pp.41~79.

이인재(2008), 대학에서의 글쓰기 윤리 교육, ≪작문연구≫, pp.129~159.

6. 내용과 표현을 중심으로 고쳐쓰기

6.1. 고쳐쓰기의 개념

고쳐쓰기란, 초고를 쓴 다음에 내용과 표현을 고치는 활동을 말한다. 필자는 자신이 생각한 의도와 목적에 맞는 내용을 선정하고 짜임에 맞게 내용을 조직하여 글을 쓰는 일련의 과정을 거친다. 이때, 글을 한 번 썼다고 해서 필자의 의도와 목적이 알맞은 내용과 적확한 표현으로 완성되는 것은 아니다. 따라서 여러 번의 점검과 수정 활동을 거칠 수밖에 없는데 넓게 본다면 이 모든 과정이 고쳐쓰기라고 할 수 있다. 글은 끊임없는 자기 통제와 조정의 과정이기 때문이다. 그렇게 보면 고쳐쓰기의 의미가 곧 글쓰기와 다를 바 없게 된다. 그래서 보통 필자의 생각을 드러내는 한 번의 과정을 거친 후에 내용과 표현을 다시 한 번 점검하고 수정을 하는 활동을 고쳐쓰기로 정의한다.

고쳐쓰기를 다시 쓰는 것, 편집 정도로 인식하는 형식주의 관점에서 보면 오류를 고치고 교정을 잘 해내는 것이 된다. 이 관점에서는 고쳐쓰기는 초고를 쓴 다음에 정확한 문법 지식을 바탕으로 모범글과 가깝게 다듬는 정도로 생각한다. 문장부호, 문법, 용법, 맞춤법, 모범 글에 맞추는 것 등과 같은 이 부분 역시 고쳐쓰기의 중요한 요소이다. 그렇지만 쓰기의 본질인 의미구성이나 쓰기 과정에서 이루어지는 필자의 회귀적 사고와 조정은 무시할 수밖에 없다. 즉, 부분은 될 수 있을지언정 고쳐쓰기의 전면은 될 수 없다는 뜻이다. 필자의 사고 과정 속에서 이루어지는 초인지 활동에도 관심을 필요가 있다.

글쓰기에 관한 모형을 크게 세 가지로 나누어 보면 단계 모형과 문제 해결 모형, 사회적 상호작용 모형으로 나눌 수 있다. 각 모형에서 수정을 보는 관점이 다른데, 단계 모형에서는 수정을 편집하는(editing) 것 정도로 인식하고 있다. 그러니까 초고를 쓴 다음에 다듬는 정도로 생각한다. 그리고 문제 해결 모형에서는 문제를 해결해 가는 과정으로 수정을 보았다. 그래서 수정 활동은 글쓰기 전체 활동에서 이루어지는 것으로 곧 문제 해결 행위로 보았다. 사회적 상호작용 모형에서는 사회적 상호작용 행위의 하나로 수정의 의미를 설정하고 있다. 수정은 곧 필자와 독자가 의미를 교섭하면서 공동의 의미를 구성해 내는 행위로 파악하였다(이재승, 2002). 이 중에서 수정 활동은 문제를 해결해 나가는 과정, 그리고 독자와 필자가 상호작용하는 과정으로 인식하는 것이 필요하다.

인지주의 작문 이론에서는 고쳐쓰기를 글을 쓰는 동안 일어나는 필자의 사고 변화와 이로 인한 내용 수정으로 본다. 초인지 활동인 평가하기, 점검하기(monitoring), 통제하기(controlling) 등을 모두 고쳐쓰기로 본다. 그래서 용어도 다시쓰기(rewriting), 재고하기(revision)라 하지 않고 수정(modification)으로 본다. 능숙한 필자가 미숙한 필자보다 글을 쓴 후보다는 쓰는 중에 수정을 많이 한다고 보고 있다. Emig(1971) 역시 이와 같은 시각에서 고쳐쓰기를 '재조직화'로 정의하였다. 즉, 글 쓰는 과정 중 어느 단계에서나 자유롭게 고쳐쓰기가 이루어질 수 있다고 본 것이다. 즉, 고쳐쓰기는 학습자가 글을 완성하기까지 겪는 모든 변화가 수정하는 과정이라고 할 수 있겠다(Sommers).

사회구성주의 관점에서는 사회적 상호작용 행위의 하나로 수정의 의미 설정하고자 하였다. 고쳐쓰기는 필자와 독자가 의미를 교섭하면서 공동의 의미를 구성해 내는 행위이다. 필자는 글을 쓰는 중에 독자를 고려하며 쓸 수밖에 없는데 그 과정에서 실제 독자인 교사나 동료 간의 협의를 통해 글을 고칠 수 있다. 필자 혼자서는 생각할 수 없었던 실제 영역에서 교사와 동료의 조언과 질문 등으로 근접발달영역에 자극을 받아 발달가능영역을 넓혀가는 개념으로 고쳐쓰기를 바라보는 것이다.

사회구성주의는 실제 고쳐쓰기 전략이나 방법에서도 돌려 읽기나 동료평가활동 등 협의에 의한 고쳐쓰기 방법을 구안하는 원리가 되었다. 그러나 자신의 글에 대한 정확한 기준이나 의식이 없다면 다른 사람의 조언을 그대로 받아들이기만 하는 수동적인 필자가 되어 목적과 의도가 불분명해질 수 있으므로 자기 평가와 비판적 읽기 등 인지적 관점과의 통합과 절충이 기반되어야 할 필요성도 제기된다.

6.2. 고쳐쓰기의 수준

1) 고쳐쓰기의 수준

고쳐쓰기는 글에서 어느 수준에서 이루어지느냐에 따라서 방법이 달라질 수 있다. 고쳐쓰기는 글, 문단, 문장, 구와 절, 단어 수준에서 이루지게 된다. 필자에 따라 고쳐쓰기를 하는 수준이 무엇인가와 어떤 순서로 하느냐는 달라지겠지만 보통 상위 수준에서 하위 수준으로 가면서 고쳐쓰기를 하는 것이 일반적이다. 즉, 글을 전체적으로 읽어보고 주제나 목적, 내용의 흐름을 고려하여 전체적 수정을 가장 먼저 하는 것이다. 그러면서 글의 목적이나 형태, 독자를 고려하여 이 글이 적절한지 판단하다. 다름으로 문단 수준에서는 문단별 흐름이나 짜임이 적절한지 문단 내에 중심내용이 분명한지 등을 고려하여 고쳐 쓸 수 있다. 그런 과정에서 문단의 이동, 삭제, 대체, 첨가, 확장/축소 등의 고쳐쓰기가 이루어진다. 문장 수준에서는 문장의 이동, 삭제, 대체, 첨가, 확장/축소 등을 고려하여 매끄럽고 글 내용에 기여하는 문장으로 고쳐 쓴다. 구와 절 수준의 고쳐쓰기는 구나 절의 이동, 삭제, 대체, 첨가, 확장이 이루어질 수 있으며 단어 수준에서는 단어의 이동, 삭제, 대체, 첨가, 확장 등을 하면서 고쳐쓰기를 할 수 있다.

2) 고쳐쓰기 전략

고쳐쓰기 전략은 대개 필자가 하게 되는 수행적 측면만을 살펴본다면 첨가, 삭제, 대체, 이동, 재배열 등으로 나눌 수 있다. 첫째, 첨가는 기존의 글에 문단을 추가하거나 새로운 문장을 더 쓰고 구절, 낱말 등을 덧붙이는 것을 말한다. 둘째, 삭제는 글 전체에서 일부분 즉 문단, 문장, 구절, 낱말, 글자 등 특정한 내용을 빼는 활동이다. 셋째, 대체는 현재 있는 내용을 다른 내용으로 바꾸는 경우를 말한다. 넷째, 이동은 현재 있는 내용을 다른 문단이나 문장 사이 등 다른 곳으로 옮기는 것을 말한다. 대체가 현재 내용을 글에 없는 다른 내용으로 바꾸는 것이라면 이동은 글 내에서 위치를 바꾸는 것으로 볼 수 있겠다. 다섯째, 재배열은 앞서 논의된 네 가지 전략보다 거시적 수준으로서 글 전체 주제나 내용의 흐름을 고려하여 앞뒤 순서를 바꾸거나 몇 부분을 하나로 줄이거나 늘이면서 재구성하는 것을 말한다. 어느 전략이 더 쉽고 단순하거나 어렵고 복잡하다고 말할 수는 없지만 유능한 필자일수록 재구성을 하면서 고쳐 쓸 내용과 표현을 찾는 경우가 많다.

(1) 훑어 읽기(survey)

초고를 쓴 다음에는 수정을 하기에 앞서 그의 전체 내용을 훑어보게 하는 것이 좋다. 훑어 읽기를 하면서 글을 전체적으로 파악하고, 첨가, 삭제, 대체, 재배열해야 하는 요소가 있으면 간단하게 표시를 하도록 한다. 그리고 훑어 읽기를 하기 전에 글의 주제, 목적, 독자 등을 먼저 생가해 보도록 하는 것이 좋고 훑어 읽는 과정에서도 이 점을 생각해 보도록 한다.

(2) 평가하기

평가는 크게 자기평가와 동료 평가로 나누어볼 수 있다 평가를 할 때에는 글의 주제와 목적, 독자 등을 충분히 고려해야 한다. 가급적 학생들이 평가 기준을 만들게 한 후 그 기준에 맞추어 평가해 보도록 하는 것이 좋다. 이때 학생들이 평가 기준을 제대로 이해하게 하는 것이 중요하다. 완전히 동일 할 수는 없으나, 같은 글에 대해서는 비슷한 평가가 나올 수 있도록 평가 기준을 명확히 이해하고 이 평가 기준에 맞게 평가할 수 있는 능력을 갖추도록 해야 한다.

(3) 돌려 읽기(reading around)

돌려 읽기는 말 그대로 서로 쓰는 글을 돌려 읽고 도움을 돕는 활동이다. 이 과정에서 학생들은 자기가 미처 생각하지 못했던 점을 깨닫게 되고 좀 더 나은 글을 쓰는 데 도움이 되는 아이디어를 얻을 수 있다.

• 돌려 읽기의 형태

① 짝끼리 서로 바꾸어 읽기 : 짝끼리 서로의 글을 논평

② 소집단별 돌려 읽기 : 소집단별로 돌려 읽고 논평

③ 수정을 위한 돌려 읽기 : 아이디어 제공에 초점

④ 최종 감상을 위한 돌려 읽기 : 글에 대한 최종 감상 제공

• 돌려 읽기를 할 때 중요한 점

다른 사람의 글을 논평하는 능력을 갖추도록 하는 것이다. 돌려 읽기가 서로에게 아이디어를 제공해 주는 역할을 할 수 있어야 한다. 또한 돌려 읽기를 할 때에는 지나치게 '평가'한다는 생각은 갖지 않도록 한다. 단지 친구에게 아이디어를 제공해 준다는 입장을 취하도록 한다. 돌려 읽기를 할 때에는 나쁜 점을 자꾸 지적하려고만 하지 말고 좋은 점도 많이 찾아내도록 유도하는 것이 중요하다.

(4) 비평 집단(peer response group)

학급에서 특정한 몇 명을 중심으로 하여 친구들이 쓴 글에 대해 논평해 주는 활동을 할 수 있다. 집단의 구성원은 돌아가며 할 수 있으며 글을 쓴 다음에는 이 집단에게 논평을 받는다. 논평을 제공하는 형식은 게시판에 게시하거나 개인에게 직접 제공하는 등 다양하게 할 수 있다.

(5) 청문회 활동

특정 학생의 글을 중심으로 청문회 형태로 수정하는 활동을 할 수 있다.

• 청문회 활동의 방법

① Graves & Hansen(1983)이 제안한 '저자의 의자' 형태

의자를 하나 배치한 다음 그 글을 쓴 학생이 의자에 앉고 다른 학생들은 그 주위에 둘러앉는다. 그 글을 쓴 학생은 자기가 쓴 글을 읽고 그 글에 대해 이야기를 하면, 다른 학생들은 그 이야기를 듣고 적절한 반응을 보인다. 그 반응에 대해 글을 쓴 학생은 답변을 한다.

② 소집단 활동

첫째, 필자가 자기 글을 소리 내어 읽어준다. 다른 학생들은 조용히 들으면서, 어떤 칭찬과 제안을 해 줄 것인지를 생각한다.

둘째, 다 들은 후에 다른 친구들이 돌아가면서 그 글에서 좋은 점에 대해 이야기를 한다. 단순히 좋다고 말하는 것 보다는 장점에 초점을 맞추되 구체적으로 하도록 한다. 교사가 학생들에게 먼저 시범을 통해 적절한 반응의 형태를 보여주는 것도 가능하다. 교사와 학생은 얼른 떠올리기를 통해 받아들일 만한 논평을 열거하고, 학생들이 참조할 수 있도록 교실에 게시해 둘 수 있다. 논평은 조직이나 단어 선택, 동사 시제, 조직 대화, 주제와 같은 쓰기의 요소에 초점을 두도록 한다.

셋째, 필자가 질문을 한다. 미처 생각하지 못한 점 중에서 문제가 될 만한 것이나 자신의 글을 좀 더 낫게 하는데 도움이 될 만한 것에 대해 도움을 요청하는 질문을 한다. 교사는 실젤 구체적인 예를 들어 몇몇 질문을 해 보이면서 방법을 일러준다. 이 단계의 과정에서 학생들은 질문을 하는 것을 배우게 된다.

넷째, 청자가 제안을 한다. 글을 들은 학생들이 그 글에서 분명하지 않은 점에 대하여 질문을 하고 그 글을 수정하는 방법에 대해 제안을 한다. 교사가 논평을 하고 점수를 주는 전통적인 방법보다 훨씬 건설적인 방법이다.

다섯째, 위의 과정을 반복한다. 이때에 교사가 학생들에게 도움을 줄 수도 있다.

여섯째, 필자는 수정을 위한 계획을 한다. 소집단 활동을 끝내면서, 각 학생들은 다른 이들이 제공해준 논평이나 제안에 기초하여 스스로 수정 계획을 작성한다. 소집단 해산 후 각자 수정을 한다.

위와 같은 방법으로 청문회 활동을 할 때에 학생들이 심문 받는다는 느낌을 갖지 않도록 하는 것이 중요하다. 그 글의 좋은 점을 많이 이야기해 주게 하고, 부족한 부분에 대해 질문의 형태를 띠도록 하는 것이 좋다.

(6) 철자 및 맞춤법 게임

철자나 맞춤법과 같은 기계적인 요소에 대해서도 신경을 쓸 필요가 있다. 이를 위해 게임이나 퀴즈 형태를 도입할 필요가 있다. 하나의 문장이나 문단 정도를 제시하고 잘못된 글자나 맞춤법에 어긋난 표현을 찾아보는 게임이나 퀴즈를 해 본다.

(7) 편집하기

편집은 최대한 읽기 쉽게 만들어주는 것이며, 한편으로 실린 지면의 특성을 고려해서 글을 다듬는 활동이다. 예를 들어 신문에 글을 실을 때에는 분량이 엄격하게 제한되고 있고, 글의 양식도 다른 글과는 차이가 있다. 이때 신문의 특성을 맞게 적절히 고치는 활동이 편집이다. 편집에서 보통 내용 자체에 대한 수정을 많이 하지 않으나, 내용에 대한 수정이나 기계적인 부분에 대한 수정이 이루어질 수 있다.

(8) 출판하기(publishing)

출판하기는 자기가 쓴 글을 여러 사람에게 공표하는 활동이다. 정식 책 형태로 낼 수도 있지만 학교에서 이런 것을 하기는 어렵기 때문에 보통은 학급 문집 형태로 꾸밀 수 도 있고, 게시판에 게시하는 형태를 띨 수 도 있다. 또 일반 신문이나 학교 신문에 투고하는 형태도 가능하다. 출판하기 활동을 통해 쓴 글을 다른 사람들에게 읽히게 할 때에는 참된 독자에게 읽혀지도록 하는 것이 중요하다. 즉, 최대한 실제 그 글의 독자이며 관심과 애정을 가지고 읽어줄 사람에게 읽혀야 한다는 것이다.

(9) 전자 매체 활용

인터넷을 활용한 고쳐쓰기 지도가 가능하다. 인터넷의 이메일이나 채팅, 블로그 등의 글을 쓸 수 있는 공간을 활용한 글쓰기 지도를 의미한다. 그 대표적인 예로 전자 포트폴리오와 인터넷 공간 활용 등이 있다.

• 인터넷 기반 글쓰기 지도의 의의

- 학습자에게 동기 부여, 참여 권장
- 고도의 양방향성이 존재
- 학습자 주도의 학습이 가능

• 전자 포트폴리오

프로그램을 구성하여 컴퓨터 매체를 이용한 포트폴리오를 작성한다. 포트폴리오에는 학생들의 글 작품과 그 작품에 대해서 짝과의 상호 평가, 소집단 평가 등 다양한 고쳐쓰기 전략을 활용하여 글을 고쳐 쓰고 과정에 대해 평가한다.

• 인터넷 공간

인터넷의 블로그나 학급 홈페이지를 통해 토론방을 운영한다. 인터넷 게시판에 자신의 글을 올리고 다른 학생들이 그 글을 읽은 감상이나 교정할 점을 댓글로 표현한다. 이때 각 학생들의 글에 평가의 활동을 가지는 것도 가능하다.

인터넷 활용 고쳐쓰기 지도는 위에서 언급된 고쳐쓰기 지도 방안을 활용하여 현실적으로 구안할 수 있는 하나의 방식으로 사용된다.

2) 고쳐쓰기 지도의 예시

2009 개정 1-1 국어에서는 문학 작품을 읽고 주인공에게 하고 싶은 말을 쓰게 한 후 고쳐 쓴 글을 입술책으로 만들어 친구들과 나누게 하고 있다. 일종의 출판하기에 해당하는 활동으로 학생들은 자신이 쓴 글을 책에 옮겨 쓰는 과정에서 독자의 입장에서 최종적으로 고려하여 글을 고치게 되며 특히, 틀린 글자, 맞춤법 등 표현 면에서 교정하는 활동이 많이 이루어질 수 있는 대표적인 활동이다. 책 만들기 활동은 국어 쓰기 활동의 말미에 많이 활용되는데 이와 같은 장점과 생태학적인 관점에서 생활 속에서 학습이 통합되는 효과를 볼 수 있다.

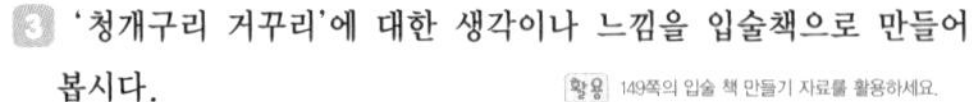

3 '청개구리 거꾸리'에 대한 생각이나 느낌을 입술책으로 만들어 봅시다.
활용 149쪽의 입술 책 만들기 자료를 활용하세요.

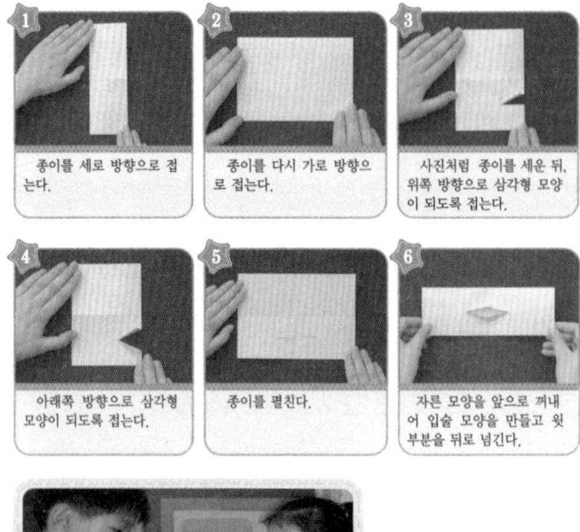

학생들에게 수정을 하라고 하면 뭔가 자기 글에 큰 문제가 있는 것처럼 생각한다. 그리고 마치 꾸중이라고 하는 것으로 생각한다. 이런 태도는 버려야 한다. 수정을 잘못된 행위로 받아들일 것이 아니라, 글쓰기 과정의 일부로 받아들이도록 할 필요가 있다.

학생들이 수정을 잘 하지 않는 이유는 여러 가지이다. 학생 내적인 측면에서 보면 자기 중심적인 사고가 강하여 고쳐야 할 필요성을 못 느껴서, 수정의 중요성을 제대로 인식하고 있지 못해서, 수정하는 방법을 제대로 몰라서 수정을 잘 하지 않을 수 있다. 외적인 면에서 보면 학교에서 학생들에게 주어지는 과제는 보통 독자가 없고 자기가 쓴 글이 읽혀지지 않기 때문에 굳이 수정을 해야 할 이유를 찾지 못해서 일수도 있다. 또한 교과서에 초고를 쓰게 하는 경우가 많은데, 교과서를 깨끗이 써야 한다는 강박관념 때문에 수정을 하지 않을 수도 있다. 한편으로 초고를 쓸 때 너무 정성을 들였기 때문에 수정을 하고 싶지 않을 수도 있다. 자기가 고생고생해서 썼는데 그것을 없애고 싶지 않는 마음이 있다. 그리고 단순히 귀찮아서 수정을 하지 않는 경향도 있고, 수정을 해 보아야 별로 자기 글에 진전이 없다는 생각을 하게 되면 수정을 하지 않는 경향이 있다.

수정을 할 때 중요한 것 중의 하나는 거리감을 갖는 것이다. 삼자의 입장에서 자기 글을 보거나 다른 관점, 여러 각도에서 자기 글을 보는 노력이 필요하다. 학생들을 보고 자기 중심적으로 생각하거나 다른 관점에서 본다고 하더라도 한 가지 관점 정도만 보는 데 여러 각도에서 보도록 할 필요가 있다. 그리고 특히 수정을 할 때에는 독자의 입장에서 생각해 보도록 한다.

6.3. 고쳐쓰기의 평가

고쳐쓰기에 대한 평가는 쓰기 평가와 비슷한 방식으로 생각해 볼 수 있다. 고쳐쓰기의 목적은 글의 내용과 표현이 좀 더 나아지는 데 있기 때문에 고쳐 쓴 글을 가지고 평가해 볼 수 있기 때문이다. 글 평가는 총체적 평가와 분석적 평가로 나눌 수 있다. 총체적 평가는 인상평가라고도 하는데 글을 읽고 흐름이나 주제, 독자의 흥미를 끄는 요소 등 전체적 내용이 어떠한지를 판단해 보는 것이다. 분석적 평가는 글의 내용, 구성, 표현 등으로 나눈 후 세부 기준을 만들어 각각에서 어떤 성취를 나타내는지 알아보는 것이다. 쓰기 평가에서 이 두 방법은 모두 일장일단이 있기 때문에 둘을 상황과 학생의 진보, 글 주제 등에 따라 상호보완적으로 실시하고 있다.

글 평가 외에 학생이 글을 고쳐 쓰는 가운데 어떤 전략을 사용했으며 의도는 무엇이었고 그것이 제대로 반영되었는지 등을 알아보기 위해 수행 평가를 실시할 수도 있다. 수행평가 방법에는 교사의 관찰 평가, 면담, 체크리스트 등이 있다. 또, 학생이 자신의 고쳐쓰기 수행 과정을 돌아보며 글을 쓰게 하는 반성적 쓰기(reflective writing)[14] 도 유용할 수 있다. 고쳐쓰기 결과물이 다소 기대에 미치지 못하더라도 학생이 고쳐쓰기를 하기 위해 어떤 생각을 하고 실행하였는지에 대한 과정을 파악하고 평가하는 자료가 된다.

14) 반성적 쓰기(reflective writing)는 글을 완성한 뒤 자신이 수행한 작문 과정을 되돌아보면서 글을 쓰는 것을 말한다. 이미 완료된 작문 과정을 되돌아본다는 의미에서 '반성적'이라고 불린다.

참고문헌

김혜선(2007), 비판적 읽기를 활용한 고쳐쓰기 지도 방안, 한국교원대학교 석사학위논문.

박영목(2008), ≪작문교육론≫, 역락.

송수미(2001), 자기 조정 전략 중심의 고쳐쓰기가 아동의 글쓰기에 미치는 효과 연구, 서울교육대학교 석사학위논문.

이재기(1997), 작문 학습에서의 동료평가활동 과정 분석, 한국교원대학교 석사학위논문.

이재승(2002), ≪글쓰기 교육의 원리와 방법≫, 교육과학사.

이주선(2005), 협상하기 전략을 통한 대화중심 쓰기 지도 방안 연구, 한국교원대학교 석사학위논문.

7. 호응 관계가 올바른 문장 구성하기

7.1. 문장성분 호응 지도의 개념

'호응'의 의미는 '부름에 응답한다는 듯으로 부름이나 호소 따위에 대답하거나 응함'(표준국어대사전, 2000)이다. 그러므로 호응이 이루어지기 위해서는 '가'와 '나'가 있어야 한다. 즉, 부르는 대상과 답하는 대상이 필요하다. '호응'은 일상생활 속에서 적용된다. 부르는 사람이 누군가를 부르면 답하는 사람이 그에 응하는 것이다. 또한 의견을 제기하면 그에 대한 대답을 하거나 새로운 대안을 내놓는 것도 호응에 해당하는 것이다.

초등학교 국어 교육에서 '호응'은 주로 문장 속에서 이루어지는 '문장성분'의 호응을 의미한다. 편지에 대한 답신 또한 호응이라고 할 수 있으나 국어 교과에서의 호응이라는 용어는 주로 문장 속에서 문장성분들 간의 호응을 의미하는 것이다. 문장성분의 호응은 크게 문법적 호응과 의미적 호응으로 나눌 수 있다. 문법적 호응은 형태적인 기준을 바탕으로 결정되는 호응을 의미하는데 '만약 ~ 라면, 왜냐하면 ~ 때문이다'와 같은 관계이다. 이에 반해 의미적 호응은 의미를 토대로 이루어지는 호응으로 의미상, 개념상의 호응을 말한다.

초등학교에서의 호응에 대한 교육은 문장성분 간의 호응에 한정한다. 즉, 문장성분의 문법적 호응과 의미적 호응을 지도하는 것이다. 이는 초등학생의 발달을 고려한 것으로 교육 내용과 개념에 대한 혼란을 줄이기 위함이다. 초등학교 국어과 교육이 정확성에 기반을 둔 창의적 언어사용 능력 신장을 추구하고 있기 때문에 문장성분 간의 호응은 바른 표현을 위해 반드시 학습해야 할 내용이라고 할 수 있다.

1) 문장성분 간의 문법적 호응

문장성분 간의 문법적 호응은 다양한 유형으로 나눌 수 있다. 먼저 국어 문장의 기본 요소인 주어 · 목적어와 서술어의 호응, 꾸며주는 말(부사어, 관형어)과 꾸밈을 받는 말(주어 · 목적어 · 보어, 서술어)의 호응으로 크게 나눌 수 있다. 주어 · 목적어와 서술어의 호응은 다시 세분하면 높임 호응, 피 · 사동 호응, 시제 호응으로 나누어 지도할 수 있고, 부사어와 서술어의 호응은 어미 호응, 시제 호응, 부정 표현 호응 등으로 나누어 지도할 수 있다. 관형어에 의한 호응 역시 관형어를 만드는 방법에 따라 세분할 수 있으나 우리말의 경우 꾸며주는 말과 꾸밈을 받는 말이 거의 붙어 있기 때문에 모어 학습자의 경우 별다른 교육 없이 능숙하게 사용할 수 있어서 여기서는 다루지 않는다.

주어 · 목적어와 서술어의 호응은 문장성분 간의 호응 관계 중에서 가장 기본이 되는 것이다. 주어 · 목적어와 서술어는 문장을 이루는 가장 기본적인 성분이기 때문이다. 주어 · 목적어와 서술어의 호응에서 오류가 발생하는 경우는 서술어 부분이다. 이는 국어에서 서술어가 다양한 문법적 역할을 하고 있기 때문이다. 주어 · 목적어와 서술어의 호응은 앞서 언급한 대로 높임 호응, 피 · 사동 호응, 시제 호응으로 나누어 접근할 수 있다. 실제 언어생활 속에서 이러한 유형은 모두 작용하지만 2015 개정 교육과정의 초등학교 성취 기준에서는 높임법에 대해서만 학습하고 있어 주어 · 목적어, 서술어 간의 문법적 호응은 높임법에 한정하여 지도한다.[15)]

주어 · 목적어, 서술어 간의 문법적 호응은 높임법에 대한 배경 지식을 필요로 한다. 높임 표현은 초등학교 3~4학년군에서 학습을 한다. 높임 표현은 크게 주체 높임, 객체 높임, 상대 높임으로 구분할 수 있다. 주체 높임은 행동을 하는 주체를 높여주는 것이고, 객체 높임은 서술어의 대상이 되는 객체를 높여주는 것이다. 상대 높임은 말하는 이가 듣는 이를 높여 주는 것을 뜻한다.[16)] 그렇기 때문에 문장성분 간의 문법적 호응에서 주체 높임은 주어와 서술어, 객체 높임은 목적어와 서술어, 상대 높임은 듣는 이와 서술어의 호응을 고려하여 지도해야 한다.

부사어와 서술어의 호응은 학습자들이 어려워하는 호응이다. 앞서 언급한 대로 이는 다시 세분화 할 수 있는데 초등학교 교육에서 어미 등의 용어를 사용하지 않기 때문에 부사어와 서술어의 호응으로 묶어서 지도한다. 하지만 문장성분을 가르칠 때 주성분(주어, 서술어, 목적어, 보어)에 대한 학습만 이루어지기 때문에 '부사어'에 대한 개념은 없는 상태이다. 그렇다고 하더라도 '부사어'를 별도로 가르치기 보다는 초등학교 저학년 수준에서 '꾸며주는 말'이라는 용어를 사용하여 쓰기 학습을 하고 있기 때문에 '특정(별)한 꾸며주는 말과 서술어'의 호응이라는 개념을 사용하여 접근하는 것이 발달 특성에 맞을 것이다.

학생들이 사용하는 '특정한 꾸며주는 말'은 다양하다. 어미와 호응을 하는 부사어의 경우는 '비

15) 2015 개정 국어과 교육과정에 의하면 높임 표현은 3~4학년(군) 문법 영역([4국04-04] 높임법을 알고 언어 예절에 맞게 사용한다.)에서, 피 · 사동 표현, 시제 표현은 고등학교 1학년 문법 영역([10국04-03] 문법 요소의 특성을 탐구하고 상황에 맞게 사용한다.)에서 지도하게 되어 있다. 하지만 시제 표현의 경우 '순서를 나타내는 말'을 배울 때 '시간을 나타내는 말'을 배우므로, '시제 표현' 자체를 가르치지는 않지만, '시간을 나타내는 말'과 어울리는 표현 수준에서 간단하게 제시하였다.

16) 높임 표현, 시제 표현 등 문법적 지식에 대해서는 문법론(통사론)이나 문법교육론 책을 참고하여 학습할 필요가 있다.

록 ~ 하더라도', '가령 · 만일 ~ 면 · ~거든 · ~더라도 · -ㄹ지라도' 등이다. 이들은 꾸며주는 말과 서술어의 어미와 호응을 하는 경우이다. 시제에 대한 호응은 '이미, 좀 전에, 아까, 지금, 방금' 등의 부사어가 서술어가 호응하는 것을 의미한다. 부정 표현에 대한 호응은 '결코, 전혀, 절대로' 등의 부사어가 부정 의미의 서술어와 호응하는 것을 말한다. 또한 '과연, 부디, 정말, 아무쪼록' 등의 부사어가 '~ 어떠하다'처럼 양태를 나타내는 서술어와 호응을 하는 것도 있다. 이러한 부사어의 호응은 앞서 언급한 것처럼 초등학생의 발달을 고려하여 세부적으로 나누어 접근하기보다 '짝으로 다니는 꾸며주는 말과 꾸밈을 받는 말'의 차원으로 접근하여 지도하여야 할 것이다.

2) 문장성분 간의 의미적 호응

의미적 호응은 문법적 호응에 비해 학생들이 학습하기에 복잡하다. 의미적 호응은 문법적 호응과 같이 일정한 규칙이 있는 것이 아니라 문장성분이 의미적으로 관계를 맺는 것 속에서의 호응을 뜻하기 때문에 그 오류 양상 또한 다양하다. 문법 요소를 체계적 지식으로 학습하는 것이 아니라 자신의 의도를 드러내기 위해 알맞은 낱말을 사용해야 하기 때문에 '호응'이라는 어법 규칙을 따르면서도 적절한 용어를 사용해야 하는 어려움이 있다.

의미적 호응 또한 종류가 다양하다. 의미적 호응 역시 주어 · 목적어와 서술어의 의미상 호응, 꾸며주는 말(수식어)과 꾸밈을 받는 말(피수식어)의 의미상 호응으로 구분할 수 있는데 초등학생의 경우 주어 · 목적어와 서술어의 의미상 호응 상황에서 많은 오류를 보인다. 주어 · 목적어와 서술어의 의미상 호응이란 주어 · 목적어에 어울리는 서술어가 오는 것을 말한다. 현재 2009 개정 교육과정에 따른 초등학교 국어 교과서를 기준으로 볼 때,[17] 5학년 2학기에 이러한 내용을 학습 활동으로 다루고 있다. 예를 들어 '맛과 영양이 높다'라는 표현의 경우 주어인 '맛'과 서술어인 '높다'의 의미적 호응을 말하는 것이다. 이러한 주어와 서술어의 의미상 호응은 학습자들이 어휘 선택에 조금만 신경을 기울이면 해결될 수 있는 부분이기 때문에 글을 쓸 때 충분히 고민하고, 고쳐쓰기 과정에서 문장성분의 호응에 대해 한 번 더 고려할 수 있게 지도할 필요가 있다.[18]

---

17) 2015 개정 교육과정에 따른 5~6학년(군) 교과서는 2019년에 학교 현장에 보급되므로 여기서는 2009 개정 교육과정의 성취기준에 따라 개발된 교과서를 예로 들었음을 밝힌다.(541~542쪽 동일)

18) 꾸며주는 말과 꾸밈을 받는 말의 의미상 호응 역시 의미적 연결 관계서 오류를 보이는 것을 말한다. 이는 부사어와 서술어의 의미상 호응, 관형어(구)와 주어 · 목적어 · 보어의 의미상의 호응, 문장 간의 연결어미에 의한 호응 등이 해당된다. 이러한 내용은 초등학교 과정에서 다루는 내용이 아니기 때문에 여기서는 구체적으로 다루지 않았다.

7.1. '호응 관계가 올바른 문장 구성하기'의 지도 방법

1) 2015 개정 국어과 교육과정 관련 성취기준의 내용

문장성분의 문법적 호응은 문장 쓰기 차원에서 접근해야 한다. '호응'이라는 용어가 성취기준에 직접적으로 드러나는 경우는 5~6학년(군) 문법 영역뿐이지만 완성된 문장을 만들기 위해서 '호응'은 필수적으로 고려할 요소이기 때문에서 여기서는 이와 관련된 요소를 제시하였다. 초등학교 교육과정에서 제시하고 있는 호응 관련 성취기준은 〈표3-47〉과 같다.

〈표3-47〉 2015 개정 국어과 교육과정(초등)에 제시된 호응 관련 성취 기준

학년군	영역	성취 기준	주요 내용
1~2	쓰기	[2국03-02] 자신의 생각을 문장으로 표현한다.	- 한두 문장으로 자신의 생각이나 느낌 표현하기 - 문장부호를 정확하게 사용하기 - 꾸며 주는 말을 넣어 생각과 느낌 구체적으로 나타내기
	문법	[2국04-03] 문장에 따라 알맞은 문장 부호를 사용한다.	- 문장에 따라 문장부호가 나타나는 양상 알기
3~4	문법	[4국04-03] 기본적인 문장의 짜임을 이해하고 사용한다.	- 문장이 짜임을 익히고 문장 만들기 - 주어부와 서술어부의 역할을 이해하고 문장 사용하기
	문법	[4국04-04] 높임법을 알고 언어 예절에 맞게 사용한다.	- 높임 표현 사용의 문제의식 갖기 - 어려워하는 높임법 사례 지도하기
5~6	문법	[6국04-05] 국어의 문장 성분을 이해하고 호응 관계가 올바른 문장을 구성한다.	- 문장 성분에 대해 이해하기 - 문장 호응 오류 지도 중심으로 스스로 탐구하기 - 호응 관계가 맞지 않은 문장 바르게 고치기

〈표3-47〉의 내용을 살펴보면 초등학교에서의 호응 지도 방향을 파악할 수 있다. 초등학교에서 '문장성분', '호응'의 개념을 다루는 것은 5~6학년(군)이다. 즉, 초등학교 고학년이 되면 어법을 고려하여 문장을 쓰는 활동을 할 수 있어야 한다는 것이다. 같은 문장 쓰기라고 하더라도 초등학교 1~2학년(군)에서는 생각을 표현하는 단위가 문장임을 익히게 하고, 문장에 따른 문장부호를 익히는데 초점을 두고 있다.

3~4학년(군)에서는 기본적인 문장의 짜임을 익히는 것에 중점을 두고 있다. 문장이 어떻게 구성되는지를 알고 그 짜임에 따라 완성하는 것이다. 또한 높임법을 다루고 있는데 여기서 학습이 정교하게 이루어져야 5~6학년(군)에서 높임 호응에 대한 학습을 쉽게 할 수 있게 된다.

5~6학년(군)에서는 성취기준에 명시적으로 '호응'을 다루고 있다. 이를 위해서 문장 성분을 익히고 문장 성분 간의 관계를 탐구하도록 하고 있다. '호응'을 성취기준에 드러내고 있다고 하더라도 피 · 사동 표현, 시제 표현, 부정 표현 등을 배우지 않았기 때문에 초보적인 수준에서 다루고 오류 문장을 탐구하고 스스로 고쳐 볼 수 있도록 하는데 중점을 둔다.

2) 문장성분 간의 호응 관계 오류 원인과 실태

(1) 문장성분 간의 호응 관계 오류의 원인

문장성분 간의 호응 관계 오류가 일어나는 원인은 세 가지 정도로 정리할 수 있다. 첫째, 생각을 짧게 표현하는 것이다. 이는 쓰기 환경의 변화로 인해 나타난 원인으로 분석할 수 있다. 초등학생들이 글을 쓰는 시간은 점점 줄어들고 있다. 국어 교육의 목표 중 하나가 한 편의 완성된 텍스트를 생산하는 능력을 길러주는 데 있음에도 불구하고, 초등학생들은 고학년으로 갈수록 글을 쓰기 싫어한다. 또한 문자를 사용해야 하는 상황에서도 연필과 공책을 이용하기보다 스마트폰이나 컴퓨터를 활용하여 생각을 전한다. 그러다보니 자신의 생각을 완성된 문장으로 전하기보다 짧고 간단한 표현을 사용하여 생각을 나타내게 됨으로 문장성분의 호응이 이루어지지 않게 되는 것이다. 이러한 환경적 요인에 의한 결과는 주요 문장성분의 누락으로 이어져 비문을 양산하게 되는 것이다.

둘째, 생각을 정리하지 않은 상태에서 글을 쓰는 것이다. 이는 낱말의 정확한 의미를 생각하지 않고 낱말이 떠오르는 대로 쓰는 것과 생각을 완결하지 않고 연결해서 쓰는 것을 모두 포함한다. 생각이 정리되지 않으면 주어에 어울리는 서술어를 사용하기 어렵고, 앞서 사용한 부사어에 어울리는 서술어를 고민하지 않고 낱말을 사용한다. 이러한 글쓰기는 소통을 위한 글쓰기가 아니라 소통을 방해하는 글쓰기가 되는 것이다. 또한 문장을 길게 쓰게 되면 비문이 나올 가능성이 높아진다. 낱말과 낱말을 연결하고, 구와 절을 연결하다보면 자신의 의도가 무엇인지 불분명해지기 때문이다. 이 또한 비문을 양상하게 되는 큰 원인이다.

셋째, 문장성분 간의 문법적 호응에 대한 지식이 부족한 상태에서 글을 쓰는 것이다. 앞서 살펴본 것과 같이 문장성분 간의 문법적 호응은 생각보다 복잡하다. 성인들의 글에서도 여러 가지 오류를 쉽게 찾아볼 수 있을 정도로 의식하지 않으면 자주 틀리는 것들이다. 초등학교 국어 수업이 의사소통을 중심으로 이루어지다보니 문법적 지식에 대한 학습이 부족한 것이 현실이다.[19] 그러므로 의사소통 중심의 학습에서, 체계적인 문법 지식 학습을 하지 않고도, 문장성분 간의 호응 학습을 할 수 있는 문법 교육, 쓰기 교육의 방법이 필요하다.

(2) 문장성분 간의 호응 관계 오류의 실태

초등학생들이 쓴 글을 분석하면 여러 가지 문장성분 간의 호응 관계 오류를 발견할 수 있다. 의미적 호응 오류든, 문법적 호응 오류든 문장성분 간의 호응 오류이기 때문에 주어 · 목적어와 서술어의 호응 오류, 꾸며주는 말과 꾸밈을 받는 말의 호응 오류로 나눌 수 있다. 여기서는 초등학생들이 자주 틀리는 문장성분 간의 오류를 간단히 살펴보고자 한다. 다음은 초등학생들의 글에서 자주 나타나는 오류들이다.

ㄱ. 아버지께서 밥을 먹었다.
ㄴ. 아침이면 강아지와 꾀꼬리가 지저귄다.
ㄷ. 오빠가 사과와 나비를 잡아 주었다.
ㄹ. 결코 자전거를 타야 한다.
ㅁ. 왜냐하면 나는 축구를 가장 좋아한다.

주어 · 목적어와 서술어의 호응은 주로 의미적 호응에서 많은 오류를 보인다. 주어 · 목적어와 서술의 호응은 의미적 호응 오류와 문법적 호응 오류가 모두 일어나는 데, 문법적 호응 오류는 'ㄱ'과 같이 높임 표현과 시제 표현에서 일어나는 경우가 많다. 하지만 이러한 문법적 호응 오류는 의미적 호응 오류에 비하면 그 수가 적다. 의미적 호응의 오류는 주어나 목적어에 어울리지

19) 물론 그렇다고 하더라도 초등학교 국어 수업 시간에 체계적 문법 지식을 중심으로 가르치는 것에는 찬성하지 않는다. 시제 호응, 높임 호응, 부사어의 호응 등 일상생활에서 학생들이 사용하는 언어를 바탕으로 '왜 이런 표현을 사용하는지?, 이런 표현을 사용할 때 주의할 점을 무엇인지?' 등에 고민할 수 있는 기회를 제공하고 의식을 갖도록 하는 것이 중요하다.

않는 어휘를 사용함으로써 나타난다. 이러한 경우는 'ㄴ, ㄷ'처럼 '와/과'로 연결된 주어나 목적어를 쓴 후가 앞의 낱말과 어울리는 서술어를 생각하지 않고 쓸 때 자주 일어난다.

꾸며주는 말과 꾸밈을 받는 말의 호응은 주로 부사어와 서술어의 문법적 호응에서 많은 오류를 보인다. 특히 'ㄹ'과 같이 부정 표현을 동반하는 부사어(전혀, 결코, 별로)가 사용된 경우에 오류를 많이 보인다. 이는 부사어의 호응을 지도할 때 '비록 ~ 지라도, 설사 ~ 하더라도'는 학생들이 신경을 쓰는 반면 부정 표현에 대해서는 신경을 덜 쓰기 때문이다. 또한 'ㅁ'과 같이 자주 사용하는 낱말이라 주의를 덜 기울여 문장을 쓰다보니 문법적 오류가 나타나는 경우도 많다.

(3) 문장성분 간의 호응 관계 지도

문장성분 간의 호응 관계 지도는 크게 여섯 단계로 나누어 지도할 수 있다. 먼저 도입 단계에서는 호응 관계의 필요성을 설명하고, 개념을 명확하게 정립하며, 좋은 점을 알아보는 활동을 한 다음 호응 관계에 대한 분석과 탐구를 통해 지식을 익히는 학습한다. 여기서는 호응 관계의 종류를 익히고 호응에 관계에 대한 기반 지식을 갖게 한다. 다음으로는 학습한 호응 관계의 지식을 적용하는 학습 단계이다. 여기서는 의미적, 문법적으로 바른 호응 관계를 사용하여 글을 쓰는 것을 학습하게 된다. 그 다음으로는 호응 관계에 점검을 통해 문장성분의 교체, 비슷한 호응 관계 찾기, 문장성분의 호응 관계 맺기(설정하기) 등의 확장 학습을 하게 된다. 끝으로 바른 글쓰기에 대한 태도, 국어에 대한 의식 등을 가지는 태도에 대한 학습을 한다. 학습의 절차를 표로 정리하면 〈표3-48〉과 같다.

〈표3-48〉 문장성분 간의 호응 관계 학습 절차

도입	탐구	적용	점검	확장	정리
• 필요성 • 개념 • 좋은 점	• 호응 관계의 기능 • 호응 관계의 종류	• 바른 호응 관계 적용	• 문장 성분 교체 • 비슷한 호응 관계 적용	• 호응 관계 설정하기 • 국어에 대한 의식	• 학습 정리 • 학습 평가

① 도입 학습

초등학교 학습자들은 예전과 달리 규칙에 대해서도 까닭을 묻는다. '왜 지켜야 하는지, 왜 그렇게 써야 하는지'에 대한 답이 해결되지 않은 상태에서 어법 규칙을 외우는 것은 실제 언어생활에 반영되지 않게 되는 것이다. 문장성분 간의 호응 관계 지도도 이러한 차원에서 접근을 해야 한다. 단순히 '우리말 규칙이기 때문에 가르쳐야 한다.'는 논리에서 벗어나 사회적 공동체의 글쓰기, 표준화된 글쓰기로 접근해서 호응 관계를 바르게 사용하는 것이 의사소통의 기본임을 인식하게 해야 하는 것이다.

호응 관계의 개념은 '짝'의 개념을 도입하여 지도한다. 호응은 부르고 답하는 것이 있어야 하기 때문에 항상 '가'와 '나'가 존재한다. 이를 위해 초등학생들이 쉽게 접할 수 있는 젓가락, 신발 등과 같은 사물을 이용하여, 항상 같이 있어야 쓸모 있거나 빛나는 물건들처럼 함께 사용될 때 바른 의미를 전달할 수 있음을 일깨워준다. 이를 통해 항상 함께 다니는 것들을 떼어 놓거나 한 가지만 가지고 갈 경우 완전하지 않음을 생각해보게 하여 호응에 대한 개념을 갖게 한다.

바른 호응 관계를 사용하면 의사소통이 원활해짐을 알게 한다. 호응 관계의 필요성과 개념에 대해 인식하였다면 좋은 점을 알려주어 학습자들이 생활 속에서 사용할 수 있게 해 주어야 한다. 문장성분 간의 호응을 바르게 사용하면 자신의 생각을 정확하고 효과적으로 전달할 수 있으며 읽는 사람이 자신의 의도를 명확하게 파악할 수 있는 상황을 제시하여 좋은 점을 찾아보게 한다.

② 탐구 학습

호응 관계를 지도할 때 가장 어려운 부분은 체계적인 지식을 갖게 하는 것이다. 문법 용어 및 언어 지식에 대한 체계성이 갖추어진 초등학생들에게 명제적 지식을 익히게 하는 것은 자칫 뜬구름 잡는 이야기가 될 수 있고, 의미 없는 내용의 전달이 될 수 있다. 또한 초등학교의 학습 목표가 체계화된 지식을 갖는 것이 아니기 때문에 가능한 학습자 스스로 생각할 수 있는 기회를 충분히 주는 것이 좋다.

실생활 속의 언어를 대상으로 학습을 하여야 한다. 초등 학습자들 지도할 때는 자신들이 사용하는 언어에서 문제를 찾고, 해결 방법을 고민할 수 있도록 해야 한다. 교육과정에서도 제시하였듯이 '주변의 국어 자료를 분석하는 활동'이 필요하다는 것이다. 하지만 초등 학습자의 특성 상 순수하게 탐구학습을 하기란 어렵다.[20] 이 때 자료 분석을 통해 지식을 학습할 때는 세부적인 탐구 과제를 제시한 사례 기반 지도를 먼저 한다. 예를 들어 "비록'과 어울리는 말 찾기, '사과'를 설명하는 말 생각하기' 등의 활동을 통해 문법적 호응과 의미적 호응의 짝을 생각해 보게 하고 위계화를 할 수 있게 하여야 한다.

세부 과제에 대해 학습이 일어난 후에는 체계적 지식을 갖게 한다. 많은 데이터나 정보를 갖고 있다고 하더라도 그것이 학습자의 인지 구조 속에 체계화, 논리화가 되지 않으면 지식으로 갖추어지지 않는다. 그러므로 세부 과제에 대한 여러 가지 데이터가 만들어졌을 경우 문장성분의 차원에서 지도를 한다. 결국 바른 문장을 쓴다는 것은 문장성분 간의 의미적, 문법적 호응이 맞도록 쓴다는 것이므로 '주어 · 목적어와 서술어의 호응, 꾸며주는 말과 꾸밈을 받는 말의 호응'으로 유목화하여 명제적 지식을 가질 수 있게 해야 한다.

③ 적용 학습

문법 영역의 적용 학습은 언어사용 기능 영역과 관계된다. 문법적 지식을 언어사용 상황에서 부려 쓰기 위해서는 듣고, 말하고, 읽고, 쓰는 활동이 동반되어야 하기 때문이다. 그 중 호응 관계를 사용하는 경우는 주로 쓰기 영역에서 이루어진다. 적용 학습은 학습한 호응 방법을 실제 문장을 쓸 때 사용하는 것으로 일정 부분 자동화되어 사용된다. 다만 자신이 자주 사용하지 않은 낱말이라든지 의식적으로 특정한 표현을 사용할 경우 학습한 지식이 사용되는 것이다.

문법적 지식 적용을 위한 맥락을 설정해 주어야 한다. 호응 관계에 대한 지도가 문법적 지식을 바탕으로 하는 것이지만 지식 자체를 학습하는 것에 머무르는 것이 아니라 언어생활 속에서 사용할 수 있게 하는데 목적이 있으므로 상황 맥락을 제공해주어 자연스럽게 문장성분들 간의 호응이 이루어질 수 있게 하여야 한다. 즉, 적용 학습의 목표는 학습한 지식을 제대로 적용하는 것을 넘어

20) 이창근(2007), 최규홍(2009) 등에서 초등학교에서 탐구학습이 어려운 이유로 학습자의 지적 수준의 문제와 많은 시간의 소요, 잘못된 가설을 세우는 학생들에 대한 대처 부족, 탐구학습에 대한 지식 부족 등을 제시하고 있다.

서 모어 화자가 호응 관계에 대한 어법을 자동화하여 의식하지 않은 상태에서도 생활 속에서 자연스럽게 부려 쓰는 데 있다.

④ 점검 학습

점검 학습은 호응 관계가 바르게 적용되었는지를 확인하는 것이다. 점검 학습은 문장 성분의 교체와 비슷한 호응 관계 적용을 통해 확인할 수 있다. 문장성분의 교체라는 것은 주어 · 목적어와 서술어의 호응 관계에서 주어를 교체하거나 서술어를 교체하여 의미적 호응의 적절성을 판단하는 것이다. 낱말의 교체를 통해 자신이 전달하고자 하는 의도가 바르게 전달이 되었는지와 다른 표현을 사용하여 효과적으로 전달할 수 있는지를 생각해 보게 하는 것이다. 비슷한 호응 관계의 적용은 문법적 호응의 적절성을 판단하는 것으로 높임 표현 호응, 시제 표현 호응, 부사어와 서술어의 호응 등의 상황에서 비슷한 표현을 바꾸어 적용하여 보고 자신의 표현을 점검하는 것이다.

점검 학습 역시 언어사용의 차원에서 접근해야 한다. 하나의 지식을 제대로 사용했는지를 확인하기보다 그와 비슷한 뜻의 낱말로 교체를 하거나 문장성분의 역할을 생각하며 다른 호응 관계의 낱말을 사용하는 등 유창성을 신장시키는 데 초점을 두어야 한다. 초등학생은 학습 활동을 통해 창의적이고 효과적인 의사소통 능력을 신장시켜야 하기 때문에 문법 학습이라고 하더라도 유창성을 길러 여러 가지 상황에서 다양한 표현을 사용하여 자신의 생각을 전달할 수 있게 해야 한다.

⑤ 확장 학습

확장 학습은 독창성에 기반을 두고 있다. 학습자들은 언어 사용을 통해 다양한 창의적인 표현을 만들어 낸다. 그러한 것들은 규범에 어긋난다는 이유로 제한하게 되면 언어적 창의성이 닫히게 되는 것이다. 새로운 언어 표현을 사용하지 못하게 되면 언어 사용에 흥미를 잃거나 언어활동을 축소하게 된다. 또한 새로운 언어 표현은 사회적 상호작용에 의해 확대 사용되거나 소멸되기 때문에 강제적으로 제어하거나 부양할 필요는 없는 것이다. 호응 관계 학습을 비롯한 문법 학습은 학생들의 언어사용 현상을 바탕으로 이루어져야 하기 때문에 자신들의 언어 속에서 특성과 규칙을 탐구하고 분석할 수 있어야 한다.

호응 학습의 확장은 짝을 만들어 내는 활동이다. 자신들이 사용한 언어를 분석하여 일정한 규칙을 찾아내는 것이 필요하다. 기존에 학습한 부사어, 서술어의 문법적 호응 관계의 짝을 바탕으로 항상 함께 사용되는 언어 관습을 찾아보거나 그러한 언어 관습을 만들어내는 것이 필요하다. 새로운 낱말의 사용에서 새로운 구나 절, 호응 관계의 사용으로 확장한다는 뜻이다. 이러한 활동은 국어에 대한 의식을 갖게 하는 효과가 있다. 자신이 사용한 언어에 대해 관심을 갖고 일정한 규칙을 탐구하는 것은 언어 학습에 기초가 되는 것이다. 물론 확장학습에서는 초등학생의 발달을 고려하여 정교한 문법적 지식을 발견하기보다 자신과 친구들이 사용하는 언어에 대해 관심을 가지게 하는데 먼저 초점을 두어야 할 것이다.

3) 국어 교과서에 제시된 문장성분 간의 호응 관계 지도 내용

2009 개정 교육과정의 성취기준에 따라 5~6학년 교과서에 호응 학습을 제시하고 있다. 초등학교 5학년에서는 학습 내용으로 구체화하여 단원으로 제시하고 있고, 6학년에서는 국어활동 교과서 '우리말 다지기'란을 이용하여 문장성분 간의 호응 관계에 대한 지도를 하고 있다.

「국어」교과서에 제시된 문장성분 간의 호응 관계 지도는 그 과정이 간단하다. 2009 개정 5학년 교과서 8단원에서 다루고 있는 문장성분 간의 호응 관계 지도는 [그림3-55]와 같이 '문장성분 알기 - 문장성분 간의 호응 관계 알기 - 문장성분 간의 호응 관계 생각하며 책에 대한 소감 쓰기'로 이루어져 있다.

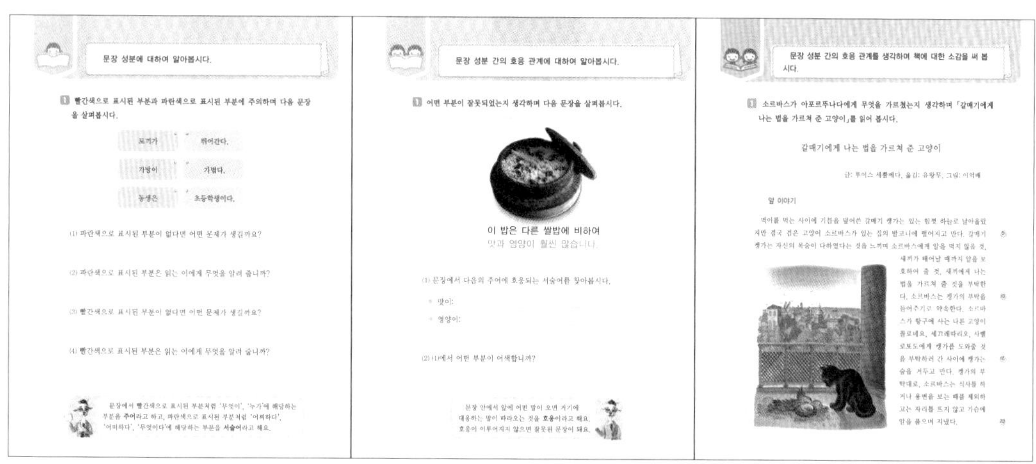
문장 성분에 대하여 알아봅시다.

1 빨간색으로 표시된 부분과 파란색으로 표시된 부분에 주의하며 다음 문장을 살펴봅시다.

토끼가 뛰어간다.

가방이 가볍다.

동생은 초등학생이다.

(1) 파란색으로 표시된 부분이 없다면 어떤 문제가 생길까요?

(2) 파란색으로 표시된 부분은 읽는 이에게 무엇을 알려 줍니까?

(3) 빨간색으로 표시된 부분이 없다면 어떤 문제가 생길까요?

(4) 빨간색으로 표시된 부분은 읽는 이에게 무엇을 알려 줍니까?

문장에서 빨간색으로 표시된 부분처럼 '무엇이', '누가'에 해당하는 부분을 **주어**라고 하고, 파란색으로 표시된 부분처럼 '어찌하다', '어떠하다', '무엇이다'에 해당하는 부분을 **서술어**라고 해요.

문장 성분 간의 호응 관계에 대하여 알아봅시다.

1 어떤 부분이 잘못되었는지 생각하며 다음 문장을 살펴봅시다.

이 밥은 다른 쌀밥에 비하여
맛과 영양이 훨씬 많습니다.

(1) 문장에서 다음의 주어에 호응되는 서술어를 찾아봅시다.

- 맛이:
- 영양이:

(2) (1)에서 어떤 부분이 어색합니까?

문장 안에서 앞에 어떤 말이 오면 거기에 대응하는 말이 따라오는 것을 **호응**이라고 해요. 호응이 이루어지지 않으면 잘못된 문장이 돼요.

문장 성분 간의 호응 관계를 생각하며 책에 대한 소감을 써 봅시다.

1 소르바스가 아포르뚜나다에게 무엇을 가르쳤는지 생각하며 「갈매기에게 나는 법을 가르쳐 준 고양이」를 읽어 봅시다.

갈매기에게 나는 법을 가르쳐 준 고양이

글: 루이스 세풀베다, 옮김: 유왕무, 그림: 이억배

알 이야기

먹이를 먹는 사이에 기름을 뒤집어쓴 갈매기 켕가는 있는 힘껏 하늘로 날아올랐지만 결국 검은 고양이 소르바스가 있는 집의 발코니에 떨어지고 만다. 갈매기 켕가는 자신의 목숨이 다하였다는 것을 느끼며 소르바스에게 알을 먹지 않을 것, 새끼가 태어날 때까지 알을 보호하여 줄 것, 새끼에게 나는 법을 가르쳐 줄 것을 부탁한다. 소르바스는 켕가의 부탁을 들어주기로 약속한다. 소르바스가 항구에 사는 다른 고양이 콜로네요, 세끄레따리오, 사벨로또도에게 켕가를 도와줄 것을 부탁하러 간 사이에 켕가는 숨을 거두고 만다. 켕가의 부탁대로, 소르바스는 식사를 하거나 용변을 보는 때를 제외하고는 자리를 뜨지 않고 가슴에 알을 품으며 지냈다.

[그림3-55] 2009 국어 5-1에 제시된 문장성분 간 호응 관계 지도 내용

[그림3-55]와 같이 문장성분 간의 호응 관계 지도를 위해서 '문장성분'의 개념을 먼저 지도하는 것이 바람직하다. 하지만 5학년 학생에게 '문장성분'이라는 개념도 어려운 데다가 '호응 관계'까지 지도하는 것은 너무 어렵다고 생각하였는지 지도 과정이 간략하게 제시되어 있다. 문법 영역에 대해 학습을 할 때 학습자들이 가질 수 있는 고민인 '왜 이렇게 힘들게 언어 규칙을 따라야 하는지?'에 대한 고민 없이 학습 내용을 다루다 보니 어려운 내용이 더 딱딱하게 느껴진다. 이를 보완하기 위해 적용 및 점검 과정을 문학 작품을 사용한 것으로 보인다.

「국어 활동」교과서에 제시된 문장성분 간의 호응 관계 지도는 적용 활동을 중심으로 구성되어 있다. 2009 개정 6학년 교과서 10단원 '우리말 다지기'에서 다루고 있는 문장성분 간의 호응 관계는 [그림3-56]과 같이 이 호응 관계가 어색한 문장을 바꾸어 보는 활동으로 구성되어 있다.

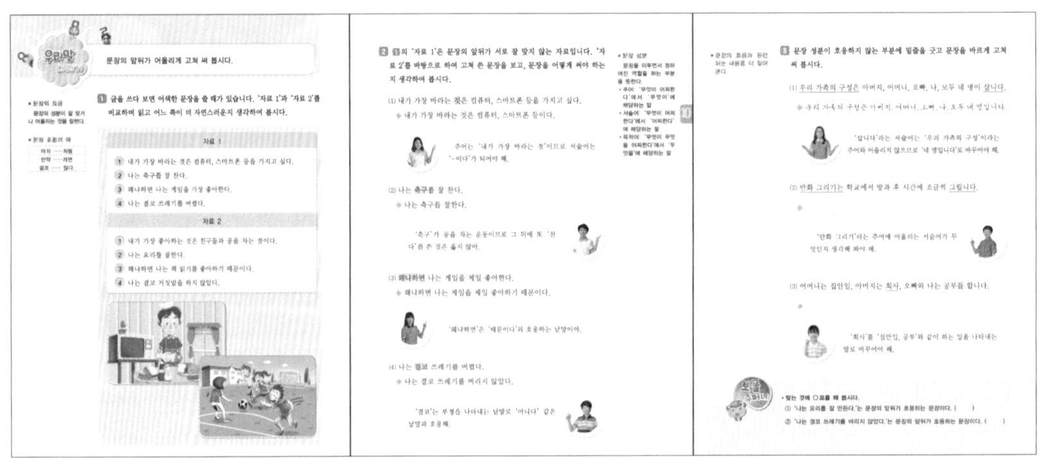

[그림3-56] 2009 국어 6-1에 제시된 문장성분 간 호응 관계 지도 내용

6학년 교과서에서는 고쳐쓰기와 연계하여 호응 관계를 다루고 있다. 6학년 10단원에서 고쳐쓰기에 대한 학습을 한 다음 [그림3-57]과 같이 '우리말 다지기'에 문장성분의 호응이 잘못된 문장을 고쳐 쓰는 것을 생각하게 하고 있는 것이다. 물론 이러한 내용은 5학년에 학습한 내용과 연계된다. 하지만 5학년 8단원에서 호응에 대한 내용이 간략하게 다루어진 것을 생각하면 5학년 교과서의 '우리말 다지기'란에도 함께 다루어 연계성을 높이면 좋을 것으로 생각된다. 예를 들면 5학년에서는 '문법적 호응'을, 6학년에서는 '의미적 호응'을 다루는 것으로 구분하여 지도하게 되면 학습의 연계성과 위계성을 높일 수 있을 것이다.

교과서에는 필수적인 학습 요소만 정선되어 담겨 있다. 즉, 한 단원이라는 한정된 지면에서 호응 관계에 대한 많은 내용을 담기란 힘들다. 그렇다보니 실제 수업을 할 때는 앞서 논의한 것과 같은 지도방법을 활용하여 재구성하여야 할 것이다. 학습자들의 언어 사용 실태를 바탕으로 학습 자료나 학습 활동을 재구성하여 문장성분 간의 호응 관계에 대해 지도하고 실제 언어생활에 활용할 수 있게 해야 할 것이다.

7.3. '호응 관계가 올바른 문장 구성하기'의 평가

문장성분 간의 호응 관계의 평가는 맥락 속에서 이루어져야 한다. 문법 영역의 특성상 국어에 대한 지식을 묻는 형태로 문항을 만드는 경우가 많다. 하지만 결국 그 지식을 알고 있는 것이 중요한 것이 아니라 자신의 언어생활 속에서 제대로 사용할 수 있느냐가 중요하다. 물론 지식을 제대로 알고 있지 않은 상태에서 정확한 언어생활을 하는 경우보다 문법 규칙을 잘 알면서 바른 언어생활을 하는 경우가 많다. 그렇다고 하더라도 지식 그 자체를 묻는 것은 평가를 위한 평가에 그칠 가능성이 있다.

문장성분 간의 호응 관계에 대한 평가는 언어사용과 통합적으로 평가하는 것이 바람직하다. 실제 문장성분 간의 호응 관계를 평가하는 경우는 지식 평가를 제외하고 쓰기 영역과 통합하여 평가를 할 때 실제성을 담보할 수 있다. '알고 있느냐'를 묻는 평가에서 '사용할 수 있느냐'의 평가로 바뀌게 될 경우 문장성분 간의 호응 관계는 쓰기 상황에서 평가하는 것이 가장 적절하기 때문이다. 즉, "비록'과 가장 잘 어울리는 말은?'과 같은 질문지 구성보다는 '~에 대해 자신의 생각을 짧은 글로 써 보시오. 단, 문장성분 간의 호응 관계를 고려하여 바른 문장으로 쓰시오.' 등으로 쓰기 상황과 연계하되 조건을 제시하여 실제적인 평가가 이루어질 수 있도록 해야 한다.

표현 활동뿐만 아니라 이해 활동에서도 통합을 할 수 있다. 이러한 경우에도 한 문장을 제시하고 문장성분 간의 호응 관계를 묻기 보다는 글 속에서 찾을 수 있도록 해야 한다. 난이도가 높아질 가능성이 있지만 틀린 문장 하나를 제시하고 틀린 부분을 찾는 일보다 자신의 글 전체를 다시 확인하면서 호응 관계의 적절성을 판단하는 경우가 더 많기 때문이다. 따라서 읽기 영역과 통합을 하면서 내용 확인, 추론 등의 질문을 할 때 글 속에서 문장성분 간의 호응도 함께 고려할 수 있게 해야 한다.

태도나 국어에 대한 의식 평가와도 병행할 수 있다. 이 때 투사적 기법[21)]을 사용할 수도 있는데, 이는 문장성분 간의 호응에 대한 평가뿐만 아니라 맞춤법, 높임법 등 다양한 평가 문항으로 구성하여 학생들의 태도나 성향을 평가할 수 있다.

문법 평가 역시 국어과 평가의 일부이다. 국어과 교육과정 상으로는 각각의 영역이 독립적으로 제시되어 있지만 2009 개정 교육과정에 따른 교과서에서도 볼 수 있듯이 국어과의 영역은 통합적으로 다루어져야 한다. 학생들이 언어생활을 하는 것은 문법 지식을 바탕으로 듣고, 말하고, 읽고, 쓰며, 문학 작품을 수용, 생산하는 과정이 함께 일어나기 때문이다. 그러므로 문장성분 간의 호응 관계를 비롯한 문법 영역의 평가도 지식 독립적으로 문항을 제시하기 보다는 학생들의 언어사용 현상을 바탕으로 한 통합적 측면에서 접근하는 것이 바람직할 것이다.

21) 투사적 기법(projective technique)이란 응답자에게 모호한 자극을 제시하고 그 자극을 해석하게 함으로써 그들의 숨겨진 태도나 성향을 측정하는 기법이다.(김은성, 2006)

참고문헌

교육부(2015),《국어과 교육과정》, 교육부.
국립국어연구원(2000),《표준국어대사전》, 두산동아.
권순희(2009), 논리적인 글쓰기 능력 향상을 위한 연구, 창원대학교 박사학위논문.
김은성(2006), 국어에 대한 태도 교육 연구, 서울대학교 박사학위논문.
송현정(2007),《호응 관계 연구》, 한국학술정보.
신헌재 외(2009),《초등 국어과 교수 · 학습 방법》, 박이정.
이창근(2007), 초등학교 문법 교육 연구, 한국교원대학교 박사학위논문.
임지룡 외(2014),《문법교육의 인지언어학적 탐색》, 태학사.
최규홍(2009), 문법 현상 인식 중심의 초등학교 문법 교육 연구, 한국교원대학교 박사학위논문.
허영실(2007), 쓰기 능력 신장을 위한 문장 성분 호응 지도 내용 연구, 이화여자대학교 석사학위논문.
Larry Andrews, 이관규 외 역(2008),《언어 탐구와 인식》, 박이정.

8. 함축성에 유의하며 시 감상하기

8.1. 시 감상하기 개념

> 옥수수
>
> 임길택
>
> 옥수수를 땄는데
> 옥수수가 따뜻했다.
>
> 금세 햇살들이
> 옥수수 속에 숨어들었다
>
> -《옥수수》임길택(1995)-

시 감상하기는 학습자가 시 작품을 읽고 체험하는 일체의 활동을 말한다. 학습자가 시를 읽고 수용하는 과정은 내용을 이해하는 과정과 시의 내면에 담겨진 정서를 체험하는 과정으로 구성된다. 작품을 이해하는 과정은 화자가 말하려고 하는 내용이나 보여주려고 하는 장면이 무엇인지를 파악하는 활동이다. 학습자는 이러한 내용 파악 및 이해 활동을 바탕으로 시 작품이 드러내고자 하는 정서를 느끼고 체험할 수 있다. 체험은 '개인의 의식에 직접 주어진 것'으로 과학적 추상화와는 달리 개인 경험의 느낌이나 감정 혹은 정서와 같은 질적 다양성을 포함한다(Dilthey, 2009). 문학교육에서 학습자의 '체험'은 문학교육 활동의 핵심 요소로 자리 잡고 있다(최지현 1997, 신헌재 2006, 진선희 2006, 김선희 2007, 유영희 2007, 이향근 2012, 하근희 2013). 문학작품을 읽고 감상하는 활동의 궁극적 목적은 정서체험에 있으며, 정서체험은 인지를 기반으로 일어나는 정신작용이라고 할 수 있다(이향근, 2014). 따라서 시 감상하기 학습활동에서는 텍스트 내용을 재진술하기, 내용 분석하기, 가치 평가하기, 시 작품 내용을 소재로 대화하기, 자신의 경험 회상하기 등의 다양한 인지적 활동이 가능하다. 또한 시 작품을 읽고 느낀 점을 그림이나 음악, 연극과 같은 표현 활동으로 나타낼 수도 있다.

〈옥수수〉를 읽고 화자가 옥수수를 따고 다는 행동을 상상하고 옥수수 속에 햇살들이 숨어들었다는 의미가 무엇인지 파악하는 일은 해석의 측면이다. 옥수수 속에 햇살이 숨어들었다는 의미를 파악하면서, 옥수수를 만졌을 때 손바닥에 닿은 따뜻한 질감과 거기서 오는 정겹고 포근한 느낌을 음미하는 것은 체험의 측면이다. 학습자가 정서 텍스트인 시를 수용하는 과정은 해석을 넘어선 미적 체험과 시인이 느낀 진실에 도달했을 때 완성된다(이향근, 2012: 2). 시 감상하기는 작품 해석의 과정을 통하여 그 안의 정서를 찾아내고 그와 관련된 자신의 경험에 의미를 부여하는 활동이다.

초등학교에서 이루어지는 시 감상하기 활동은 저학년에서는 주로 재미있는 시어를 중심으로 이루어지며, 중학년에서는 이미지와 운율을 이해하고 시의 분위기를 살려 낭송하는 활동이 주를 이룬다. 이후 고학년에서는 시의 함축성 이해를 바탕으로 비유적인 표현에 유의하면서 시를 감상하도록 유도하고 있다. 재미있는 시어나 이미지, 운율, 비유적인 표현 등은 모두 시가 가지는 특징들로서 시의 함축성에서 기인하는 기법적 요소들이다. 시인은 자신이 표현하고자 하는 정서나 느낌, 장면 등을 선명하게 드러내기 위해 비유적인 언어를 사용하여 이미지를 구성한다. 겉으로 드러나는 이미지는 시 작품 안에서 또 다른 속뜻을 가지게 되는데, 이러한 속뜻을 함축성이라고 한다. 시의 의미를 파악하는 일은 시에 담겨있는 함축성을 풀어내는 일로부터 시작된다. 이 장에서는 함축성 이해를 중심으로 시 감상하기 활동의 방법을 살펴보도록 한다.

8.2. 시 감상을 위한 함축성의 이해

함축성(含蓄性)은 말 그대로 의미가 쌓여있는 성질을 말한다. 시어가 다양한 의미로 해석이 가능한 것은 시가 가지는 함축성 덕분이다. 시어가 가지는 다양한 의미는 시어와 시어 사이, 시어와 다른 공간 사이 혹은 시 전체가 어울려 창조해내는 문맥을 통해 구성된다. 의미는 뜻(meaning, sense)과 의의(significance)를 포함하는 개념이다. 뜻은 시의 문맥을 통하여 누구나 헤아릴 수 있다. 반면 의의는 시가 독자에게 주는 다양한 가치를 말한다. 한 편의 시를 감상하고도 독자의 반응이 다양할 수 있는 것은 독자에 따라 의의가 달라지기 때문이다. 분주한 도시 생활에 지친 도시 사람들에게 김소월의 〈엄마야 누나야〉에 나오는 강변은 그야말로 자기가 이르지 못한 행복한 피안(彼岸)으로 다가오지만, 강변이 생활의 터전인 사람들에게는 거센 바람이나 모기떼를 연상시키는 대상일 수도 있다. 또한 감각적인 체험이 풍부한 독자는 시적 대상의 가치를 자기화하기 쉽다. 그러나 그렇지 않은 경우 독자는 시를 읽고 아무런 감동을 느끼지 않을 수도 있다. 시의 함축성은 독자에 따라 깊이와 폭을 달리한다.

일상생활에서 쓰이는 말은 정확한 뜻이 전면에 부각된다. "문을 열어 주세요." 라는 말을 듣고 대부분의 사람들은 문을 열기 위해 문 쪽으로 걸어갈 것이다. 그 말에 의도적으로 거부할 생각이 없다면 말이다. 일상 언어에서는 소리나 표현 방식 혹은 말이 가리키는 물리적인 존재는 배면으로 물러나고 그 뜻이 전면에 드러난다. 반면 시에서는 좀 다른 양상을 보인다. 시어는 순전하게 통일성을 가진 의미로 환원되지 않는다. 시어의 소리와 리듬, 어법이나 구문 심지어 시어들의 문자 형태와 배열 방식, 시어들이 만들어내는 비유와 이미지까지도 의미를 보태기 위한 기능을 수행하고 있기 때문이다. 만약 독자가 이러한 점을 놓치고 시를 단순한 의미로 환원해서 이해할 경우, 시는 알 수 없는 낱말의 집합일 수밖에 없다. 이문구의 〈산 너머 저쪽〉을 읽어보자.

산 너머 저쪽

이문구

산 너머 저쪽엔
별똥이 많겠지
밤마다 서너 개씩
떨어졌으니.

산 너머 저쪽엔
바다가 있겠지
여름내 은하수가
흘러갔으니.

《개구쟁이 산복이》(창비, 1988)

이 시를 읽고 모르는 말이 있다며 질문하는 아이는 드물 것이다. 하지만 곰곰이 생각해 보면, '은하수가 흘러가 바다가 된다.'라는 터무니없는 정보를 확인하게 된다. 과학적인 상식으로 본다면 이해될 리 만무하다. 하지만 이러한 이유로 〈산 너머 저쪽〉은 시가 된다. 경험적인 진실로부터 탈주하려는 신선한 상상력이 스며있기 때문이다. 〈산 너머 저쪽〉의 주된 관심사는 '산 너머 저쪽에 실제로 무엇이 있느냐?' 혹은 '은하수는 바다가 된다'라는 사실이 아니라 '지금 여기 이곳이 아닌 산 너머 저쪽에는 무엇이 있을까?' 라는 호기심과 막연한 그리움이다. 미지의 세계에 대한 막연한 동경은 인간을 성장으로 이끄는 통과제의와 같다. 물론 이러한 시적 정서가 어린이가 담고 있는 현실을 외면하도록 오도한다는 비판의 소리도 있다. 하지만 스스로 벗어날 수 없는 현실을 인식하였을 때, 인간에겐 그 현실을 타개하고 앞으로 나갈 수 있도록 이끄는 꿈이 필요하다. 이렇게 시의 함축성을 발견하는 일은 시를 과학적인 잣대로 재단하는 것이 아니라 텍스트 이면에 숨겨진 상상의 고리와 화자의 심리에 주목하는 것이다. 〈산 너머 저쪽〉을 두고 실제로 '산 너머 저쪽' 이 어디냐고 묻는다면 오히려 어리석은 질문이라고 할 수 있다.

함축성은 시가 가지는 '시다운 성질'을 말한다. 그러나 시 장르만이 가지는 특성을 엄밀하게 분별해 내는 작업은 쉬운 일은 아니다. 형식적인 측면만 보더라도 이야기 형식을 빌려 표현되는 동화시도 있고, 시적 환유를 바탕으로 사건이나 시대적 상황을 드러내는 서사시도 있다. 또한 최근에는 그림이나 사진 등의 영상 매체와 결합한 구체시, 그림시도 등장하고 있다. 그러나 이들을 아울러 시라고 말할 수 있는 이유는 다양한 양식 속에서 공통적으로 드러나는 '시다운 성질'인 함축성이 있기 때문이다.

시의 함축성은 시를 쓰는 시인과 독자 사이의 소통을 통해서 획득된다. 시가 개인적인 소장품이나 소유물이 아니라 시인과 독자 사이에서 부단히 소통되는 발화이며 끊임없이 기의를 보태거나 잃어버리는 텍스트이기 때문이다. 이러한 소통성은 시인의 창작과 독자의 향유 방식에 대한 이해가 선행되어야 한다.

시인이 창작한 시는 시인이 살아가는 사회적 맥락 안에서 생산된 것들이며, 정치 제도나 사회 규범과 마찬가지로 제도의 산물이다. 시는 시적 발화(utterance)(Lamping, 1994)의 측면에서 시 장르로 인정된다. 한 편의 산문시가 신문에 기사처럼 실린다면 기사문이 되겠지만, '시집'이나 '시 잡지'에 실린다면 사람들은 그 글을 어떻게 받아들일까? 물론 부정하는 사람들도 있겠지만, 이것은 분명 시가 된다. 이와 유사한 예로, 우리는 뒤샹(Marcel Duchamp)의 〈샘 Fountain〉이나 워홀(Andy Warhol)의 '브릴로 상자(Brillio Box Installation)'를 잘 알고 있지 않는가.

워홀의 '브릴로 상자'와 슈퍼마켓에 있는 브릴로 상자는 외적으로 차이가 없다. 워홀의 작품은 이른바 창조한 게 아니다. 그러나 워홀의 '브릴로 상자'가 예술로 받아들여지는 이유는 예술에 대한 고정관념을 전환하게 만드는 것, 그러니까 '예술이란 무엇인가'라는 철학적 의문을 던지는 작품이기 때문이다. 예술작품은 하나의 감각적 대상이라는 기존 관념은 더 이상 의미를 지니지 못하며, 무엇이나 예술이 될 수 있듯, 어떤 텍스트도 시가 될 수 있다. 논란의 여지가 없는 것은 아니지만, 우리 시에서 최초의 자유시로 평가받는 주요한의 〈불놀이〉는 단순히 외적 운율(율격)에 대한 자유만을 의미하지 않는다. 이때의 자유는 시와 산문의 경계에 대한 자유이며, 행과 연 구분으로부터의 자유이기도 하다. 또한 단시(短時)로부터의 자유이기도 하다. 이제는 고정적인 형식이나 양식으로서 시를 인식하기보다는 '이것이 왜 시가 되는가?'라는 문학적 질문과 사고가 텍스트를 시답게 하는 시대에 와 있는 것이다. 따라서 독자의 의미 부여는 시 읽기 행위에서 매우 중요한 부분이 되었다.

독자가 함축성을 이해하는 것은 시의 시다운 면을 깨닫는 과정이다. 다시 〈산 너머 저쪽〉을 읽어 보자. 이 시는 보편적인 동심의 진솔한 표현이라고 할 수 있다. 여기 쓰인 시어들은 대부분은 어린 시절 익혔던 기본 단어로서 사람의 의식 심층에 자리 잡은 기층 언어(유종호, 1994:69~70)이다. 기층 언어는 위기 상황에서 반사적으로 나오는 고함이나 비명 혹은 사투리와 같이 어릴 적 배운 개인의 언어이다. 의식이 미치지 못하는 곳에 자리 잡고 있는 정감의 언어인 것이다. 기층 언어로 이루어진 시일수록 함축성은 강렬하며 풍요롭다. 또한 구체적인 삶의 체험을 끌어 올리고 그 때의 기쁨이나 슬픔, 신비함이나 충격을 환기시킨다.

시인은 자신이 느낀 감정이나 정서를 그대로 누설하거나 기술하지 않는다. 흔히 사람들이 슬플 때, '슬프다'라고 말한다면, 시인은 그 슬픔을 표현할 적절한 단어와 표현을 찾기 위해 고심한다. 어쩌면 시인은 '슬프다'라는 표현으로는 차마 담을 수 없는 특별한 슬픔을 겪었기 때문에 그 순간을 시로 표현하는 사람이라고 할 수 있다. 시에 드러나 있는 대상은 외부 세계에 있는 사물이나 사태가 아니라 그러한 직접적인 대상들에 관한 사고를 대상으로 삼기 때문이다. 같은 처지에 있을지라도 사람마다 삶의 태도가 다르듯이 시 또한 그렇게 다르다. 여기에 시의 개별성과 독특성이 있다. 시는 개성적이라는 점에서 자기의 발견이며 삶의 언어적 표출이다.

초등 독자에게 시의 함축성은 어려운 개념일 수 있다. 그러나 시의 함축성을 이해하는 일은 시인이 체험한 정서의 표현을 성실하게 독자의 것으로 재구성하는 과정이라고 할 수 있다. 이러한 활동을 통해 독자는 시를 자신의 작품으로 재창조할 수 있다. 진정한 정서체험은 시적 상황에 들어가 그 속에서 흐르는 정서를 목도하는 것이다. 이를 위해서는 독자도 시적 화자와 같이 감정을 누설하거나 기술하지 않고 성실하고 진지하게 그것을 느낄 수 있어야 한다. 이렇게 될 때, 시는 시인의 것도 독자의 것도 아닌 공동체의 소산, 즉 소통의 산물이 될 수 있다.

8.3. 함축성 이해를 통한 시 감상하기 방법

시의 함축성은 독자가 구성해야 하는 퍼즐과 같다. 시가 지시적 의미만을 가지고 있다면 그것은 기호가 아니라 지표(indext)로서 쉽게 그 의미를 도출할 수 있을 것이다. 그러나 쉽게 이해되지 않는 부분에서는 독자의 체험이 연관되어야 한다. 다음 시를 활용하여 학습 독자에게 시의 함축성을 지도하는 방법을 알아보자.

시의 함축성(connotation)을 이해하기 위해서는 그것과 대립되는 '일반적 의미(denotation)'를 먼저 이해해야 한다. 이것은 외연적 의미, 지시적 의미라고 할 수 있는데, 사전에 정의되어 있는 단어의 뜻을 말한다. 앞에서 언급하였듯이 일상어에서도 대체로 그러하며, 과학이나 의학 분야에서는 특히 언어의 지시적 의미에 집중한다. 한편 시는 언어의 지시적 기능을 넘어선 의미를 구성하려 한다. 지시적 의미에 갇히기 보다는 그 틀을 넘어 다른 뜻을 끌어들이거나 재창조한다는 것이다.

산수유꽃

정두리

이른 봄
햇살이 씨앗을 뿌렸다

산수유나무
품었던 씨앗을 틔운다

차조알같이 자잘한 노란 꽃
아직 뺨이 시려
깨알만큼 얼굴을 내민
그래도 촘촘히 달린 산수유꽃.

- 2007 읽기 6-1 교과서 수록 작품-

〈산수유꽃〉의 주요 내용은 '햇살이 씨앗을 뿌림(1연) - 산수유나무가 품었던 씨앗을 틔움(2연) - 산수유꽃이 꽃망울을 틔움(3연)'으로 이해할 수 있다. 시의 제목이나 전체 내용으로 보아, 1연에서 '햇살이 뿌린 씨앗'은 '산수유꽃'임을 알 수 있다. 여기서 멈춰 생각해 보아야 하는 것은 시적 화자가 산수유꽃을 표현하기 위하여 '햇살', '씨앗' '씨 뿌리는 행위'를 선택하였다는 것이다. 시인은 이러한 어휘들을 동원하여 산수유꽃의 어떤 점을 표현하고 싶었을까? 이를 해결하기 위해서는 시어와 함께 독자의 경험도 매우 중요한 단서가 된다.

'산수유꽃'을 비유하는 '씨앗'을 중심으로 시를 다시 읽어보면, '씨앗을 뿌림-씨앗을 틔움'이라는 연속적인 사건을 읽어 낼 수 있다. 또한 이를 통하여 산수유꽃은 산수유나무로부터 피어나는 것이 아니라 햇살이 뿌려 놓은 씨앗으로부터 나온다는 신선한 상상이 숨어 있음을 알 수 있다. 이른 봄날, 겨울 동안 느끼지 못했던 햇살의 따사로움을 느낀 적인 있는가? 햇살이 피부에 닿을 때 느껴지는 온기는 차가운 공기 속에서 떨어지는 물기 없는 빗방울처럼 선명할 때가 있다. 작은 씨앗 알갱이들이 피부에 닿는 것처럼. 시적 화자는 이런 느낌을 확장시켜 산수유꽃이 햇살이 뿌린 씨앗이라는 상상에 빠져든 것이다. 이것은 독자의 입장에서 산수유꽃과 씨앗의 유사성을 설명한 것이다. 이 밖에도 독자의 체험에 따라 다른 해석을 내 놓을 수 있다. 이것이 '씨앗'이 가지는 함축성이다. '씨앗'이 가지는 함축성은 그 단어 하나의 의미가 아니라 그 언어가 풍기는 분위기, 다의성, 상징적 의미를 포괄한다. 주요 시어를 통해 이루어지는 풍부한 연상 작용은 서로 다른 언어로 구성된 시의 응집성(coherence)을 높이도록 유도한다. 알레고리, 비유, 상징 등의 기법도 모두 시어의 함축적 사용 결과라고 할 수 있다.

만약 독자가 '산수유꽃'을 읽고 '산수유꽃의 모양'을 그린 작품이라고 단순하게 환원하였다면 시가 주는 풍부한 정서를 체험했다고 보기 어렵다. 시를 읽을 때, 겉으로 드러난 의미만을 읽고 함축된 의미는 찾지 못한다면 수박 겉핥기식 시 감상이 되어버린다. '산수유꽃'을 봄 햇살의 따뜻함과 함께 감상한 독자라면, 이후에 산수유꽃을 보고 햇살과 씨앗을 연상하면서 좀 더 인상깊이 산수유꽃을 바라볼 것이다. 시는 단 하나의 길이 아니라 함축성이라는 통로를 통하여 갈 수 있는 다양한 길을 통해 의미를 구성할 수 있다. 함축적 의미를 파악하는 방법을 아래와 같이 설명할 수 있다.

〈함축적 의미를 파악하기 위한 절차와 방법〉

① 시를 읽고 시어의 사전적 의미를 중심으로 뜻을 파악한다.

② 일상적으로 해석되지 않는 부분에 집중하며 다시 한 번 시를 읽는다.

③ 일상적으로 해석되지 않는 부분이 가리키는 시어나 대상을 찾는다.

④ 내용의 흐름 속에서 일상적으로 해석되지 않는 부분의 의미를 연상한다.

⑤ 일상적으로 해석되지 않는 부분에 대한 다양한 의미를 정리하고 그 이유를 파악한다.

⑥ 시어의 다양한 의미와 그렇게 생각한 까닭을 통하여 시적 화자의 정서를 구성한다.

시어의 함축성을 지도하기 위해서 시어가 가진 다의성을 쉽게 파악할 수 있는 시를 제재로 활용하는 것이 무엇보다 중요하다. 〈은행나무〉는 '엄마'가 세금 고지서를 들고 은행에 가는 월말의 소소한 일상을 표현한 시이다. 여기서 '은행'은 이중적으로 쓰였는데, 나무의 열매를 뜻하기도 하고 금융기관을 뜻하기도 한다. 이것은 두 가지 의미의 인접성이 아닌 소리의 인접성이 환유적으로 표현된 것이다. 또한 '엄마=은행나무'라는 은유는 고지서를 들고 가는 엄마를 비유하고 있다. 교사는 학습자에게 〈은행나무〉를 읽으면서 '은행'이 의미하는 것과 엄마를 은행나무에 비유한 까닭을 찾아보도록 유도한다.

우리 엄마 나무로 변신하는 날
오늘이 바로 그날, 월말이에요
잎사귀 무성한 은행나무로 변신한 우리 엄마
전기세며 수도세며 집 안 가득 새처럼 날아든
세금 고지서 척척 노랗게 매달고
은행가는 날

가파른 골목길 살금살금
큰길 건너며 흔들흔들
은행 맞은편 사거리 신호등 앞에서
기우뚱
주렁주렁 은행 알이
너무 많이 달렸나 봐요
노란 잎사귀 무성할수록 걱정도 많겠지만
몸은 무겁고 머리 복잡하겠지만
씩씩한 우리 엄마
언니랑 나랑 은행 알처럼 품고
쌩쌩 찬바람이 불어도
눈도 끔쩍 않는
은행나무

– 김 륭, 〈은행나무〉(《후라이팬을 타고 가는 도둑고양이》, 문학동네, 2009) –

또한 은행에 낼 고지서들을 챙겨 은행으로 향하는 엄마의 동선을 표현한 7행에서 10행까지의 내용은 단순히 걸어가는 길이 아닌 함축성을 가진다는 것을 알 수 있다. '가파른 골목길', '큰길', '사거리 신호등'은 가정의 경제적 부담들을 은유적으로 나타내며, 그 앞에서 '살금살금', '흔들흔들', '기우뚱' 하는 엄마의 움직임은 경제적 부담을 가까스로 이겨내는 정황을 감각적으로 드러내고 있다.

위와 같이 문맥을 통하여 파악할 수 있는 시어의 함축성에 대한 지도가 충분히 되었을 때, 〈우리나라 꽃들에겐〉과 같이 '꽃'이나 '새봄'이 의미하는 바를 독자의 상황에 따라 해석할 수 있다.

우리나라 꽃들에게
설운 이름 너무 많다.
이를테면 코딱지꽃 앉은뱅이 좁쌀밥꽃
건드리면 끊어질 듯

바람불면 쓰러질 듯
아, 그러나 그것들 일제히 피어나면
우리는 그날을
새봄이라 믿는다.

– 김명수, 〈우리나라 꽃들에겐〉 일부(《하급반 교과서》, 창비, 1983) –

위 시는 문면에 드러난 말 그대로 우리나라엔 '서러운 이름'을 가진 꽃들이 많다는 정보를 전달하고 있다. 이후 3행에서는 서러운 이름들의 예를 보여준다. 이후 4~5행에서는 그 꽃들의 이름이 건들이면 끊어질 것 같기도 하고 바람 불면 쓰러질 듯한 나약함을 드러내기 때문임을 설명하고 있다. 그러나 이러한 꽃들이 일제히 피어났을 때, 그 날이 바로 '새봄'이 될 수 있다는 확신을 드러낸다. 여기서 '새봄'은 여러 가지 의미로 해석될 수 있다. 이 시가 지어진 시대가 군사정권시절이므로 '새봄'이란 문민정부가 들어서는 일이라고만 답을 찾도록 한다면 시를 물건의 바코드 차원으로 격하시키는 일이 될 것이다. 큰 시험을 준비하는 수험생에게 '새봄'이란 시험에 합격하는 순간을 의미할 수도 있고, 아기가 태어나기를 바라며 입덧을 참고 있는 부인에겐 건강한 '아가의 탄생'이며, 열심히 학위과정을 밟고 있는 대학원생에겐 '학위 영득'의 순간이다. 이 시에서 말하는 것은 서러운 꽃의 이름들이지만 이러한 대상들에 의해 독자는 자신의 고통이나 절망이 확인되고 심화된다. '꽃들의 서러움'으로 인해 독자의 고통은 한층 선명해 지며 자연스럽게 '새봄'에 대한 간절함 또한 선명하게 증폭된다. 독자는 시어의 함축성을 이해하기 위해 자신의 삶을 들여다보아야 한다.

참고문헌

김선희(2007), 문학적 정서 함양을 위한 시조 교육 연구, 한국교원대학교 박사학위논문.

신헌재(2006), 문학교육과정 내용 선정을 위한 대안적 연구 방향,《문학교육학》, 한국문학교육학회, pp.67~87.

유종호(1994),《문학이란 무엇인가》, 창작과비평사.

이향근(2012), 시적 감성의 교육 내용 설계 연구, 한국교원대학교 박사학위논문.

______(2014), 동시에 나타난 시간의식과 교육적 함의, 청람어문교육 52호, 청람어문교육학회.

진선희(2006), 학습독자의 시적 체험 특성에 따른 시 읽기 교육 내용 설계연구, 한국교원대학교 박사학위 논문.

최지현(1998), 문학 정서 체험 : 교육내용으로서의 본질과 가치, 구인환 외 공저,《문학 교수 · 학습 방법론》, 삼지원.

하근희(2013), 문학교육에서 태도교육 내용 연구, 한국교원대학교 박사학위논문.

Dilthey, W.,이한우 역(2012),《체험 · 표현 · 이해》, 책세상.

Lamping, D. 장영태역(1994),《서정시: 이론과 역사》, 문학과지성사.

9. 인물, 사건, 배경을 생각하며 동화 감상하기

9.1. 동화 구성 요소의 개념과 필요성

동화의 구성 요소는 인물, 사건, 배경을 꼽을 수 있다. 이 세 가지 요소는 동화나 소설을 비롯한 일련의 서사(徐事) 문학 작품을 구성하며, 세 가지의 요소가 긴밀한 관계를 이루며 하나의 작품을 완성한다.

인물은 이야기에 등장하는 개인들(individuals)을 지칭하며, 인물이라는 범주는 소설에서 다음에 어떤 일이 벌어지는가를 묻지 않고 일이 누구에게 일어나는가를 물을 때의 행동 주체이다(서울대학교 국어교육연구소, 1999: 629). 그런데 어린이를 예상독자로 하는 동화에서의 인물은 꼭 인간에만 한정되지 않는다. 의인화된 동물이나 무생물도 인물이 될 수도 있다. 그래서 행동의 주체가 되는 모든 것으로 폭넓게 인물의 개념을 다루고 있는 것이다.

배경은 서사(敍事)에서 작중 인물들이 활동하고 사건들이 전개되는 모든 시간적 · 공간적 영역이다(서울대학교 국어교육연구소, 1995: 342). 배경은 단순히 사건이 일어나는 장소나 시간을 뜻하는 것이 아니다. 흔히 드라마나 영화에서 연인들이 이별을 할 때에는 비가 내리는데, 이렇게 배경은 인물의 마음을 드러내주는 장치의 역할을 한다. 권정생의 〈몽실 언니〉에서는 한국 전쟁이라는 시간적 배경이 사건 전개의 원인이 된다. 배경은 작품에 현실성을 부여하고, 분위기를 조성하며, 인물의 심리와 사건을 암시하고, 주제를 제시하는 역할을 한다(최미숙 외, 2008: 96-97).

한편 시간적 배경과 공간적 배경은 다양한 층위로 나타날 수 있다. 동화 전체의 시간적 배경은 옛날이지만, 아침, 점심, 저녁의 시간 흐름에 따라 다른 사건이 일어난다면 아침과 점심, 저녁의 시간 흐름에 따라 시간적 배경을 정리할 수 있다. 공간적 배경도 마찬가지이다. 단순히 '시골'이라고만 할 수도 있지만 강가와 들판, 집 안 등으로 나누어 정리할 수 있다.

사건이란 소설이나 서사물에서 발생하고 벌어지는 온갖 일들을 일컫는다(서울대학교 국어교육연구소, 1995: 379). 동화를 읽고 사건을 찾을 때에 어느 수준까지 사건이라고 해야 하는지가 애매할 수 있다. 사건을 정리한다고 할 때에는 핵심적인 사건을 중심으로 정리하여 전체적인 플롯이 드러나는지를 살펴본다. 동화 속 사건은 인물에 의하여 구체적인 시공간적 배경 안에서 수행된다.

그러나 지금까지 언급한 인물이나 배경, 사건에 대한 설명은 초등학생에게 그대로 적용하기는 어렵다. 초등학교 학생이 이해하기 어려운 서사나 범주와 같은 용어들이 쓰이고 있기 때문이다. 초등학교 교육과정에서는 동화 또는 이야기 문학에서 세 가지 구성 요소인 인물과 사건, 배경을 찾고 이후 이들의 관계를 살펴보는 학습을 하도록 하고 있다.

동화에서 인물의 성격을 제시하는 방식은 크게 말하기(telling)와 보여주기(showing)의 두 가지이다. 말하기는 작가가 인물의 말과 행동을 보고 성격을 설명하여 주거나 인물의 성격을 직접 설명 또는 평가하는 것을 말한다. 말하기의 다른 방법은 직접적으로 이름을 통하여 인물의 성격이나 특성을 드러내는 것이다. 활을 잘 쏘는 사람이라는 뜻의 '주몽'이나 《재주꾼 오 형제》의 '오줌이', '콧김이'와 같은 이름이 그 예가 된다. 보여주기는 인물의 말과 행동을 통하여 간접적으로 인물의 성격을 나타낸다. 《원숭이 꽃신》에서 "그러면 잣은 삼백 송이만 주시고, 그 대신 원숭이 나리께서 날마다 우리 집 청소를 하고, 내가 개울을 건널 때에는 업어 주셔야 합니다."라고 말하는 너구리의 말을 통해서 너구리의 교활한 성격을 짐작할 수 있다. 과거에는 말하기의 방법이 널리 쓰였다면 현대로 올수록 보여주기의 방법이 많이 쓰이고 있다. 그러나 어느 한 방법이 다른 방법에 비하여 좋거나 나쁘다고 말할 수는 없다.

배경은 이야기에서 일이 일어나는 시간과 장소(교육과학기술부, 2014: 20)를 뜻한다. 배경은 시간적 배경과 공간적 배경으로 나누어 지도한다. 작품에 따라 어느 한 가지만 두드러지는 경우도 있고, 두 가지가 모두 두드러지게 나타나기도 한다. 예를 들어, 존 버닝햄의 《지각대장 존》은 공간적 배경의 변화가 좀 더 선명하게 나타난다. 이와 달리 권정생의 《몽실언니》는 시간적 배경과 공간적 배경이 모두 분명하게 드러나는 작품이다. 또한 옛이야기들은 공간적 배경은 비교적 뚜렷한 반면에 대체로 시간적 배경은 막연하게 '옛날'로 나타난다.

초등학교 교육에서 사건은 이야기에서 일어나는 일을 뜻한다(교육과학기술부, 2014: 20). 시간적 순서를 고려하여 사건을 정리하도록 하거나 배경의 변화에 따라 사건을 정리하도록 하는 경우도 있다. 흔히 사건을 찾아 정리하는 데에 어려움을 겪는데, 사건을 정리한 후에는 정리한 사건만 보고도 한 편의 이야기가 이해가 되는지를 재점검하는 과정을 강조할 필요가 있다.

각각의 구성 요소를 잘 파악할 수 있게 되면, 구성 요소들 사이의 관계를 살펴보아야 한다. 작품 속 인물, 사건, 배경의 관계를 파악함으로써 작품의 주제를 좀 더 분명하게 파악할 수 있다. 독자는 작품을 읽으며 어렴풋이 주제를 파악하게 되는데, 작가가 치밀하게 배치해 둔 인물과 사건, 배경의 관계를 파악하면서 주제를 좀 더 또렷하게 인식할 수 있다. 예를 들어, 권정생의 《강아지똥》을 읽는 경우를 생각해 보자. 한 독자가 작품을 읽으며 주제를 어렴풋이 누구나 소중하다는 정도로 파악할 수 있다. 이후 독자는 다시 인물과 사건, 배경의 관계를 생각해 보면서 주제를 좀 더 또렷하게 인식할 수 있게 된다. 주인공이 다른 존재가 아니라 강아지똥인 이유와 그 강아지똥이 도시가 아닌 과거의 시골을 배경으로 사는 것의 관계를 생각해 보게 된다. 그리고 더럽고 사소하며 낮은 존재인 강아지똥이 시골에서 겪는 사건들을 하나하나 음미하면서 생명과 자연의 가치라는 주제의 파악에까지 이를 수 있다.

동화의 구성 요소인 인물과 사건, 배경 간의 관계를 이해하며 작품을 읽는 것은, 이에 대한 고려 없이 문학 작품을 읽을 때에는 경험하지 못했던 이야기 문학의 특성을 이해하고 그 고유한 즐거움을 향유하게 해 준다. 즉, 이야기의 대체적인 흐름을 좇아가며 읽을 때에는 주로 줄거리 자체에서 즐거움을 얻는다면, 구성 요소들 간의 관계를 고려하며 읽을 때에는 이야기의 치밀한 구성이 주는 즐거움도 느낄 수 있게 된다(교육과학기술부, 2015: 268).

인물, 사건, 배경을 찾고, 구성 요소 간의 관계를 찾는 활동을 할 때에는 기계적으로 찾는 활동을 지양해야 한다. 작품을 읽고 음미하기도 전에 등장인물은 누구이고, 배경이 무엇인지를 찾도록 해서는 안 된다. 먼저 작품을 음미할 시간을 충분히 준 다음, 구성 요소의 관계를 이해하고 구성 요소를 찾으며 읽는 것에서 학생들이 즐거움을 느낄 수 있도록 하는 것이 더 중요하다.

9.2. 동화 구성 요소의 지도 방법

1) 인물

(1) 인물의 성격 파악하기

인물의 성격은 인물과 사건이 관계를 맺는 데에 핵심적인 요소이다. 각기 다른 방법으로 제비의 다리를 고쳐 준 흥부와 놀부 같이 인물의 성격에 따라 같은 사건에 달리 반응을 하기도 하고, 사건의 전개에 따라 인물의 성격이 달라지기도 한다.

인물의 성격을 파악하는 방법에는 여러 가지가 있을 수 있지만, 초등학교 국어 수업에서는 주로 말과 행동을 통하여 성격을 파악하도록 한다. 처음 인물의 성격을 찾아야하는 학생과의 수업 제재를 설정할 때에는 작품 속 서술자가 직접적으로 인물의 성격에 대하여 일부 설명하고, 작품 속에서 인물의 성격이 변하지 않는 인물을 선정하여 성격을 파악하도록 하는 것이 좋다. 그것이 익숙해지면, 사건에 의하여 변화하는 인물의 성격이나 인물의 성격에 의하여 사건의 전개가 달라질 수 있음을 공부한다.

2009 개정 교육과정 교과서에서 인물의 성격에 대한 언급이 직접적으로 드러나는 때는 4학년 1학기와 6학년 1학기 교과서의 일부분이다. 4학년과 6학년 모두 인물의 말과 행동을 통하여 성격을 짐작해 보도록 하고 있다.

[그림3-57] 2009 국어 6-1

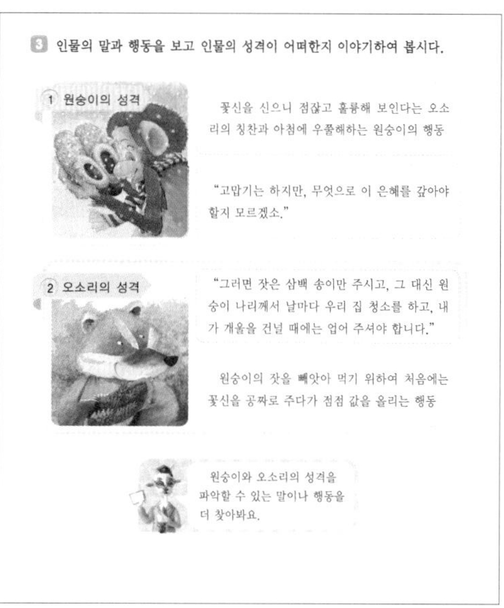

[그림3-58] 009 국어 4-1

(2) 인물의 성격을 시각적으로 표현하기

인물의 성격을 시각적으로 표현하는 활동은 인물의 초상화 그리기 활동을 뜻한다. 초상화 그리기는 인물의 성격을 바탕으로 한 모습을 시각적으로 표현하도록 하는 활동이다. 이 활동은 인물의 성격으로 미루어 외모를 짐작하게 하고, 작품에 인물이 어떻게 묘사되어 있는지에 집중하게 한다. 구체적인 형태의 그림을 그리도록 함으로써 좀 더 인물에 집중할 수 있게 된다. 인물의 모습을 시각적으로 표현한다는 것은 인물의 성격을 파악하고, 그에 어울리는 모습을 그리는 것을 의미한다. 즉 미술시간과 같이 미적인 관점에서 그림을 그리는 것이 아니라, 인물의 성격을 파악하여 여러 가지 방법으로 표현해 보는 활동이다. 그 중 한 가지로 인물의 초상화 그리기 활동을 할 수 있다.

인물의 초상화 그리기는 인물의 말이나 행동을 보고 인물의 성격을 파악하여 표현하는 활동이다. 인물의 말이나 행동은 성격을 짐작할 수 있는 단서가 된다. 이것들을 보고 인물의 말이나 행동을 짐작하여 말로만 표현하지 않고 인물의 성격이 드러나는 얼굴을 그려보도록 함으로써 학생들이 재미있게 인물의 성격을 찾을 수 있도록 한다. 학생들이 자신의 생각을 시각자료로 표현하게 한다는 점에서 좋다.

인물의 초상화 그리기는 다음과 같은 순서로 진행한다. 먼저 도화지와 색연필을 준비한다. 그리고 사람의 얼굴 윤곽을 도화지에 대강 그린다. 학생들이 이 부분을 어려워한다면 교사가 성별에 관계없이 사용할 수 있는 얼굴 윤곽을 준비해서 나누어 줄 수도 있다. 학생은 이야기를 다시 읽으며 한 명의 인물을 정하고, 해당 인물의 성격을 짐작할 수 있는 말이나 행동을 뒷면에 쓴다. 그 아래쪽에 성격을 쓴다. 짐작한 인물의 성격에 맞게 앞면에 인물의 얼굴을 그린다. 이때 삽화와 똑같이 그리지 않도록 지도한다. 교사 역시 인물의 모습이 삽화와 얼마나 비슷한가, 또는 얼마나 미술적으로 잘 그렸는가를 평가해서는 안 된다. 인물의 말이나 행동을 보고 성격을 잘 찾았는가, 그리고 찾은 성격이 잘 드러나게 인물의 모습을 묘사하였는가에 초점을 두어야 한다.

다음은 《블루시아의 가위바위보》 중 〈반 두비〉를 읽고 그린 인물 초상화이다.

[그림3-59] 인물 초상화 그리기(예시)

위와 같은 활동을 통하여 학생들은 좀 더 재미있게 인물의 성격을 파악하고, 표현할 수 있다. 그리고 자신의 생각을 시각적으로 표현해야하기 때문에, 인물의 성격을 분명하게 말할 수 있도록 준비하게 된다.

2) 사건

(1) 시간의 흐름에 따라 사건 정리하기

사건은 이야기에서 일어난 일이 무엇인지를 찾는 활동이다. 하나의 사건을 찾기보다는 사건의 전개를 파악하는 것이 이야기의 흐름을 알게 한다는 점에서 의미가 있다. 따라서 대부분의 활동은 각각의 사건을 파악하기보다는 시간의 흐름이나 인과 관계에 따라 사건의 전개를 정리하도록 하는 것이 주가 된다.

그런데 학생들은 사건의 전개를 정리하는 것은 쉽지 않다. 중요한 사건이 빠지기도 하고, 중요하지 않은 사건들을 지나치게 길게 나열하여서 사건의 전개가 하나의 이야기와 다르지 않은 경우도 생긴다. 다음의 활동은 2007 개정 교육과정 4학년 2학기 읽기 교과서에 제시된 것이다. 여기에서는 사건 전개를 파악하기 어려워하는 학생들을 위하여, 이야기의 핵심 장면을 그림으로 표현하고 거기에 어울리는 사건을 정리하는 방식으로 사건의 전개를 파악하도록 하고 있다(교육과학기술부, 2010: 22). 이와 같이 도움이 제공되는 사건 전개 정리에 익숙해지면, 학생 스스로 사건의 전개를 정리해 보도록 한다.

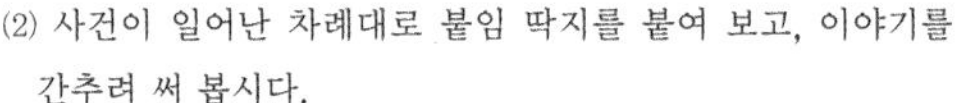
(2) 사건이 일어난 차례대로 붙임 딱지를 붙여 보고, 이야기를 간추려 써 봅시다.

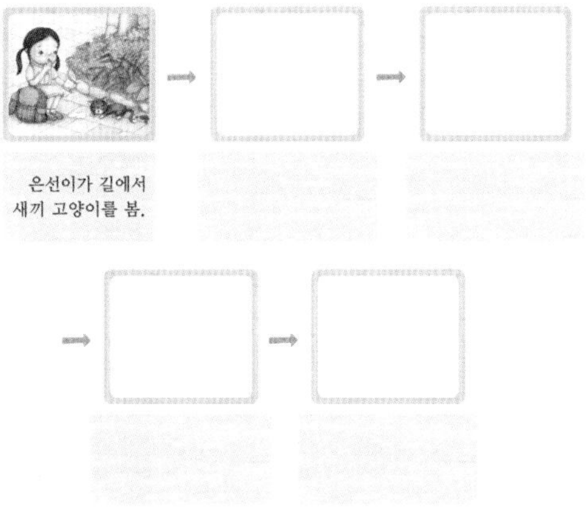

[그림3-60] 2007 읽기 4-2

사건의 전개를 정리한 다음에는 스스로 점검하는 과정이 필요하다. 즉, 자신이 정리한 사건만 보아도 이야기 전체의 흐름을 이해할 수 있는가를 학생이 스스로 확인할 수 있도록 지도하여야 한다.

핵심 사건이 빠지거나 같은 사건을 두 번 제시한 경우에는 스스로 점검하거나 다른 친구와 함께 점검을 하면서 사건의 전개를 좀 더 매끄럽게 정리할 수 있게 된다.

사건의 전개는 동화의 내용을 간추리는 활동과 비슷한 면이 많다. 특히 시간적 배경이나 공간적 배경의 흐름에 따라 사건의 전개를 정리하거나, 인물의 성격과 사건의 전개 사이의 관계를 고려하며 정리를 하는 경우에는 자연스럽게 동화의 내용을 간추리는 활동을 하게 된다. 사건의 전개와 동화의 내용 간추리기 사이에 유사한 부분이 있음을 인식하고, 사건의 전개를 정리함으로써 내용을 간추릴 수 있도록 돕는 것이 필요하다.

3) 배경

배경은 단순히 인물이 활동하는 공간이 아니다. 배경으로 인하여 사건이 시작되기도 하고, 인물에게 큰 영향을 주기도 한다. 배경은 이야기의 본문에 나타난 단어를 통하여 비교적 쉽게 찾을 수 있지만, 단순히 시간을 알려주는 말과 시간적 배경은 다르다. 예를 들어 한 작품에 '6□25 전쟁', '이튿날', '3시 경'의 낱말이 모두 나타나는 경우, 어떤 것이 시간적 배경이고 어떤 것은 아닌지 구분하기를 어려워하는 학생들이 있다. 단순히 시간의 흐름을 나타내는 낱말 보다, 인물과 사건에 영향을 주는 것들을 중심으로 시간적 배경을 정리하는 것이 좋다.

배경은 시간적 배경과 공간적 배경, 두 가지가 모두 분명하게 나타나는 경우도 있지만, 어느 한 가지가 분명하게 나타나고 다른 한 가지는 분명하게 나타나지 않는 경우도 있다. 교사는 미리 작품을 읽으며 이야기에서 배경이 어떻게 드러나는지를 파악해 두어야 한다. 주의할 점은 역사적 지식을 지나치게 강조해서는 안 된다는 점이다. 한글이 창제되는 때를 시간적 배경으로 하는《초정리 편지》의 시간적 배경을 한글이 창제되는 시기 정도로 할 수는 있지만, 역사적 배경 지식을 활용하여 1446년, 세종 28년 등으로 찾게 해서는 안 된다.

배경을 찾을 때에 학생들이 흔히 겪는 혼란은, 시간을 나타내는 낱말 중 어떤 것을 시간적 배경으로 삼을 수 있는가 하는 문제이다. 배경은 이야기 속에서 단서를 찾아, 그것들 중 알맞은 것을 선별하는 과정을 거쳐야 한다. 즉, 이야기 속에서 시간을 나타내는 말이나 장소를 나타내는 말이 모두 배경인 것은 아니다. 다음과 같은 순서로 배경을 찾는 방법을 지도한다.

먼저 이야기에서 시간과 공간을 나타내는 낱말을 모두 찾는다. 찾은 낱말을 보면서 시간적 배경과 공간적 배경이라 할 수 있는 것들을 다시 고른다. '배경'이라 할 만한 것들은 다른 시간을 나타내는 낱말에 비하여 인물, 사건과 관계가 깊다. 사건과 관계가 깊다면 '6□25 전쟁'과 '3시 경' 모두 시간적 배경이 될 수 있다. 전자가 전반적인 시간적 배경을 뜻한다면 후자는 특정한 사건이 일어난 시간적 배경이라 말할 수 있다.

4) 인물과 배경, 사건의 관계 파악하기

인물과 배경, 사건의 관계를 파악할 때에는 구성 요소 중 두 가지에 초점을 맞추어 정리 하는 것이 좋다. 구성 요소 간 관계를 파악할 때에는 주로 표나 도해조직자를 이용하게 되는데, 세 가지를 한 번에 정리하기는 지나치게 복잡해지기 때문이다. 두 가지를 정리한 후, 정리한 내용을 보면서 다른 한 가지와의 연관성을 말로 이야기해 보는 것이 더 이해하기 쉽다.

(1) 인물과 사건 전개 사이의 관계 알아보기

인물과 사건 전개의 관계는 인물의 성격과 사건 전개 사이의 관계를 살피는 활동으로 구체화된다. 다음은 2009 국어 6학년 1학기 7단원 내용의 일부이다.

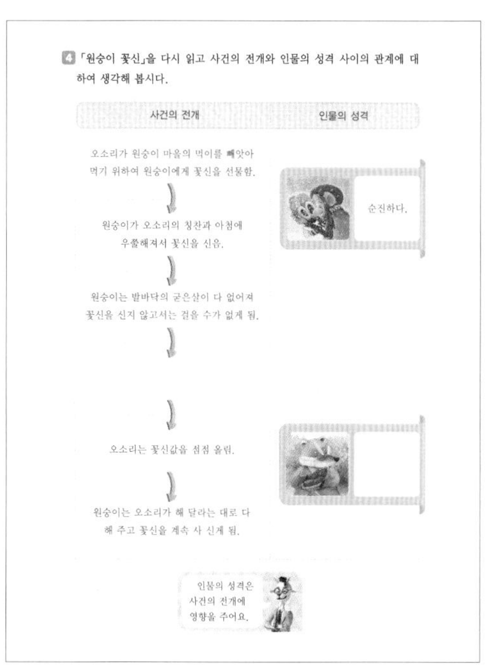

4 「원숭이 꽃신」을 다시 읽고 사건의 전개와 인물의 성격 사이의 관계에 대하여 생각해 봅시다.

사건의 전개	인물의 성격
오소리가 원숭이 마을의 먹이를 빼앗아 먹기 위하여 원숭이에게 꽃신을 선물함.	
원숭이가 오소리의 칭찬과 아첨에 우쭐해져서 꽃신을 신음.	순진하다.
원숭이는 발바닥의 굳은살이 다 없어져 꽃신을 신지 않고서는 걸을 수가 없게 됨.	
오소리는 꽃신값을 점점 올림.	
원숭이는 오소리가 해 달라는 대로 다 해 주고 꽃신을 계속 사 신게 됨.	

인물의 성격은 사건의 전개에 영향을 주어요.

[그림3-61] 2009 국어 6-1

위의 표는 인물의 성격이 사건의 전개에 어떠한 영향을 주는 것인지 파악하는 표처럼 보인다. 또, 반대로 앞서 일어난 사건에 인물의 성격이 영향을 주어 어떻게 다음 사건이 전개되는지 설명하는 표로도 볼 수 있다. 위의 표는 인물의 성격과 사건의 전개를 중심으로 설명하고 있지만, 표를 완성한 후에는 배경과 관계를 지어 이야기를 해 봄으로써 인물과 사건, 배경의 관계를 모두 생각해 보도록 한다.

인물의 성격이 사건과 주고받는 흐름을 전체적으로 정리한 것은 이야기의 흐름을 보여준다. 그러므로 이렇게 정리한 표를 보고 이야기의 내용을 간추릴 수도 있다. 인물의 성격은 단순히 한 사건에만 영향을 주는 것이 아니라, 이야기 전체의 흐름을 끌고 나가는 원동력이 된다.

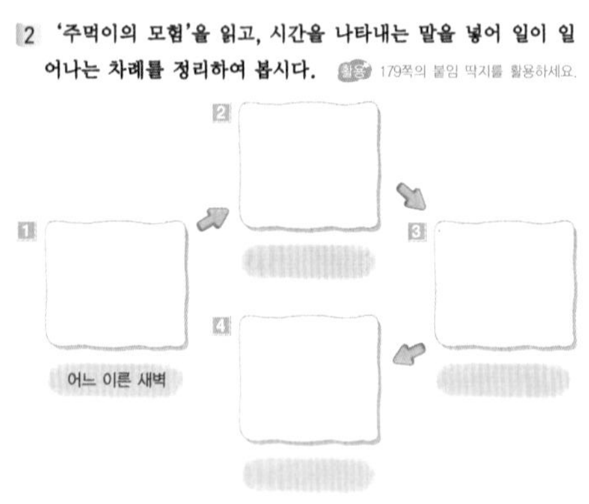

[그림3-62] 2007 읽기 3-1

(2) 배경의 변화에 따라 사건 정리하기

배경의 변화에 따라 사건을 정리하는 활동은 시간적 배경이나 공간적 배경이 분명하게 드러나는 동화를 제재로 삼는 것이 좋다. 시간적 배경이 분명하게 드러나는 경우 시간적 배경을 제시하고, 각각의 시간에 어떠한 사건이 일어났는지 정리한다. 왼쪽 그림은 2007 개정 3학년 1학기 읽기 교과서 129쪽의 내용으로, 시간적 배경에 따라 사건을 정리하는 방법을 보여준다.

공간적 배경이 분명하게 드러난 경우 배경을 시각적으로 보여주는 지도와 같은 것을 제시하고, 사건을 정리하여 나타낸다. 이러한 방법을 활용하면 좀 더 직관적으로 배경과 사건의 관계를 파악할 수 있다. 다음은 2007 개정 3학년 1학기 읽기 교과서 146쪽에 실린 내용으로, 배경과 사건 전개의 관계를 알아보는 과정을 보여준다.

[그림3-63] 2007 읽기 3-1

배경의 변화에 따라 사건을 정리할 때에는 단계

적 접근이 필요하다. 처음에는 공간적 배경의 변화를 알 수 있는 자료를 주고, 사건의 변화를 쓰도록 한다. 이후 학생이 이러한 활동에 익숙해지면 공간적 배경의 변화를 스스로 그림으로 표현하고, 배경에서 일어난 사건을 정리하도록 한다. 시간적 흐름 역시 비슷한 방법으로 처음에는 중요한 사건이 일어난 시간적 배경을 제시하고 주고, 그 때에 일어난 사건을 정리하도록 한다. 이것이 익숙해지면, 나중에는 학생들이 스스로 시간적 배경에 따라 사건을 정리 할 수 있도록 한다. 배경에 따라 사건을 정리한 후에 사건과 영향을 주고받는 인물의 성격을 떠올려 보면서 구성 요소 간의 관계를 파악할 수 있다.

9.3. 동화 구성 요소 학습의 평가

동화의 구성 요소와 관련하여 평가를 할 때에는 작품과 구성 요소를 유리시키지 말아야 한다. 즉, 구성 요소가 작품 속에서 어떠한 역할을 하는지를 깨달아 이야기 문학 고유의 즐거움을 경험할 수 있도록 하는 데에 초점을 두어야 하며 작품에서 인물과 사건, 배경이 무엇인지를 기계적으로 잘 찾는 학생을 교육하려는 것이 아님을 염두에 두어야 한다.

첫째, 인물에 대하여 평가를 할 때에는 저학년의 경우 기본적으로 인물인 것과 아닌 것을 구별할 수 있는가를 평가하여야 한다.《흥부 놀부》에서 '제비'는 이야기의 전환에서 결정적인 역할을 하지만, 스스로 생각하거나 말하는 주체적인 대상이 아니므로 인물이라고 하기 어렵다. 반대로《별주부전》에서 문어 대신과 같이 별로 큰 역할은 아니라고 해도 스스로 말하거나 행동하는 대상은 인물이라고 할 수 있다.

둘째, 배경과 관련하여 평가를 할 때에는 사건에는 다양한 층위가 있음을 알고 있는가를 평가할 필요가 있다. 2009 개정 교육과정 6학년 1학기 국어에 실린《살구가 익을 무렵》의 경우, 시간적 배경은 1960~70년대가 될 수 있고, 좀 더 구체적으로 살구가 익는 초여름이 될 수도 있다. 더욱 구체적으로 일요일, 며칠 뒤와 같이 말할 수도 있다. 사건과의 관계에 따라 핵심 사건이 일어나는 때를 시간적 배경이라 하게 된다. 공간적 배경 역시 마찬가지이다. 6학년 1학기 국어 교과서에 실린 또 다른 작품인《온양이》의 경우, 공간적 배경은 북한이 될 수도 있고 함흥에서 흥남 부두, 배 안으로 보아도 무방하다.

셋째, 사건 전개를 정리할 수 있는가를 평가할 때에는 핵심 사건이 빠지지 않았는지를 평가하여야 한다. 사건의 전개를 정리한 후에는 그것이 이야기 전체의 내용을 보여주는 것인지 자기 평가와 상호 평가를 통하여 점검을 할 필요가 있다. 이러한 활동에 익숙해지면 이후에는 자기 평가를 통해서 사건의 전개를 정리할 수 있게 된다.

참고문헌

교육과학기술부(2010), 초등학교 4학년 2학기 국어, 미래엔.

교육과학기술부(2013), 초등학교 1-2학년군 국어 교사용 지도서, 미래엔.

교육과학기술부(2014), 초등학교 4학년 1학기 국어, 미래엔.

교육과학기술부(2015), 초등학교 6학년 국어 교사용 지도서 미래엔.

서울대학교 국어교육연구소(1999),《국어교육학사전》, 대교출판.

이경화 외(2012), "초등학교 국어 학습부진의 이해와 지도", 박이정.

최미숙 외(2008),《국어 교육의 이해》, 사회평론.

10. 동화에서 말하고 있는 사람의 관점 이해하기

10.1. '동화에서 말하고 있는 사람의 관점'의 개념 및 필요성

동화에서 말하고 있는 사람의 관점은 이야기를 전달하는 사람에 따라 달리 구성된다. 일상생활에서 같은 사건을 두고도 서로 다른 주장을 하는 경우를 생각해 보면 쉽게 이해가 될 것이다. 같은 사건이라도 누가 사건을 독자에게 전달하고, 어떠한 관점에서 사건을 바라보는가에 따라 전혀 다른 동화가 된다.

동화에서 이야기의 전달자가 작품 속의 내용을 바라보는 위치를 시점이라고 한다. 시점은 다시 '누가 말하느냐'와 '누가 보느냐'의 문제로 나누어 볼 수 있다(최지현 외, 2011: 188). 전자가 이야기의 내용을 전달하는 존재와 관련된 질문이라면, 후자는 이야기의 내용이 누구의 관점에서 지각되었는가의 문제와 연관된다. '누가 보느냐'의 문제에는 보는 사람의 입장과 가치관 등이 포함된다. 결국 시점은 '누가 본 것을, 누가 말하느냐'하는 두 가지 층위로 분석해 볼 수 있다. 그리고 동화를 우리에게 전달해 주는 이는 서술자가 어떤 관점 -위치, 목소리-에서 이야기하느냐에 따라 이야기의 세계는 달라진다(서울대학교 국어교육연구소, 1999: 471). 시점은 단순히 누구의 입장에서 보는가의 의미 뿐 아니라 어떠한 목소리가 서술을 하느냐의 의미도 포함한 개념으로 보아야 한다.

시점에 대한 논의는 시대의 흐름에 따라 변화되어 왔다. 이전의 문학 교육에서 시점은 1인칭 주인공 시점, 1인칭 관찰자 시점, 3인칭 관찰자 시점, 3인칭 전지적 작가 시점의 분류를 따라 왔다. 이러한 분류는 브룩스와 워렌(Brooks & Warren)의 주장을 따른 것이다. 이러한 시점 분류가 여전히 교육에서 널리 쓰이는 것은 분류가 단순하고도 명확하게 보이기 때문이다.

그러나 쥬네트(Genette)가 지적하였듯이, 브룩스와 워렌은 누가 바라보는가와 누가 서술하는가의 의미가 혼재된 용어를 사용하고 있다는 문제점이 있다. 3인칭 전지적 작가 시점에서 전지적인 서술자가 동화에서 말을 하고 있지만, 사건을 보는 시선은 인물 중 한 명이 될 수도 있고 동화에 드러나지 않은 인물이 될 수도 있다. 그러므로 '누가 보고 있느냐'와 '누가 말하고 있느냐'의 개념을 구별할 필요가 있다.[22] 쥬네트는 등장인물보다 많은 것을 알고 있는 화자가 정보를 제공하는 제로

22) 쥬네트는 세 가지의 초점을 제시하였는데, 등장인물보다 많은 것을 알고 있는 화자가 정보를 제공하는 제로 초점화(zero focalization), 등장인물의 시각으로 사건을 바라보는 내적 초점화, 작품 외부에서 바라보듯이 서술하는 외적 초점화이다.

초점화(zero focalization), 등장인물의 시각으로 사건을 바라보는 내적 초점화, 작품 외부에서 바라보듯이 서술하는 외적 초점화를 제시하면서 브룩스와 워렌의 문제점을 해결하고자 하였다.

이후 미케 발(Mieke Bal)은 쥬네트의 분류 기준에 다시 의문을 제기한다. '누가 보느냐'에 따라 결정되는 제로 초점화, 내적 초점화와 달리 '누가 보여지느냐'에 따라 결정되는 외적 초점화의 분류 기준이 상이하다는 것이다. 이러한 기준의 혼란을 해결하기 위해 미케 발은 서술 시점을 '초점화자(focalisateur)'와 '초점대상(focalise)'의 두 가지 개념을 제시하였다. 초점화자와 초점대상 간의 관계를 보여주는 초점화 개념을 활용하여 두 가지 요소의 관계를 분석하고자 한 것이다.

예를 들면, '선희는 차려놓은 밥상을 흐뭇하게 바라보았다.'에서 주체인 "선희"가 초점화자이며, 선희의 시점에서 동화가 서술된다. 이 초점화자는 객체인 서술대상 '차려놓은 밥상을 흐뭇하게' 보고(지각적) 느끼고(심리적) 관념하는 주체이다. 이에 비해 '선희는 ~바라보았다.'고 매개하는 외부 서술자가 존재한다(염창권, 2012: 79). 그에 따르면, 말하는 사람(화자, 서술자)이 그 목소리의 톤(tone)을 통하여 사건이나 세계에 대한 태도를 드러낸다면, 시점이나 초점화자는 스토리와 관련된 사건, 신념, 견해, 이데올로기, 개인적인 추구 등을 지각하는 주체의 역할을 한다. 즉 스토리 관련 사건이나 신념 등은 초점화자를 통해서 지각된 내용이며, 이들은 목소리(화자, 서술자)를 통해서 독자에게 전달될 수 있다.

그러므로 동화의 서술자는 서사물(敍事物) 속에 각인되어 있는 이야기하는 사람을 뜻하며, 작중화자 또는 화자라고도 한다(서울대학교 국어교육연구소, 412). 주로 동화나 소설과 같은 서사 갈래에서는 '서술자'라고 하고, 시에서는 '작중 화자' 또는 '화자'라는 말을 좀 더 많이 사용한다.

서술자는 동화의 작가와는 다른 개념이다. 작가는 자신이 의도하는 의미를 담기 위하여 작품의 서술자를 상정한다. 즉, 실제로 존재하는 작가와 독자 사이에 가상의 인물인 서술자가 존재한다. 그리고 이 서술자는 실제 작가와는 다른, 가상의 존재이다. 쉬운 예로 주요한의 '사랑방 손님과 어머니'의 서술자는 어린 여자아이인 '옥희'이지만, 실제 작가는 성인 남성이다.

특히 아동 문학은 소통 구조가 독특하여 서술자의 위치가 성인 문학과는 구별된다. 다시 말하면, 성인 작가에 의하여 전유(appropriation)된 아동의 상상 세계, 심리, 사건들이 독자인 아동들이 이해할 수 있는 언어로 기술되어야하기 때문에 서술이나 서사의 방식에 있어서 특수한 형태를 보일 가능성이 높다(염창권, 2012: 69). 그러므로 아동문학의 실제 저자는 작가는 책을 읽을 어린이와 책을 구입할 어른을 함께 고려하여 시점이나 서술자(내레이터)를 결정한다. Nikolajeva(조희숙 외 옮김, 2009: 327-328)는 아동문학에서의 이러한 이중 말하기(double address)구조를 아래와 같이 나타낸 바 있다.

〈표3-49〉 아동문학의 이중 말하기 구조(Nikolajeva. 조희숙 외 옮김, 2009: 327.의 표를 일부 수정)[23]

							아동 서술 대상	→	내포 아동독자	→	실제 아동독자
실제 저자	→	내포저자	→	서술자 (내레이터)	→						
							성인 서술 대상	→	내포 성인독자	→	실제 성인독자

Nikolajeva(조희숙 외 옮김, 2009: 219-220)에 따르면, 〈표3-49〉에서 실제저자와 실제독자는 동화 외부에 존재하는 반면, 나머지 전달자들은 동화 내부에 존재한다. 그에 따르면, 독자들이 동화를 읽으며 재구성하는 작가에 대한 이미지를 내포저자(implied author)라고 부른다. 그래서 독자에 따라 내포저자는 달리 구성될 수 있다. 서술자와 달리 독자가 상상하는 저자인 내포저자는 독자에게 아무것도 직접적으로 말해주지 못한다. 다시 말하면, 내포저자는 실제로는 아무 내용도 알려주지 않는다. 내포독자는 실제 저자가 생각한 청중이며, 동화를 평가할 수 있는 능력을 가진 것으로 추정되는 추상적인 독자이다(Nikolajeva, 조희숙 외 옮김, 2009: 316).

특히 전통적인 아동문학은 권위적이고 훈육하고자 하는 내포저자에 의해 서술이 진행되기 때문에, 서술자와 인물의 시점 사이의 불일치가 자주 일어난다(Nikolajeva, 조희숙 외 역, , 2009: 240). 동화는 어른인 작가가 어린이의 시점에서 보는 방식을 취하는 경우가 많기 때문이다. 동화의 작가는 대부분 어른인데 비하여, 이야기 속의 서술자나 이야기를 끌고 나가는 인물은 어린이인 경우가 많다.

지금까지 동화 교육에서는 인물과 사건, 배경에 주목하도록 하는 경우가 많았다. 세 가지를 통하여 서사 문학인 동화 고유의 즐거움을 느낄 수 있으며, 사건의 흐름을 파악하는 데에 도움을 받을 수 있다고 생각해 왔기 때문이다.

하지만 동화를 통하여 이야기하고자 하는 작가의 의도를 파악하는 것 또한 중요한 문제이다. 서

23) Nikolajeva. 조희숙 외 옮김(2009: 327)의 표를 일부 수정하였음

술자와 시점은 작가의 의도를 드러내기 위하여 작가가 설정한 장치이며, 이야기 문학 고유의 특성임을 고려한다면 서술자와 시점의 문제를 초등학교 문학 교육에서도 이 문제를 다룰 필요가 있다. 시점은 중개성이라는 소설의 장르적인 속성에서 그 가치를 인정받을 수 있다. 시점을 통하여 서사 장르는 다른 예술 장르와 구분될 수 있기 때문에 시점은 서사 장르에서 매우 중요한 역할을 한다. 그러나 과거의 시점 교육은 지나치게 형식적이고 탈맥락적으로 이루어져 왔다. 작가가 제시하는 관점에서 벗어나, 독자가 텍스트를 이해하는 자각 방식으로 그 의미가 변화될 때 시점 교육이 필요한 문학 지식을 전달한다는 오해에서 벗어날 수 있게 될 것이다(이근영, 2013: 24).

동화의 서술은 서술자의 목소리와 초점화에 따라 달라지기 때문에 서술자와 시점에 대하여 학습할 필요가 있다. 즉, 누가 이야기를 이끌어 나가며, 어떠한 시선에서 이야기를 끌어가는가에 따라 동화의 내용은 전혀 달라진다. 폴 갈돈(2007)의 《아기돼지 삼형제》와 존 셰스카(1996)의 《늑대가 들려주는 아기 돼지 삼형제 이야기》는 서술자와 시점에 따라 이야기가 어떻게 달라질 수 있는가를 보여주는 단편적인 예이다. 흔히 《사랑방 손님과 어머니》의 서술자가 바뀌었다면 이야기가 어떻게 달라졌을까를 생각해보는 활동을 하는데, 이 역시 같은 맥락에서 해석할 수 있다.

시점과 같은 문학 지식은 한 사회의 구성원이 기초적인 소양과 인식을 갖춘 문화인으로서의 면모를 갖추도록 하기 위해서(김동환, 2009: 393) 필요하다. 즉, 지식 그 자체로서 의미를 가진다고 보기 어렵다. 학생들이 문학 작품을 좀 더 깊이 있게 이해할 수 있도록 해 주고, 색다른 재미를 느끼어 평생 독자로 자라도록 할 때에만 의미가 있다.

특히 초등학생을 대상으로 할 때에, 기계적으로 시점이나 서술자를 찾는 교육 방법은 별 효과가 없다. 이야기의 시점을 바꾼다면 어떤 이야기가 구성될 수 있을지, 이 글의 서술자는 대상을 어떠한 시각이나 태도로 바라보고 있는지 등을 이야기하여 보도록 함으로써 작품의 다양한 재미를 느낄 수 있도록 해 주는 것이 좋다. 또 믿을 수 있는 서술자인가를 생각해 보는 활동도 할 수 있다. 전지적인 시점의 서술자는 독자에게 높은 신뢰감을 주지만, 채만식의 《치숙》이나 《늑대가 들려주는 아기 돼지 세 마리》와 같은 작품을 활용하여 서술자를 믿을 수 있는가를 생각해 보도록 한다.

그러므로 시점의 개념을 설명하기 보다는 누가 말하느냐와 누가 보느냐에 따라 내용이 달리 구성될 수 있음을 경험하도록 하는 것이 바람직하다. 또한 다른 동화 속 사건을 보는 사람이나 말하는 방법을 바꾸어 봄으로써 동화 창작의 기쁨을 느낄 수 있도록 지도한다.

10.2. 동화에서 말하고 있는 사람의 관점 지도 방법

1) 작품에서 말하고 있는 사람 찾기

먼저 동화 속에 작가가 아닌, 말하는이가 있음을 알 수 있도록 지도한다. 보는 사람과 말하는 사람이 같은 작품을 고르거나, 둘을 구별하기가 쉬운 작품을 선정하는 것이 좋다. 특히 작품에서 가상의 존재인 말하는 사람을 찾는 활동이 학생들에게 어려울 수 있으므로, 처음에는 말하는 사람이 분명하게 드러나는 작품을 선정하여야 한다. 교과서에서는 다음과 같은 시를 제시하여서 작품에서는 작가가 아닌, 말하는 사람이 있음을 알도록 하고 있다.

김용택
나도 밥 먹을 줄 압니다.
나도 잘 줄 압니다.
나는 똥도 쌀 줄 알아요.
나도 식구가 있습니다.
나도 집이 있습니다.
나도 숨을 쉽니다.
나는 눈물도 흘려요.
나는,
딱정벌레예요.

[그림3-64] 2009 국어 5-1

동화에서 말하는 이는 보통 '나'로 서술하는 경우가 있고, 특정한 이름으로 서술되는 경우도 있다. 말하는이가 '나'로 표현되어도 그 인물은 사람이 되거나 동물이 될 수도 있다. 이 단원에서는 시 속에 말하는이가 딱정벌레로 분명하게 드러난 시를 선택함으로써 가상의 개념인 말하는 사람에 대하여 생각해 볼 수 있도록 하였다. 또 작가가 작품을 통하여 전하고 싶은 이야기에 따라 다양한 말하는이를 내세울 수 있음을 알 수 있도록 하였다. 이 차시에서는 시를 제재로 사용하였지만, 동화도 사람이 아니면서 분명하게 자신을 드러내는 서술자가 나오는 작품을 선정하면 학생들은 동화의 말하는 사람 개념을 좀 더 쉽게 파악할 수 있게 될 것이다. 개미가 서술자로 설정한 이원수의 《잔디 숲 속의 이쁜이》와 같은 작품이 예가 된다.

그런데 작품에서 말하는 사람을 찾는 이유는 그 사람의 관점에 따라 동화의 내용이 구성됨을 알 수 있도록 하기 위해서이다. 교과서에서는 말하는 이가 어떤 대상이나 상황에 대하여 생각하는 태도를 관점이라고 정의한다. 그래서 아래 (3) 활동에서 보이듯이, 말하는 사람이 하고 싶은 말이 무엇인가를 생각해보는 활동을 하고, 이후에 관점이 무엇인지를 찾아보도록 할 필요가 있다.

[그림3-65] 2009 국어 5-1

동화의 시점은 제한된 전지적 시점이거나 1인칭 주인공 시점인 경우가 대부분이다. 동화의 주인공이 어린이인 경우가 대부분이기 때문에, 초점화자가 여러 등장인물에 대하여 충분히 설명할 수 있는 전지적 시점과는 구별되며, 1인칭 주인공에 의하여 이야기가 서술되는 1인칭 주인공 시점이 나타난다. 1인칭 주인공 시점이나 제한된 전지적 시점을 가진 내부서술자가 존재하는 동화에서는 서술자의 시점이 작품의 시점과 같다. 그러므로 다음과 같은 항목에 따라 서술자를 찾고, 그들의 관점을 분석할 수도 있다(염창권, 2012: 86-87).

- 무엇을 보고, 감각하고, 어떻게 행동하고 있는가?
- 무엇을 알고 있으며 어느 수준에서 이해할 수 있는가?
- 어떤 감정을 느끼고 있는가?
- 대상에 대하여 어떤 태도를 가지고 있는가?

■ 대상에 대하여 어떤 의미를 부여하는가?

2) 말하는 사람에 따라 달라지는 동화의 내용 알기

일상생활에서 같은 사건이라도 말하는 사람의 입장에 따라 달리 재구성되는 것과 마찬가지로, 동화의 사건도 말하는 사람에 따라 달리 구성된다. 학생들은 서로 다르게 구성된 여러 편의 동화를 읽으면서 동화에서 말하는 사람이 중요한 개념임을 다시 한 번 이해할 수 있게 된다. 말하는이가 처한 상황, 등장인물에 대한 표현 방법을 바탕으로 하여 말하는이의 관점을 찾을 수 있도록 한다(교육부, 2015: 407).

[그림3-66] 《늑대가 들려주는 아기돼지 삼형제 이야기》 (존 셰스카 글 · 레인 스미스 그림, 1996)

요즈음 출판된 다양한 패러디 동화를 적절히 활용하면, 말하는 사람에 따라 달리 구성되는 동화의 내용을 쉽게 이해할 수 있다. 대표적인 것이 《아기 돼지 삼 형제》와 《늑대가 들려주는 아기 돼지 삼 형제 이야기》이다.

이 책은 늑대의 입장에서 사건을 재구성하여 들려주고 있다. 어쩔 수 없이 돼지를 먹을 수밖에 없었다는 늑대의 거짓말은 능청스럽게 들린다. 배가 부르다고 하면서도 계속해서 돼지를 잡아먹고, 잡아먹은 뒤에 설탕은 찾지 않는 늑대의 행동 등을 통해서 늑대가 거짓말을 하고 있음을 짐작할 수 있다. 그러나 학생들에게 다른 입장에서 이야기를 읽으면 전혀 색다른 이야기가 된다는 경험을 주기에는 충분하다.

학생들은 늑대가 거짓말을 하고 있음을 눈치 채지 못할 수 있다. 이런 경우 교사가 늑대가 거짓말을 하고 있음을 알려주기 보다는, 말하는이에 따라 달리 구성되는 동화의 내용을 충분히 음미할 수 있도록 돕는 게 좋다.

그리고 원작과 패러디 동화를 비교하여 보면서 내용이 어떻게 달리 구성되었는지를 살펴보는 활동에 집중하도록 하는 편이 좋다.

1인칭 주인공 시점인 한아의 《바다 건너 불어온 향기》를 제재로, 시점을 분석할 때에는 다음과 같은 질문을 할 수 있다(염창권, 2012: 91).

- 학습 목표: 말하는 이나 관점이 바뀌면 이야기가 어떻게 전개될지 말하여 봅시다.
  - 한별이가 좀 더 이해심이 있었다면 어떻게 이야기가 전개되었을까요?
  - 아빠의 입장에서 한별이에게 바라는 점은 무엇입니까?
  - 새엄마의 입장에서 어려운 점은 무엇 무엇입니까?
  - 아빠나 새엄마의 입장 중에서 하나를 선택하여 한별이에게 편지 형식의 글을 써 봅시다.
  - 새엄마의 입장에서 처음부터 이야기를 다시 한다면 어떤 내용이 될지 서로 말하여 봅시다.

3) 말하는 사람을 바꾸어 다시 쓰기

한 인물의 입장에서 속편을 쓰는 스핀오프(spin-off)를 활용하면 시점에 따라 동화의 내용을 달리 구성됨을 이해할 수 있다. 또한 글쓰기와 내용 구성에 부담을 적게 느끼면서 문학 창작 활동을 할 수 있다. 달리 구성되는 동화의 내용을 이해할 수 있다. 다음의 활동은 하근희(2013: 216-217)를 참고로 하였다.

스핀오프(spin-off)는 주로 영화나 드라마에서 이전 편의 설정을 빌려 다른 곳의 이야기를 하는 속편 제작의 방식이다. 주로 한 작품의 인물(주로 조연)이 다른 드라마의 주연이 되어 독립해서 나가는 현상을 가리킨다(남명희, 2006: 42). 예를 들어, 영화 엑스맨의 경우, "엑스맨의 탄생: 울버린"이 스핀오프 영화가 된다. 우리나라 드라마의 경우 "아이리스"의 스핀오프 드라마로 "아테나: 전쟁의 여신"이 제작된 바 있다. 지금까지 스핀오프는 영화나 드라마의 제작에서 많이 활용되었지만, 서사 텍스트는 영화나 드라마 등과 '서사'라는 공통분모를 지니므로, 스핀오프의 방법을 활용할 수 있다. 예를 들어,『지각대장 존』을 읽은 학생이 2년 후 선생님의 입장에서 이야기를 쓰되, 원래의 텍스트가 지닌 배경을 그대로 활용하면 스핀오프의 방법으로 이야기를 쓰는 것이 된다. 이때 공감의 대상이 선생님으로 확대되기 때문에, 공감적 태도를 키울 수 있다.

스핀오프는 작독자(wreader)로서 학습자의 활동을 진작시키는 효과가 있다. 학생은 처음에는 독자로서, 작가가 독자의 상상력을 자극하고 텍스트와의 활발한 참여를 위해 남겨둔 빈 공간을 채우며 텍스트를 읽어나가기 시작한다. 텍스트의 빈 공간을 채워나가는 이해는 그 자체로서 생산적인 성격을 지니고 있다(권오현, 2001). 작품을 읽기 전에 스핀오프 활동을 할 것임을 독자에게 알려주면, 독자는 자신이 관점을 취할 인물의 입장에서 이야기를 읽어나가게 된다. 이러한 과정에서 대화 지향의 소통적 태도가 길러진다.

그리고 스핀오프 활동의 결과물을 서로 비교해 보는 과정에서, 서사 갈래의 특성인 다양한 목소리의 존재(다성성, 多聲性)를 이해할 수 있게 된다. 또한 학습자는 문학 텍스트의 생산이 어렵고 힘든 일이 아니라는 것을 경험하고, 자기 효능감을 키울 수 있다. 이러한 과정에서 유희적 태도를 기를 수 있다.

10.3. 동화에서 말하는 사람의 관점 학습의 평가

동화에서 말하는 사람의 관점을 이해하고 있는가와 관련하여 지식을 평가할 때에는 학생들의 동화 감상에 도움이 되는 문학 지식인가를 평가하여야 한다. 즉, 문학 지식 자체를 잘 암기하고 찾아내는가는 별 의미가 없다. 그러므로 이전 문학교육에서와 같이 기계적으로 1인칭 주인공 시점, 3인칭 관찰자 시점과 같은 것을 찾도록 해서는 안 된다. 많은 문학 작품은 1인칭 주인공 시점이나 3인칭 관찰자 시점 한 가지로 일관되게 서술되지 않는다. 또한 이러한 시점 분류는 보는 사람과 서술자를 분리하지 않는 등의 문제점이 있음을 지적받아 왔다.

또한 문학 지식을 활용하여 동화를 읽고 쓰는가를 평가하여야 한다. 즉, 동화에는 작가와는 다른 말하는 사람이 있음을 이해하고, 그의 시점에 따라 달리 내용이 구성됨을 활용하여 작품을 풍부하게 읽고, 새로운 동화를 창작하는 능력을 길러주어야 한다.

동화에서 말하는 사람의 관점을 평가할 때에는 다음과 같은 점을 중심으로 평가하는 것이 좋다.

첫째, 동화에는 실제 작가와는 다른 서술자가 있음을 이해하고, 서술자를 찾을 수 있는가를 평가한다. 이때 학생들에게 서술자와 초점 화자, 초점 대상과 같은 것을 기계적으로 분리하도록 해서는 안 된다. 서술자는 어떠한 관점을 가지고 있으며, 그것이 작품의 서술에 어떠한 영향을 주었는가를 평가할 수 있어야 한다.

둘째, 서술자를 달리하여 서술하여 작품을 창작하는 경험을 하도록 한다. 동화에서 초점을 맞추고 있는 인물이 아닌, 다른 인물을 선택하여 그 인물의 입장에서 초보적인 동화 창작을 해 보도록 한다. 예를 들어, 《괴물들이 사는 나라》에서 맥스의 엄마의 입장이 되어 이야기를 써 본다든가, 괴물의 입장에서 이야기를 써 보는 방식이다. 학생들은 동화의 내용을 구성하는 데에 상당한 부담을 느낀다. 그런데 시점 바꾸어 쓰기는 내용 생성에 대한 학생들의 부담을 상당히 덜어준다.

셋째, 학생들이 쓴 작품을 활용하여 시점에 따라 달라지는 동화의 내용을 이해하고 있는가를 평가한다. 요즈음 들어서 많은 패러디 동화들이 나오고 있기는 하지만, 같은 사건을 다른 시점으로 서술한 작품이 풍부하지는 않다. 그래서 기존의 작품만으로 시점에 따라 달라지는 동화의 내용을 이해하고 있는가를 평가하기는 어렵다.

학생들이 기존의 동화를 다른 시점에서 바라보고 쓴 작품을 활용하면 여러 가지 장점이 있다. 먼저 평가에 활용할 수 있는 제재가 풍부해진다. 그리고 다른 학생이 쓴 글을 읽을 수 있는 기회가 많아진다. 다른 학생이 쓴 글은 글을 쓴 학생의 감상에 기초하고 있으므로, 다른 학생과 감상의 교환을 통하여 보다 심화된 감상이 가능하다.

참고문헌

서울대학교 국어교육연구소(1999), 《국어교육학사전》, 대교출판.

염창권(2012), 〈교과서 수록 아동문학텍스트의 서술 양상 연구〉, 한국초등국어교육, 한국초등국어교육학회, 65-96.

Nikolajeva, M. 저, 조희숙 외 옮김(2009), 《아동문학의 미학적 접근》, 교문사.

최지현 외(2011), 《문학 Ⅰ》, 지학사.

하근희(2013), 〈문학 교육에서 태도 교육의 내용 연구〉, 한국교원대학교 박사학위논문.

김동환(2009), 〈소설교육에서 "시점" 개념에 대한 반성적 고찰〉, 문학교육학 30, 한국문학교육학회, 393-421.

이근영(2013), 인물의 시점 바꾸기 활동을 통한 텍스트 다시 쓰기 지도 방법 연구, 전주교육대학교 석사학위논문.

교육부(2015), 초등학교 국어 5-1. 미래엔.

저자소개

신헌재

한국교원대학교 명예교수

주요논문 :「초등교사의 전문성과 국어능력」(2014)

「한국 아동문학이 나아갈 지향점」(2011)

「초등 개정 국어과 교육과정의 구현 방안」(2008)

서현석

전주교육대학교 국어교육과 교수, 한국교원대 박사

주요논문:「초등학교 토론 교육의 내용 체계 연구」(2011)

「학습과 평가의 통합을 지향하는 국어과 평가 체제 연구」(2013)

「아동 · 청소년의 인성함양을 위한 화법교육의 내용과 방법 탐구」(2013)

이정숙

인천동수초등학교 교사, 한국교원대 겸임교수, 한국교원대 박사

주요논문:「국어 수업대화의 재개념화」(2011)

「쓰기 교수행위의 예술적 의미」(2006)

「내용변환에 따른 쓰기 교수-학습 현상」(2005)

곽춘옥

서울갈산초등학교 교사, 한국교원대 박사

주요논문:「초등학교 동화 감상 지도 방법에 관한 연구」(2006)

「초등학교 문학 수업의 유형」(2008)

「대위 그림책의 문학 교육적 의의와 활용 방법」(2014)

김국태

인천부평초등학교 교사, 한국교원대 대학원 겸임교수, 한국교원대 박사

주요논문:「국어교과서의 읽기 학습 활동 원리」(2015)

「읽기 전략 수업의 설계 양상」(2005)

「읽기 수업의 교수적 비계설정 양상」(2006)

김병수

청주교대 교육연구원 전임연구원, 한국교원대 박사

주요논문:「국어 수업 분석을 통한 예비교사와 경력교사의 PCK 연구」(2013)

「국어과 거꾸로 교실(Flipped Classroom)의 적용 가능성 탐색」(2015)

김윤옥

세종 참샘초등학교 교사, 한국교원대 겸임교수, 한국교원대 박사

주요논문: 「상호주관성에 바탕을 둔 화법 교육 연구」(2007)
「부모-자녀의 대화 양상 연구」(2014)
「초등학교 국어 교과서에서 듣기 · 말하기 영역 통합 양상 연구」(2014)

김지영

서울 서래초등학교 교사, 서울교대 강사, 한국교원대 박사

주요논문: 「초등학교 '이어 주는 말' 단원의 교육 내용 및 수업 실행 분석」(2013)
「텍스트 기반 어휘 교육 연구」(2014)
「정서적 문식성 향상을 위한 정서 어휘 교육의 방향」(2014)

김혜선

유곡초등학교 교사, 한국교원대 겸임교수, 한국교원대 박사

주요논문: 「비판적 읽기 전략을 활용한 고쳐쓰기 지도 방안」(2007)
「장르의 작문 교육과정 실행 방안」(2012)

안부영

남대구초등학교 교사, 대구교대 강사, 한국교원대 박사

주요논문: 「사회적 읽기 주체 형성 교육 연구」(2012)
「통합형 교과서 개발을 위한 국어과 실험본 교과서의 비판적 고찰」(2014)
「통합형 국어교과서 개발을 위한 교육과정 성취 기준의 통합 강도 검토」(2014)

이향근

서울교육대학교 국어교육과 교수, 한국교원대 박사

주요논문: 「시적 감성의 교육내용 설계 연구」(2012)
「시 텍스트 이해 학습에서 '저자에게 질문하기(QtA)'의 적용」(2013)
「동시의 병렬 구조가 리듬교육에 주는 의미」(2013)

정상섭

태안 원북초등학교 교사, 한국교원대 겸임교수, 한국교원대 박사

주요논문: 「수신서에 나타난 화법교육 내용 고찰」(2007)
「조선 유가의 화법관과 화법교육 내용 고찰」(2006)

조용구
한국교원대 박사과정 수료
주요논저: 〈유 · 초등 독서지도〉 공역(2013)

최규홍
대구 해안초등학교 교사, 대구교대 강사, 한국교원대 박사
주요논문: 「문법 현상 인식 중심의 초등학교 문법 교육 연구」(2009)
「초등학생의 맞춤법 지도 방법 연구」(2011)
「초등학생의 문법 교육 평가 방법 연구」(2011)

최민영
천안용암초등학교 교사, 한국교원대 겸임교수, 한국교원대 박사과정 수료
주요논문: 「내용교수지식(PCK)에 기반한 국어과 수업 분석 연구」(2012)
「PCK 측면에서 본 국어 교사용 지도서의 비판적 고찰」(2013)

하근희
대구 유천초등학교 교사, 대구교대 강사, 한국교원대 박사
주요논문: 「문학 교육에서의 태도 교육 내용 연구」(2013)
「초등학생의 문학능력 평가를 위한 다시 말하기(retelling)의 활용」(2014)